# Justitia Coloniensis

Landgericht und Amtsgericht Köln erzählen ihre Geschichte(n)

# JUSTITIA COLONIENSIS

## Landgericht und Amtsgericht Köln erzählen ihre Geschichte(n)

Herausgegeben von Adolf Klein und Günter Rennen

unter Mitarbeit von Hermann Josef Goebel

GREVEN VERLAG KÖLN

Abbildungen auf dem Schutzumschlag
Vorderseite:
Gerichtsgebäude Luxemburger Straße und — kleines Bild — Appellhofplatz; nach einer Zeichnung von Wolfgang Meyer, s. auch Vorsatz vorne
Rückseite:
Schwurgerichtsszene aus dem »Kölner Kommunistenprozeß«, 1852
Umschlaggestaltung:
Studio für Werbung und Design M. Boslé, Köln-Holweide

Vorsatz vorne:
Gerichtsgebäude Luxemburger Straße, Appellhofplatz, Reichenspergerplatz;
Zeichnung Wolfgang Meyer
Vorsatz hinten:
Grundriß Gerichtsgebäude Luxemburger Straße, Hochhaus und Saalbau, 2. Obergeschoß

CIP-Kurztitelaufnahme der Deutschen Bibliothek

**Justitia Coloniensis**: Landgericht u. Amtsgericht Köln erzählen ihre Geschichte(n) / hrsg. von Adolf Klein u. Günter Rennen unter Mitarb. von Hermann Josef Goebel.
Köln: Greven, 1981.
ISBN 3-7743-0192-1
NE: Klein, Adolf [Hrsg.]


Druck: Greven & Bechtold, Köln
Buchbinder: Berenbrock, Wuppertal


Herausgegeben mit Unterstützung des Landschaftsverbandes Rheinland

INHALT

# VORWORT DER HERAUSGEBER

(Fast) jeder, zumindest (fast) jeder Kölner weiß, daß Köln nahezu 2000 Jahre Stadt ist — genau gesagt 1931 Jahre. Nicht allgemein gewußt, aber vielleicht auch wissenswert ist, daß die Geschichte der Kölner Gerichtsbarkeit ebenso alt ist wie die der Stadt Köln. Zwar waren Aufgaben, Stellung und Verfahrensweise der Richter einem ständigen Wandel unterworfen. Römische Präfekten, fränkische Grafen, reichsstädtische Schöffen, rechtsgelehrte Räte der mannigfaltigen geistlichen und weltlichen Gerichte des späten Mittelalters und der frühen Neuzeit, die juges der Friedensgerichte und Tribunale der Franzosenzeit, die Friedens-, Amts- und Landrichter der preußischen und deutschen Zeit lösten einander oft unvermittelt ab. Jeder von ihnen war und ist zugleich Produkt, Spiegel und Mitgestalter des geschichtlichen Wandels Kölns und der Rheinlande. Beständig blieb nur eines, die Notwendigkeit und die Bedeutung des dem Richter aufgetragenen Strebens nach Wahrung und Wiederherstellung des Rechtsfriedens.

Um die Geschichte Kölner Gerichte als Teil der noch nicht geschriebenen Rechtsgeschichte Kölns und zugleich als wesentlicher Aspekt der allgemeinen Kölner und rheinischen Geschichte geht es in diesem Buch. Einer der Beiträge (Bockemühl) will ein Stück Kölner Mittelalters lebendig machen. Die übrigen Beiträge dagegen handeln von den 160 Jahren seit dem Ende der französischen Herrschaft am Rhein. Fünf Jahre nach dem Einmarsch der Preußen trat das Landgericht Köln das Erbe des napoleonischen tribunal de première instance an. 60 Jahre später folgte das Amtsgericht Köln. Werden und Entwicklung dieser beiden Gerichte, das Wirken der in und an ihnen Tätigen, der Richter, Staatsanwälte, Rechtsanwälte, der Gerichtsschreiber, der Rechtspfleger, der Bewährungshelfer, aber auch die Schicksale der vor den Schranken dieser Gerichte Stehenden, der Angeklagten, der Parteien und Zeugen stehen im Mittelpunkt des Buches. Außer den historischen Zusammenhängen gibt es auch Einzelereignissen, interessanten, bewegenden oder auch belustigenden Geschehnissen, kurz dem Anekdotischen breiten Raum, erzählt es nicht nur Geschichte, sondern auch Geschichten. Das gilt insbesondere für die ausführlichen Beiträge von Gehle und Klein.

Den äußeren Anlaß für dieses Buch bildet der Einzug von Amts- und Landgericht in den neuen, im Beitrag von Hallauer gewürdigten Bau an der Luxemburger Straße, das mit 32.600 qm Nutzfläche größte und mit seinen 23 Stockwerken zugleich »höchste« Gericht der Bundesrepublik Deutschland, vielleicht Europas. Dieses Ereignis stellt vor allem deshalb einen ungemein bedeutenden Einschnitt in der Geschichte der beiden Gerichte dar, weil sie erstaunlicher Weise jetzt erstmals ein eigenes, ganz auf ihre Bedürfnisse zugeschnittenes Haus erhalten haben, ein Haus, in dem das Landgericht voll, das Amtsgericht immerhin weit überwiegend Unterkunft findet, sogar ein Haus, in dem sie nicht mehr nur »zur Miete wohnen«. Damit scheint ihre lange Jugendzeit zu Ende gegangen zu sein, eine Zeit, in der sie hinsichtlich ihrer Unterbringung, aber auch wohl im Bewußtsein der Kölner ein wenig im Schatten des großen fürsorglichen Bruders, des Rheinischen Appellationsgerichtshofs und des diesen ablösenden Oberlandesgerichts gestanden haben.

Das neue Haus legt eine Besinnung auf die Vergangenheit aber auch aus einem ganz anderen Grund nahe. Waren das Strafjustizgebäude Appellhofplatz und das Ziviljustizgebäude am Reichenspergerplatz schon durch ihr Äußeres als historische Stätten ausgewiesen, so trägt der Neubau unverkennbar das Gesicht nur unserer Zeit. Das kann nicht anders sein und muß auch von dem, der den alten, gottlob nicht der Spitzhacke zum Opfer fallenden, sondern weiterhin Gerichte beherbergenden Bauten nachtrauert, bejaht werden. Jedoch erscheint es jetzt besonders wichtig und dringlich, aufzuspüren und festzuhalten, wie es in der Vergangenheit war, Brücken zu ihren hellen Seiten zu schlagen, auch die dunklen vor dem Vergessen zu bewahren, zugleich aber in ihren Voraussetzungen zu verstehen.

Dieses kurze Vorwort sollte nicht enden ohne einen sehr herzlichen Dank. Zu danken ist den Autoren, die ganz uneigennützig viele Feierabende und Feiertage geopfert haben, zu danken ferner den vielen, die Hinweise, Anregungen, Fotografien beigesteuert oder aber durch Spenden das Vorhaben mitgetragen haben. Es ginge zu weit, die Verdienste jedes einzelnen gesondert zu würdigen, aber ein Name muß genannt werden: Sigurd Greven. Das Buch war ihm, der dem Landgericht Köln durch seine zweiundzwanzigjährige Tätigkeit in dem verantwortungsvollen Ehrenamt des Handelsrichters engstens verbunden war, zum Herzensanliegen geworden. Ohne seinen Schwung, seinen Optimismus, seine Großzügigkeit, wäre dieses Werk wahrscheinlich gar nicht, sicher aber nicht in dieser Form entstanden. Mitten in der verlegerischen Arbeit an diesem Buch hat ein Flugsportunfall am 10. 5. 1981 seinem Leben ein jähes Ende gesetzt.

Adolf Klein　　　　Günter Rennen

# UNTER PREUSSENS ADLER UND NAPOLEONS GESETZ

*Das Landgericht Köln von den Anfängen bis zum Jahre 1879*

Die deutsche Rechtsgeschichte hat Zeiten unterschiedlichster Einflüsse und Wandlungen gesehen. Eine ihrer Epochen gehört dem Rheinland. Es sind die Jahre zwischen dem Ende der Befreiungskriege und der Festigung des Bismarckreiches, als am Rhein die noch werdende Rechtsordnung Deutschlands längst lebendig war. Wie die im Umkreis des Kölner Landgerichts tätigen Menschen sich den ihnen hierdurch zugewachsenen Aufgaben stellten, wie sie aber auch ihre tägliche Arbeit angingen — all dies verdient heute noch unsere Beachtung.

*Der erste Landgerichtspräsident: Wilhelm Blanchard*

Als der König von Preussen, Friedrich Wilhelm, mit Kabinettsordre vom 4. Mai 1820[1] die Einrichtung des Kölner Landgerichts bekanntgab, zog er damit nicht nur den vorläufigen Schlußstrich unter eine von den Wirren der Befreiungskriege und der darauf folgenden Übergangszeit gekennzeichnete Epoche des Neuaufbaus, sondern vollendete auch eine Justizorganisation, die in ihren Grundzügen bis auf den heutigen Tag geblieben ist.

Räumlich beschränkte sich der Zuständigkeitsbereich des Landgerichts nicht auf den jetzigen Bezirk; vielmehr umfaßte er mit seinen rund 330.000 Eingesessenen auch das Gebiet der Stadt Bonn[2], die erst 30 Jahre später ein eigenes Landgericht erhielt. Wie man angesichts der damaligen Verkehrsverhältnisse einen geregelten Ablauf der Geschäfte sicherstellte, mag wegen der Weitläufigkeit des Bezirks schon außergewöhnlich anmuten, noch weniger nachvollziehbar ist uns jedoch der Umstand, daß der König lediglich zwölf Richter ernannte, die den gesamten Arbeitsanfall zu bewältigen hatten. Indes erregt einer von ihnen, dessen beruflicher Werdegang wie kein anderer geeignet ist, uns die gewaltigen politischen Umwälzungen der voraufgegangenen Jahrzehnte vor Augen zu führen, besondere Aufmerksamkeit. Es ist der erste Landgerichtspräsident, Wilhelm Blanchard.

*Blanchards Werdegang*

Geboren am 12. November 1765 als Sohn des Schullehrers und Sakristans Anton Blanchard, Täufling der Pfarre St. Mauritius, verbrachte er seine Jugend im Herzen der Vaterstadt Köln. In die Matrikel des Gymnasiums Laurentianum, wo er 1781 die erste Prüfung ablegte, trug er sich als »Ubius«, Ubier, also Kölner, ein. Im selben Jahr nahm er an der

— 18 —

37.

# Einrichtung und Besetzung der Rheinischen Gerichte erster Instanz.

a) Auszug aus der Königl. Kabinetsordre vom 4. Mai 1820.

Den Mir von Ihnen vorgetragenen Vorschlägen der Immediat-Justiz-Organisations-Kommission wegen Einrichtung der Rheinischen Landgerichte zu Köln, Düsseldorf, Cleve, Trier, Aachen und Koblenz, des Justiz-Senats für den Ostrheinischen Theil des Regierungs-Departements zu Koblenz und des Stadtgerichts zu Wetzlar ertheile ich Meine Genehmigung; demgemäß habe Ich die anbei zurückerfolgenden Etats dieser Gerichte vollzogen und ernenne

I. Bei dem Landgericht zu Köln, zum Präsidenten: den Geheimen Ober-Revisionsrath Blanchard, welcher jedoch noch bis auf weitere Verfügung bei dem rheinischen Revisionshofe bleiben, auch so lange sein gegenwärtiges Diensteinkommen behalten, und während dieser Zeit durch einen von Ihnen zu bestimmenden Rath des rheinischen Appellationshofes vertreten werden soll. Zu Landgerichtsräthen ernenne ich die Räthe bei dem vormaligen Appellationshofe zu Köln Peltzer und Gellert, den Vicepräsidenten des dortigen Kreisgerichts Begasse, den Staats-Prokurator bei dem Kreisgericht zu Prüm, Correns, den Richter bei dem vormaligen Kreisgericht zu Mülheim, von Solemacher, denjenigen bei dem vormaligen Kreisgericht zu Bonn, Detroux, die Richter bei dem Kreisgericht zu Köln, Kramer und Verkenius, den Rathsauditor bei dem vormaligen dortigen Appellationshofe, Gymnich, den mit der Wahrnehmung der Stelle des Staats-Prokurators bei dem Kreisgericht zu Köln seither beauftragten ersten Substitut-Prokurator Haas, und den Ober-Gerichtsschreiber bei dem nämlichen Kreisgericht, Hohenschurz; zum Ober-Prokurator den Assessor bei dem Ober-Landesgericht zu Paderborn, Berghaus;

*4. Mai 1820: Der König ernennt die ersten Richter des Landgerichts Köln*

hiesigen Universität das Studium der Philosophie und der Rechtswissenschaften auf. Während der nun folgenden fünfjährigen Ausbildung muß er sich weitreichende Rechtskenntnisse mit durchschlagendem Erfolg angeeignet haben; denn nachdem er das Baccalaureats-Examen bestanden hatte, konnte er im unmittelbaren Anschluß daran, mit noch nicht ganz 21 Jahren, als Professor in eine aussichtsreiche Hochschullaufbahn eintreten. Gleichzeitig erwarb er zwei Schöffenämter bei den kurfürstlichen Untergerichten zu St. Gereon und am Eigelstein. Noch aus demselben Jahr ist uns seine erste größere Veröffentlichung erhalten, eine lateinische Dissertation über die Beweiskraft der Handelsbücher. Wer dieses Thema in der Kaufmannsstadt Köln anfaßte, dürfte sich eines interessierten Leserkreises gewiß gewesen sein. 1787 promovierte ihn die Universität zum Lizentiaten beider Rechte. Er hielt Vorlesungen über Zivilrecht, später kamen Natur- und Völkerrecht hinzu.

Mag all dies das Leben eines Hochschullehrers ausfüllen: Blanchard erschloß sich weitere Wirkungskreise. Im Jahre 1790 wurde er Mitglied des Senats der Stadt Köln, kurz darauf Polizeirichter und -offizier. Seine Hochzeit am 5. Oktober 1792 — aus der Ehe gingen ein Sohn und eine Tochter hervor — hätte indes die Hinwendung zu einer ruhigeren, bürgerlichen Existenz einleiten können, wären nicht fast auf den Tag genau zwei Jahre später französische Truppen in Köln einmarschiert, um die Stadt für nunmehr rund zwei Jahrzehnte besetzt zu halten.

Die gesamte bisher erarbeitete Existenz Blanchards stand mit einem Mal wieder auf dem Spiel; doch er ließ sich nicht entmutigen. Im Gegenteil: Schnell fand er Zugang zu den neuen Machthabern, selbst die Schreibweise seines Familiennamens folgte nunmehr der französischen Orthographie — vorher hatte er sich Blanschart geschrieben. Ihm allerdings rückhaltlosen Opportunismus vorwerfen zu wollen, wäre verfehlt; eine andere Wahl hatte er praktisch nicht. Zudem war der Nationalismus späterer Prägung seiner Zeit noch fremd. Am 18. September 1795 ernannten ihn die Franzosen zum Mitglied ihrer vorläufigen Zentralverwaltung; an der ohnehin dem Untergang geweihten Universität ließ er sich deshalb von Professor Stomps vertreten. Schon im Juni des darauf folgenden Jahres hatte sich seine Position so weit gefestigt, daß er im Auftrag der Kölner Munizipal-Verwaltung bei dem französischen Kommissar Poissant in Aachen Erkundigungen über die künftige Verwaltung der Rheinlande einziehen konnte. Auf diese Weise erfuhr man in Köln, daß der kommende Generaldirektor des Landes zwischen Rhein und Maas in Aachen seinen Sitz nehmen würde, nicht hingegen, wie die Kölner gehofft hatten, in der Metropole des Rheinlandes. Blanchard seinerseits informierte den Kommissar eingehend über die Eigenheiten der stadtkölnischen Verfassung, an deren genauer Kenntnis der Besatzung besonders gelegen war.

### *Eintritt in die Justiz*

Das dadurch gefestigte Verhältnis zur neuen Regierung führt ihn zu dem sein weiteres Leben entscheidend prägenden Schritt: Am 12. November 1797 tritt er als Polizeirichter in das vormals dem Erzbischof und Kurfürsten unterstehende hohe weltliche Gericht ein, um

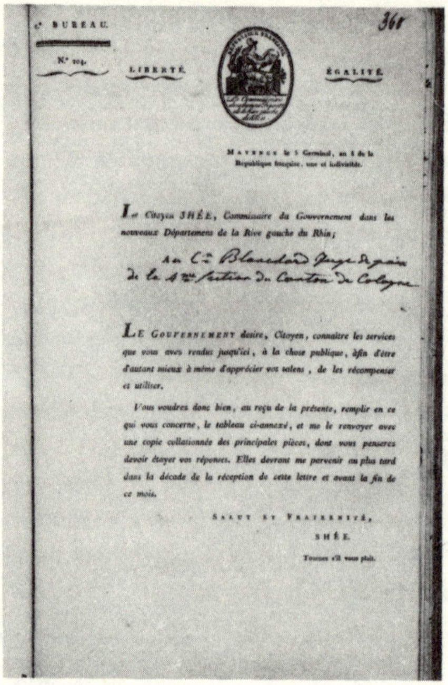

4.e BUREAU.

N.° 104.

LIBERTÉ. ÉGALITÉ.

MAYENCE le 5 Germinal, an 8 de la République française, une et indivisible.

Le Citoyen SHÉE, Commissaire du Gouvernement dans les nouveaux Départemens de la Rive gauche du Rhin;

Au C.en Blanchard Juge de paix de la 4me section du Canton de Cologne

Le Gouvernement desire, Citoyen, connaître les services que vous avez rendus jusqu'ici, à la chose publique, afin d'être d'autant mieux à même d'apprécier vos talens, de les récompenser et utiliser.

Vous voudrez donc bien, au reçu de la présente, remplir en ce qui vous concerne, le tableau ci-annexé, et me le renvoyer avec une copie collationnée des principales pièces, dont vous penserez devoir étayer vos réponses. Elles devront me parvenir au plus tard dans la décade de la réception de cette lettre et avant la fin de ce mois.

SALUT ET FRATERNITÉ,

SHÉE.

Tournez s'il vous plaît.

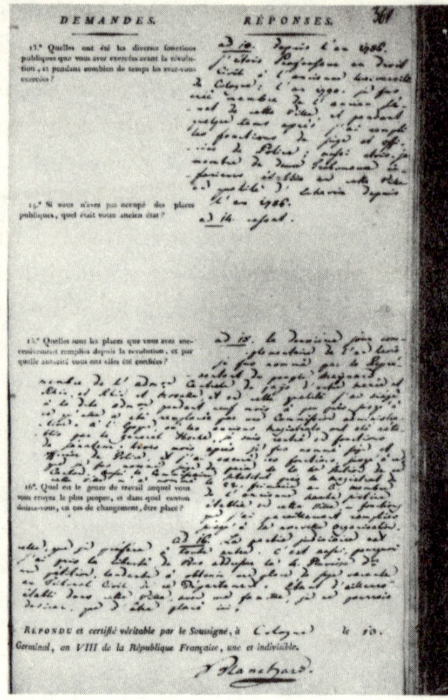

DEMANDES. RÉPONSES.

13.° Quelles ont été les diverses fonctions publiques que vous avez exercées avant la révolution, et pendant combien de temps les avez-vous exercées?

14.° Si vous n'avez pas occupé des places publiques, quel était votre ancien état?

15.° Quelles sont les places que vous avez successivement remplies depuis la révolution, et par quelle autorité vous ont elles été confiées?

16°. Quel est le genre de travail auquel vous vous croyez le plus propre, et dans quel canton desirez-vous, en cas de changement, être placé?

RÉPONDU et certifié véritable par le Soussigné, à Cologne le 10. Germinal, an VIII de la République Française, une et indivisible.

*Lebenslauf Blanchards in den Personalakten der französischen Verwaltung*

die hauptberufliche Justizlaufbahn am 6. April des folgenden Jahres beim Friedensgericht fortzusetzen. Aus dieser Zeit ist auch seine Anschrift bekannt: Er wohnt In der Höhle, einer heute noch bestehenden Gasse nahe der Ecke Hohe Straße/Schildergasse. Das Haus erhält von der Stadtverwaltung, die das mittelalterliche Kölner Straßengewirr übersichtlicher erfassen will, die Hausnummer 1927; den Straßennamen selbst übersetzt man in der neuen Amtssprache zuerst mit »rue d'enfer«, später, ab dem 1.1.1813, mit »Rue des Cavernes«. Ein Gehalt von 225 Livres pro Trimester und die kostenlose Ausstattung mit gutem Schreibpapier, Federn und Tinte, alles sorgfältig in den Akten registriert, sichern dem Friedensrichter Blanchard ein erträgliches Auskommen. Dennoch finden wir ihn schon kurz nach seinem Dienstantritt mit einer nur allzu menschlichen Tätigkeit beschäftigt: dem dringenden Ersuchen um Gehaltserhöhung, auf das zum größten Erstaunen der Zeitgenossen sogar eine Nachzahlung für die vergangenen Trimester folgt. Blanchards Fähigkeit, mit Überzeugungskraft zu argumentieren, sollte sich auch weiterhin auszahlen. Ein neues Jahrhundert bricht an. Blanchard beantragt seine Ernennung zum Zivilrichter. Als der »Bürger« Shée kurz darauf für die Regierung alle Beamten und Richter der Rheinlande in Fragebögen erfaßt, muß auch der inzwischen Fünfunddreißigjährige Auskunft über seinen bisherigen Werdegang geben. Er nimmt dies zum Anlaß, noch einmal auf seine Bewerbung hinzuweisen und hat Erfolg. In einer gemeinsamen Stellungnahme der Kölner Zivilrichter zur kommenden Gerichtsorganisation in den Rheinlanden erscheint er am 1. Januar 1802 als Letzter der Unterzeichneten, muß also kurz zuvor ernannt worden sein. Doch wie überall, wo Wilhelm Blanchard sich niederläßt, führt ihn der Weg recht zügig nach oben. Als sich am 7. März 1803 das Kölner Zivilgericht erster Instanz konstituiert, nimmt er bereits die Position des Vizepräsidenten ein, um noch im selben Jahr den amtierenden Präsidenten abzulösen.

Daß er diese Tätigkeit auch nach Errichtung des erweiterten Tribunals 1. Instanz am 1. Juni 1811 fortführt, bedarf wohl kaum der gesonderten Erwähnung.

Dennoch bleibt ihm neben all seiner Arbeit Zeit für umfangreiche wissenschaftliche Forschungen, die darin ihren bleibenden Niederschlag finden, daß er wesentliche Werke der französischen Gesetzgebung und Literatur in die deutsche Sprache übersetzt. Die hierfür zuständige kaiserliche Regierungskommission nimmt seine Ausgabe des Strafgesetzbuchs in die Reihe der amtlichen Übersetzungen auf und empfiehlt sie dem dienstlichen Gebrauch in allen Behörden des deutschsprachigen Frankreich — ein Erfolg, der ihn gleichberechtigt neben den weit bekannteren Appellhofpräsidenten Gottfried Daniels stellt, in dessen Schatten Blanchard von der Geschichtsschreibung bisher nur allzusehr vernachlässigt worden ist.

Der französische Staatsdienst indes bietet bald keine Grundlage mehr für weiteres Fortkommen. Nach der Katastrophe des Rußlandfeldzuges wendet sich Napoleons Kriegsglück; 1814 sind die Rheinlande wieder frei. Als kurz darauf, wenn auch ohne Erfolg, in Köln die Wiedereröffnung der Universität betrieben wird, gehört Blanchard zu den ersten, die vor einem interessierten Publikum Vorlesungen halten, um nach einer langen Zeit des Stillstandes den Wissenschaften wieder zur alten Geltung zu verhelfen.

Der Übertritt in eine Hochschullaufbahn ist damit nicht verbunden. Blanchard bleibt Präsident des Tribunals, das die Preußen vorläufig als königliches Kreisgericht weiterführen. 1819 geht er als Geheimer Oberrevisionsrat an den Rheinischen Revisions- und Kassationshof nach Berlin, dem er von dessen Gründung am 15. Juli ab angehört. Dennoch bleibt er gleichzeitig Gerichtspräsident, selbst über die endgültige Errichtung des Landgerichts hinaus. Sein Vertreter in Köln ist der Appellationsgerichtsrat Haugh.

Drei Jahre später scheidet Blanchard aus diesem Amte aus. Ob sich daran noch weitere Tätigkeit anschließt — wiederum etwa in Berlin — war nicht auszumachen. Dekoriert mit dem roten Adler-Orden und noch im Jahre 1831 zum Mitglied des preußischen Staatsrates ernannt, stirbt Wilhelm Blanchard am 18. Januar 1832 — ein Mann, der die Umwandlung des aus dem Mittelalter überkommenen Gerichtswesens seiner Vaterstadt in eine Wirkungsstätte der modernen rechtsstaatlichen Justiz miterlebt und mitgestaltet hat.[3]

Wie weitreichend die nach Dauer und Umfang ein Menschenleben ausfüllenden Veränderungen indes wirklich waren, läßt sich nur ermessen, wenn man den Blick noch einmal zurückwendet auf die vorrevolutionäre Zeit.

*Das kölnische Gerichtswesen vor der Franzosenzeit.*

Als Wilhelm Blanchard im Jahre 1786 seine ersten Schöffenämter erwarb, boten die Gerichte der Stadt ihm ein Bild, das sich am ehesten mit der bizarren Gestalt des Domes vergleichen läßt, den das Mittelalter als notdürftig zu nutzenden Torso der Nachwelt hinterlassen hatte: ein Werk, von Generationen mit zähem Fleiß betrieben, dem die Vollendung nicht vergönnt gewesen war.

In bunter Vielfalt lebten innerhalb der Stadtmauern mehr als 50 Gerichte, die ihre Herkunft aus der überkommenen Ständeordnung, von Pfarreien, Hofherrschaften und den Auseinandersetzungen zwischen Bürgerschaft und Erzbischof herleiteten. Neben dem kurfürstlichen Hochgericht, dem die Blutgerichtsbarkeit zukam, wirkten Einrichtungen des Rats, der Juden, verschiedener Bauernschaften und der Universität bis hin zum Kuriosum des Gerichts Unterlahn, dessen Bezirk nur eine Handvoll Häuser umfaßte. Das Hohe Gericht, ein Schöffengericht, das neben den Kriminalfällen auch Personalklagen innerhalb der Stadt und eine Reihe weiterer Zivilsachen behandelte, ist deshalb als Besonderheit hervorzuheben, weil es bis zuletzt dem Erzbischof unterstand, obwohl dieser schon seit dem späten Mittelalter in Köln selbst keine Machtbefugnisse mehr wahrnehmen durfte. Daß die Darstellung der einzelnen Kompetenzen und der gerade hierum mit Hingabe geführten Streitigkeiten Bände füllen würde, sei nur am Rande festgehalten; eine geordnete Rechtspflege ließ jedenfalls schon die fehlende Übersichtlichkeit nicht zu. Wenn etwa der Schöffe Blanchard an St. Gereon und am Eigelstein Aufgaben aus dem Bereich des Schreinswesens wahrnahm, so bedeutete dies, daß er die Rechtsverhältnisse an Grundstücken lediglich für seinen Bezirk beurkundete; wer hingegen etwa auf den Gedanken gekommen wäre, hierüber hinauszugreifen, hätte sich zuerst einmal mit den Zuständigkeiten aller anderen Behörden befassen müssen — ein abenteuerliches Unterfangen. Und wie in Köln, so sah es im ganzen Reiche aus. Allein zwischen Kleve und Bingen, dem Gebiet der späteren preußischen Rheinprovinz, zählte man rund 150 landesherrliche Territorien, in denen die unterschiedlichsten Rechtsordnungen galten. Auch nicht die größeren unter diesen Landflecken waren einer Zeit gewachsen, die sich anschickte, in weiteren Handels- und Lebensräumen zu denken. So ist es denn nicht verwunderlich, daß der Glanz der Freien Reichs- und Hansestadt Köln längst dahingeschwunden war. Bei weitem nicht jedes Haus fand noch einen Bewohner, Bettelunwesen machte sich in den Straßen und an den Kirchplätzen breit, die zudem recht nachlässig von allem nur erdenklichen Unrat gereinigt wurden, der mangels Kanalisation und Müllabfuhr überall zuhauf herumlag. Die einst so reiche Stadt bot ein jämmerliches Bild.

Allerdings fehlte es nicht an dem Willen zur Reform. Maximilian Franz, Kurfürst und Erzbischof von Köln, unternahm den kühnen Versuch, die Gerichtsbarkeit am Rhein einem gemeinsamen Oberappellationsgericht als letzter Instanz zu unterstellen und das Richterpersonal vor der Ernennung strengeren Prüfungen zu unterwerfen. Gerade darin scheinen seine Bemühungen nicht ohne Erfolg geblieben zu sein; denn der Richter Verkenius, 1791 noch Schöffe am Hochgericht und später in der Armenverwaltung tätig, war immerhin ausreichend qualifiziert, 1820 die Stelle eines Landgerichtsrats in Köln zu erwerben. Die traurige Gestalt aus Kleists »Zerbrochenem Krug« dürfe also nicht das Bild des kurfürstlichen Gerichts geprägt haben.

Früchte zu tragen, war jedoch den Arbeiten des Reformers nicht mehr beschieden. Bald schon traten Kräfte auf den Plan, die mit dem Sturm der Französischen Revolution das traumversunkene Rheinland dem Mittelalter entreißen sollten. Wie so oft in der Geschichte war es einer fremden Ordnungsmacht vorbehalten, ihre Prinzipien in Deutschland durchzusetzen, dem Land, das der Dreißigjährige Krieg nach der treffenden Definition von Samuel Pufendorf zurückgelassen hatte als gänzlich handlungsunfähigen Staat, als »irreguläres Gebilde, einem Monstrum gleich«.[4]

*Frankreichs Verwaltung und Justiz am Rhein*

Wesentlich klarere Zustände brachte indes die neue politische Lage dem Rheinland in den ersten Jahren der Okkupation nicht. Wenn auch schon am 14. November 1794, nur wenige Wochen nach Übergabe der Stadt Köln, in Aachen eine französische Zentralverwaltung für Rhein und Maas ihre Arbeit aufnahm, war die Ordnung des eroberten Gebiets dennoch nicht deren vornehmliche Aufgabe. Erst einmal ging es darum, die Revolutionsarmee, vielfach zusammengewürfelt aus Resten der königlichen Truppen und entwurzeltem Gesindel, mit den Mitteln des Landes zu ernähren. So kam es, daß zivile und militärische Behörden nicht nur neben- sondern auch gegeneinander arbeiteten. Die ehemals freie Reichsstadt Köln, ohnehin unsicheres Grenzgebiet, verlor ihre Selbständigkeit und wurde der Bezirksverwaltung in Bonn unterstellt. Schnell jedoch zeigte sich, daß die eroberten Gebiete nicht ohne weiteres nach dem Muster einer französischen Verwaltungsorganisation zu regieren waren; insbesondere die untere Ebene bietet ein so uneinheitliches Bild, daß kaum von einer erfolgreichen Durchsetzung der vorhandenen Pläne auszugehen ist.

Dies erkannte auch die französische Regierung. Nachdem noch Anfang 1796 das Land am Rhein in zwei Generaldirektionen mit Sitz in Aachen und Koblenz aufgeteilt worden war, warf mit Verordnung vom 18. März 1797 der hierzu ermächtigte General Hoche das Ruder gänzlich herum und setzte alle aufgehobenen deutschen Behörden wieder in ihre Rechte ein — mit der Einschränkung allerdings, daß sie den Weisungen einer Intermediärkommission in Bonn zu gehorchen hatten. So kam es, daß das alte kurfürstliche Hochgericht in Köln seine Tätigkeit vorläufig weiterführen konnte.

Doch im selben Jahr änderte sich die Lage erneut: der Friede von Campo-Formio (17.10.1797) verschaffte Frankreich die sichere Aussicht auf den endgültigen Erwerb der Rheinlande. Der zum Generalkommissar ernannte Richter am Pariser Kassationshof Rudler betrieb daraufhin eine zügige Anpassung an das französische Verwaltungswesen. Es entstanden die vier Departements, welche bis zum Ende der Franzosenzeit Grundlage der Verwaltung bleiben sollten. Im Département de la Roer, das Aachen als Hauptstadt behielt, fand sich Köln in der unbedeutenden Rolle des Kantons wieder. Wichtiger für die Stadt war hingegen die gleichzeitig am 23.1.1798 mitvollzogene Umordnung der Justiz.

*Die neue Justiz in Köln*

Alle überkommenen Gerichte verschwanden mit einem Schlag. Köln als Kantonshauptstadt wurde automatisch Sitz eines Friedensgerichts, das sich wegen der Größe des Bezirks in anfangs 5, später in 4 Sektionen aufgliederte. Grundsätzlich war für jede Abteilung nur ein Friedensrichter vorgesehen; bei übermäßiger Arbeitsbelastung, schließlich war ein Richter für rund 10.000 Einwohner zuständig, konnte ein weiterer hinzutreten. An dieser untersten Instanz der französischen Justiz begann mancher junge Jurist seine Laufbahn. Nicht nur Wilhelm Blanchard war hier tätig. Unter den ersten Friedensrichtern finden wir u. a. den späteren Landgerichtsrat Kramer und den Prokurator Haas. Gerade das Friedensgericht bot nämlich hinreichend Gelegenheit, sich an einfachen Streitigkeiten in die Praxis einzuleben, weshalb nicht nur zu höheren Ämtern qualifizierte Kandidaten hier arbeiteten, sondern auch Beamte aus unteren Laufbahnen, namentlich Gerichtsschreiber, die sich gewisse Rechtskenntnisse erworben hatten.

In Strafsachen urteilte das Friedensgericht, hier auch Polizeigericht genannt, über kleine Delikte, die höchstens 5 Tage Haft nach sich ziehen konnten. Hinzu kamen Forstfrevel und einfache Beleidigungen. In Zivilsachen erkannte der Friedensrichter über Klagen bis zum Wert von 100 FF und unabhängig davon über Miet- und Lohnsachen. Vor Erhebung einer Zivilklage bei dem Tribunal erster Instanz konnte er als Schlichter tätig werden.

Dorthin gingen auch die Berufungen gegen seine Urteile, wenn sie den Wert von 50 FF überstiegen oder auf Geldstrafe von mehr als 5 FF bzw. Haft lauteten. Die Bedeutung des Gerichts erster Instanz lag jedoch zum wesentlichen Teil darin, daß es für die maßgeblichen Hauptgebiete der Gerichtsbarkeit zuständig war. Mit besonderer Genugtuung konnten die Kölner Bürger daher die Nachricht in Empfang nehmen, daß ihre Stadt Sitz eines solchen Gerichts wurde, um damit wenigstens eine maßgebliche Behörde in ihren Mauern zu wissen. Die Tradition des kurfürstlichen Hochgerichts, dem eine von den Franzosen selbst noch unterstützte Vorläuferfunktion zukommt, wird bei dieser Entscheidung sicher eine Rolle gespielt haben. Nicht ohne Stolz teilten denn auch die Kölner Zivilrichter den Bürgern im Gerichtsbezirk mit: »Die Justiz wird nunmehr in neuen Formen verwaltet werden«. Ihr unter dem 28. April 1798 verfaßtes Rundschreiben, das an allen öffentlichen Tafeln aushing, gab eine kurze Einführung in die nunmehr geltenden Grundsätze des Gerichtsverfahrens, insbesondere den der mündlichen Verhandlung, die das überkommene geheime Verfahren von der langwierigen Aktenarbeit entlastete und den Schwerpunkt des Prozesses in den der Öffentlichkeit zugänglichen Gerichtssaal verlegte. Sehr bald erfaßten die Bewohner im linksrheinisch von Zons bis Wesseling sich erstreckenden Einzugsbereich des Gerichts den Wert der neuen Ordnung, deren Überschaubarkeit den Wirrwarr der alten Zeit verschwinden ließ, welcher bei aller späteren Verklärung durch die Romantiker doch nichts als ein Hemmschuh gewesen war.

*Die Gerichtsverfassung*

Noch aber dauerte die Zeit der Änderungen fort. Napoleon führte im Mai des Jahres 1800 das Präfektursystem ein; Köln wurde Sitz einer der vier Unterpräfekturen im Departement und erhielt damit eine Verwaltungsbehörde, die gleichberechtigt neben dem Instanzgericht stand. Mit dem am 9. 2. 1801 geschlossenen Frieden von Luneville erwarb Frankreich das Rheinland zum integrierten Staatsgebiet. Im Zuge der damit verbundenen Rechtsänderungen wurde das Kölner Tribunal 1. Instanz am 7. März 1803 neu konstituiert. Ein gesellschaftliches Ereignis! In feierlicher Prozession zogen an jenem Tage die Richter, an der Spitze der Präsident, begleitet von den leitenden Beamten der Verwaltung zum Rathaus und dann zurück in das Gerichtsgebäude. Schon zwei Wochen später gab das Tribunal sich eine Geschäftsordnung, aus der die Aufgabenbereiche der Richter in allen Einzelheiten zu entnehmen sind. Blanchard etwa als Vizepräsident und damit Vorsteher der zweiten Sektion bearbeitete neben den allgemeinen Zivilsachen eine Fülle von Angelegenheiten aus dem Bereich der freiwilligen Gerichtsbarkeit, insbesondere Entmündigungen und Vormundschaften. Diese Dinge unterliegen heute der Zuständigkeit des Amtsgerichts, woran sich zeigt, daß das Friedensgericht zwar dessen Vorläufer gewesen sein mag, in der Kompetenz hingegen hinter ihm zurückstand. Auffallend ist, daß jeder Richter am Zivilgericht mehrere Sitzungen in der Woche wahrzunehmen hatte; doch gerade daran erkennt man, welche Bedeutung dem öffentlichen Verfahren zukam. Die Vorbereitung des Prozesses durch Schriftsätze spielte eine weit geringere Rolle als heute. Erst in der mündlichen Verhandlung wurde der streitige Sachverhalt vorgetragen und dann meist sofort entschieden; die Aktenarbeit lief nebenher.

In Strafsachen führte das Tribunal auch die Bezeichnung Zuchtpolizeigericht. Als solches erkannte es über Delikte, deren Begehung mit Freiheitsstrafe bis zu 10 Jahren bedroht war. Darüber hinausreichende Delikte brachte der Prokurator vor den Peinlichen Gerichtshof des Departements, den Vorläufer der unter Napoleon noch eingeführten Schwurgerichte. Die Prokuratur selbst, das »Öffentliche Ministerium«, war ebenfalls mit der französischen Justizorganisation im Rheinland heimisch geworden und blieb es als Vorläufer der heutigen Staatsanwaltschaft. Das Peinliche Gericht in Aachen befand auch über Berufungen gegen Strafurteile des Tribunals 1. Instanz.

Im übrigen waren Rechtsmittel aber, soweit zugelassen, an das Appellationsgericht zu richten, das anfangs seinen Sitz in Trier hatte; ab 1804 war für Köln der Lütticher Appellhof zuständig. An dessen deutscher Unterabteilung arbeitete in späterer Zeit auch der Ratsauditor Caspar Gymnich, der nach Studium in Köln und Paris über den Anwaltsberuf und die Stelle eines Staatsprokurators in Nimwegen ein Amt in Lüttich erlangt hatte. Er blieb dort bis 1815 und zählte 1820 zu den ersten Kölner Landrichtern — ein Beispiel dafür, aus welch unterschiedlichen Behörden das Personal des Landgerichts hervorgegangen ist und welchen Erfahrungshorizont man sich damit zunutze machen konnte.

Bei aller Fortschrittlichkeit hatte das neue Gerichtswesen aber auch seine Schattenseiten: die »Cours spéciales«, Sondergerichte zur Aburteilung besonders schwerwiegender und wegen ihrer Häufigkeit beunruhigender Verbrechen gegen die öffentliche Sicherheit, namentlich Räuberei, Unruhen, Brandstiftung und Münzvergehen. Die Spezialgerichte bestanden bei den Peinlichen Gerichten, fielen aber aus der allgemeinen Ordnung heraus,

weil sie nicht nur mit Richtern, sondern auch mit Berufsoffizieren besetzt waren und demzufolge wegen der Härte ihrer Urteile mehr Furcht verbreiteten, als sie Achtung genossen. Für Köln war das 1801 in Aachen errichtete Sondergericht zuständig.
Mit Abschluß all dieser organisatorischen Maßnahmen begann die Glanzzeit des französischen Rechts. Zwischen 1804 und 1810 traten, nachdrücklich gefördert durch Napoleon, die fünf großen Gesetzbücher in Kraft, allen voran der Code Civil; den Abschluß bildete das Strafgesetzbuch. Noch einmal wurde danach, gemäß Dekret vom 24. April 1811, das Kölner Zivilgericht 1. Instanz durch den Kaiserlichen Deputierten und späteren Generalprokurator Koenen am 1. Juni des Jahres neu konstituiert, um den Änderungen nach dem Gesetz über die Organisation der Justiz vom 20.4.1810 gerecht zu werden. Wie hatte sich die Zeit gewandelt! Am Morgen des feierlich begangenen Gründungstags versammelten sich die Notabeln aus Justiz und Verwaltung der Stadt unter Leitung des Vizepräsidenten Begasse zu einer Messe im Dom, der, einst Pferdestall des Revolutionsheers, längst wieder zu Ehren gekommen war. Die neu ernannten Richter, meist die schon vorher dort tätigen, sahen alsbald der nunmehr heraufziehenden preußischen Epoche des Rheinlandes entgegen. Denn die Zeit der Vormachtstellung Frankreichs in Europa näherte sich dem Ende. Würden damit auch die Errungenschaften des französischen Rechts untergehen?[5]

*Übergang und Festigung in preußischer Zeit*
»Die hohen verbündeten Mächte wollen, stets eingedenk ihres erhabenen und festen Vorsatzes, Deutschland von seinem bisherigen Joche zu befreien, die Kräfte der von ihren siegreichen Armeen eroberten Länder zu keinem anderen, als diesem Zwecke benutzen, mit welchem die Herzen aller Deutschen einverstanden sind«, verkündete der Freiherr vom Stein am 23. Oktober 1813, wenige Tage nach dem siegreichen Abschluß der bei Leipzig geführten Entscheidungsschlacht, im Namen der für die befreiten Gebiete errichteten obersten Verwaltung — ein weitreichendes Versprechen, das viele Möglichkeiten offenließ. Innerhalb kürzester Zeit war Deutschland befreit; bald konnten die Allierten, allen voran Preußen und Rußland, ein vorläufiges Generalgouvernement in den Rheinlanden begründen. Wieder einmal wurde Köln von Aachen aus regiert, dem vorläufigen Sitz der Regierung für den Niederrhein unter dem Geheimen Staatsrat Sack. Auch mit dem Besitznahmepatent vom 5. April 1815, das getreu den Beschlüssen des Wiener Kongresses die preußische Zeit der Rheinlande einleitete, änderte sich nicht viel an den grundsätzlich beibehaltenen Verwaltungsstrukturen aus französischen Tagen. Neue Namen allerdings erhielten die Behörden. Der Kölner Sous-Préfet wurde Kreisdirektor, das Tribunal de 1$^{ère}$ Instance Kreisgericht. Eine besondere Aufwertung erfuhr die Stadt Köln mit der am 27. Juni 1815 in Kraft gesetzten vorläufigen Gerichtsverfassung: Sie wurde erstmals seit dem Ende der kurfürstlichen Zeit wieder Sitz eines Appellhofs, der die Funktionen der aufgelösten deutschen Abteilung des Berufungsgerichts in Lüttich übernahm. Mit den zurückkehrenden Richtern erwarb auch der schon bekannte Carl Caspar Gymnich die Stelle eines Appellationsrats, die er trotz hervorragender Beurteilung seiner Fähigkeiten im Jahre 1820 gegen

das Amt eines beisitzenden Landrichters tauschen mußte, ohne Zweifel ein Verlust für ihn, nicht nur am Gehalt; doch auch das Landgericht war dringend angewiesen auf sachkundige Amtswalter, und von Besitzstandswahrung ist in Zeiten grundlegender Neuordnung nur selten die Rede.[6]

*Personal unter wechselnder Herrschaft*

Indes wirft das berufliche Schicksal Gymnichs eine weitere Frage auf: Wie kam es, daß er als Deutscher in ehemals französischen Diensten anscheinend ohne Schwierigkeiten in die preußische Justiz übernommen wurde? Hatte nicht eine nationale Bewegung den fremden Eroberer vertrieben, und wäre es danach nicht naheliegend gewesen, nun auch seine Beamten und Richter aus dem Amt zu entfernen? Erinnert man sich zudem der Laufbahn Blanchards, welcher vor seinem Eintritt in die französische Justiz noch Richter und Beamter des Kurfürsten und der freien Reichsstadt gewesen war, um später preußischer Landgerichtspräsident zu werden, machen schon diese beiden Beispiele ein eigenartiges Verhältnis der damaligen Obrigkeit zu ihren Untergebenen erkennbar, das augenfällig wenig von engstirnigem Nationalismus geprägt ist. Die Tatsachen sprechen eine deutliche Sprache: Rund drei Viertel der Richter in der frühen Besatzungszeit hatten ihre Stelle schon vor der Revolution innegehabt. Von 20 Präsidenten, Richtern und Anklägern bei den Departements-und Instanzgerichten im Roer-Departement waren nur zwei gebürtige Franzosen. Erst an den höheren Instanzen nahm deren Anteil allmählich zu. Nach der Befreiung blieben nahezu alle Beamten in ihren Ämtern; selbst Franzosen traten in preußische Dienste ein oder blieben, etwa als Notar, am Ort ihrer Praxis ansässig. Die Beweggründe der Regierenden mögen vielfältig gewesen sein.

Für die Besatzungsmacht entwickelte 1797 der General Hoche den Gedanken, Deutsche und Franzosen müßten in den eroberten Gebieten die Verwaltung gemeinsam führen, um die Rheinlande auch innerlich an Frankreich zu binden. Nicht verkennen darf man außerdem, daß die französische Revolution in Deutschland überzeugte Anhänger hatte, hauptsächlich im gebildeten Bürgertum, das nach der Entmachtung des Adels erstmals entscheidende Bedeutung gewann. »Je suis Allemand d' origine«, konnte daher Wilhelm Blanchard in seinen (französischen) Personalbogen schreiben, und er wurde anerkannt. Für Preußen wird nach Übernahme der »Wacht am Rhein« entscheidend gewesen sein, daß die Übergangsverwaltung sich zwangsläufig auf die von den Franzosen hinterlassenen Einrichtungen stützen mußte, weil andere Strukturen im Rheinland nicht mehr vorhanden waren. Im Vordergrund stand dann auch nicht die Nationalität, denn die war ohnehin meist deutsch, sondern die Qualifikation. Unter diesem Gesichtspunkt betrieb der Justizminister die Wiedereinstellung der noch diensttauglichen pensionierten Beamten, um die nach dem Abzug der Franzosen entstandenen Lücken auffüllen zu können. Nur geeignetes Personal sollte wieder aktiviert werden, woran sich indes zeigt, daß finanzielle Gesichtspunkte hierbei eine nicht unerhebliche Rolle gespielt haben. Das während der Besatzungszeit und im Kriege verarmte Land konnte es sich nicht leisten, eine Vielzahl von Pensionären zu ernähren; die Schwierigkeiten bei der Reaktivierung machen aber auch deutlich, daß Preußen, hätte man die von Frankreich übernommenen Beamten entlassen, kaum genug eigenes Personal gehabt hätte.

Gänzlich frei von Konflikten war die vorliegende Problematik allerdings nicht. Schon im Jahre 1801 hatte der Richter am Revisionshof in Trier Saintmartin, ein Schulfreund des Justizministers Abrial, gegen seine deutschen Kollegen polemisiert und sie kaum versteckt der Kumpanei mit Schmugglern und Steuerbetrügern bezichtigt, die der Besatzungsmacht naturgemäß sehr zu schaffen machten. Seine Vorschläge liefen darauf hinaus, die endgültige Gerichtsorganisation der Rheinlande vorläufig zu suspendieren, um die deutschen Richter in Ungewißheit über ihr persönliches Schicksal zu halten.

Unerschrocken wandten sich die Richter des Kölner Instanzgerichts gegen diese Zumutung. Ihre kritischen »Réflexions« zu Saintmartins Schrift veröffentlichte der Verlag direkt im Anhang zum Erstdruck des zweifelhaften Werkes. Die Richter schlugen den Angreifer mit denjenigen Waffen, welche das französische Recht selbst ihnen an die Hand gab: Als Bürger Frankreichs waren sie gleichberechtigt; ein Anlaß, gebürtige Franzosen zu bevorzugen, bestand also nicht. Gerade Saintmartin wollte den Deutschstämmigen jedoch die Bürgerrechte vorenthalten, ein Widerspruch, den die Regierung einsah und der sie bewog, die Verschiedenheit der nationalen Herkunft nicht in dem vorgeschlagenen Maße zur Geltung zu bringen.

Nach diesen Grundsätzen handelte später auch Preußen, diesmal gegen den Willen übereifriger Patrioten, im Rheinlande namentlich Görres und Arndt, die mit allen Überbleibseln der Franzosenzeit reinen Tisch machen wollten. So konnte Blanchard in einer dienstlichen Beurteilung der Kölner Richter ohne Bedenken schreiben, fast alle Richter beim Kreisgericht seien schon deshalb als fähig anzusehen, weil sie in langjährigem Dienst an französischen Tribunalen Erfahrung erworben hätten, ohne sich Pflichtwidriges zuschulden kommen zu lassen.

Ein letzter Grund wird allerdings hinter all dem erkennbar: Die Menschen damals waren deshalb nicht so sehr wie heute vom Schicksal ihres Staates privat betroffen, weil dieser sie als vollwertige, zur Mitsprache berechtigte Bürger noch nicht anerkannte — ein Umstand, der politische Freiheit des Einzelnen zwar nicht zuließ, dafür aber eine weitergehende Unabhängigkeit vom Wandel der Machtverhältnisse. Erst die aufkommende nationalstaatliche Bewegung des 19. Jahrhunderts würde, einhergehend mit dem Anbruch des demokratischen Zeitalters, den Bürger bis zum Einsatz seiner Existenz an die Geschicke des Staates binden.[7]

### *Der Kampf um das rheinische Recht*

So verhältnismäßig einfach war indes nicht jede der auf den Preußischen König mit Erwerb des Rheinlandes hereinstürmenden Fragen zu lösen. Insbesondere die vorläufige Fortgeltung des französischen Rechts warf Probleme auf, mit denen man nicht gerechnet hatte. Noch im Jahre 1814, unmittelbar nach der Befreiung Kölns, veröffentlichte Ferdinand

Franz Wallraf anonym einen »Abschied an das wegziehende Personal der verhaßten französischen Administrationen samt gutmüthiger Sehnsucht eines ehrlichen Bürgers zur Rückkunft unserer alten Verfassung in Köln«. Ungeachtet der Verdienste, die Wallraf sich um die Rettung Kölner Kirchen und Kunstschätze vor dem ersten Elan der französischen Revolutionsverwaltung erworben hat, zählt dieses Traktat nicht zu den Ruhmestaten seiner wechselvollen Laufbahn, die auch ihn, nach dem Ende der Kölner Universität, deren letzter Rektor er war, wie viele mit ihm in französische Dienste führte. Er wurde ein treuer Anhänger Napoleons, den er im September 1804, beim Kaiserbesuch in Köln, mit kunstvoll gefügten lateinischen Sprüchen umschmeichelte; in eine Reihe stellte er den hohen Gast mit früheren Besuchern Kölns: den römischen Imperatoren, Chlodwig und Karl dem Großen, dessen Alleinerbe gerade Napoleon mit besonderer Hingabe für sich reklamierte. Nur 10 Jahre später rief Wallraf den vertriebenen Besatzern nach: »Vor Pest, Hungersnot und Krieg bewahre uns, oh Herr!«

Nun könnte man die in Knittelverse gefaßten Torheiten dieses trotz allem verdienten Bürgers unserer Stadt geruhsam in den Archiven schlummern lassen, hätte nicht der übereifrige Dichter im selben Atemzug als erster in Köln das Stichwort für die Kämpfe der folgenden Jahre geliefert: »Komm altes Recht zurück samt Transfix und Verbund«. Das war es, was viele Patrioten sich sehnlichst wünschten: Mit den fremden Eroberern sollten auch deren Gesetze aus Deutschland vertrieben werden, um dem althergebrachten Recht, was immer es auch war, wieder Geltung verschaffen zu können. Deutlicher formulierte es zwei Jahre darauf der Kölner Anwalt Johann Dobbe:»Abgeschüttelt ist das Joch der Franken; der deutsche Rhein vernimmt wieder die Töne der Kinder des Vaterlands. Doch das fremde Gesetz, welches ihn Decennien beherrschte, waltet noch über ihn. Aber lange nicht mehr«.

Nur stellte sich für Preußen die Frage nach der künftigen Rechtsordnung um eine Nuance anders. Dort nämlich dachte niemand daran, den Rheinländern die mittelalterlich zersplitterten Gesetze und Gewohnheiten wiederzugeben. Diese Zustände glaubte man mit dem aufgeklärten Preußischen Allgemeinen Landrecht von 1974[1] (PALR), unbezweifelbar einem Meisterwerk, ein für alle Male überwunden. Von Anfang an ging es also nur um die Wahl zwischen zwei Möglichkeiten: Sollten die unter Napoleon am Rhein und später auch im Bergischen Land eingeführten französischen Gesetzbücher ihre Geltung behalten oder sie zugunsten des Landrechts einbüßen? In dem darum nun heftig entbrennenden Kampf hat man den Rheinländern, die sich, warum, das wird noch zu klären sein, auf die Seite des französischen Rechts stellten, häufig mangelnde Vaterlandstreue vorgeworfen. So indes lagen die Dinge nicht. Das Landrecht war kein deutsches Gesetzbuch, sondern preußisches Partikularrecht — dem Rheinland so fremd wie jedes andere. Eine für die gesamte Nation verbindliche Rechtsordnung hatte das morbide Deutsche Reich nicht mehr geschaffen.

Ungeachtet dieser Umstände kannte der preußische Justizminister Friedrich Leopold von Kircheisen nur ein Ziel: die alsbaldige Einführung der ihm als selbstverständlich erscheinenden Gesetze seines Landes in den neu erworbenen rheinischen Provinzen. Für die vormals schon preußischen Kreise Duisburg, Essen und Rees geschah dies noch im Jahre der

Befreiung mit Patent vom 9. September 1814. Daß nach dessen Vorbild nicht mit dem ganzen Rheinland verfahren wurde, ist einem eher verhältnismäßig belanglosen Ereignis zu verdanken. Dem Innenminister von Schuckmann genügte es nämlich nicht, daß das PALR und die Allgemeine Gerichtsordnung in Bausch und Bogen auf das Rheinland ausgedehnt werden sollten. Darüber hinaus wollte er außerdem die wenigen seinerzeit nach französischem Recht geschlossenen Zivilehen für ungültig erklären, wenn nicht die Eheleute bereit wären, die kirchliche Trauung nachzuholen. Die sich daran entzündende Meinungsverschiedenheit mit dem Justizminister führte zur Vorlage der Sache beim Staatskanzler Hardenberg, der in seiner berüchtigten Saumseligkeit den Streit fürs erste von sich fernhielt, um dann im Frühjahr 1816 dem König zur weiteren Behandlung des Problems die Bildung einer Kommission vorzuschlagen.

Daß Friedrich Wilhelm III. den Vorschlag aufgriff und mit Kabinetts-Ordre vom 20. Juni 1816 die Bildung einer Immediat-Justiz-Kommission für die Rheinlande anordnete und ihr unter anderem die Frage der künftigen Rechtsordnung anvertraute, mag zu den herausragenden Ereignissen jener Jahre zählen. Wichtiger für die Rheinländer selbst war der dadurch bewirkte Zeitgewinn, der es ihnen ermöglichte, sich mit dem auseinanderzusetzen, was Preußen vorhatte.

Das Ergebnis der nun in Ruhe angestellten Vergleiche zwischen französischem und preußischem Recht war für viele verblüffend. Es fiel mit überwältigender Mehrheit zugunsten des napoleonischen Erbes aus. Und das sich hierum aufbauende Drama spielte wohl kaum im Rheinland, wäre nicht manch einer der Akteure von den Wogen der Begeisterung etwas weiter hinausgetragen worden.[8] Betrachten wir die Stimmen näher, die sich im Umkreis des Kölner Landgerichts erhoben:

*Kölner Stimmen*

Brennpunkt der hiesigen Auseinandersetzungen war das »Niederrheinische Archiv«, welches von 1817 bis 1819 mit insgesamt vier Bänden in Köln erschien. Als seine Herausgeber zeichneten G. von Sandt, Anwalt beim Kölner Appellationshof, und C. zum Bach, Richter beim Kreisgericht. Letzterer konnte zu dieser Zeit schon auf eine langjährige Erfahrung in der Justiz zurückblicken. Vormals Anwalt beim Mainzer Hofgericht, war er unter den Franzosen 15 Jahre lang Zivilrichter in Köln gewesen, um nach kurzer Richtertätigkeit in Hamburg hierhin zurückzukehren. Der Präsident des Appellationshofs bescheinigte ihm mit einer dienstlichen Beurteilung, daß er sich durch schriftstellerische Arbeiten hervorgetan habe und ein Mann mit Blick für das Wesentliche sei.

Im Vorwort zum ersten Band erläuterten die beiden Verantwortlichen ihren »Plan« zur Herausgabe der Zeitschrift. Sie sollte Forum eines regen Gedankenaustauschs sein und alle Fragen behandeln, die im Zusammenhang mit der künftigen Rechtsordnung im Rheinland aufzuwerfen waren. Damit kam dem Archiv letztlich die Funktion eines Gegengewichts zur Immediat-Justiz-Kommission zu, welche im Grunde dieselbe Aufgabe wahrzunehmen hatte, allerdings den Weisungen des Königs unterstand. Mit der Bekanntmachung über die offizielle Aufnahme der Kommissionsgeschäfte beginnt denn auch der redaktionelle Teil des Archivs; fortgeführt wird er unmittelbar danach mit einer engagierten Stellungnahme gegen die Einführung des preußischen Rechts — Zeichen eines nicht unerheblichen Selbstbewußtseins, gerechtfertigt aber dadurch, daß eben die führenden Köpfe der rheinischen Justiz sich hier zu Wort meldeten.

Welche waren nun die wesentlichen Bedenken gegen Preußens Landrecht?

Ein klug durchdachtes, auf alle Lebensbereiche zugeschnittenes Gesetzbuch stellte es doch dar. Selbst Ansätze unserer heutigen Verfassungsgrundlagen finden sich schon darin: Bindung der staatlichen Gewalt an die allgemeinen Gesetze, Unabhängigkeit der Gerichte, kollegiale Mitwirkung beim Erlaß von Gesetzen, Garantie des rechtlichen Gehörs (vgl. etwa § 7 Einl., § 528 I 9 PALR). Indes war die maßgebliche Entwicklung gerade jener Jahre am PALR vorbeigegangen: Der mit den revolutionären Ereignissen in Frankreich sich manifestierende Niederbruch des Absolutismus und die damit einhergehende Forderung nach bürgerlicher Freiheit und Gleichheit. In diesem Lichte besehen fand sich schier Untragbares im preußischen Recht.

Besonders erhitzten sich die Gemüter an der Prügelstrafe, die bis zu den Stein'schen Reformen der Gutsherr über seine Bediensteten hatte verhängen dürfen. Ungeachtet der zwischenzeitlich erfolgten Abschaffung nahm ein anonymer Autor im Niederrheinischen Archiv diese Erinnerung aus vergangenen Zeiten noch 1817 zum Anlaß, den Altpreußen hinter die Ohren zu schreiben, am Rhein werde in derartigen Fällen entweder zurückgeprügelt oder das Gericht angerufen. Und aller Reform zum Trotz waren die preußischen Gesetze einem ständischen Gesellschaftsaufbau verhaftet, den die französische Revolution im Rheinland längst beseitigt hatte, soweit er dort bestand. Nicht nur am Eheverbot wegen Ungleichheit des Standes (§ 30 II 1 PALR), einem überkommenen Relikt zur Wahrung der Standesunterschiede, machten sich die Gegensätze erkennbar; auch der privilegierte Gerichtsstand des Adels und der königlichen Beamten erweckte nichts als Befremden, obwohl er aus der Geschichte Preußens leicht zu erklären ist. Der König hatte nämlich die Gerichtsbarkeit seinen mächtigen Landständen grundsätzlich belassen müssen. Da aber die Adligen schlecht über sich selbst Gericht halten konnten und der König seine Beamten vom Einfluß des Adels fernhalten wollte, entstand für diese beiden Bevölkerungsgruppen ein dem Rang nach höherer und mit besser ausgebildeten Richtern besetzter, »privilegierter« Instanzenzug. Hält man sich vor Augen, daß darin schließlich eine Kompromißlösung lag, leuchtet ein, wie sehr sich eine so gestaltete Gerichtsordnung im Rheinland, das Adelsprivilegien nicht mehr kannte, als Fremdkörper hätte darstellen müssen. Zudem waren Handel und Industrie am Rhein schon weiter fortgeschritten als in Altpreußen. Daß aber der reiche und angesehene Kaufmann ein einfacheres Gericht sollte anrufen müssen als der (beamtete) Gerichtsdiener, wäre nicht nur die Forderung nach Gleichheit zuwidergelaufen, sondern hätte die sich mehr schon am Wirtschaftsleben orientierenden Wertvorstellungen der Zeit geradezu ins Gegenteil verkehrt.

Der privilegierte Gerichtsstand zählte denn auch zu den wesentlichen Streitpunkten. Demgegenüber war nach französischem Recht vor Gericht jeder Bürger gleich. Parteien und Gericht verhandelten mündlich und vor den Augen der Öffentlichkeit, während das preußische Inquisitionsverfahren ein für den Rechtsuchenden geheimnisumwitterter Aktenprozeß war, ganz abgesehen davon, daß rheinischer Mentalität und Redseligkeit die lebendige Auseinandersetzung im mündlichen Verfahren sehr entgegenkam.

Rechte Würze erhielt die Diskussion jedoch erst dadurch, daß eine Reihe von Autoren, zumeist ergebene preußische Beamte, den Eindruck zu erwecken versuchten, die Stimmung im Rheinland tendiere eher zum Landrecht hin.

Insbesondere Johann Neigebaur, der im Zuge des Aufbaus der preußischen Verwaltung in den neuen Provinzen aus seiner schlesischen Heimat als Appellationsgerichtsrat und Vertrauter des Generalgouverneurs Sack nach Köln gekommen war, machte sich zum Ziel beißenden Spotts, als er 1816 seine vermeintlichen »Wünsche der neuen Preußen« veröffentlichte. Geflissentlich verschwieg er dem Leser, daß sich ein Altpreuße hinter dem wohlklingenden Titel verbarg, dem weniger die Vorstellungen seiner Landsleute als diejenigen der konservativen Kräfte in der Regierung am Herzen lagen. Ohne Skrupel unterstellte er den rheinischen Juristen, besonderes Interesse an der strittigen Frage sei ihnen abhold, nur aus Bequemlichkeit wollten sie das fremde, die Nationalehre verletzende Recht behalten. Wenn allerdings einige Seiten später argumentiert wird, die Rheinlande sollten unter französischem Recht nicht besser stehen dürfen als das übrige Preußen, ist er schon entlarvt.

Entsprechend fiel die Kritik im Niederrheinischen Archiv aus:

Die rheinpreußischen Rechtsgelehrten gingen zum Gegenangriff über und betonten, nicht das rheinische, das preußische Recht sei revisionsbedürftig — ein Gedanke, der selbst in Berlin nicht nur auf taube Ohren stieß. Neigebaur wünschte ein ungenannter Rezensent, »daß er einen guten moralischen und physischen Arzt finden möge« und » daß anderen Gegenden das Glück, ihn in ihrer Mitte und als höheren Justiz-Beamten zu besitzen, zu Theil werde«. Doch bei diesen noch halbwegs zurückgehaltenen Tiefschlägen blieb es nicht. Im dritten Band des Archivs meldeten die Herausgeber selbst sich zu Wort. »Laffe« und »Schmalzgeselle« scholl es nun zu den Anhängern altpreußischer Tradition hinüber. Den preußischen Aktenprozeß stellten die Autoren als Verfahren hin, in dem sich wahre Bände mit Schikanen und Rabulistik besudeln ließen; man könne nur Mitleid haben mit den Richtern, die den ganzen Quark (!) lesen müßten. In der Tat: Vom Bild des würdigen Staatsdieners alter Prägung bleibt da nicht viel; verständlich wird all dies aber, wenn wir uns vor Augen halten, in welch weitgehendem Maße das Preußische Recht, wäre es zum Zuge gekommen, den freien Mann im Rheinland wieder zum Bürger zweiter Klasse degradiert hätte. Zur Ehrenrettung unserer Altvorderen sollten wir allerdings festhalten, daß die Auseinandersetzung im wesentlichen sachlich und mit ernster Anteilnahme geführt wurde.

*Hintergründe und sachlicher Fortgang des Kampfes*

Die Immediat-Justiz-Kommission ging mit Sorgfalt und unvoreingenommen an die ihr gestellte Aufgabe heran, Vor- und Nachteile des rheinischen Rechts zu erkunden. Sie untersuchte die vorgefundene Gerichtsorganisation genauso wie die Qualifikationen der Beamten und Richter. Dabei wurden die französischen Gesetzbücher in allen Einzelheiten gegen die preußischen Vorschriften abgewogen. Daß Fragen der Zweckmäßigkeit nun naturgemäß im Vordergrund standen, mag einleuchten; eines indes blieb weitgehend unerörtert: Wie kam es, daß die Rheinländer sich mit diesem Nachdruck für das neue Recht einsetzten? Und nicht nur die Juristen unter ihnen; auch die führenden Bürger der Stadt Köln insgesamt sandten im Jahre 1817 dem König eine Adresse, mit der sie darum baten, das französische Recht beizubehalten. Ähnlich verfuhren andere Städte. Die Zustimmung war so weitreichend, daß die rein praktischen Gesichtspunkte, die wohl längst nicht jeder durchschaute, kaum alleine ausschlaggebend gewesen sein dürften.

Hinter all den Gutachten und den Debatten mit ihrem polemischen Randgeplänkel wird vielmehr erkennbar, daß die Auswirkungen der Franzosenzeit im Gedächtnis der Menschen unauslöschliche Spuren hinterlassen hatten. Denn erst unter der Fremdherrschaft war den Rheinländern, vormals in einer Vielzahl von Herrschaften zersplittert, ihre gemeinsame Identität bewußt geworden. Deutschland hingegen hatte sie der fremden Gewalt ohne nachhaltigen Widerstand ausgeliefert; der Kaiser, weil er machtlos und in österreichische Sonderinteressen verstrickt war, der König von Preußen, weil die Teilung Polens ihm — schlicht gesagt — mehr einbrachte als eine Abwehr der französischen Eroberungspläne.

Dieses in Not und Enttäuschung gewachsene Selbstbewußtsein war mit der napoleonischen Verwaltung und den neuen Gesetzbüchern unauflösbar verwachsen. Eines jedoch blieb ihm verwehrt, einzumünden nämlich in eine dem Rheinland eigene politische Organisation. Worauf hätte diese sich auch stützen sollen? Die alten Mächte, ein Flickenteppich geistlicher und weltlicher Territorien, hatten abgedankt; Preußen demgegenüber dachte nicht daran, der unruhigen Neuerwerbung Einfluß zuzugestehen. All dem zum Trotz brachte aber gerade in jenen Jahren die europäische Geisteswelt dem Rheintal ein nahezu überbordendes Interesse entgegen. Die heraufziehende Romantik berauschte sich an seinen Landschaften, den mittelalterlichen Stadtmauern, Kirchen und Burgruinen; nur eines Wortes bedurfte es noch, um den Torso des Kölner Doms zum Symbol der unerfüllten nationalen Wünsche ganz Deutschlands zu erheben.

So in den Zeitstrom hineingeworfen, klammerten sich die Rheinländer an das französische Recht als die einzige, ihnen vor dem übrigen Preußen eine Sonderstellung einräumende Gemeinsamkeit. Die Gesetzbücher Napoleons gewannen geradezu den Rang eines Grundgesetzes, enthielten sie doch schon alle Ansätze einer freiheitlichen, rechtsstaatlichen Ordnung. Hält man dagegen das nicht eingelöste Verfassungsversprechen des preußischen Königs von 1815, so erlangt die am Rhein geführte Auseinandersetzung eine weit über den eigentlichen Schauplatz des Kampfes hinausreichende Dimension: Hier wurde dem König von Preußen die Frage nach dem Fortbestand seiner Monarchie gestellt. Deutlich erhellt sich das Problem am Beispiel der Gewaltenteilung, die den Gerichten Unabhängigkeit vom Einfluß der Regierung bringen sollte. In gewissem Sinne bestand sie auch in Preußen. Das dortige Landrecht jedoch war mit seinen mehr als 10.000 Paragraphen so weitgehend am eng geregelten Einzelfall orientiert, daß dem Richter kaum eine andere Wahl blieb, als den Willen des Königs buchstabengetreu nachzuvollziehen. Das französische Recht hingegen war weit kürzer gefaßt und damit auch für den Bürger verständlich. Als entscheidend für den Richter erwies sich dabei, daß er hierdurch in die Lage versetzt war, nach weitreichenden, genereller gefaßten Normen zu urteilen; der Handlungsspielraum war größer, die Anpassung des Rechts an sich wandelnde Zeitumstände gelang jetzt ohne prinzipielle Schwierigkeiten — sicherlich eine Aufwertung des Richteramts, das nun eben nicht nur in der Theorie, sondern auch in der täglichen Praxis unabhängig wahrgenommen werden konnte. Man mag sich vergegenwärtigen, daß die napoleonischen Gesetze in Frankreich — mit Änderungen — im Grunde heute noch gelten, den Wandel der Zeiten also überstanden haben; wer demgegenüber das Preußische Allgemeine Landrecht aufschlägt, fühlt sich in eine ferne Vergangenheit versetzt.

Gerade dieser Umstand, daß der gewaltige Umfang des Landrechts dessen praktische Brauchbarkeit und Anpassung an sich verändernde Zeitumstände unmöglich machen würde, war indes nicht nur im Rheinland erkannt worden. Auch andere führende Köpfe der deutschen Rechtswissenschaft zweifelten am Wert der überkommenen Kodifikation. Allen voran veröffentlichte Friedrich Carl v. Savigny 1814 seine berühmt gewordene Schrift »Vom Beruf unserer Zeit für Gesetzgebung und Rechtswissenschaft«, mit der er die These vertrat, der Erlaß weitgreifender Gesetze sei insgesamt aufzugeben, um dem sich im Volke entwickelnden, aus dem Einzelfall abgeleiteten Recht Raum schaffen zu können. Als späterer Gesetzgebungsminister in Preußen widmete er sich der Erarbeitung einzelner, besondere Lebensbereiche umfassender Gesetze, die Handel und Wechselverkehr regelten. Der sich darin manifestierenden Auffassung kamen die generell gefaßten französischen Gesetzbücher entgegen, weil sie mit ihrem weiten Auslegungsspielraum der Vielfalt sich immer wieder neu darbietender Einzelfälle am besten gewachsen waren. Auch daraus dürfte sich das Zögern erklären, mit dem die Verantwortlichen in Preußen, als ihre ursprünglichen Ziele im ersten Anlauf nicht erreicht worden waren, an die Frage des rheinischen Rechts herangingen.

Im Verlauf des Jahres 1818 schloß die Immediat-Justiz-Kommission mit insgesamt fünf Hauptgutachten die ihr zugewiesene Tätigkeit ab. Ihren Vorschlägen nach sollten die französische Gerichtsorganisation und das Prozeßrecht im wesentlichen erhalten bleiben. Für das materielle Recht regte die Kommission einen Kompromiß an, wonach preußisches Familien- und Erbrecht an die Stelle des im übrigen fortgeltenden Code Civil getreten wäre. Allein dies war so wenig praktikabel, daß dahinter eine nur oberflächliche Konzession an die Wünsche der Altpreußen gelegen haben dürfte. In Wirklichkeit waren die Gutachten der entscheidende Durchbruch des französischen Rechts. Die danach noch hiergegen geführten Angriffe blieben erfolglos. Nur in Westfalen, wo die napoleonischen Codes lediglich wenige Jahre lang in Kraft gewesen waren, gelang 1825 deren Abschaffung.

Im Rheinland selbst blieb es dabei. Insbesondere der rheinische Provinziallandtag entwickelte sich zu einem Forum der hiesigen Sonderinteressen. Als 1827 noch einmal eine Revisionskommission in Berlin die Frage untersuchte — Mitglied war u. a. der (zweite) Kölner Landgerichtspräsident Oswald — überraschte ihr Schlußvotum für das französische Recht schon nicht mehr so sehr. Im Gegenteil hatte in Preußen längst ein ganz anderer Denkprozeß Gestalt angenommen. Auch dort begann man nun, die Erneuerung des Rechts voranzutreiben, wobei die in Frankreich erzielten Fortschritte einfach nicht zu übergehen waren. Als dann endlich am 1. Juli 1851 für ganz Preußen ein neues Strafgesetzbuch in Kraft trat, mochte es den Code Pénal ersetzen, doch nur um den Preis der bis zur wörtlichen Übernahme einzelner Bestandteile gehenden Anlehnung. Damit hatten der verständliche Wunsch Preußens nach einheitlichem Recht im Lande und das nicht minder berechtigte Streben der Rheinländer nach Erhalt des besseren Gesetzes auf der Höhe damaliger Erkenntnis ihren Ausgleich gefunden. Mit den anderen Materien verfuhr die deutsche Rechtswissenschaft ähnlich, entfernte sich aber, als Aufgaben und Wirkungskreis im Zuge der Reichseinigung weitreichendere Dimensionen annahmen, immer mehr von den französischen Vorlagen, bis hin zum Inkrafttreten des Bürgerlichen Gesetzbuchs im Jahre 1900, das nun als letzten der napoleonischen Codices den Code Civil ablöste, dem es, nach fast 100 Jahren wissenschaftlichen Bemühens, in der systematischen Durchdringung des Stoffes nicht ebenbürtig, sondern überlegen war.

Darin also liegt der herausragende Beitrag der Rheinländer zur jüngeren Rechtsgeschichte Deutschlands, daß sie, lange bevor die bürgerlich-liberalen Kräfte in Preußen zum Durchbruch kamen, eine in die Zukunft weisende Rechtsordnung ihrem Lande als tägliche Praxis vorlebten. Daher dürfen wir ohne Übertreibung das Rheinland als einen maßgeblichen Wegbereiter des modernen deutschen Rechtsstaats ansehen.[10]

*Die Vollendung der rheinischen Gerichtsorganisation*

Der so erkämpften Sonderstellung des rheinisch-französischen Rechts entsprach eine hierauf zugeschnittene Gerichtsorganisation, die sich im wesentlichen an dem unter Napoleon geschaffenen Aufbau der Justiz orientierte und in ihren Grundzügen bis auf den heutigen Tag erhalten geblieben ist. Wie weit das Rheinland damit abseits der hergebrachten preußischen Verhältnisse stand, zeigt sich am deutlichsten daran, daß höchste Instanz für die rheinischen Gerichte nicht das altpreußische Obertribunal war, sondern ein 1819 eigens ins Leben gerufener »Rheinischer Revisions- und Kassationshof« mit Sitz in Berlin. Noch im selben Jahr errichtete der König zu Köln den Appellationsgerichtshof für die gesamte Rheinprovinz — sehr zum Leidwesen Düsseldorfs, das sein Obergericht verlor und erst zu Beginn des folgenden Jahrhunderts wieder Sitz eines Oberlandesgerichts wurde. Zum Ausgleich für den erlittenen Verlust versprach die Regierung den Bau einer Kunstschule und eines polytechnischen Instituts.

Allein nicht nur die alte bergische Landeshauptstadt war zu ihrem Nachteil betroffen. Denn mit Umwandlung der bisher 13 Kreisgerichte in nur noch sechs Landgerichte verlor manch eine kleinere Stadt ihre einzige höhere Behörde, um sich als Sitz eines der 121 Friedensgerichte in der Provinz wiederzufinden. So etwa erging es den Gemeinden Bonn und Mülheim am Rhein. Neben Köln behielten lediglich Trier, Aachen, Koblenz, Kleve und Düsseldorf das alte Gericht, welches über den Hauptteil der erstinstanzlichen Streitigkeiten zu entscheiden hatte und Berufungsinstanz der Friedensgerichte war. In Zivilsachen erkannte das Landgericht über alle Prozesse, deren Streitwert mehr als 100 Taler betrug. Seine Zuchtpolizeikammern urteilten über Vergehen; in Berufungssachen wandte man sich insoweit nicht an das Obergericht, sondern an die ebenfalls beim Landgericht gebildete »Zuchtpolizeiappellkammer«.

Für Köln leitete sich mit dieser vorläufigen Festigung des Gerichtswesens eine Zeit der weitreichenden Neuorientierung ein. Hatte vormals die Domstadt, streng abgegrenzt vom Bergischen Land, nur linksrheinisch ihren Einfluß geltend machen können, so mußte sich nun der rechtsuchende Bürger bis hinaus nach Gummersbach mit dem Gedanken vertraut machen, daß es einer Reise nach Köln bedurfte, um sich an ein mit den bedeutsameren Sachen befaßtes Gericht wenden zu können. Wie mit ihr die Regierung, so wandte also auch die Justiz nun ihren Blick weit über den Rhein hinaus. Dies war der Anfang eines Entwicklungsprozesses, in dessen Verlauf die Stadt Köln eine Vielzahl kleinerer Gemeinden und Dörfer rechts des Rheins ihrem Gebiet einverleibte und wirtschaftlich zu einem maßgeblichen Bezugspunkt des Bergischen Landes aufstieg.[11]

*Kölner Landrichter*

Weitreichende Planung der preußischen Behörden zeigte sich nicht nur im Großen. Jede einzelne Entscheidung, so zügig der Neuaufbau nach den Befreiungskriegen auch voranging, bedurfte sorgfältiger Vorbereitung.

Noch im Jahre 1814 zog der General-Staatsprokurator Koenen über Land, um den Personalbestand der rheinischen Gerichte zu erfassen und zu begutachten. Gleiches verlangte der Justizminister von den Präsidenten der einzelnen Behörden. Dem verdanken wir es, daß uns u. a. die Lebensläufe und dienstlichen Beurteilungen nahezu aller Richter der Anfangsjahre des Kölner Landgerichts bekannt sind. Bezeichnend für die Strenge, mit der man vorging, ist das Schicksal des Richters Franz Anton Begasse, der, wie auch Wilhelm Blanchard, nach Abschluß seiner Ausbildung in die französische Justiz eingetreten war. Vom Jahre 1803 an bekleidete er das Amt des Vizepräsidenten am Kölner Instanztribunal und dem nachfolgenden preußischen Kreisgericht. Er behielt es, bis das Kreisgericht 1820 dem Landgericht weichen mußte. In der Zwischenzeit aber hatte der Präsident Blanchard mehrfach Zweifel an den Fähigkeiten seines Stellvertreters aktenkundig gemacht. Er sei zwar ein guter Jurist und braver Familienvater, doch nicht in der Lage, eine Sitzung mit dem gehörigen Anstand zu führen. Ihm fehle die Fähigkeit zum angemessenen Umgang mit den Parteien. Hatte Begasse im Jahre 1811, wegen Abwesenheit Blanchards, noch die feierliche Eröffnung des Ziviltribunals geleitet, so sah er sich jetzt auf einmal jeglichen Vorrangs enthoben. Nicht einmal während der kurzen Zeit, die der alte und neue Präsident Blanchard an den Revisionshof abgeordnet war, durfte Begasse seine Stellvertretung wahrnehmen. Die Rücksichtnahme auf das Ansehen der Justiz im Volke war so groß, daß man ihn dem Kontakt mit den rechtsuchenden Bürgern weitgehend entzog; er beendete alsbald seine anfangs so vielversprechende Laufbahn, ohne noch einmal besonders in Erscheinung getreten zu sein.

Doch nicht nur die vorhandenen Justizangehörigen nahm der General-Staatsprokurator in seine umfangreichen Verzeichnisse auf. Auch freien Stellen galt sein Augenmerk. Für das Kreisgericht Köln etwa notierte er, hier sei das Amt eines Substituten zu besetzen. Daneben ist, von anderer Hand, der Name »Schiller« an den Rand gesetzt. Hinter dieser Notiz verbirgt sich die von zweifelhaften Begleitumständen nicht ganz freie Justizlaufbahn Ernst von Schillers — am 11. Juli 1796 geborener zweiter Sohn des Dichterfürsten Friedrich von Schiller.

Nach dem frühen Tode des Vaters hatte er im Jahre 1812 an der Universität Heidelberg das Studium der Staatswirtschaft aufgenommen, um sich ein Jahr später in Jena den Rechtswissenschaften zuzuwenden. Auf Vermittlung Goethes, der väterlich die Hand über ihn hielt, bekam er nebenher Unterricht in Beredsamkeit und Dichtkunst. 1815 endlich nahm ihn der Großherzog von Sachsen-Weimar als Kammerassessor an seinen Hof. Dort jedoch half der noch unverblaßte Glanz des väterlichen Namens vorläufig nicht mehr weiter. Mehrfach unternommene Vorstellungen und versuchte Examina bei den Spitzen der großherzoglichen Verwaltung brachten ihm nichts als den Ratschlag ein, seine Studien fortzusetzen. Als er schließlich auf ein nahezu bedeutungsloses Justizamt weit ab vom Hofe versetzt wurde, stand fest, daß seine eigenen Kräfte nicht ausreichten, ihn auf dem gewünschten Weg weiterzubringen. Die Tante mußte eingreifen. Sie nun, Karoline von Wolzogen, war verschwägert mit dem Militärbevollmächtigten Preußens beim Bundestag. Über diese Verbindung gelangte Schiller, auf Vermittlung des preußischen Ministers Wilhelm von Humboldt, an den Großkanzler von Beyme, bei dem er im Dezember 1818 vorsprechen durfte. Erst daraufhin konnte er sich mit Erfolg um Aufnahme im preußischen Staatsdienst bewerben. 1819 wurde er Assessor beim Kreisgericht in Köln; obwohl er die vorgeschriebene letzte Laufbahnprüfung nicht abgelegt hatte, setzte er seine Tätigkeit am späteren Landgericht fort.

Aus jenen Jahren ist uns eine Vielzahl seiner Briefe erhalten. Geschrieben aus der Sicht des Fremden, der sich den Umgang mit der rheinischen Justiz erst mühsam erarbeiten muß, bieten sie einen aufschlußreichen Einblick in die tägliche Arbeit des rheinpreußischen Richters, wie er in Akten nicht festzuhalten ist. So berichtet Schiller etwa von den Schwierigkeiten, die manch ein Kollege mit dem Erlernen der französischen Sprache hatte; wollte man aber in Deutschland nach napoleonischen Gesetzen Recht sprechen, blieb nun einmal

keine andere Wahl. Was dem Berufsanfänger besonders auffiel, war die zügige Abwicklung der Geschäfte. In der Tat mußte es für jemanden, der nichts als den überkommenen Aktenprozeß kannte, eine wahre Freude sein zu erleben, wie schnell sich in der mündlichen Verhandlung ein Rechtsstreit erledigte. Nicht zu übersehen war für ihn schließlich die stark antipreußische Stimmung in der rheinischen Justiz, leicht zu erklären aus den noch schwebenden Auseinandersetzungen, doch aus seiner Sicht Anlaß zu großer Sorge. Nicht ohne Berechtigung: Gerade im Rheinland nämlich hat sich zumindest zeitweilig ein bedenklicher Mangel an Integrationsfähigkeit auf seiten des preußischen Staates gezeigt, der, gipfelnd in einem fruchtlosen »Kulturkampf« mit der katholischen Kirche, letztlich eine der Ursachen dafür ist, daß noch nach dem Ersten Weltkrieg separatistische Strömungen gerade in unserer Heimat einen nicht unerheblichen Widerhall gefunden haben.
Das Jahr 1824 sah Schiller als an das Appellationsgericht beförderten Assessor — diesmal unter freundschaftlicher Mitwirkung des Justizministers sowie des königlichen Hofes, wo man den Sohn des Dichters immer noch gerne empfing. Ihn allerdings, was er sich sehnlichst wünschte, zum Präsidenten eines Schwurgerichts zu ernennen, schien selbst seinen Gönnern allzu gewagt. Als Appellationsgerichtsrat starb er am 29.5.1841; die Stadt vergaß ihn sehr bald.[12]
Eine Ausnahmeerscheinung hatte Schiller unter den Kölner Richtern auch deshalb dargestellt, weil er nicht aus dem Rheinland selbst stammte. Zwar war es in Preußen durchaus üblich, die Staatsdiener innerhalb des gesamten Landes einzusetzen, ohne auf ihre engere Heimat Rücksicht zu nehmen, doch wer in Altpreußen beherrschte das französiche Recht, welcher Rheinländer kannte die preußischen Gesetze? So kam es, daß das Rheinland als einzige Provinz seine Justiz ganz überwiegend aus der eigenen Bevölkerung rekrutierte. Unter den Kölner Landrichtern von 1820 befand sich nicht ein Ortsfremder.

### *Mehr schlecht als recht: das Richtergehalt*

Und noch eines verband die rheinische Richterschaft zu einer zähneknirschend verschworenen Gemeinde von Schicksalsgenossen: die Besoldung. Seit jeher sparte der preußische Staat an der Justiz. Liest man aber in den Briefen Ernst von Schillers, der im Jahre 1835 als frisch an das Appellationsgericht beförderter Rat ein jährliches Einkommen von 800 Talern bezog, daß er, trotz erheblicher Nebeneinkünfte aus den Tantiemen des Vaters, Lotterie spielte, um seinen jedenfalls als dürftig empfundenen Lebensstandard aufzubessern, ergreift den Beobachter das ungute Gefühl, hier sei die Sparsamkeit übertrieben worden. Über den glücklosen Vizepräsidenten des Kreisgerichts findet sich gar der Vermerk in den Akten, es sei zu bedauern, »daß der Herr Begasse, der eine sehr zahlreiche Familie hat, zu deren Unterhalt das schwache Gehalt nicht hinreicht, in sehr schlimmen Vermögensverhältnissen ist. Er muß zuweilen Schulden machen und gibt sich dabei, um seine Familie durch die Welt zu bringen, mit einem Handel im kleinen mit geringfügigen Gegenständen ab.« Sicher hat der Kramladen des Vizepräsidenten zur unglücklichen Wende seines beruflichen Schicksals beigetragen, zumal selbst das Publikum Anstoß an diesem für einen Richter wohl ungewöhnlichen Nebenerwerb nahm.

Um die Feststellung, daß der Richter wirtschaftlich sehr schlecht gestellt war, kommen wir jedoch nicht herum, obwohl die Zahlen allein wenig sagen: Der Präsident führte mit einem Jahreseinkommen von 1.800 Talern auf dem Besoldungsetat des Landgerichts; an dessen unterem Ende rangierten die Assessoren mit 600 Talern. In französischer Zeit war es nicht anders gewesen, nur hatte vordem jeder Richter zusätzlich ein Fixum für die von ihm selbst aufzubringenden Bürokosten erhalten. Über den Lebenshaltungsaufwand in der damaligen Zeit ist nun leider wenig bekannt, so daß genauere Angaben über den Wert der Gehälter nicht möglich sind. Eines sticht jedoch hervor: Die häufiger nachzuweisende Angabe, niemand sei in der Lage, sich vom Einkommen eines Richters eine standesgemäße Wohnung zuzulegen. Ernst von Schiller etwa logierte längere Zeit in Mülheim, bevor er in der Nähe von St. Columba endlich ein Zimmer fand. Die mit dem allmählich einsetzenden Aufschwung Kölns unvermeidbar einhergehende Wohnungsnot wird also Hauptgrund des Übels gewesen sein. Gewisse Indizien finden sich in den Bau-Etats der Kölner Justiz. So waren etwa für das Friedensgericht in Mülheim, bei bloß einem Richter ein sicherlich bescheidenes Lokal, 70 Taler Jahresmiete zu entrichten; entsprechende Räumlichkeiten in Köln kosteten rd. 100 Taler. Als 1849 in einigen Räumen des Landgerichts Gaslicht installiert wurde, bezahlte die Staatskasse für acht Flammen insgesamt 87 Taler Handwerkslohn. Die Dienstuniform des Richters schließlich kostete etwa 45 Taler.

Wer diese Verhältnisse nach heutigen Maßstäben beurteilt, mag sich fragen, ob nicht der preußische Staat besser daran getan hätte, seine Richter so zu versorgen, daß sie frei von materiellen Nöten ihr Amt auch insoweit unabhängig wahrzunehmen imstande waren. Gerade die Unabhängigkeit der Justizbeamten lag jedoch in den Absichten der Regierung. Preußen war aber nicht so reich, daß eine ausreichende Versorgung der in maßgeblichen Positionen tätigen Staatsdiener überhaupt möglich gewesen wäre. Als unabhängig und für die Aufnahme in öffentliche Ämter geeignet galt daher nur, wer sich grundsätzlich selbst in der Lage sah, seine Familie aus eigenem Vermögen zu ernähren. Das Richtergehalt war daneben mehr ein Zuschuß zum Lebensunterhalt, nicht aber dessen alleinige Grundlage. Schon wer sich nach Abschluß seines Studiums zur ersten Staatsprüfung meldete, mußte nachweisen, daß er auf fremde Hilfe nicht angewiesen war; denn viele Jahre gänzlich unbesoldeter Ausbildung lagen noch vor ihm. Bitter beklagte sich das Justizministerium mit Rundschreiben vom 19. Obtober 1831, von den Präsidenten der Ober-Landesgerichte werde dieser Subsistenznachweis nur allzu oberflächlich geprüft. Manch ein Kandidat habe wegen Dürftigkeit sogar um Erlaß oder Stundung der Bestallungsgebühren gebeten. Daraus könne nur hervorgehen, »daß das Rechtsstudium sehr oft ohne alle Rücksicht auf die Zukunft, und bloß in der Hoffnung gewählt ward, um nur recht bald zu irgendeiner Anstellung zu gelangen, und dadurch von Nahrungssorgen sich zu befreien.« Der Kandidat für das Richteramt mußte also vermögend sein oder in eine begüterte Familie einheiraten;

an der Richterbesoldung änderte sich trotz aller Klagen über Jahrzehnte nichts. Einzelne bescheidene Gehaltserhöhungen ab 1859 waren ohne Belang.
Vor dem Hintergrund des damaligen Zeitgeschehens indes war die auch nach Maßgabe des Vermögens betriebene Auslese unter den Rechtskandidaten nicht ohne Vorteil für alle Beteiligten. Die herrschenden Kräfte dachten überwiegend noch in Kategorien, die auf einem Gegensatz von »Staat« auf der einen und untergebenem Bürger auf der anderen Seite aufbauten. Noch lange nicht erkannte man die Justiz als unabhängige Gewalt allgemein an. Wer damals das Richteramt frei und unbeeinflußbar wahrnehmen wollte, mußte in der Lage sein, den Dienst notfalls zu quittieren, um Eingriffen der Obrigkeit in seine Amtsbefugnisse die Stirn bieten zu können.
Ein Privileg aber unterschied die Staatsdiener von den übrigen Gehaltsempfängern: die »Goldkolonne«, eine Rubrik im Besoldungsetat, in welcher der Geldbetrag aufgeführt war, der dem Beamten als Anteil von einem Fünftel des Gehalts in Goldmünze ausbezahlt wurde. Der Landgerichtspräsident Blanchard etwa bezog jährlich 360 Taler in Gold, 1440 Taler in Silber. Damals lebte man eben noch in der Vorstellung, daß der Wert des Geldes sich zumindest teilweise auch im Material der Münze manifestieren müsse. Als dann während der langen Friedenszeit nach den Befreiungskriegen Handel und Wandel einen glücklichen Aufschwung nahmen, stieg das Vertrauen in den Bestand der Währung. Gold- und Silbermünzen nahm der Kaufmann jetzt ohne Unterschied als nahezu gleichwertige Zahlungsmittel entgegen. Außerdem ließ sich die Goldmenge nicht in dem gleichen Maße steigern, wie die wirtschaftliche Leistung zunahm. Schon am 10.11.1832 teilte daher König Friedrich Wilhelm seinem Finanzminister Maassen mit, da die Goldabgabe bei den indirekten Steuern nunmehr wegfalle, seien auch die Beamten schon von Anfang des folgenden Jahres an nicht mehr wie bis dato in Gold zu entlohnen. So schnell wollte man von der alten Gewohnheit hingegen nun doch nicht abgehen. Vielmehr vollzog das Finanzministerium die Umstellung in mehreren Jahresraten. Bis 1836 blieb es bei der Goldkolonne; zum Ausgleich für die geringfügig höhere Wertschätzung, die das Gold trotz allem weiterhin genoß, mußte der Beamte eine Kürzung seines Gehalts um 2 % hinnehmen. Als vom 1. Januar 1837 an die Goldzahlung endgültig wegfiel, erhöhte sich das Einkommen um 2/3 % — ohne Zweifel geringfügige Unterschiede nach heutigen Maßstäben, einen Meilenstein auf dem Weg zur modernen Geldwirtschaft markieren sie aber allemal.[13]

*Ein dorniger Pfad: Werdegang und Disziplin des Richters*

Hatte der König auch die »eingeborenen« Kölner Landrichter 1820 noch aus allen Himmelsrichtungen zusammengerufen, selbst ein Gerichtsschreiber mit außergewöhnlichen Rechtskenntnissen befand sich unter ihnen, so war die Zeit der von vielfältigem Wechsel des Schicksals geprägten Persönlichkeiten doch bald vorüber, als unter der preußischen Regierung Ruhe und Ordnung im Rheinland Einzug hielten. Seit jener Zeit unterstand der Kandidat für das Richteramt einem strengen Ausbildungsreglement, das, was die Rheinlande anbetrifft, nach dem »Regulativ über die practischen Vorbereitungen und die Prüfungen zum Justiz-Dienst in der Rheinprovinz« vom 26. August 1822 den Werdegang des Juristen in drei Hauptteile gliederte: Auskultatur, Referendariat und endlich das dritte Staats-Examen. Die Auskultaturprüfung, erst 1869 abgeschafft, setzte nicht nur ein dreijähriges Studium der Rechte voraus; auch »Moralität, Sitten und Lebenswandel« hatte der Präsident des Landgerichts zu überprüfen, bevor er den Kandidaten zum Examen zuließ, da »Rechtskenntnisse alleine dem Justizbeamten die erforderliche Achtung und Würde« nicht gewähren konnten. Sechs Monate dauerte nun die Auskultatur, während der die Kandidaten an der täglichen Arbeit des Landgerichts, sei es als Protokollführer oder Gerichtsschreiber, sei es durch Anfertigung von Gutachten oder von Urteilsentwürfen, mitwirken mußten. Bescheinigten ihnen daraufhin Landgerichtspräsident und Oberprokurator hinreichende Fähigkeiten, ließ man sie zur Referendarprüfung zu, die ebenfalls am Landgericht abgelegt wurde.

Erst nach einer zweijährigen Ausbildung bei Gericht und weiteren Einrichtungen der Justiz meldete der Bewerber sich zum Dritten Staatsexamen. »Vorschriftsmäßig«, »gut« und »ausgezeichnet« lauteten die drei möglichen Prädikate, ohne daß man sie, wie heute üblich, noch mit weiteren Stellen hinter dem Komma aufgeschlüsselt hätte. Auf den frischgebackenen Assessor, der den schweren Gang zum Appellationsgerichtshof, ab 1833 zur Immediat-Justiz-Examinations-Kommission in Berlin, hinter sich gebracht hatte, warteten noch viele Jahre in Unsicherheit. Die Anstellung des jungen Richters mit festem Gehalt war Theorie. Nur wenige fanden so auf Anhieb ihr Auskommen. Die meisten Gerichte beschäftigten Assessoren lediglich kommissarisch und entließen sie wieder, sobald kein Bedarf mehr bestand.

Hatte der Anwärter dann aber endlich seine Lebensstellung erworben, bekleidete er als rheinischer Richter ein Amt, das in Preußen seinesgleichen vergeblich suchte.

Wie weit das Rheinland hierin dem übrigen Preußen voraus war, mag ein Blick auf das Dienstrecht verdeutlichen — zugegeben keine besonders anheimelnde Materie, aber für die Stellung der Justiz im Gesamtgefüge des Staates von herausragender Bedeutung. Schreibt zu diesem Thema der Historiker Emil Landsberg, mit Inkrafttreten der Provinzialverfassung am 30. 4. 1815 habe der König auch das preußische Dienstrecht im Rheinland eingeführt, so irrt er, was die Richterschaft anbetrifft, obwohl man ihm zugestehen muß, daß nichts näher liegt als diese Annahme, waren doch auch die Richter königliche Beamte. Dennoch galt für sie weiterhin das napoleonische Gesetz über Organisation und Verwaltung der Justiz vom 20. 4. 1810; der Grund dafür dürfte darin gelegen haben, daß die dienstrechtlichen Vorschriften der Art. 49 ff. dieses Gesetzes untrennbar verknüpft waren mit den ebenfalls fortgeltenden Grundzügen der rheinischen Gerichtsverfassung.

Die einfacheren Dienstvergehen zu verfolgen lag danach im Aufgabenbereich des jeweiligen Gerichtspräsidenten, der hierbei aus eigenem Antrieb oder auf Anweisung hin tätig wurde und als Rechtsfolge eine Ermahnung aussprechen durfte. Über schwerwiegendere Delikte befand eine Beschlußkammer des Landgerichts, die auch für die nachgeordneten Friedensgerichte zuständig war. Nur sie durfte den Richter seines Amtes entheben. Die

Aufsicht über das Verfahren nahm der Appellationsgerichtshof wahr, der notfalls selbst entschied. Erst nach Abschluß der gesamten Prozedur mußte der Präsident über den Generalprokurator dem Justizminister Bericht erstatten. Und gerade darin sehen wir das Zukunftsweisende des französisch-rheinischen Rechts gegenüber den altpreußischen Zuständen: Im Rheinland lag die Zuständigkeit zur Verfolgung von Dienstvergehen bei den Richtern selbst, während nach preußischem Recht der Justizminister beliebig in dienstlichen Belangen der Richterschaft schalten und walten konnte. Bezeichnend ist, daß ausgerechnet der dem rheinischen Recht feindlich gesinnte Minister von Kamptz im Dezember 1837 anordnete, wegen Einleitung von Untersuchungen gegen richterliche Beamte sei vorher bei ihm anzufragen. Nur gut ein Jahr später hob sein Nachfolger den Erlaß wieder auf, eben weil er gegen das Gesetz vom 20. 4. 1810 verstieß. Das freiheitlichere französische Recht hatte also auch in Preußen schon überzeugte Anhänger gefunden. Nur des Ideensturms der Revolution des Jahres 1848 bedurfte es noch, um diesem wichtigen Teilbereich der richterlichen Unabhängigkeit im ganzen Lande zum Durchbruch zu verhelfen. Mit Verordnungen vom 1. 8. 1849 und vom 26. 4. 1851 glich der König sein Dienstrecht in den Grundzügen der rheinischen Regelung an, und wenn wir heute in Art. 97 II des Grundgesetzes sinngemäß lesen, daß ein Richter gegen seinen Willen nur kraft richterlicher Entscheidung aus dem Amt entfernt werden darf, sollten wir uns die weittragenden Auswirkungen des rheinischen Rechts gerade hier noch einmal vor Augen halten.[14]

*Ein Hauch von Glanz und Gloria*

Wie sehr der preußische Staatsdiener gerade in jenen Jahren Zeuge weitreichender Wandlungen gewesen sein mag: Die Alltäglichkeiten nahmen ihn in Anspruch wie zu jeder anderen Zeit auch. Endlos ist das Lamento über den angeblich nicht zu bewältigenden Arbeitsanfall, der selbst dem einsatzfreudigsten Richter das Interesse an seiner Aufgabe nehmen müsse. Wie allerdings bei den Klagen über den finanziellen Stand der Justizbeamten schon beobachtet, verhallten auch hier die meisten Rufe ungehört. Nur zögernd wurde die Zahl der Planstellen den unaufhaltsam wachsenden Eingangszahlen angeglichen. Konnte Ernst von Schiller Ende 1819, in der trotz allem ruhigen Übergangszeit, über die gerade erst ernannten Appellationsräte noch zu Papier bringen: »Viele singen und spielen und vertreiben sich damit die Zeit. Sie sind gut bezahlt und machen alles mit«, wandelte sich dieses Idyll doch sehr bald und gab einer eher gehetzten Atmosphäre Raum.

Für eines indes gönnte man sich die gehörige Muße, für die uns heute kaum noch verständliche Art, in der Preußen Rang und Würde seiner Diener nach innen wie nach außen zur Geltung brachte. Die »Verordnung wegen der den Zivilbeamten beizulegenden Amtstitel und der Rangordnung der verschiedenen Klassen derselben« vom 7. Februar 1817 tauchte den Beamten in ein Gewirr von Klassen und Rängen, das allein im Bereich der Justiz zwischen dem »Ältesten Geheimen Ober-Justizrath mit dem Prädikat: Wirklich« und den Sekretären als vierter Stufe der Subalternen Dutzende von imponierenden Titeln zuließ. Doch damit nicht genug: Da das rheinische Gerichtswesen sich nicht nahtlos in die preußische Behördenorganisation einfügte, mußten zusätzliche Erlasse die Richterschaft mit insgesamt sechs Klassen im Rang-Reglement ansiedeln. All dies schließlich kulminierte in nicht minder minutiösen Vorschriften über die genauso abgestuft beschriebenen Dienstuniformen. »Die Grundfarbe der Zivil-Uniform ist die dunkelblaue«, bestimmte der König ebenfalls noch im Jahre 1817. Kragen und Aufschläge waren je nach Behördenzweig von verschiedener Farbe. Das Justizministerium trug Rot mit silberner Stickerei und als einziges weiße Knöpfe; die Beamten der Rheinprovinz schmückten sich mit silberbesetztem Hellblau. An heutige Opern- und Filmkostüme mögen allerdings nur die prächtigen Schaustücke der höchsten Ränge erinnern; das Äußere der Richter, auch am Appellationsgerichtshof, war eher von Schlichtheit geprägt. Durch nicht mehr als die Stickerei auf dem Kragen unterschieden sich Referendare, Assessoren und Gerichtsräte voneinander. Das Bild beherrschte der einfache Grundschnitt, ohne daß jemand hieran Anstoß genommen hätte. Nur an einem Punkte erregten sich die Gemüter der rheinischen Richterschaft: Der Uniform fehlte das Epaulet. Wollte man hier bei der faden Übersetzung »Schulterklappe« verharren, streifte der Betrachter nicht mehr als die Oberfläche. In Wirklichkeit war das fehlende Epaulet aus der Sicht der Betroffenen eine schwerwiegende Herabsetzung der rheinischen Justiz, wurde doch damit sichtbar zum Ausdruck gebracht, daß die Gerichtsräte auf einer Stufe mit dem Landrat standen, dem man sich trotz dessen Position als »Statthalter« des Königs in seinem Landkreis überlegen wähnte; erst dem darüber rangierenden Direktor gebührte die mit Fransen und Staatswappen dem Auge wie dem Träger schmeichelnde Schulterzier. Das war nun wirklich die Höhe! Allein das rheinische Landgericht hielt nach Stellung und Größe jedem Vergleich mit den altpreußischen Obergerichten stand, und in der Tat hegte Preußen den Plan, die Landgerichte mit der beabsichtigten Aufhebung des französischen Rechts zu Obergerichten zu erheben. Daß daraus nichts wurde, haben wir schon erfahren, doch half das dem Geltungsstreben unserer Vorfahren nicht weiter. Erst zehnjähriger, mit Hartnäckigkeit durchgehaltener Einsatz führte zum Ziel. Als 1832 der Justizminister von Kamptz die Rheinlande aufsuchte, setzte er der Quengelei ein Ende und erwirkte beim König, daß von nun an den Landgerichtsräten das Tragen der Epaulette zu gestatten sei.

Eine richtige Uniform zierte von da an den Landrichter — wenn er wollte. In Wirklichkeit zog der bunten Vielfalt damals längst schon die Götterdämmerung herauf. Hinter dem von höchster Stelle angeordneten Glanzbild machte sich Unlust breit. In einem Umlauf von 1835 brachte der Kölner Landgerichtspräsident den Richtern sorgenvoll zur Kenntnis, zu verschiedenen Malen schon seien »unangenehme Verlegenheiten« dadurch entstanden, »daß die Mitglieder des königlichen Landgerichts die vorgeschriebene Dienstuniform nicht besitzen«. Nicht nur das Recht, auch die Pflicht habe der Justizbeamte, bei feierlichen Veranstaltungen in Uniform zu erscheinen. So blieb dem Lande der Anschein eines gestriegelten Staatsdienstes erhalten; der heutigen Zeit ist er Historie.

Anders erging es der Richterrobe, die ohne tiefgreifende Veränderung aus der französischen Zeit auf unsere Tage überkommen ist. Nur unmittelbar nach der Befreiung hat sich einmal Widerstand in einem der rheinischen Landgerichte geregt, dessen Richter das, wie sie es nannten, »französische Kostüm« ablegen und, nach dem Vorbild der Altpreußen, im Gehrock ihre Verhandlung leiten wollten. Die Robe sei als einfache schwarze Überkleidung zum Gebrauch in den öffentlichen Sitzungen beizubehalten, beschied sie der Justizminister. Und was einst die französische Revolutionsregierung bewegt hat, als sie die einheitliche Dienstkleidung einführte, ist gültig geblieben: Die Richterrobe bringt Neutralität und Unabhängigkeit der Justiz auch im alltäglichen Betrieb treffend zum Ausdruck.

*Rechtsleben im Landgerichtsbezirk*

Wie weitreichend die Bedeutung des Kölner Landgerichts für die Belange der Bürger gewesen sein mag: Im Umkreis des Jurisdiktionsbezirks erst entfaltete sich lebendige Rechtswirklichkeit in einer Fülle, daß die Kölner Justiz ohne näheres Eingehen hierauf nur unvollständig beschrieben wäre.

*Die Friedensgerichte*

Nehmen wir allein die weite Ebene der 21 Friedensgerichte. In vier Kölner Bezirken und jeder größeren der umliegenden Gemeinden versah ein Friedensrichter für jeweils rund 10 bis 20.000 Einwohner seinen Dienst, wobei die Betonung ruhig auf »ein« liegen soll. Weit entfernt von einer Zeit, die nahezu jeder Großstadt ihr Justizzentrum beschert und die Richter nach Hunderten zählt, war der Friedensrichter in seiner Stadt- oder Landgemeinde noch die herausragende Respektsperson, vor welcher ein Großteil der alltäglichen Streitfälle zur Sprache gebracht wurde. Der Bezirk war klein und überschaubar; die vier ersten Kölner Friedensrichter, Willmes, Bender, Schmitz und Cardauns, zum Teil schon seit Napoleons Zeiten im Amt, teilten sich zu zweit die ganze Stadt, der dritte war für die südlichen, der vierte für die westlichen Vororte und für Deutz zuständig. Schon in Mülheim amtierte der nächste (seine Nachfolge trat später das Amtsgericht Mülheim an, das einige Zeit nach der Eingemeindung als zunehmend kleiner werdende Abteilung des Kölner Amtsgerichts fortgeführt wurde; erst im Zuge der augenblicklichen Umzugsmaßnahmen wird der letzte Rechtspfleger dort seinen Tisch räumen).

Arbeitet heutzutage kaum ein Richter noch ohne Spezialisierung auf bestimmte Rechtsgebiete, so war für den damaligen Friedensrichter das Gegenteil charakteristisches Merkmal seiner Tätigkeit. Nach der allerhöchsten Verordnung vom 7.6.1821 entschied er über alle persönlichen Klagen ohne die Möglichkeit einer Berufung bis zum Werte von 20 Talern, ansonsten bis zu 300 Talern; Berufungsinstanz war das Landgericht. Im Jahre 1843 beschränkte eine königliche Verordnung den wertmäßigen Zuständigkeitsbereich auf 100 Taler. In Strafsachen blieb es im wesentlichen bei den Regelungen aus französischer Zeit: Mehr als Freiheitsstrafe bis zu fünf Tagen durfte nur das Landgericht verhängen; Forstfrevel indes fiel unter die Zuständigkeit des ortskundigen Friedensgerichts, es sei denn, der Verdacht richtete sich gegen den Bürgermeister — daß man diesem derartige Taten nicht zutraute, ist daraus allerdings kaum zu schließen; erkennbar wird hier nur eine gewisse Vorsicht: Gemeindevorsteher, Pastor und Richter regierten ihren weltabgeschiedenen Landbezirk ohnehin recht souverän; waren sie sich in wichtigen Sachen einig, bestand allzuleicht die Gefahr, daß Vertrautheit und objektive Rechtsordnung nicht mehr ganz in Einklang miteinander standen.

Warum aber hatte gerade der Forstfrevel hierbei eine so herausragende Bedeutung? Die Antwort findet sich in der Kriminalstatistik jener Zeit. Nehmen wir als Beispiel das Gerichtsjahr 1833/34: Damals zählte man, welch paradiesischer Zustand, im Kölner Landgerichtsbezirk insgesamt 421 Diebstähle, 244 sonstige Delikte vom einfachen Betrug bis hin zum Mord, aber 2.206 gesondert ausgewiesene Holzdiebstähle, die als Vergehen vom Landgericht mit Geld- und Freiheitsstrafen geahndet wurden — letztere bis zu zwei Jahren im Wiederholungsfall, wie es ein eigens für den Holzdiebstahl erlassenes Gesetz vom Jahre 1821 bestimmte. Die nach französischem Recht vorgesehenen Strafmilderungen für Minderjährige waren hierbei ausgeschlossen; ein 13-jähriger Tagelöhner etwa, der 1843 aus dem Walde in der Nähe von Brück einen Sack Nadelstreu mitgenommen hatte, ging daher, wie ein Erwachsener, für mehrere Wochen ins Gefängnis. In Wald und Flur also lag der Hase begraben. Holz war das herausragende Bau- und Heizmaterial, seine Knappheit die Energienot des 19. Jahrhunderts; der Schutz des Waldes auch vor sonstigem Forstfrevel stellte sich demnach als die wichtigste Aufgabe der damaligen Strafrechtspflege auf unterer Ebene dar. Darüber hinaus nahm der Friedensrichter, wie sich aus den Gebührentabellen ersehen läßt, eine Fülle weiterer Aufgaben wahr. Er legte Siegel an, beriet Familienräte, revidierte die Bücher der Vormünder, überwachte Kindschafts- und Adoptivsachen und nahm Testamente auf, wofür er eine höhere Gebühr erhielt, wenn dies an Orten geschah, mit denen der Verkehr unterbrochen war. Daß er aus seiner Tätigkeit überhaupt Einnahmen bezog, mag für heutige Begriffe als fremd erscheinen. Ohne die Sporteln indes konnte er mit seinem Gehalt von nur 400 - 600 Talern nicht leben; dennoch blieb das Einkommen gering. Die Gebührentaxe von 1807 sah, getreu französischen Wertvorstellungen, allein vier Abstufungen zwischen Hauptstadt und kleineren Gemeinden vor; in den ländlichen Bezirken, wo die meisten der Friedensrichter tätig waren, ließen sich danach in der Regel Jahreseinnahmen von etwa 50 bis 150 Talern erzielen, was nicht nur zu häufigeren Disziplinarverfahren wegen übermäßiger Gebührenerhebung führte; am 2.3.1858 legte eine Kommission des Preußischen Abgeordnetenhauses unter Leitung der Brüder Reichensperger einen Bericht vor, der die damit zusammenhängenden Mißstände zusammenfaßte - ohne Erfolg. Bis zur Aufhebung der Friedensgerichte im Jahre 1879 traten keine maßgeblichen Änderungen mehr ein.

In besonderer Deutlichkeit zeigt sich die wirtschaftliche Sorge der Friedensrichter am Vergleich mit den entsprechenden Gebühreneinnahmen der Gerichtsschreiber, die häufig ein höheres Einkommen erzielten als der Richter, von dem schließlich eine weit längere Ausbildung erwartet wurde. So hatte etwa der Gerichtsschreiber von Bensberg 1855 eine Einnahme von 587 Talern, während der Richter auf 328 Taler kam. Der Kölner Gerichtsschreiber und spätere Kanzleirat Adenauer nahm im selben Jahr sogar 1.748 Taler ein — lange bevor Konrad ihm geboren wurde.

Im Verhältnis zum Landgerichtsrat mußte der Friedensrichter allerdings gegen sich gelten lassen, daß er in aller Regel weniger qualifiziert war. Schon ein Referendar durfte die friedensrichterliche Stelle kommissarisch verwalten; hatte er ein Jahr Ausbildung am Landgericht hinter sich, stand seiner Ernennung auf Lebenszeit grundsätzlich nichts mehr im Wege, da die Justiz vom Friedensrichter das Assessorenexamen nicht verlangte. So geriet natürlich auch mancher »Bruchpilot« in dieses Amt; erhalten gebliebene Disziplinarakten betreffend »Unterbrechung der Audienz zum Zweck des Frühschoppens« oder »Selbstbeurlaubung am Kaisergeburtstag« sprechen da ihre eigene Sprache.

Eine Sonderstellung im Kölner Bezirk nahm das Friedensgericht Homburg ein, da es als einziges bei Vollendung der rheinischen Gerichtsorganisation noch herrschaftlichen Status hatte und nicht dem König, sondern dem Fürsten von Wittgenstein-Berleburg unterstand. Dieser indes verzichtete alsbald auf seine Vorrechte; das Gericht wurde königlich, doch durfte der Fürst weiterhin den Justizbeamten zur Ernennung präsentieren — der für die neuere Zeit wohl seltene Fall eines Gerichtspatronats. Als Homburg 1825 an den Kreis Gummersbach kam, endete die Zeit der fürstlichen Vorrechte. Auch die ruhigen Jahre der Kölner Friedensrichter währten nicht lange. Zwischen 1820 und 1866 nahm die Bevölkerung Kölns in atemberaubenden Tempo zu: von 50.000 auf 120.000; die Zahl der Zivilprozesse stieg im selben Zeitraum auf das Fünffache. Schon 1848 waren am Friedensgericht Köln II 12 Richter tätig; jeder von ihnen hatte pro Jahr 2.500 bis 3.500 Sachen zu erledigen.

Als dann am 1. Oktober 1879 das Gerichtsverfassungsgesetz für das geeinte Deutsche Reich in Kraft trat, gaben die Friedensgerichte dem Amtsgericht heutiger Prägung den Weg frei.[16]

*Recht der Arbeit und des Handels*

Daneben verdienen die, wie sollte es anders sein, ebenfalls in französischer Zeit errichteten Gewerbe- und Handelsgerichte besondere Aufmerksamkeit, weil sie uns als frühe Antwort der Justiz auf die Herausforderung des aufziehenden Industriezeitalters den untrennbaren Zusammenhang von Gesellschafts- und Rechtsentwicklung deutlich erkennbar machen.

Allein ganz zu Recht trugen die Gewerbegerichte ihren Namen nicht. Gewählt aus den Reihen der Fabrikbesitzer, Werkmeister und Handwerker, bildeten sie in erster Linie das sog. »besondere Büro«, das nichts anderes war als eine Schlichtungsstelle für Streitigkeiten zwischen Fabrikanten und Arbeitern, sofern sie aus dem unter diesen bestehenden Abhängigkeitsverhältnis herrührten. Erst wenn ein Vergleich nicht zustande kam, wurde die Sache, sofern der Wert des Streits den Betrag von 60 FF nicht überschritt, an das »allgemeine Büro« des Gewerbegerichts verwiesen, welches ein Urteil erlassen durfte; für höhere Streitwerte war das Handels- oder Zivilgericht zuständig; in späteren Jahren fiel die Wertgrenze fort.

Historisch zurückführen läßt sich die Einrichtung auf einen Zusammenschluß der Kaufleute und Fabrikanten von Lyon, der allerdings unter den ersten Schlägen der französischen Revolution seine Existenz einbüßte. Erst Napoleon errichtete am 18.3.1806 in eben dieser Stadt wieder einen »Conseil des prud' hommes«, nach dessen Vorbild die Gewerbegerichte in ganz Frankreich allmählich zum festen Bestandteil des Wirtschaftslebens einer jeden bedeutenderen Industriestadt wurden.

In Köln war es am 26.4.1811 so weit, nachdem die französische Verwaltung sich schon über mehr als zehn Jahre hinweg mit den Problemen der gewerblichen Industrie am Rhein intensiv auseinandergesetzt hatte: Die Stadt erhielt als eine von vieren in den eroberten deutschen Gebieten ihr eigenes Gewerbegericht. An Daseinsberechtigung fehlte es ihm nicht. Bereits eine Statistik der Jahre 1806/1807 weist für Köln 166 Fabriken aus — vornehmlich der Branchen Stoffverarbeitung, Färberei, Porzellan, Leim und Tabak; 6.902 Arbeiter waren insgesamt hier tätig. Das Gericht hatte 13 Mitglieder, aus jedem Industriezweig eine bestimmte Anzahl, die von den beteiligten Fabrikantenkreisen gewählt wurde. Preußen übernahm die Einrichtung und entwickelte sie weiter. Neugründungen der 30er und 40er Jahre in Elberfeld, Solingen, Barmen lassen erkennen, wo zu jener Zeit die Industrie aufblühte. Gerade dort war auch die öffentliche Anteilnahme sehr groß: Der Fall einer Witwe, die Werklohn für ein von ihrem Manne hergestelltes Schneideisen beim Käufer vor dem Gewerbegericht eingeklagt hatte, füllte die gesamte Titelseite des »Täglichen Anzeigers für Berg und Mark« vom 8. September 1842, weil das Handelsgericht Elberfeld in seinem abweisenden Berufungsurteil noch einmal genauestens ausführte, warum das Gewerbegericht für derartige Klagen nicht zuständig war, eben deshalb, weil zwischen den Parteien ein Verhältnis der (arbeitsrechtlichen) Unterordnung nicht bestand.

Im Jahre 1830 änderte der König die personelle Zusammensetzung des Kölner Gewerbegerichts; erstmals fand hierbei auch die Zunft der Bierbrauer Beachtung. Mit Regulativ vom 29.3.1844 schließlich gab er dem »Rat der Gewerbeverständigen« den Namen »Königliches Gewerbegericht«. Man beachte, daß diese Regelungen sich ausschließlich auf Köln bezogen; eine allgemeine »Gewerbegerichtsbarkeit« mit Zuständigkeit für das gesamte Land gab es nicht; Neugründungen fanden nur bei Bedarf statt, wie 1857 in Mülheim am Rhein. Erst nach der Einigung des Reichs, im Jahre 1890, wurde das Rheinland (wieder einmal) Vorbild für die nunmehrige Einrichtung von Gewerbegerichten in ganz Deutschland, die 1926 in die heutige Arbeitsgerichtsbarkeit einmündeten.

Zur Behandlung von Streitigkeiten, die zwischen Kaufleuten oder aus Handelsgeschäften entstanden, gab es schon seit der Mitte des 16. Jahrhunderts in Frankreich eigenständige Kaufmannsgerichte. Unberührt von den Wirren der französischen Revolution, fanden sie Eingang in die napoleonische Gesetzgebung und damit auch in das Rheinland.

Hier hatten die Eroberer noch das mittelalterliche Zunftwesen vorgefunden. Am 5. August 1798 (dem 18. Thermidor des 6. Jahres der Revolution) hoben sie die Zünfte auf. Wie sollte der Handel nun fortbestehen? Waren nicht die alten Gaffeln der ganze Halt des bodenständigen Gewerbes gewesen? Wie morsch die überkommene Sozialordnung war, zeigt der nahezu reibungslose Übergang in das neue französische Gefüge. Nach Beschluß des Direktoriums entstand schon am 1.4.1798 in Köln ein Handelsgericht, von dessen Tätigkeit wir leider kaum etwas wissen. Bald darauf traten die Conseils de Commerce ins Leben, Handelsräte, die sich aus der ortsansässigen Kaufmannschaft rekrutierten und des öfteren bei der Regierung vorstellig wurden, insbesondere um ihr die Probleme vorzutragen, die im Zusammenhang mit der Zollgrenze zum Bergischen Land hin aufgekommen waren. Ihre Tätigkeit endete, als am 24. Mai 1803 in Köln die neu errichtete Handelskammer gewählt wurde. Boisserée, Dumont — uns heute noch bekannte Kölner Kaufmannsnamen finden sich jetzt in den Akten. Weitere kamen hinzu, als nach dem kaiserlichen Dekret über die Errichtung der Handelsgerichte aufgrund des Code de Commerce (6.10.1809) im Frühjahr 1810 die ersten Wahlen für die Besetzung des Handelsgerichts mit einem Präsidenten, vier Richtern und vier Ergänzungsrichtern ausgeschrieben wurden. Wählbar waren die Notabeln unter den Kaufleuten, die der Präfekt in einer Wahlliste zusammenfaßte. Als erster Präsident ging der Bankier Abraham Schaafhausen aus den Abstimmungen hervor; schon ab 1801 hatte er dem damals noch provisorischen Gericht vorgestanden und führte es bis in die preußische Zeit hinein, die das Handelsgericht unverändert übernahm.

Nicht jedoch, ohne auch diese Einrichtung vorher auf das genaueste begutachtet zu haben. In den hierüber angelegten Akten der Immediat-Justiz-Kommission findet sich u. a. eine Stellungnahme, die der Trierer Anwalt Marx, der Vater des bekannter gewordenen Wirtschafts- und Gesellschaftstheoretikers, abgefaßt hat; er bezweifelt darin die Erforderlichkeit eines Sondergerichts für den Handel, zumal der Appellhof als zweite Instanz ja nicht mit Kaufleuten besetzt sei, womit deren besondere Sachkunde letztlich wieder verlorengehe. Dennoch blieb es (vorerst) dabei: Das Handelsgericht wurde nicht mit Berufsrichtern, sondern ausschließlich mit Kaufleuten besetzt und fungierte eigenständig neben dem Landgericht, wobei die Gerichtsbezirke sich deckten. Der Arbeitsanfall war groß. Im Geschäftsjahr 1845/46 belief sich die Zahl der abhängigen Sachen auf 4.359; davon wurden 3.982 »abgemacht«, wie die kernige Kanzleisprache jener Zeit die Erledigung umschrieb. Daß die Handelsrichter ihr Pensum überhaupt schafften, mag verwundern; doch die Dinge lagen in vielfacher Hinsicht anders als heute. Rund 4/5 der Prozesse erledigten sich durch Versäumnisurteil, weil der Schuldner erst gar nicht vor Gericht erschien. Aber auch die streitigen Urteile machten nicht viel Arbeit; denn Schriftsätze wurden nur selten eingereicht, die Urteile waren, getreu der französischen Tradition, weit kürzer als heute. »In Erwägung, daß der Kläger dem Beklagten ein Haus gebaut hat, wird dieser verurteilt, den vereinbarten Werklohn zu entrichten«, mochte es dort etwa heißen, wo unsere Urteilsgründe viele Seiten füllen.

Nur so war es möglich, über die Jahrzehnte hinweg immer wieder führende Kaufleute für das Richteramt zu gewinnen, womit das Handelsgericht neben der Handelskammer zu einem weiteren Brennpunkt kaufmännischen Lebens in der Stadt wurde. Heinrich Merkens, Präsident der Handelskammer und Miturheber der Rheinschiffahrtsakte von 1831, wirkte hier wie auch Gottfried Camphausen, der spätere preußische Ministerpräsident, und der Fabrikant Johann Jakob Langen.

Mit Inkrafttreten des Gerichtsverfassungsgesetzes am 1.10.1879 endete die Zeit des selbständigen Handelsgerichts. Der Gesetzgeber integrierte es in die Kammern für Handelssachen, von denen heute am Kölner Landgericht alleine elf geführt werden. Die Besonderheit dieser Kammern besteht darin, daß sie, unter der Leitung eines Vorsitzenden Richters am Landgericht, mit beisitzenden Handelsrichtern besetzt sind — Kaufleuten, die der Gerichtsbarkeit in handelsrechtlichen Streitigkeiten mit all ihrer Erfahrung als Laienrichter zur Seite stehen. So viel auch über Wert und Unwert der Mitwirkung von Nichtjuristen im Arbeitsfeld der Gerichte gestritten werden mag: Hier haben wir mit Sicherheit den Bereich vor uns, in dem der »Laie« sich weitestgehender Anerkennung gewiß sein kann.[18]

*Dem Richter zur Seite: Prokuratoren und Anwälte*

Versetzen wir uns in einen Gerichtssaal: Nie ist das Gericht allein; es verhandelt Angelegenheiten, die ihm vorgebracht werden. Und wenn wir heute in Strafsachen auf der einen Seite den Staatsanwalt, auf der anderen den Verteidiger vor uns sehen, geht auch dies letztlich auf den Einfluß des rheinischen Rechts zurück.

Schon das französische Mittelalter hatte als Vertreter des Königs bei der »curia«, wie die Gerichte u. a. genannt wurden, den Prokurator gekannt. Napoleon entwickelte hieraus die Prokuratur, den Vorläufer der heutigen Staatsanwaltschaft; auf Empfehlung der Immediat-Justiz-Kommission vom 24.2.1818 übernahm Preußen die Einrichtung, so daß der König mit Errichtung des Landgerichts im Jahre 1820 zugleich mehrere Prokuratoren für Köln ernennen konnte. Ihr Aufgabenbereich war weiter als heute: Ihnen oblagen nicht nur Ermittlungstätigkeit und Vertretung der Anklage; auch im weiten Bereich der Zivilsachen durfte der Prokurator, sofern öffentliche Belange direkt berührt waren, in jeder Lage des Verfahrens vor Gericht erscheinen und seinen Standpunkt darlegen; in fiskalischen Angelegenheiten war er der geborene Prozeßvertreter des Staates. Wie sehr die vorgesetzten Stellen deshalb auf zivilrechtliche Kenntnisse der Bewerber achteten, zeigt der Fall des vormaligen Prokurators am Kreisgericht Bonn, Jakob Stammel, der sich als unter dem Eindruck der französischen Revolution aus dem Amt ausgeschiedener Pastor das Mißtrauen der Bonner Gesellschaft zugezogen hatte. Nicht deswegen bestanden Bedenken gegen seine Eignung, sondern weil seine Erfahrungen im Zivilrecht gering waren. Dennoch kam er 1820 nach Köln, als feststand, daß das alte deutsche Recht, von dem er überhaupt nichts verstand, im Rheinland keine Geltung erlangen würde. Insbesondere einen entscheidenden Vorteil hatte die Prokuratur auch in den Augen der Altpreußen. Man erkennt ihn auf Anhieb, wenn man die hergebrachten preußischen Einrichtungen zum Vergleich heranzieht: Im dortigen Inquisitionsprozeß waren Ermittlung und Erlaß des Strafurteils in einer Hand vereinigt; eine besondere Ermittlungs- oder Anklagebehörde, die den Weisungen des Justizministers unterstanden hätte, gab es nicht. Daraus erklären sich die fortbestehenden Bedenken gegen die Unabhängigkeit des Richters; denn die Art und Weise richterlicher Ermittlungstätigkeit war nicht selten Gegenstand berechtigter Kritik, sofortige Abhilfe durch unmittelbaren Zugriff aber nicht möglich.

Demgegenüber sicherte die rheinische Prokuratur der Regierung das Ermittlungs- und Anklagemonopol: Nur auf Antrag des Prokurators, der an Weisungen von höherer Stelle gebunden war, durfte das Gericht sich eines Kriminalfalls annehmen. Daß es dann in diesem Rahmen unabhängig entschied, konnte keinen nachhaltigen Widerstand mehr hervorrufen. Und noch etwas anderes war die Folge: Der Prokurator sah sich nicht lediglich als einseitigen Interessenvertreter, sondern als Wahrer des Gemeinwohls. Wie das Gericht hatte er alle Umstände einer Tat zu berücksichtigen — mochten sie den Beschuldigten belasten oder ihm günstig sein. Stellte sich in der Gerichtsverhandlung etwa die Unschuld des Angeklagten heraus, war der Prokurator als erster berufen, an die »Weisheit der Richter« zu appellieren und damit auf Freispruch anzutragen. So blieb dem deutschen Strafprozeß die unselige Konfrontation zwischen Anklage und Verteidigung erspart, die im anglo-amerikanischen Verfahren einen recht nachteiligen Einfluß auf die Rechtsfindung haben kann. Wenn hier soeben vom »deutschen« Strafprozeß die Rede war, ist damit die ohnehin erwartete weitere Entwicklung nur vorweggenommen. Angesichts der in den 40er Jahren aufkommenden Unruhe raffte Preußen sich auf, für die alten Provinzen eine »Staatsanwaltschaft« nach rheinischem Vorbild einzurichten; entlastet war sie allerdings von den Aufgaben in der Zivilrechtspflege und wurde in dieser Form 1879 für die Länder des ganzen Deutschen Reiches verbindlich vorgeschrieben.

Damit wären wir auf der gegenüberliegenden Seite angelangt, der des Rechtsanwalts, den die überwiegende Mehrheit des interessierten Publikums meist in der Rolle des Strafverteidigers sieht, ohne zu berücksichtigen, daß seine Tätigkeit in zivilen Angelegenheiten den letztlich größeren Teil der anfallenden Geschäfte ausmacht. Schon bevor die Franzosen in Köln einrückten, war hier das Anwaltswesen hoch entwickelt, doch nicht weniger unübersichtlich als das mittelalterliche Gerichtswesen selbst. Erst von der Wende zum 19. Jahrhundert ab änderten sich die Dinge, als Frankreichs Justiz mit dem Neuaufbau der Gerichte eine in den Folgen weittragende Zweiteilung des Anwaltsberufs einführte: Von nun an waren zur Wahrnehmung von Rechtsangelegenheiten der avoué und der avocat berufen. Außer an den Friedens- und Handelsgerichten war es alleine dem avoué vorbehalten, im Namen der Parteien Anträge zu stellen und Tatsachen vorzutragen, während der avocat den Klienten in Rechtsfragen beriet, wofür er zumindest Lizentiat oder gar Doktor der Rechte sein mußte, wohingegen dem avoué der Besuch einer Rechtsschule erst in späteren Jahren überhaupt vorgeschrieben wurde. Daraus erwuchs ein eigentümliches Spannungsverhältnis zwischen beiden Berufen, weil einerseits der weniger qualifizierte avoué wegen seiner Monopolstellung vor Gericht den Bedürfnissen der Klienten in weitem Umfang alleine genügen konnte, andererseits aber gut situierte avocats sich einen avoué als besseren Schreiber hielten, der ohne eigenen Verantwortungsbereich lediglich vor Gericht erschien, um dort vorformulierte Anträge zu verlesen.

Preußen beließ es vorerst bei der Unterscheidung zwischen Advokat und Anwalt, wie sich der avoué jetzt nannte, verbesserte aber die Ausbildung, welche ab 1832 mit der Befähigung zum Richteramt abschließen mußte, und stellte letztlich das Verhältnis von Advokat und Anwalt auf den Kopf. Die Zulassung zum Anwaltsberuf war nämlich an die strenge Voraussetzung gebunden, daß an dem betreffenden Landgericht ein entsprechender Bedarf bestand. Für Köln etwa waren nur 21 Anwaltsstellen vorgesehen. Da zudem in zunehmendem Maße Advokaten sich um Aufnahme in die Anwaltschaft bewarben, um dann als »Advokat-Anwälte« tätig zu sein, mußte 1837 schon der Justizminister anordnen, daß Anwalt nur werden könne, wer vorher einige Zeit als freier Advokat gearbeitet habe. So bildeten sich regelrechte Patronatsverhältnisse heraus: Der junge Assessor verdingte sich nach dem Examen erst einmal für mehrere Jahre bei einem erfahrenen Anwalt, bevor er sich um Zulassung beim Landgericht bewarb; vor Gericht erschien also erst eine qualifizierte Auslese des Advokatenstandes.

Und gerade der Gerichtssaal war derjenige Ort, an dem die Fähigkeiten des Advokat-Anwalts sich erweisen mußten. Nicht nur hatte er den Streitstoff präsent zu halten, vielmehr erwartete das Gericht (und der im Termin anwesende Klient!) daß er in der Lage war, die Sache überzeugend vorzutragen. Gerade mangels umfangreicherer schriftlicher Vorbereitung erwies sich diese Art des Prozessierens jedoch als äußerst zeitraubend. Ganze Tage verbrachten die Anwälte bei Gericht und hatten Sorge, parallele Termine möglichst zu vermeiden. Manche sprachen sich untereinander ab und gingen zu bestimmten Sitzungen überhaupt nicht hin; das Gericht mußte dann neu terminieren. Es kam sogar vor, daß Anwälte den Richtern ohne Vorwarnung erklärten, sie hätten sich auf eine Sache eigens vorbereitet und wollten diese nun verhandelt wissen. Die Kammern gaben dem nach, um überhaupt zu einer Erledigung zu kommen.

Gänzlich anders lagen die Dinge bei den Friedens- und Handelsgerichten, wo kein Anwaltszwang bestand und jeder sich durch einen Prozeßbevollmächtigten seiner Wahl vertreten lassen konnte. Hier machten sich alsbald dunkle Elemente breit, meist gescheiterte Rechtskandidaten, aber auch entlassene Gerichtsvollzieher und Lehrer, die als sogenannte »Winkelkonsulenten« dem Publikum ihre zweifelhaften Dienste anboten und nur allzu oft Streitigkeiten erst recht anfachten, um Gebühren zu schinden. Selbst Gastwirte, in deren Lokalen die Friedensgerichte häufiger ihre Ortstermine abhielten, sicherten sich einträglichen Nebenerwerb, indem sie nicht nur nach oder gar während der Sitzung den in gedrückter Stimmung befindlichen Parteien Alkohol ausschenkten, sondern ihnen auch als Konsulenten zur Seite standen. Vielseitigkeit hat sich schließlich schon immer ausgezahlt. Eine durchgreifende Handhabe hiergegen bestand kaum. Die Friedensrichter mochten zwar im Einzelfall den Winkelkonsulanten von der Vertretung ausschließen dürfen, doch generell ließ sich das dubiose Gewerbe damit nicht unterdrücken. Die Oberprokuratoren legten eifrig Listen an und warnten die Öffentlichkeit vor den Gestalten, die durch einschlägige Vorstrafen allzusehr auffielen, doch fruchtete dies besonders in den ländlichen Gebieten, wo es kaum vernünftige Anwälte gab, recht wenig, zumal die Konsulenten kei-

ner Gebührenordnung unterlagen und deshalb, zumindest vordergründig, billiger arbeiteten. Erst die spätere Gewerbeordnung erschwerte die gewerbsmäßige Rechtsberatung durch Laien. Heute hat dieses Problem keine praktische Bedeutung mehr.
Die Anwaltschaft selbst hat sich ebenso gewandelt. Die Trennung von Advokat und Anwalt ist fortgefallen; jeder Assessor har nun das Recht, sich ohne Zulassungsbeschränkung bei einem Landgericht seiner Wahl als Anwalt niederzulassen.[20]

*Vor dem Schwurgericht*

Die Teilnahme der Bürger am Justizgeschehen konzentriert sich landläufig auf die Strafrechtspflege; der Zivilprozeß findet nur selten sein Publikum. Besonders großer Andrang herrscht naturgemäß, wenn über Taten verhandelt wird, die wegen ihrer Schwere oder der Person des Täters Aufsehen erregt haben. Deshalb waren gerade die Sitzungen des Schwurgerichts, einer Einrichtung, die wir in dieser Form heute nicht mehr kennen, herausragender Bezugspunkt des öffentlichen Interesses. Denn dort kamen bis hin zu Mord und Hochverrat die gröbsten Verbrechen zur Sprache.
Als frühe Errungenschaft der französischen Revolution hatten die Assisen, wie das Schwurgericht getreu der ursprünglichen Bezeichnung »Cour d' Assises« auch genannt wurde, alsbald Eingang in die Rheinlande gefunden, wo das Bürgertum sie begeistert aufnahm. Hier nämlich durfte der zum Geschworenen berufene Laienrichter über den zur Anklage gebrachten Kriminalfall verantwortlich mitentscheiden. Und dies in weit größerem Umfang als heute! Denn während nach geltendem Prozeßrecht die zwei Schöffen gemeinsam mit den Berufsrichtern abstimmen, saßen die 12 Geschworenen abseits vom Kollegium der Berufsrichter auf einer eigenen Bank und beantworteten gänzlich auf sich gestellt die Frage nach der Schuld des Angeklagten mit »ja« oder »nein«. Gelangten sie zu einem »nicht schuldig«, war der Angeklagte unverzüglich auf freien Fuß zu setzen; erst wenn er schuldig gesprochen war, befanden die Richter über das Strafmaß.
Daß daher gerade die Assisen nach dem Anschluß des Rheinlandes an Preußen, wo der König die Staatsgewalt verkörperte, im Mittelpunkt der Auseinandersetzungen um das »rheinische Recht« standen, leuchtet ein, verliehen doch die Geschworenen der Justiz einen geradezu demokratischen Einschlag. Schon am 28.2.1814 erklärte deshalb Alexander Prinz von Solms in dem ihm anvertrauten Generalgouvernement Berg die Schwurgerichte für aufgehoben. Der für die Gebiete am Mittelrhein eingesetzte Generalgouverneur Justus Gruner ging nicht ganz so weit, übertrug aber die den französischen Spezialgerichtshöfen anvertrauten Angelegenheiten auf den Assisenhof, der insoweit ohne Mitwirkung der Geschworenen zu entscheiden hatte. Dabei blieb es jedoch. Der unter Leitung der Immediat-Justiz-Kommission sachlich ausgetragene Meinungsstreit führte zu dem Ergebnis, daß die Schwurgerichte in der hergebrachten Form erhalten blieben und dort, wo sie abgeschafft waren, wieder eingeführt wurden. Bei jedem Landgericht bestand nun ein Assisenhof; und auch in dieser Frage fanden sich die führenden Köpfe der rheinischen Justiz unter den Befürwortern, wie etwa der Kölner Anwalt Dobbe und in späteren Jahren Peter Reichensper-

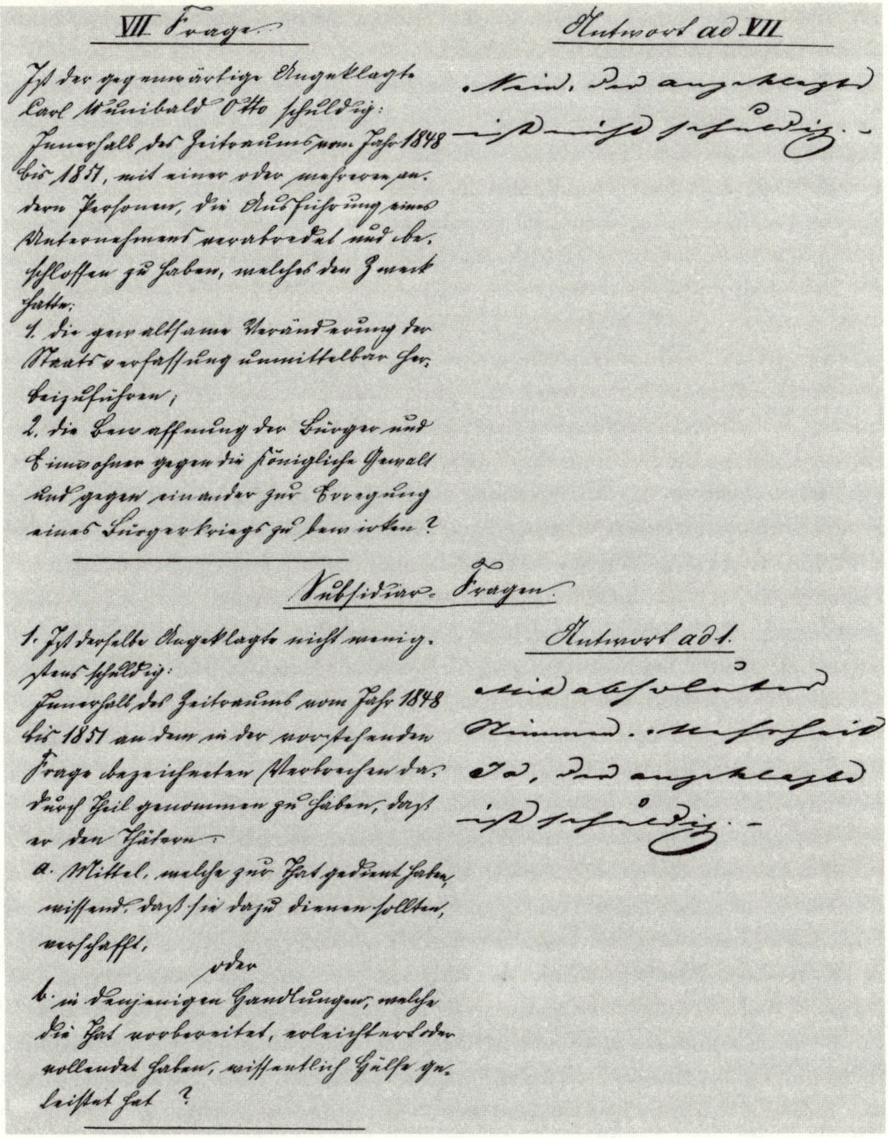

VII Frage

Ist der gegenwärtige Angeklagte Carl Wunibald Otto schuldig: Innerhalb des Zeitraums vom Jahr 1848 bis 1851, mit einer oder mehreren andern Personen, die Ausführung eines Unternehmens verabredet und beschlossen zu haben, welches den Zweck hatte:
1. die gewaltsame Veränderung der Staatsverfassung unmittelbar herbeizuführen;
2. die Bewaffnung der Bürger und Einwohner gegen die königliche Gewalt und gegen einander zur Erregung eines Bürgerkriegs zu bewirken?

Antwort ad VII

Nein, der Angeklagte ist nicht schuldig. –

Subsidiär-Fragen

1. Ist derselbe Angeklagte nicht wenigstens schuldig: Innerhalb des Zeitraums vom Jahr 1848 bis 1851 an dem in der vorstehenden Frage bezeichneten Verbrechen dadurch Theil genommen zu haben, daß er den Thätern:
a. Mittel, welche zur That gedient haben, wissend, daß sie dazu dienen sollten, verschafft,
oder
b. in denjenigen Handlungen, welche die That vorbereitet, erleichtert oder vollendet haben, wissentlich Hülfe geleistet hat?

Antwort ad 1.

Mit absoluter Stimmenmehrheit: Ja, der Angeklagte ist schuldig. –

*In umfangreichen Verfahren wurde den Geschworenen ein Fragebogen vorgelegt. Beantworteten sie die Hauptfrage mit »nicht schuldig«, mußten sie sich mit den hilfsweise gestellten »Subsidiar-Fragen« auseinandersetzen. Oben ein Fragebogen aus dem Kölner Kommunistenprozeß (s. S. 55 ff.).*

ger. Wie weit allerdings die Assisen aus dem Rahmen des preußischen Strafrechts herausragten, mögen zwei Beispiele verdeutlichen:
Die Geschworenen befanden, wie schon erwähnt, über die Schuldfrage mit »ja« oder »nein«; ein »vielleicht« kannten sie nicht. Verurteilt wurde nach den unmißverständlichen Regelungen des Gesetzes nur, wer zur vollen Überzeugung des Gerichts eines Verbrechens überführt war. So selbstverständlich dies uns heute vorkommen mag: Für Preußen lag darin eine grundlegende Umwälzung im Verständnis vom Zweck der Strafe überhaupt. Nach dem § 391 der Preußischen Criminalordnung nämlich war eine »außerordentliche« Strafe für denjenigen Angeklagten vorgesehen, welcher zwar nicht überführt, aber in gewissem Maße verdächtig war; die Sanktion fiel lediglich etwas milder aus als die regulär vorgesehene Folge der Tat, und vor Hinrichtung und lebenslangem Kerker blieb der Verdächtige verschont — ein zweifelhafter Genuß, fand er sich doch letztlich als Opfer einer Justiz, der insoweit nicht daran lag, Verbrechen zu sühnen, sondern bloße Ansätze von Unruhe zu besänftigen, die sich auf die Person eines möglicherweise gänzlich Unbeteiligten konzentrierten. Wo die Sorge um Ruhe und Ordnung so weit ging, mochte sich wenig Schlimmes ereignen, doch konnte rechtes Vertrauen in den Wert der Strafrechtspflege in einem Volke, das sich de facto zu einem sehr weitgehend zurückgezogenen Dasein verurteilt sah, nicht aufkommen. Das rheinische Schwurgericht beendete diesen Zustand.
Anders ging der Konflikt aus, in den die Assisen das Rheinland mit der monarchischen Verfassung Preußens brachten. Dort ging die richterliche Gewalt letztlich vom König aus, weshalb die tiefgreifendsten, auf Todesstrafe lautenden Urteile ihm vor der Vollstreckung zur Bestätigung vorzulegen waren. So geschah es auch im Falle des Kölner Kaufmannes Peter Anton Fonck, der nach dem Spruch des Schwurgerichts in der Nacht vom 9. zum 10. November 1816 »freiwillig und mit vorher überlegtem Vorsatz«, wohl um finanzielle Unregelmäßigkeiten zu vertuschen, seinen Buchprüfer Coenen ermordet hatte. »Auf meine Ehre und mein Gewissen, vor Gott und den Menschen, die Erklärung der Geschworenen auf die Frage ist mit sieben gegen fünf: Ja, der Angeklagte ist schuldig«, war die in ihrer Feierlichkeit vom Gesetz vorgeschriebene Antwort des Vorstehers der Schöffen; der als Komplize mitangeklagte Weinküfer Hammacher hatte sogar ein volles Geständnis abgelegt. Der Revisions- und Cassationshof in Berlin verwarf den Rekurs des zum Tode verurteilten Mörders Fonck. Nun kam die Sache vor den König, der, von Mißtrauen gegen die Assisen erfüllt, sich rund ein Jahr Zeit ließ, bis er die Entscheidung traf. In der Tat lagen die Dinge hier anders als in Altpreußen. Während dort erst die königliche Bestätigung das Todesurteil rechtskräftig werden ließ, trat die Rechtskraft nach französischem Gesetz schon mit Abschluß der Revision ein, womit die Vorlage an den Monarchen im Grunde keinen Sinn mehr hatte. Doch sollte sich der König so einfach aus seinen angestammten Rechten verdrängen lassen? Die Antwort war längst gegeben, wenn auch versteckt: Schon am 11. November 1815 waren die Prokuratoren im Rheinland vom damaligen Generalgouverneur Sack angewiesen worden, ihm rechtskräftige Urteile vor der Vollstreckung mit Akten einzusenden. Was genau dahintersteckte, verriet nur das Inhaltsverzeichnis zu Lottners

Sammlung der Gesetze und Verordnungen: »Die auf Todesstrafe und lebenswierige Zwangsarbeit ergangenen Urteile werden sammt Acten zur Allerhöchsten Bestätigung an das General-Gouvernement eingesandt«, hieß es dort unmißverständlich. So entschied sich denn der König gegen das rheinische Recht und für die preußische Verfassung, indem er den Bestand auch des rheinischen Todesurteils seiner Willensentschließung unterwarf. Nur damit nicht genug: Trotz der erdrückenden Beweislage hob er den Spruch des Schwurgerichts auf. Im Rheinland brach ein Sturm der Entrüstung los. War denn ein Urteil weniger wert als der geheime königliche Ratschluß? Genützt hat es nichts, doch verdanken wir dem darum entbrannten Streit den ersten vollständigen Druck eines Sitzungsprotokolls, in dem das Verfahren gegen Fonck mit allen Einzelheiten geschildert ist. Schon der damit getriebene Aufwand zeigt das Maß der öffentlichen Anteilnahme. So verteidigten die Rheinländer ihr Schwurgericht; das königliche Bestätigungsrecht wurde im Verlauf der 40er Jahre aufgegeben.[21] Es blieb nur das jedem Souverain zustehende Gnadenrecht, welches den Bestand des Urteils unberührt läßt.

Wie sehr mit den Vorgängen um die Strafsache Fonck auch die weitgehende Verwurzelung des aus dem Bürgertum gebildeten Assisengerichts im Volke deutlich geworden sein mag: Ganz ohne Schwierigkeiten waren Einberufung und Tätigkeit der Geschworenen nicht zu verwirklichen.

Schon um Manipulationen bei der Zusammensetzung der Schöffenbank zu vermeiden, hatte der Gesetzgeber ein kompliziertes Auswahlverfahren ersonnen. Es begann damit, daß der Regierungspräsident eine Liste von 60 angesehenen Bürgern aus den gebildeten Ständen aufstellte, von denen der Präsident des Schwurgerichts 36 zur Sitzung lud. Angeklagter und öffentliches Ministerium waren nun berechtigt, einzelne Geschworene abzulehnen, was theoretisch so weit gehen konnte, daß nur noch 12 von ihnen übrigblieben; andernfalls entschied das Los. Nun mochte man damit zwar die Bank der Laienrichter korrekt besetzt haben; wie diese aber eine brauchbare Entscheidung fällen sollten, war damit noch lange nicht geklärt. Schließlich hatten die Geschworenen das Verhalten des Angeklagten unter zum Teil nicht gerade einfach formulierte Tatbestände des Strafrechts einzuordnen, ohne sich in den Rechtswissenschaften nennenswert auszukennen. Deshalb sah die Verfahrensordnung eine ausführliche Belehrung am Ende der Beweisaufnahme vor. Wie der Assisenpräsident dieses ihm gegebene Recht ausnutzte, um auf die Geschworenen Einfluß zu nehmen, zeigt die Verhandlung über den Aachener Aufruhr von 1830 vor dem Schwurgericht in Köln. Damals hatten Auseinandersetzungen zwischen Unternehmern und Arbeiterschaft im Anschluß an einen Protestmarsch durch die Stadt zu Handgreiflichkeiten und am Ende zu einer wahren Straßenschlacht mit der Polizei geführt. Die Vielzahl von Angeklagten stellte höchste Anforderungen an die Auffassungsgabe der Geschworenen. Dementsprechend fiel die Belehrung durch den Präsidenten Krezzer aus: Mit bewegten Worten schilderte er die Gefahren für das öffentliche Wohl, die der Aufruhr hervorgerufen hatte; nichts als Neid, Haß und Rachsucht wußte er als die treibenden Elemente des Geschehens zu erkennen, während der Widerstand einiger Bürger, die sich den Arbeitern

entgegengestellt hatten, sein überschwängliches Lob fand. Was heutzutage ein wahres Gewitter von Befangenheitsanträgen heraufbeschwören müßte, sicherte in jenen Jahren die »Brauchbarkeit« des Schöffenspruches, der, wie wäre es anders zu erwarten gewesen, nun überwiegend auf »schuldig« lautete. Die darauf verhängten Strafen waren barbarisch in unseren Augen:
Neben lebenslanger Freiheitsstrafe gehörte das Ausstellen am Pranger nahezu selbstverständlich zum Katalog der Sanktionen, wie auch der zum Tode Verurteilte vor der Hinrichtung mit einem entehrenden Brandmal versehen wurde.[22]

*Lassalle*
Zu den spannendsten Verfahren, die das Kölner Schwurgericht im 19. Jahrhundert gesehen hat, zählt mit Sicherheit die Behandlung eines dreisten Kassettendiebstahls im damaligen Hotel »Mainzer Hof«, in welchen Ferdinand Lassalle, lange bevor er sich in der Arbeiterbewegung anhaltenden Ruhm verschaffte, als junger Literat von 23 Jahren verwickelt war. Durch die Vorgeschichte dieses der Pikanterie nicht entbehrenden Falles weht Abenteuerluft — als habe Dumas der Vater persönlich das Drehbuch auf sein Gewissen genommen.
Im Jahre 1822 wird Gräfin Sophie Hatzfeld, von Geburt tief in der engsten Oberschicht Altpreußens verwurzelt, mit ihrem Vetter, dem Grafen Edmund von Hatzfeld Wildenburg vermählt. Der, steinreich und untreu, schert sich wenig um das junge Glück. Von der Familie, die den Skandal scheut, im Stich gelassen, findet die Gräfin nach jahrelangem Umherirren in Lassalle, der 1846 durch Vermittlung des Grafen Keyserling bei ihr eingeführt wird, einen bis zur Selbstaufgabe kämpfenden Helfer. Der Elan, mit dem Lassalle, seine weitere Laufbahn bedenkenlos vernachlässigend, nunmehr die Hatzfeldschen Ehe- und Vermögensauseinandersetzungen in einer Jahre währenden Serie von Prozessen als Vertreter der Gräfin betreibt, ist nur mit Mühe nachvollziehbar; seine Motive sind letztlich im Dunkeln geblieben. Klagen, Erwiderungen, Petitionen werden ihm tägliches Brot; gemeinsam mit zwei Freunden, dem Arzt Dr. Mendelssohn und dem Assessor Dr. Oppenheim, zieht er rastlos durch Deutschland, Gerichtstermine wahrnehmend, Briefe abfangend, auf der Fährte des Grafen. Als dieser mit seiner Maitresse, der Baronin von Meyendorf, einen kompromittierenden Leibrentenvertrag abschließt, bietet sich dem Tatendrang der drei Verbündeten ein weiteres Ziel: die hierfür ausgestellte Urkunde in ihren Besitz zu bringen. Am 20. August 1846 entwenden daher Oppenheim und Mendelssohn der Baronin schon besagte Kassette, finden darin auch allerlei Interessantes, u. a. 3.000 Goldfranken, das begehrte Schriftstück hingegen fehlt. Lassalle selbst war an der Tat unmittelbar nicht beteiligt und blieb daher anfangs unbehelligt, wohingegen sich Mendelssohn am 10. und 11. Februar 1848 vor den Kölner Assisen zu verantworten hatte. Im Verlauf der Verhandlung kamen geradezu abenteuerliche Hintergründe ans Licht der Öffentlichkeit; immer mehr erhärtete sich der Verdacht, daß Lassalle, auf den die Polizei im Zusammenhang mit dem Verschwinden amtlich verwahrter Kriminalakten ohnehin schon ein Auge

Kölnische Zeitung.

Nr. 49. Freitag, 18. Februar 1848.

**Vermischte Nachrichten.**

Es ist durch den Telegraphen die Nachricht in Köln eingegangen, daß der in dem Hatzfeldt'schen Familien-Proceß so sehr compromittirte Lic. phil. Lasalle, auf Requisition des hiesigen Ober-Procurators, in Berlin verhaftet worden ist. Man sagt, daß bei der kürzlichen Untersuchung gegen D. Mendelssohn in Bezug auf Lassalle Thatsachen aufgedeckt worden seien, die eine solche Maßregel nothwendig gemacht haben.

— * Aus Magdeburg vom 15. Febr. schreibt man uns: Wie im Frühlinge des Jahres 1846, hat auch jetzt wieder der Eisgang der Elbe bedeutenden Schaden hier angerichtet. Nachdem schon einige Tage früher die Eisdecke der Elbe sich bei Dresden gelös't hatte, dann auch gestern Morgens die sogenannte Strom-Elbe von Eis frei geworden war, gerieth am gestrigen Abende die Eisdecke auf einem, die Zoll-Elbe genannten Elb-Arme in Bewegung. Mit ungeheurer Kraft stürzten sich die dicken, breiten Eisschollen auf einige an der Mündung dieses Armes in den Hauptstrom liegende große Elbkähne, drückten vier derselben, die kurz vor dem Zufrieren des Stromes mit Weizen, von hier nach Hamburg bestimmt, beladen waren, völlig in die Tiefe des Stromes, trieben einen anderen großen Elbkahn über jene vier versenkten Fahrzeuge, so daß er auf denselben festsitzt, beschädigten noch drei andere, gleichfalls mit Weizen beladene Fahrzeuge sehr bedeutend und richteten außerdem manchen Schaden an. Zum Glück sind die Getreide-Ladungen, hiesigen Kaufleuten gehörig, versichert.

Die londoner Zeitungen vom 15. Februar waren uns beim Schlusse dieses Blattes noch nicht zugekommen.

*Am 18. 2. 1848 meldet die Kölnische Zeitung, daß Ferdinand Lassalle in Berlin verhaftet worden ist.*

geworfen hatte, der wahre Urheber des Kassettendiebstahls gewesen war — und noch mehr: Nach Aussage seines ehemaligen Kammerdieners hatte er diesen gar anzustiften versucht, dem Grafen Gift in den Champagner zu schütten; es kamen angebliche Pläne Lassalls zur Sprache, die Ehekrise im Hause Hatzfeld mit vergifteten Zigarren zu lösen. Daß man schließlich gemeinsam um einen der gräflichen Wohnsitze in Aachen nächtens herumgeschlichen sei, mochte selbst Mendelssohn nicht abstreiten, nur von den geladenen Pistolen, die der ganzen Aktion den tieferen Sinn hatten verleihen sollen, wußte der Angeklagte nichts mehr. Erst hierdurch aber geriet der Prozeß zur Sensation; tagelang berichtete die Kölnische Zeitung mit ausführlichen Fortsetzungsartikeln über den Hergang der Beweisaufnahme. Mendelssohn selbst, der, zu fünf Jahren Zuchthaus verurteilt, später gegen das Versprechen, Europa zu verlassen, vom König nach einem Jahr Gefängnis begnadigt wurde, war nur noch Randfigur des öffentlichen Interesses. Schon am 18. Februar meldeten die Nachrichtenblätter, Lassalle sei auf Grund der Ergebnisse des Kölner Verfahrens in Berlin verhaftet worden. Vom 5. bis zum 11. August 1848 hatte er sich vor den Assisen in Köln des Vorwurfs zu verantworten, Urheber des Kassettendiebstahls zu sein; der Verdacht des geplanten Mordes hingegen war nicht aufrechterhalten worden.

Unter Vorsitz des Appellationsgerichtsrats Friedrich von Ammon, der auch als Mitschöpfer der preußischen Verfassung und Mitglied des Abgeordnetenhauses hervortrat, vernahm das Gericht insgesamt 70 Zeugen, die allerdings überwiegend den Makel trugen, im Solde des einen oder anderen der Eheleute Hatzfeld zu stehen. Viel Wahres brachte die Beweisaufnahme daher nicht zutage und ließ dem Angeklagten breiten Raum für eine glänzende Verteidigungsrede. Dennoch sprachen ihn die Geschworenen mit 7 gegen 5 Stimmen schuldig, die Berufsrichter hingegen gelangten, und dies war trotz des Schöffenspruchs nach Art. 364 des Code Pénal zulässig, zu einem Freispruch, weil ihrer Überzeugung nach Lassalle nicht nachzuweisen war, daß er Mendelssohn und Oppenheim ausgerechnet zu einem Diebstahl hatte verleiten wollen.

Von Ammon mußte sich, was eben auch einem Richter zustoßen kann, von seiner Frau schwere Vorwürfe anhören, als er ihr dieses Ergebnis mitteilte. »Ihr solltet Euch schämen, so ein Mensch müßte verurteilt werden, auch wenn er nichts getan hätte!«, hielt sie ihm vor. Der Assisenpräsident bemerkt in seiner Autobiographie hierzu: »Das war dasselbe moralische Gefühl, welches die Majorität der Geschworenen geleitet hatte.« Hier wird eine fundamentale Schwäche des alten Schwurgerichts erkennbar, die Gefahr nämlich, daß die Geschworenen sich allzusehr von ihren Gefühlen leiten ließen und unter dem Eindruck unscharfer Werturteile den richtigen Blick für die tatsächliche Lage verloren. Der von Lassalle immer wieder abgestrittene, von seinen Gegnern dafür mit um so größerer Hartnäckigkeit verbreitete Vorwurf, zu der rund 20 Jahre älteren Gräfin intime Beziehungen zu unterhalten, mag sich hier genauso ausgewirkt haben wie der Umstand, daß er sich als Jude, der aus seinen Kreisen lautstarke politische Unterstützung erhielt, das Mißtrauen der eingesessenen Bevölkerung zuzog.[23]

*1848*

Eine nachhaltige Folge indes bewirkte das Kölner Schwurgerichtsverfahren für Lassalle: In jenem schicksalsschweren Revolutionsjahr 1848 war seine Anteilnahme an den sich überschlagenden Ereignissen gering — trotz der Zugehörigkeit zum Freundeskreis um Karl Marx und den weiteren Mitarbeitern der »Neuen Rheinischen Zeitung«. Denn hatte er die Zeit bis zum 11. August noch wegen der Kassettenaffäre in der Zelle verbracht, kam er am 22. November infolge eines Verfahrens wegen Aufreizung gegen die königliche Gewalt schon wieder in Untersuchungshaft. Die Hatzfeldschen Händel waren also letztlich die Ursache dafür, daß Lassalle erst in späteren Jahren politisch an vorderster Stelle hervortreten konnte.

Die heraufziehenden Unruhen, die das Rheinland ergriffen wie alle deutschen Länder, brachen allerdings nicht erst im Jahre 1848 über unsere Heimat herein. Ältere Akten der Generalprokuratur beim Rheinischen Appellationsgerichtshof über »unruhige Auftritte« und »Untersuchungen wegen geheimer Verbindungen« in den Rheinprovinzen datieren schon aus den frühen 30er Jahren, wobei bleibende Gegensätze zwischen der heimischen Bevölkerung und den preußischen Truppen eine herausragende Rolle spielten. Insbesondere dem bisweilen zur Ausgelassenheit sich steigernden rheinischen Frohsinn stand das Militär hilflos gegenüber. Als etwa im August 1846 die Pfarre Groß St. Martin ihr Kirchweihfest beging und im Anschluß daran Jugendliche mit Feuerwerkskörpern ihren Unfug trieben, griff die Ordnungsmacht mit derartiger Strenge ein, daß die Bevölkerung empört Partei ergriff und sich mit Polizei wie eiligst herbeigerufenem Militär handfest anlegte; mit aufgepflanztem Bajonett gingen die Soldaten vor — Steine flogen ihnen entgegen. Erst nachdem die Truppen abgezogen waren, beruhigte sich die Menge. Wie tief die Kluft zwischen dem König und seinen Untertanen am Rhein war und wie wenig die Kölner Justiz sich geneigt zeigte, im Sinne der Regierung mit allem Nachdruck vorzugehen, läßt sich am »gerichtlichen Nachspiel« der Unruhen unschwer ablesen. Die Behörden ermittelten gegen sage und schreibe 26 Personen, von denen 18 alsbald außer Verfolgung gesetzt wurden; wegen dieser Milde wurde der damalige Generalprokurator Berghaus ungeachtet seiner früheren Verdienste gezwungen, den Abschied zu nehmen; nur gegen einen Mittäter, der beschuldigt war, sich im Besitz eines Steins, zweier Messer und eines Stücks Blei in der Volksmenge aufgehalten zu haben, erging Haftbefehl. Auch im Revolutionsjahr selbst kam man vor dem Kölner Landgericht meist glimpflich davon. In den 76 Straferkenntnissen, die in einem ganzen Jahr nach dem 18. Mai 1848 überhaupt nur zum Spruch kamen, und dies unter der drohenden Rubrik »politische Verbrechen und Vergehen«, überwogen Geldbußen und Freiheitsstrafen von wenigen Tagen bei weitem — in einer Zeit, die selbst den Diebstahl nicht selten mit mehrjähriger Zuchthausstrafe ahndete.[24]

Zu denen, die in ihrem Unglück noch von Glück reden konnten, zählte Gottfried Kinkel. Der am 11. August 1815 geborene Theologe und Literat hatte sich mit überschwänglicher Begeisterung in den Kampf gestürzt. Während des badischen Aufstandes kämpfte er — als

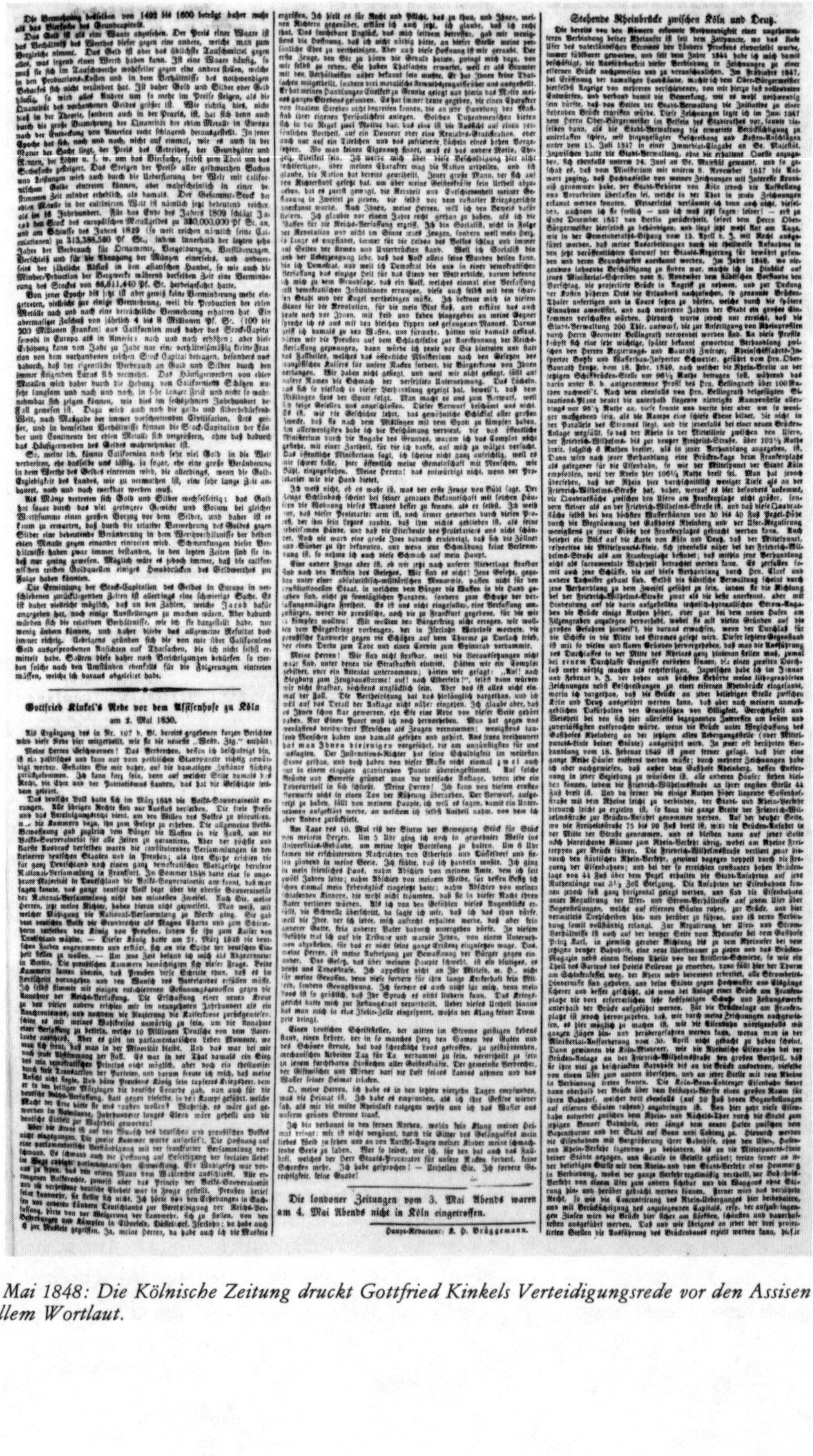

Gottfried Kinkel's Rede vor dem Assisenhofe zu Köln am 2. Mai 1850.

Stehende Rheinbrücke zwischen Köln und Deutz.

Die londoner Zeitungen vom 3. Mai Abends waren am 4. Mai Abends nicht in Köln eingetroffen.

*5. Mai 1848: Die Kölnische Zeitung druckt Gottfried Kinkels Verteidigungsrede vor den Assisen in vollem Wortlaut.*

Bürger Preußens — gegen die Truppen seines Königs und wurde, verwundet, bei Durlach gefangengenommen.

»Trommler schlag an und führt mich zum Platz,
Der rasch vom Leben mich scheidet —
Ich fürchte die pfeifende Kugel nicht,
Die mein Gebein mir zerschneidet.«

So dichtete er im August 1849.

Schon im Mai des selben Jahres hatte er sich an dem stümperhaften Versuch des verkrachten Leutnants Anneke beteiligt, das Zeughaus zu Siegburg zu stürmen, um die dort eingelagerten Waffen zu erbeuten; das Unternehmen wurde von einem Trupp Dragoner vereitelt.

Wegen seiner Teilnahme an den Kämpfen in Baden verurteilte ihn ein preußisches Kriegsgericht zu lebenslanger Haft. Sein Marsch auf das Siegburger Zeughaus war Gegenstand einer Anklage, die ihn am 29. April 1850 vor das Kölner Schwurgericht brachte. Aus der Bevölkerung, die sich in Trauben vor dem Gerichtsgebäude drängte, schollen ihm Hochrufe entgegen, als er, unter Aufsicht einer starken Kavallerietruppe, die ihn mit gezogenem Säbel begleitete, zum Sitzungssaal geführt-wurde. Selbst Artillerie hatte man auffahren lassen, um notfalls seine gewaltsame Befreiung vereiteln zu können. Wie zu erwarten, beantragte der Vertreter des öffentlichen Ministeriums die Todesstrafe. Nach dem Plädoyer der Verteidigung ergriff Kinkel selbst das Wort.

Der Assisenpräsident hatte bisweilen Mühe, den Beifall einzudämmen, der Kinkels Rede immer wieder unterbrach, wenn er den Geschworenen die hehren Ziele der Revolution mitreißend vor Augen führte. »Hätten wir aber gesiegt in diesen Kämpfen, bei Gott, meine Herren, statt des Fallbeils, mit dem heute ein rheinischer Staatsanwalt im Bunde mit dem Gesetz des französischen Tyrannen uns bedroht, würden wir aus Ihren Händen heute die Bürgerkrone fordern für unser Haupt!«, rief er ihnen zu. Welche Wohltat das »Gesetz des französischen Tyrannen« ihm letztlich bedeutete, würde sich allerdings sehr bald herausstellen. Denn kaum hatte er seine Rede geschlossen (»Ich will Ihr Mitleid nicht, aber mein Recht verlange ich von Ihnen . . . darum erwarte ich mit der ruhigsten Zuversicht aus Ihrem Munde das »Nichtschuldig«. Ich habe gesprochen: nun richten Sie«.), ließen die Anwesenden ihrer Rührung freie Bahn. Die Geschworenen und Berufsrichter, ja selbst der Prokurator schluchzten, was das Zeug hielt. Und in den tränengeschwängerten Schwurgerichtssaal hinein verkündete der Obmann der Geschworenen das Urteil: »Nicht schuldig«.

Aus heutiger Warte mag der Beobachter sich fragen, was ein mit allen Wassern gewaschener Redner eigentlich noch hätte verbrechen müssen, um vor den Assisen in Ungnade zu fallen. Kinkel jedenfalls verließ, das Haupt stolz erhoben, unter dem Jubel des Volkes das Gericht; aus der Haft im Spandauer Zuchthaus befreite ihn bald darauf sein Freund Karl Schurz, dem wir die Schilderung des Kölner Prozesses verdanken.

Auch hier hatte sich, wie schon im Falle Ferdinand Lassalle, eine gewisse Anfälligkeit der Geschworenenbank gegen übermächtige Gefühlsregungen gezeigt, ob im guten oder schlechten Sinne, das soll dahinstehen. Das eigentliche Glück Kinkels bestand darin, daß die Rechtslage bis etwa ein Jahr vor seinem Prozeß eine grundlegend andere gewesen war. Am 6. März 1821 nämlich hatte der König, aus Mißtrauen gegen die Volksnähe der Laienrichter, u. a. »Verbrechen und Vergehungen gegen den Staat und sein Oberhaupt« der Zuständigkeit des Schwurgerichts entzogen und an ein Kollegium von Berufsrichtern verwiesen, sehr zum Leidwesen der Rheinländer, die sich damit an die unselige Zeit der strengen napoleonischen Sondergerichte erinnert fühlten. Friedrich Engels kommentierte die dadurch entstandene Situation mit der bissigen Bemerkung: ». . . wenn man keine politischen Vergehen, sondern nur Verbrechen beging, kam man vor die Geschworenen«. Erst die schon unter dem Eindruck der Märzunruhen erlassene königliche Verordnung vom 15. April 1848 stellte neben anderem den Wirkungskreis der Assisen in vollem Umfang wieder her, mit dem Ergebnis, daß ein Gericht sich eben auch einmal auf die Seite der Revolution schlagen konnte. Ob Berufsrichter alleine anders über Kinkel geurteilt hätten, hat die Geschichte offengelassen.

Fest steht nur, daß die rheinische Richterschaft im Grunde ganz einfach deshalb zu den entschiedensten Befürwortern der von den Revolutionären u. a. geforderten Verfassungsreform gehörten, weil die wesentlichen Änderungen im Bereich der Justiz für das Rheinland längst selbstverständlich waren. So finden wir etwa den uns als Präsidenten im Assisenverfahren gegen Lassalle schon begegneten Appellationsgerichtsrat v. Ammon am Morgen des 15. April 1848, im Zuge der Verfassungsberatungen, vor dem König, um ihn zum Erlaß der eben erwähnten Verordnung vom selben Tage zu bewegen. Es gelingt ihm, der rheinischen Gesetzgebung eine Bresche zu schlagen und anfängliche Bedenken zu zerstreuen; schließlich dürfte ihm wie kaum einem anderen an jenem Tage bewußt gewesen sein, wie weitgehend das rheinische Recht in die schon fast fertiggestellte preußische Verfassung und damit in das Gerichtswesen des ganzen Landes Eingang finden würde. Wer sich mit dem geltenden Recht vertraut machte, sollte nicht übersehen, daß es zu einem maßgeblichen Teil infolge weitgehender Übernahme der rheinischen Institutionen durch Preußen zu dem geworden ist, was wir jetzt vorfinden. »Nun meine Herren, wenn Sie dafür sind, ich bin nicht dagegen«, so überliefert uns von Ammon die Worte des Königs, »und malte langsam sein Friedrich Wilhelm unter die fertig vor ihm liegenden Verordnungen, welche darauf zur Freude der Provinz publiziert wurden«. Die Probleme der anderen Provinzen hingegen fanden bei den rheinischen Richtern geringere Beachtung, genauso wie die Anliegen der aufkommenden Arbeiterbewegung. Gegen die von dieser hervorgerufenen Unruhen stellte sich von Ammon als Leutnant einer »Bürgerwehr«, weshalb er bei jenen Kräften schnell als Reaktionär galt; »erster Heuler von Köln« rief man ihm auf der Straße nach. Neben ihm wirkte Peter Reichensperger in der gleichen Richtung, die sich letztlich durchsetzte, einer Reform des preußischen Staatswesens, die vom Rheinland nur ein leicht zu verschmerzendes Opfer forderte: den Verlust des »eigenen« Revisionshofs, der als »Rheinischer Senat« in das Berliner Obertribunal integriert wurde.[25]

*Die Kölner Kommunisten*

Lief damit letztlich die »bürgerliche« Revolution auf eine Staatsreform hinaus, gelang es den auf grundlegende Änderung der Staats- und Wirtschaftsverfassung abzielenden Kräften der frühen Arbeiterbewegung nicht, sich mit ihren Plänen, der von Karl Marx schon für die nähere Zukunft vorausgesagten Weltrevolution, nachhaltig durchzusetzen. Zwar sprachen die Kölner Assisen am 8.2.1849 Marx sowie seine Genossen Schapper und Schneider, die in der »Neuen Rheinischen Zeitung« zur Steuerverweigerung aufgerufen hatten, noch von der Anklage des Widerstandes gegen Militär und Beamte frei, doch teilten schon bald darauf etliche weitere Mitglieder des von ihnen gebildeten Kommunistenbundes dieses Glück nicht mehr. Karl Marx hatte sich längst nach London zurückgezogen, um von dort aus der Kölner »Zentralbehörde« seine geheimen Weisungen erteilen zu können, als am 18. Mai 1851 die Polizei in Leipzig den Schneidergesellen Nothjung aufgriff und bei ihm, einem Kurier des Kommunistenbundes, unter anderem Papiere fand, die Aufschluß über eine Reihe weiterer Mitglieder gaben.

Gut ein Jahr später hatte der Generalprokurator beim Königlich Rheinischen Appellationsgerichtshof Dr. Nicolovius die Ermittlungen so weit abgeschlossen, daß er am 12. Juni 1852 insgesamt 10 Kommunisten, unter ihnen den Juristen Hermann Heinrich Becker, Nothjung und den flüchtigen berufslosen Freiligrath anklagen konnte, »im Laufe der Jahre 1848, 1849, 1850 und 1851 zu Cöln ein Complott gestiftet zu haben, dessen Zweck war, die Staatsverfassung umzustürzen und die Bürger und Einwohner gegen die königliche Gewalt und gegen einander zur Erregung eines Bürgerkrieges zu bewaffnen«. Beim Anklagesenat des Appellationsgerichtshofes beantragte er, dieser »wolle die Anklage gegen die Beschuldigten erkennen, und sie an den Assisenhof zu Cöln verweisen«. Daran verdeutlicht sich eine weitere Besonderheit des Schwurgerichts. Zwar bestand es bei jedem Landgericht, doch kam ihm im Verhältnis zum Obergericht eine Zwitterstellung zu. Letzteres nämlich befand zuerst über die Zulässigkeit der Anklageschrift, bevor es die Sache an den Assisenhof verwies. Dieser wiederum war auf der Richterbank nicht ausschließlich mit Landgerichtsräten besetzt; den Vorsitz führte vielmehr ein Appellationsgerichtsrat; nur zwei der vier Beisitzer waren Landgerichtsräte, die anderen beiden mußten sich als Berufungsrichter oder Kammervorsitzende qualifiziert haben.

Nachdem die Prokuratur den Handlungsgehilfen Erhard und den Schneidergesellen Lessner noch nachträglich mit angeklagt hatte, eröffnete Assisenpräsident Göbel am 4. Oktober die Hauptverhandlung. Auf der Geschworenenbank saßen die führenden Köpfe des Kölner Bürgertums, unter ihnen der Kaufmann Herstatt und der langjährige Handelsrichter Moll, während der Fabrikant Brügelmann von den Angeklagten abgelehnt worden war. Leider sind von den 13 Aktenbänden des Kommunistenprozesses 12 später verlorengegangen. Zum Trost für den Historiker enthält indes der 13. Band die vollständige 216 Seiten umfassende Anklageschrift, welche alleine wegen ihres detaillierten Eingehens auf die frühe Zeit der kommunistischen Bewegung in Deutschland einen unschätzbaren Wert repräsentiert, und das Sitzungsprotokoll. Der Verlust der übrigen Akten, wahrscheinlich bei ei-

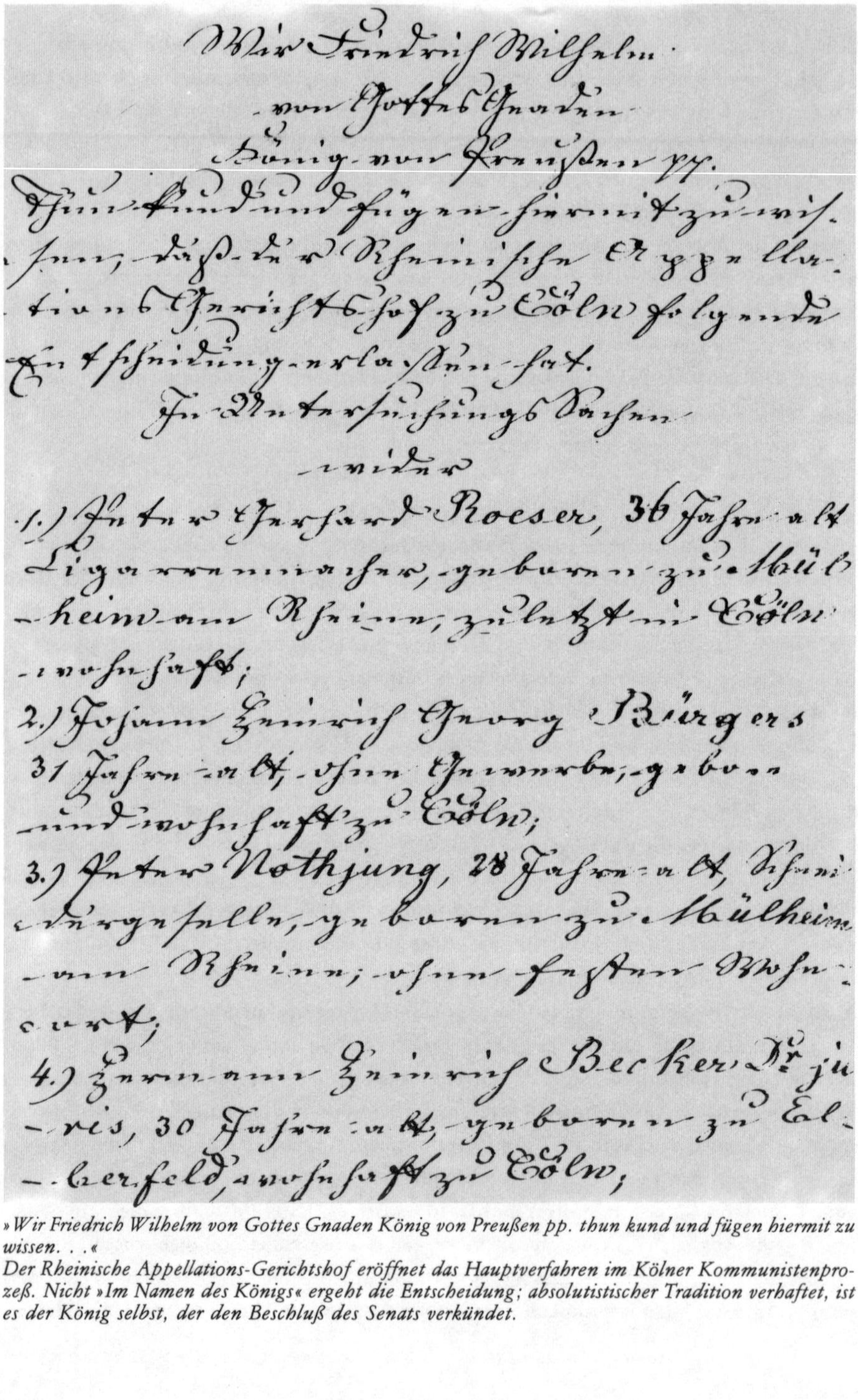

Wir Friedrich Wilhelm
von Gottes Gnaden
König von Preußen pp.
Thun kund und fügen hiermit zu wis-
sen, daß der Rheinische Appella-
tions Gerichtshof zu Cöln folgende
Entscheidung erlassen hat.
In Untersuchungssachen
wider
1.) Peter Gerhard Roeser, 36 Jahre alt
Cigarrenmacher, geboren zu Mül-
heim am Rhein, zuletzt in Cöln
wohnhaft;
2.) Johann Heinrich Georg Bürgers
31 Jahre alt, ohne Gewerbe, gebo-
ren und wohnhaft zu Cöln;
3.) Peter Nothjung, 28 Jahre alt, Schnei-
dergeselle, geboren zu Mülheim
am Rhein; ohne festen Woh-
nort;
4.) Hermann Heinrich Becker Dr. ju-
ris, 30 Jahre alt, geboren zu El-
berfeld, wohnhaft zu Cöln,

*»Wir Friedrich Wilhelm von Gottes Gnaden König von Preußen pp. thun kund und fügen hiermit zu wissen. . .«*
*Der Rheinische Appellations-Gerichtshof eröffnet das Hauptverfahren im Kölner Kommunistenprozeß. Nicht »Im Namen des Königs« ergeht die Entscheidung; absolutistischer Tradition verhaftet, ist es der König selbst, der den Beschluß des Senats verkündet.*

nem Umzug, erscheint indes als symptomatisch für die Art und Weise, in der von seiten unserer Behörden Dokumente der Justiz- und Rechtsgeschichte behandelt werden: Während in den Archiven jede Handwerkerrechnung an die Kölner Justiz von den 20er Jahren des vergangenen Jahrhunderts bis heute lückenlos nachzuprüfen ist, finden sich Prozeßakten, und mag der Rechtsstreit noch so herausragende Bedeutung haben, nur spärlich — ein bleibendes Hemmnis, das aber für die Zukunft mit Leichtigkeit aus dem Wege geräumt werden könnte.

Der Prozeß gegen die Mitglieder des Kommunistenbundes nahm nun seinen Gang. Neben 51 Zeugen wurden drei Sachverständige zu den einzelnen Punkten der Anklage vernommen. Wegen der Dauer des Verfahrens hatte man vorsichtshalber eine Reihe zusätzlicher Ergänzungsgeschworenen ausgelost, die bei Ausfall eines Schöffen dessen Platz auf der Geschworenenbank eingenommen hätten. Am 12. November endlich, nachdem Anklage und Verteidigung in wechselnder Rede und Gegenrede ihre Plädoyers beendet hatten, konnte der Präsident den Geschworenen die Tatfragen zur Entscheidung vorlegen. Einschließlich der vom Prokurator und den Advokaten zusätzlich eingebrachten Anträge sowie der »Subsidiarfragen« (s. S. 45), die nur dann zu beantworten waren, wenn ein Hauptpunkt verneint wurde, umfaßte der den Laienrichtern überreichte Fragenkatalog 9 Seiten. Nach kurzer Beratung fällten sie ihren Spruch:

Die Ärzte Daniels, Jacobi und Klein sowie Erhard waren nicht schuldig und wurden deshalb unverzüglich auf freien Fuß gesetzt. Die übrigen Angeklagten wurden für schuldig befunden, u.a. Lessner, der an den zur Anklage gebrachten Taten dadurch teilgenommen habe, »daß er Mittel, welche zu der Tat gedient haben, wissend, daß sie dazu dienen sollten, (den Tätern) verschafft« und sich damit eine Beihilfe hatte zuschulden kommen lassen. Gerade dieser gegen Lessner erhobene Vorwurf sollte im späteren Verlauf des Prozesses noch zu besonderer Bedeutung gelangen. Denn als nunmehr vor den Berufsrichtern auf das Strafmaß plädiert wurde, der Oberprokurator verlangte Einschließung bis zu 8 Jahren, die Verteidigung erbat die gesetzliche Mindeststrafe, beantragte der für Lessner bestellte Advokat Freispruch, weil seiner Ansicht nach die Beihilfehandlung, deren die Schöffen seinen Mandanten für schuldig befunden hatten, nur nach dem preußischen Strafgesetzbuch strafbar war, nicht aber nach dem französischen Code Pénal. Nun lag im Falle des Lessner die Besonderheit darin, daß er schon im Juni 1851 verhaftet worden war, während das neue preußische Strafrecht erst am 1. Juli Geltung erlangt hatte. War seinem Rechtsstandpunkt zu folgen, mußte er freigesprochen werden; denn schon damals galt der Grundsatz, daß ein Strafgesetz keine Handlungen nachträglich ahnden durfte, die vor seinem Inkrafttreten straffrei begangen worden waren.

Dennoch lautete das Urteil gegen Lessner auf drei Jahre Freiheitsstrafe, gegen die übrigen auf 5 oder 6 Jahre. Es erging noch am 12. November, abends um 10 1/4 Uhr, wie der Protokollführer vermerkte. Lessner legte Revision ein und berief sich zu ihrer Stütze auf die von seinem Verteidiger in der Hauptverhandlung schon vorgetragenen Argumente. Der Termin vor dem Strafsenat des Königlichen Obertribunals zu Berlin fand am 27. Januar 1853

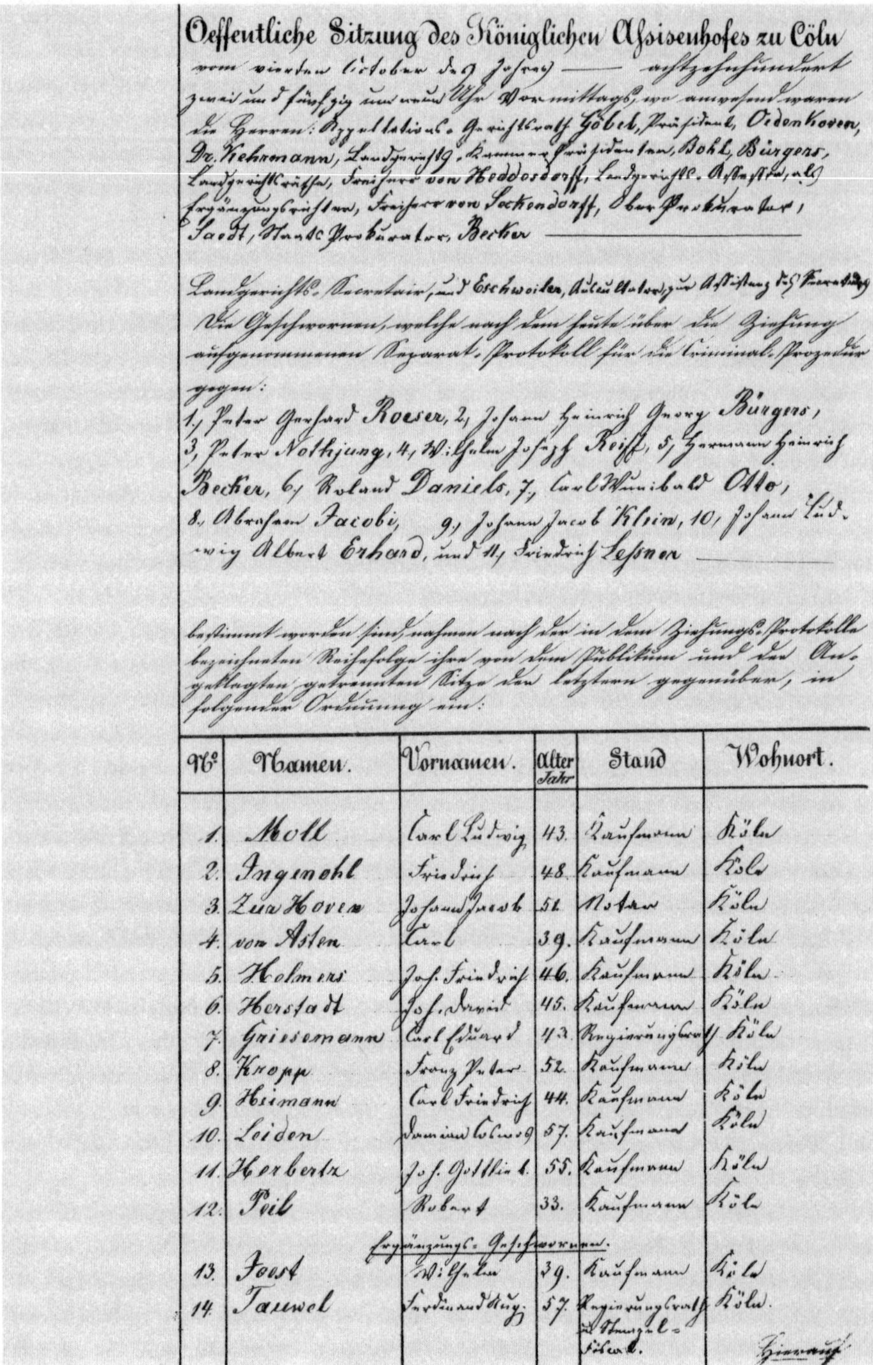

Oeffentliche Sitzung des Königlichen Assisenhofes zu Cöln
vom vierten October des Jahres ——— achtzehnhundert
zwei und fünfzig um neun Uhr Vormittags, wo anwesend waren
die Herren: Appellations-Gerichtsrath Göbel, Präsident, Oedenkoven,
Dr. Kehrmann, Landgerichts-Kammer-Präsidenten, Bohl, Bürgers,
Landgerichtsräthe, Freiherr von Heddesdorff, Landgerichts-Assessor, als
Ergänzungsrichter, Freiherr von Seckendorff, Ober-Procurator,
Saedt, Staats-Procurator, Becker ———

Landgerichts-Secretair, und Eschweiler, Auscultator zur Assistenz des Secretairs

Die Geschworenen, welche nach dem heute über die Ziehung
aufgenommenen Separat-Protokoll für die Criminal-Prozedur
gegen:
1, Peter Gerhard Roeser, 2, Johann Heinrich Georg Bürgers,
3, Peter Nothjung, 4, Wilhelm Joseph Reiff, 5, Hermann Heinrich
Becker, 6, Roland Daniels, 7, Carl Wunibald Otto,
8, Abraham Jacobi, 9, Johann Jacob Klein, 10, Johann Lud-
wig Albert Erhard, und 11, Friedrich Leßner ———

bestimmt worden sind, nahmen nach der in dem Ziehungs-Protokolle
bezeichneten Reihefolge ihre von dem Publikum und den An-
geklagten getrennten Sitze den letzteren gegenüber, in
folgender Ordnung ein:

| No | Namen. | Vornamen. | Alter Jahr | Stand | Wohnort. |
|---|---|---|---|---|---|
| 1. | Moll | Carl Ludwig | 43. | Kaufmann | Köln |
| 2. | Ingenohl | Friedrich | 48. | Kaufmann | Köln |
| 3. | Zur Hoven | Johann Jacob | 51. | Notar | Köln |
| 4. | von Asten | Carl | 39. | Kaufmann | Köln |
| 5. | Holmers | Joh. Friedrich | 46. | Kaufmann | Köln |
| 6. | Herstadt | Joh. David | 45. | Kaufmann | Köln |
| 7. | Griesemann | Carl Eduard | 43. | Regierungsrath | Köln |
| 8. | Kropp | Franz Peter | 52. | Kaufmann | Köln |
| 9. | Heimann | Carl Friedrich | 44. | Kaufmann | Köln |
| 10. | Leiden | Damian Edmund | 57. | Kaufmann | Köln |
| 11. | Herbertz | Joh. Gottlieb | 55. | Kaufmann | Köln |
| 12. | Peil | Robert | 33. | Kaufmann | Köln |
| | Ergänzungs-Geschworenen. | | | | |
| 13. | Joest | Wilhelm | 39. | Kaufmann | Köln |
| 14. | Tauwel | Ferdinand Aug. | 57. | Regierungsrath, Abtheilungs-Dirigent. | Köln. |

Hierauf

statt und verlief glücklos aus der Sicht des Verurteilten. Mit für den damaligen Urteilsstil ungewöhnlich langen Ausführungen legte der Senat dar, daß die Tat Lessners auch nach dem alten rheinisch-französischen Strafgesetzbuch schon strafbar gewesen war und deshalb von einer unzulässigen Rückwirkung des neuen preußischen Rechts nicht die Rede sein konnte. Er ließ sich auch nicht durch das Argument erschüttern, gerade im Hinblick auf die Beihilfehandlung Lessners liege im rheinischen Code Pénal eine Gesetzeslücke vor, die in Frankreich schon 1832 durch Gesetzesänderung behoben worden sei. Hieraus erweist sich jedoch nachträglich eine fundamentale Schwäche des rheinischen Rechts: Weder wandte nämlich die preußische Rechtswissenschaft den französischen Gesetzbüchern besondere Beachtung zu, noch fanden die Fortschritte, welche man in Frankreich erzielte, automatisch Eingang in die napoleonischen Kodifikationen des Rheinlandes; vielmehr galten diese im wesentlichen so fort, wie die Befreiungstruppen sie 1814 vorgefunden hatten. So fortschrittlich sie also gewesen sein mögen: Ihre Tage waren von Anfang an gezählt — irgendwann mußte der Vorsprung des Rheinlandes verlorengehen.

Die nun insgesamt rechtskräftig verurteilten Angehörigen des Kommunistenbundes griffen ihrerseits nach dem letzten sich darbietenden Hoffnungsschimmer und wandten sich durch ihre Ehefrauen und Verwandten mit Gnadengesuchen an den König. Kühl, per Formular, ließ dieser sie abweisen. Damit war für die Kölner Gerichte unter die Wirren der voraufgegangenen Revolutionsjahre der Schlußstrich gezogen. Preußen hatte die bürgerlichen Kräfte zu einem großen Teil integriert, die auf den Umsturz hinwirkende Bewegung aber — bis auf weiteres — niedergeworfen; und das Kölner Landgericht hatte, in ähnlichem Sinne, hierzu Stellung bezogen.[26]

*Die Vollendung der rheinischen Rechtsepoche*

Was in jenen unruhigen Jahren begann, setzte sich über die folgenden Jahrzehnte hinweg fort: Wenn auch noch in hergebrachten Formen, so doch das Ziel des heutigen, modernen Rechtsstaates deutlich vor Augen, einigte Preußen das Deutsche Reich, welches sich mit den Reichsjustizgesetzen am 1. Oktober 1879 eine für alle Bundesländer gemeinsame Gerichtsverfassung schuf. Damit verloren die rheinischen Gerichte ihre bisherige Sonderstellung. Die von ihnen so lange gehegte und mit allen Kräften verteidigte Rechtsordnung hingegen ging nicht unter wie die meisten Sonderrechte der Einzelstaaten, die mit der Reichsverfassung einen »ewigen Bund zum Schutze des Bundesgebietes und des innerhalb desselben gültigen Rechtes« eingegangen waren.

Im Gegenteil fand das rheinische Recht in den neuen, bis auf unsere Tage grundlegend gebliebenen Gesetzen erst seine wahre Vollendung.

◄ *Eröffnung des Kölner Kommunistenprozesses am 4. Oktober 1852*

## QUELLEN UND LITERATUR

*I) Archivalien*

HStA Ddf. = Haupt- und Staatsarchiv Düsseldorf, Präfekturakten des Dép. de la Roer

HStA = Haupt- und Staatsarchiv, Nebenstelle Kalkum, Behördenakten des Landgerichts, des Oberlandesgerichts sowie der Generalstaatsanwaltschaft Köln, Repertorien 9 und 11, Akten der Immediat-Justiz-Kommission

StA Köln = Stadtarchiv der Stadt Köln, Akten der französischen Verwaltung, in Vorbereitung befindliche Matrikel

StA Mainz = Stadtarchiv der Stadt Mainz, Etats des Services des Fonctionnaires, Dép. de la Roer

*II) Literatur und Zeitschriften*

AMMON, Friedrich v.
Erinnerungen an Friedrich von Ammon (Autobiographie), Privatdruck Bonn 1878

BÄR, Max
Die Behördenverfassung der Rheinprovinz seit 1815, Bonn 1919

BAYER, Joseph
Die Franzosen in Köln, Köln 1925

BIANCO, Joseph v.
Die alte Universität Köln, Bd. I, Köln 1855

BLANCHARD, Wilhelm
De probatione per libros mercatorum, Köln, 1786

Code Pénal, mit synoptischer deutscher Übersetzung, Köln 1812

Commentar über das Gesetzbuch Napoleons, aus dem Franz. übersetzt, Orig. von Jacob v. Malville, 4 Bde. Köln 1808/9

Von der Kompetenz der Friedensrichter, aus dem Franz. übersetzt, Orig. von Henrion de Pansey, Köln 1814

BRACH, Karl Heinrich
Die Reform des Gerichtswesens im Erzbistum Köln unter Maximilian Franz, Teil I, Diss. Hildesheim 1910

BREWER, Johann Paul
Geschichte der französischen Gerichtsverfassung, Teil I/II Düsseldorf 1835/7

CONRAD, H.
Die geistigen Grundlagen des Allgemeinen Landrechts für die Preuß. Staaten von 1794, Köln und Opladen 1958

DOBBE, J.M.B.
Die bevorstehende neue gerichtl. Verfassung in den Königlich Preußischen Rheinprovinzen durch die Ernennung der Immediat-Justiz-Kommission, Köln 1816

ENNEN, Edith
Gottfried Kinkel, in: Rheinische Lebensbilder, Hsgb.: Gesellschaft für Rheinische Geschichtskunde, Bd. 1, Düsseldorf 1961, S. 168

FABER, Karl Georg
Verwaltung- und Justizbeamte auf dem linken Rheinufer während der französischen Herrschaft, in: Aus Geschichte und Landeskunde, Franz Steinbach zum 65. Geburtstag, Bonn 1960, S. 350

Die Rheinlande zwischen Restauration und Revolution, Wiesbaden 1966

Recht und Verfassung, Köln 1970

GESCHICHTLICHE DARSTELLUNG
des Schicksals der ehemaligen vor der französischen Besitznahme des linken Rheinufers in diesen Ländern angestellten Staatsdiener (von einem ehemaligen Oberbeamten) o.O. 1816

HANSEN, Joseph
Quellen zur Geschichte des Rheinlandes im Zeitalter der Französischen Revolution, 3 Bde. Bonn 1931 ff.

Die Rheinprovinz 1815-1915, 2 Bde. Bonn 1917

Rheinische Briefe und Akten zur Geschichte der politischen Bewegung 1830-1850, 2 Bde. Essen 1919 f.

HASHAGEN, Justus
Die Rheinlande beim Abschlusse der franz. Fremdherrschaft, in: Hansen, Rheinprovinz, I, S. 1

HAUPT, Th. v.
Criminal-Procedur gegen den Kaufmann P. A. Fonck aus Cöln, Köln 1822

HUFFMANN, Helga
Geschichte der rheinischen Rechtsanwaltschaft, Köln/Wien 1969

KÄSS, Ludwig
Die Organisation der allgemeinen Staatsverwaltung auf dem linken Rheinufer durch die Franzosen während der Besetzung 1792 bis zum Frieden von Lunéville (1801), Mainz 1929

KEUSSEN, Hermann
Die alte Universität Köln, Köln 1934

KINKEL, Gottfried
Autobiographie 1838-1848, Hsgb.: Richard Sander, Bonn 1931

LANDSBERG, Ernst
Das rheinische Recht und die rheinische Gerichtsverfassung, in: Hansen, Rheinprovinz, I, S. 149

Die Gutachten der Rheinischen Immediat-Justiz-Kommission und der Kampf um die rheinische Rechts- und Gerichtsverfassung 1814-1819, Bonn 1914

LOTTNER, F. A.
Sammlung der für die Königl. Preuß. Rheinprovinz seit dem Jahre 1813 hinsichtlich der Rechts- und Gerichtsverfassung ergangenen Gesetzte, Verordnungen, Ministerial-Rescripte etc., Bd. 1 ff., Berlin 1834 ff.

MARX, Karl
Enthüllungen über den Kommunistenprozeß zu Köln, hier: 4. Aufl. Berlin (Deutsche Demokratische Republik), 1974

MAYER, Gustav (Hsgb.)
Lassalles Briefwechsel mit Gräfin Sophie von Hatzfeld (4. Band der nachgelassenen Briefe und Schriften Lassalles), Stuttgart/Berlin 1924

NEIGEBAUR, Johann Daniel Ferdinand
Die Wünsche der neuen Preußen bei der zu erwartenden Justiz-Reform in den Rheinländern, Köln 1816
Darstellung der Provisorischen Verwaltung am Rhein vom Jahr 1813 bis 1819, Köln 1821

NIEDERRHEINISCHES ARCHIV
für Gesetzgebung, Rechtswissenschaft und Rechtspflege, Hsgb.: G. von Sandt, C. zum Bach, 4 Bde. Köln 1817-19

ONCKEN, Hermann
Lassalle, Stuttgart, Berlin 1920

PASTOR, Ludwig
August Reichensperger 1808-1895, 2 Bde. Freiburg i. Br. 1899

PERROT, F. J.
Verfassung und Zuständigkeit der Gerichte der preuß. Rheinprovinz in bürgerlichen Rechtssachen, Trier 1842

PROTOCOLL
vom 15. Juli 1819 über die Installation des Revisions- und Cassationshofes für die königlichen Rheinprovinzen zu Berlin,

RATJEN, F. A.
Verfassung und Sitz der Gerichte in Köln im Gesamtbilde der Stadt, Düsseldorf (1921)

(RECUM, Andreas v.)
Geschichtliche Darstellung der Schicksale der ehemaligen vor der franz. Besitznahme des linken Rheinufers in diesen Ländern angestellten Staatsdiener, »auf dem linken Rheinufer« 1816

REICHENSPERGER, Peter Franz
Erlebnisse eines alten Parlamentariers im Revolutionsjahr 1848, Berlin 1882
Öffentlichkeit, Mündlichkeit, Schwurgerichte, Köln 1842

RhA = (Rheinisches) Archiv für das Civil- und -Criminalrecht der Königl. Preuß. Rhein-Provinzen; Bd. 1 ff.

SAINTMARTIN
Considérations sur l'organisation judiciaire et améliorations dont elle peut être susceptible, Paris 1801 (1802)
anhängend: »Réflexions« der Richter des Kölner Tribunals 1. Instanz

SCHLETTER, Herm. Theod.
Die rheinische Gerichtsverfassung und das rheinische Strafverfahren, Altenburg 1847, Nachdruck Leipzig 1970

SCHMIDT, Karl
Schillers Sohn Ernst, Paderborn 1893

SCHORN, Karl
Lebenserinnerungen, 2 Bde. Bonn 1898

SCHURZ, Carl
Jünglingsjahre in Deutschland (Erster Band der Lebenserinnerung des Autors), Berlin 1913

SMETS, Wilhelm
Ferdinand Franz Wallraf, Köln 1825

STEIMEL, Robert
Kölner Köpfe, Köln 1958

STÖLZEL, Adolf
Die Entwicklung des gelehrten Richtertums in deutschen Territorien, 2 Bde. Stuttgart 1872

VALENTIN, Veit
Geschichte der deutschen Revolution von 1848-1849, 2 Bde. Berlin 1930 f.

VENEDEY, J.
Darstellung der Verhandlungen vor den Assisen zu Köln über die Teilnehmer des am 30. Aug. 1830 in Aachen stattgehabten Aufruhrs, Köln 1831

WALLRAF, Ferdinand Franz
Abschied an das wegziehende Personal der verhaßten französischen Administrationen . . . samt gutmühtiger Sehnsucht eines ehrlichen Bürgers zur Rückkunft unserer alten Verfassung in Köln, Köln 1814

WEISWEILER, Wilhelm
Geschichte des rheinpreußischen Notariates, 2 Bde. Essen 1916/25

WOLLFRAM, Josef/KLEIN, Adolf
Recht und Rechtspflege in den Rheinlanden, Köln 1969

ZEYSS, Richard
Die Entstehung der Handelskammern und die Industrie am Niederrhein während der französischen Herrschaft, Leipzig 1907

ZÖLZER, Friedrich
Aus der Rechtsgeschichte des ehemaligen Herzogtums Berg, Remscheid 1965

NACHWEISE

1) RhA II, 2, S. 18
2) RhA III, 2, S. 78; Bär, S. 406
3) Allgem. zum Lebenslauf:
HStA, Rep. 11, Nr. 1499; StA Mainz, Etats des Services, Dép. de la Roer, Bl. 360; Hochschullaufbahn: StA Köln, Matrikel 1781; Keussen, S. 474; Bianco, S. 637 f.;
Richteramt:
Schöffe: Titelblatt zu Blanchard, de probatione; Hochgericht: StA Köln, Nr. 4677, 4664; Friedensgericht: StA Köln, franz. Verw., Nr. 4702, 4716; franz. Zivilrichter: StA Köln, aaO, Nr. 4735, 4733; preuß. Zivilrichter: RhA II, 2, S. 19 ff.; Revisionsrat: Protocoll, S. 3
Verwaltungslaufbahn: StA Köln, franz. Verw., Nr. 4305, Adessbuch von 1797
4) zur alten Gerichtsverfassung Ratjen, Brach, Eisenhardt bei Wolffram/Klein, S. 31
5) zur allgem. Entwicklung Käss; Bär, S. 52 ff.; Hashagen bei Hansen I, S. 13 ff.; zu den Ereignissen in Köln: StA Köln, franz. Verw., Nr. 4702, 4716, 4735, 4733, 4688, 4684; HStA, Rep. 9, Nr. 20, 22; Rep. 11, Nr. 1498 f.
6) zur Übergangszeit vgl. Lottner I, S. 5; II, S. 201, b; Landsberg, I-J-K, S. XV; Bär, S. 381
7) allgemein Faber bei Steinbach; Käss, S. 118 ff.; zur Reaktivierung HStA, Akten der I-J-K, Rep. 221.02, Nr. 22 und Lottner I, S. 471 ff.; zur Personalbeurteilung aaO Nr. 29b, Bl. 37 f.; Saintmartin
8) Wallraf, Abschied; Dobbe; Conrad bei Wolffram/Klein, S. 78 (85 ff.); Klein, aaO, S. 126 ff.; Landsberg, Gutachten, S. XIX ff.; Niederrheinisches Archiv I, S. 1
9) Conrad, Grundlagen, S. 36 ff.; Neigebaur, Wünsche; Niederrh. Archiv I, S. 15 ff., 64 ff., III, S. 194 ff.; Venedey, Prov. Verw., S. 215
10) Landsberg bei Hansen I, S. 152 ff.; Faber, Recht und Verf.; ders. Rheinlande, S. 83 ff.; Dobbe, S. 8 ff.;Recum, insbes. S. 17; Niederrhein. Archiv I, S. 64;
11) HStA, Rep. 11, Nr. 1334; Akten der I-J-K, Rep. 221.02 Nr. 61; Lottner I, S. 412; Landsberg bei Hansen I, S. 154; Neigebaur, Prov. Verw., S. 254; Bär, S. 402 ff.; Klein bei Wolffram/Klein, S. 140 ff.
12) Schiller: Schmidt; Akten des OLG Köln zur Geschichte des Gerichts (dort selbst aufbewahrt), Bd. II, S. 51 ff.; RhA II, 2, S. 23 f. zur Ernennung; HStA, Akten der I-J-K, Rep. 221.02, Nr. 29a, Bl. 15; Begasse: HStA, Rep. 11, Nr. 1499, S. 15 und Rep. 221.02, Nr. 29b, Bl. 38 und 43
13) zu Schiller: Schmidt, S. 446; Begasse: HStA, I-J-K, Rep. 221.02, Nr. 29a, Bl. 14 r; Gehaltsetats: aaO Rep. 9, Nr. 522; Rep. 221.02, Nr. 99 und 96; Bauetats: aaO, Nr. 530; Subsistenznachweis: Lottner III, S. 402; Goldkolonne: Lottner V, S. 418, HStA, Rep. 9, Nr. 522
14) Ausbildung: Lottner III, 431; IV, 44; IX, 201; X, 72; Disziplin: Landsberg bei Hansen, I, S. 151; Lottner VI, S. 366; VIII, 49
15) Uniform und Robe: Lottner II, S. 273, 456; III, 448; HStA, Rep. 9, Nr. 438; Arbeitsanfall: Schmidt, S. 182 ff.
16) Friedensgerichte: Weisweiler II, S. 122 ff.; HStA, I-J-K, Rep. 221.02, Nr. 61 f.; Errichtung: RhA III, 2, S. 73; Kompetenz: aaO, S. 12; Einzelne Gerichte HStA, Rep. 9, Nr. 534 ff.; Rep. 11, Nr. 1203 ff.; Homburg: Rep. 11; Nr. 1232; Lottner II, S. 178 f.; Bär, S. 262; Gebühren: Rep. 9, Nr. 535, 542
17) HStA, Rep. 11, Nr. 1295 f.; HStA Ddf., Präfekturakten Dép. Roer, Nr. 2581, 2586; StA Köln, Verwaltungsakten, Best. 400, Nr. II-1A-4; Landsberg bei Hansen I, S. 175; Bär, S. 348; Zölzer, S. 33; Brewer, Gerichtsverf., II, S. 239 ff.; Zeyss, S. 207
18) Bär, S. 405; Hashagen, S. 14; Zeyss, S. 16, 200 ff.; Brewer II, S. 162 ff.; franz. Zeit: HStA Ddf., Präfekturakten, Dép. Roer, II. Division, 2. Bureau, Titel 6 (nach der in Arbeit befindlichen neuen Einteilung: Nr. 2573, 2574, 2577, 2588, 2591); Mitglieder: HStA, Rep. 11, 602 f.; 463; Gutachten Marx aaO, Rep. 221.02, Nr. 55, Bl. 96 = Niederrh. Archiv I, S. 269 ff.
19) vgl. Schweichel bei Wolffram/Klein, S. 265 ff.; zu Stammel: HStA, Rep. 11, Nr. 1499, S. 33
20) allgemein Huffmann; preuß. Zeit: Lottner II, S. 21; VI, 37; HStA, I-J-K, Rep. 221.02, Nr. 50; Winkelkonsulenten: Lottner III, 593; IX, 130; X, 527; HStA, Rep. 11, Nr. 1409, 1427; LG Köln, Rep. 9, Nr. 621
21) Gutachten der I-J-K vom 19.5.1818 bei Landsberg; Aufhebung des Schwurgerichts: Lottner I, S. 18, Nr. 14, § 2 und S. 101, Nr. 71; Fonck: Haupt (Protokoll!) und Brewer; auch

Conrad bei Wolffram/Klein, S. 94 und Landsberg bei Hansen I, S. 177
22) Venedey, Darstellung, insbes. S. 184; ders., Geschworenengericht
23) v. Ammon, S. 182 f.; Schorn I, S. 221 ff.; Oncken, S, 45 ff.; Kölnische Zeitung, 1848, Nr. 44, 45, 47, 48, 49
24) Lassalle: Oncken, S. 62; HStA, Rep. 11, Nr. 1447, Bl. 520 ff.; unruhige Auftritte: HStA, Rep. 11, Nr. 1362, 1369 f.; 1846: Valentin I, S. 60 f.; Hansen, Briefe, II, 1 S. 73 ff.; Kölnische Zeitung, 28.4.1847, Nr. 118; 1848: HStA, Rep. 11, Nr. 1371
25) Kinkel: Ennen, S. 171, 184 f.; Schurz, S. 176 ff.; HStA, Rep. 11, Nr. 1431, Bl. 149; Zuständigkeit der Assisen: Lottner II, S. 95, Nr. 404 und IX, S. 293, Nr. 149, § 1; v. Ammon, S. 174 ff.; Reichensperger; Engels: bei Wolffram/Klein, neben S. 182
26) Akten des Kommunistenprozesses, Bd. 13, HStA, Rep. 9, Nr. 28; Marx, Enthüllungen

HANS BRODESSER

## *Zwei Stresemänner*

*Appellhoffplatz eß Oot dä Handlung,*
*om eeschte Stock, zwei Trappe links.*
*Op siebzehn eß Konkursverhandlung,*
*op achtzehn Lemmer kontra Krings.*

*Om Flur sitz op der Bank dä Lemmer*
*met ner Zijar, die jar nit trick,*
*em Stresemann, met joldnem Klemmer,*
*un hät noch zehn Minute Zick.*

*Do kummen zwei, han sich am Hängche.*
*Dat fingk dä Lemmer immer nett.*
*Ne Schutzmann un et Breuersch Schängche.*
*Wat stört, eß nor die ieser Kett.*

*Dat Schängche süht dä Lemmer setze,*
*en singer schmaljestriefte Botz,*
*un singe breitjestriefte Fetze,*
*dä weed vum Lemmer anjeklotz.*

*Zwei Botze, alle beids met Striefe,*
*ov breit, ov schmal, wat mäht dat us.*
*Et Schicksal bruch nor zozojriefe,*
*dann jon se ömjekehrt noh Hus.*

*(Aus »Kölle 66«, Köln 1966)*

*Schwurgerichtsszene aus dem »Kölner Kommunistenprozeß«, 1852 (s. S. 55ff.).*

*Schwurgerichtsprozeß um das Verschwinden der Witwe Graß; in der Mitte der Angeklagte Ludwigs, links der Verteidiger Rechtsanwalt Dr. Achter (s. S. 159 f.).*

*Schwurgerichtsprozeß gegen die Eheleute Gerda und Otto Schönewald (1938); Bild oben: stehend die Angeklagte, vor ihr die Rechtsanwälte Dr. Peters II und Dr. Achter; Bild unten: stehend der Angeklagte mit den Rechtsanwälten Dr. Boden I und Decker III (s. S. 161f.).*

*Schwurgerichtsvorsitzender Senatspräsident Dr. Schetter, später Landgerichtspräsident und Oberlandesgerichtspräsident (s. S. 172, 173).*

*In einem notdürftig wiederhergestellten Raum des von den Bomben stark mitgenommenen Justizgebäudes am Reichenspergerplatz arbeiten kurz nach dem Kriege mehrere Geschäftsstellen-Abteilungen des Amtsgerichts (s. S. 172, 173)*

*Das Kölner Schwurgericht 1953*
*Vorsitzender: LGD Dr. Blaise, Verteidiger (links) RA Dr. Behse*

*3. gr. Strafkammer des Landgerichts im Jahre 1954 (s. S. 184)*
*In der Mitte Landgerichtsdirektor (später Senatspräsident) Dr. Kurt Blaise, rechts Landgerichtsrat Blandow, links Landgerichtsrat Dr. Heep (später Landgerichtsdirektor). Die Kammer hat in besonderem Maße zur Bekämpfung der Gewaltkriminalität in Köln beigetragen.*

*Nach der Urteilsverkündung*
*Die am 15. 10. 1954 wegen Gattenmordes zu lebenslangem Zuchthaus verurteilte Frau Anna Hensgens, im Hintergrund ihr Verteidiger, Rechtsanwalt Eduard Burger (s. S. 175 f.)*

*Amtsgerichtspräsident Nesseler bei seiner Verabschiedung im November 1956 im Kreise der Verwaltung, in der ersten Reihe sitzend in der Mitte Präsident Nesseler, links neben ihm Amtsgerichtsdirektor Mainz (später Landgerichtspräsident in Aachen), rechts neben ihm die Amtsgerichtsdirektoren Müllenbach und Polstorff (s. S. 202).*

*Landgerichtspräsident Jansen im Kreise der Verwaltung in der vorderen Reihe sitzend in der Mitte, rechts neben ihm Vizepräsident Schweitzer, links außen der amtierende Präsident des OLG Düsseldorf Dr. Wiesen, links oben stehend Leitender Ministerialrat Bernhard Schneider, Justizministerium des Landes Nordrhein-Westfalen (s. S. 181 f.).*

*Josef Hansen, geb. 1882, verstorben 1969, Landgerichtspräsident von 1945 bis 1950 (s. S. 173, 181)*

*Dr. Peter Jansen, geb. 1899, verstorben 1970, Landgerichtspräsident von 1951 bis 1964 (s. S. 181 f., 287 ff.)*

*Herbert Asselborn, geb. 1913 Landgerichtspräsident von 1965 bis 1975, bis 1978 Präsident des Oberlandesgerichts Köln (s. S. 184, 186, 294, 297)*

*Günter Rennen, geb. 1926, Präsident des Landgerichts Köln seit dem 2. Oktober 1975 (s. S. 186)*

*Peter Nesseler, geb 1888, verstorben 1971, Amtsgerichtspräsident von 1950 bis 1956 (s. S. 202)*

*Prof. Dr. Heinrich Mohnen, geb. 1914, Amtsgerichtspräsident von 1956 bis 1964, danach Oberstadtdirektor in Köln (s. S. 202)*

*Wilhelm Gosling, geb. 1911, Amtsgerichtspräsident von 1965 bis 1969 (s. S. 202)*

*Helmut Broich, geb. 1920, Präsident des Amtsgerichts seit 1970 (s. S. 202)*

*Die Gläubigerversammlung im Vergleichsverfahren »Herstatt« am 18. Dezember 1974 in der Kölner Sporthalle unter Leitung von Richter am Amtsgericht Dr. Wilhelm Uhlenbruck (Bild oben, in der Mitte vor dem Vorhang sitzend)* — s. S. 209 f. —

*Stephan Lochner, Altar der Kölner Stadtpatrone (sog. Dombild), um 1440 (s. S. 215 ff.)*

*Minoritenkirche in Köln, Stahlstich von J. Poppel und B. Schwartz, 1844; Kölnisches Stadtmuseum, Graph. Sammlung (s. S. 215 ff.)*

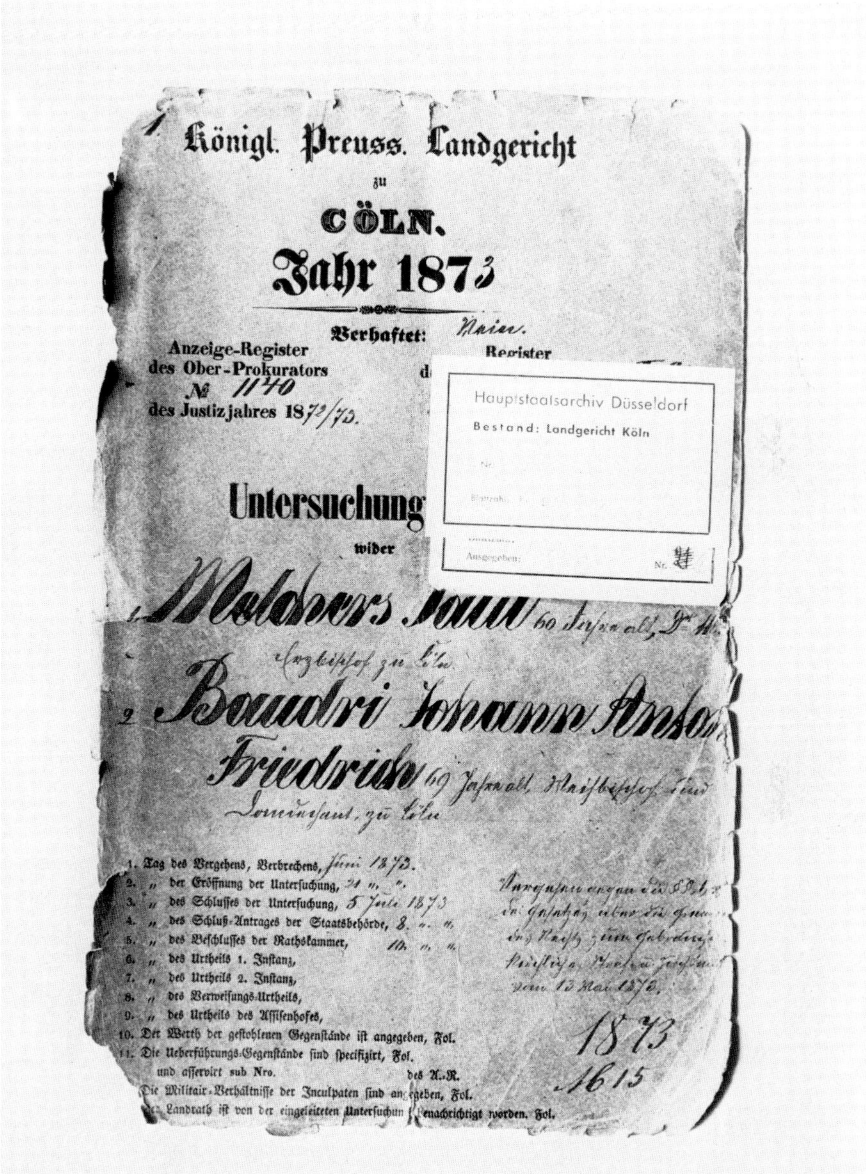


*Die Aufnahme zeigt den Deckel der Akte des ersten, am 20. 6. 1873 vom Oberprokurator gegen Erzbischof Dr. Paul Melchers eingeleiteten Verfahrens. In diesem Verfahren wurde auch Weihbischof Baudri verurteilt. Die Akten von weiteren 41 Verfahren sind erhalten. — Aufgenommen mit freundlicher Erlaubnis des Hauptstaatsarchivs Düsseldorf — Schloß Kalkum — von Beamten des Landeskriminalamtes (s. S. 106, 225, 237, 256).*

*Das zweite und das heutige Domizil der Bewährungshilfe in Köln, oben Dienstgebäude Herwarthstraße/Kamekestraße, unten Dienstgebäude Apostelnstraße (s. S. 291, 298)*

*Landgerichtsdirektor Josef Diwo, geb. 1913, verstorben 1978 (s. S. 184, 189, 302, 303)*

*Landgerichtsdirektor Dr. Josef Reyers, geb. 1905, verstorben 1974 (s. S. 184, 189, 302, 303)*

*Landgerichtsdirektor Dr. Erich van Look, geb. 1894, verstorben 1966 (s. S. 177, 184, 303)*

*Amtsgerichtsrat Jakob Siebenborn, geb. 1894, verstorben 1970 (s. S. 198, 291)*

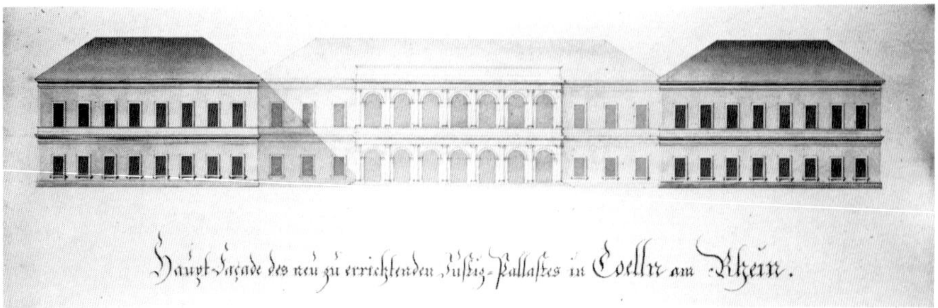


*Abgelehnter Entwurf (1819) J. P. Weyers für ein Justizgebäude an der Burgmauer (Appellhofplatz)*

*Ansicht des alten Appellhofs von der Burgmauer, errichtet 1824—1826 nach Plänen des Kölner Stadtbaumeisters Johann Peter Weyer*

*Ansicht des alten Appellhofs vom Turm des Zeughauses nach einer Zeichnung seines Erbauers J. P. Weyer (s. S. 307 ff.)*

*Erweiterungsbau zum alten Appellhof (errichtet 1884—1887 nach Plänen Thoemers). Bis zum Bau des Gerichtsgebäudes am Reichenspergerplatz beherbergte er in erster Linie das Oberlandesgericht.*

*Neubau anstelle des halbkreisförmigen alten Appellhofs (Bauzeit 1888—1893). Mit seiner Fertigstellung erreichte das Gebäude den Zustand, der im wesentlichen heute noch besteht (Holzstich von O. Ebel) (s. S. 307 ff.)*

*Das Gerichtsgebäude am Reichenspergerplatz wurde nach Plänen von Thoemer und Ahrns 1907—1911 errichtet. Es diente bis zum Bezug des Neubaus an der Luxemburger Straße neben dem Oberlandesgericht der Ziviljustiz des Land- und Amtsgerichts.*

*Giebelrelief von Karl Menser mit Darstellung der richtenden Justitia*

*Das kriegszerstörte Gebäude Reichenspergerplatz im Jahre 1945 (s. S. 307 ff.)*

*Eingangshalle des Justizgebäudes Reichenspergerplatz (heutiger Zustand) — s. S. 320 ff.*

*Blick über die Luxemburger Straße auf Eingangsbereich und Bürotrakte des neuen Justizgebäudes*

*Das neue Justizgebäude mit Blick auf Köln's Innenstadt (s. S. 338, 340)*

*Blick auf das Justizgebäude von Südwesten, im Vordergrund der Saaltrakt.*

*Eingangshalle mit Aufgang zum Saaltrakt.*

*Der neue Schwurgerichtssaal (s. S. 333).*

*Zivilkammersitzungssaal*

*Die Bücherei (s. S. 333).*

*Treppenhaus des Saaltraktes (s. S. 333).*

ADOLF KLEIN

# HUNDERT JAHRE AKTEN — HUNDERT JAHRE FAKTEN

*Das Landgericht Köln ab 1879*

*Einleitung*

Ein Gericht lebt von und in seinen Prozessen. Prozesse sind so etwas wie lebendige Wesen. Sie haben einen Embryonalzustand in den Advokatenbüros, sie werden geboren mit der Klagezustellung, sie wachsen, blühen, reifen, und sie sterben mit dem Urteil oder dem Vergleich. Das Geistige im Prozeß bleibt unsichtbar. Sichtbar ist nur die äußere, materielle Hülle: die Akte.

Akten sind dazu da, das flüchtige Wort, damit aber auch den »prozessualen Logos« in eine feste Gestalt zu bannen. Was da schwarz auf weiß steht, daran muß man sich zunächst einmal festhalten lassen. Ist der Prozeß beendet, dann gilt im allgemeinen auch die Akte als tot. Sie verschwindet im Gerichtskeller und wird nach Ablauf einer bestimmten Frist dem Reißwolf überantwortet. Einige Akten — mehr Strafakten als Zivilakten — entgehen diesem Schicksal und wandern mit den durchweg für historisch wertvoll erachteten Generalakten der Justizverwaltung in das Staatsarchiv. Solch ein Archiv scheint ein riesiger Aktenfriedhof zu sein, wie ja auch in seinen Räumen feierliche Stille herrscht. Wer aber mit einigen Kenntnissen von der Vergangenheit diese Akten aufblättert, dem kann es gelingen, aus dem vergilbten und moderig riechenden Papier wieder Leben hervorzulocken. Schatten steigen auf, gewinnen allmählich Kontur und werden zu faßbaren Gestalten. In manchen Akten entdeckt man Schicksale, und manche dieser Schicksale wiederum sind repäsentativ für eine ganze Zeit. Wieviele Ereignisse, wieviele Wandlungen umschließt nicht das letzte Jahrhundert: Gründerjahre, Kulturkampf, Sozialistengesetz, Industrialisierung, Erster Weltkrieg, Revolution, Inflation, Scheinblüte, Weltwirtschaftskrise, Nationalsozialismus, Zweiter Weltkrieg, Zeit des Hungers, Wiederaufbau, »Wirtschaftswunder«, neue Krise. Alle diese Epochen haben in jeweils besonderer Weise die Rechtsprechung geprägt und sie vor jeweils besondere Probleme gestellt, alle haben ihren Niederschlag unter anderem auch in Prozessen und damit in Akten gefunden. Und wenn auch die dem Reißwolf entgangenen Akten den Moderhauch vergessenen Papiers ausströmen mögen — sie sind nicht wertlos, sondern bergen das, was für den Historiker das Wichtigste ist: Fakten.

Vom Landgericht Köln, das jetzt in eine Art von Babylonischem Turm umzieht, sind noch manche Akten aus früherer Zeit erhalten. Nimmt man sonstige Quellen wie Biographien, Standesurkunden, Adreß- und Personalhandbücher hinzu, dann läßt sich daraus das Material zwar nicht für eine komplette Geschichte, aber doch für eine historische Skizze gewinnen. Über die Vergangenheit eines großen Gerichts zu schreiben, ist schon als Selbstzweck sinnvoll. So, wie die Menschen nun einmal sind, ist die Justiz eine der wichtigsten Grundlagen ihrer Kultur. Daß sie sich dem einigermaßen ungestörten Genuß von Leib, Leben und Eigentum widmen können, verdanken sie nicht zuletzt den Richtern, ohne die es auch mit der Erfüllung von Verträgen und der Bezahlung von Schulden schlecht bestellt wäre. Doch es gibt einen wichtigeren Gesichtspunkt, der schon angeklungen ist. Ob man eine Universität, ein berühmtes Krankenhaus oder eine ebenso berühmte Oper nimmt — nirgendwo reflektiert die Geschichte das Leben in so breiter Fülle wie bei einem großen Gericht. Ein guter Richter muß oder mußte jedenfalls bis vor kurzem »Spezialist für alles« sein: für den mißlungenen Hausbau wie für die mißlungene Ehe, für den Verkehrsunfall so gut wie für die fehlerhafte Operation. Weil aber die Rechtsprechung auf das ganze Spektrum des Lebens bezogen ist, greift umgekehrt das Leben immer wieder in die Rechtsprechung ein. Zwar könnte die Justiz ihre Bestimmung nicht gründlicher verraten als dadurch, daß sie sich zur kritiklosen Mitläuferin des Zeitgeistes erniedrigte. Doch es gibt Aufgaben, welche die jeweilige Zeit ihr stellt. Das können Probleme sein wie die Aufwertung in Inflationszeiten. der Käuferschutz bei finanzierter Teilzahlung, die Mißbrauchsverhütung bei Organverpflanzungen, die strafrechtliche Bekämpfung von Rauschgifthandel und Terrorismus.

So muß die hier versuchte Skizze der Geschichte des Landgerichts Köln zu einem Spiegel der größeren Geschichte werden.

Das Landgericht Köln wurde im Jahre 1820 gegründet, ist also rund 160 Jahre alt. Nicht um seine ganze Geschichte geht es hier, sondern um die Zeit ab 1879, also um das letzte Jahrhundert, von dessen Ereignisfülle schon die Rede war.

In dieses Jahrhundert fallen zwölf schreckliche Jahre, in denen die Staatsführung die wichtigsten sittlichen und rechtlichen Normen zu pervertieren suchte und viele Richter in die furchtbare Versuchung geführt wurden, ungerecht zu urteilen. Darüber muß offen gesprochen werden, obwohl oder gerade weil sich in der jüngeren Generation wieder Sympathien für Gewaltherrschaften regen, die mit einem anderen Etikett als dem Hakenkreuz auftreten. Deutschlands schmachvollste Jahre mögen lehren, daß zum Richteramt ein überdurchschnittliches Maß an charakterlicher Standfestigkeit gehört. Das gilt auch für demokratische Zeitläufe. Schon im Prozeß Jesu war es nicht irgendein Diktator, sondern die »vox populi«, die den als Richter allzu flexiblen Pilatus zur Rechtsbeugung verleitete.
Neben Vorgängen, die als exemplarisch für die deutsche Justizgeschichte der letzten hundert Jahre erscheinen können, wird hier manches geschildert, was man bei entsprechender Einstellung als belanglos abtun kann — etwa das Menschliche oder gar Allzu-Menschliche im Verhalten von Richtern oder Prozeßparteien. Das Gericht soll eben nicht als Apparat, sondern als eine Einrichtung von Menschen für Menschen sichtbar gemacht werden.

*Die Justizreform von 1879*

Weshalb beginnt dieser Abschnitt der Geschichte des Kölner Landgerichts mit dem Jahre 1879 und nicht mit einem historisch markanteren Jahr wie etwa 1871 oder 1914? Weil der 1. Oktober 1879 eines der wichtigsten Daten in der neueren deutschen Rechts- und Justizgeschichte ist. Damals traten die sorgfältig vorbereiteten »Reichsjustizgesetze« in Kraft: das Gerichtsverfassungsgesetz, die Zivilprozeßordnung, die Strafprozeßordnung und die Konkursordnung. Damit war ein wesentlicher Schritt zur Rechtseinheit im neuen Deutschen Kaiserreich getan. Gliederung, Besetzung, Benennung, Zuständigkeit und Verfahren aller deutschen Gerichte waren jetzt einheitlich geregelt. Im Königreich Bayern gab es jetzt keine anderen Gerichte mehr als im Königreich Preußen, während bislang selbst innerhalb Preußens verschiedene Gerichtsverfassungen bestanden hatten. Die große Reform hatte das deutsche Gerichtswesen wie eine vierstufige Pyramide geordnet: an der Basis die Amtsgerichte, darüber die Landgerichte, dann die Oberlandesgerichte und schließlich — in einsamer Höhe — das zur Wahrung der Rechtseinheit berufene Reichsgericht.

In der Preußischen Rheinprovinz — genauer gesagt: im Bezirk des bisherigen Rheinischen Appellationsgerichtshofs zu Köln — hieß es Abschied nehmen von der französischen Gerichtsverfassung und den französischen Prozeßordnungen, die hier zusammen mit dem Code civil als »Rheinisches Recht« seit Napoleons Zeiten noch galten. Der Code civil blieb bei den rheinischen Gerichten weiterhin in Kraft, weil eine reichseinheitliche Kodifikation des materiellen Zivilrechts noch fehlte und auch noch nicht in Aussicht stand. So mußten die rheinischen Richter jetzt nach dem neuen deutschen Prozeßrecht materielles französisches Zivilrecht anwenden.

Das neue Verfahren stimmte in seinen tragenden Grundsätzen — vor allem natürlich in den Prinzipien der Mündlichkeit, der Öffentlichkeit und der freien Beweiswürdigung — mit dem alten, rheinisch-französischen überein. Allerdings war der neue Prozeß »nicht ganz so mündlich«. Er verlangte eine eingehende schriftsätzliche Vorbereitung der Verhandlung. Die bisherigen »Advokatanwälte«, jetzt »Rechtsanwälte« genannt, mußten mehr schreiben. Das geschah damals noch mühsam mit Feder, Kopiertinte und Kopierpresse. Die Schreibmaschine, deren erstes brauchbares Modell der amerikanische Waffenfabrikant Remington im Jahre 1873 hatte bauen lassen, trat erst später ihren Siegeszug durch die Büros und Amtsstuben an. Das vermehrte Schreibwerk belastete natürlich auch die Gerichte. Es füllte die mit Heftfäden gebundenen Akten und mußte gelesen werden. Indessen scheint man sich arrangiert und eine Art Mittelding zwischen alter und neuer Prozeßordnung entwickelt zu haben. Jedenfalls ist für das Oberlandesgericht Köln durch amtliche Berichte bezeugt, daß dort noch um die Jahrhundertwende ein Verfahren praktiziert wurde, das weitgehend die Züge des rheinisch-französichen Prozesses mit seinen knappen Schriftsätzen und um so ausführlicheren Plädoyers trug.[1] Bei dem Landgericht dürfte es kaum anders gewesen sein.

Auch sonst bescherten die Reichsjustizgesetze der rheinischen Justiz eine Reihe von Neuerungen.

Der Rheinische Appellationsgerichtshof, das Obergericht der Provinz, war jetzt eines von dreizehn preußischen Oberlandesgerichten und hieß schlicht »Oberlandesgericht Köln«. Die bisherigen »Appellationsgerichtsräte« wurden zu »Oberlandesgerichtsräten«. Große Organisationsänderungen waren hier nicht nötig.

Die gravierendste und von großen Teilen der Bevölkerung zunächst nur mit Bedauern hingenommene Neuerung bestand darin, daß die Friedensrichter, die patriarchalisch und mit geringem Aufwand ihr Amt versehen hatten, durch die Amtsgerichte mit wesentlich erweiterten Zuständigkeiten und größerem Personalbedarf abgelöst wurden. Seit 1822 war man in Köln mit vier Friedensrichtern ausgekommen. An ihre Stelle traten jetzt elf Abteilungen und entsprechend viele etatmäßige Richter des Amtsgerichts, das sich rasch vergrößerte und nach zehn Jahren schon 35 Richter zählte.[2]

Das Landgericht behielt seinen Namen und im wesentlichen auch seine Zuständigkeit. Allerdings änderte sich auch einiges, vor allem deshalb, weil als »Unterbau« jetzt nicht mehr die Friedensgerichte, sondern die etwas anders strukturierten Amtsgerichte vorhanden waren.

Zwölf Friedensgerichte hatte der Landgerichtsbezirk Köln gehabt, und jetzt hatte er neun Amtsgerichte: Köln, Bergheim, Kerpen, Mülheim a. Rh., Bensberg, Lindlar, Wiehl, Wipperfürth und Gummersbach.

Auf die Gefahr hin, daß die Darstellung zu juristisch wird, seien Stellung und Zuständigkeiten der Amtsgerichte und der Landgerichte nach dem Stand von 1879 — also nach der Urfassung des inzwischen vielfach novellierten Gerichtsverfassungsgesetzes — hier kurz aufgezeigt[3]:

1. Wie bisher die rheinischen Friedensgerichte, so waren auch die jetzt in ganz Deutschland eingeführten *Amtsgerichte* in erster Linie als Gerichte für die vielfältigen Konflikte des Alltags gedacht. Bei den Amtsrichtern, die wie die Friedensrichter als Einzelrichter amtierten, sollten sich Rechtskunde und Lebenskunde, Theorie und Erfahrung zum mindesten die Waage halten. Man brauchte hier Richter von ausgeprägtem praktischen Sinn. Das bedeutete und bedeutet auch heute keine Herabsetzung. Die juristische Dogmatik und die Kunst des exakten Subsumierens haben gewiß ihren Sinn — aber wer wollte sie für wichtiger oder gar rühmenswerter halten als das an der Erfahrung geübte Judiz, das sich täglich in einer Vielzahl von Fällen als treffsicher erweist? Der damalige Gesetzgeber hat die Tätigkeit des Amtsrichters auch nicht geringer bewertet als die seines Kollegen vom Landgericht. Der rheinische Friedensrichter war trotz des hohen Ansehens, das er im Volk genoß, ein Richter minderen Grades gewesen. Er brauchte nur das Referendarexamen, wurde, wenn man die oft hohen Sporteln außer Betracht läßt, wesentlich schlechter besoldet als ein Landgerichtsrat und stand außerhalb der Rangordnung der »Räte«. Beim Amtsrichter hingegen war das anders: er mußte beide Staatsexamina abgelegt haben und war nach Rang und Besoldung den Landrichtern gleichgeordnet.

Was die Zivilsachen anbelangt, so unterschied sich die Zuständigkeitsregelung für die Amtsgerichte nicht so sehr von derjenigen, die für die Friedensgerichte gegolten hatte. Die

Amtsgerichte entschieden in vermögensrechtlichen Streitigkeiten bis zu einem Wert von 300 Mark. Ohne Rücksicht auf den Wert waren sie für alle Streitsachen zuständig, die sich auf ein Miet-, Gesinde- oder Arbeitsverhältnis, auf das Verhältnis Reisender zu Wirten, Fuhrleuten, Schiffern und Handwerkern, auf Viehmängel, Wildschäden und — last not least — auf Unterhaltspflichten bezogen. Ferner fielen Aufgebotsverfahren und Konkurs sowie die Aufgaben des Vollstreckungsgerichts in die Zuständigkeit der Amtsgerichte. Dazu kamen die nicht im einzelnen aufzuzählenden Angelegenheiten der freiwilligen Gerichtsbarkeit, insbesondere das Register- und Vormundschaftswesen.
In Strafsachen hatte das Gerichtsverfassungsgesetz auf der Ebene der Amtsgerichte eine der Rheinprovinz bisher unbekannte Form der Laienbeteiligung gebracht: das Schöffengericht, das für jede Sitzung aus dem Amtsrichter als Vorsitzendem und zwei Laien (Schöffen) gebildet wurde. Anders als beim Schwurgericht, wo die Laien ( = Geschworene) nur über die Schuldfrage abstimmten, waren hier Berufsrichter und Schöffen zu einem gemeinsam entscheidenden Kollegium vereinigt. Die Schöffengerichte waren zuständig für alle Übertretungen und die mit höchstens drei Monaten Gefängnis oder 600 Mark Geldstrafe bedrohten Vergehen, ferner für einfache Beleidigungen und leichte Fälle des Diebstahls, des Betruges, der Unterschlagung, der Hehlerei und der Sachbeschädigung. Für eine Zuständigkeit des Amtsrichters als Einzelrichter zur urteilsmäßigen Erledigung von Strafverfahren war damals im Unterschied zu heute kein Raum. Dem Amtsrichter waren nur einzelne vorbereitende Maßnahmen wie der Erlaß eines Haftbefehls, die erste Vernehmung eines Festgenommenen und sonstige Untersuchungshandlungen übertragen.
2. Die Zivilkammern der *Landgerichte* bildeten die erste Instanz in allen Streitsachen, die nicht vor die Amtsgerichte gehörten. Das waren grundsätzlich die vermögensrechtlichen Streitigkeiten mit einem Streitwert von mehr als 300 Mark, aber auch alle nichtvermögensrechtlichen Streitigkeiten wie Ehe- und Kindschaftssachen.
Da es eine Verwaltungsgerichtsbarkeit erst in Ansätzen gab, gesellten sich teils auf Grund unmittelbarer Regelung im Gerichtsverfassungsgesetz, teils auf Grund des preußischen Ausführungsgesetzes eine Reihe öffentlich-rechtlicher Angelegenheiten hinzu. Als solche sind zu nennen: die Amtshaftungssachen, die auf Grund des Beamtenrechts gegen den Fiskus erhobenen Ansprüche, die Ansprüche gegen den Landesfiskus wegen Verschuldung von Staatsbeamten, die Ansprüche gegen den Landesfiskus in bezug auf Erbschaftssteuer und Wertstempel, also steuerrechtliche Streitigkeiten.
Die Zivilkammern der Landgerichte waren zugleich die zweite Instanz (Berufungs-oder Beschwerdeinstanz) für die Entscheidung des Amtsgerichts in bürgerlich-rechtlichen Streitigkeiten und Angelegenheiten der freiwilligen Gerichtsbarkeit.
Für Handelssachen hatte es in der Rheinprovinz früher besondere Handelsgerichte gegeben, die den Landgerichten angegliedert, aber ausschließlich mit Kaufleuten besetzt gewesen waren. An die Stelle dieser Handelsgerichte waren jetzt die Kammern für Handelssachen der Landgerichte getreten, bestehend aus einem Mitglied des Landgerichts (also einem Berufsrichter) als Vorsitzendem und zwei Handelsrichtern. Die Handelsrichter

wurden auf Vorschlag der für den Landgerichtsbezirk zuständigen Handelskammer auf die Dauer von drei Jahren vom König ernannt. Ebensowenig wie die Mitglieder der alten rheinischen Handelsgerichte sollten die Handelsrichter neuen Stils Laienrichter sein. Der Gesetzgeber hatte ihnen die Rolle von »Fachrichtern« zugedacht, die ihre beruflichen Kenntnisse und Erfahrungen in den Dienst der Rechtsprechung stellen. Demgemäß wurden sie als vollberechtigte Mitglieder an den Verhandlungen und Entscheidungen der Kammer beteiligt und erhielten auch das Recht, die richterliche Amtstracht zu tragen. In der Handelsstadt Köln fanden sich das ganze Jahrhundert hindurch immer wieder hervorragende Repräsentanten der Wirtschaft bereit, das Amt des Handelsrichters zu übernehmen. Für das Jahr 1879 — also das Jahr, in dem erstmals Kammern für Handelssachen gebildet wurden — sind u. a. folgende Namen überliefert: Bankier Wilhelm Deichmann, Bankier Moritz Seligmann, Importkaufmann Eugen Rautenstrauch, Fabrikant Gottfried Hagen. Diese Persönlichkeiten dürfen zur Elite der deutschen Wirtschaft im ausgehenden 19. Jahrhundert gezählt werden.[4]

Die ernsteste unter den Aufgaben des Landgerichts war damals wie heute die Strafrechtspflege. Die landgerichtlichen Strafkammern waren als erste Instanz zuständig für die nicht vor das Schöffengericht gehörenden Vergehen, für die mit Zuchthaus von höchstens fünf Jahren bedrohten Verbrechen sowie für die Verbrechen der Unzucht mit Minderjährigen, des schweren Diebstahls und des Rückfalldiebstahls, der gewerbs- und gewohnheitsmäßigen Hehlerei im Rückfall und des Rückfallbetruges. Im übrigen waren die Strafkammern die zweite Instanz für die strafrechtlichen Entscheidungen der Amtsgerichte, insbesondere also die Berufungsinstanz gegen die Urteile der Schöffengerichte.

Wie die Zivilkammern, so setzten sich auch die Strafkammern aus drei Mitgliedern des Landgerichts einschließlich des Vorsitzenden zusammen. Eine durch Hinzuziehung von zwei Schöffen gebildete »große Strafkammer« oder eine aus einem Mitglied des Landgerichts und zwei Schöffen bestehende »kleine Strafkammer« gab es damals noch nicht.

Die über die Strafgewalt der Strafkammer hinausgehenden schweren Verbrechen, darunter Mord und Totschlag, waren durch die Schwurgerichte zu ahnden, die bei den Landgerichten periodisch zusammentraten und aus drei richterlichen Mitgliedern sowie aus zwölf nur zur Entscheidung der Schuldfrage berufenen Geschworenen bestanden. Mit dem Schwurgericht hatte die neue Gerichtsverfassung eine Einrichtung übernommen, die hier im Rheinland seit der napoleonischen Zeit (Code d'instruction criminelle, 1808) heimisch war und unter dem Druck der liberalen Bewegung 1849 auch im übrigen Preußen Eingang gefunden hatte. Das Schwurgericht, auch Geschworenengericht genannt, war eines der Idole des Liberalismus gewesen. Man mißtraute den staatlichen Richtern und traute um so mehr den Laien, die mit ihrem gesunden Menschenverstand schon richtig urteilen würden, zumal es bei der von ihnen mit »Ja« oder »Nein« zu beantwortenden Schuldfrage ja »nur« um eine Tatsachenfrage gehe. Die Erwartungen, die man in das Schwurgericht setzte, sind jedoch auf lange Sicht enttäuscht worden. Eine Schwierigkeit lag schon darin, daß viele Angehörige der zunächst bevorzugt für das Geschworenenamt herangezogenen gebildeten

Stände wie Justizbeamte, Verwaltungsbeamte und Lehrer kraft Gesetzes ausgeschlossen waren und andere wie Ärzte und Apotheker ein Ablehnungsrecht hatten. Überhaupt drängte sich kaum jemand nach diesem Amt, das so viel Zeit kostete und so schwere Entscheidungen verlangte. Wenn die mit der Auswahl der Geschworenen betraute Verwaltungsbehörde keinen geeigneten »Rentier« fand, griff sie gern auf einen Gastwirt zurück, der tagsüber viel Zeit hatte. Die Folge war, daß das Niveau der Geschworenenbank sank. Die Geschworenen beantworteten die Schuldfrage nach dem Gefühl und entschieden dabei oft zugunsten des Angeklagten, der mitleiderregend vor ihnen stand. Zum mindesten unter Juristen war es kein Geheimnis, daß die Schwurgerichte sehr viele Fehlsprüche fällten; denn auch ein ungerechtfertigter Freispruch ist ein Fehlspruch, ein »Justizirrtum«. Ein bekannter Kölner Strafverteidiger faßte seine Erfahrungen mit dem Schwurgericht in dem Satz zusammen: »Dat Schwurjereech, dat kann nur einer riskiere, dä et wirklich jedon hät.« Nur für den wirklich Schuldigen war das Schwurgericht zumutbar, denn ihm bot sich hier eine große Chance. Für den Unschuldigen hingegen bedeutete dieses Urteilen nach dem Wellenschlag der Massenemotionen ein zu großes Risiko. Erst spät hat man aus diesen und ähnlichen Erkenntnissen die notwendigen Konsequenzen gezogen. Im Jahre 1924 beseitigte der damalige Reichsjustizminister Emminger, vormals bayerischer Staatsanwalt und Richter, in einem gesetzgeberischen Husarenritt das Schwurgericht alter Art. Davon wird später noch die Rede sein.

Unsere Übersicht über die Reformen von 1879 bliebe unvollständig, wenn wir nicht der mit dem Landgericht gleichsam verschwisterten Staatsanwaltschaft gedächten. Die Staatsanwaltschaft ist, das dürfen wir heute sagen, eine in Frankreich entwickelte Einrichtung, die durch Vermittlung des zwanzig Jahre französisch gewesenen Rheinlandes von Preußen und dem übrigen Deutschland übernommen worden ist.[5] Bis zum 30. September 1879 gab es in der preußischen Rheinprovinz die Staatsanwaltschaft mit all den Kompetenzen, die ihr in Frankreich zukamen: nicht nur die Strafverfolgung war ihre Aufgabe, sondern auch die Wahrnehmung des öffentlichen Interesses in der Zivilrechtspflege, ganz zu schweigen von ihren Obliegenheiten in der Justizverwaltung. Zu Recht trug diese Behörde die Bezeichnung »Öffentliches Ministerium«, wie man das französische »ministère public« ins Deutsche übersetzt hatte, und ihre Beamten nannten sich »Staatsprokuratoren«. Ganz plötzlich in der Nacht zum 1. Oktober 1879 verlor nun dieses »Öffentliche Ministerium« einen erheblichen Teil seiner Aufgaben und wurde zu dem, was man heute unter »Staatsanwaltschaft« versteht: zu einer Strafverfolgungsbehörde mit einigen rudimentären Zuständigkeiten im zivilrechtlichen Bereich. In Wirklichkeit war allerdings die Kompetenzeinbuße nicht ganz so schwerwiegend. Schon lange vorher hatte sich nämlich die Mitwirkung des »Öffentlichen Ministeriums« in Zivilsachen darauf beschränkt, daß einer seiner Vertreter den Sitzungen (»Audienzen«) des Landgerichts beiwohnte, um bei jeder Sache die Entscheidung dem Gericht anheimzugeben und zwischendurch sein Dezernat zu erledigen.

Insgesamt läßt sich sagen, daß die rheinische Justiz im Jahre 1879 gründlich reformiert, aber nicht etwa zur Unkenntlichkeit entstellt worden ist. Der Kern dessen, was die Rheinländer als ihre Errungenschaft ansahen, ist erhalten geblieben. Die großen Prinzipien des Rheinischen Rechts — Öffentlichkeit und Mündlichkeit der Verfahren, freie Beweiswürdigung, richterliche Unabhängigkeit — waren längst Gemeingut geworden.

*Die königlichen Justizbeamten*

Bis auf das Reichsgericht waren die Gerichte im Kaiserreich Einrichtungen der Bundesstaaten. Das Landgericht Köln war also ein preußisches Gericht und wurde auch als »Königliches Landgericht« bezeichnet, so wie die Beamten vom Präsidenten bis zum kleinsten Gerichtsdiener zu ihrer Dienstbezeichnung das Prädikat »königlich« führen konnten. Die Richter — selbstverständlich schon damals unabhängig und nur dem Gesetz unterworfen — wurden nicht etwa vom Justizminister, sondern vom König ernannt, der zugleich Deutscher Kaiser war. Niemand bezweifelte, daß sie Beamte waren. Um die sich aus ihrer Unabhängigkeit ergebende besondere Stellung hervorzuheben, nannte man sie gelegentlich »richterliche Beamte«.

An der Spitze des Landgerichts stand der Landgerichtspräsident, der rang- und besoldungsmäßig den Senatspräsidenten des Oberlandesgerichts gleichgestellt war.[6] Er führte den Vorsitz in einer der Zivil- oder Strafkammern des Gerichts und leitete die Geschäfte der Justizverwaltung. Darin steckte insofern ein Novum, als die Angelegenheiten der Justizverwaltung — z. B. die Aufsicht über die Notare, die Disziplinargewalt über die Beamten und sogar die Beurteilung der Richter — bisher weitgehend in den Händen des Oberprokurators gelegen hatten. Der Koblenzer Landgerichtspräsident Wolff (Koblenz 1902-1905) schreibt in seinen leider noch unveröffentlichten Erinnerungen[7], die Landgerichtspräsidenten der Rheinprovinz hätten sich in der Zeit vor 1879 in einem später undenkbar gewordenen Maße der Rechtsprechung widmen können. Dafür hätten die Oberprokuratoren kraft ihrer Verwaltungskompetenzen eine »ungleich mächtigere und einflußreichere Stellung« eingenommen. Bei der Neuorganisation von 1879 hätten einige rheinische Gerichtspräsidenten sich mangels jeglicher Verwaltungserfahrung völlig hilflos gezeigt. Das sollte für die Zukunft anders werden , da den Landgerichtspräsidenten die volle Dienstaufsicht über ihr Gericht und die nachgeordneten Amtsgerichte übertragen wurde. Der Landgerichtspräsident hatte jetzt eine Doppelstellung: Er war Richter und als solcher »primus inter pares« im Kollegium, und er war Justizverwaltungsorgan, Behördenleiter im verwaltungsrechtlichen Sinne. Der Preis dafür war hoch. Je mehr die Verwaltungsarbeit mit der Vergrößerung der Gerichte zunahm, desto weniger konnten die Landgerichtspräsidenten richterlich tätig sein.

Für den Vorsitz in den nicht von dem Langerichtspräsidenten selbst geleiteten Zivil- und Strafkammern wurden Landgerichtsdirektoren ernannt. »Landgerichtsdirektor« — diese Dienstbezeichnung hatte die alte rheinische Bezeichnung »Kammerpräsident« ersetzt. Nicht alle Betroffenen waren glücklich über diese Umbenennung. Manche sahen darin eine Herabstufung. Sie konnten nicht ahnen, daß man ihre Amtsnachfolger in hundert Jahren mit einem wahren Sprachmonstrum betiteln werde: »Vorsitzender Richter am Landgericht« (seit 1972). Nach der amtlichen Skala galten die Landgerichtsdirektoren soviel wie die Oberlandesgerichtsräte, wie auch früher die Kammerpräsidenten den Appellationsgerichtsräten gleichgeordnet gewesen waren.

Die übrigen planmäßigen, aber noch nicht beförderten Richter des Landgerichts führten die Bezeichnung »Landrichter« und waren ranggleich mit den die Bezeichnung »Amtsrichter« führenden planmäßigen Richtern des Amtsgerichts. Ein Teil der Landrichter und Amtsrichter — jedoch zunächst nicht mehr als ein Drittel, später nicht mehr als die Hälfte der Gesamtzahl — konnte nach Erreichen eines mindestens zwölfjährigen richterlichen Dienstalters zum Landgerichtsrat oder zum Amtsgerichtsrat ernannt werden.[8] Mit diesem »Amtscharakter« war nicht eine bessere Besoldung, wohl aber, wie noch erläutert werden soll, eine bessere Einstufung in der »Hofrangliste« verbunden.

In enger Anlehnung an die Dienstverhältnisse der Richter waren die der Staatsanwälte geordnet. Der Leiter der Staatsanwaltschaft bei dem Oberlandesgericht, heute Generalstaatsanwalt, hieß damals »Oberstaatsanwalt« und stand rangmäßig dem Landgerichtspräsidenten sowie den Senatspräsidenten des Oberlandesgerichts gleich. Behördenvorstand der Staatsanwaltschaft bei dem Landgericht, heute Leitender Oberstaatsanwalt, war der »Erste Staatsanwalt«, der die gleiche Rangstufe wie die Landgerichtsdirektoren und Oberlandesgerichtsräte einnahm.[9] Die einfachen Staatsanwälte waren im Rang wie die Land- und Amtsrichter gestellt und konnten entsprechend der für diese geltenden Regelung nach zwölf Dienstjahren zum »Staatsanwaltschaftsrat« befördert werden.[10]

Den Richtern und Staatsanwälten folgten in der Hierarchie der Justizbeamten die Gerichtsschreiber. Sie hatten schon 1879 einen mit einer Prüfung abschließenden zweijährigen Vorbereitungsdienst abzuleisten oder das Referendarexamen nachzuweisen.[11] Ihnen war von vornherein durch das Gerichtsverfassungsgesetz und die Zivilprozeßordnung ein Kreis von Dienstverrichtungen wie etwa die Erteilung von vollstreckbaren Ausfertigungen und Rechtskraftzeugnissen zur selbständigen Erledigung übertragen. Es ist ihnen gelungen, diesen Kreis immer mehr zu erweitern, so daß sie im Laufe von Jahrzehnten zunächst zu Urkundsbeamten aufrückten und dann allmählich in jene Stellung hineinwuchsen, die heute das Wort »Rechtspfleger« kennzeichnet. Einer ihrer ersten großen Förderer war der aus dem Richterstand hervorgegangene preußische Justizminister Maximilian von Beseler (JM 1905—1917), der durch seine Entlastungsverfügungen von 1906 und 1910[12] die ersten Schritte zur Übertragung richterlicher Aufgaben auf die Gerichtsschreiber tat. Im Jahre 1927 war es dann soweit, daß die Bezeichnungen »Gerichtsschreiber« und »Gerichtsschreiberei« durch die Bezeichnungen »Urkundsbeamter« und »Geschäftsstelle« ersetzt wurden. Vom Dienst des Urkundsbeamten hob sich dann mehr und mehr der des Rechtspflegers ab.

Das eigentliche Schreibwerk erledigten längst nicht mehr die Gerichtsschreiber, sondern die diesen nachgeordneten Kanzleibeamten. Sie mußten sich damals, als es noch keine

Schreibmaschinen gab, einer deutlichen Handschrift befleißigen und machten aus einem Urteil mit der Eingangsformel »Im Namen des Königs!« bisweilen ein kalligraphisches Kunstwerk.

Besondere Erwähnung verdienen die Gerichtsdiener. Sie waren Stützen der Justiz, denn sie hielten nicht nur die Akten in Umlauf, sondern verliehen notfalls auch den sitzungspolizeilichen Anordnungen des Richters mit Brachialgewalt Nachdruck. Dafür eigneten sich natürlich besonders ehemalige Unteroffiziere, und seit 1895 waren die Gerichtsdienerstellen ausschließlich den Militäranwärtern vorbehalten. Zu ihrer grünen Uniform trugen die Gerichtsdiener oft einen hochgezwirbelten Schnurrbart à la Kaiser Wilhelm II., und das unwissende Publikum konnte meinen, in ihnen die leibhaftige Verkörperung der Majestät vor sich zu haben, in deren Namen Recht gesprochen wurde. Freilich gab es auch in diesem Dienstzweig solche und solche: Grobiane, die nur den Kommißton kannten, und gutmütige Naturen, die den ängstlich der Verhandlung harrenden Parteien bisweilen ein Wort zur Beruhigung sagten. Die Weimarer Republik hat unter Inkaufnahme einer stärkeren Betonung des militärischen Akzents aus den Gerichtsdienern »Gerichtswachtmeister« gemacht (1927)[13], da ja in der Republik niemand mehr dienen sollte.

Zu den etatmäßigen Beamten kamen die Anwärter, in erster Linie die Referendare und Gerichtsassessoren.

Die Referendare bekamen während der ganzen wilhelminischen Zeit keinen Unterhaltszuschuß und erst recht kein Gehalt. Im Gegenteil, sie mußten durch eine Erklärung ihres Vaters oder sonstwie nachweisen, daß ihr Unterhalt für den vierjährigen Vorbereitungsdienst gesichert war. Dafür hatte das Referendar-Dasein noch etwas Feudales. Die jungen »Rechtsvikare« verlebten, besonders bei den kleinen Amtsgerichten, eine ziemlich unbeschwerte Zeit und standen in der Gunst der Damenwelt den Leutnanten nur wenig nach. Erst allmählich wurde es ernster, und es zeigten sich die ersten Ansätze zu der heute zu beobachtenden Verschulung des Referendariats. Schon im Jahre 1914 waren beim Landgericht Köln »ständige Übungen«, also Arbeitsgemeinschaften, für Referendare eingerichtet.

Mit den Gerichtsassessoren hatte es eine besondere Bewandtnis. Alle Referendare, welche die große Staatsprüfung bestanden hatten, wurden vom Justizminister zu Gerichtsassessoren ernannt und einem Amts- oder Landgericht oder mit ihrer Zustimmung einer Staatsanwaltschaft zur unentgeltlichen Beschäftigung überwiesen.[14] »Prädikatsassessoren«, also Assessoren mit guten Examensnoten, hatten Aussicht, bald einen vergüteten Beschäftigungsauftrag (»Kommissorium«) zu erhalten. Grundsätzlich blieb der Gerichtsassessor jedoch unbesoldet. Wenn er sich nicht eines Tages einem anderen juristischen Beruf zuwandte, mußte er warten, bis er — oft erst nach vielen Jahren — eine Stelle als Amtsrichter, Landrichter oder Staatsanwalt erhielt. Dieses die Justizkosten senkende System war in Preußen von jeher üblich gewesen. Es ließ nur die Wahl, entweder besonders tüchtig oder besonders vermögend zu sein. Erst 1935 wurde es abgeschafft.[15] Damals aber schreckten andere Gründe vom Justizdienst ab: der Staat war auf parlamentarischem Wege in die Hände von Verbrechern gefallen.

Um in der wilhelminischen Ära zu bleiben, sei noch etwas über die Rangverhältnisse der damaligen Justizbeamten sowie über das Titel- oder Ordenswesen gesagt. In unserer egalitären Zeit sind diese Dinge sicherlich antiquiert. Die Geschichte muß jedoch auch das Anderssein des Vergangenen aufzeigen.

Die höheren Justizbeamten Preußens waren seit 1879 in folgende »Rangklassen der höheren Provinzialbeamten« eingeteilt[16] :

Oberlandesgerichtspräsidenten .................................. 2. Klasse

Landgerichtspräsidenten, Senatspräsidenten der Oberlandesgerichte, Oberstaatsanwälte .................................. 3. Klasse

Landgerichtsdirektoren, Oberlandesgerichtsräte, Erste Staatsanwälte .......... 4. Klasse

Amtsrichter, Landrichter, Staatsanwälte .................................. 5. Klasse

Man sprach auch von »Räten 2. Klasse« usw., weil der »Rat« der Inbegriff des höheren Beamten war. Nun gab es in Preußen ebenso wie in den anderen deutschen Königreichen eine Hofrangordnung, welche die Reihenfolge der Hoffähigkeit besitzenden Personen festlegte. Die Liste umfaßte 62 Positionen mit dem Oberstkämmerer an der Spitze und den Leutnanten am Schluß.[17] Unter den 62 Positionen waren die Räte bis zur 4. Klasse aufgeführt, und zwar so, daß sich eine deutliche Zurücksetzung gegenüber den vergleichbaren militärischen Rängen ergab. Die Räte 2. Klasse, also u. a. die Oberlandesgerichtspräsidenten, erschienen unter Position 36 zwischen den Obersten und den Generalsuperintendenten, aber noch weit vor den Universitätsrektoren (Pos. 47). Die Räte 3. Klasse, also u. a. die Landgerichtspräsidenten, rangierten unter Position 49 hinter den Oberstleutnanten und vor den Landesdirektoren. Die Räte 4. Klasse, also Landgerichtsdirektoren usw., hatten ihren Platz unmittelbar hinter den Majoren (Pos. 55). Und wie stand es mit den Räten 5. Klasse, den Amts- und Landrichtern und Staatsanwälten? Sie waren — ebenso wie die Gymnasiallehrer — in der Liste nicht aufgeführt und folglich nicht hoffähig. Das bedeutete: diese höheren Justizbeamten galten unter dem Gesichtspunkt des Hofranges weniger als der Leutnant, mit dem nach einem damals verbreiteten Wort der Mensch begann. Nun kam von den Amts- und Landrichtern kaum jemand auf den Gedanken, bei Hof zu erscheinen. Die Hofrangordnung hätte ihnen also gleichgültig sein können. Sie galt jedoch nicht nur bei Hof, sondern war für das gesamte mit der Amtsstellung verbundene gesellschaftliche Leben und insbesondere für die Verleihung von Auszeichnungen maßgebend. Die Amts- und Landrichter und die Staatsanwälte schmerzte es daher doch, sich so zurückgesetzt zu sehen. Das Ärgernis erledigte sich meist durch Zeitablauf: die nach zwölf Dienstjahren zulässige Beförderung zum Amtsgerichtsrat, Landgerichtsrat oder Staatsanwaltschaftsrat war mit dem Aufrücken in die 4. Klasse der Räte, also mit dem Erwerb der Hoffähigkeit verbunden. Damit hatte ein Landgerichtsrat den gleichen Rang wie ein Landgerichtsdirektor, wie übrigens auch die Gehälter in der Endstufe gleich waren.

»Justinianus dat honores« — nach dieser Devise verteilte die Monarchie an ihre Justizbeamten ehrende Titel und Orden.

Unter den Titeln war der simple »Justizrat« im wesentlichen den in Ehren ergrauten Rechtsanwälten und Notaren vorbehalten.

Den Räten 4. Klasse war hingegen schon der »Geheime Justizrat« erreichbar, so daß mancher Landgerichtsrat sich nach entsprechend vielen Dienstjahren »Geheimrat« nennen und den Schmerz über die unterbliebene Beförderung zum Direktor vergessen konnte.

»Geheimrat« war schon etwas Großes, denn es hieß:

*»Dein höchstes Ziel, mein Sohn, auf Erden*
*Sei dies, Geheimer Rat zu werden.«*

Für die Räte der 3. Klasse kam der »Geheime Oberjustizrat« in Betracht. Den Räten der 2. Klasse, darunter den Oberlandesgerichtspräsidenten, konnte der höchste Ratstitel verliehen werden, der da lautete: »Wirklicher Geheimer Rat«. Der so Betitelte hatte Anspruch auf die Anrede »Exzellenz«, die jedoch von den »kölnischen Exzellenzen« Dr. Heinrich Heimsoeth (1811 - 1887) und Dr. h. c. Oscar Hamm (1839 -1920) als zu steif empfunden wurde.

Auch die Subalternbeamten waren nicht ausgeschlossen von amtlichen Erhöhungen ihres Ansehens. Für sie standen Titel wie »Rechnungsrat« und »Kanzleirat« bereit.

Wie die Titel, so wurden auch die Orden nach Rangstufen vergeben. Die Skala reichte von der 2. zur 4. Klasse des Roten Adlerordens und von der 1. bis zur 4. Klasse des Kronenordens. Für die einfachen Beamten kamen hinzu die Medaille zum Kronenorden und das Allgemeine Ehrenzeichen. Auch der »kleinen Leute« wurde nämlich gedacht. So erhielten bei der Einweihung des Kölner Justizgebäudes am Reichenspergerplatz am 7. Oktober 1911 ein Gerichtsvollzieher, zwei Gerichtsdiener, ein Maschinenmeister, ein Werkführer, ein Bauaufseher, ein Stuckpolier, zwei Maurerpoliere und drei Hilfsarbeiter aus der Hand des Justizministers Ordensauszeichnungen.[18] Das entsprach nicht nur dem Gerechtigkeitssinn des damaligen Justizministers von Beseler, sondern auch den persönlichen Intentionen Kaiser Wilhelms II. Der unglückliche Monarch wollte ein Volkskaiser, ein Kaiser der Armen sein.

In bezug auf das Titel- und Ordenswesen hat Schopenhauer einmal spöttisch bemerkt, der deutsche Beamte werde zur Hälfte mit Geld und zur anderen Hälfte mit Ehre bezahlt. Es ist wohl auch richtig, daß man sich weniger über empfangene Orden gefreut als über nicht empfangene geärgert hat. Wir sind geneigt, im Gefühl weiser Überlegenheit die Sorgen unserer Großväter zu belächeln. Ehre und Ansehen stehen nicht mehr hoch im Kurs, denn »man kann sich nichts dafür kaufen«. Selbst in den Berufen, die man früher die »geistigen« oder gar die »geistlichen« nannte, wird zuerst danach gefragt, ob »die Kohlen stimmen«. Bloß ein paar Diplomaten und Spitzenpolitiker kümmern sich noch um Orden und Titelunterschiede wie »Staatssekretär« und »Staatsminister«. Sonst scheint das Geltungsstreben ziemlich verpönt zu sein, ganz im Gegenteil zum Erwerbsstreben, das man realistisch und daher natürlich findet. Aber ist das wirklich so? Der Mensch lebt nicht vom Geld allein. Er braucht noch viele andere Dinge, zu denen die Anerkennung durch die Gesellschaft gehört, also das, was wir heute »Sozialprestige« nennen. Was sich ändert, sind die Bezugsebenen und die Ausdrucksformen dieser gesellschaftlichen Anerkennung. Wenn der Wert des Dienstes für den Staat und damit für die Gesellschaft verblaßt, tritt anderes in den Vordergrund. Was einst der Rote Adlerorden 1. Klasse war, das könnte heute der ungemein prestigefördernde Besitz eines Hallenschwimmbades sein. Und als soziologisches Pendant zu den 62 Positionen der preußischen Hofrangliste gibt es mindestens 62 Autotypen — allesamt mobile Statussymbole, in deren überflüssigem Chrom sich die Eitelkeit ihrer Besitzer spiegelt. Die menschliche Natur bleibt sich gleich. Wechselnd ist nur das Niveau, auf dem sie sich verwirklicht — es kann nobler und primitiver sein.

*Vom »nervus rerum«*

Interessanter als die Titel und Rangverhältnisse dürften die sozialen Verhältnisse, insbesondere die Einkommensverhältnisse, der wilhelminischen Justizbeamten sein.
Es läßt sich nicht leugnen: die Richter kamen fast ausnahmslos aus dem gehobenen Bürgertum. So waren unter den Richtern des Kölner Landgerichts Angehörige der Kaufmannsfamilien Schaafhausen, Schauberg und Bachem, ganz zu schweigen von den Juristenfamilien Heimsoeth[19], Reichensperger[20], von Fuchsius, Merrem[21], Kewenig usw. Ererbtes oder erheiratetes Vermögen erleichterte die Lebenshaltung und stärkte die Unabhängigkeit. Allerdings war nicht jeder der Schwiegersohn des Großindustriellen Gustav Mevissen wie jener Landrichter Friedrich Adolf Ratjen[22], der in den achtziger Jahren beim Landgericht Köln wirkte und es später zum Oberlandesgerichtspräsidenten brachte.
Es wäre töricht, die Sozialverhältnisse des ausgehenden 19. Jahrhunderts im »Lichte« der Gegenwart kritisieren zu wollen. Genauso gut könnte man sich gegen die damaligen Verkehrsverhältnisse wenden. Schließlich sind auch Marx, Engels und Lassalle aus der »Bourgeoisie« hervorgegangen, und man weiß nicht, ob sie bei anderer Herkunft Besseres geschrieben hätten.

Übrigens war der höhere Justizdienst lange Zeit wenig attraktiv. Die Gerichtsassessoren warteten zu lange, bis zu elf Jahren, auf ihre Anstellung. Das lag einmal daran, daß es keine Altersgrenze gab und nicht wenige Richter bis ins hohe Greisenalter hinein im Dienst blieben. Zum anderen richtete man, eben mit Rücksicht auf die große Zahl der unbesoldeten Hilfskräfte, zu wenig neue »Etatstellen« ein. Vor allem aber sahen sich die Richter in der seit 1879 geltenden Besoldungsordnung gegenüber den höheren Verwaltungsbeamten deutlich zurückgesetzt. In der Person des schon erwähnten Justizministers von Beseler — es war jener Minister, der am 7. Oktober 1911 in Köln das Justizgebäude am Reichenspergerplatz einweihte — fand der Richterstand dann einen energischen Fürsprecher. Zäh verfolgte der Minister das Ziel der Gleichstellung von Richtern und höheren Verwaltungsbeamten, und er erreichte es mit dem Erlaß des Richterbesoldungsgesetzes vom

29. Mai 1907[23]. Nach diesem Gesetz und der ergänzenden Besoldungsordnung vom 26. Mai 1909[24] erhielten die Richter und Staatsanwälte folgende Jahresgehälter:

| | |
|---|---|
| Oberlandesgerichtspräsidenten | 15.000 Mark<br>+ 2.200—4.500 M Mietzuschuß |
| Landgerichtspräsidenten bei Landgerichten mit mindestens 30 Richterstellen | 11.500 Mark<br>+ 1.260—1.680 M Wohnungsgeld |
| Übrige Landgerichtspräsidenten, Senatspräsidenten, Oberstaatsanwälte | 7.000—11.500 Mark<br>+ 900—1.260 M Wohnungsgeld |
| Landgerichtsdirektoren, Oberlandesgerichtsräte, Erste Staatsanwälte | 6.000—7.200 Mark<br>+ 600 M Stellenzulage<br>+ 640—1.200 M Wohnungsgeld |
| Land- und Amtsrichter, Staatsanwälte | 3.000—7.200 Mark<br>+ 720—1.300 M Wohnungsgeld |

Diese Gehälter reichten aus, um unter den Bedingungen der damaligen Zeit eine einigermaßen standesgemäße Lebenshaltung zu ermöglichen. Der Versuch einer »Umrechnung« in die heutige Währung wird immer problematisch bleiben, da es an geeigneten Vergleichsebenen fehlt. Heute gibt es viele Dinge, die es vor achtzig Jahren noch nicht gab; und damals gab es vieles, was es heute nicht mehr gibt. Ein Haus, ein repräsentative Wohnung, ein »Dienstmädchen« — das alles war relativ billig (Dienstmädchen: etwa 10 Mark pro Monat). Dagegen konnten sich nur wenige eine Reise nach Griechenland oder gar nach Übersee erlauben.
Um die Relationen aufzuzeigen, seien hier auch die Gehälter der nachgeordneten Justizbeamten mitgeteilt:

| | | |
|---|---|---|
| Gerichtsschreiber | a) bei OLG | 2.100—4.500 Mark |
| | b) bei LG, AG | 1.800—4.500 Mark |
| | (Wohnungsgeld: 330—800 M) | |
| Gerichtsschreibergehilfe | 1.650—3.300 Mark | |
| | (Wohnungsgeld wie oben) | |
| Kanzleigehilfe | a) bei OLG | 1.650—3.000 Mark |
| | b) bei LG, AG | 1.650—2.700 Mark |
| | (Wohnungsgeld wie oben) | |
| Gerichtsdiener | 1.200—1.700 Mark | |
| | (Wohnungsgeld: 150—480 M) | |

Die Gerichtsschreiber verdienten genug, um sich zum mindesten in der »Lower middle class« behaupten zu können. Blättert man in alten Adreßbüchern, so findet man »Landgerichtssekretäre« und »Oberlandesgerichtssekretäre« — so lauteten die Amtstitel damals — unter guten Adressen. Auch mit den Kanzleibeamten ging es noch an. Sie waren jedenfalls besser gestellt als die Volksschullehrer, die damals erbärmlich bezahlt wurden, obwohl es immer hieß, sie hätten den Krieg 1870/71 gewonnen. Schlimm stand es um die Gerichtsdiener, die mit etwa 100 Mark monatlich nicht einmal das Lohnniveau eines qualifizierten Arbeiters erreichten und doch auch außerhalb des Dienstes mit der nötigen Würde als Beamte auftreten sollten. Sie mußten allerlei Nebenarbeiten übernehmen, um einigermaßen durchzukommen. Der soziale Aufstieg vollzog sich damals noch langsam, aber mit dauerhaften Folgen. Mancher Sohn eines Gerichtsdieners brachte es zum Sekretär und dessen Sohn wiederum zum Richter oder Rechtsanwalt. Man wartete nicht auf den Staat, sondern bemühte sich selbst. Unter großen Opfern ließ ein Gerichtsschreiber des Kölner Oberlandesgerichts seine drei Söhne studieren. Einer wurde Domkapitular, der andere Rechtsanwalt, der dritte Oberbürgermeister von Köln und zuletzt deutscher Bundeskanzler.

*Raum ist in der kleinsten Hütte*
*Das Landgericht Köln vor hundert Jahren*

Bisher war — notgedrungen — viel von der Justiz im allgemeinen, aber wenig vom Landgericht Köln im besonderen die Rede.

Wie stand es denn nun mit dem Landgericht vor hundert Jahren?

Präsident war der Geheime Oberjustizrat Carl Maus (LGPr. 1874—1885).[25] Von ihm wird gesagt, er sei ein ebenso echter Kölner gewesen wie der durch seine Grieläachereien berühmte Oberlandesgerichtspräsident Exz. Dr. Heinrich Heimsoeth, der damals noch amtierte.[26] Daß Landgerichtspräsident Maus alle Eigenschaften eines Kölners besaß, läßt schon seine Herkunft vermuten. Er entstammte nämlich einer alten Kölner Familie, die im Mittelalter aus Flandern eingewandert war. Sein Vater, Bernard Josef Maus, betrieb in der Straße Unter Hutmacher eine »Zuckerbäckerei«, wie dazumal in Köln die Konditoreien hießen.[27] Der Bruder Johann Ferdinand übernahm dieses Geschäft und erwarb gegen Zahlung von 300 Mark und Nachweis absoluter Solidität den Titel eines »Hofkonditors des Königs von Preußen«. Carl Maus studierte dafür die Rechte und erstieg die steile Höh' zum Amt des Gerichtspräsidenten. Nicht als Kuriosum wird das hier erzählt, sondern als Beispiel dafür, wie in vielen Kölner Familien handwerklich-kommerzielle und akademische Berufe nebeneinander vorkamen, und zwar beide auf hohem Niveau. Wer aus einer solchen Familie hervorging, war vor der mit gelehrter Bildung stets verbundenen Gefahr der Weltfremdheit gefeit.

Im Jahre 1879 hatte das Landgericht Köln 405.249 Gerichtseingesessene. Das etatmäßige Richterpersonal bestand aus dem Präsidenten, drei Landgerichtsdirektoren und sechzehn Landrichtern.[28] Auf den ersten Blick möchte man zweifeln, ob diese Besetzung ausreichte. Indessen verfügt *heute* das Landgericht Siegen bei ungefähr der gleichen Zahl von Gerichtseingesessenen (1980: 407.428 GE) über fast die gleiche Richterzahl ( = 19).[29] Preußische Sparsamkeit kommt allerdings darin zum Ausdruck, daß bei 16 Landrichtern nur drei Direktoren vorgesehen waren. Auch fragt man sich, ob nur drei Staatsanwälte unter dem Ersten Staatsanwalt Crome die gesamten staatsanwaltschaftlichen Aufgaben bewältigen konnten. Wahrscheinlich sind hier Gerichtsassessoren herangezogen worden.

Selbst wenn weitere Kräfte nötig gewesen wären, hätte man sie schwerlich unterbringen können. Die ganze Kölner Justiz — Oberlandesgericht, Landgericht, Amtsgericht und Staatsanwaltschaft — saß eng zusammengepfercht in dem 1826 fertiggestellten halbrunden Gebäude am Appellhofplatz. Das an anderer Stelle dieses Buches eingehend zu würdigende Bauwerk mag künstlerisch bemerkenswert gewesen sein. Baulich bot es jedenfalls nach 50 Jahren ein Bild der Verfalls, abgesehen davon, daß es seiner ganzen Anlage nach nicht zu den Aufgaben paßte, welche die neue Gerichtsverfassung der Justiz stellte. Max Wallraf (1859—1941), der Vorgänger Konrad Adenauers als Oberbürgermeister von Köln, gibt in seinen Lebenserinnerungen ein anschauliches Bild von den damaligen Zuständen bei der Kölner Justiz: »Bei der Staatsanwaltschaft waren wir zu einigen 20 Referendaren. Aber die Referendarstube zählte nur 3 bis 4 Stühle, die auch noch die von uns zu vernehmenden Angeklagten mit ihrer Sündenlast tragen mußten.«[30]

Der aus der Kölner Richterschaft hervorgegangene Reichskanzler Wilhelm Marx (1863—1946) erinnerte sich noch im hohen Alter an ein Idyll, das in dieser drückenden Enge gedieh. In seinen noch unveröffentlichen Lebenserinnerungen[31] schildert er die »Anmeldestube« des alten Gerichtsgebäudes, wo zehn und mehr Referendare als lustiges Kollegium die Anliegen derer zu Protokoll nahmen, die ohne Anwalt Recht suchten oder eine hochgestellte Persönlichkeit wie den Landgerichtspräsidenten sprechen wollten. In dem Raum gab es längst kein heiles Möbelstück mehr. Dafür hatten die Justizjünger die Wände mit Bildern aus Verbrecheralben verziert, die ihre Wirkung auf das Publikum nicht verfehlten. Der Justizfiskus, der die sachlichen Mittel für die Ausübung der Rechtspflege immer nur recht sparsam zuteilte, nahm sich Zeit. Erst am 17. April 1884 begannen Neubauarbeiten, und erst am 8. Juli 1893 war das noch heute mit gewissen Vereinfachungen erhaltene Justizgebäude am Appellhofplatz fertiggestellt.

*Kölner Gerichtsklima*

Ein Gericht ist eine Einrichtung, in der ernste, oft tief in das Leben von Menschen eingreifende Entscheidungen getroffen werden. Es kann und darf nicht eine Stätte der Volksbelustigung sein. Das schließt nicht aus, daß es bei den Gerichten ein unterschiedliches Klima gibt: hier menschliche Wärme und richterlicher Humor, der im rechten Augenblick dem Streit der Parteien die Spitze nimmt — dort steifer Ernst, Thronen auf dem Richterstuhl mit der Gebärde des Leus. Die Atmosphäre am Landgericht Köln war nie kalt, am wenigsten vor der Jahrhundertwende, als die Scheu vor dem im Rheinland noch geltenden Code civil den Zuzug auswärtiger Juristen stark eindämmte und die Rheinländer im Richterstand wie auch in der Advokatur weitgehend unter sich waren. Wilhelm Marx erzählt hierzu einige Episoden.

Schon bei seiner Vereidigung als Referendar im Jahre 1884 lernte er den kölnischen Geist des Gerichts kennen, der zwar durchaus Würde zu wahren und zu respektieren weiß, aber auf verkrampfte Übertreibung mit Spott reagiert. Die zu vereidigenden jungen Herren hatten sich, vorschriftsmäßig befrackt, in dem Sitzungssaal der Zivilkammer versammelt, vor der sie den Eid leisten sollten. Links und rechts am Richtertisch scharten sich, nicht anders als heute, wartende Rechtsanwälte. Die Jungjuristen hatten sich vorgenommen, bei der Zeremonie möglichst schneidig aufzutreten. Kaum aber hatten die beiden ersten im Leutnantston die Eidesformel heruntergeschnarrt, da hörte man auch schon aus dem Kreise der Anwälte laut und vernehmlich: »Huh, wat schreien die Kääls!« Dem verabredeten Schneid, der nicht zur Kölner Atmosphäre paßte, war damit die Wirkung genommen.

Zu den Mitgliedern des Landgerichts gehörten damals die Landgerichtsräte Klein und Heinrich Heimsoeth. Klein war ein wohlhabender Mann mit einem Haus am Kaiser-Wilhelm-Ring, Kölns neuer Prachtstraße. Er hatte im Prozeßwege erreicht, daß die Stadt den Bürgersteig des Kaiser-Wilhelm-Rings endlich pflastern ließ. Bis dahin hatte seine Gattin sich beim Aussteigen aus der Kutsche auf dem unbefestigten Boden immer die Kleider beschmutzt. Später wurde Klein Landgerichtspräsident in Bonn (1891 - 1908).

Landgerichtsrat Heinrich Heimsoeth war ein Sohn des sagenumwobenen Oberlandesgerichtspräsidenten, von dem er nicht bloß den Vornamen, sondern auch einen gehörigen Schuß Originalität mitbekommen hatte. Klein, Heimsoeth und noch ein Landrichter Beitzke bildeten die 1. Zivilkammer, in der Klein wegen Fehlens eines etatmäßigen Direktors den Vorsitz führte. Heimsoeth griff gerne in die Verhandlungen ein, was ja sein gutes Recht war. Klein fühlte sich jedoch dadurch gestört und behandelte den Kollegen wie eine unbotmäßige Person aus dem Publikum: »Hein, wenn de hück nit rohig bis, nemme ich dich in en Ordnungsstrof.« Heimsoeth ließ sich aber nicht abschrecken. Er glaubte, zur Klärung der Prozesse besonders dadurch beitragen zu können, daß er sie in zwei Gruppen einteilte:»Leddersaachen« (Ledersachen = Sachen, so zäh wie Leder) und »Koonsaachen« (Kornsachen = Sachen, die man schluckt wie Korn). Bei Aufruf jeder Sache verkündete er entsprechend: »Dat is en Leddersaach« oder »Dat is en Koonsaach«. Eines Tages kam ein gewitzter Anwalt ihm zuvor und erklärte sofort nach Aufruf: »Dat is en Leimsaach« (eine Leimsache = klebrig und zähflüssig wie Leim). Damit war die Rechtsfindung der Zivilkammer um eine neue Kategorie bereichert.

Bei der von Landgerichtsrat Klein geleiteten Zivilkammer fand anscheinend eine ziemlich volkstümliche Rechtsprechung statt. Dazu paßte die Umgangssprache der Richter, das deftige »Kölsch«. Es konnte auch vorkommen, daß Landgerichtsrat Heimsoeth einen seiner Referendare auf den Nachmittag zum Vortrag in seine Wohnung bestellte. Der von der Haushälterin eingelassene Referendar traf dann den Richter auf dem Sofa ruhend an und hörte ihn brummen: »Nit emal im Schlaf hat man Ruh vor dä Referendare. Waade Se noch en besge!«

Ganz anders scheint es bei der 1. Kammer für Handelssachen gewesen zu sein. Hier führte der schon erwähnte Landrichter Ratjen den Vorsitz, ebenso elegant in der Jurisprudenz wie im äußeren Auftreten. Er war übrigens ein Mann von umfassender Bildung und hat eine kleine Geschichte der Kölner Gerichtsbarkeit geschrieben, die heute noch als eine der bedeutendsten Arbeiten über dieses Thema gilt.[32]

Das Verhältnis zwischen Richtern und Anwälten wird für die damalige Zeit als ausgezeichnet beurteilt. Auch hier spielte es eine Rolle, daß die Angehörigen beider Berufe zum überwiegenden Teil Einheimische waren, die meist auf derselben Universität studiert hatten. Das Verzeichnis von 1886 führt für Köln 72 Landgerichtsanwälte auf, darunter so berühmte Namen wie Bachem, Gammersbach und Trimborn.

*Richter im Zwiespalt*

Die letzten Jahrzehnte des 19. Jahrhunderts, in die u. a. die Vollendung des Kölner Domes fällt (1880), könnten auf den ersten Blick als der Inbegriff der »guten alten Zeit« erscheinen. Will man das »alte Köln« vorführen, so greift man meist auf die vergilbten Bilder von damals zurück. In Wirklichkeit war diese Zeit voll von Spannungen und Dissonanzen, die auch in das Rechtsleben hineingriffen.

Von 1871 bis 1887 währte der »Kulturkampf«. Er war der von Bismarck mit Hilfe des zeitgenössischen Liberalismus unternommene Versuch, die Kirche unter das Joch des Staates zu zwingen. Bei der katholischen Kirche stieß dieser Versuch auf entschiedenen Widerstand.

In einem besonderen Beitrag zu diesem Buch (Baldus) wird die Inhaftierung des Kölner Erzbischofs Paulus Melchers in der Zeit vom 31. März bis 9. Oktober 1874 und der Zivilprozeß der Stadt Köln gegen den Erzbischöflichen Stuhl wegen der Minoritenkirche geschildert. Der Erzbischof war in Haft genommen worden, weil er, gestützt auf das Kirchenrecht, aber unter Verletzung der »Maigesetze« von 1873, ohne staatliche Genehmigung geistliche Ämter verliehen und die daraufhin gegen ihn verhängten Geldstrafen nicht gezahlt hatte. Bei dem Zivilprozeß handelte es sich darum, daß die Stadt Köln die Minoritenkirche, die sie in der Säkularisation erworben hatte, unter Kündigung eines mit dem Erzbischöflichen Stuhl geschlossenen Vertrages den Altkatholiken zuweisen wollte, die ja auch katholisch seien. In Köln erregte der Zivilprozeß fast ebenso großes Aufsehen wie die Sache mit dem Erzbischof. Auf liberaler Seite empfand man es geradezu als Infamie, wenn jemand den kirchlichen Rechtsstandpunkt verteidigte. Um so größer war die Befriedigung der kirchlich gesinnten Kreise, als das Landgericht die Klage der Stadt abwies, weil die nicht unter päpstlicher Aufsicht stehende und keinen Bestandteil der Erzdiözese bildende altkatholische Parochie nicht als katholische Pfarre im Sinne des Vertrages anzusehen sei. Oberlandesgericht und Reichsgericht bestätigten diese Entscheidung. Das war ein glänzendes Beispiel für die richterliche Unabhängigkeit, die man in den innenpolitischen Auseinandersetzungen der Zeit aufs neue schätzen lernte, ebenso wie den Wert der freien Advokatur.

Durch den Kulturkampf gerieten die Richter manchmal in Gewissenskonflikte. Sie waren, jedenfalls hier im Rheinland, bestrebt, die Maigesetze so behutsam-eng wie möglich auszulegen.[33] Schließlich aber mußten sie diese Gesetze anwenden. Der Richter konnte noch nicht ein Gesetz unter dem Gesichtspunkt seiner Verfassungsmäßigkeit überprüfen. Zudem hatte Bismarck aus der Reichsverfassung alle Schutzbestimmungen zugunsten der Kirche fernzuhalten verstanden, und die in den Artikeln 15, 16 und 18 der preußischen Verfassung enthalten gewesenen Schutzbestimmungen waren 1875 aufgehoben worden. Es war daher für viele Richter eine Befreiung von schwerem Druck, daß nach stufenweiser Milderung die meisten Kulturkampfgesetze 1887 abgebaut wurden.

Ein gewisses Gegenstück zur Kulturkampfgesetzgebung stellt das »Gesetz wider die gemeingefährlichen Bestrebungen der Sozialdemokratie« vom 21. Oktober 1878 dar, das die Polizei zur Auflösung sozialdemokratischer Vereine, zur Ausweisung sozialdemokratischer Agitatoren, zur Unterdrückung sozialdemokratischer Zeitungen und Schriften und zur Verhängung des sogenannten kleinen Belagerungszustandes ermächtigte. Auch dieses Ausnahmegesetz hatte Bismarck mit Hilfe der Nationalliberalen im Reichstag durchgebracht, nachdem zwei Attentatsversuche auf den alten Kaiser verübt worden waren. Einer der schärfsten Gegner des Gesetzes war der Kölner Richter August Reichensperger, der für die Zentrumsfraktion im Reichstag von einem »Sedan der bürgerlichen Freiheit« sprach.[34] Zwar sah auch er jedenfalls in der marxistisch-materialistischen Richtung der damals noch ungespaltenen sozialistischen Bewegung eine ernste Gefahr. Er wollte aber die Auseinandersetzung mit geistigen Waffen und nicht mit dem Polizeiknüppel geführt sehen.

Auch in Köln tat die Polizei, was das Sozialistengesetz gebot, und gelegentlich noch mehr. Ob das Gesetz aber auch in nennenswertem Umfang die Strafkammern des Landesgerichts beschäftigt hat, ist fraglich. Im Hauptstaatsarchiv Düsseldorf findet sich keine einzige einschlägige Akte. Nach zeitgenössischen Angaben von sozialistischer Seite sollen in Köln *insgesamt* 2 Jahre und 11 Monate Freiheitsstrafe verhängt worden sein.[35] Solch eine pauschale Mitteilung, die nichts über die Zahl der Verurteilten und die Delikte sagt, hilft nicht weiter. Auch ist zu berücksichtigen, daß das Sozialistengesetz von Oktober 1878 bis Oktober 1890, also 12 Jahre, in Kraft war.

Das Sozialistengesetz war eine schlimme Sache. Allerdings läßt sich nicht übersehen, daß der marxistische Sozialismus da, wo er zur Macht gelangt ist, mit oppositionellen Kräften sehr viel härter verfährt, als dies das Bismarckreich getan hat.

### *Das Gericht wächst mit der Stadt*

Als am 8. Juli 1893 das neue Gerichtsgebäude am Appellhofplatz eingeweiht wurde — der rote Backsteinbau im Stil der niederländischen Renaissance nach dem Entwurf von Paul Thoemer —, da herrschte überall Frieden.

Landgerichtspräsident war jetzt der aus Elberfeld stammende vormalige Erste Staatsanwalt Carl Lützeler (LGPr. 1886—1902). Vom »Öffentlichen Ministerium« der Zeit vor 1879 brachte er die Verwaltungserfahrungen mit, die er in dem Präsidentenamt brauchte.

Auf Lützeler folgte ein nur zufällig in Bremen geborener Sproß einer eng mit dem Karneval verbundenen alten Kölner Juristen- und Ärztefamilie: Dr. Albrecht Nückel. [36] Er war von 1902 bis 1906 Landgerichtspräsident und wurde dann noch höherer Ehren für würdig befunden. Nach einem Zwischenspiel in Stettin hatte er von 1914 bis 1916 das Amt des Oberlandesgerichtspräsidenten in Köln inne.

Den Präsidenten Lützeler und Nückel war keine ruhige Zeit beschieden.

Die Gerichte wuchsen mit der Zahl der Gerichtseingesessenen. Das gilt auch für unser Landgericht. Nicht der Fläche, aber der Einwohnerzahl nach machte die Stadt Köln den Hauptteil seines Bezirks aus. Hier hatte man in den achtziger Jahren die mittelalterliche Stadtbefestigung niedergelegt. Damit war ein Stück Kultur beseitigt, aber auch ein Hemmnis für die Entfaltung der Stadt. Jetzt wurde gebaut wie nie zuvor in der Stadtgeschichte. Als immer breiterer Gürtel legte sich die Neustadt um den alten Kern — mit schönen Straßen, mit stuckverzierten Häusern, aber auch mit Mietskasernen und Hinterhöfen. Wie immer in der Konjunktur machten Menschen mit kommerzieller Phantasie ungewöhnliche Geschäfte mit ungewöhnlichen Chancen und ungewöhnlichen Risiken. Die einen scheiterten. Andere hatten Glück. Dazu gehörte jener Gymnasiallehrer, der sein in jeder Hinsicht verdienstvolles Leben damit krönte, daß er die Agneskirche stiftete, Kölns größte Kirche nach dem Dom.

Damals zeigte sich zum erstenmal, daß das Bauwesen mit all seinen Begleiterscheinungen eine äußerst ergiebige Quelle von Rechtsstreitigkeiten sein kann. Auch die rasch fortschreitende Industrialisierung trug dazu bei, die Kölner Gerichte zu beschäftigen. Die Justizverwaltung ließ ihrem Brauch entsprechend die Dinge zunächst längere Zeit laufen. Dann mußte sie sich entschließen, unter Rückgriff auf die große Reserve der wartenden Gerichtsassessoren das Richterpersonal zu verstärken. Wie die Zahl der planmäßigen Richter beim Landgericht Köln mit der Zahl der Gerichtseingesessenen allmählich zugenommen hat, mögen nachstehende Angaben zeigen, bei denen die Richterzahl jeweils in Klammern gesetzt ist: 1879: 405.249 (20); 1886: 436.422 (20); 1896: 539.242 (29); 1900: 593.249 (35); 1912: 859.075 (67).[36] Schon im Jahre 1909 hatte das Landgericht 24 Kammern, nämlich 14 Zivilkammern, 5 Kammern für Handelssachen und 5 Strafkammern.[37]

Man stellt sich das forensische Leben vor dem Ersten Weltkrieg meist recht idyllisch vor. Es ging wohl auch manches weniger kompliziert und hektisch zu als heute. Aber der Arbeitsumfang war erstaunlich groß. Nach der amtlichen Statistik sind bei den Landgerichten des Oberlandesgerichtsbezirks Köln im Jahre 1912 insgesamt 10.984 »gewöhnliche Prozesse« anhängig geworden, während die entsprechende Zahl für 1937 — also 25 Jahre später — nur 9.565 betrug.

Das pulsierende wirtschaftliche Leben, nur gelegentlich durch Rezessionen in stillere Bahnen gelenkt, ließ die vermögensrechtlichen Streitigkeiten in den Vordergrund treten. Dazu gehörten auch die Handelssachen, die in der Spruchtätigkeit des Landgerichts Köln immer eine besondere Rolle gespielt haben.

Demgegenüber nahmen die Ehesachen nur langsam zu. Wie die Soziologen sagen, waren die Frauen damals mit ihren vielen Kindern »unterprivilegiert« — aber sie merkten nichts davon. Auch die zehn und mehr Stunden in der Fabrik arbeitenden Männer genossen kein Übermaß an »Privilegien«. »Selbstverwirklichung« und »Seelenprobleme« leistete man sich nur in »besseren« Kreisen. Wollten sich kleine Leute wirklich einmal scheiden lassen, so hatten sie es schwer. Einmal hielten die Gerichte mit dem Armenrecht zurück, und zum anderen nahmen sie es sehr genau mit den Scheidungsgründen. Die unausgesprochene Maxime lautete: Der Kutscher und die Näherin, der Bürstenmacher und die Dienstmagd — sie sollen gefälligst verheiratet bleiben. Dem ersten Trunkenbold als Ehemann soll nicht noch ein zweiter oder dritter folgen. Das war verkappte Sozialpolitik, und sie wurde auch beim Landgericht Köln praktiziert.

Zum Thema »Strafsachen« gibt die undifferenzierte amtliche Statistik wenig her. Natürlich nahm mit dem großstädtischen Leben die Kriminalität zu. Die täglichen Berichte im »Stadt-Anzeiger« (Spalte: »Von den Strafkammern«) vermitteln indessen den Eindruck, daß vor dem Landgericht manches verhandelt wurde, was heute Amtsrichtersache wäre. Etwas Besonderes war schon der mehrtägige Prozeß gegen den Architekten Bruno Ulmer, von dem heute noch mehrere Häuser in der Weißenburgstraße stehen. Er mußte sich 1908 wegen Betruges und Untreue im großen Umfang verantworten (»Stadt-Anzeiger«, 3. 2. 1908 ff.).

Mord und Totschlag waren noch keine Alltagsdelikte, sondern kamen als seltene Sensationen vor, über die dann »Greven's Adreßbuch« in der Jahresübersicht berichtete ( z. B. 1894). Das ist gewiß nicht allein damit zu erklären, daß des Opfers Schicksal damals auch dem Mörder drohte. Die Hemmungsschwelle, die der Mensch überwinden muß, um einen Mitmenschen zu töten, lag vor den beiden Weltkriegen noch höher.

### *Ein neues Gesetzbuch, ein neuer Präsident, ein neues Haus*
### *Landgericht 1900—1911*

Die Jahrhundertwende wurde zu einem großen Ereignis für das deutsche Rechtsleben: das Bürgerliche Gesetzbuch (BGB) trat in Kraft. Nach Jahrhunderten der Rechtszersplitterung endlich ein Zivilrecht für ganz Deutschland! Haben die Juristen nicht vor Begeisterung gejubelt? Mitnichten! Die Kölner jedenfalls wären ganz gerne bei ihrem Code civil geblieben, den sie gründlich kannten. Vom Code civil zum BGB — das hieß Wechsel von französischer Klarheit zu deutscher Gründlichkeit, von einem auch dem gemeinen Mann verständlichen Stil zu einer Sprache, die an die Werke Kants und Hegels erinnerte. Da gab es Sätze wie etwa den: »Tritt der Wille, in fremdem Namen zu handeln, nicht erkennbar hervor, so kommt der Mangel des Willens, im eigenen Namen zu handeln, nicht in Betracht.« Aber nicht nur die Sprache erschwert den Zugang zum BGB — es ist auch die Kompliziertheit der rechtlichen Konstruktionen. Nur wenige Dinge auf dieser Erde sind so gut durchdacht wie das deutsche Hypothekenrecht. Gerade deshalb aber hat das Ganze einen Komplikationsgrad, der dem eines modernen Automotors zum mindesten ebenbürtig ist. Wohl oder übel mußten sich die Kölner Juristen bemühen, mit dem neuen Gesetzbuch vertraut zu werden. Dabei taten sich die weißköpfigen Herren unter den noch nicht an eine Altersgrenze gebundenen Richtern natürlich schwer. Allmählich setzte sich auch bei dem Landgericht Köln, das zu dem »werdenden BGB« wiederholt Stellungnahmen abgegeben hatte, ein positives Verhältnis zu dem neuen Gesetzbuch durch, in dem wir heute eine der bedeutendsten Schöpfungen des ausgehenden 19. Jahrhunderts sehen dürfen.

Auf dem Teilgebiet des Nachbarrechts galten übrigens die Bestimmungen des Code civil bis zum Inkrafttreten des nordrhein-westfälischen Nachbarrechtsgesetzes am 1. Juli 1969 weiter. Fast jeder ältere Richter in Köln hat schon einmal nach dem »Gesetzbuch Napoleons« geurteilt, wenn es um die Dachtraufe des Nachbarn oder den Fensterabstand ging.

Da Landgerichtspräsident Dr. Albrecht Nückel zum Oberlandesgerichtspräsidenten in Stettin ernannt worden war (1906), brauchte Köln einen neuen Landgerichtspräsidenten. Er fand sich in der Person des bisherigen Allensteiner Landgerichtspräsidenten van Erkelens (Köln 1907—1921). Köln am Rhein und Allenstein an der russischen Grenze — man sollte meinen, größere Gegensätze ließen sich nicht denken. Aber einmal ziehen Gegensätze sich an, und zum anderen war Präsident van Erkelens schon vor seiner Berufung nach Allenstein in westlicheren Regionen des Vaterlandes tätig gewesen: als Amtsrichter in Menden (W) und Düsseldorf und als Landgerichtsdirektor in Hannover. Leider ist über diesen Präsidenten wenig bekannt, und das Datenschutzgesetz verhindert mit deutscher Gründlichkeit die Forschung nach seiner Familie und seiner Herkunft.

Wieder herrschte drückende Enge bei der Kölner Justiz, aber diesmal stand eine nicht nur vorübergehende Abhilfe in Aussicht. Auf einem riesigen Gelände an der Riehler Straße, dem heutigen Reichenspergerplatz, begannen im Jahre 1907 die Arbeiten für ein neues Justizgebäude. »Justizgebäude«? — dieses aus dem behördlichen Sprachschatz stammende Wort ist viel zu schwach, um das zu kennzeichnen, was da allmählich aus dem Boden wuchs und immer größere Dimensionen annahm. Es war nichts bescheiden Zurückhaltendes wie der rote Bau am Appellhofplatz; es war schon ein steinerner Superlativ, der größte Verwaltungsbau Preußens — besser gesagt: ein Justizpalast, der in seinen neubarocken Stilformen einem Königspalast glich und damit die Majestät des Rechts symbolisierte. Hier war etwas von der Idee des »Palais de Justice« in Brüssel Wirklichkeit geworden. Der nach 4 Jahren fertiggestellte Bau enthielt ca. 400 Büroräume und 33 Sitzungssäle, von denen 12 auf das Landgericht entfielen. Im übrigen wurde das Landgericht im zweiten und dritten Stockwerk des riesigen, aber nicht bedrückend wirkenden Hauses untergebracht.

Allerdings zogen vom Landgericht nur die Verwaltung, die Zivilkammern und die Kammern für Handelssachen zum Reichenspergerplatz um. Die Strafkammern blieben auf dem Appellhofplatz, wo auch die Schöffengerichtsabteilungen des Amtsgerichts ihr Domizil behielten. So hatte Köln jetzt zwei Gerichte: das »Kriminalgericht« am Appellhofplatz, wo es im Extremfall um »Kopf und Kragen« ging, und das »Zivilgericht« am Reichenspergerplatz, wo die Leute hauptsächlich um Geld stritten und das deshalb als vornehmer galt.

Am 7. Oktober 1911 eröffnete Justizminister von Beseler den Justizpalast am Reichensper-

— Oberlandesgerichtspräsident Morkramer übernahm das Haus auf Befehl des Justizministers in den Schutz und Besitz der Justizverwaltung und gab dann in längeren Ausführungen Daten aus der Geschichte des Baues, erläuterte dessen Baueinteilung und Zweckbestimmung. Besondern Dank zollte der Redner der Stadt Köln für die Überlassung des Platzes und der Hochbauverwaltung für ihre zielbewußte Tätigkeit. Erwähnt sei die Mitteilung, daß dies neue Gebäude eine Gesamtfront von 333m und an Räumen, einschließlich der 33 Sitzungssäle, 433 Geschäftszimmrr besitzt. Es ist gegenwärtig das größte Gebäude der Justizverwaltung Preußens. Dem Bedürfnis des rechtsuchenden Publikums ist hinreichend Rechnung getragen, und bei der Raumeinteilung ist auf eine Vermehrung der Geschäftsräume Rücksicht genommen worden. Die Sorge für die Schaffung weiterer Justizgebäude in Köln dürfe man, wie der Redner erklärte, nunmehr unsern Enkeln überlassen. Was die Wirksamkeit in dem neuen Heim anlange, so habe man sich den Wahlspruch des Kaisers und Königs „Jedem das Seine" zu eigen gemacht. Infolgedessen werde dieses neue Haus ein Tempel der Gerechtigkeit, als auch der wohlwollenden Hilfsbereitschaft sein, in dem manche Träne getrocknet und manches Leid behoben werden könne. Alle Beamten der Verwaltung würden es sich zur Pflicht machen, zu helfen, wo sie nur helfen können. Wohlwollen im Verein mit unerschütterlichem Recht seien die Grundpfeiler des neuen Hauses. Mit dem Gelöbnis, dem königlichen Herrn in treuer Pflichterfüllung und treuer Sorge für das Vaterland nachzueifern, schloß der Redner seine Ausführungen und brachte dann das Kaiserhoch aus.

Justizminister Beseler erwiderte mit folgenden Worten: Es gereicht mir zur Genugtuung, daß ich heute in Ihrer Mitte der erhebenden Feier beiwohnen kann zur Übernahme dieses neuen herrlichen Gebäudes für die Justiz. Im Namen der Justizverwaltung gebe ich meiner Freude Ausdruck, daß das Werk so herrlich gelungen ist und ich beglückwünsche Sie, in diesen Hallen, die Sie berufen sein werden, Ihre Zeit und alle Kraft der Pflege des Rechts zu widmen. Daß Sie dieses Recht hochhalten in diesem Hause, des bin ich sicher. Se. Majestät der Kaiser und König haben geruht, aus Anlaß der Übernahme des Gebäudes eine Reihe von

Auszeichnungen

zu verleihen, die ich die Ehre habe, hier kundzugeben. Es haben erhalten:

Den Charakter als Wirklicher Geheimer Oberjustizrat mit dem Rang der Räte erster Klasse der Oberlandesgerichtspräsident Dr. Morkramer, den Stern zum Kronen-Orden zweiter Klasse der Oberstaatsanwalt Rabe, und der Vortragende Rat im Ministerium der öffentlichen Arbeiten, Wirklicher Geheimer Oberbaurat Thoemer, den Charakter als Geheimer Oberjustizrat mit dem Rang der Räte zweiter Klasse der Landesgerichtspräsident van Erkelens und der Senatspräsident Braun, den Roten Adlerorden 3. Klasse mit der Schleife der Senatspräsident Rive und der Notar Geh. Justizrat Thurn, den Kronenorden 3. Klasse die Senatspäsidenten Lindemann und v. Lütcken und der Rechtsanwalt Geh. Justizrat Heiliger, den Charakter als Geh. Justizrat der Oberlandesgerichtsrat Kewenig, der Amtsgerichtsrat Friedländer, der Notar Justizrat Fröhlich und der Rechtsanwalt Justizrat Emil Schmitz. den Roten Adlerorden 4. Klasse der Landgerichtsdirektor Dr. Wilderink, die Oberlandesgerichtsräte Stiehl, Dr. Haase und die Landgerichtsräte Schnitzler und Kreutzwald, die Rechtsanwälte Justizräte Dr. Reuß und Balduin Trimborn, der Oberlandesgerichtssekretär Rechnungsrat Günther und der Amtsgerichtssekretär Rechnungsrat Schneider, den Charakter als Rechnungsrat der Oberlandesgerichtssekretär Schönijhan, den Kronenorden 4. Klasse der Gerichtsvollzieher Lies, das Allgemeine Ehrenzeichen die Gerichtsdiener Fischer und Fahl, der Maschinenmeister Struff, Werkführer Maubach, Bauaufseher David, Stuckpolier Scheidt, die Hilfsarbeiter Borchen und Krahforst, die Medaille zum Kronenorden die Maurerpoliere Fischer und Schneider und Hilfsarbeiter Klein.

*Aus dem Bericht des Kölner Stadtanzeigers vom 7. Oktober 1911* gerplatz. Die zu diesem Anlaß gehaltene Rede ist heute noch aktuell. Sie handelt vom »Ruf nach Verbesserung der strafrechtlichen Einrichtungen« und von der Aufgabe der Justiz, »die Gesetze nicht nur zeitgemäß, sondern in dem Geiste und Sinne zur Geltung zu bringen, wie es dem Bewußtsein des Volkes entspricht.«[38]

## *Die unpreußische Kölner Polizei und der preußische Sozialdemokrat*

*»Pflicht, du erhabener, großer Name . . .«*
*Immanuel Kant*

*»Umsonst ist nur der Tod, und selbst der kostet das Leben.«*
*Rheinische Spruchweisheit*

Wie schon gesagt: Vor dem Ersten Weltkrieg hat man in Köln selten gemordet. Der größte Sensationsprozeß, der Anno 1914 auf dem Appellhofplatz genau umgekehrt als in Schillers Ibykus-Ballade das Tribunal zur Szene machte, betraf daher keine Bluttat. Es ging vielmehr um die Auseinandersetzung des Sozialdemokraten Wilhelm Sollmann mit der Kölner Polizei. Nicht daß Sollmann der Polizei zuviel preußischen Schneid vorgeworfen hätte! Ganz im Gegenteil, er machte sich zum Anwalt preußischer Tugenden und fand sie nicht preußich genug. Dabei war er sicherlich souverän genug, der »cause célèbre« auch eine heitere Note abzugewinnen.

Die Kölner Schutzleute waren damals meist ausgediente Korporale und hatten ihre Heimat weit östlich des Rheins. Was die Einheimischen über sie dachten, drückt sich in der Figur des »Schutzmanns Schnäuzerkowsky« symbolkräftig aus. Dem steht nicht entgegen, daß man in der Stadt des »Klüngels« ein gutes Verhältnis zur Polizei schätzte und daß mancher dafür auch etwas zahlte. Einige Leute waren auf die Gunst der Ordnungshüter besonders angewiesen. So prüfte der jeweilige Revierschutzmann, ob Läden und Gaststätten den gewerbepolizeilichen Bestimmungen genügten. Was lag da für den Kaufmann oder Gastwirt näher, als dem betreffenden Beamten oder seiner Ehefrau, der »Frau Schutzmann«, gelegentlich ein Deputat zukommen zu lassen! Das konnte ein liebevoll gefülltes Frühstückskörbchen, aber auch ein 20 Mark-Stück sein. Wer um eine Gaststättenkonzession eingekommen war, nahm tunlichst darauf bedacht, die vom Staat nicht recht entlohnte Mühe der Schutzmannschaft beim Abfassen des Leumundsberichtes durch einen angemessenen Obolus zusätzlich abzugelten. Mancher Leumund soll auf diese Weise noch besser geworden sein, als er ohnehin schon war. Selbst wenn irgendwo gestohlen worden war, kam es vor, daß der Bestohlene den zuständigen Inspektor oder Kriminalschutzmann durch eine diskrete Gabe zu erhöhtem Fahndungseifer anzuregen suchte. Gerade die in merkantilen Traditionen aufgewachsenen Kölner hielten nicht viel von Kants »Pflichterfüllung um ihrer selbst willen«. Sie waren vielmehr auf Grund ihrer Erfahrungen davon überzeugt, daß auch das Pflichtgefühl eine Art Ware sei, die ihren Preis habe. Natürlich kamen auch Zuwendungen aus Freude am Schenken oder aus Dankbarkeit für einen polizeilichen Dienst vor — wie ja noch um 1960 die Autofahrer zu Sylvester die Verkehrsposten auf den Kreuzungen zu beschenken pflegten. Und ebenso natürlich gab es Beamte, die jedes Geschenk zurückwiesen und dadurch — je nach der Perspektive des Beurteilerkreises — in den Ruf besonderer Korrektheit oder besonderer Sturheit gerieten. Ihre anders handelnden Kollegen beschwichtigten etwaige Skrupel mit dem Gedanken, daß die Spender ihnen ja nichts Unrechtes abverlangten.

Das Unwesen der Geschenke an Polzeibeamte muß in Köln schon tief eingewurzelt gewesen sein, als Polzeipräsident Karl von Weegmann (PolPr 1898—1914) sein Amt übernahm. Als Menschenkenner sah er, daß es kaum möglich sein würde, den Mißbrauch ganz abzustellen. Deshalb beschränkte er sich darauf, beim Präsidium eine Kasse einzurichten, in die seine Beamten alle Zuwendungen einzahlen sollten, damit diese am Jahresende gleichmäßig verteilt werden könnten. Nicht wenige Polizisten kassierten jedoch nach wie vor in die eigene Tasche, und die gemeinsame Kasse drohte in Vergessenheit zu geraten. Da brachten mehrere Ereignisse das Problem in das volle Scheinwerferlicht der Öffentlichkeit. Zunächst wurde im Juli 1912 ein Kriminalkommissar Hannemann durch das Schuldsprüchen abgeneigte Schwurgericht vom Vorwurf der Unterschlagung im Amt und des Beiseiteschaffens von Akten freigesprochen. Im Oktober des folgenden Jahres stand er erneut vor Gericht, diesmal wegen passiver Bestechung. Er hatte sich von einem Ziegeleibesitzer für die Wiederbeschaffung einer gestohlenen Brieftasche mit 2.700 Mark Inhalt eine Belohnung von 300 Mark geben lassen, die er mit seinen Untergebenen hälftig geteilt hatte. Dieser Fall, der wiederum zu einem Freispruch führte, gab dem damaligen Redakteur Sollmann Anlaß, sich an die Öffentlichkeit zu wenden. In der Verhandlung war nämlich zur Sprache gekommen, daß die Beamten oft »Belohnungen« erhielten und der Polizeipräsident hierfür eigens eine Kasse eingerichtet hatte. In der »Rheinischen Zeitung« vom 3. Oktober 1913 rollte Sollmann unter der Überschrift »Backschisch« das Thema schonungslos auf, wobei er nicht mit scharfen Formulierungen und persönlichen Vorwürfen gegen den Polizeipräsidenten sparte. Den Kern des Artikels bildete die Behauptung, daß Polizeibeamte nach wie vor Gelder aus dem Publikum entgegennähmen, ohne sie an die dafür vorgesehene Kasse abzuführen.

Dem Polizeipräsidenten blieb keine andere Wahl, als Strafantrag zu stellen.

Die Staatsanwaltschaft erhob gegen Sollmann Anklage wegen übler Nachrede und wegen Verstoßes gegen das Pressegesetz. Der naheliegende Vorwurf der Verleumdung unterblieb. Schon die Anklagebehörde nahm nicht an, daß der als streitbar, aber honorig bekannte Sozialist wissentlich die Unwahrheit gesagt habe.

Die Hauptverhandlung begann am 7. Januar 1914 im Schwurgerichtssaal vor der 3. Strafkammer unter dem Vorsitz des Landgerichtsdirektors Kewer. Die Staatsanwaltschaft hatte zwei Sitzungsvertreter aufgeboten, die Staatsanwälte Poth und Dahm. Sollmann hatte seinerseits zwei Verteidiger: den Kölner Anwalt Dr. Mertz und den Berliner Anwalt Wolfgang Heine, schon damals als sozialdemokratischer Politiker bekannt.[39]

Sollmann und seine Verteidiger traten den Wahrheitsbeweis für die beanstandeten Behauptungen an. Sie bezogen sich in erster Linie auf das Zeugnis der Polizeibeamten, von denen sie wußten, daß sie Geschenke angenommen hatten. Insgesamt sollte das Gericht 70 Zeugen vernehmen. Natürlich scheuten die Zeugen nichts mehr, als aussagen zu müssen.

Bald sah es aus, als sei eine Massenepidemie unter ihnen ausgebrochen, so viele Entschuldigungen wegen angeblicher Krankheit gingen bei dem Vorsitzenden ein. Dank des gemeinsamen Bemühens von Gericht und Verteidigung gelang es jedoch, die Beweisaufnahme ohne große Verzögerung durchzuführen. Sie bestätigte in allen wesentlichen Punkten die Richtigkeit dessen, was der Angeklagte behauptet hatte. Ergänzend stellte sich heraus, daß Frau Laura Oelbermann, die ständig von Bittstellern bedrängte reiche Wohltäterin, der Polizei Trinkgelder für die zusätzliche Bewachung ihrer Villa gezahlt hatte. Auch hatten einige Polizeiinspektoren mit gespendetem Wein und Sekt Gelage veranstaltet.

Zum Schluß der Hauptverhandlung, die sich über 10 Tage erstreckte, erklärte Sollmann, daß er dem Polizeipräsidenten persönlich nicht vorwerfe, sich an Pflichtwidrigkeiten seiner Beamten beteiligt zu haben. Ebensowenig leugne er, daß es außer den für Zuwendungen empfänglichen Beamten »eine große Zahl durchaus pflichttreuer Beamter« gebe.

Im Gegensatz zur Verteidigung hatte die Staatsanwaltschaft einen schweren Stand. Staatsanwalt Dahm gab in seiner Verlegenheit ein paar Sätze von sich, die bald im Karneval kursierten: »Ich gehe dann über zu den Sektgelagen. Wir befinden uns hier im alten fröhlichen Köln, wo das halbe Jahr Karneval ist. Und wenn alle anderen fröhlich gewesen sind, dann sind auch die Inspektoren dann und wann fröhlich gewesen.«

Die Sache endete damit, daß Sollmann wegen der in seinem Artikel enthaltenen Formalbeleidigungen zu 500 Mark Geldstrafe verurteilt wurde. Üble Nachrede verneinte das Gericht, weil der Angeklagte den Wahrheitsbeweis für seine Tatsachenbehauptungen erbracht habe. Sollmann begrüßte das Urteil als einen »glänzenden Sieg der Sozialdemokratie«. Seine Absicht sei gewesen, »ein verrottetes System tödlich zu treffen, dessen Opfer aber nach Möglichkeit zu schonen.«[40] Die gesamte Presse berichtete eingehend, zum Teil in der damals noch üblichen Form wörtlicher Wiedergabe der Verhandlung.

Dem Polizeipräsidenten blieb nichts anderes übrig, als einige Beamten sofort zu suspendieren. Gegen andere leitete er Disziplinarverfahren ein. Er selbst mußte schließlich seinen Abschied nehmen. Seine Schuld lag darin, daß er es mit seinen Beamten zu gut gemeint hatte.

### *Völkerstreit und kleine Streitigkeiten (1914—1918)*

August 1914 — im Landgericht wurde es still, um so lauter aber draußen. Mit dem Gesang des Deutschlandliedes und der »Wacht am Rhein« rückten die Kölner Regimenter aus. Über die erst wenige Jahre alte Hohenzollernbrücke rollten unaufhörlich Züge mit Soldaten und Geschützen. An den Denkmälern der Hohenzollern vorbei ging es immerzu nach Westen. Wie vor 44 Jahren hieß es wieder: »Alldeutschland nach Frankreich hinein!«

Von den Kölner Richtern, die meist den Status des Reserveoffiziers hatten, und den übrigen Justizbeamten eilten viele »zu den Fahnen«. Von der großen Schar der Referendare, die soviel Leben in die Gerichtsräume gebracht hatte, blieb nur ein kleines Häuflein Kriegsuntauglicher zurück.

Der Völkerstreit ließ die privaten Streitigkeiten wesenlos werden, und das Wirtschaftsleben, das 1914 in Köln mit der Planung einer U-Bahn seinen Zenit erreicht hatte[41], stellte sich auf die bescheideneren Dimensionen der Kriegswirtschaft um. Die Zahl der bei den Landgerichten des Oberlandesgerichtsbezirks Köln anhängig gewordenen ordentlichen Prozesse sank drastisch: von 11.098 im Jahre 1913 auf 5.895 im Jahre 1917. In derselben Zeit verminderten sich die Strafsachen — wiederum bezogen auf den ganzen OLG-Bezirk — wie folgt: Vergehenssachen bei den Strafkammern von 2.564 auf 616, Verbrechenssachen bei den Strafkammern von 3.284 auf 3.081, Schwurgerichtssachen von 216 auf 35. Dabei ist zu berücksichtigen, daß seit 1915 zahlreiche neue Strafbestimmungen geschaffen wurden, um dem Preiswucher und dem Horten lebenswichtiger Waren entgegenzutreten. Die rückläufige Entwicklung gestattete, im Justizgebäude am Reichenspergerplatz zusätzlich ein Kriegsgericht unterzubringen, das mit der ordentlichen Justiz natürlich nichts zu tun hatte.

Zunächst ließ sich alles noch gut an. Das dumpfe Rollen der Transportzüge über die Hohenzollernbrücke schien nicht vergebens gewesen zu sein. Deutschlands Heere standen weit in Frankreich, und auch von den anderen Fronten meldeten die Heeresberichte Sieg auf Sieg.

Vor dem Justizgebäude am Appellhofplatz konnte damals noch der »Römerbrunnen« nach dem Entwurf von Franz Brantzky, Kölns schönster Brunnen, fertiggestellt werden (1914/15). Auch war es noch möglich, am 1. Oktober 1916 in der alten kurkölnischen Residenzstadt Brühl ein Amtsgericht zu eröffnen, das zehnte des Landgerichtsbezirks.

Dann wurde es schlimm und zuletzt schrecklich.

Es wollte schon etwas heißen, daß die völlig maskulin organisierte Justiz sich angesichts der Einberufung so vieler Männer gezwungen sah, »weibliche Personen« als Hilfskräfte im Gerichtsschreiberdienst zuzulassen.[42] Der sonst so grausame Mars schlug also die erste Bresche in eine Mauer antifeministischer Vorurteile. Nun mußte aber auch gespart werden. Zwar konnte der Minister den unabhängigen Richtern die Länge ihrer Urteile nicht vorschreiben. Den Gerichtspräsidenten als Verwaltungsorganen legte er jedoch nahe, ihre Berichte kürzer zu fassen. Für Geschäftsübersichten, Gnadengesuche usw. sollten keine Umschlagbögen mehr verwendet werden, und Anfragen sollte man tunlichst auf demselben Blatt beantworten: »Urschriftlich zurück . . .«.

Wie arg der Mangel war, merkte jeder am eigenen Leibe. Seit 1917 herrschte Hunger — noch schlimmer als der, von dem das deutsche Volk nach 1945 heimgesucht werden sollte. Der Kölner Oberlandesgerichtspräsident Frenken berichtete ungeschminkt nach Berlin von der wachsenden Unzufriedenheit der vielen Justizbeamten, die erbärmlich hungern müßten, weil sie von ihrem bescheidenen Gehalt keine hohen Wucherpreise für Brot und Butter zahlen könnten. Das Schlimmste war, daß fast jedes Haus zum Trauerhaus wurde, weil die Materialschlachten immer mehr Menschenleben forderten. Die Justiz hatte ihre eigene »Verlustliste«, das »Preußische Justizministerialblatt«. Es brachte regelmäßig eine Spalte: »Den Heldentod für das Vaterland fanden:«. Zuerst erschienen darunter nur wenige Namen, später waren es lange Kolonnen. Den größten Blutzoll entrichteten die Referendare, junge, hoffnungsfrohe Menschen.

Seit 1917 machte sich in der gesamten Innenpolitik zunehmende Unruhe bemerkbar. Die Sozialdemokraten, die am 4. August 1914 zur Freude des Kaisers im Reichstag für die Kriegskredite gestimmt hatten, spalteten sich nun offen in zwei Richtungen: die gemäßigten Mehrheitssozialisten (SPD) und die radikalen »Unabhängigen« (USPD), die bald eine Revolution nach russischem Vorbild anstrebten.

Im November 1918 brach die Revolution aus. Wohin sollte sie führen? Was sollte aus der Justiz werden?

*Ein Volksbeauftragter im Landgericht*

Vor 60 Jahren war Köln noch hauptsächlich von Kölnern bewohnt, also von Leuten, die hier oder in der Nähe geboren waren. Kölner eignen sich wenig für Diktaturen, ebensowenig aber für Revolutionen. Deshalb verlief der November 1918 hier weniger stürmisch als anderswo — mit nur etwa fünf Todesopfern.[43] Noch am 7. November plagte sich das Schöffengericht am Appellhofplatz mit einem typisch kölnischen Prozeß: der Ökonom des Männer-Gesangvereins hatte die Gasträume abends nicht rechtzeitig geschlossen und damit gegen die Lichtspar-Verordnung verstoßen.[44] Unterdessen hörte man, daß von Kiel die Revolution anrollte, in Gestalt zweier Eisenbahnwagen mit aufständischen Matrosen. Oberbürgermeister Adenauer schlug vor, den Zug unterwegs anzuhalten und die Matrosen festzunehmen.[45] Da machte aber die preußische Eisenbahnverwaltung nicht mit: der Revolutionärszug müsse wie jeder andere pünktlich in Köln einlaufen. Der Militärgouverneur verhielt sich völlig untätig.

Um so energischer nahm der uns schon bekannte Wilhelm Sollmann, jetzt Führer der Kölner Mehrheitssozialisten (SPD), die Dinge in die Hand.[46] In enger Verbindung mit Adenauer, der ihm trotz politischer Gegensätze zum Freund wurde, verstand er es, das Geschehen in einigermaßen geordnete Bahnen zu lenken. Allerdings konnte er nicht verhindern, daß eine mit vielen Jugendlichen durchsetzte Menge die Gefängnisse stürmte, das Zivilgefängnis am Klingelpütz und das Militärgefängnis an der Vorgebirgsstraße. Außer den »politischen Gefangenen« befreite man auch die kriminellen: 455 Männer und 286 Frauen. Die Befreiten trugen dazu bei, das Chaos zu mehren und die Revolution in ein schlechtes Licht zu rücken. Auf Veranlassung der Staatsanwaltschaft rief der von Sollmann gegründete Arbeiter- und Soldatenrat sie auf, sich bei der Polizei zu melden, da sie irrtümlich freigelassen worden seien.

Der Arbeiter- und Soldatenrat richtete einen Sicherheitsdienst ein, in dem allerdings mancher Bock zum Gärtner wurde. Am 10. November beschloß er, den Leitern der Kölner Behörden zur Kontrolle »Volksbeauftragte« an die Seite zu stellen. Für das Oberlandesgericht wurde Rechtsanwalt Marun eingesetzt; der Genosse Bartels sollte das Landgericht und der Genosse Grönnig das Amtsgericht kontrollieren.[47] Alle drei waren Mehrheitssozialisten, also keine Befürworter radikaler Maßnahmen. Inwieweit sie ihren Auftrag wirklich erfüllt haben, läßt sich nicht feststellen. Die Rechtsprechung als solche kann schwerlich kontrolliert worden sein, und sie bedurfte ja schon deshalb keiner Kontrolle, weil sie sich in aller Öffentlichkeit vollzog. Auch bei den Angelegenheiten der Justizverwaltung war eine Kontrolle schwierig. Sie sind nämlich so geartet, daß keiner mitreden kann, der sich nicht gründlich eingearbeitet hat.

Das Problem erledigte sich durch das schnelle Ende der Revolution. Vom 20. November bis 3. Dezember durchzogen die Fronttruppen der 6. und 17. Armee das Stadtgebiet. Diesen endlosen Kolonnen abgehärmter, aber disziplinierter Soldaten schlug noch einmal der Jubel des Volkes entgegen. Den Radikalen unter den Aufrührern, die gelegentlich Pflastersteine als Argumente benutzt hatten, schwand jetzt der Mut.

Den letzten deutschen Soldaten folgte am 6. Dezember die Vorhut der englischen Besatzungstruppen. In der Zwischenzeit war viel gestohlen und geplündert worden, u.a. im Zeughaus, im Hafen und in der Werkbundausstellung.

Die Engländer, die sich vor russischen Verhältnissen in ihrer Zone fürchteten, verboten kurzerhand die ganze Revolution — sehr zur Enttäuschung derer, die an internationale Solidarität nach dem Thronverzicht des Kaisers geglaubt hatten.

In Bezug auf Verfassung und Regierung war alles »vorläufig«. Immerhin hatte Wilhelm II. am 28. November 1918 klipp und klar auf die Kaiserkrone und auch »für alle Zukunft auf die Krone Preußens« verzichtet. Das beschwichtigte die Bedenken derjenigen Richter, die da meinten, die Urteile seien immer noch »im Namen des Königs« zu verkünden, und auch die Kanzlisten taten sich jetzt leichter, wenn sie auf den Aktendeckeln mit dem Aufdruck »Königliches Landgericht« das Wort »Königliches« strichen.

### *Und dann: Besatzung und Separatisten*

Wie vor 120 Jahren war das linke Rheinufer von fremden Truppen besetzt, dazu noch die rechtsrheinischen »Brückenköpfe« bei Köln, Koblenz und Mainz. Nach dem Versailler Friedensvertrag vom 28. Juni 1919 sollte die schon auf Grund des Waffenstillstands durchgeführte Besetzung fortdauern, um sicherzustellen, daß Deutschland seine Reparationspflichten erfüllte.

Das mit dem Friedensvertrag ratifizierte »Rheinlandabkommen« hatte der »Hohen interalliierten Kommission« (Rheinlandkommission) als dem obersten gemeinsamen Organ der Besatzungsmächte am Rhein die Befugnis eingeräumt, mit Gesetzeskraft Verordnungen zu erlassen, »soweit dies für die Gewährleistung des Unterhalts, der Sicherheit und der Bedürfnisse der alliierten und assoziierten Mächte nötig« war.[48] Die deutschen Gerichte übten weiterhin »die Gerichtsbarkeit in bürgerlichen und Strafsachen aus.« Jedoch unterstanden außer den Streitkräften der alliierten und assoziierten Mächte auch die ihnen zugeteilten Personen, die von den kommandierenden Generalen der Besatzungsarmee einen Paß auf Widerruf erhalten hatten, und die von den Truppen angestellten oder in ihren Diensten befindlichen Personen ausschließlich den Militärgesetzen und der Militärgerichtsbarkeit. Wie die Gerichtsverordnung vom 20. Januar 1920 klarstellte, galt dies auch für

Deutsche. Ebenso konnten Deutsche wegen Verbrechen oder Vergehen gegen die Besatzungstruppen oder deren Eigentum vor die Militärgerichte gezogen werden.
Obwohl die Alliierten am 29. Juli 1919 beteuert hatten, »die Besetzung so wenig drückend wie möglich für die Bevölkerung gestalten und die Bestimmungen des Rheinlandabkommens im Geiste der Versöhnung handhaben« zu wollen, benutzte die Rheinlandkommission ihr Verordnungsrecht oft zu Eingriffen in die deutsche Rechtspflege und legte sich ein Prüfungsrecht gegenüber allen deutschen Gesetzen bei. Auch die Möglichkeit, gegen deutsche Gerichtsurteile unter bestimmten Umständen beim Gericht der Hohen interalliierten Kommission zu appellieren, wirkte nachteilig für die deutsche Rechtspflege.[49]
Mit den Engländern hatte Köln noch Glück. Waren sie auch eine Besatzungsmacht, so verleugneten sie doch nicht ganz, daß ihre Nation der Welt das Ideal des »Gentleman« geschenkt hatte.
Für das Landgericht Köln erwies es sich als mißlich, daß sein Bezirk teils zum besetzten, teils zum unbesetzten Gebiet gehörte. Der rechtsrheinische »Brückenkopf« bildete einen Halbkreis mit einem Radius von 25 km, der die Orte Bergisch Gladbach, Bensberg und Porz umfaßte, während der größte Teil des Bergischen außerhalb lag. Hieraus ergaben sich Schwierigkeiten besonders während des Rhein- und Ruhrkampfes (1923), als die Alliierten eine scharf bewachte Zollinie zwischen besetztem und unbesetztem Gebiet errichteten. Der damalige Landgerichtspräsident Dr. Kuttenkeuler erhielt erst nach längeren Bemühungen einen Paß für den Übertritt in den unbesetzten Teil seines Sprengels.[50] Natürlich machte sich mancher Angeklagte die Lage zunutze und erschien nicht vor Gericht.
Am 1. Juni 1919 hatten der ehemalige Staatsanwalt Dr. Dorten aus Wiesbaden und seine Freunde eine die preußische Rheinprovinz, Rheinhessen, Hessen-Nassau und die bayerische Rheinpfalz umfassende »Rheinische Republik« ausgerufen. Sie sollte »autonom«, also unabhängig vom Reich, und mit allen sozialen Errungenschaften gesegnet sein. Köln blieb von den Wirren, die dieser von Frankreich und Belgien geförderte Separatismus hervorrief, weitgehend verschont. Die Engländer, denen an einer französischen Machtausweitung nichts lag, versagten nämlich ihre Unterstützung. Allerdings sahen sie sich wegen des Gewichts der französischen Stimme in der Rheinlandkommission zu gewissen Zugeständnissen genötigt, die zu einem schweren Stand der Kölner Justizbehörden gegenüber den Separatisten, insbesondere gegenüber dem Separatistenführer Josef Smeets, führten.
Am 14. Februar 1920 veröffentlichte Smeets in der Zeitung »Rheinische Republik«, die zweimal wöchentlich in Köln erschien, einen nach Ansicht der Reichsanwaltschaft hochverräterischen Appell zum Eintritt in die »Rheinische Republikanische Volkspartei«. Der Oberreichsanwalt in Leipzig leitete ein Ermittlungsverfahren ein. Wegen der sich aus der englischen Besetzung Kölns ergebenden Schwierigkeiten richtete er ein Ermittlungsersuchen an die Staatsanwaltschaft der unbesetzten Stadt Elberfeld. Von dort sandte der Staatsanwaltschaftsrat Götze den Kriminal-Oberwachtmeister Beermann als Geheimkurier zur Kölner Staatsanwaltschaft, damit diese Feststellungen über Leben und Vorleben des Beschuldigten treffen und sofort seine Festnahme veranlassen solle, wenn er sich in das un-

besetzte Gebiet begebe. Smeets verhielt sich jedoch sehr vorsichtig, so daß er nicht im unbesetzten Gebiet verhaftet werden konnte. Der Polizeipräsident in Köln meinte, man könne ihn auf Grund Haftbefehls auch im besetzten Gebiet festnehmen und dann in das unbesetzte überführen, zumal er die ihm zur Last gelegten hochverräterischen Handlungen nach Eintritt des Friedenszustandes begangen habe. Es frage sich nur, ob dieses Vergehen politisch klug sei und ob man nicht einen französischen Einspruch gewärtigen müsse. Die Kölner Staatsanwaltschaft kam schließlich zu dem Ergebnis, sie sei nicht zuständig.[51] Das war keine sehr mutige und wegen der »Gefahr im Verzug« auch keine rechtlich unbedenkliche Entscheidung.

In der Folgezeit war Smeets ständig in Prozesse vor den Kölner Gerichten verwickelt. U. a. wurde er vom Schöffengericht wegen Beleidigung des Polizeipräsidenten Runge zu 3 Wochen Gefängnis und von einer Strafkammer des Landgerichts wegen Verunglimpfung des Reichspräsidenten Ebert zu 5 Monaten Gefängnis verurteilt. Die Rheinlandkommission vereitelte die Vollstreckung, und Smeets verhöhnte die Richter, die ihn verurteilt hatten, als »Justizpiraten«.[52]

Im März des Krisenjahres 1923 verletzte ein junger Mann Smeets so schwer, daß er seine politische Aktivität einstellen mußte. Das war ein trauriger, aber nicht unvorhersehbarer Ausgang. Nach dem furchtbaren Terror, mit dem die Separatisten das Land heimsuchten, war es auch nicht verwunderlich, daß viele von ihnen im November 1923 bei Ägidienberg und im Februar 1924 in der Pfalz ein furchtbares Ende fanden.

Im Januar 1928 — also fünf Jahre nach dem rheinischen Schreckensjahr — mußte sich das Landgericht Köln noch einmal mit dem Separatismus und seinen Hintergründen befassen. Es handelte sich um eine »simple« Berufung in einer Beleidigungssache, aus der ein gewaltiger und spektakulärer Prozeß wurde.[53] Der Bitburger Gutsbesitzer Dr. Limbourg war im »Kölner Stadt-Anzeiger« der Sonderbündelei bezichtigt worden und hatte gegen den verantwortlichen Redakteur Dr. Rodens Privatklage wegen übler Nachrede erhoben. Das Amtsgericht hatte nach umfangreicher Beweisaufnahme den Wahrheitsbeweis für die Pressebehauptung als erbracht angesehen und den Journalisten freigesprochen. Die hiergegen gerichtete Berufung des Privatklägers gab der Sache noch größeres Aufsehen. Zu der Verhandlung vor der 3. kleinen Strafkammer des Landgerichts waren etwa 140 Zeugen geladen, darunter mehrere ehemalige separatistische »Minister«, die zwangsweise vorgeführt werden mußten. Der durch den renommierten Rechtsanwalt Dr. Sack[54] vertretene Privatkläger versuchte, den Separatismus mit dem sogenannten »legalen Föderalismus« zu vermengen und führende rheinische Politiker wie den Kölner Oberbürgermeister Dr. Adenauer und den 1923 zum Reichsinnenminister ernannten Duisburger Oberbürgermeister Dr. Jarres sowie rheinische Industrielle wie den Kölner Handelskammerpräsidenten Dr. Hagen der Teilnahme an den vom »Stadt-Anzeiger« als sonderbündlerisch gekennzeichneten Bestrebungen zu überführen. Die mit äußerster Akribie durchgeführte Beweisaufnahme ergab jedoch eindeutig, daß das Vorgehen dieser angesehenen Rheinländer mit den von Frankreich und Belgien geförderten Umtrieben der Dorten, Smeets und Matthes

nichts gemein hatte. Der Gerichtsvorsitzende, Landgerichtsdirektor Dr. Theissen (später Senatspräsident am OLG), zog einen deutlichen Trennungsstrich, indem er erklärte:
»Es ist keine verächtliche Sonderbündelei, wenn die rheinische Bevölkerung nach den schweren Drangsalen des Krieges, die angesichts der Nähe des Kriegsschauplatzes ungleich größer waren als im übrigen Deutschland, ferner angesichts der Tatsache, daß die Verhältnisse in der Reichshauptstadt sehr unsicher waren, Ende 1918 und Anfang 1919 den Gedanken eines Rheinstaates, natürlich im Rahmen des Reiches, erwogen hat. Ferner war es durchaus in Ordnung, wenn um die genannte Zeit führende Männer des Volkes angesichts des Bekanntwerdens der maßlosen Annexionspläne Frankreichs die Möglichkeit beraten haben, diese Pläne zu durchkreuzen, unter Umständen auch durch Bildung eines Bundesstaates. Ferner hat es nichts mit Sonderbündelei zu tun, wenn wiederum berufene Leute in den schlimmsten Tagen des Jahres 1923 in vollstem Einverständnis mit der Reichs- und Staatsregierung an die Franzosen in Wirtschaftsfragen herangetreten sind, um eine Erleichterung des Drucks herbeizuführen.«
Das juristische Urteil, das die Freisprechung des Dr. Rodens bestätigte, war zwangsläufig zugleich ein historisches. Doch selten ist ein historisches Urteil auf eine so breite Tatsachengrundlage gestellt worden wie hier. Das hinderte Böswillige und Ignoranten nicht, die unsinnige Behauptung zu wiederholen, Adenauer sei Separatist gewesen.

*Auftakt für die »goldenen Zwanziger«: das »Wuchergericht«*

Das Wort von den »goldenen zwanziger Jahren« scheint unter denen aufgekommen zu sein, die damals im Gegensatz zur Mehrheit des Volkes in Saus und Braus lebten. Für die Mehrheit der Deutschen waren zum mindesten die ersten vier und dann wieder das letzte der zehn »zwanziger Jahre« mehr schwarz als golden. Das Jahr 1923 ist mit seiner fatalen Häufung von Krisen — Ruhrkampf, Höhepunkt der Inflation, Putschversuche der Separatisten am Rhein und in der Pfalz, Kommunistenaufstände in Thüringen und Sachsen, Hitlerrevolte in München — sogar als eines der schwärzesten Jahre in die deutsche Geschichte eingegangen.
Die Kriegsfinanzierung, bei der die Notenpresse flott in Bewegung gesetzt worden war, hatte zu einer starken Geldentwertung geführt, die sich nach dem Friedensschluß fortsetzte. Die Preise stiegen — und wer Geld gespart hatte, wurde immer ärmer. Dafür erhöhten Wucher, Spekulation und Schiebung die Kaufkraft gewisser Kreise — eben jener, die nachher die ganze Zeit »golden« fanden.
Die Reichsregierung unter dem sozialdemokratischen Kanzler Gustav Bauer (RK 21. 6. 1919—26. 3. 1920) unternahm den Versuch, der bedrohlichen Entwicklung auch durch ein schärferes Strafrecht entgegenzuwirken. Durch Verordnung vom 22. November 1919 ließ sie für jeden Landgerichtsbezirk ein besonderes »Wuchergericht« zur raschen Aburteilung von Schleichhandel, Preistreiberei, Ausfuhr lebenswichtiger Gegenstände, Verstößen gegen die Bewirtschaftungsvorschriften und anderen in Sondergesetzen definierten Wirtschaftsdelikten errichten. Die Wuchergerichte, die in schweren Fällen auf Zuchthaus er-

kennen konnten, waren in der Hauptverhandlung mit drei Berufsrichtern und zwei Schöffen besetzt. Sie konnten den Umfang der Beweisaufnahme nach freiem Ermessen bestimmen, und gegen ihre Entscheidungen fand kein Rechtsmittel statt.[55] Die Vorschriften über ihr Verfahren finden sich wörtlich in der Sondergerichtsverordnung der Nationalsozialisten wieder.[56] Allerdings haben die Wuchergerichte kein politisches Strafrecht betrieben, sondern sich auf das ihnen zugewiesene Wirtschaftsstrafrecht beschränkt. Als im Jahre 1924 die schlimmste Not überwunden war, sind sie wieder aufgehoben worden.[57]

Auch bei dem Landgericht Köln hat ein Wuchergericht bestanden, dessen Verhandlungen jedoch wenig Aufsehen erregt zu haben scheinen. Im »Kölner Stadt-Anzeiger« der Jahre 1920—1924 ist hier und da ein Bericht über Fälle erschienen, in denen ein Angeklagter vom Wuchergericht zu einigen Wochen oder gar Monaten Gefängnis verurteilt worden war. Einen nachhaltigen generalpräventiven Einfluß scheint dieses Sondergericht nicht ausgeübt zu haben.

*Reformen, Reförmchen und Gleichberechtigung bei der Justiz*

Die Weimarer Verfassung, mit deren Inkrafttreten am 14. August 1919 die provisorische deutsche Republik zu einer endgültigen wurde, untersagte in Artikel 109 Abs. 4 die Verleihung von Titeln, die nicht ein Amt oder einen Beruf bezeichneten oder einen akademischen Grad darstellten. Ebenso durfte der Staat keine Orden und Ehrenzeichen mehr verleihen (Art. 109 Abs. 5). Danach konnte niemand mehr »Wirklicher Geheimer Rat« werden oder aus seines Ministers Hand den »RAO (Roter Adler-Orden) 3. Kl.« empfangen. Alle sollten gleich sein bis auf die verfassungsrechtlicher Regelung entzogenen biologischen Unterschiede. Immerhin hob man wie in vielen Bereichen der Staatsverwaltung, so auch bei der Justiz einen Teil der Dienstbezeichnungen um eine Stufe an. Im Jahre 1920 wurde der bisherige Oberstaatsanwalt zum Generalstaatsanwalt, der bisherige Erste Staatsanwalt zum Oberstaatsanwalt. Alle planmäßigen Richter und Staatsanwälte der Eingangsstufe erhielten den bisher erst nach 12 Dienstjahren erreichten Ratstitel, also: Amtsgerichtsrat, Landgerichtsrat, Staatsanwaltschaftsrat. »Amts- und Landrichter« bzw. »Staatsanwalt« waren jetzt Amtsbezeichnungen für die als ständige Hilfsarbeiter im richterlichen bzw. staatsanwaltschaftlichen Dienst tätigen Gerichtsassessoren.[58]

Das Beamtenverhältnis hatte bisher auch hinsichtlich der Dienstleistung »auf Lebenszeit« bestanden. Mancher Richter amtierte noch mit 75 Jahren, obwohl der Zenit der Schaffenskraft dann deutlich überschritten zu sein pflegt. Ab 1. April 1921 wurde nun eine Altersgrenze von 68 Jahren für richterliche Beamte und von 65 Jahren für sonstige Beamte eingeführt.[59] Vier Jahre später fiel die Sonderregelung für Richter weg. Es ging hier weniger um das Wohl der Altgedienten als vielmehr um den in großer Zahl auf freie Stellen wartenden Nachwuchs.

Die Altersgrenze zwang den Kölner Landgerichtspräsidenten van Erkelens — übrigens mit 21 weiteren Landgerichtspräsidenten — , zum 1. April 1921 in den Ruhestand zu treten.

Sein Amtsnachfolger wurde Dr. Alfred Kuttenkeuler (LGPr. 1921—1933), Kölner von Geburt und Geblüt und wegen seiner warmen Menschlichkeit allseits beliebt.

Bei der Sorge um den Nachwuchs vergaß die Justiz die Referendare nicht, von denen viele am Krieg teilgenommen hatten. Schon 1917 war der Vorbereitungsdienst von vier Jahren auf drei verkürzt worden. Jetzt — 1921/22 — schuf die preußische Landesjustizverwaltung mit Rücksicht auf die außerordentliche Wirtschaftsnot die Möglichkeit, bedürftigen Referendaren einen widerruflichen Unterhaltszuschuß zu zahlen. Bei der Prüfung der Bedürftigkeit sollte wohlwollend verfahren und »ein peinliches Eindringen in die Privatsphäre des Beamten« vermieden werden.[60]

Stärker als alles bisher Erwähnte fällt die Neuerung ins Gewicht, die das Reichsgesetz vom 11. Juli 1922 über die »Zulassung der Frauen zu den Ämtern und Berufen der Rechtspflege« brachte.[61] Auf Grund einer jahrhundertalten Tradition hatte bis vor kurzem die Meinung geherrscht, daß eine »weibliche Person« kein forensisches Amt — auch nicht das einer Schöffin oder Geschworenen — ausüben könne. Nachdem die Weimarer Verfassung Mann und Frau für gleichberechtigt erklärt hatte, ließ sich das nicht mehr halten. Wie die Frauen jetzt wählen durften und als Abgeordnete in die Parlamente gewählt werden konnten, so mußten sie auch aktiv in der Rechtspflege mitwirken können — als Richterinnen, als Rechtsanwältinnen, als Notarinnen, als Handelsrichterinnen, als Schöffinnen oder als Geschworene. Mit dem Zugang zu diesen Berufen und Ämtern wurden die deutschen Frauen »gleichberechtigter« als ihre Geschlechtsgenossinnen in Frankreich und in der Schweiz. Doch nachdem die rechtlichen Hindernisse weggefallen waren, erschwerten ihnen immer noch gewisse psychologische Sperren den Eintritt in den Tempel, der doch nicht einem Gott, sondern einer Göttin geweiht war. Die juristische Welt galt als prosaisch-trocken, von kalter Logik beherrscht und daher unweiblich, das weibliche Wesen hingegen als lyrisch, gefühlsbeherrscht, unlogisch und daher unjuristisch. Diese These traf sicherlich genauso wenig zu wie jene heute noch vertretene Antithese, die unter kühner Mißachtung des Augenscheins jeglichen Unterschied zwischen den beiden Geschlechtern leugnet. Sie mußte aber erst einmal widerlegt werden, und das konnte nur durch Frauen mit Pioniermut geschehen. Wie anderswo, so gab es auch in Köln einige von dieser Art. Sie studierten die Rechte, wurden praktische Juristinnen, lernten forensisch kämpfen und verloren nichts von dem, was die Weiblichkeit anziehend macht. Bald schwanden die Vorurteile. Doch man möchte fast an einen Druckfehler im »Großen Brockhaus« von 1930 glauben, wenn es dort unter dem Stichwort »Frauenfrage« heißt, daß im Wintersemester 1928/29 37,5 % (!) aller Studenten der Rechts- und Staatswissenschaft weiblichen Geschlechts waren. Der Nationalsozialismus hat dieser Entwicklung ein vorläufiges Ende bereitet, dem nach 1945 ein neuer Anfang gefolgt ist.

Einige Kölner Juristinnen, die sich durchgesetzt haben, als Frauen es noch schwer hatten in der Justiz, dürfen hier nicht unerwähnt bleiben. Es sind die Oberlandesgerichtsrätin Dr. Bender, die Amtsgerichtsrätinnen Dr. Arenz, Dr. Blum, Dr. Holter und Dr. Schumacher, die Rechtsanwältinnen Dr. Goerrig, Edda Mauel-Noss, Dr. Esch und Kanter-Hotes sowie die Notarin Dr. Krauss-Flatten. Frau Dr. Esch (die spätere Anwältin) ist im Geschäftsplan des Landgerichts für 1929 als Gerichtsassessorin und Mitglied der 2. Zivilkammer aufgeführt. Sie dürfte die erste — wenn auch nicht planmäßige — Richterin am Landgericht gewesen sein, während Frau Dr. Goerrig wohl als erste Frau zur Rechtsanwaltschaft bei dem Landgericht zugelassen worden ist (5. 11. 1929).

Die Reformen nahmen damals — in einer mit gewaltigen Schwierigkeiten belasteten Zeit — kein Ende. Das Ermächtigungsgesetz zur Behebung der Not von Volk und Reich vom 8. Dezember 1923 gab Reichskanzler Wilhelm Marx, dem ehemaligen Kölner Oberlandesgerichtsrat, und seinem aus dem bayerischen Justizdienst hervorgegangenen Justizminister Emminger Gelegenheit zu einer kompletten Justizreform ohne Mitwirkung des Parlaments. Die Verordnung über Gerichtsverfahren und Strafrechtspflege vom 4. Januar 1924 ersetzte zunächst das aus der französisch-rheinischen Tradition hervorgegangene Schwurgericht mit seiner selbständig über die Schuldfrage entscheidenden zwölfköpfigen Laienjury durch das erst vor einigen Jahren wieder abgeschaffte Schwurgericht neuerer Art, in dem drei Berufsrichter und sechs Geschworene gemeinsam berieten und entschieden. Soweit es sich nicht um die den Schwurgerichten zugewiesene Schwerstkriminalität handelte, wurde die erstinstanzliche Zuständigkeit für Strafsachen samt und sonders den Amtsgerichten übertragen. Der Amtsrichter als Einzelrichter erhielt selbständige Strafgewalt in den leichteren Fällen. Die übrigen Delikte waren von den Schöffengerichten (1 Amtsrichter, 2 Schöffen) oder den neu eingeführten erweiterten Schöffengerichten (2 Amtsrichter, 2 Schöffen) abzuurteilen. Die Berufung führte zu den Strafkammern des Landgerichts, wo jetzt auch je zwei Schöffen mitwirkten. Die neu geschaffenen kleinen Strafkammern (1 Richter, 2 Schöffen) entschieden über die Berufungen gegen Amtsrichter-Urteile, die großen Strafkammern (3 Richter, 2 Schöffen) über die Berufungen gegen die Urteile der Schöffengerichte. Die Revision ging in den erstinstanzlich vom Amtsrichter oder vom (einfachen) Schöffengericht entschiedenen Sachen zum Oberlandesgericht und in den erstinstanzlich vom erweiterten Schöffengericht entschiedenen Sachen zum Reichsgericht.

Wenn man vom Schwurgericht absieht, büßte das Landgericht seine ganze erstinstanzliche Zuständigkeit in Strafsachen zugunsten des Amtsgerichts ein. Beim Landgericht Köln kam man jetzt mit zwei großen und zwei kleinen Strafkammern aus, während man früher 5—6 Strafkammern mit je drei Richtern nötig gehabt hatte. Bei dem Landgericht wurden also Richterkräfte frei, während bei dem Amtsgericht zwangsläufig ein Mehrbedarf entstand. Man half sich, indem man einige Landgerichtsdirektoren, die bisher Strafkammervorsitzende gewesen waren, zusätzlich zu Amtsgerichtsräten ernannte und sie zu Vorsitzenden der erweiterten Schöffengerichte bestellte.

Justizminister Emminger hatte sich bei seiner Reform hauptsächlich von dem Ziel leiten lassen, Richterkräfte einzusparen und die vorhandenen Kräfte möglichst rationell einzusetzen.[62] Ihm schwebte der schon 20 Jahre zuvor von dem Frankfurter Oberbürgermeister Franz Adickes[63] konzipierte Gedanke eines dreistufigen Gerichtsaufbaues mit Einzelrichtersystem in der ersten Instanz vor.[64] Dieses Modell ist später mit zum Teil entgegengesetzten Motivierungen wieder aufgegriffen worden: von dem ehemaligen Reichsjustizminister Eugen Schiffer (1928)[65], von dem NS-Staatssekretär Rothenberger (1942/44)[66] und von Bundesjustizminister Gerhart Jahn (1969/74). Schon die Stückwerk gebliebene Reform Emmingers, gegen die übrigens die SPD-Fraktion des Reichstags Sturm lief, hat die Problematik einer Einschränkung des Kollegialprinzips deutlich werden lassen. Je häufiger umfangreiche Verfahren, insbesondere wegen Wirtschaftsdelikten, vorkamen, desto weniger vermochte das erweiterte Schöffengericht mit seinen nur zwei Berufsrichtern den prozessualen Aufgaben zu genügen. Durch Notverordnung vom 14. Juni 1932 wurde daher das erweiterte Schöffengericht abgeschafft, und die (große) Strafkammer des Landgerichts erhielt wieder den Charakter eines erstinstanzlichen Gerichts.

*Die letzten zehn Jahre vor der Herrschaft des Unrechts (1923—1932)*

Das Jahr 1923 erfüllte den Traum vieler Menschen, einmal Millionär zu sein. Weil aber alle und nicht nur wenige Millionär waren, hatten die Millionen, Milliarden und Billionen wenig Wert. Die von Tag zu Tag imposanteren Zahlen auf den Geldscheinen wirkten wie blanker Hohn auf die Realität mit ihrem Elend. Die meisten Menschen durchschauten nicht den Mechanismus dieser Inflation, die sie arm machte und dafür kleine Gruppen von Nichtstuern reich werden ließ. Manche glaubten — bestärkt durch die französische Ruhrpolitik — an eine internationale Verschwörung, und das war auch die Auffassung der vielen völkischen Kreise, von denen die meisten später in das Sammelbecken der NSDAP einströmten.

Das große Durcheinander in der Wirtschaft führte gerade in einer Handelsmetropole wie Köln zu einer Fülle von Rechtsstreitigkeiten. Bei den Landgerichten des Oberlandesgerichtsbezirks Köln waren 1914 insgesamt 11.166 und 1918 nur noch 5.895 ordentliche Zivilprozesse anhängig geworden. Im Jahre 1922 war diese Zahl auf 19.064 gestiegen und hatte sich damit gegenüber 1918 mehr als verdreifacht. In Köln waren besonders die Kammern für Handelssachen stark in Anspruch genommen. Bereits 1920 war ihre Zahl von 6 auf 8 erhöht worden. Von 1922 bis 1932 gab es neben 14 Zivilkammern 10 Kammern für Handelssachen; 1933 sank die Zahl wieder auf 7 und 1935 auf 5.

Lange Zeit waren es hauptsächlich zwei Rechtsprobleme, welche die Zivilrechtsprechung belasteten: die Vertragsanpassung und die Hypothekenaufwertung.

Bei der Vertragsanpassung ging es um Dauerschuldverhältnisse, wie etwa Mietverträge und langfristige Lieferverträge, die durch das Sinken des Geldwertes in der Äquivalenz von Leistung und Gegenleistung gestört waren. Der Mieter, der bisher einen hohen Prozentsatz seines Einkommens für die Miete aufgewendet hatte, konnte seine Schuld mit kaufkraftlosen Scheinen tilgen, solange die Gerichte nach dem Grundsatz »Mark gleich Mark« Goldmark und Inflationsmark gleichbehandelten. Hierzu waren sie durch ein Gesetz vom 4. August 1914 verpflichtet, das die Goldmarkdeckung abgeschafft und die nicht durch Gold gedeckte Mark der Goldmark gleichgestellt hatte.[67] Bei der Hypothekenfrage ging es darum, ob der Schuldner einer Hypothek, der eine Goldmarkforderung zugrundelag, seine Schuld durch wertlose Inflationsmark tilgen und vom Gläubiger eine löschungsfähige Quittung verlangen konnte. Oder durfte etwa der Gläubiger die Annahme des Geldes verweigern und auf Leistung eines Betrages von alter Kaufkraft bestehen?

Das Problem war von großer sozialer Bedeutung. Bei den Hypothekengläubigern und Vermietern handelte es sich vorwiegend um ehemals Selbständige, die durch Anlage ihres Vermögens in hypothekarisch gesicherten Forderungen und Grundeigentum ihren Lebensabend wirksam gesichert zu haben glaubten. »Rentner« hatte man zu Kaisers Zeiten diese Leute genannt, und das war ein soziales Etikett gewesen, mit dem man sich selbst in der Kölner Kasinogesellschaft hatte ausweisen können. Aber jetzt! Mehr und mehr wurde das Wort »Rentner« zur Bezeichnung für jemanden, der sich mit Mühe auf einer der untersten Sprossen der sozialen Stufenleiter festhält. Die Probleme der Vertragsanpassung und der Hypothekenaufwertung waren keine bloßen Rechtsfragen, sondern Existenzfragen des Bürgertums.

Wie bei anderen großen Gerichten, so häuften sich auch beim Landgericht Köln Akten mit einschlägigen Fällen. Da hatte, um ein Beispiel herauszugreifen[68], der Fabrikant Dr. Meirowsky Anfang 1918, als die Inflation noch nicht in Sicht war, sein in Porz gelegenes Unternehmen für über 13 Millionen Goldmark an die Firma Felten & Guilleaume Carlswerk AG verkauft. Ein Kaufpreisanteil von 7.200.000 Mark, der auch kapitalisierte Zinsen enthielt, sollte in zehn Jahresraten von je 720.000 Mark getilgt werden. Infolge der Inflation hatte die Rate für 1922 nur noch einen Wert von 350 Goldmark, während die folgende Rate schon völlig wertlos war. Der Verkäufer machte nun vor dem Landgericht Köln gegen die Käuferin wegen der Rate für 1923 eine Aufwertungsforderung von 720.000 Goldmark geltend. Die zur Entscheidung berufene 10. Kammer für Handelssachen — besetzt mit dem Landgerichtsrat Dr. Rosell sowie den Handelsrichtern von Wettern und Hill — nahm sich Zeit, statt unter Hinweis auf die ständige Rechtsprechung des Reichsgerichts die Klage schon nach dem ersten Termin abzuweisen. Das sollte sich für den Kläger vorteilhaft auswirken. Am 28. November 1923 gab nämlich das Reichsgericht seinen bisherigen Standpunkt auf und begann sehr zum Verdruß der großen Kriegsschuldner — des Staates, der Kommunen, der Industrie und der Landwirtschaft — seine berühmte Aufwertungsrechtsprechung, die über das Gesetz von 1914 den totgeglaubten Gedanken des Naturrechts stellte, der letztlich identisch ist mit dem Gedanken von Treu und Glauben (§ 242 BGB). In der Kölner Sache erging 1927 endlich das Urteil der Kammer für Handelssachen, das dem Kläger eine Aufwertungsforderung von 360.000 Goldmark zubilligte. Das Berufungsurteil des Oberlandesgerichts von 1929 verringerte den Betrag auf 200.000 Goldmark. Maßgebend hierfür war die Erwägung, daß bei der Aufwertung einer von der Inflation betroffenen Forderung sämtliche für das Verhältnis der beiderseitigen Leistungen wesentlichen Umstände zu berücksichtigen seien. Hier falle ins Gewicht, daß das verkaufte Unternehmen infolge der Ruhrbesetzung, die ebenso wie die Inflation eine Kriegsfolge gewesen sei, einen beträchtlichen Umsatz- und Gewinnrückgang erlitten habe.

Der Durchbruch des Aufwertungsgedankens in der Rechtsprechung, an den sich lebhafte und zum Teil unerfreuliche rechtspolitische Auseinandersetzungen knüpften[69], ließ natürlich viele Geschädigte hoffen und damit die Zahl der einschlägigen Prozesse ansteigen. Doch es waren nicht die Aufwertungsprobleme allein, die damals die Gerichte beschäftigten. Not und Chaos der Zeit spiegelten sich mannigfach in den Prozessen. So löste z. B. in der Großstadt Köln die Wohnungsnot eine gewaltige Welle von Mietprozessen aus, die beim Amtsgericht begannen und zum Teil beim Landgericht als Rechtsmittelinstanz ihre Fortsetzung fanden. Auch die Zahl der Ehescheidungsklagen nahm zu, wenn sie auch im Landgerichtsbezirk Köln wie überhaupt in der Rheinprovinz wesentlich geringer blieb als in anderen Teilen Deutschlands. Schließlich wirkte das allgemeine Elend nicht bloß demoralisierend, sondern auch kriminalisierend, was aus den Justiz- und Kriminalstatistiken jener Jahre deutlich abzulesen ist. Um so bedeutsamer erscheint die Verabschiedung des Jugendgerichtsgesetzes, mit der damals — im Krisenjahr 1923 — die Grundlagen eines vom Erziehungsgedanken beherrschten modernen Jugendstrafrechts geschaffen wurden.

Die Not der Zeit erfaßte nicht bloß das »Publikum«, sondern drang auch in die Gerichte und die anderen Behörden selbst ein. Damals verbreitete sich das Wort »Abbau«, das dann später durch die Notverordnungen Brünings neue Aktualität erlangte. Von den nicht auf Lebenszeit angestellten Justizbediensteten sollten soviele wie möglich eingespart und »abgebaut«, d. h. entlassen werden. Am 28. November 1923 gab der preußische Finanzminister — zugleich im Namen des Ministerpräsidenten und der übrigen Staatsminister — Hinweise, wie Personaleinsparungen erreicht werden könnten.[70] Solche seien möglich, »wenn z. B. durch Vereinfachung und Zusammenlegung einzelner Arbeitsgebiete, durch Schließung wenig begangener Portale der Dienstgebäude, durch erhebliche Einschränkung der allgemeinen Reinigungsarbeiten in den Büroräumen usw., des Klopfens der Akten . . . das Arbeitsgebiet des einzelnen Arbeiters oder Angestellten vergrößert werden kann.« Man könnte über diese etwas lebensfremden Ratschläge lächeln, wenn nicht eine so ernste Realität dahinter gestanden hätte. In welcher Bedrängnis muß sich ein Staat befinden, der auf die Idee kommt, selbst das Reinigen seiner Amtsstuben und das Entstauben der Akten aus Sparsamkeitsgründen einzuschränken! Am 16. Februar 1924 ordnete der Justizminister für die nachgeordneten Justizverwaltungen die Aufstellung von »Abbauplänen« mit dem Ziel einer Personalverringerung um 15 % in allen Zweigen des mittleren und unteren Dienstes an.[71] Mit den verminderten Kräften sollte die gleiche Arbeit wie bisher geleistet werden; ihre Qualität sollte sich sogar noch steigern. Es gab schon Beamten- und Angestelltenräte, welche die Belange der vom »Abbau« bedrohten Kollegen vertraten. Der beste Fürsprecher war jedoch Landgerichtspräsident Dr. Kuttenkeuler, dessen christliche Gesinnung sich gegen soziale Härten sträubte. Er war Verwaltungsmann genug, um durch Versetzungen von Gericht zu Gericht oder andere taktische Maßnahmen das Schlimmste zu verhüten.

Nach des Justizministers Willen sollten sich auch die Reihen der Richter lichten. Von ihrer Unabsetzbarkeit und Unversetzbarkeit sah die Verfassung eine Ausnahme vor, wenn die

Einrichtung der Gerichte oder ihrer Bezirke verändert wurde (Art. 104 Abs. 4. RV). Diesen Fall hielt der Minister im Hinblick auf die vorangegangenen Reformen für gegeben. Zugleich ließ er durchblicken, daß demnächst das Einzelrichtersystem beim Landgericht eingeführt werde, das höhere Anforderungen an die Qualifikation der Richter stelle.[72] Das hieß auf gut Deutsch: man möge sich nach Möglichkeit der schwächer qualifizierten Richter entledigen. Bald konnte Dr. Kuttenkeuler melden, daß vier Richter eingespart seien: zwei seien wegen Erreichens der Altersgrenze ordnungsgemäß in den Ruhestand versetzt worden, und zwei andere hätten sich an das Landgericht Bonn versetzen lassen.
Mit dem »Wunder der Rentenmark« Ende 1923 begann eine bessere Zeit. Es reifte jene Wirtschaftsblüte heran, von der es später hieß, sie sei eine »Scheinblüte« gewesen. Im festesfrohen Köln feierte man wieder: 1925 »tausend Jahre deutsches Rheinland«, am 31. Januar 1926 die Räumung der Kölner Zone von der zuletzt ganz unauffällig gewesenen Besatzung und am 8. September 1926 sogar den Juristentag.
Die Justiz war nicht mehr ganz so arm. So konnte 1926/27 im Gerichtsgebäude am Reichenspergerplatz eine Ehrenhalle mit Mahnmal für die im Kriege gefallenen Justizangehörigen errichtet werden. Generalstaatsanwalt Dr. Rust trug bei der Einweihung am 20. März 1927 ein selbstverfaßtes Gedicht vor. Was darin von der »ewigen Treue« zu den Gefallenen gesagt war, bewahrheitete sich allerdings nicht. Nach dem Zweiten Weltkrieg ließ man die Gedenkstätte verkommen.
Ein für Köln als Industriestadt wichtiges Gesetz war das Arbeitsgerichtsgesetz vom 23. Dezember 1926. Es ersetzte die 1890 nach rheinpreußischem Vorbild im ganzen Reich für arbeitsrechtliche Streitigkeiten gewerblicher Arbeiter eingeführten Gewerbegerichte sowie die 1904 als entsprechende Einrichtung für Handlungsgehilfen geschaffenen Kaufmannsgerichte durch eine in die ordentliche Gerichtsbarkeit eingefügte, für alle Arbeitssachen zuständige Arbeitsgerichtsbarkeit, deren dreigliedriger Instanzenzug beim Reichsarbeitsgericht endete. Das bedeutete den vorläufigen Abschluß einer Entwicklung, die 120 Jahre zuvor in Frankreich und dem damals französisch beherrschten Rheinland mit der Errichtung der »conseils des prud'hommes« begonnen hatte.[73] Im Landgerichtsbezirk Köln wurden zwei Arbeitsgerichte eingerichtet: ein hauptamtliches in Köln und ein nebenamtliches in Gummersbach. Das zunächst am Reichenspergerplatz und später am Quatermarkt untergebrachte Kölner Arbeitsgericht war mit den Amtsgerichtsräten Dr. Canetta, Jakob Müller, Hendrichs, Dr. Lehmacher und Dr. Loevenich als hauptamtlichen Vorsitzenden sowie den Rechtsanwälten Forsbach, Dr. Marun und Velder als nebenamtlichen Vorsitzenden besetzt. Das die Berufungsinstanz bildende Landesarbeitsgericht bestand aus zwei voll in die Organisation des Landgerichts eingegliederten Kammern.
Einer der Pioniere der Arbeitsrechtswissenschaft, Prof. Dr. Hans Carl Nipperdey, wirkte in den Jahren 1928—1929 neben seiner akademischen Lehrtätigkeit als Landgerichtsrat in Köln.
Die Entwicklung des Gerichtswesens machte mancherlei Fortschritte. Das traditionsreiche, aber antiquierte Wort »Gerichtsschreiber« verschwand. Aus dem mittleren Justizdienst

gliederte sich der gehobene aus, der nicht nur die Richter entlastete, sondern auch wichtige Aufgaben in der Justizverwaltung übernahm.

Die wenigen guten oder scheinbar guten unter den zwanziger Jahren endeten schnell. Der »Schwarze Freitag« in der Wall Street, mit dem das neue Elend begonnen haben soll, war in Wirklichkeit ein Donnerstag (24. 1o. 1929). Er war auch nicht die Ursache, sondern schon ein massives Symptom der langsam heraufgezogenen Krise. Der Ursachen gab es viele. Da waren die Störungen, welche die einseitigen deutschen Reparationsleistungen in der Weltwirtschaft ausgelöst hatten. Da war aber auch die bedenkenlose Hereinnahme amerikanischer Kredite. Sie hatte nach der Stabilisierung der Mark in Deutschland zu einer hektischen Konjunktur geführt. Man war der Hybris der »Prosperity«, des Verdienens und Ausgebens verfallen. Für das Reich, die Länder und die Kommunen war es oft leichter, Kredite zu akzeptieren, als sie abzulehnen. Wie der Staat, so wirtschaftete auch der kleine Mann weitgehend auf Pump. Das konnte auf die Dauer nicht gutgehen, und die unausbleibliche Katastrophe mußte auf das Gläubigerland Amerika zurückschlagen.

Bald sammelten sich vor den Stempelstellen Schlangen von Arbeitslosen, denen es ungleich schlechter ging als den Arbeitslosen von heute. Ein verheirateter Arbeitsloser mit einem Kind erhielt z. B. eine monatliche Unterstützung von 51,— RM.[74] Wenn er davon 32,50 RM für Miete, Beleuchtung und Heizung ausgab, so verblieben 18,50 RM für die Nahrung. Auch bei den damals noch niedrigen Preisen reichte das nur zum Hungern. Die Verzweiflung war so groß, daß die Selbstmordziffer sich bald verdreifachte.

Vieles verleidete den Bürgern die Republik: die so kurzfristige Aufeinanderfolge zweier schwerer Wirtschaftskrisen, der häufige Wechsel der Regierungen, die sich entsprechend oft wiederholenden Reichstagswahlen, das opportunistische Schwanken vieler Politiker und deren Hilflosigkeit gegenüber der Wirtschaftsnot. Dazu kam die immer noch fortwirkende nationale Reaktion auf die Demütigungen durch die Alliierten. Die Republik fand so gut wie keinen Verteidiger. Selbst Schriftsteller wie Tucholsky und von Ossietzky, die heute als große Männer dieser Zeit herausgestellt werden, haben in Wirklichkeit den Weimarer Staat verhöhnt und zu seinem Untergang beigetragen.[75] Unter »Intellektuellen« konnte man hören: »Dieser Staat muß gestoßen werden, damit er endlich fällt.«[76] Zwei radikale Parteien, KPD und NSDAP, hatten sich den Sturz des »Systems« offen zum Ziel gesetzt. Die NSDAP, 1928 noch klein, erwies sich auf die Dauer als erfolgreicher. Sie brachte die beiden großen Tendenzen der Zeit, Nationalismus und Sozialismus, propagandistisch unter einen Hut und nannte sich »Arbeiterpartei«. In der großen Krise wurde sie zu einem Sammelbecken für Unzufriedene, Verzweifelte, aber auch für Gescheiterte. Im Jahre 1930 errang sie einen glänzenden Wahlsieg, bei dem die Zahl ihrer Reichstagsabgeordneten von 12 auf 107 emporschnellte. Ihr Propagandist Dr. Goebbels kommentierte das zynisch, aber nicht unzutreffend: »Wenn die Demokratie so dumm ist, uns für diesen Bärendienst (= den Kampf gegen sie selbst) Freifahrkarten und Diäten zu geben, dann ist das ihre Sache.«[77]

Die Kommunisten waren 1930 im Reichstag mit 77 Abgeordneten vertreten. Ihre Chancen stiegen in dem Maße, wie sich über die millionenfachen Greuel, die in Rußland geschehen waren und noch geschahen, der Mantel der Unkenntnis breitete.
Immer häufiger lieferte man sich Saal- und Straßenschlachten: hier die SA, die Sturmabteilung der NSDAP — dort der Rotfrontkämpfer-Bund der KPD. Die anderen Parteiarmeen, das sozialdemokratische Reichsbanner und der deutschnationale Stahlhelm, spielten mehr am Rande eine Rolle.
Bei den Krawallen kamen natürlich zahlreiche strafbare Handlungen vor, die nachher die Gerichte beschäftigten: schwere Körperverletzung, Landfriedensbruch, Widerstand gegen die Staatsgewalt u. a. m. Anläßlich solcher Verhandlungen wurde die Justiz bald von der einen, bald von der anderen Seite diffamiert. Die roten Klassenkämpfer schimpften auf die »Klassenjustiz«, die braunen Rassenkämpfer auf die »Judenjustiz«.
In Köln, der von katholischem und zugleich liberalem Geist geprägten Stadt, war für den Nationalsozialismus kein günstiger Nährboden. So blieb der Stimmenanteil der NSDAP im Wahlkreis Köln-Aachen bei der Reichstagswahl 1928 mit 1,1 % und bei der Reichstagswahl 1930 mit 14,5 % deutlich hinter dem Reichsdurchschnitt von 2,6 bw. 18,3 % zurück. Bis zuletzt erhielt Hitler von hier die wenigsten Stimmen.
Um so rücksichtsloser führte die Gauleitung den politischen Kampf. Von 1925 bis 1931 leitete Dr. Robert Ley, später Chef der »Arbeitsfront«, den von Köln über Aachen bis Koblenz und Trier reichenden Gau Rheinland. Ley, der dem Alkohol nicht minder ergeben war als seinem Führer, wurde durch hemmungslose Ausfälle gegen Juden und politisch Andersdenkende bis Oktober 1931 in 69 Strafverfahren verwickelt. Diese wurden allerdings meist wegen Amnestie und aus anderen Gründen eingestellt.[78]
Durch Teilung des bisherigen Gaugebietes entstanden 1931 die Gaue Koblenz-Trier unter Gauleiter Simon und Köln-Aachen unter Gauleiter Josef Grohé. Gegen Grohé sollen bis 1933 insgesamt 121 Strafverfahren wegen politisch motivierter Delikte anhängig gewesen sein.[79] Kampforgan für den Gau war der »Westdeutsche Beobachter«, dessen rüder Ton sich mit dem des KP-Blattes »Sozialistische Republik« durchaus messen konnte. Der »WB« schreckte vor keiner Ehrabschneidung zurück. Am 20. Mai 1928, noch zu Leys Zeiten, berichtete er z. B., ein gewisser Domgörgen habe im Imbißraum des jüdischen Fleischergeschäfts Katz & Rosenthal in der Schildergasse eine Portion Gulasch bestellt und darin eine tote Maus gefunden. Wie sich herausgestellt habe, liefen in der Küche des Geschäfts Scharen von Mäusen herum. Die Geschäftsinhaber klagten gegen Dr. Ley als Herausgeber, Grohé als Schriftleiter, Frau Grohé als Verlegerin und Domgörgen als Informant auf Widerruf und Schadensersatz. Am 9. Juli 1929 wies die 6. Zivilkammer des Landgerichts (Vors.: LGDir Dr. Marx) die Klage aus Beweisgründen ab. Das Oberlandesgericht hingegen erklärte das Klagebegehren dem Grunde nach für gerechtfertigt. In einem Vergleich verpflichteten sich die Beklagten, die Prozeßkosten in Raten zu zahlen und die beanstandeten Behauptungen nicht mehr aufzustellen. Die unappetitliche Geschichte tat aber nach dem Erfahrungssatz »Semper aliquid haeret« weiterhin ihre Wirkung.

Natürlich demonstrierte man auch gegen die Justiz. Als z. B. der Reichsjugendführer Baldur von Schirach am 31. Juli 1931 wegen eines Krawalls in der Kölner Universität vom hiesigen Schöffengericht zu drei Monaten Gefängnis verurteilt wurde, gaben Tausende seiner NS-Kameraden auf dem Appellhofplatz lautstark ihrer Solidarität mit dem Verurteilten und ihrer Empörung gegen das »Terrorurteil« Ausdruck. Schirachs Berufung an das Landgericht erledigte sich durch die »Machtübernahme« und die ihr folgende Amnestie für NS-Täter.

*Ein Regime, das die Justiz nur als Schaubühne braucht*

Am Abend des 30. Januar 1933 marschierte Kölns SA siegestrunken über die Ringe, vorneweg der später wegen schlimmer Gewaltdelikte vom Landgericht verurteilte Standartenführer Odendall. Der Schein unzähliger Pechfackeln erhellte das winterliche Dunkel. Mancher erlag der Faszination dieser Stunde und meinte, die von stampfendem Marschtritt und zündenden Liedern begleitete Helle sei symbolisch: in die lange deutsche Nacht sei das Licht eingebrochen, das den neuen Tag bringe — mit Freiheit, Arbeit, Brot und nationaler Würde. Die Nationalsozialisten wußten zu inszenieren. Ihren Sieg gestalteten sie zu einem rauschhaften Fest mit schmetternder Marschmusik, Standarten, Fahnen und vielen bunten Farben. Schon optisch sollte dem »Volksgenossen« faßbar werden, daß es mit der Tristesse der Notjahre, dem Grau der Republik zu Ende sei. Nur wenige waren hellsichtig genug, in den flackernden Feuern der Pechfackeln schon die Brände des künftigen Krieges glühen zu sehen. Dabei steigerte sich eines der meistgesungenen Lieder zu dem dröhnenden Ruf: »Volk ans Gewehr!«

Vermeintliche Realisten erkannten, daß das neue Regime allerlei Ungutes wie Meinungsknebelung, Judenverfolgung und außenpolitische Konflikte bringen werde. Sie trösteten sich jedoch mit dem Gedanken, daß jetzt die viel größere Gefahr des Kommunismus gebannt sei. Das sollte sich als Irrtum erweisen. Einmal endete das nun proklamierte »Tausendjährige Reich« 12 Jahre später damit, daß die Hälfte Deutschlands kommunistisch wurde. Zum anderen wiesen Kommunismus und Nationalsozialismus in der politischen Praxis so viele Ähnlichkeiten auf, daß die unterschiedliche Etikettierung mit »links« und »rechts« fragwürdig wurde.

1. Wie der damals nur in der Sowjetunion verwirklichte kommunistische Staat, so hatte auch der nationalsozialistische gewissermaßen den Charakter einer verweltlichten Theokratie. Er beruhte auf einer »Weltanschauung«, die niemand in Zweifel ziehen durfte. Was für den Kommunismus der Gegensatz »Arbeiterklasse — Kapitalismus«, das bedeutete für den Nationalsozialismus der Gegensatz »nordische Rasse — Judentum«.

2. Wie die Sowjetunion, so erklärte auch der NS-Staat sich für identisch mit der Partei, und zwar ausdrücklich durch Gesetz vom 1. 12. 1933.[80]

3. Wie in der Sowjetunion, so gab es auch in Deutschland kurz nach Hitlers »Machtergreifung« nur noch eine Partei, eben die NSDAP. Die Neugründung von Parteien wurde durch Gesetz vom 14. 7. 1933 mit Zuchthaus bedroht.[81]

4. Wie der kommunistische, so war auch der nationalsozialistische Staat auf Kollektivismus ausgerichtet. Wer schon nicht in der Partei war, sollte wenigstens einer der zu einem dichten Netz verwobenen Untergliederungen angehören. Vor allem die Jugend wurde zwangskollektiviert. Den Komsomolzen von Moskau entsprachen die »Pimpfe« von Berlin.
5. Obwohl von »Arbeiterparteien« regiert, duldete weder die Sowjetunion noch NS-Deutschland irgendwelche Streiks.
6. Wie die Sowjetunion, so suchte auch der NS-Staat sich über das Propagandaministerium eine umfassende Kontrolle aller Druckschriften zu sichern.
7. Wie in der Sowjetunion die GPU, so entstand in NS-Deutschland die Gestapo, deren Maßnahmen keiner gerichtlichen Kontrolle unterlagen. Auch in Deutschland hätte man weitgehend ohne Gerichte auskommen können. Die Partei war allerdings daran interessiert, gewisse Prozesse gegen frühere politische Gegner oder Angehörige kirchlicher Organisationen durch laute Propaganda zu Schauprozessen werden zu lassen. Durch geschickte Steuerung weisungsabhängiger Ermittlungsorgane brachte sie es fertig, jeweils termingerecht Serien solcher Prozesse in Szene zu sezten: »Korruptionsprozesse« gegen Prominente von gestern, Sittlichkeitsprozesse gegen katholische Klosterbrüder (hauptsächlich LGe Bonn und Koblenz) sowie Devisenprozesse. Als Gegenstück zu der kommunistischen Lehre, daß Recht eine ideologische Waffe der jeweils herrschenden Klasse sei, verkündete der Nationalsozialismus die Parole: »Recht ist, was dem Volke nützt.«
Recht als Mittel zum ideologischen Zweck, Justiz als Schaubühne für die moralische oder gar physische Vernichtung von Regimegegnern — das ist schon eine grausige Perversion. Dennoch darf die Justiz jener Jahre nicht nur unter diesem Aspekt gesehen werden.
Wie auf manchen anderen Lebensgebieten, so hat auch in der Justiz der Nationalsozialismus seinen Totalitätsanspruch nicht voll verwirklicht. Eine so tief in der Tradition wurzelnde Einrichtung wie die Justiz entwickelt Gegenkräfte, solange sie nicht strukturell und personell so radikal revolutioniert wird, wie dies in den kommunistischen Ländern geschehen ist. Man braucht hier nicht einmal an Widerstand im eigentlichen Sinne zu denken, sondern mehr an die jedem wirklichen Juristen eigene Aversion gegen Phrasen, Schlagworte und unlogische Argumente. Besonders die älteren Richter, die schon zur Zeit der Monarchie im Amt gewesen waren, konnten sich von den früheren Rechtsanschauungen nicht lösen und reagierten entsprechend. Natürlich galten sie in den NS-Kreisen bald als »Reaktionäre«.
Es darf auch nicht übersehen werden, daß ein großer Bereich des Rechtslebens lange oder sogar bis zuletzt politikfrei geblieben ist. Bei den Zivilkammern des Landgerichts Köln, also auf dem Reichenspergerplatz, ging es auch nach dem 30. Januar 1933 hauptsächlich um so unpolitische Dinge wie Kaufpreis-, Werklohn- und Schadensersatzforderungen oder die ewigen Wettbewerbsstreitigkeiten der Farina-Firmen. Die Schrecken der Zeit wurden hier nur gelegentlich sichtbar, wenn z. B. ein »arischer« Ehemann von seiner jüdischen Ehefrau geschieden zu werden begehrte. In solchen Fällen konnte der Richterspruch die verschiedensten Folgen haben. Manchmal hatten sich die Eheleute auf die Scheidung geeinigt und

verfolgten dabei einen wohldurchdachten Plan, der die Rettung des jüdischen Teils einschloß. Es kam aber auch vor, daß der arische Gatte den jüdischen von sich stieß wie einen Aussätzigen. Wo durch richterliches Wohlwollen geholfen werden konnte, ist dies nicht selten geschehen.

Auf dem Appellhofplatz fanden 1933 zwei Strafprozesse statt, welche die NS-Presse mit riesigen Schlagzeilen und seitenlangen Berichten begleitete: der »Kölner Kommunistenprozeß« mit 17 Angeklagten, die sich wegen Mordes an zwei SA-Männern verantworten mußten, und der »Görreshaus-Prozeß« gegen die Vorstandsmitglieder einer katholischen Verlags-AG, denen betrügerischer Bankrott u. ä. vorgeworfen wurde. Das Gros der Strafsachen hatte jedoch mit Politik nichts zu tun. Im Frühjahr 1933 wurde allerdings bei dem Landgericht ein Sondergericht eingerichtet, das in den ersten Jahren hauptsächlich diejenigen abzuurteilen hatte, die im Parteijargon »Miesmacher« oder »Kritikaster« hießen. Das war schlimm, aber noch nicht das Schlimmste. Erst nachdem mit Kriegsbeginn die Zuständigkeit der Sondergerichte praktisch auf den größten Teil aller Straftaten ausgedehnt und zudem der Anwendungsbereich der Todesstrafe wesentlich erweitert worden war, verbreitete das Wort »Sondergericht« in Köln seinen ganzen Schrecken, nur noch mit den Bluttribunalen der französischen Revolution vergleichbar. Hauptsächlich einem bestimmten Richter war dies zuzuschreiben, dem Landgerichtsdirektor Karl Eich. Er und seine leider meist wenig standfesten Beisitzer fällten im »Sondergericht I« zahlreiche Urteile, die auch bei Berücksichtigung der Kriegsnotwendigkeiten nur als »Terrorurteile« qualifiziert werden konnten. Andere Sonderrichter urteilten anders, zum Teil mit der Folge, daß ihre Urteile vom Reichsjustizministerium als zu mild beanstandet wurden.

Insbesondere nach dem Tod des immer noch um ein Minimum an Rechtsstaatlichkeit bemühten Reichsjustizministers Dr. Franz Gürtner im Jahre 1941 nahm der politische Druck auf die Richterschaft zu, wobei die richterliche Unabhängigkeit immer mehr ausgehöhlt wurde. Es kamen die berüchtigten »Richterbriefe«, und der 1933 eingesetzte Landgerichtspräsident Walter Müller bemühte sich, die Kölner Richter zu härterem Durchgreifen zu bewegen. Diese Beeinflussungsversuche scheiterten weitgehend schon daran, daß dem Präsidenten wegen seiner allgemein bekannten Unfähigkeit jegliche Autorität abging.

Große politische Sachen im eigentlichen Sinne sind in Köln nicht verhandelt worden. Soweit ernsthafte Aktivitäten aus den Kreisen der früheren KPD oder SPD aufgedeckt wurden, hielten die damaligen Ankläger den Tatbestand der Vorbereitung zum Hochverrat für gegeben. Dafür war entweder der 1934 geschaffene Volksgerichtshof oder das Oberlandesgericht zuständig. Dem »schwarzen« Oberlandesgericht Köln hatte man den Staatsschutz nicht anvertrauen wollen. Deshalb gingen die einschlägigen Sachen an einen Strafsenat des Oberlandesgerichts Hamm, bei dem die Zuständigkeiten für die Oberlandesgerichtsbezirke Hamm, Düsseldorf und Köln konzentriert waren.

Auch wenn alles noch schlimmer hätte sein können, so waren doch die Jahre 1933—1945 die düsterste Epoche in der 160jährigen Geschichte des Landgerichts Köln. Es ist indessen die Pflicht des Chronisten, auch aus dieser Zeit die wichtigsten Einzelheiten zu erzählen.

*Jüdische Juristen werden auf Müllwagen durch die Stadt gefahren*

Der Nationalsozialismus war wie der Kommunismus eine Bewegung des Hasses. Hauptobjekt dieses Hasses war das Judentum. Das Haßmotiv ist schwer zu enträtseln, zumal auch bei anderen Völkern und zu anderen Zeiten immer wieder leidenschaftlicher Judenhaß ausgebrochen ist. Sicher spielt der Neid eine Rolle, der ja zu den stärksten Triebfedern menschlichen Handelns gehört. Die Juden waren in beruflicher Hinsicht meist erfolgreich und zuletzt in den akademischen Berufen, vor allem in den freien, »überrepräsentiert«. Besonders der Anwaltsberuf war wenn nicht eine Domäne, so doch ein sehr beliebtes Betätigungsfeld für jüdische Juristen geworden. So betrug z. B. der Anteil der jüdischen Anwälte in Krefeld 19 %, in Düsseldorf 33 %, in Karlsruhe 40 %, in Ludwigshafen 53 % und in Frankfurt a. M. 64 %.[82] In Köln dürfte er zwischen 15 und 20 % gelegen haben, während der Gesamtanteil der Juden an der Einwohnerzahl nur 2 % ausmachte. Angesichts dieser Verhältnisse war für die neuen Machthaber die Anwaltschaft »verjudet« — ein Vorwurf, der gelegentlich auf die ganze Justiz ausgedehnt wurde, obwohl die Zahl der jüdischen Richter und Staatsanwälte wesentlich kleiner war.

Der erste Zugriff gegen die jüdischen Juristen erfolgte am 31. März 1933, also zwei Monate nach der »Machtübernahme«. An diesem Tag stürmte ein starkes Aufgebot von SA und SS das Justizgebäude am Reichenspergerplatz. Die Uniformierten unterbrachen lärmend die Sitzungen, drangen mit blanker Waffe an den Richtertischen vorbei in die Beratungszimmer ein und suchten überall nach jüdischen Richtern und Rechtsanwälten. Die jüdischen oder auch nur »jüdisch aussehenden« Juristen wurden — teilweise unter Mißhandlungen — auf einen der damals noch üblichen Müllwagen mit offener Ladefläche getrieben. Durch das Spalier der gaffenden und johlenden Menge ging dann die Fahrt zum Polizeipräsidium. Unter den Opfern dieser schändlichen Aktion befanden sich hochdekorierte Frontkämpfer wie der jüdische Oberlandesgerichtsrat Dr. Kurt Wolff.

Als sich dieses Schreckliche ereignete, waren noch der alte Oberlandesgerichtspräsident Dr. Volmer und Landgerichtspräsident Dr. Kuttenkeuler im Amt. Beide waren ihrer Herkunft und ihrem christlich bestimmten Weltbild nach entschiedene Gegner des Nationalsozialismus. Der rohen Gewalt, die hier verübt wurde, standen sie jedoch hilflos gegenüber. Zufällig hatte Dr. Hans Jacobi, damals Syndikatsleiter des Centralvereins der Juden in Deutschland, an diesem Tage Präsident Dr. Kuttenkeuler zu einem Gespräch über die Lage der jüdischen Anwälte aufgesucht. Nur weil er »nicht jüdisch« aussah, war er von den wilden Hakenkreuzlern unbehelligt geblieben. Über sein Gespräch mit dem Landgerichtspräsidenten schreibt er: »Ich fand Herrn Kuttenkeuler als einen resignierten Mann vor, der den Vorfall als die schlimmste Tragödie seines Lebens bezeichnete und mir anvertraute, daß er eine Eingabe auf Versetzung in den Ruhestand machen werde. Diese konsequente Einstellung des Präsidenten Kuttenkeuler war ein Lichtblick, aber leider eine Ausnahme.«[83] Tatsächlich trat Dr. Kuttenkeuler im Herbst 1933 vorzeitig in den Ruhestand. Damit machte er einem engagierten Nationalsozialisten Platz, dem bisherigen Amtsgerichtsrat Walter Müller, der wohl der am wenigsten befähigte Landgerichtspräsident in Deutschland gewesen sein dürfte. Ausgerechnet dieser Mann behauptete nach dem Kriege in mehreren Verfahren, er habe nach dem Eindringen der NS-Trupps den jüdischen Rechtanwalt Weil in sein Dienstzimmer gezogen und ihn damit vor der Verächtlichmachung bewahrt. Das scheint sogar richtig zu sein. So paradox ist die menschliche Natur. Übrigens war Müller, in dem die Richterschaft später den Nationalsozialismus geradezu verkörpert sah, damals noch nicht Parteimitglied.

*Die Ausschaltung der jüdischen Richter und Anwälte*

Der Sturm der SA- und SS-Horden auf das Kölner Justizgebäude am 31. März 1933 kam nicht von ungefähr. Wie es in einer 1938 vom Reichsjustizminister herausgegebenen Festschrift heißt, führte »die Entladung der revolutionären Energien« überall im Reich am selben Tag »zur Abdrängung jüdischer Richter und Anwälte aus den Gerichtssälen«.[84] Es kann nicht zweifelhaft sein, daß die Aktionen von Berlin aus gesteuert waren und daß sie den Höhepunkt der damals laufenden Boykottmaßnahmen gegen das Judentum bilden sollten. Die Sache mit dem Müllwagen war freilich eine besondere Gemeinheit, welche die maßgebenden Parteikreise in Köln sich hatten einfallen lassen.

Am Abend des 31. März 1933 ging bei der Polizei-Funkstelle Köln ein an alle Justizbehörden Preußens gerichteter Funkspruch ein. Angeblich stellte die Erregung des Volkes über das anmaßende Auftreten jüdischer Rechtsanwälte und Ärzte eine Gefahr für die Autorität der Rechtspflege dar. Jüdische Richter und Staatsanwälte seien zu beurlauben, jüdische Handelsrichter, Schöffen und Arbeitsrichter nicht mehr einzuberufen. Jüdische Anwälte dürften nur in der Zahl zugelassen bleiben, die dem jüdischen Bevölkerungsanteil entspreche.[85] Diese Anweisung mit dreist erlogener Begründung stammte aus dem Preußischen Justizministerium, mit dessen 200jähriger Geschichte Namen wie Cocceji, Carmer und Savigny verbunden waren. Jetzt waltete dort der frühere Justizoberrentmeister Hanns Kerl, dem der frühere Rechtsanwalt und einstige bolschewistische Kommissar Dr. Roland Freisler[86] juristische Schützenhilfe gab.

Hinsichtlich der jüdischen Richter, die beurlaubt worden waren, herrschte zunächst Unklarheit. Ebenso wußte man in Köln zunächst nicht, was mit den jüdischen Anwälten geschehen würde, die trotz zusammengeschmolzener Klientel ihre Praxen weiterbetrieben.

Damals wurde indessen das Unrecht meist noch in Gesetzesform gekleidet. So erließ die Reichsregierung, die ja durch das Ermächtigungsgesetz vom 24. März 1933 freie Hand für die Gesetzgebung erhalten hatte, am 7. April 1933 ein Gesetz mit dem heuchlerischen Titel »zur Wiederherstellung des Berufsbeamtentums«.[87] Sein § 3 ordnete die Zurruhesetzung aller »nichtarischen« Beamten einschließlich der von der Weimarer Verfassung für unabsetzbar erklärten Richter an. Ausgenommen blieben Beamte, die vor dem 1. August 1914 angestellt worden waren, Frontkämpfer sowie Väter und Söhne gefallener Frontkämpfer. Das »Frontkämpferprivileg« war mit Rücksicht auf den Reichspräsidenten von Hindenburg in das Gesetz aufgenommen worden. Er hatte sich nämlich in einem Schreiben vom 4. April 1933 bei Hitler entrüstet darüber beschwert, daß Frontkämpfer und sogar

Kriegsbeschädigte aus ihren Berufen als Richter, Beamte oder Rechtsanwälte entfernt würden, nur weil sie jüdischer Abstammung seien.[88] Wörtlich heißt es in diesem Dokument preußischen Geistes: »Wenn sie wert waren, für Deutschland zu kämpfen und zu bluten, sollen sie auch als würdig angesehen werden, dem Vaterlande in ihrem Beruf weiter zu dienen.« Hitler wußte, daß er nur vorübergehend den Ehr- und Kameradschaftsgefühlen des preußischen Feldmarschalls Rechnung zu tragen brauchte. Ende 1935 — ein Jahr nach Hindenburgs Tod — wurden auch die Frontkämpfer unter den jüdischen Richtern und Beamten in den Ruhestand versetzt.[89]

Bei dem Landgericht Köln gab es zwei jüdische Richter: den Landgerichtsdirektor Dr. Simon, der mit seiner stattlichen Erscheinung geradezu den Typ des preußischen Reserveoffiziers verkörperte, und den seit vielen Jahren kränkelnden Landgerichtsrat Dr. Paul Philip. Beide waren Frontkämpfer und blieben bis Ende 1935 im Dienst. Über ihr ferneres Schicksal ist nichts bekannt.

Ein zweites Gesetz vom 7. April 1933 betraf die Zulassung zur Rechtsanwaltschaft und gab die Handhabe, jüdischen Anwälten die Zulassung zu entziehen, sofern sie nicht demselben Personenkreis angehörten, den das Berufsbeamtengesetz verschont ließ.[90]

Am 25. April 1933 verfügte der Preußische Justizminister gegen alle jüdischen Anwälte ein Vertretungsverbot. Hiervon ausgenommen blieben in Köln nur ein Rechtsanwalt am Oberlandesgericht und vier Rechtsanwälte beim Landgericht.[91] Es ging um die Verminderung der jüdischen Anwälte auf die dem Anteil der Juden an der Gesamtbevölkerung entsprechende Zahl. Im Durchschnitt des Reiches betrug der jüdische Bevölkerungsanteil 1 %, im OLG-Bezirk Köln jedoch 2,3 %. Die anwaltlichen Standesgremien stellten sich zugunsten der jüdischen Kollegen auf den Standpunkt, daß der ortsgebundene Durchschnitt zu gelten habe. Schließlich wurde fast allen jüdischen Rechtsanwälten unter Aufhebung des Vertretungsverbots ihre Zulassung erneut bestätigt. Sie konnten bis 1938 ihren Beruf ausüben, sofern sie sich nicht zur Auswanderung entschlossen. Von seiten der Richter und der Anwaltskollegen machte ihnen niemand Schwierigkeiten; aber sie waren einem starken Boykottdruck von außen ausgesetzt.

Im Jahre 1938 waren noch 33 jüdische Anwälte beim Landgericht zugelassen. Da dekretierte eine Verordnung vom 27. September: »Juden ist der Beruf des Rechtsanwalts verschlossen.«[92] Bis zum 31. Dezember 1938 mußten alle Juden in den Anwaltslisten gelöscht sein. Zur rechtlichen Beratung und Vertretung von Juden konnten jüdische »Konsulenten« zugelassen werden, die dann wie ein Anwalt auftreten durften. In Köln wurde Dr. Moritz Weinberg, ein hochangesehener Jurist, als Konsulent bestellt.

### *Fast alle Kölner Richter treten der NSDAP bei*

Das »Gesetz zur Wiederherstellung des Berufsbeamtentums« richtete sich auch gegen »arische« Beamte, die »nach ihrer bisherigen politischen Betätigung« nicht die Gewähr dafür boten, sich »jederzeit rückhaltlos für den nationalen Staat« einzusetzen (§ 4). Zudem mußte jeder Beamte sich die Versetzung in ein Amt von geringerem Rang — allerdings

unter Belassung seiner bisherigen Dienstbezeichnung und Bezüge — gefallen lassen, wenn es das »dienstliche Bedürfnis« erforderte (§ 5). Unter dem Druck dieser Bestimmungen, die praktisch die Unabsetzbarkeit und Unversetzbarkeit der Richter aufhoben, fand Ende April 1933 im Kölner Schwurgerichtssaal eine denkwürdige Richterversammlung statt.
Bis dahin hatte es unter den Kölner Richtern wohl noch keinen Parteigenossen gegeben. Durch einen Beschluß des Preußischen Staatsministeriums vom 9. 7. 1930[93] war die Unvereinbarkeit der Beamtenstellung mit der Zugehörigkeit zur KPD oder NSDAP ausgesprochen worden. Am 27. 7. 1932 — nach dem »Preußenschlag« von Papens — hatte die preußische Regierung diesen Beschluß insoweit aufgehoben, als er sich auf die NSDAP bezog.[94] Die Hitlerpartei fand jedoch unter Juristen wenig Anklang, so daß es am 30. Januar 1933 unter den etwa 7.000 preußischen Richtern nur 30 aktive NSDAP-Mitglieder gab. Unter den Kölner Juristen war der »älteste Kämpfer« Rechtsanwalt Kurt Bartels, der für Ley, Grohé u. a. auftrat. Er war jedoch — das ist allgemeine Ansicht — ein anständiger Mann und verteidigte nach der »Machtübernahme« auch Kommunisten. Die Folge war, daß er durch Beschuldigungen, die sich auf sein Privatleben bezogen, um seine bürgerliche Existenz gebracht wurde. Mehr Erfolg hatte ein »jüngerer Kämpfer«, der Rechtsanwalt Josef Krämer aus Köln-Mülheim. Als der Sieg des Nationalsozialismus sich abzeichnete, war er rechtzeitig vom CV und von der Zentrumspartei zur NSDAP übergetreten und hatte es hier zum Gaujuristenführer gebracht. Später wurde er sogar Kreisleiter.
Dieser Rechtsanwalt Krämer nun wandte sich an die im Schwurgerichtssaal versammelten Richter und Staatsanwälte, um ihnen die Notwendigkeit ihres Eintritts in den NS-Juristenbund und die NSDAP nahezubringen. Er sprach davon, daß der Staat der Zukunft ein Ständestaat sein und der NS-Juristenbund darin die Juristenschaft repräsentieren werde. Da aber der NS-Juristenbund nur eine Nebenorganisation der Partei sei, gehöre jeder Jurist sowohl in den Bund als auch in die Partei. Zudem gebe, wer nicht in der Partei sei, damit seine Gleichgültigkeit oder seine Gegnerschaft kund. Im einen wie im anderen Falle sei er für den Dienst in der staatlichen Rechtspflege ungeeignet. Schließlich sei der Jurist als Akademiker verpflichtet, seinen geistigen Einfluß in der Partei zur Geltung zu bringen, damit aus der Revolution eine Evolution werde.
Landgerichtsdirektor Josten und Amtsgerichtsrat Dr. Loevenich meldeten Bedenken an. Dr. Loevenich, der später den Vorsitz in einem Sondergericht erhielt, begründete eingehend seine Ablehnung und stimmte offen gegen die den Beitritt empfehlende Entschließung. Indessen überrumpelte man die Erschienenen mit Beitrittsformularen, die durch die Sitzreihen gereicht und nachher von Türhütern in Empfang genommen wurden. Auch sahen die Richter sich von ihrer Standesorganisation, dem Preußischen Richterverein, im Stich gelassen. Sogenannte »fortschrittliche Kräfte«, meist junge Richter mit großer Glaubensbereitschaft, hatten in dem engeren Vorstand Oberhand gewonnen und beschlossen, sich in die »gemeinsame Kampffront Adolf Hitlers« einzureihen.[95] Die meisten Kölner Richter unterzeichneten das Beitrittsformular. Nur wenige blieben standhaft, darunter Landgerichtsdirektor Horten (zuletzt Senatspräsident), der auch den bald offiziell

eingeführten Hitlergruß unterließ und deshalb von einem Handelsrichter denunziert wurde.

Der Richterbund wurde alsbald in den NS-Juristenbund (später NS-Rechtswahrerbund) überführt, dem auch das Vermögen des noch im Jahre 1933 von Rechtsanwalt Dubelmann liquidierten »Kölner Anwaltverein e. V.« zufiel.

Mit dem Eintritt des größten Teils der Kölner Richter in die NSDAP vollzog sich nicht etwa ein plötzlicher Gesinnungswandel, sondern es wurden die verschiedensten allzumenschlichen Beweggründe wirksam: Resignation gegenüber dem unvermeidlich Scheinenden, Existenzsorge, bei einigen opportunistische Anpassung, bei vielen die Hoffnung, sich durch Beitragszahlungen von der Politik freikaufen zu können, bei nicht wenigen auch der gute Glaube, die Bewegung lasse sich durch Einflußnahme von innen entradikalisieren.

Was bei der Justiz geschah, hatte hundertfältige Parallelen in anderen Bereichen des öffentlichen Lebens: Ämtern, Universitäten, Schulen und Zeitungsverlagen. Der rheinische Dichter und Journalist Otto Brües schildert in seinen Lebenserinnerungen, wie die liberale »Kölnische Zeitung« unter wachsendem Druck in den »Kurs der Anpassung« einschwenkte und er selbst auf den beschwörenden Appell eines der Redaktionssenioren hin widerstrebend der Partei beitrat.[96] Zur gleichen Zeit huldigten Dichter wie Grimm, Stehr, Johst, Binding, Weinheber, Ponten, Halbe, von Molo u. a. emphatisch dem »Volkskanzler«, ebenso Gelehrte wie Pinder, Sauerbruch und Heidegger. Selbst der bis dahin von der NS-Propaganda als »Gewerkschafts-Goethe« verspottete Gerhart Hauptmann schrieb einen Artikel mit der Überschrift: »Ich sage Ja!«

*Am 1. Mai: Justiz und Volkspolizei*

Daß es mit dem Beitragzahlen nicht getan war, zeigte sich am 1. Mai 1933, dem ersten »Tag der nationalen Arbeit«. Die Richter und Staatsanwälte wurden aufgerufen, in ihrer Dienstkleidung, also in Robe und mit Barett, an dem großen Aufmarsch teilzunehmen, den die »Arbeiter der Stirn und der Faust« in Köln veranstalteten. Auch andere Berufsgruppen kamen in ihrer jeweils besonderen Kleidung: die Bäcker in Weiß mit hoher Mütze, die Schornsteinfeger in Schwarz mit Kehrgerät und Leiter. So schön das für Kinder gewesen sein mag — es war nicht jedermanns Sache, aktiv bei einem solchen Mummenschanz mitzuwirken. So erschien der Landgerichtsrat Dr. Haas in Zivil und mit dem damals noch modischen steifen Hut, der »Melone«, auf dem Kopf. Er wußte nicht, daß diese im Londoner Bankenviertel häufig anzutreffende Kopfbedeckung bei den Nationalsozialisten verpönt war, und zwar besonders bei derem sozialistischen Flügel, der für die Maifeier verantwortlich zeichnete. Kaum hatte er sich in den Marschblock «Justiz« eingereiht, da ertönte auch schon aus einem Lautsprecher die Stimmte eines Ordners: »Der Herr da mit dem Juden-Stahlhelm, raustreten!« Der so Angepöbelte ließ sich das nicht zweimal sagen und ging nach Hause.

Statt militärischer Formationen, die es damals im Rheinland nicht gab, ließ man Polizeieinheiten in dem Mai-Umzug mitmarschieren. Es ist ein Beispiel für die vielen Gemein-

samkeiten im Denken aller Diktatoren, daß das NS-Organ »Westdeutscher Beobachter« (1. 5. 1933) diese Polizisten als »Volkspolizei« bezeichnete.
In der Folgezeit kamen schnell neue Worte und Begriffe auf. Das Wort »Jurist« sollte aus dem deutschen Sprachschatz möglichst verbannt werden. Es leitete sich von dem lateinischen »ius« her und erinnerte damit an das Römische Recht, in dem die neuen Machthaber eine der Quellen aller sozialen Übel sahen. Daher hieß es fortan grundsätzlich: »Rechtswahrer«. Im arbeitsrechtlichen Verhältnis sollte nicht mehr von »Arbeitgeber« und »Arbeitnehmer«, sondern von Gefolgschaftsführer« und »Gefolgschaft« gesprochen werden. Dieser an das Germanentum erinnernde Sprachgebrauch war auch für Behörden maßgebend, so daß deren Bedienstete »Gefolgschaftsmitglieder« hießen. Zugleich war man bestrebt, das Wort »Kollege« durch »Kamerad« zu ersetzen. Aus dem »kollegialen Zusammensein« wurde der »Kameradschaftsabend«.

*Justiz und SA-Terror*

Die ersten Opfer einer Revolution sind natürlich diejenigen, gegen die sich die revolutionäre Bewegung richtet. Als weitere Opfer folgen gewöhnlich die Revolutionäre selbst. So war es in der Sowjetunion mit Trotzki und seiner zu mächtig gewordenen alten Garde, und so war es im »Dritten Reich« mit Stabschef Röhm und seiner SA. Bevor die SA durch die Ereignisse des 30. Juni 1934 entmachtet wurde, emanzipierte sie sich weitgehend von allen rechtlichen Bindungen und scheute auch vor Eingriffen in die Rechtspflege nicht zurück. Hierfür zwei Beispiele:
Anfang 1933 errichtete die Kölner SA-Brigade 71 in einer alten Pulverfabrik in Porz-Hochkreuz ein Lager für Kommunisten und nichtpolitische Häftlinge. Unter Mitwirkung zweier Polizisten nahmen die SA-Leute in der ganzen Umgebung Festnahmen vor und hatten schließlich 41 nichtpolitische Häftlinge beisammen. Durch bestialische Mißhandlungen in dem als »Folterkammer« bezeichneten früheren Kesselhaus der Fabrik nötigten sie den Häftlingen zahlreiche Geständnisse über angeblich oder wirklich begangene strafbare Handlungen ab. Insbesondere gab eine Gruppe von Inhaftierten ganze Serien von Einbrüchen bei den Fordwerken und von Versicherungsbetrügereien mit fingierten Diebstählen oder Brandstiftungen zu. Die SA-Leute prahlten, sie könnten besser ermitteln als jedes Gericht. Ihr Obersturmbannführer, ein gewisser Schreiber, ließ sich sogar von Ford und von den durch die Betrugstaten geschädigten Versicherungsfirmen Prämien auszahlen. Die »geständigen« Lagerinsassen kamen in den Gewahrsam der Justiz, wo die meisten ihre Angaben alsbald widerriefen. Einer wurde vor der gr. Strafkammer des Landgerichts von dem schon als »alter Kämpfer« erwähnten Rechtsanwalt Bartels verteidigt. Bartels stellte das Anwaltsethos über die politische Linientreue. Mit aller Schärfe erklärte er, sein Mandant sei von der SA geradezu »nach mittelalterlicher Methode« gefoltert worden. Zum Beweis berief er sich auf 15 gleichfalls in dem Lager gewesene Zeugen. Die beiden beteiligten Polizeibeamten leugneten unter Eid jede Mißhandlung. Inzwischen hatte jedoch der Gefängnisarzt bei verschiedenen aus dem Lager gekommenen Häftlingen Spuren schwerer Miß-

handlungen festgestellt. Daraufhin erließ der Amtsrichter gegen die zwei Polizeibeamten und gegen sechs SA-Leute einschließlich des Lagerführers Haftbefehl. In dem nun folgenden Ermittlungsverfahren, über das laufend an den Justizminister berichtet werden mußte, ging es um Delikte, die wahrhaftig kein Pappenstiel waren: Meineid, Körperverletzung im Amt, Nötigung im Amt, schwere Körperverletzung, Amtsanmaßung, einfache Nötigung usw. Gleichwohl stellte die Staatsanwaltschaft das Verfahren nach dem Straffreiheitsgesetz vom 7. August 1934 ein, weil die Beschuldigten aus »ehrenhafter Gesinnung gehandelt« und »in ihrem Übereifer . . . keinen Unterschied zwischen der Behandlung der Kommunisten und der Einbrecher gemacht« hätten.[97] Die Formulierung stammt von einem Gerichtsassessor, der, wie das immer bei großen Teilen der Jugend der Fall ist, ziemlich unreflektiert »auf dem Boden der Zeit« stand.

Der zweite Fall zeigt noch deutlicher, wie sehr die Autorität der Justiz gesunken war und wie selbstherrlich die meist primitiven Straßenkämpfer im Braunhemd auftraten.

Am 23. Juni 1933 begann vor dem Kölner Schwurgericht eine Verhandlung gegen mehrere Angeklagte wegen versuchten Totschlags und versuchten schweren Raubes. Die Straftaten hatten sich auf dem Gaststättengrundstück einer Witwe Schottmann an der Venloer Straße in Köln-Bickendorf abgespielt. Die Sache war nicht ohne Spannung. Die Täter waren nämlich mit Masken und Pistolen in das Anwesen eingedrungen und hatten es auf eine von der Witwe kurz zuvor kassierte größere Versicherungssumme abgesehen. Das Geld war indessen gut versteckt, nämlich im Bett der alten Dame. Die Verhandlung hatte viele Zuhörer angelockt, zumal aus den Kreisen der damals noch zahlreichen Arbeitslosen. Plötzlich öffnet sich die Tür, und an dem verdutzten Wachtmeister vorbei poltert ein Trupp von SA-Männern in den Saal. Der Anführer erklärt, er müsse den Geschworenen von der Acht vorläufig festnehmen. Das Gericht ist fassungslos. Der die Anklage vertretende Staatsanwaltschaftsrat Dr. Vossen kommt wenigstens auf den Gedanken, nach der Legitimation der Eindringlinge zu fragen. Eine solche ist nicht vorhanden. Nicht einmal zu der von Göring aus Teilen der SA gebildeten Hilfspolizei gehören diese gestiefelten Braunhemdler. Sie bezeichnen sich als »Ortsgruppen-Ermittlungsdienst«, der überall in der Stadt Haussuchungen durchführe. Weshalb sie den Geschworenen von der Acht festnehmen wollen? Weil er SPD-Funktionär gewesen sei, weil er noch vor der letzten Wahl SA-Leute »Bluthunde« genannt und aufreizende Flugblätter verteilt habe. Der Vorsitzende unterbricht die Sitzung und läßt zu, daß der SA-Trupp den vor Angst zitternden Geschworenen abführt. Mir dem Veteran von Wachtmeister, der ihm für die »Sitzungspolizei« zur Verfügung steht, kann er nichts ausrichten.[98] Der Geschworene von der Acht isr wahrscheinlich zum »Braunen Haus«, Mozartstraße 26, gebracht und ähnlich brutal zusammengeschlagen worden wie in der Nacht zum 9. März 1933 der um Köln so verdiente SPD-Politiker Wilhelm Sollmann.[99]

Wenn auch der Terror in der rasch gleichgeschalteten Presse verschwiegen oder umgefälscht wurde, blieb er dennoch nicht verborgen. Im Vergleich zur SA trat die wesentlich kleinere SS weniger in Erscheinung, so daß man sie vielfach als die »vornehmere« der beiden Parteitruppen ansah. Den 30. Juni 1934 erlebten viele nicht als Tag des Schreckens, sondern als Tag der Erleichterung. Sie glaubten nämlich, der »Führer« habe sich durch hartes Durchgreifen der terroristischen Kräfte in seiner Partei entledigt. Daß in Wirklichkeit der ungeregelte SA-Terror durch den geregelten SS-Terror abgelöst wurde, erkannten die wenigsten.

Das strafrechtliche Vorgehen gegen NS-Gewalttäter war dadurch erschwert, daß die Staatsanwaltschaft in derartigen Fällen dem Justizministerium zu berichten hatte und daß dann hinter den Kulissen ein Tauziehen zwischen mehr justiz-orientierten und mehr parteiorientierten Kräften begann. Immerhin konnten in Köln mehrere Verfahren gegen »alte Kämpfer« durchgeführt werden.

So wurde der berüchtigte SA-Standartenführer Hein Odendall durch eine Strafkammer des Landgerichts wegen Untreue, Nötigung und Sittlichkeitsvergehen zu einer längeren Gefängnisstrafe verurteilt, die zugleich seine politische Laufbahn beendete (1934/35).

Am 20. Dezember 1935 verurteilte das Schwurgericht in Köln unter dem Vorsitz von Landgerichtsdirektor Funk (später Sondergerichts-Vorsitzender) den SA-Hauptsturmführer Berrisch wegen Totschlags zu zwei Jahren Gefängnis.[100] Beim Erntedankfest in Worringen hatte ein gewisser Höltscher mit »Guten Abend« gegrüßt, worauf der Angeklagte erwidert hatte: »Du Arschloch«. Bei einer anschließenden Prügelei hatte der Angeklagte den kürzeren gezogen. Im zweiten Akt der Auseinandersetzung hatte der Angeklagte plötzlich nach seinem SA-Dolch gegriffen und damit so fest zugestochen, daß der Stahl in Leber und Herz des Gegners eindrang und damit dessen Tod verursachte. Das Schwurgericht sprach in seinem Urteil von der »Rauflust« des Angeklagten, die schon bei anderer Gelegenheit zutage getreten sei. Auch von der Pflicht des Uniformträgers »zu würdevollem und gezügeltem Auftreten« war in dem Urteil die Rede. Das verhältnismäßig geringe Strafmaß ist damit zu erklären, daß der später Getötete sich nicht zurückgehalten, sondern bis zu einem gewissen Grade den Streit gesucht hatte.

Nach langen Auseinandersetzungen zwischen Justiz- und Parteistellen fand eine verbrecherische SA-Aktion, die sich am 19. Oktober 1933 in Köln-Sülz ereignet hatte, gerichtliche Sühne. SA-Leute hatten auf Befehl einen angeblichen Kommunisten erschossen, der nach einer Haussuchung festgenommen worden war. Am 23. Juni 1939 verurteilte das Schwurgericht in Köln die Schuldigen wegen gemeinschaftlichen Totschlags zu hohen Zuchthausstrafen. Der Vorsitzende, Landgerichtsdirektor Dr. Franz Heimsoeth (später SenPr. a. OLG)[101], führte aus: Die Angeklagten hätten trotz des ihnen erteilten Befehls wissen müssen, daß es in jedem Fall ein Verbrechen sei, einen Menschen ohne weiteres niederzuschießen. Zum Schutz des Staates und seiner Bürger seien Polizei und Justiz da. Es sei nicht Aufgabe der SA, unter Umgehung dieser Organe einen vermeintlichen Staatsfeind zu töten, ohne ihm die Möglichkeit zu geben, sich in einem ordentlichen Verfahren zu rechtfertigen. Die Verhandlung mußte unter strengstem Ausschluß der Öffentlichkeit stattfinden, weil aufgrund einer angeblich aus England stammenden Anzeige ein deutscher Abwehragent mitangeklagt war, der sich jedoch als an der Bluttat völlig unbeteiligt erwies. Trotz dieser Geheimhaltung verbreitete Radio Luxemburg noch am gleichen Tag wörtliche Auszüge aus der Urteilsbegründung. In seinem Sammelwerk über die nationalsozialistischen Gewaltverbrechen würdigt Henkys das Urteil als »Beispiel für den Wagemut, dessen es bedurfte, um im Unrechtsstaat rechtsstaatliche Grundsätze zu verkünden.«[102]

*Zwei Schauprozesse: Kommunistenprozeß und Görreshaus-Prozeß*

Während Strafverfahren gegen prominente Nationalsozialisten nicht selten durch Einflußnahme der Partei auf das Justizministerium und von dort auf die Staatsanwaltschaft unterdrückt, zum mindesten aber geheimgehalten wurden, war es genau umgekehrt bei Verfahren gegen politisch mißliebige Persönlichkeiten. Hier sprach die NS-Presse — in Köln der »Westdeutsche Beobachter« — superlativistisch von der Schuld der Angeklagten und stellte sie förmlich an einen Pranger von Schlagzeilen.

Beim Landgericht Köln sind nach der »Machtübernahme« zwei Strafprozesse durch justizfremde Kräfte zu »Schauprozessen« gemacht worden.

Am 17. Juli 1933 begann vor dem Schwurgericht unter Vorsitz von Landgerichtsdirektor Trümper ein Strafverfahren gegen 17 Kommunisten wegen vollendeten und versuchten Mordes in je zwei Fällen. Den Angeklagten, die dem Rotfrontkämpferbund angehörten, wurde vorgeworfen, am 24. Februar 1933 in der Nähe des Eigelsteintores die SA-Leute Spangenberg und Winterberg erschossen, einen weiteren SA-Mann in Tötungsabsicht verletzt und schließlich auf einen Polizeibeamten geschossen zu haben. Die Presse tat alles, um das psychologische Klima zu erzeugen, das man für einen Schauprozeß braucht. Der »Westdeutsche Beobachter« wartete täglich mit neuen Schlagzeilen auf: »Gegen die Mörder unserer Parteimitglieder Spangenberg und Winterberg« — »Auge um Auge, Zahn um Zahn« — »Zeugen und Sachverständige bestätigen rote Blutschuld« — »In Erwartung der Todesurteile« —. Selbst der bürgerliche »Kölner Stadt-Anzeiger« (17. 7. 33, Nr. 335) sprach von einer »in den Annalen feiger Verbrechen fast beispiellosen Bluttat.« Von der Loge des Schwurgerichtssaales aus verfolgten Gauleiter Grohé, Oberbürgermeister Dr. Riesen und Polizeipräsident Lingens das Prozeßgeschehen. Im Vordergrund des dicht besetzten Zuhörerraumes saßen die SA-Standartenführer Palm und Odendall. Angeblich zum Schutz gegen einen KP-Angriff riegelte ein Polizeikordon den Appellhofplatz ab. Am Tag der Urteilsverkündung glich das Gericht einer Festung. Im Lichthof standen Gewehrpyramiden.

Die Hauptverhandlung mit 45 Zeugen und mehreren Sachverständigen dauerte sechs Tage. Rechtlich ging es um schwierige Abgrenzungen: Totschlag — Mord, Teilnahme — Täterschaft. Wichtig war die subjektive Tatseite, zumal sich nach damaliger Gesetzesfassung der Mord durch das Merkmal der »Überlegung« vom Totschlag unterschied. Die Angeklagten waren Männer mit Schlägermützen und stammten, wie wohl auch ihre Opfer, aus dem dunkelsten Köln. Sie hatten von ihrem jetzt verschwundenen Führer den Befehl gehabt, alle SA-Leute zu durchsuchen und zu entwaffnen. Ob sie »überlegt«, d. h. das Für und Wider abgewogen hatten, bevor sie schossen? Man konnte es bezweifeln. Bei einem von ihnen war allerdings eine richtige Waffenwerkstatt ausgehoben worden.

Vierter Verhandlungstag des Kölner Rotmord-Prozesses:

# Auge um Auge, Zahn um Zahn

## Erster Staatsanwalt Thissen fordert 8 Todesurteile

### Pg. Rechtsanwalt Bartels fordert als gerechte Sühne den Kopf der Täter

Die Würfel sind gefallen

Die acht Anträge auf Todesurteil

Der die Anklage vertretende Erste Staatsanwalt Thissen beschränkte sich leider nicht auf Ausführungen zur Sach- und Rechtslage. Sein Plädoyer glitt stellenweise in eine politische Rede mit »stolzem Bekenntnis zur Dankbarkeit für die gefallenen Helden der braunen Armee« (WB) ab.

Als Offizialverteidiger standen den Angeklagten hervorragende Kölner Anwälte wie Schwengers, Dr. Steiner, Achter, Sollors, Theisen, Hüppeler, Justizrat Schrammen und Justizrat von Coellen zur Seite. Nachdem der Angeklagevertreter u. a. acht Todesurteile beantragt hatte, plädierte Rechtsanwalt Schwengers für den Hauptangeklagten Hamacher. Unter geschickter Anspielung auf die politisierende Anklagerede betonte er die Notwendigkeit, sich bei der Beurteilung des Falles von allen Gefühlen freizumachen. Auch müsse die Tat aus der Sicht der Zeit gesehen werden, in der sie begangen worden sei. Insbesondere wandte er sich gegen die Annahme, sein Mandant habe, »mit Überlegung« getötet.

# In Erwartung der Todesurteile

## Der Tag der Verteidigung

Rechtsanwalt Achter

Justizrat von Coellen

Unter den anderen Verteidigern tat sich der damals noch junge Rechtsanwalt Achter (heute Prof.) hervor. Er sprach offen aus, daß es sich hier um einen politischen Prozeß handele. Das sei ein Widerspruch in sich. Politik bedeute Kampf und damit Parteilichkeit. Der Prozeß hingegen müsse ein Mittel unparteilicher Wahrheitssuche sein.

Das Schwurgericht befand sechs Angeklagte — darunter einen in zwei Fällen — des Mordes für schuldig und verurteilte sie zum Tode. Die übrigen Angeklagten erhielten wegen Beihilfe, Begünstigung, verbotenen Waffenbesitzes und anderer Delikte Zuchthaus- oder Gefängnisstrafen. Der Vorsitzende erklärte, das Gericht habe in den sechs Fällen auf Todesstrafe erkennen müssen und sich dabei nicht von politischen Gesichtspunkten leiten lassen. Dennoch fragte man sich in Köln, ob nicht die massive Propaganda die Entscheidung beeinflußt habe. Die NS-Presse hingegen fand es bedauerlich, daß man so lange verhandelt und nicht alle Angeklagten zum Tode verurteilt hatte.[103]

Im Vorjahr waren in Beuthen fünf SA-Leute zum Tode verurteilt worden, weil sie in dem Dorf Potempa einen polnischen Kommunisten umgebracht hatten. Schon unter der Regierung von Papen waren sie zu lebenslangem Zuchthaus begnadigt worden, und jetzt befanden sie sich auf freiem Fuß. Die Gnadengesuche der Kölner Kommunisten blieben hingegen ohne Erfolg. Am 30. November 1933 fanden im Klingelpütz die Hinrichtungen statt. Auf Weisung Görings wurden sie nicht, wie seit der Franzosenzeit im Rheinland üblich, mit dem Fallbeil, sondern mit dem Handbeil vollzogen. Dabei sollen sich grauenhafte Szenen abgespielt haben.

Bei dem zweiten von der NS-Propaganda politisierten Prozeß ging es um folgendes: Das bekannte Zentrumsblatt »Kölnische Volkszeitung« wurde von der 1925 gegründeten Görreshaus GmbH gedruckt und vertrieben. Zur Zeit der Scheinblüte nahm diese Gesellschaft wie viele Unternehmen umfangreiche amerikanische Kredite auf, mit denen sie ein imposantes Druck- und Verlagshaus am Neumarkt errichtete. Bald zeigten Millionenverluste, daß sie sich dabei finanziell übernommen hatte. Man suchte 1930 einen Ausweg, indem man die GmbH in eine Aktiengesellschaft umwandelte und eine weitere Tageszeitung (»Kölner Tageblatt«) übernahm. Gleichwohl geriet das Unternehmen immer tiefer in den Strudel des allgemeinen wirtschaftlichen Niedergangs. Der Sieg des Nationalsozialismus zerstörte die letzten Chancen, vor allem die Hoffnung auf staatliche Subventionen. Im April 1933 scheiterte ein Antrag auf Einleitung des gerichtlichen Vergleichsverfahrens. Das Amtsgericht eröffnete stattdessen den Konkurs. Wenige Tage später, am 26. April, wurden die Vorstandsmitglieder Justizrat Dr. h. c. Mönnig, Generalkonsul Maus und Konsul Stocky verhaftet und unter dem hetzerischen Trommelfeuer der NS-Presse als »Volksschädlinge« in den Klingelpütz eingeliefert. Man warf ihnen vor, bei der Gesellschaftsumwandlung handelsrechtliche Bestimmungen verletzt, ein in Wirklichkeit nicht vorhandenes Aktivvermögen vorgespiegelt und sowohl Anteilserwerber als auch Darlehensgeber getäuscht zu haben. Solche Vorwürfe — strafrechtlich Betrug und betrügerischer Bankrott — wogen in der bürgerlichen Welt fast noch schwerer als Mord und Totschlag. Als Komplize wurde der Filialdirektor der Deutschen Bank, Dr. Paul Brüning, festgenommen. Ein weiterer Beschuldigter, dem man noch das wenigste zur Last legte, nahm sich in der Untersuchungshaft das Leben.

Die NS-Hetze stand unter dem Schlagwort »Korruption« und zielte in erster Linie gegen Justizrat Dr. Mönnig, der einer der profiliertesten Zentrumspolitiker gewesen war. Er sollte diffamiert werden, und mit ihm wollte man das ganze Zentrum treffen.

Als jedoch im August 1933 nach überraschend schneller Anklageerhebung vor einer gr. Strafkammer unter Vorsitz von Landgerichtsdirektor Fehr die Hauptverhandlung begann, zeigten sich manche Reporter unangenehm überrascht. Auf dem Verteidigersitz vor Mönnig hatte ein Mann Platz genommen, der allein durch seinen Ruf in Deutschland das Propagandakonzept gründlich verdarb: Rechtsanwalt Prof. Dr. Friedrich Grimm aus Essen. Dieser wortgewaltige Anwalt hatte sich auf politische Prozesse gewissermaßen spezialisiert. Da er bisher fast ausschließlich Männer der nationalen Rechten verteidigt und sich sogar erfolgreich vor französischen Kriegsgerichten geschlagen hatte, galt er als ein großer nationaler Kämpfer. Er hatte wohl auch Beziehungen zu einigen Größen des neuen Regimes. Bei der NS-Presse genoß er Immunität, was auch seinen Mandanten zugute kam. Indessen focht der Anklagevertreter, Staatsanwaltschaftsrat Thomas, mit einer Leidenschaft, die in seltsamem Kontrast zur spröden Natur des Prozeßstoffes stand: Zahlen, Bilanzen und wiederum Zahlen. Nach der umfangreichen Beweisaufnahme donnerte er fast drei Stunden wider die Angeklagten und ließ kein gutes Haar an ihnen, um ihr volksschädliches Verhalten anzuprangern. Prof. Grimm erfaßte sofort: die Reporter dürfen nicht unter dem Eindruck dieser Rede in ihre Redaktionen zurückkehren. Im Einvernehmen mit den übrigen Verteidigern, den Kölner Rechtsanwälten JR Dr. Schreiber, Klefisch und JR von Coellen, meldete er sich zu einem sofortigen »Vorplädoyer« für alle Angeklagten. Obwohl Samstag war, kehrten die aufbruchbereiten Zeitungsleute auf ihre Plätze zurück. Atemlose Spannung legte sich über den Gerichtssaal. Was jetzt folgte, war ein rhetorisches Meisterwerk, vor dessen Glanz die vielen Worte des Staatsanwalts rasch verblaßten. Grimm sprach über das Thema »Prosperitytaumel«, über die kurze Konjunktur der zwanziger Jahre und deren Umschlag in die Krise. Der Prozeß betreffe einen typischen Fall der Prosperityzeit. Es handele sich hier nicht um individuelles Verschulden oder gar Kriminalität, sondern um die Auswirkungen eines wirtschaftlichen Geschehens, in das alle verstrickt seien. Schon dieses Plädoyer wurde als sensationell empfunden. Die Anklagerede fand in den Sonntagszeitungen kaum noch Resonanz, und statt dessen hieß es in den großen Schlagzeilen: »Prosperitytaumel«.

Am folgenden Montag sprach Prof. Grimm für seinen Mandanten, Justizrat Mönnig. In der Sache selbst wies er nach, daß Mönnig sich einer vorsätzlichen Tat nicht schuldig gemacht haben könne, da er dem Vorstand gewissermaßen nur ehrenhalber angehört und sich nicht mit konkreten Geschäften befaßt habe. Dann ging er auf die politische Haltung seines Mandanten ein und stellte diesem gewissermaßen ein persönliches Leumundszeugnis aus: »Ich stehe hier nicht nur als Anwalt und Verteidiger, sondern auch als Eideshelfer im deutschrechtlichen Sinne.« Indem er die politische Laufbahn Mönnigs nachzeichnete, hob er dessen nationale Verdienste insbesondere zur Zeit des Ruhrkampfes, der Separatistenwirren und der Rheinlandräumung hervor. Bald jähre sich zum zehnten Mal der Tag des deutschen Sieges über die Separatisten bei Ägidienberg. Es wäre unerträglich, wenn Mönnig, der zu den Schrittmachern dieses Sieges gehörte, sich dann noch in Haft befände. Am Schluß des mit großer Sprachgewalt vorgetragenen Plädoyers war aus dem »korrupten Zentrumsmann« Mönnig ein nationaler Held geworden, dem sogar der »Westdeutsche Beobachter« am selben Tag ein paar rehabilitierende Zeilen widmete. Sichtlich beeindruckt beschloß die Strafkammer nach kurzer Beratung gegen den Widerspruch des Staatsanwalts die Aufhebung des Haftbefehls gegen Mönnig. Die Mitverteidiger beglückwünschten Prof. Grimm zu seinem Plädoyer und zu dessen Erfolg. Mönnig wurde nur wegen Vergehens nach § 315 HGB zu einer geringfügigen Gefängnis- und Geldstrafe verurteilt, die das Gericht für durch die Untersuchungshaft verbüßt erklärte. Dagegen verhängte die Strafkammer gegen Maus, Stocky und Bankdirektor Dr. Brüning Gefängnisstrafen bis zu drei Jahren. Auch hier sah der Gerichtsvorsitzende sich veranlaßt, zu betonen, daß die Politik keinerlei Einfluß auf den Prozeß gehabt habe.[104]

Kommunistenprozeß und Görreshaus-Prozeß — es gibt keinerlei Anhaltspunkte dafür, daß in einem dieser Prozesse aus politischen Motiven das Recht gebeugt worden ist. In beiden Prozessen stand jedoch das Gericht unter dem starken Außendruck, der geeignet war, seine Unabhängigkeit, wenn auch nur auf unbewußtem Wege, zu beeinträchtigen. Derartiges kommt in abgewandelter Form auch heute vor, wenn Massenmedien und lauthals demonstrierende Gruppen ohne Rücksicht auf die Rechtslage einem Gericht eine bestimmte Entscheidung abfordern.

Zur Person des Rechtsanwalts Prof. Dr. Grimm ist nachzutragen: Er war auch später noch wiederholt für Persönlichkeiten aus dem früheren Zentrumslager, u. a. für den ehemaligen Reichskanzler Marx, tätig. Andererseits erhielt er Aufträge von der nationalsozialistischen Reichsregierung. Darin mag eine Zwiespältigkeit liegen. Sie kann jedoch hier nicht analysiert werden.

*Die ersten Jahre des »Sondergerichts bei dem Landgericht Köln«*

Schlimmer als das politisierende Hochspielen von Strafsachen war die Errichtung von Sondergerichten, durch die ein großer Teil der politischen Strafsachen dem in den allgemeinen Gesetzen festgelegten Verfahrensgang entzogen wurde.

Sondergerichte hatte es auf Grund von Notverordnungen schon in der Weimarer Republik gegeben, und zwar nicht nur die früher erwähnten »Wuchergerichte« gegen Wirtschaftsdelikte (1919—1924), sondern unter der Regierung von Papen auch Sondergerichte gegen politischen Terror (1932).[105] Ein Sondergericht war es gewesen, das am 22. August 1932 in Beuthen die fünf SA-Leute zum Tode verurteilt hatte, denen der Mord an dem polnischen Kommunisten aus Potempa zur Last fiel. Hitler hatte damals maßlos gegen das Gericht und »die dummen Phrasen von Ruhe und Ordnung« gewettert.[106] Jetzt, da er selbst an der Macht war, sah er es anders. Am 21. März 1933 erließen er und sein Kabinett eine

Sondergerichts-Verordnung, die sich im Wortlaut eng an die Verordnung der Regierung von Papen anlehnte und sich auf dieselbe Ermächtigungsgrundlage stützte, nämlich die Notverordung des Reichspräsidenten vom 6. 10. 1931 zur Bekämpfung politischer Ausschreitungen. Drei Tage später hätte es solcher juristischen Krücken nicht mehr bedurft. Am 24. März 1933 ermächtigte die Mehrheit des Reichstages die Regierung, ohne parlamentarische Mitwirkung Gesetze zu beschließen, die von der Reichsverfassung abweichen durften und nur die Einrichtungen des Reichstages und des Reichsrates unberührt lassen mußten.

Die neuen Sondergerichte waren zuständig für die Verbrechen und Vergehen nach den Verordnungen des Reichspräsidenten zum Schutz von Volk und Staat vom 28. Februar 1933 und zur Abwehr heimtückischer Angriffe gegen die Regierung der nationalen Erhebung vom 21. März 1933.[107] Ihre Besetzung bestand aus drei Berufsrichtern einschließlich des Vorsitzenden. Das unter rechtsstaatlichen Gesichtspunkten Bedenkliche lag darin, daß die Angeklagten ohne Einhaltung der in der Strafprozeßordnung vorgesehenen Fristen verurteilt werden konnten, wenn sie auf frischer Tat betroffen waren oder ihre Schuld sonst offen zutage lag. Nicht einmal die Anklageschrift brauchte zugestellt zu werden. Das Gericht bestimmte den Umfang der Beweisaufnahme nach freiem Ermessen. Und das Wichtigste: Gegen die Entscheidungen der Sondergerichte gab es keine Rechtsmittel. Nur die Wiederaufnahmemöglichkeiten waren in gewissem Umfang erweitert.

Wie der spätere Reichsjustizminister Thierack formuliert hat, sollten die Sondergerichte eine »scharfe Waffe der Staatsführung zur Aburteilung politischer Straftaten« sein.[108] Das war mehr ein politischer als ein rechtlicher Zweck.

Für jeden Oberlandesgerichtsbezirk war ein Sondergericht bei einem von der Landesjustizverwaltung zu bestimmenden Landgericht vorgesehen. Die Sache wurde, wie fast alles in der NS-Zeit, mit äußerster Eile betrieben. Schon am 22. März 1933, 16.00 Uhr, ging über Polizeifunk bei dem Landgerichtspräsidenten in Köln die Weisung des Preußischen Justizministers ein, sofort ein Sondergericht bei dem Landgericht zu errichten. Das eiligst einberufene Präsidium beschloß zwei Tage später die Besetzung des Sondergerichts. Entsprechend dem Vorschlag des Landgerichtspräsidenten wurde Landgerichtsdirektor Greeven zum Vorsitzenden des Sondergerichts bestellt. Wie schon früher gesagt, stand der damals noch amtierende Landgerichtspräsident Dr. Kuttenkeuler dem Nationalsozialismus völlig fern. Man kann schon deshalb nicht vermuten, daß er sich bei seinem Vorschlag von dem Motiv hat leiten lassen, das Sondergericht müsse einem linientreuen Nationalsozialisten als Vorsitzenden anvertraut werden. Der aus Berlin stammende Landgerichtsdirektor Greeven war kein Nationalsozialist. Mit seiner allgemein anerkannten hohen juristischen Befähigung verband sich jedoch eine innere Härte, die ihn für gewisse Tendenzen der Zeit aufgeschlossen machte. Die Wahl fiel wahrscheinlich deshalb auf ihn, weil er schon den Vorsitz in der mit politischen Strafsachen befaßten 4. gr. Strafkammer hatte, so daß sein Arbeitsgebiet das gleiche blieb. Entsprechend wurden auch die der 4. gr. Strafkammer angehörenden Landgerichtsräte Falkenstein und Simons zusätzlich in das Sondergericht berufen, das damit dieselbe Besetzung hatte wie die Strafkammer.

Die örtliche Zuständigkeit des Kölner Sondergerichts erstreckte sich auf den ganzen Oberlandesgerichtsbezirk, der die Landgerichtsbezirke Köln, Aachen, Bonn, Koblenz und Trier umfaßte. Als »Heimtückehandlungen« kamen hauptsächlich mündliche Äußerungen in Betracht. Es lag daher in der Natur der Sache, daß die meisten Angeklagten von irgendwem denunziert worden waren. Das gab den Prozessen eine besonders häßliche Note.

Bis Dezember 1934 führte das Kölner Sondergericht bei 324 Eingängen 151 Hauptverhandlungen durch.

Unter rechtsstaatlichen Gesichtspunkten hätten die Sondergerichte allenfalls vorübergehend in einer Notstandssituation eingesetzt werden dürfen. Doch obwohl Hitler am 6. Juli 1933 die nationale Revolution für beendet erklärte[109] und obwohl er ständig vom wechselseitigen Vertrauen zwischen Volk und Führung sprach, hob er die Sondergerichte bis zum Ende seiner Herrschaft nicht wieder auf. Ihre Zahl und ihre Zuständigkeit wurden sogar fortgesetzt vermehrt. Seit Ende 1938 konnte praktisch bei jedem Verbrechen Anklage zum Sondergericht erhoben werden.[110]

Die permanente Existenz von Sondergerichten widersprach der deutschen Justiztradition und war eine schlimme Sache. Gleichwohl gab es Delinquenten, die es als ein kleineres Übel ansahen, hier angeklagt zu werden. Als Alternative drohte nämlich oft genug das KZ. Dafür genügte ein »Schutzhaftbefehl« der Gestapo, die in Preußen schon 1933 ins Leben gerufen worden war und deren Maßnahmen einer gerichtlichen Nachprüfung nicht unterlagen. Damit wurde sogar der Freispruch zu einer Gefahr, die tödlich sein konnte. Vor der Tür des Gerichtssaales warteten häufig Schergen der Gestapo, um den Freigesprochenen in ein »Schutzhaftlager« zu bringen. Dort wurde mancher »auf der Flucht erschossen«, während in den Justizgefängnissen trotz der gegenüber der Weimarer Zeit verschärften Haftbedingungen niemand um sein Leben zu fürchten brauchte. Wie ein Freispruch, so konnte auch ein in den Augen der politischen Stellen zu geringes Strafmaß verhängnisvoll werden. Wenn die Grundlagen der Rechtsordnung erschüttert sind, kann auch ein gerechter Richterspruch böse Folgen zeitigen.

Um einen Eindruck davon zu vermitteln, über welche »Straftaten« das Sondergericht bei dem Landgericht Köln in der ersten Zeit zu befinden hatte und welche Strafen ausgesprochen wurden, sollen einige Fälle kurz skizziert werden. Sie sind unter dem Vorsitz des Landgerichtsdirektors Greeven verhandelt worden.

Am 13. April 1933 tagte das Sondergericht zum erstenmal. Ein zwanzigjähriger Bergmann — »ein schwarzhaariger Jüngling von nicht unsympathischem Äußeren«[111] — stand unter der Anklage, Ende Februar 1933 in Aachen Flugblätter verteilt zu haben, die nach ihrer äußeren Aufmachung den Eindruck erweckten, als stammten sie aus dem Lager der NSDAP, während sie in Wirklichkeit von der KPD hergestellt waren. Im Text wurde an die »aktiven revolutionären Nationalsozialisten« die kritische Frage gestellt: »Wofür marschieren wir?« Auf dem Rücken der alten Kämpfer werde ein Staatsstreich durchgeführt. In den

SA- und SS-Formationen mache sich separatistisches Gesindel breit. Der Reichstagsbrand sei mit von der SA ausgegangen, und Kölner SA-Leute hätten den holländischen Brandstifter van der Lubbe mit »Kamerad« angesprochen. In den NS-Führerkreisen sei auch gesagt worden, wenn erst ein Schuß falle, könne niemand mehr die Pogrome verhindern. Die Flugblätter trugen den nachgeahmten Stempel der NSDAP. Der nun angeklagte junge Mann war von der früheren Verlobten seines Bruders denunziert worden, nachdem der Bruder das Verlöbnis gelöst hatte. Das Verfahren hatte also einen sehr unerfreulichen menschlischen Hintergrund. Erster Staatsanwalt Thissen beantragte 15 Monate Gefängnis. Obwohl der Verteidiger, Rechtsanwalt Clementz, mit großem Geschick plädierte, entsprach das Urteil diesem Antrag. Der junge Bergmann weinte, und selbst der NS-Reporter konnte ihm ein gewisses Mitleid nicht versagen: ». . . wer noch Tränen findet, sollte eigentlich nicht verloren sein.«

Hätte das Sondergericht unter den damaligen Umständen zu einem anderen, milderen Urteil kommen können? Wäre dem Angeklagten damit geholfen gewesen, oder hätte sich dann die SA als Hilfspolizei seiner angenommen (die Gestapo war damals noch nicht soweit)? Die Fragen können nur aufgeworfen, aber nicht beantwortet werden.

Die zweite Verhandlung richtete sich gegen einen 29jährigen erwerbslosen Bergmann, der — wie damals viele — durch Betteln und Gelegenheitsarbeiten seinen Lebensunterhalt verdiente. Um einen besseren Eindruck zu machen, hatte er das Stahlhelm-Abzeichen getragen, wozu er nicht befugt war. Deshalb wurde er zu 3 Monaten Gefängnis verurteilt.

Verschiedene Sondergerichtsfälle hingen mit dem »Judenboykott« zusammen, der im März 1933 als angeblich spontane Volksaktion auf Weisung der Parteileitung im ganzen Reich veranstaltet wurde. Nach amtlicher Sprachregelung gab es in Deutschland keine Judenverfolgung. Vom Boykott hieß es, er sei nur die Antwort des empörten Volkes auf die antideutsche Hetze der Juden im Ausland. Wer etwas anderes behauptete oder gar von Greueln gegen Juden sprach, riskierte Kerker oder Schlimmeres.

So verurteilte das Kölner Sondergericht Ende Juni 1933 einen 33jährigen Bürstenmacher österreichischer Herkunft zu 5 Monaten Gefängnis, weil er am 2. April, dem Tage nach dem Ende des Judenboykotts, zu einem Bekannten auf der Straße gesagt hatte, die deutschen Zeitungen lögen, dagegen seien die Nachrichten der ausländischen Blätter über die Greuel gegen die Juden wahr. Eine Straßenpassantin hatte die Äußerung gehört und den Österreicher denunziert. Auf dessen Staatsangehörigkeit wurde keinerlei Rücksicht genommen. An demselben Tag erkannte das Sondergericht gegen einen 54jährigen Steinbrucharbeiter aus Gummersbach auf 7 Monate Gefängnis, weil er während des Judenboykotts öffentlich erklärt hatte: »Die Propaganda und Aufklärung, die Dr. Goebbels macht, sind dieselben Lügen, die dem Volk 1914 von der Regierung vorgesetzt wurden.« Der Angeklagte war früher Kommunist und Sozialist gewesen. In der Urteilsbegründung hieß es jedoch, das Gericht habe berücksichtigt, daß er keinen ungünstigen Eindruck gemacht habe. Schon die hier aufgeführten Beispiele zeigen, daß der Nationalsozialismus das Strafrecht als Mittel benutzte, um zunächst einmal die Meinung der »Volksgenossen« in seinem Sinne zu knebeln.

Natürlich gab es nur wenige Richter, die gerne an einem Sondergericht tätig waren. Landgerichtsdirektor Greeven, später Senatspräsident am Oberlandesgericht und zuletzt dessen Vizepräsident, schied Ende 1934 aus dem Sondergericht aus.

Nachfolger im Vorsitz wurde der gerade vom Amtsgerichtsrat zum Landgerichtsdirektor beförderte Franz von Vacano. Dieser Richter war schon äußerlich eine bemerkenswerte Erscheinung. Mit seinem mächtigen Kopf, seiner spiegelnden Glatze, seinem grau-weißen Spitzbart, seinen weit geöffneten, forschenden Augen erinnerte er an einen Gymnasial-»Zeus« alter Art. Daheim gebot er über 13 Kinder, 12 eigene und ein angenommenes. Jedenfalls vor der Hitlerzeit ging er als eifriger Katholik täglich zur Messe und zur Kommunion. Ob und in welcher Weise er sich später »umgestellt« hat, ist schwer zu sagen. Wer schaut schon in einen Menschen hinein, und das nach fast 50 Jahren? Das Urteil derer, die von Vacano gekannt haben, ist uneinheitlich. Für die einen war er ein »150 %-iger Nazi«, für die anderen hat er sich — der Not gehorchend — systemgerecht getarnt. Wahrscheinlich hat er an die Vereinbarkeit von Nationalsozialismus und Christentum geglaubt — ähnlich denen, die heutzutage den Kommunismus trotz all seiner Greuel für eine Bereicherung der christlich-abendländischen Welt halten. Ein durch den Nationalsozialismus geschädigter hoher Richter meinte nach dem Kriege, Herr von Vacano sei morgens um 8 Uhr in die Kirche gegangen und habe dann um 9 Uhr damit begonnen, Geistliche zu verurteilen. Mit solch einem Wort scheint sich das Widersprüchliche im Handeln jenes Richters auf den ersten Blick treffend kennzeichnen zu lassen. Dennoch ist es wohl mehr ein Aphorismus als ein Schlüssel zu wirklichem Verständnis.

Als ob der zwiespältige Katholik von Vacano auf die Probe gestellt werden sollte, fügte es sich, daß er wiederholt gegen Geistliche seiner Konfession verhandeln mußte. Meist ging es dabei um willkürlich aufgewertete »Kinkerlitzchen«. So mußte sich der Kaplan Peter Schain von der Kölner Pfarre St. Michael am 3. Juni 1935 vor dem Sondergericht verantworten, weil er bei einer kirchlichen Feier Angehörige der Katholischen Jugend beauftragt hatte, in ihrer in der Öffentlichkeit verbotenen Kluft vor dem geöffneten Kirchenportal Fanfarenstöße zu geben. Das Urteil lautete auf 1 Monat Gefängnis. In der Begründung führte von Vacano aus: Niemand denke daran, den Trägern der kirchlichen Gewalt irgendwie in ihr kirchliches Gebiet einzugreifen. Hier aber handele es sich ohne jeden Zweifel um einen Mißbrauch der jedem Nationalsozialisten heiligen religiösen Handlung zu einer Protestkundgebung gegen den Staat.[112] Der Widerspruch in diesen Ausführungen springt sofort ins Auge: Wenn Religion und religiöse Handlungen jedem Nationalsozialisten heilig sind, kann eine in der Öffentlichkeit vorgenommene kirchlich-religiöse Handlung kein Protest gegen den nationalsozialistischen Staat sein. Aber gegenüber dem Vorwurf der Heimtücke hatte die Logik nur geringes Gewicht. Im Kriege durften sogar nicht einmal mehr Aussprüche des »Führers« zitiert werden, wenn diese durch die tatsächliche Entwicklung widerlegt worden waren.

Zu einer kleinen Sensation wurde die durch Landgerichtsdirektor von Vacano geleitete Sondergerichtsverhandlung gegen den Kölner Jesuitenpater Josef Spieker, einen bekannten und beliebten Kanzelredner. Am Christkönigstage 1934 hatte Spieker über Christus als den »wahren Führer« gepredigt. Dabei hatte er in Form von Thesen und Antithesen die Eigenschaften des wahren und des falschen Führers gegenübergestellt. So hatte er z. B. gesagt: Ein Führer müsse selbstlos sein; der sei kein Führer, der aus dem Volk das Letzte heraushole und auf Kosten des Volkes prasse. Ein Führer müsse die wahre Liebe des Volkes haben; der sei kein Führer, dem die Volksmassen zujubelten, weil sie organisiert auf die Straße geführt würden und um Brot und Arbeit bangen müßten. Ein Führer müsse treu sein; der sei kein Führer, dessen Unterführer das Volk marterten und peinigten, quälten und schädigten. Ein Führer müsse wahr sein; der sei kein Führer, der große Taten erfinde, um sich bei den Massen Anhang zu verschaffen. Deutschland habe nur einen Führer: Jesus Christus.

Ein junger Studienrat, der dem Gottesdienst beigewohnt hatte, war entsetzt gewesen über diese Predigt und hatte Anzeige erstattet. Die Verhandlung wegen Heimtücke fand am 11. März 1935 im Schwurgerichtssaal statt, wo auch der Oberlandesgerichtspräsident zeitweilig anwesend war.

P. Spieker verweigerte die Einlassung zur Sache, weil die Predigt eine geistliche Angelegenheit sei, über die nur die kirchliche Obrigkeit urteilen könne. Der Verteidiger, Rechtsanwalt Dr. Achter, nahm sich mit bohrenden Fragen des Belastungszeugen an, der unsicher wurde und nicht mehr recht wußte, was er in der Kirche — es war übrigens St. Mariae Himmelfahrt — gehört hatte. Gleichwohl beantragte der Staatsanwalt zwei Jahre Gefängnis. Der Verteidiger hielt daraufhin einen kleinen Vortrag über das Wort »Führer« im neueren Sprachschatz der Kirche und legte dar, daß die Predigt religiös zu verstehen sei und mit Politik nichts zu tun habe. Vorsorglich würdigte er die schon vom Staatsanwalt erwähnten militärischen Verdienste des Angeklagten. Nach längerer Beratung verkündete Vorsitzender von Vacano das Urteil: Freispruch.[113] Das Sondergericht war den Hauptargumenten der Verteidigung gefolgt. In den schriftlichen Gründen zeigte es sich bemüht, den Sätzen über die falschen Führer eine harmlose Deutung zu geben. Es könnten historische Gestalten wie Nero und der im Rheinland unvergessene Napoleon gemeint sein. Auf den Führer Adolf Hitler passe das alles nicht. Wie schwer wäre es wohl gewesen, eine Verurteilung zu begründen. Man durfte doch nicht sagen: Wenn von einem Führer die Rede ist, dessen Unterführer das Volk quälen und tyrannisieren, dann weiß jeder, daß es sich nur um Hitler handeln kann.

Der vom Publikum mit Beifall aufgenommene Freispruch war für P. Spieker eher schädlich als nützlich. Er wurde sofort von der Gestapo in Empfang genommen und kam in das KZ »Börger Moor«, wo er furchtbaren Quälereien ausgesetzt war. Aus dem KZ »rettete« ihn eine neue Anklage wegen fortgesetzten Kanzelmißbrauchs. Hierüber wurde am 20. Januar 1936 vor der 4. gr. Strafkammer des Landesgerichts verhandelt, die mit denselben Richtern besetzt war wie das Sondergericht. Diesmal sagten sieben Zeugen, die als Spitzel in die

Predigten geschickt worden waren, gegen P. Spieker aus. Er wurde zu 15 Monaten Gefängnis verurteilt. In den Augen des Gerichts war es am schlimmsten, daß er gesagt hatte, Gott werde Deutschland schon auf die Knie zwingen, daß er sich über den Begriff «arisch« lustig gemacht und daß er die Verbrechen der neuen Machthaber mit denen der Potentaten des Alten Testamentes verglichen hatte. So paradox das klingt: ein neuer Freispruch hätte die Lage des Geistlichen nur verschlimmert. Die Verurteilung entzog ihn dem KZ, und er selbst schreibt: »Im Vergleich zum KZ war das Gefängnis eine wunderbare Zeit, nur recht langweilig, da ich kein vernünftiges Buch zu lesen bekam.«[114] Nach Verbüßung der Gefängnisstrafe ging P. Spieker auf Geheiß seines Ordens ins Ausland.
Daß Landgerichtsdirektor von Vacano trotz seiner zwiespältigen Natur nicht der übelste unter den Sonderrichtern war, zeigt der Umstand, daß das Reichsjustizministerium mit Erlaß vom 17. 10. 1936[115] neun der unter seinem Vorsitz gefällten Urteile als im Vergleich zu den Erkenntnissen anderer Sondergerichte in ähnlichen Fällen »untragbar milde« beanstandet hat. Auch unter Würdigung der hervorgehobenen Milderungsgründe seien die erkannten Strafen »unverständlich und in keiner Weise geeignet, die Straftat zu sühnen oder gar auf die Täter oder Gesinnungsgleiche abschreckend zu wirken«. So hieß es wörtlich in der die richterliche Unabhängigkeit mißachtenden ministeriellen Rüge. Das Ministerium nahm die Sache sogar so wichtig, daß es Anfang November 1936 die Ministerialräte Wille und Dr. Dörffler nach Köln entsandte, wo sie eingehend mit dem Landgerichtspräsidenten und den Richtern des Sondergerichts sprachen.
Für von Vacano blieb die Sache ohne böse Folgen. Er wurde sogar mit Wirkung vom 1. März 1937 zum Landgerichtspräsidenten in Bochum befördert. Innerhalb von drei Jahren vom Amtsrichter zum Präsidenten eines größeren Landgerichts aufzusteigen, das ist auch heute noch eine ganz ungewöhnliche Karriere. War sie hier der Judaslohn dafür, daß ein Richter seine früheren Überzeugungen verraten und sich vom Recht losgesagt hatte? Es ist schwer, darüber zu urteilen.
Inzwischen wurde die Besetzung der Sondergerichte nicht mehr durch ein gewähltes Präsidium beschlossen, sondern vom Oberlandesgerichtspräsidenten auf Vorschlag des Landgerichtspräsidenten bestimmt. Doch Landgerichtspräsident Müller, von dem bald ausführlicher die Rede sein wird, wußte nicht, wen er vorschlagen sollte. Selbst der energische Landgerichtsdirektor Dr. Fehr war als stellvertretender Vorsitzender des Sondergerichts zu milde gewesen. Die übrigen der etwa 30 Direktoren kamen »teils aus politischen Gründen, teils wegen ihres Alters und teils wegen sonstiger persönlicher Ungeeignetheit« nicht in Frage.[115] Schließlich verfiel man auf den Ausweg, den dienstjüngsten Landgerichtsdirektor. Dr. Loevenich, der bisher Amtsrichter gewesen war, mit dem Vorsitz im Sondergericht zu betrauen. Das war ein Fehlgriff aus der Sicht der politischen Scharfmacher, aber ein Glücksfall aus der Sicht derer, die einen unabhängig denkenden Richter an die Spitze des Sondergerichts wünschten.
Dr. Loevenich darf als Beispiel dafür gelten, daß auch an den Sondergerichten nicht alle Richter ihr Berufsethos den politischen Forderungen unterordneten. Schon im Frühjahr

1933 hatte er bei der Juristenversammlung im Schwurgerichtssaal als einer von wenigen den Mut gehabt, sich gegen eine den Parteibeitritt empfehlende Resolution zu wenden. Auch später hat er sich nicht vom Zeitgeist infizieren lassen. Mit einer hervorragenden juristischen Befähigung verband er eine umfassende Allgemeinbildung. Er war ein geistiger, ein musischer, ein feinsinniger Mensch, der keine Neigung hatte, im Dienst eines Parteistaates Terrorjustiz zu üben. Sein am 16. Juli 1937 übernommenes Amt beim Sondergericht har er so geführt, daß er auch nach dem Zweiten Weltkrieg noch Landgerichtsdirektor in Köln sein konnte — und zwar nicht nur unangefochten, sondern hochgeachtet von den Anwälten, die seine Tätigkeit verfolgt hatten.
Natürlich konnte auch Dr. Loevenich sich der damaligen Gesetzgebung nicht einfach entziehen. Am 17. November 1937 mußte er z. B. gegen 9 Zeugen Jehovas im Alter zwischen 22 und 76 Jahren verhandeln, die Schriften mit der Aufforderung zum Widerstand gegen die Staatsgewalt, zur Verweigerung des Wehrdienstes und des Hitlergrußes verbreitet hatten. Die Angeklagten machten es dem Gericht schwer, weil sie fanatisch ihre Gegnerschaft zum NS-Staat hervorkehrten. Trotz dieses massiven Tatbestandes wurde nur der Hauptangeklagte zu zwei Jahren Gefängnis verurteilt; die anderen erhielten — teils unter Berücksichtigung ihres Alters und ihrer Verdienste im Kriege — Gefängnisstrafen zwischen 3 und 18 Monaten. Ein milderes Urteil hätte sich nicht begründen lassen und die Angeklagten nur der Gefahr der KZ-Haft ausgesetzt.
Wie gefährlich freisprechende oder milde Urteile in politischen Sachen sein konnten, zeigt der Fall des Prof. Dr. Goswin Frenken, dessen Vater Oberlandesgerichtspräsident in Köln und Reichsjustizminister (1925) gewesen war. Prof. Frenken las an der Kölner Universität als Extraordinarius mittelalterliche Geschichte und mittellateinische Philologie. Er hatte eine Reihe von Arbeiten veröffentlich, die sich hauptsächlich mit dem rheinischen Kulturkreis befaßten. Neben der Gelehrsamkeit schätzte er einen guten Tropfen — besser: eine gute Flasche. Nach reichlichem Alkoholgenuß hatte er in einer Kneipe einem ihm flüchtig bekannten Gast gegenüber geäußert, der Führer sei ein »Idiot« und Baldur von Schirach als Nichtakademiker für die Jugendführung ungeeignet. Deswegen bei dem Sondergericht angeklagt, wurde er am 17. Januar 1936 — also noch unter dem Vorsitzenden von Vacano — wegen alkoholbedingter Zurechnungsunfähigkeit freigesprochen. Das Urteil löste sofort einen Protest der Gestapo beim Reichsjustizministerium aus.[116] Auch in der Folgezeit hielt sich der trinkfreudige Gelehrte mit riskanten Äußerungen nicht zurück. Wiederum zu später Stunde rief er in einer Gastwirtschaft aus: »Ich liebe Deutschland, aber ich hasse Hitler!« Das brachte ihn vor die 4. gr. Strafkammer, die ihn wegen Volltrunkenheit (§ 330 a StGB) zu drei Monaten Gefängnis verurteilte. Das war ein wohlmeinendes Urteil — aber Frenken verschwand hinter den Stacheldrahtzäunen des KZ Flossenbürg, wo er 1945 umkam.
Der gescheite Landgerichtdirektor Dr. Loevenich sah das Dilemma, in dem er sich als »Sonderrichter« befand. Er hielt es indessen für seine Pflicht, die nun einmal vorliegenden Gesetze in einem für die Angeklagten möglichst günstigen Sinne auszulegen. Das führte

natürlich bald zu Konflikten. Landgerichtspräsident Müller beanstandete die Einstellung Loevenichs zu grundsätzlichen Rechtsfragen, insbesondere zur Frage der Charakterisierung des »Staatsfeindes« und zum Strafmaß. Die gleichen Anstände erfolgten auf Umwegen durch das Justizministerium.[117] Dr. Loevenich bewahrte indessen seine Unabhängigkeit.

Nach den Bränden und Zerstörungen in der »Kristallnacht« im November 1938 erklärte Dr. Loevenich dem Oberstaatsanwalt, er werde gegen die Täter, die sich »der größten Kulturschande« schuldig gemacht hätten, hart durchgreifen.[118] Die Staatsanwaltschaft erhielt jedoch Weisung, alle einschlägigen Verfahren einzustellen. In Berlin hatte man einen neuen Rechtfertigungsgrund entdeckt: »berechtigte Empörung«.

Um dieselbe Zeit hatte Dr. Loevenich gegen einen früheren Insassen des Konzentrationslagers Oranienburg zu verhandeln. Diesem wurde vorgeworfen, unrichtige Behauptungen über Mißhandlungen und Quälereien in dem Lager verbreitet zu haben. Als Zeugen führte die Anklageschrift nur den Lagerkommandanten an. Dr. Loevenich bestand darauf, daß auch die Mithäftlinge gehört wurden, die der Angeklagte zu seiner Entlastung benannt hatte. Die Vernehmung, die das Amtsgericht Oranienburg als untunlich abgelehnt hatte, wurde schließlich durch einen Ersten Staatsanwalt aus Köln durchgeführt. Sie bestätigte im wesentlichen die Einlassung des Angeklagten. Die zuständige Staatsanwaltschaft nahm daraufhin die Anklage zurück. Das Justizministerium mißbilligte jedoch das Vorgehen Dr. Loevenichs. Andere Sondergerichte hätten in solchen Fällen den Angeklagten verurteilt und einfach als gerichtsbekannt angesehen, daß in einer deutschen behördlichen Einrichtung wie einem Konzentrationslager alles in Ordnung gehe.[119]

Besonderes Mißfallen erregten die Freisprüche und milden Urteile, die unter Dr. Loevenichs Vorsitz im Dezember 1937 und später gegen Angehörige der Bündischen Jugend ergingen.

Ein Streit mit der Gestapo führte 1940 zum Ende der Tätigkeit Dr. Loevenichs beim Sondergericht. Ein Angeklagter aus Cochem sollte sich gegenüber einem bei ihm einquartierten Soldaten »heimtückisch« geäußert haben und befand sich in Schutzhaft. Das Strafverfahren verzögerte sich, weil drei wichtige Zeugen bei der Wehrmacht standen und keinen Urlaub erhielten. Auf die Bitte des Verteidigers, Rechtsanwalt Klefisch, bescheinigte Dr. Loevenich diesen Sachverhalt und fügte hinzu, daß nach seiner Ansicht einer Aufhebung der Schutzhaft nichts entgegenstehe, zumal Staatsanwaltschaft und Sondergericht die Voraussetzungen für den Erlaß eines Haftbefehls verneint hätten. Die Gestapo Koblenz reagierte darauf mit einem wütenden Beschwerdeschreiben an den Kölner Oberlandesgerichtspräsidenten Dr. Bergmann: die Entscheidung über Verhängung und Aufhebung der Schutzhaft sei allein ihre Sache; ein Richter habe sich da nicht einzumischen. Das Schreiben ist charakteristisch für die Mentalität der Gestapo-Leute, die sich als Rivalen der Richter betrachteten und deren frühere Unabhängigkeit für sich beanspruchten. Leider machte der Oberlandesgerichtspräsident sich die Auffassung der Gestapo zueigen und wies Dr. Loevenich an, sich künftig nicht mehr in Zuschriften an Angeklagte oder deren Verteidiger über die Notwendigkeit der Schutzhaft zu äußern. Darauf erwiderte Dr. Loevenich, die ihm erteilte Weisung sei geeignet, ihn in Gewissenskonflikte zu bringen. Er sehe sich nicht mehr in der Lage, das verantwortungsvolle Amt eines Sondergerichtsvorsitzenden weiterzuführen, und bitte um seine Versetzung an eine Zivilkammer. Ende 1940 wurde Landgerichtsdirektor Dr. Loevenich abgelöst. An seine Stelle trat ein Mann, der kritiklos den politischen Parolen folgte und das rote Gebäude am Appellhofplatz für viele zu einem Haus des Schreckens machte: Landgerichtsdirektor Eich. Über ihn soll im Zusammenhang mit den Kriegsereignissen näher berichtet werden.

*Politisch zuverlässig, aber fachlich schwach: Landgerichtspräsident Walter Müller*

Dem Volk machte man weis, das Gesetz zur Wiederherstellung des Berufsbeamtentums habe den Zweck, die vielen unfähigen Parteibuchbeamten der Weimarer Zeit (»Bonzen«) durch tüchtige Fachleute zu ersetzen. In Wirklichkeit geschah das Gegenteil. Das Gesetz diente als Handhabe, um die Schlüsselstellungen in Justiz und Verwaltung für zuverlässige Gefolgsleute der NSDAP freizumachen. Es gehörte zu den guten Traditionen der deutschen Justiz, daß die Parteizugehörigkeit für die Laufbahn eines Richters keine Rolle spielen durfte. Das wurde jetzt anders. In der zweiten Jahreshälfte 1933 gab es ein großes Revirement unter den Behördenleitern des Oberlandesgerichtsbezirks Köln. Soweit die bisherigen Behördenleiter nicht in den Ruhestand traten oder treten mußten wie die Landgerichtspräsidenten Dr. Kuttenkeuler (Köln), Dr. Mosler (Bonn) und Oppenhoff (Aachen), wurden sie mit ihren alten Titeln und Bezügen auf Senatspräsidentenstellen versetzt. Der bisherige Kölner Oberlandesgerichtspräsident Dr. Volmer ging als Senatspräsident an das Kammergericht in Berlin.

Da es nur wenige qualifizierte Juristen mit erprobter NS-Gesinnung gab, fand man nicht leicht Ersatz für die abgeschobenen Präsidenten. Auf den Stuhl des Oberlandesgerichtspräsidenten wurde schließlich der bisherige Wiesbadener Landgerichtspräsident Dr. Alexander Bergmann berufen. Er hatte sich damals schon durch Arbeiten zum internationalen Ehe- und Familienrecht einen Namen gemacht, war kein »Nazi«, hatte aber auch nichts von einem Widerstandskämpfer. In ihm hatte man einen profilierten Juristen, von dem politisch jedenfalls keine großen Schwierigkeiten zu erwarten waren.

Bei der Neubesetzung der Stelle des Landgerichtspräsidenten in Köln hatte der schon erwähnte Gaujuristenführer Josef Krämer seine Hand im Spiel. Auf dessen Vermittlung wurde der damals 44jährige Kölner Amtsgerichtsrat Walter Müller als geeigneter Kandidat zu einem Gespräch nach Godesberg geladen, an dem der preußische Justizminister Hans Kerrl, dessen Staatssekretär Dr. Roland Freisler und der Kölner Gauleiter Josef Grohé teilnahmen. Durch seine repräsentative Erscheinung, seine Redegewandtheit und seine stramm nationale Gesinnung beeindruckte Müller die hohen Herren so sehr, daß sie bald nicht mehr an seiner besonderen Eignung als Chef des Kölner Landgerichts zweifelten. Leider achteten sie nicht auf Dinge, die bei einem Gerichtspräsidenten noch wichtiger sind als Figur und Beredsamkeit: Intelligenz, juristische Befähigung und Verwaltungserfahrung.

Walter Müller war als Sohn eines Oberlandesgerichtsrats in Bonn geboren und hatte mit

Ach und Krach die juristische Ausbildung hinter sich gebracht. Beide Examina hatte er nur mit »ausreichend« bestanden, das zweite erst nach Wiederholung. Um so mehr hatte er im Kriege geleistet. Zuletzt war er Oberleutnant gewesen und hatte neben Auszeichnungen die Narben mehrerer Verwundungen heimgebracht. In der juristischen Praxis tat er sich dann wieder schwer. Die Staatsanwaltschaft lobte ihn weg, und beim Amtsgericht blieb er mangels anderer Verwendbarkeit auf Rechtshilfesachen beschränkt. Seine fachliche Schwäche kompensierte er durch betont soldatisches Auftreten und ausgeprägtes Geltungsbedürfnis. Er gehörte mehreren Kriegervereinen an und besuchte seit 1929 auch Veranstaltungen der NSDAP, der er jedoch entsprechend dem Rat des Gauleiters wegen seiner Beamtenstellung nicht beitrat. Erst am 1. Mai 1933 wurde er »Pg«, so daß er formell kein »alter Kämpfer« war. Über seine Eignung zu dem ihm angetragenen Amt machte er sich nach seinen eigenen Worten keine Gedanken. Er faßte die Ernennung als »Befehl« des Gauleiters auf. Am Tage seiner Amtseinführung, dem 1. Dezember 1933, suchte er jedes »Gefolgschaftsmitglied« in seinem Dienstzimmer auf. Dabei ließ er sich von zwei Wachtmeistern begleiten. Der eine Beamte öffnete die Tür der einzelnen Zimmer, nahm jeweils stramme Haltung an und brüllte: »Der Herr Landgerichtspräsident!« Darauf erschien Müller im Türrahmen, riß den rechten Arm hoch und rief ebenso markig: »Heil Hitler«. In Köln ist es natürlich schwer, mit solch einem Auftritt anders als belustigend zu wirken. So wurde auch ausgiebig über die Situationskomik gelacht, die sich ergeben hatte, als Müller irgendwo mit einer Fahne im Stechschritt eine Treppe herunter marschiert war. Präsident Müller kam gewöhnlich erst mittags zum Dienst und blieb dann bis in die späten Abendstunden. Angeblich hielt er sich morgens bei der Gauleitung auf, wo er das Ehrenamt eines Rechtsberaters innehatte. Rief man dort an, so erhielt man jedoch meist den Bescheid, der Herr Präsident sei im Gericht.

Müller wirkte keineswegs auf der ganzen Linie unsympathisch. Er bemühte sich sehr um die sozialen Belange der Bediensteten und um die Pflege dessen, was man damals »Kameradschaft« nannte. Bei manchen Bierabenden stiftete er, der Junggeselle, die Getränke, was den sparsamen Justizbeamten mächtig imponierte. Insbesondere an den familiären Angelegenheiten des Personals, den Hochzeiten, Geburten, Todesfällen, nahm er stets Anteil. Dennoch überwog der Eindruck, der Präsident sei eine Figur von nicht ganz ungefährlicher Komik. Man sprach von »Hurra-Müller«, »Vaterlands-Müller« und »Müller-Doof«, bis im Kriege ein makabrer Spitzname diese harmlosen verdrängte.

Mit dem Präsidenten Müller zog ein neuer Ton in das Landgericht ein. Sein Vorgänger Dr. Kuttenkeuler war ein Mann mit einem rheinischen Herzen und mit weltläufigen Manieren gewesen. Im schriftlichen Verkehr mit den Richtern des Landgerichts hatte er noch die gegenüber höheren Beamten früher übliche Anrede »Euer Hochwohlgeboren« verwendet. Dagegen gefiel Müller sich in einem burschikosen Ton, der nicht selten ins Geschmacklose abglitt oder in hemmungsloses Poltern überging. Wegen dieser Übersteigerung seiner Redeweise und seines großsprecherischen Auftretens wurde er, dessen mäßige juristische Qualifikation überall bekannt war, von seiner Umgebung, insbesondere von älteren Richtern, nicht ernst genommen. Zu unangenehmen Auftritten konnte es kommen, wenn Müller die nationalsozialistischen Grundsätze verletzt sah. So stellte sich heraus, daß der Kölner Landgerichtsrat und spätere Landgerichtsdirektor (1943) Dr. Hellbach mit einem jüdischen Großkaufmann befreundet war und diesen Verkehr bis zu dessen Flucht nach Holland fortgesetzt hatte. Müller sprach von einer »Schweinerei« und teilte bei einem Richterappell 1936 den Vorgang als eines deutschen Richters unwürdig mit. Mit dem ihm eigenen Pathos fügte er hinzu: »Wer vom Juden ißt, der stirbt.«

Oberlandesgerichtspräsident Dr. Bergmann stand nicht an, Müller so schlecht zu beurteilen, wie wohl noch nie ein Landgerichtspräsident in Deutschland beurteilt worden ist. Am 4. April 1943 schrieb er:

»Müller, der in richterlicher Tätigkeit nur als eine Durchschnittskraft bewertet wurde, nimmt sich der Verwaltungssachen, und zwar besonders der Personalpolitik, die er in enger Zusammenarbeit mit den Parteistellen führt, mit vorbildlichem Eifer an. Sein Temperament und sein starres Festhalten an einer einmal gefaßten Meinung lassen ihn dabei nicht immer Mißgriffe vermeiden. Auch in seinem außerdienstlichen Leben sind hieraus bedauerliche Konflikte entstanden.

Im persönlichen Verkehr ist er von guten Umgangsformen; sein Auftreten ist durch ein starkes Geltungsbedürfnis bestimmt.

Er ist der Partei rückhaltlos ergeben und zu jedem Einsatz für die Ziele der Bewegung bereit.«

Wer Personalbeurteilungen zu lesen versteht, der erkennt sofort: diese hier ist vernichtend.

*So ein neuer Staat bringt viel Neues*

Die zahlreichen Gesetze und »Reformen«, mit denen die NS-Regierung aufwartete, brachten Unruhe in die Justiz.

Nicht nur die Richter waren betroffen, sondern auch die jungen Referendare. Für sie richtete der preußische Justizminister Hans Kerrl, der nie Referendar gewesen war, in Jüterbog ein »Gemeinschaftslager« ein, wo die letzten sechs Wochen vor dem Assessorexamen zu verbringen waren. Zunächst durfte kein Buch in das Lager mitgebracht werden. Die Referendare wurden nach allen Regeln der Kunst von Berufs-SA-Leuten militärisch geschliffen. Man hat dann wohl erkannt, daß man so die Sympathien des juristischen Nachwuchses eher verscherzte als gewann. Jedenfalls dekretierte Freisler eines Tages: »Soldatische Haltung setze ich bei den Referendaren voraus. Eine Ausbildung in militärischen Formen unterbleibt.«

Hans Kerrl, der dem Referendarlager seinen Namen gab, verschwand bald von der juristischen Bildfläche und fand als Kirchenminister Verwendung. Der Grund lag in der »Verreichlichung« (!) der Justiz, d. h. der Übertragung der Justizhoheit der Länder auf das Reich. Diese war eine notwendige Folge der nationalsozialistischen Politik, die unter dem Schlagwort »Gleichschaltung der Länder« die föderative Struktur des Reiches zerschlug. Am 31. März 1935 hörte das Preußische Justizministerium auf zu bestehen, wie es auch keine preußischen Gerichte mehr gab. Vom 1. April 1935 an standen alle bisher preußischen Richter und Justizbeamten im Dienst des Reiches. Der diabolische Freisler wechselte als Staatssekretär in das Reichsjustizministerium, wo er in dem zweiten Staatssekretär, Dr. Schlegelberger, leider keinen gleich starken Gegenpol fand.

Schon am 1. Dezember 1933 hatte ein Gesetz die Einheit von Partei und Staat verkündet. Das war nicht bloß eine feierliche Proklamation, sondern hatte große praktische Bedeutung. Bei jeder Ernennung oder Beförderung eines Beamten redete jetzt die Partei ein gewichtiges Wort mit. Dabei konnte es vorkommen, daß ein Subalternbeamter mit höherer Partei-Charge seinen Dienstvorgesetzten politisch zu beurteilen hatte. Leiter der NSDAP-Ortsgruppe Reichenspergerplatz war z. B. ein gewisser Bley, einst Müllkutscher, jetzt Justizobersekretär. Man kann sich leicht ausmalen, wie dieser übrigens nach dem Kriege vom Schwurgericht wegen böser Dinge verurteilte Mann es genoß, über das berufliche Schicksal der in seinem Sprengel wohnenden Richter und höheren Verwaltungsbeamten mitentscheiden zu können.

Der Einheit von Partei und Staat entsprach die wiederholt in ministeriellen Anordnungen ausgesprochene Pflicht des Richters, die Sitzungen mit dem Hitlergruß zu eröffnen und zu beenden. Da stieß man bei dem Kölner Landgerichtsdirektor Horten, der gläubiger Katholik war und einer bekannten Wirtschaftsfamilie entstammte, auf passive Resistenz. Andere Richter führten den Gruß so nachlässig aus, daß er kaum zu erkennen war.

Am 1. Oktober 1936 feierte Kölns Justiz, weil der Führer den Richtern und Staatsanwälten das Hoheitszeichen verliehen hatte, das auf der linken Brustseite der Robe — da, wo das Herz sitzt — zu tragen war. An der Stirnwand des Plenarsaals, wo einst das Bildnis Seiner Majestät gehangen hatte, wurde jetzt ein von dem Kölner Maler Joseph Faßbender geschaffenes lebensgroßes Führer-Porträt enthüllt. Wie war doch alles verworren: den Platz eines gekrönten Hohenzollern nahm ein Plebejer ein, den ein begabter Maler wie Faßbender — nach dem Kriege Kunstpreisträger der Stadt Köln — gemalt hatte.

Um der Objektivität willen sei nicht die Reform des richterlichen Anwärterdienstes von 1935 verschwiegen. Jahrhundertelang hatte man in Preußen die Assessoren als kostenlose Arbeitskräfte mißbraucht und sie viele Jahre auf ihre Anstellung warten lassen. Während der Wirtschaftskrise war die Lage des Nachwuchses unerträglich geworden. Im Oberlandesgerichtsbezirk Köln gab es 1935 noch 546 Gerichtsassessoren bei 552 Planstellen für Richter und Staatsanwälte. Die Wartezeit bis zur Anstellung betrug durchschnittlich 8 Jahre, 3 Monate. Eine Verordnung vom 29. 3. 1935 schuf hier Wandel. Sie machte die Übernahme in den richterlichen oder staatsanwaltschaftlichen Probedienst von der fachlichen und persönlichen Eignung des Bewerbers abhängig. Der Probedienst dauerte ein Jahr und ging dann in den eigentlichen Anwärterdienst über (Probedienst: Assessor — Anwärterdienst: Gerichtsassessor). Die Reichsjustizverwaltung legte die Zahl der Anwärter jeweils in Relation zu der Zahl der freiwerdenden Planstellen fest, so daß niemand übermäßig lange zu warten brauchte. Zudem erhielten die Gerichtsassessoren im Gegensatz zu früher eine ständige Besoldung. Diese zeitlich mit den großen Erfolgen im Kampf gegen die Arbeits-

losigkeit zusammenfallende Neuregelung wurde von vielen jungen Juristen begrüßt, die bis dahin keinerlei Zukunftsaussichten gesehen hatten. Ebenso waren die Referendare froh darüber, daß sie jetzt wenigstens bei Bedürftigkeit einen Unterhaltszuschuß erhielten.
Ein Fortschritt aus den frühen zwanziger Jahren wurde jedoch rückgängig gemacht: die Zulassung der Frauen zu den höheren Berufen in der Rechtspflege. Das geschah nicht öffentlich durch ein Gesetz oder eine Verordnung. Vielmehr teilte der Reichsjustizminister durch Runderlaß vom 17. 9. 1935 den Oberlandesgerichtspräsidenten mit: »Eine Übernahme von Frauen in die Laufbahn für das Amt des Richters und des Staatsanwalts ist nicht beabsichtigt.« Ein weiterer Runderlaß vom 15. 1. 1937, den Freisler unterzeichnet hatte, stellte klar, daß die Frauen auch von der Anwaltschaft ausgeschlossen sein sollten. Die Tendenz ging dahin, Frauen nicht mehr in den höheren Dienst zu übernehmen, es sei denn in der Wohlfahrtspflege oder im Schulwesen. Einige Volljuristinnen bei den Kölner Gerichten wichen daher in den gehobenen mittleren Dienst aus; andere arbeiteten irgendwo als Sekretärinnen. Übrigens gestattete das Beamtengesetz von 1937 die jederzeitige Entlassung von verheirateten weiblichen Beamten, wenn deren Unterhalt gesichert war. Es hieß, man wolle keine »Doppelverdiener«.
Eine in der Zielrichtung böse Reform war die Einführung der »richterlichen Rechtsschöpfung« durch Gesetz vom 28. Juni 1935. Wenn eine Tat, die nicht unter ein bestimmtes Gesetz fiel, nach »gesundem Volksempfinden« strafwürdig erschien, konnte sie nach dem Gesetz geahndet werden, das seinem Grundgedanken nach am besten paßte. Das verstieß gegen den Grundsatz »Nulla poena sine lege« und rührte damit an die Grundlagen der Rechtsstaatlichkeit. Allerdings hat die Rechtssprechung von der Analogie zu Lasten des Täters nur selten Gebrauch gemacht. Aus dem Bereich des Landgerichts Köln ist ein einschlägiger Fall nicht bekannt.
Ein weiterer Schritt in Richtung auf den Abbau des überkommenen Rechtsstaates war 1937 damit getan, daß die mit gewählten Richtern beschickten Präsidien abgeschafft und die von ihnen bisher wahrgenommen Aufgaben der Geschäftsverteilung den Gerichtspräsidenten übertragen wurden. Ein parteihöriger Landgerichtspräsident wie der Kölner Müller konnte also die Kammern seines Gerichts so besetzen, wie er es unter politischen Gesichtspunkten für richtig hielt.
Ein Dorn im Auge des Nationalsozialismus war das mit dem Führergedanken unvereinbare Kollegialsystem bei den Gerichten, d. h. die Beratung und Entscheidung der Rechtsfälle durch eine zu einem Spruchkörper zusammengefaßte Mehrzahl von Richtern. Hier gab jedoch erst der Krieg Gelegenheit zu weitreichenden Änderungen, von denen man nicht wußte, ob sie nur für den Augenblick oder auch für die Zukunft gedacht waren.

*Sensationsprozesse ohne Politik*

Um bereits Gesagtes mit anderen Worten zu wiederholen: Nicht alles, was unter dem Nationalsozialismus geschah, war nationalsozialistisch. Es gab Klassikerausgaben, in deren Vorwort Goethe nicht als Ahnherr der Bewegung dargestellt wurde. Und bei der Justiz

liefen bis zum Kriegsbeginn die meisten Prozesse genau so ab wie zur Weimarer Zeit. Das gilt auch für die großen Schwurgerichtsverfahren, in denen es um Mord oder Totschlag ging — Prozesse, die damals sensationeller wirkten, als es heute der Fall wäre, schon weil Kapitalverbrechen seltener vorkamen.
Einige dieser Fälle, in denen das Landgericht jeweils für Wochen die Aufmerksamkeit der ganzen Stadt auf sich zog, seien hier in die Erinnerung zurückgerufen.

»Der Fall Barcelona«
Ein Italiener mit dem schönen Namen Barcelona hatte sich, noch vor der NS-Zeit, in Köln dem Zuhältergewerbe zugewandt und ein Mädchen namens Erna Schneider zu seiner Geliebten und zur Mutter gemacht. Erna Schneider stand bei einer vermögenden, aber schwierigen Dame in der Bismarckstraße im Dienst und erzählte ihrem Freund von ihren Schwierigkeiten mit der Dame, aber auch von deren Reichtum sowie auch davon, wo die wertvollsten Dinge zu finden seien. Nach einigem Planen und Überlegen schlich sich Barcelona mit Hilfe der Freundin in die Wohnung ein und stahl sie leer. Vorher hatte er die Hausbesitzerin durch 11 Messerstiche »totgemacht«. Tat und Täter blieben nicht unentdeckt. Im Juni 1933 stand das Liebespaar vor dem Schwurgericht, dem Landgerichtsdirektor Cremer vorsaß. Barcelona zeigte sich bemüht, Verwirrung in die Sache zu bringen und die Schuld auf Erna Schneider abzuschieben. Er und sein Verteidiger, Justizrat von Coellen, hatten jedoch einen schweren Stand. Für Erna Schneider plädierte der in vielen Anekdoten fortlebende Rechtsanwalt Karl Buhr. Er ließ die Quellen seiner Beredsamkeit sprudeln und führte aus der Fülle seiner Literaturkenntnisse zahlreiche Beispiele dafür an, daß unerfahrene Frauen durch kriminelle Männer in die furchtbarsten Verwicklungen geraten seien. Das Gericht verschloß sich diesen Ausführungen nicht ganz. Mit Rücksicht auf das Abhängigkeitsverhältnis, in dem Erna Schneider sich befunden habe, wurde sie nur wegen Beihilfe zum Mord und zum schweren Diebstahl zu 4 1/2 Jahren Zuchthaus verurteilt. Dagegen erkannte das Schwurgericht gegen Barcelona wegen Mordes in Tateinheit mit schwerem Diebstahl auf die Todesstrafe. In der Presse mokierte man sich darüber, daß der vornehme Landgerichtsdirektor die Angeklagte Schneider immer als »Frau« angeredet hatte, »bloß« wegen ihres Kindes.

»Witwe Graß und Gärtner Ludwigs«
In einer unvorstellbar verkommenen Villa mit dschungelartigem Garten in Köln-Riehl hauste die bejahrte Witwe Graß zusammen mit dem um Jahrzehnte jüngeren Gärtner Johannes Ludwigs, einem hintergründig wirkenden, bärtigen Mann. Die Witwe war reich, geizig und kauzig. Im Herbst 1934 fiel auf, daß sie nirgendwo mehr zu sehen war. Zur gleichen Zeit gab Ludwigs mit vollen Händen Geld aus, veranstaltete Gelage und trat großspurig als Gutsbesitzer oder Industrieller auf. Fragen nach Frau Graß beantwortete er damit, daß die Dame verreist sei. Dabei gab er unterschiedliche Aufenthaltsorte an: einmal sollte die früher immer daheim gebliebene Witwe auf Borkum weilen, und ein anderes Mal sollte sie in

Amerika sein. Immer mehr erhärtete sich der Verdacht, daß die Witwe nicht mehr lebte und Ludwigs dazu beigetragen hatte. Schließlich griffen Polizei und Staatsanwaltschaft zu. Ludwigs wies jedoch die Beschuldigung, seine »Herrschaft« getötet zu haben, entrüstet zurück. Auf der Suche nach der Leiche grub die Polizei den Garten um, zerlegte Gewölbe, setzte Wünschelrutengänger und Hellseher ein, ließ Teiche ab und forschte bei den US-Einwanderungsbehörden nach. Auch dem Gedanken, daß Ludwigs den Körper der Witwe in Säure aufgelöst haben könne, ging man nach. Nachbarn berichteten von einem pestilenzialischen Geruch, einem Geruch nach Menschenfleisch, den sie einmal an dem Graßschen Haus wahrgenommen hätten. Dieser Hinweis erschien jedoch zu vage. Verdächtig hingegen war ein Blutfleck, der einen Teppich durchtränkte. Schließlich fand man noch die Kleidungsstücke, die Frau Graß nach den Angaben des Gärtners mit nach Amerika genommen haben sollte. Auch ohne Leiche war schließlich das Netz der Indizien so dicht, daß die Staatsanwaltschaft Mordanklage erhob. Die Hauptverhandlung gegen Ludwigs begann Anfang Juli 1936 vor dem Schwurgericht. Vorsitzender war Landgerichtsdirektor Dr. Georg Schäfer, Anklagevertreter Staatsanwalt Augustin. Die Verteidigung lag in den Händen der Rechtsanwälte Dr. Achter und Dr. Grüttner. Die Kölner saßen abends über der zwei- oder dreimal täglich erscheinenden Zeitung und studierten die Prozeßberichte. Bei aller Unheimlichkeit, die sich mit dieser Sache verband, respektierte man doch besonders die anwaltliche Kunst des Verteidigers Dr. Achter (s. S. 65). Ludwigs gab sich sektiererisch-fromm und sagte als letztes Wort: »Ich bin in der Sache herzensrein, sonst nichts!« Auf Grund der ausgedehnten Beweisaufnahme, bei der auch der Gerichtspsychiater zu Wort gekommen war, hielt das Schwurgericht für erwiesen, daß Ludwigs die Witwe Graß vorsätzlich getötet hatte. Zweifelhaft blieb jedoch das Merkmal »mit Überlegung« im Sinne der damaligen Fassung des Mordparagraphen. Daher wurde Ludwigs nicht wegen Mordes zum Tode, sondern »nur« wegen Totschlags zu 15 Jahren Zuchthaus verurteilt. Die Kölner verarbeiteten das Erlebnis des düsteren Prozesses auf ihre Art. Im nächsten Karnevalszug sah man eine riesige alte Dame mit Schirm und Reisetasche. Dazu hieß es: »De Witwe Graß kütt zorück!« Außerdem entstand das geflügelte Wort: »Zustände wie bei der Witwe Graß«.

»Die Bluttat bei Flittard«

Ein wenig an die Heideballaden der Droste erinnert der nächste Fall — war's doch auf der Heide bei Flittard, wo die Bluttat geschah.

Ein junger Mann und eine junge Frau kannten sich von ihrem Heimatort in der Eifel her. Was sollten sie miteinander tun? Das, was die Natur zu tun eingibt, wenn junge Menschen beiderlei Geschlechts innig beisammen sind. Doch als nach neun Monaten die Maid ein Kind gebar, wies der junge Mann die Vaterrolle von sich. Selbst nachdem er gerichtlich verurteilt war, zahlte er nichts, sondern ließ es zu Pfändungen kommen. Er bezichtigte die Kindesmutter des Meineides, und seine Anzeige erwies sich in einem Nebenpunkt als begründet. Eigentlich hätte er jetzt triumphieren können. Doch nein, er änderte ganz plötzlich seine Haltung und bot seiner Widersacherin in dem Vaterschaftsstreit den gemeinsamen Gang zum Standesamt an. Bald war das Kind legitimiert — durch »nachfolgende Eheschließung der Eltern«. Nach dem Zeugnis der Nachbarn gestaltete sich die Ehe nicht unfriedlich, aber sie blieb ohne jede Herzlichkeit und Freundlichkeit. Eines Abends arbeitete die Frau länger als üblich auf dem Rübenacker des unweit der ehelichen Wohnung bei Flittard gelegenen Gutshofs. Da packte der Mann einen Hammer und sein langes Rasiermesser ein und fuhr der Frau auf dem Rad entgegen. Auf der dämmerigen Heide trafen sie sich und gingen nebeneinander wie ein glückliches Paar. Plötzlich zog der Mann den Hammer hervor und schlug zweimal wuchtig auf den Kopf der Frau. Sie sank bewußtlos zusammen. Darauf schnitt er mit dem Rasiermesser tief in ihre Kehle, so daß die Bewußtlose verblutete. Die Leiche schleppte er hinter eine Mauer und bat die Nachbarn, ihm bei der Suche nach seiner angeblich verschwundenen Frau behilflich zu sein. Gerade damit machte er sich jedoch verdächtig, und bald war die Tat aufgeklärt.

Das im Dezember 1937 unter Vorsitz von Landgerichtsdirektor Dr. von Loeben tagende Schwurgericht mußte sich mit der psychologischen Problematik des zweifachen Bruchs im Verhalten des Angeklagten auseinandersetzen. Was hatte ihn dazu gebracht, in dem Unterhaltsstreit plötzlich einzulenken und die bis dahin abgelehnte Frau zu heiraten? Was hatte ihn bewogen, diese Frau dann so grausam umzubringen, obwohl die Ehe einigermaßen friedlich verlief? Der damals sehr geschätzte Sachverständige Obermedizinalrat Dr. Kapp schilderte den Angeklagten als introvertierten und egozentrischen Menschen. Der Angeklagte selbst erklärte zum Tötungsmotiv: »Ich wollte allein leben.« Der Anklagevertreter, Oberstaatsanwalt Mecker, beantragte die Todesstrafe wegen Mordes. Dem Angeklagten stand ein tüchtiger Verteidiger zur Seite, Rechtsanwalt Dr. Adolf Süsterhenn, der später Justizminister in Rheinland-Pfalz wurde. Er bezweifelte, daß sein Klient mit »voller Überlegung« gehandelt habe, und trug auf eine Bestrafung wegen Totschlags an. Der Ablauf der Tat machte sie jedoch zu einem klaren Fall des Mordes, so daß das Schwurgericht die Todesstrafe aussprechen mußte.

Was mag aus dem Kind der ermordeten Mutter und des hingerichteten Vaters geworden sein?

»Der Doppelmord des Studenten-Ehepaars«

Otto und Gerda Schönewald hatten Anfang der dreißiger Jahre geheiratet. Sie, eine bildschöne junge Frau, war in Bielefeld als Tochter eines Industriellen aufgewachsen und studierte in Köln Volkswirtschaftslehre. Er kam ebenfalls aus einer guten Familie in Bensberg bei Köln und war als Rechtsstudent immatrikuliert. Die Ehe war von vornherein dadurch belastet, daß der Vater der Frau den unfertigen Studenten als Schwiegersohn ablehnte und seine Tochter gar drängte, das zu erwartende Kind abtreiben zu lassen. Das Kind wurde geboren, starb aber nach kurzer Zeit. Am Studium war keiner der Ehegatten interessiert. Deshalb kamen sie auch beide nicht zu einem Abschluß. Otto Schönewald entwickelte phantastische Pläne und sah sich als einen der großen Schriftsteller der Zukunft. Die glanzlose Gegenwart versetzte ihn und seine Frau jedoch oft genug in eine Stimmung, die man heute »frustriert« nennen würde. Dank elterlicher Zuwendungen konnten sie besser leben als die meisten Leute in jener Notzeit. Dennoch reifte in ihnen der Entschluß, durch einen großen Coup zu großem Geld und damit zu großer Freiheit zu kommen. In Kölns rechtsrheinischen Wäldern übten sie Pistolenschießen. In langen Gesprächen legten sie den Plan eines perfekten Raubmordes zurecht. Am 2. November 1932 ging es an die Ausführung. Otto Schönewald hatte bei der 61jährigen Frau Korte auf dem Rudolfplatz unter falschem Namen für sich und seine Frau ein möbliertes Zimmer gemietet. Ferner hatten die Eheleute eine an diese Adresse gerichtete fingierte Zahlkarte aufgegeben und sich genau darüber unterrichtet, wann der Geldbriefträger zur Auszahlung des Betrages kommen müsse. Als dann der zuständige Geldbriefträger Körner, ein Vater von 5 Kindern, erschien, schossen die Schönewalds ihn nieder und raubten ihn aus. Mit nur etwa 300,— RM war die Beute enttäuschend gering. Ebenso kaltblütig brachten die Eheleute die Zimmervermieterin durch einen Schuß in den Kopf um, weil sie als Zeugin ausgeschaltet werden sollte.

Trotz aller Bemühungen der Polizei wurde der Doppelmord zunächst nicht aufgeklärt. Erst sechs Jahre später, als die Ehe geschieden war, bereitete Otto Schönewald seiner zu Wahnvorstellungen gesteigerten Gewissensqual durch Selbstanzeige ein Ende.

Im Juni 1938 begann der mehrwöchige Schwurgerichtsprozeß. Den Vorsitz führte Senatspräsident Dr. Schetter (später OLGPräs), der wegen seiner dem NS-Regime nicht genehmen Haltung vom Oberlandesgericht Düsseldorf auf eine (rangniedere) Direktorenstelle beim Landgericht Köln versetzt worden war. Die Art seiner Verhandlungsführung und das dabei gezeigte pychologische Gespür wurden damals in der gesamten Presse lobend erwähnt. Der Publikumsandrang war ungeheuer. Dabei zeigte sich eine unerfreuliche Sensationsgier. Manche Damen saßen mit dem Opernglas im Gerichtssaal oder stiegen auf Stühle, nur um einen Blick auf die Angeklagten werfen zu können. Vor dem Gerichtsportal ballten sich bisweilen solche Menschenmassen zusammen, daß die Prozeßbeteiligten nur mit Mühe Zutritt fanden. Es war wie bei einer öffentlichen Hinrichtung im Mittelalter (s. S. 66, 67).

Staatsanwalt Dr. Düntzer (später Erster Staatsanwalt) hatte die Anklage zu vertreten. Das war trotz der auf den ersten Blick eindeutigen Sachlage keine leichte Aufgabe, zumal die Verteidigerbank gut besetzt war. Für Otto Schönewald traten die Rechtsanwälte Dr. Eugen Boden I und Decker III auf, für Gerda Schönewald die Rechtsanwälte Dr. Achter und Dr. Wrobel unter Assistenz von Assessor Peters. Bei diesem in jeder Einzelheit vorausgeplanten Verbrechen konnte natürlich das Mordmerkmal »mit Überlegung« nicht gut in Frage gestellt werden. Dr. Achter hielt noch das beste Plädoyer, indem er — anknüpfend an das psychiatrische Sachverständigergutachten — von einem »Hörigkeitsverhältnis« sprach, in dem seine Mandantin zu ihrem früheren Ehemann gestanden habe.

Am Samstag, dem 25. Juni 1938, 20.00 Uhr, verkündete Senatspräsident Dr. Schetter das Urteil des Schwurgerichts:

»Die Angeklagten werden wegen Mordes in zwei Fällen, in einem Fall in Tateinheit mit schwerem Raub, zweimal zum Tode verurteilt. Die bürgerlichen Ehrenrechte werden ihnen auf Lebenszeit aberkannt. Die Kosten des Verfahrens werden ihnen auferlegt.«

Die hier geschilderten großen Prozesse sind nach Gesetzen abgewickelt worden, die schon zur Kaiserzeit galten, nach Regeln strenger Rechtsstaatlichkeit. Die Angeklagten hatten jede Verteidigungsmöglichkeit, und die Dauer der einzelnen Verfahren zeigt, daß die Beweismittel ausgeschöpft worden sind. Anders als in der Weimarer Zeit war eines: die Todesurteile wurden nicht nur verkündet, sondern auch vollstreckt. Der jetzt an der Spitze des Staates stand, kannte keine Gnade.

Noch in den fünfziger Jahren erzählten die Beamten im »Klingelpütz« den Referendaren von der Hinrichtung der Schönewalds in der frostigen Frühe des 3. Januar 1939. Danach ist Frau Schönewald gefaßt und klaglos in den Tod gegangen. Der Mann dagegen hat gezittert, geschrien und sich gegen den Boden gestemmt, natürlich ohne sein Leben auch nur um eine Sekunde verlängern zu können. So eine Hinrichtung muß schrecklich gewesen sein. Es ist indessen keine falsche Sentimentalität, auch einen Mord schrecklich zu finden — z. B. einen solchen, durch den fünf minderjährige Kinder vaterlos werden.

*Landgericht im Zweiten Weltkrieg*

Der Schönewald-Prozeß war die letzte große Schwurgerichtssache in Köln vor dem Kriege. Der Kriegsbeginn leitete eine Reihe von Maßnahmen zur Vereinfachung der Rechtspflege ein. Was zuletzt übrig blieb, war ein Torso des Gefüges der Gerichtsverfassung.

Schon die 1. Vereinfachungsverordnung vom 1. September 1939[120] beseitigte die Mitwirkung der Schöffen, Geschworenen und Handelsrichter, schaffte also Schwurgericht und Kammer für Handelssachen ab. Die Wertgrenze für die Zuständigkeit der Amtsgerichte in vermögensrechtlichen Streitigkeiten wurde von 500 RM auf 1.500 RM angehoben. Die Zivilkammern der Landgerichte entschieden fortan wie die Amtsgerichte durch Einzelrichter, waren also keine echten »Kammern« mehr. Sie büßten ihre funktionelle Zuständigkeit als Berufungsinstanz gegen die Zivilurteile der Amtsgerichte ein. Auch die Berufungen gegen die Amtsrichterurteile gingen jetzt an die Oberlandesgerichte, zu deren Entlastung die Berufungssumme erhöht wurde. Zwar gab die 2. Vereinfachungsverordnung vom 18. September 1940[121] den Landgerichten ihre Zuständigkeit als Berufungsgerichte in Zivilsachen zurück. Doch die Kriegsmaßnahmenverordnung vom 12. Mai 1943[122] verlagerte diese Zuständigkeit »aus Anlaß des totalen Krieges« wieder auf die Oberlandesgerichte. Das Endstadium des Abbaus der Zivilrechtspflege war mit der 2. Kriegsmaßnahmenverordnung vom 27. September 1944[123] erreicht. Sie schaffte das Rechtsmittel der Berufung in Zivilsachen ab und gab dafür auch den Amtsgerichten die Möglichkeit, in gewissen Fällen die Revision zum Reichsgericht zuzulassen.

Entsprechend diesen Neuerungen änderte Landgerichtspräsident Müller — ein Präsidium gab es ja schon lange nicht mehr — die Geschäftsverteilung des Landgerichts Köln dahin, daß unter gleichzeitiger Bildung neuer »Zivilkammern« je einem Richter eine Zivilkammer als selbständiges Arbeitsgebiet zugeteilt wurde. Die Mängel dieses Einzelrichtersystems zeigten sich schon bald. Jüngere Richter hatten noch nicht genügend Erfahrung, um in schwierigen Sachen allein zu entscheiden; älteren fehlte oft die Spannkraft, um nach langer Vehandlung noch Urteile abzusetzen. »Zum Glück« ging die Zahl der vermögensrechtlichen Streitigkeiten stark zurück, so daß sie zuletzt kaum noch eine Rolle spielten. Aber auch die zahlreichen Ehesachen, in denen sich das Chaos der Zeit spiegelte, stellten eine erhebliche Belastung dar.

Bis Sommer 1940 hatte sich die Richterzahl des Landgerichts durch Einberufungen und Abordnungen von 87 auf 53 vermindert. Auch bei den anderen Gerichten waren mehr oder minder große Lücken entstanden. Bei den maßgebenden Stellen meinte man daher, die Justiz könne etwas von ihren Räumen abgeben. So wurden im Gebäude am Reichenspergerplatz eine Bezirksstelle des Ernährungsamtes und später eine Nachrichtenstelle der Luftwaffe untergebracht, während das Gebäude Appellhofplatz eine »Frontleitstelle« als Einquartierung erhielt.

Im Vordergrund der Arbeit des Landgerichts stand jetzt das Strafrecht, das durch eine Reihe von in der ersten Kriegstagen ergangenen Verordnungen ungemein verschärft worden war. Die Volksschädlingsverordnung[124] und die Gewaltverbrecherverordnung[125] erweiterten den Strafrahmen für bestimmte Delikte durch Androhung von Zuchthaus oder Tod. Die Kriegswirtschaftsverordnung[126] und die Rundfunkverordnung[127] schufen neue Straftatbestände. Wer absichtlich einen ausländischen Sender hörte, beging ein in der Regel mit Zuchthaus zu ahndendes Delikt, ein Verbrechen (»Rundfunkverbrechen«). Die Verordnung zum Schutz des deutschen Volkes[128] bedrohte den unbefugten Umgang mit Kriegsgefangenen mit Gefängnis, in schweren Fällen mit Zuchthaus.

In all diesen Fällen des »Kriegsstrafrechts« waren die Sondergerichte zuständig, die als »Standgerichte der inneren Front« für eine möglichst rasche Aburteilung zu sorgen hatten. Nach einer Verordnung vom 20. 11. 1938[129] konnte die Staatsanwaltschaft aber auch jedes andere Verbrechen beim Sondergericht anklagen, wenn mit Rücksicht auf Art und Schwere der Tat die sofortige Aburteilung durch ein Sondergericht geboten erschien.

Hiervon machten die Staatsanwälte in Köln wie anderswo rege Gebrauch. Das Sondergericht terminierte ja kürzer als die Strafkammer, und seine Urteile wurden sofort rechtskräftig. Das Kölner Sondergericht war bisher hauptsächlich mit Heimtückesachen befaßt gewesen. Diese traten zugunsten krimineller Delikte wie Mord, Totschlag, Notzucht, schwerer Diebstahl usw. in den Hintergrund. Typische Sondergerichtsdelikte waren nun Plünderungen nach Luftangriffen und Feldpostdiebstahl. Nachts gefaßte Plünderer sollten möglichst am nächsten Tag vor Gericht. Als Pflichtverteidiger sprang meist Rechtsanwalt Dr. Masermann ein, ein alter Herr, der am Appellhofplatz wohnte und nach einem Luftangriff nicht einmal mehr eine Schreibmaschine besaß. War ein Todesurteil wegen Plünderns vollstreckt worden, so machte der Oberstaatsanwalt dies auf roten Plakaten in der Stadt bekannt.

Übeltaten wie Plündern und Entwenden von Feldpostpäckchen sind auch in anderen kriegführenden Staaten, z. B. Großbritannien, ziemlich gnadenlos verfolgt worden. Das »Nürnberger Juristenurteil« (S. 79) erkennt ausdrücklich »die absolute Notwendigkeit einer strengen Anwendung des Strafrechts in Zeiten großer Not an, wenn die Nation unter dem Druck des Krieges steht, namentlich gegenüber Gewohnheitsverbrechern oder Plünderern . . .«. Unter diesem Gesichtspunkt läßt sich kein Verdikt gegen die Mitglieder eines Sondergerichts allein darauf gründen, daß sie das Strafrecht entschieden härter angewandt haben, als dies vorher im Frieden üblich war. Letztlich müssen jedoch die Urteile an dem heute leider oft mißbrauchten Satz von der Verhältnismäßigkeit gemessen werden. Es gab leichte Fälle, es gab — wie später noch ein Beispiel zeigen soll — richtige Bagatellfälle des Plünderns, in denen es ebenso ungerecht wie unmenschlich war, auf Todesstrafe zu erkennen. Verfolgen wir hier zunächst die äußere Entwicklung! Mit der Erweiterung der Zuständigkeit des Sondergerichts sank die Bedeutung der allgemeinen Strafkammern. Andererseits kam man mit nur einem Sondergericht für den ganzen Oberlandesgerichtsbezirk nicht mehr aus. Darum wurden im Jahre 1940 bei den Landgerichten Aachen und Koblenz eigene Sondergerichte errichtet. Bei dem Landgericht Köln kamen zu dem bisherigen Sondergericht drei weitere hinzu, so daß man hier vier Sondergerichte — oder: vier Sondergerichts-Kammern — hatte.

Vorsitzender des neuen »Sondergerichts II« wurde Landgerichtsdirektor Funk. Er war 1935 in Kassel mit der Partei in Konflikt geraten, weil er mehrere SA-Leute wegen eines Angriffs auf jüdische Einwohner zu hohen Freiheitsstrafen verurteilt hatte. Nachdem er daraufhin in übler Weise bedroht worden war, hatte er sich gemäß dem Rat des Ministeriums nach Köln versetzen lassen. Hier erwarb er sich die Wertschätzung der Anwälte, die ihm während seiner Tätigkeit beim Sondergericht ungeschmälert erhalten blieb. Das Reichsjustizministerium beanstandete seine Urteile wiederholt als zu milde.

Landgerichtsdirektor Dr. Murhard, der das »Sondergericht III« übernahm, war Kriegsbeschädigter des Ersten Weltkrieges — ein betont ruhiger Mann, dem jede Übersteigerung fremd war. Seine Art wirkte als besonderes Ärgernis auf den fanatischen Landgerichtspräsidenten Müller.

Auch Landgerichtsdirektor Sudholz, der Vorsitzende des »Sondergerichts IV«, neigte nicht dazu, den Boden des vernünftig Vertretbaren um irgendwelcher Parteiparolen willen zu verlassen.

Wie schon berichtet, übernahm Landgerichtsdirektor Eich anstelle von Dr. Loevenich Anfang 1941 das »Sondergericht I«. Eich war damals 49 Jahre alt und stammte aus Vallendar, wo sein Vater Volksschulrektor gewesen war. Obwohl er sich früher in Kreisen bewegt hatte, die in weltanschaulichem Gegensatz zum Nationalsozialismus standen, steigerte er sich zelotenhaft in die jetzt amtlich verlangte Haltung hinein und ging dabei buchstäblich über Leichen. Zwei Beispiele mögen zeigen, wie die von ihm inspirierte Rechtssprechung aussah:

S 2?/43
?5/43

IM NAMEN DES DEUTSCHEN VOLKES !

In der Strafsache

den Maschinenschlosser Karl Tickenhahn aus Oberliblar,
Trochstr. 49, geboren am 27.6.1920 in Mechernich, Krs. Schleiden,

zeit in dieser Sache in Köln im Gefängnis in Untersuchungshaft
n Verbrechens nach § 4 der Volksschädlingsverordnung vom 5.9.39,
2 StGB. ~~xxxxxxxxx~~

das Sondergericht 1 bei dem Landgericht Köln
der Sitzung vom 28. Februar 1943,
er teilgenommen haben :

Landgerichtsdirektor Eich,
als Vorsitzer,
Landgerichtsrat Mathaei,
Landgerichtsrat Voss,
als beisitzende Richter,
Landgerichtsrat Theissen,
als Beamter der Staatsanwaltschaft,
Justizangestellter Ferling,
als Urkundsbeamter der Geschäftsstelle,

für Recht erkannt :

Der Angeklagte wird als Volksschädling wegen Diebstahls von Schuhen, Zigaretten u.a. nach dem Terrorangriff vom 26.2.43 auf die Hansestadt Köln zum Tode verurteilt.
Er verliert die bürgerlichen Ehrenrechte ~~für~~ auf Lebenszeit.
Die Kosten des Verfahrens treffen den Angeklagten.

Am 8. Juli 1942 fällte das Sondergericht I unter Eichs Vorsitz ein Urteil, das sich nur noch mit den schändlichen Sprüchen spätmittelalterlicher Hexenrichter vergleichen läßt: Ein Barmixer, der wegen Betrügereien und Unterschlagungen mit der Polizei in Konflikt geraten war, hatte — wie sich bei den Ermittlungen herausstellte — seine jüdische Abstammung vertuscht und war eine Zeitlang als Marineoffizier aufgetreten. Er wurde zum Tode verurteilt, und zwar nicht etwa wegen der kriminellen Delikte, sondern weil er nach dem Inkrafttreten der Nürnberger Gesetze mit verschiedenen »arischen« Frauen, darunter mit Dirnen, geschlechtlichen Umgang gepflogen und damit fortgesetzt »Rassenschande« begangen hatte.
Am 28. Februar 1943 stand ein 22jähriger Schlosser aus der Eifel wegen Plünderns vor dem Sondergericht I. Der völlig unbescholtene Angeklagte war von einer im Ostfeldzug erlittenen schweren Verletzung genesen und hatte mit einem neuen Gestellungsbefehl in der Tasche in Köln Abschied feiern wollen. Dabei war er in einen Luftangriff auf die Innenstadt geraten, hatte sich anschließend an Bergungsarbeiten beteiligt und aus brennenden Geschäften 1 Paar Schuhe, 130 Zigaretten sowie einige andere Kleinigkeiten mitgenommen. Das Sondergericht verurteilte ihn als »Volksschädling« zum Tode. Selbst der gemütsarme Reichsjustizminister Thierack, der an diesem Tag zu Besuch in Köln weilte, zeigte sich betroffen. Das Gnadengesuch, das der Vater des Verurteilten einreichte und dem der Chef des Wehrbezirkskommandos Bonn sich anschloß, hatte als eines von wenigen aus damaliger Zeit Erfolg. Die Todesstrafe wurde in eine Zuchthausstrafe von 8 Jahren umgewandelt, so daß der Verurteilte das Kriegsende überlebte. Fast drängt sich die Vermutung auf, daß Eich, der damals für die Berufung zum Volksgerichtshof vorgeschlagen war, so unvertretbar hart geurteilt hat, um die Sympathien des zufällig anwesenden Ministers zu erwerben. Das wäre allerdings das Schimmste, wozu sich ein Richter herablassen kann.
Eich hat sich auch für etwas hergegeben, wofür sich schwerlich ein anderer Kölner Landgerichtsdirektor hätte gewinnen lassen: für die »Nacht- und Nebelsachen«, jene Geheimverfahren gegen nichtdeutsche Zivilisten aus den besetzten Gebieten, bei denen die Angehörigen der Angeklagten keinerlei Nachrichten über deren Schicksal erhielten. Nach einiger Zeit wurde die Zuständigkeit für diese Verfahren, über die es keine Unterlagen mehr gibt, von Köln fortgenommen und auf ein Gericht im Osten übertragen. Der Vorsitzende Eich sah seinen blutigen Eifer durch das Kriegsverdienstkreuz 2. Kl. ohne Schwerter belohnt — ein Orden, den er nicht lange trug.
Im Gegensatz zu dem Landgerichtspräsidenten Hermanns in der Nachbarstadt Aachen, der sich vom »alten Kämpfer« zum Mann mutigen Widerstands entwickelt hatte, forderte der Kölner Präsident Müller in ungebrochener Treue zur Parteilinie härtestes Durchgreifen. Der amtlichen Devise von der »gelenkten Justiz« folgend, setzte er sich auf »Richterappellen« mit Urteilen auseinander, die ihm »politisch« nicht gefallen hatten. Die Urteilskritik, von kaum jemandem ernst genommen, ging meist in einen Bierabend über. Müller versuchte aber auch, auf noch zu treffende richterliche Entscheidungen einzuwirken. Aus einer Vielzahl von Fällen sei hier nur einer herausgegriffen: Im Jahre 1943 hatte die Son-

dergerichtskammer des Landgerichtsdirektors Dr. Murhard gegen 12 Personen wegen Kriegswirtschaftsverbrechen zu verhandeln. Den drei Hauptangeklagten, unter denen sich ein Jude befand, wurde zur Last gelegt, 10.000 m Textilien und größere Posten an Strümpfen verschoben zu haben. Etwa eine Woche vor der Hauptverhandlung zog Müller Landgerichtsrat Kasper, einen der Beisitzer, ins Gespräch und erklärte, daß mindestens drei Todesurteile herauskommen müßten. Leider sei der Vorsitzende Dr. Murhard zu milde und müsse durch die Beisitzer »gestärkt« werden. Er, der Landgerichtspräsident, sei dem Gauleiter für die »Aufrechterhaltung der inneren Front« verantwortlich. Einige Tage später suchte Müller den Vorsitzenden Dr. Murhard auf und äußerte auch ihm gegenüber die Erwartung, daß drei Todesurteile gefällt würden. Während der Verhandlung selbst benutzte er eine Pause, um von dem Beisitzer Derksen geradezu beschwörend die Todesstrafe für die drei Hauptangeklagten zu fordern. Derksen erwiderte, das Gericht entscheide unabhängig nach dem Gesetz und dem Ergebnis der Hauptverhandlung. Darauf polterte Müller los: »Die Rübe muß herunter, die Rübe muß herunter, der Gauleiter erwartet es.« Er wandte sich an den Richtertisch, wo auch Landgerichtsrat Kasper saß, und fuhr fort: »Ich hoffe doch, daß bei dieser Sache mindestens 1/4 Dutzend Rüben herunter gehen.« Der Richter anwortete: »Herr Präsident, es handelt sich hier nicht um Rüben, sondern um Menschen.« Das Sondergericht ließ sich durch Müller nicht beeinflussen. Nur einer der Hauptangeklagten wurde zum Tode verurteilt, der zweite zu einer Zuchthausstrafe und der dritte nur zu einer Geldstrafe.[130]

Bei Juden und Geistlichen, aber auch bei Parteigenossen drängte Müller auf besondere Schärfe. Der Parteifunktionär solle Vorbild des Volkes sein; deshalb müßten seine Verfehlungen besonders nachdrücklich geahndet werden. Beim Landgericht hatte man den etwas fatalen Eindruck, Müller sei im Gegensatz zu vielen NS-Opportunisten ein aufrechter Mann, der glaube, was er rede. Wurde er unter vier Augen angesprochen, so konnte es allerdings geschehen, daß seine durchaus vorhandene Hilfsbereitschaft die Politik überrundete. Es steht fest, daß er mehreren Personen, die sich in politischer Bedrängnis befanden, wirksam geholfen hat. Nach dem Kriege mußte er langwierige Verfahren über sich ergehen lassen, u. a. einen Schwurgerichtsprozeß wegen Anstiftung zur Rechtsbeugung und Verbrechen gegen die Menschlichkeit. Hier wurde er — nicht zuletzt aus subjektiven Gründen — freigesprochen.

Die Kölner Sondergerichte haben nach einer in der Nachkriegszeit auf Grund der Akten gefertigten Zusammenstellung in den Jahren 1941—1944 in 949 Strafsachen 55 Todesurteile gefällt. Darunter befindet sich ein politisches Todesurteil, nämlich das schon erwähnte Urteil wegen Rassenschande, während alle anderen wegen krimineller Delikte ergangen sind. Es sind jedoch wesentlich mehr als 949 Sachen vor den Sondergerichten verhandelt und dementsprechend auch mehr als 55 Todesurteile gefällt worden. Nach anderen Unterlagen dürfte die Gesamtzahl der Todesurteile 123 betragen haben, von denen allerdings nicht alle vollstreckt worden sind. Die Zahl ist erschreckend hoch; doch werden meist höhere Zahlen angegeben, was wohl darauf beruht, daß man die Vielzahl der von der Gestapo ohne gerichtliches Urteil vorgenommen Exekutionen mit einbezieht. Solche »wilden« Exekutionen kamen um so häufiger vor, je chaotischer die Verhältnisse auf Grund der Kriegsereignisse wurden.

Der große Luftangriff vom 31. Mai 1942 leitete die rasch fortschreitende Zerstörung Kölns und seiner Vororte ein. Immer häufiger heulten die Sirenen, dröhnte Flak-Artillerie, krachten Bomben. Immer mehr Häuser, immer mehr Straßenzüge sanken in Trümmer. Ganze Viertel verwandelten sich allmählich in Ruinenlandschaften. Das Justizgebäude Reichenspergerplatz wurde zunächst im Juni und im August 1943 schwer getroffen. Man schätzte die Wiederherstellungskosten auf 3 Millionen RM, eine damals gewaltige Summe. Ein Angriff im April 1944 zerstörte weitere Gebäudeteile, so daß schon Mitte 1944 nur noch 10 % der nutzbaren Fläche nicht oder nur wenig beschädigt waren. Das Gebäude am Appellhofplatz hatte nach zwei Angriffen im Juni 1943 vorläufig geräumt werden müssen. Im Juli 1943 lösten Phosporkanister fünf Dachbrände aus, und im April 1944 — just zu Führers Geburtstag — kamen neue Beschädigungen hinzu.

Bei den Lösch- und Aufräumungsarbeiten auf dem Reichenspergerplatz setzte sich niemand so energisch ein wie Landgerichtspräsident Müller. Ungewollt trug er zur Erheiterung der bisweilen etwas mutlosen Helfer bei, indem er Sprüche von sich gab wie: »Häuser sind vergänglich, aber das Reich ist ewig.«

Seit dem 1. Juli 1943 hatte Köln einen neuen Oberlandesgerichtspräsidenten: Dr. Erich Lawall, Major d. R. und Ritterkreuzträger. Er ging bald wieder an die Front, schrieb aber vorher zwei die Kölner Situation trefend kennzeichnende »Lageberichte« für den Justizminister:

»Es dürfte wohl nicht zu hoch gegriffen sein, wenn man annimmt, daß mehr als die Hälfte der gesamten Kölner Einwohnerschaft ihrer Wohnungen beraubt ist . . .« (3o. 7. 1943)

»Viele Volksgenossen schrecken heute vor Anzeigen zurück, weil sie die Verantwortung für die zu erwartende hohe Bestrafung des Angezeigten nicht tragen wollen . . . Obwohl in Köln in außerordentlichem Maße geplündert worden ist, sind nur verhältnismäßig wenige Fälle zur Aburteilung gelangt. . .

Daß auch in der Stadt der Feindsender nicht wenig gehört wird, mag schon daraus hervorgehen, daß der Kölner vom Feindsender geläufig als vom 'Sender Nippes' ('Nippes' in der Kölner Mundart gleich Ausland) spricht. Es wird auch viel offener davon gesprochen, als man gemeinhin nach den hohen angedrohten Strafen annehmen sollte. . .« (30. November 1943).

Der alliierte Kampf gegen Frauen und Kinder, von dem der erste Bericht spricht, war militärisch sinnlos. Jedoch mehrten sich mit wachsender Zerstörung der Stadt Auflösungserscheinungen unter der Bevölkerung, mit denen sich bisweilen auch die Gerichte beschäftigten mußten.

Seitdem die Hitlerjugend statt romantischer Fahrten nur noch ödes Exerzieren zu bieten hatte, ließ ihre Anziehungskraft nach. Damit stiegen die Chancen für gewisse illegale

Gruppen wie die »Navajos« und die »Edelweißpiraten«. Diese standen zum Staat und zur HJ in Opposition, ohne ein klares Gegenkonzept zu verfolgen. Die Jugendlichen trafen sich in Köln an der Agneskirche, im Blücherpark, im Volksgarten oder auch in anderen Parks und trugen eine an die frühere Bündische Jugend erinnernde »Kluft«. Über 1.000 von ihnen wurden »staatspolizeilich verwarnt«, was vielfach bedeutete, daß man die Betroffenen in das Gestapo-Gefängnis einlieferte und dort kräftig verprügelte. Bei den Kölner Gerichten — und zwar beim Jugendgericht und beim Sondergericht — wurden insgesamt 31 »Edelweißpiraten« angeklagt und zu Gefängnisstrafen bis zu einigen Monaten verurteilt.[131]

Im weiteren Verlauf entwickelten kommunistisch gelenkte Organisationen wie das »Komitee der Volksfront« und das von dem Hause Sülzgürtel 8 aus geleitete »Komitee Freies Deutschland« zunehmende politische Aktivitäten, in die auch ein Kölner Landgerichtsrat einbezogen wurde.[132] Leider gesellte sich zum politischen Widerstand auch brutale Kriminalität. Im Herbst 1944 hatten sich in dem schon weitgehend verwüsteten Kölner Stadtgebiet mehr als 20 aus Deutschen und Ausländern zusammengewürfelte Banden gebildet, die sogar über Maschinengewehre verfügten und teils kriminelle, teils politische Ziele verfolgten. Sie ermordeten in kurzer Zeit 29 Personen, darunter fünf politische Leiter, einen SA-Mann. einen HJ-Angehörigen, sieben Polizeibeamte, fünf Soldaten und zwei Gestapo-Leute.

Am 26. November 1944 wurde der Kölner Gestapo-Leiter, ein SS-Sturmbannführer und Oberregierungsrat Hofmann, beim Sturm auf einen von Bandenmitgliedern besetzten Luftschutzbunker in Köln-Klettenberg erschossen.[133] Die stärkste dieser militanten Gruppen saß in Ehrenfeld und hatte 128 Mitglieder. Die Gestapo verhaftete an die 500 Personen, Politische und Kriminelle, und exekutierte auf eigene Faust. Am 25. Oktober 1944 ließ sie elf ausländische und am 10. November 1944 dreizehn deutsche Mitglieder der Gruppe am Bahndamm in Ehrenfeld öffentlich erhängen.[134] Die Hinrichtungen waren rechtswidrig, weil durch keinen Richterspruch legitimiert. Gleichwohl wird man die Hingerichteten angesichts ihrer hauptsächlich auf Raub und Mord ausgerichteten Initiativen kaum als »Widerstandskämpfer« herausstellen können, ohne damit den wirklichen Widerstand gegen den Nationalsozialismus zu beleidigen.

Als das hier Geschilderte geschah, war die Justiz nur noch eine unbedeutende Einrichtung. Daher konnten die Kölner Justizbediensteten im Herbst 1944 zum großen Teil als Schanzarbeiter hinter der Front eingesetzt werden, die sich südlich von Düren noch einmal gefestigt hatte. Landgerichtspräsident Müller gab wieder einmal durch persönlichen Einsatz ein Beispiel — das unterschied ihn von den weniger naiven Parteigrößen, die sich im »Reichsbunker Tirol« oder an anderen sicheren Stellen so lange wie möglich vom Kriegsgeschehen distanzierten.

Im November 1944 wurde die Verwaltung des Landgerichts mit ihren Akten nach Wiehl ausgelagert. Sondergericht und Strafkammern gingen nach Königswinter, von wo sie infolge der weiteren Kriegsereignisse zunächst nach Siegburg und dann nach Marienheide umziehen mußten.

In den wenigen Räumen, die hinter der geborstenen, aufgerissenen Fassade des Kölner Gerichtsgebäudes am Reichenspergerplatz noch benutzbar geblieben waren, versahen einige Zivilrichter des Landgerichts und Abteilungsrichter des Amtsgerichts weiterhin ihren Dienst. Viel Arbeit hatten sie nicht. Wer wollte noch prozessieren, während der dumpfe Donner der Front immer näher kam?

In der sterbenden Stadt lockerte sich der politische Druck auf die immer weniger werdenden Menschen, nachdem die Gauleitung sich über den Rhein abgesetzt hatte und auch die meisten Ortsgruppenleiter verschwunden waren. Die Leute diskutierten jetzt offen darüber, wer wohl schlimmer sei — die »Nazis«, von deren Greueltaten man damals erst einen winzigen Bruchteil kannte, oder die Alliierten, die sich nicht scheuten, am Weihnachtsmorgen 1944 Bomben auf Kölns letzte Wohnviertel zu werfen.

Ende Februar 1945 trat die 1. amerikanische Armee mit geballter Kraft zum Angriff an. Am 1. März standen ihre Panzerspitzen bei Mödrath. Einschläge und Abschüsse der Artillerie dröhnten in der Bannmeile Kölns. Noch einmal bebte hier die Erde unter Bombenteppichen. Ein letzter grauenhafter Luftangriff brachte am 2. März 1945 alle Äußerungen städtischen Lebens zum Erliegen und führte den Stillstand der Rechtspflege herbei (4. 3. 1945). Vier Tage später bahnten amerikanische Panzer sich nach einigen Kämpfen ihren Weg in die gewaltigen Schuttmassen, die von einer der schönsten Städte der Welt übriggeblieben waren. Der kämpfenden Truppe folgten Pioniere, die mit schwerem Gerät die ersten Straßen freiräumten. Realistisch meldete der deutsche Wehrmachtsbericht, der »Trümmerhaufen Köln« sei dem Feind überlassen worden.

Der Rhein, jetzt brückenlos, war zur Frontlinie geworden. Drüben im Bergischen Land, einem Teil des von Feldmarschall Model verteidigten »Ruhrkessels«, arbeiteten noch die Amtsgerichte Bensberg, Lindlar, Wiehl, Wipperfürth und Gummersbach. Dazu kam die in Wiehl verbliebene Landgerichtsverwaltung mit Landgerichtspräsident Müller. Müller hatte die Anweisung der Gauleitung, sich nach Detmold zu begeben, nicht befolgt und war bei seiner Dienststelle geblieben, bis zuletzt an den Endsieg glaubend und von der kommenden »Morgenröte« sprechend. Mitte April 1945 trat auch im rechtsrheinischen Teil des Landgerichtsbezirks mit dem Ende des militärischen Widerstands der Stillstand der Rechtspflege ein. Drei Wochen später lag ganz Deutschland am Boden.

*Neuanfang 1945 — schwerer als 1820*

Nach dem Einmarsch der Amerikaner herrschte in Köln zunächst eine fast chaotische Unsicherheit. Da es keine Polizei mehr gab, wurde gestohlen und geraubt, was nicht niet-und nagelfest war. Die Leute nannten das »Organisieren« oder »Sicherstellen«. Bald hatten die Amerikaner am Kaiser-Wilhelm-Ring ihre Militärregierung etabliert, deren Militärgerichte eine größere Zahl von Übeltätern in den »Klingelpütz« schickte. Dort waltete ein früherer

Insasse namens Jacobi als Direktor, was die schlechte Verpflegung in dem Gefängnis allenfalls ideologisch aufzubessern vermochte.

Die Militärregierung zeigte sich bestrebt, die kommunale Verwaltung und die Gerichtsbarkeit sobald wie möglich wieder in deutsche Hände zu geben.

Am 21. April 1945 setzte sie eine vorläufige Stadtverwaltung ein, die fürs erste auch die Aufgaben der bisherigen Reichs- und Staatsbehörden wahrnehmen sollte. Die Stadtverwaltung, an deren Spitze kurze Zeit später der frühere Oberbürgermeister Dr. Adenauer trat, zog in das erhalten gebliebene Verwaltungsgebäude der Allianz-Versicherungs-AG am Kaiser-Wilhelm-Ring. In diesem Not-Rathaus versammelten sich noch im April 1945 auf Geheiß der Militärregierung etwa zehn Richter und dreißig Rechtsanwälte, die drei für das Amt des Amtsgerichtspräsidenten in Köln geeignete Persönlichkeiten wählen sollten. Die Justiz sollte also von »unten«, vom Amtsgericht her wieder aufgebaut werden. Die Versammlung wählte den Landgerichtsdirektor a. D. Lingemann sowie die Landgerichtsräte Dr. Floß und Dr. Korintenberg. Der amerikanische »Legal officer«, ein Oberst, entschied sich für Landgerichtsdirektor a. D. Lingemann, den Dienst- und Lebensältesten, und ernannte ihn kurzerhand zum Amtsgerichtspräsidenten.[135]

Der neue Amtsgerichtspräsident machte sich mit einigen gleichzeitig wieder in den Dienst gestellten Richtern unverzüglich an die Vorbereitungsarbeit. Die ihm zugedachte Wirkungsstätte, das Justizgebäude am Reichenspergerplatz, war im wesentlichen eine Ruine. Zunächst ließen sich nur etwa fünf Räume benutzbar machen. Dennoch konnte das Amtsgericht schon am 16. Mai 1945, also gut eine Woche nach der deutschen Kapitulation, mit sechs Richtern seine Tätigkeit in Mahn-, Zivil- und Zwangsvollstreckungssachen wieder aufnehmen. Die anderen Zuständigkeitsbereiche folgten schrittweise.

Im Juni 1945 ging Amtsgerichtspräsident Lingemann als Präsident der Justizverwaltung der inzwischen geschaffenen Nordrheinprovinz nach Düsseldorf. Seine Nachfolge in Köln trat der schon erwähnte frühere Düsseldorfer Senatspräsident Dr. Rudolf Schetter an, der 1933 aus politischen Gründen auf die Stelle eines Landgerichtsdirektors nach Köln und 1941 auf eigenen Antrag in den Ruhestand versetzt worden war.

Im Frühsommer 1945 wurden die Amerikaner als Besatzungsmacht durch die Briten abgelöst, welche hinsichtlich des Wiederaufbaus der deutschen Justiz und Verwaltung dieselbe Politik verfolgten.

Am 30. Juli 1945 übernahm Dr. Schetter die Leitung des Landgerichts Köln, das am 24. August 1945 seine Rechtsprechungstätigkeit wieder aufnahm. Der Neuanfang war bescheiden und beschränkte sich auf die Tätigkeit einiger Strafkammern. Im Spätherbst wurde eine zweitinstanzliche Zivilkammer eröffnet. Seit Dezember 1945 nahm das Landgericht wieder Klagen in Ehesachen entgegen. Im ersten Quartal 1946 wurden Zivilkammern für alle Sachen eröffnet. Die erste Kammer für Handelssachen trat erst im Jahre 1947 wieder in Tätigkeit.

Der Wiederaufbau war unsäglich schwer. Eine Zeitlang hatte das Landgericht nur zwei Räume zur Verfügung; die Richter mußten auf der Geschäftsstelle arbeiten. Besonders schlimm wurde es in dem strengen Winter 1945/46. Da die zentrale Heizungsanlage am Reichenspergerplatz zerstört war, wurden in den Zimmern Behelfsöfen aufgestellt, deren Abzugsrohre man durch die meist nur mit Kunstglas versehenen Fenster legte. Bei entsprechenden Wind- und Wetterlagen gab es Rückstöße, und die ganze Stube war voller Qualm. Damit das Personal die Briketts nicht für den heimischen Herd verwendete, wurden sie allmorgendlich auf dem Gerichtshof in genau bemessenen Rationen zugeteilt. Wieviel zähe, mühsame Arbeit der von Hungerrationen lebenden Richter, Beamten und Angestellten nötig war, um die Kölner Gerichte wieder funktionsfähig zu machen, das läßt sich heute kaum noch ermessen. Es fehlte an allem. Nicht selten ging sogar das für die Urteilsniederschriften notwendige Papier aus. Die Instandsetzungsarbeiten an den Justizgebäuden wurden mit den primitivsten Mitteln vorangetrieben. Ein gewaltiger Fortschritt war erreicht, als im Mai 1946 die erste Strafabteilung des Amtsgerichts wieder in dem Gebäude am Appellhofplatz untergebracht werden konnte. Bis dahin hatten Obdachlose in den Resten des roten Ziegelbaus gehaust.

Nur für einige Wochen hatte Dr. Schetter das Amt des Landgerichtspräsidenten ausgeübt. Dann war er — am 20. September 1945 — zum Oberlandesgerichtspräsidenten in Köln ernannt worden. Dank seiner Initiative, die in erster Linie der baldigen Wiedereröffnung aller Gerichte des jetzt um die Landgerichtsbezirke Koblenz und Trier verkleinerten Oberlandesgerichtsbezirks galt, konnte am 10. Januar 1946 das Oberlandesgericht Köln wiedereröffnet werden. Damit war die Rechtsmittelinstanz für das Landgericht Köln und die Nachbar-Landgerichte Aachen und Bonn wieder in Funktion.

In das frei gewordene Amt des Landgerichtspräsidenten war am 10. November 1945 der damals 63jährige Landgerichtsdirektor Josef Hansen (s. S. 72) berufen worden. Hansen stammte aus Köln, war aber seit 1921 als Landgerichtsdirektor in Berlin tätig gewesen und hatte — entsprechend seiner religiösen Grundhaltung — dem Nationalsozialismus entschieden ablehnend gegenübergestanden. Trotz seines vorgerückten Alters leistete er in den kommenden Jahren Großes. Vor allem wußte er in jener Zeit, wo das Leben auf die äußerste Primitivität herabgedrückt zu sein schien, in überzeugender und wohltuender Weise die Würde seines Amtes zu wahren.

Außer den Gebäuden mußte die Rechtsordnung als solche wieder aufgebaut werden. Das galt zunächst einmal für das Gefüge der Gerichtsverfassung, das während der Kriegsjahre durch verschiedene »Vereinfachungsverordnungen« völlig zerstört worden war.

Schon das Kontrollratsgesetz Nr. 4 vom 30. Oktober 1945[136] hatte hinsichtlich der Zuständigkeit der Amts- und Landgerichte den Rechtszustand vom 30. 1. 1933 wieder in Kraft gesetzt. Gleiches hatte die Anweisung der Militärregierung vom 24. 10. 1945[137] für die Zuständigkeit der Oberlandesgerichte bestimmt. Damit war insbesondere das im Jahre 1944 dem »totalen Krieg« geopferte Rechtsmittel der Berufung in Zivilsachen wiederhergestellt. Verordnungen des Zentraljustizamtes vom 20. 7. 1947[138] und 22. 8. 1947[139] führten das Kollegialprinzip bei den Zivilkammern der Landgerichte sowie die Handelsrichter, Schöffen und Geschworenen wieder ein. Derartige Verordnungen zu erlassen, war indessen leichter, als sie durchzuführen. Man brauchte nicht bloß genügend Sitzungssäle und Dienstzimmer, sondern auch genügend Richter, Handelsrichter usw. An Richtern mangelte es jedoch erheblich, was teilweise eine Folge des langwierigen Überprüfungs- bzw. Entnazifizierungsverfahrens war. Vorübergehend waren Rechtsanwälte wie z. B. Rechtsanwalt Tschunkur als Hilfsrichter eingesetzt. Trotz dieser Schwierigkeiten bestanden jedoch im August 1947 bei dem Landgericht Köln wieder acht Zivilkammern, die ordnungsgemäß besetzt waren. Dagegen war die damals einzige Kammer für Handelssachen nur mit einem Berufsrichter besetzt. Das lag indessen nicht an der Verwaltung des Landgerichts, sondern an der Militärregierung, die bis dahin nur einen von den vielen Kölner Handelsrichtern bestätigt hatte.[140]

Um wenigstens auf der Ebene der Britischen Zone eine einheitliche Rechtsanwendung sicherzustellen, erließ das Zentraljustizamt mit Ermächtigung der Militärregierung die Verordnung vom 17. November 1947 über die Errichtung eines »Deutschen Obersten Gerichtshofs für die Britische Zone in Köln«.[140] Dieser Gerichtshof, der für das Zonengebiet die Aufgaben des früheren Reichsgerichts wahrzunehmen hatte, konnte nach einigen Schwierigkeiten im Frühjahr 1948 unter der Leitung des aus seinem Londoner Exil zurückgekehrten ehemaligen Berliner Rechtsanwalts Prof. Dr. Ernst Wolff im Justizgebäude Reichenspergerplatz seine Tätigkeit aufnehmen. In sein kleines Richterkollegium wurden u. a. die Kölner Senatspräsidenten Dr. Peter Jansen (später LGPr) und Dr. Dr. August Wimmer berufen. Für einige Jahre wurde Köln zum Vorort der Rechtsprechung in Westdeutschland. Nach dem Zusammenschluß der Britischen und der Amerikanischen Zone zu einem »Vereinigten Wirtschaftsgebiet« (»Bizone«) einigten sich diese beiden Besatzungsmächte auf die Einsetzung eines »Deutschen Obergerichts für das Vereinigte Wirtschaftsgebiet«. Das Obergericht wurde am 9. Februar 1948 unter Präsident Dr. Ruscheweyh ebenfalls im Justizgebäude am Reichenspergerplatz eröffnet. Da seine Zuständigkeit sich auf das Wirtschaftsrecht beschränkte, tat es der Bedeutung des Obersten Gerichtshofs für die Britische Zone keinen Abbruch.[141]

So saßen alle Gerichte, vom Amts- und Landgericht über das Oberlandesgericht zum Obersten Gerichtshof und zum Obergericht am Reichenspergerplatz unter einem Dach vereint. Richtiger müßte es wohl heißen: »unter einem Notdach«; denn in das ruinenhafte Gebäude regnete es noch immer herein, und an ein ordentliches Dach war noch lange nicht zu denken.

### *Prozesse der ersten Nachkriegsjahre*

#### Wenig Streit um Geld, aber viele Ehescheidungen

Vor den Landgerichten wurde in den ersten Nachkriegsjahren wesentlich seltener als früher um Geld gestritten. Das Geld war wieder einmal so gut wie wertlos geworden, und selbst die sonst chronisch Insolventen hatten die Taschen voll davon. Um kleinere oder mittlere Beträge zu streiten, lohnte sich nicht.

Wesentlich häufiger klagten Eigentümer gegen unrechtmäßige Besitzer auf Herausgabe beweglicher Sachen. In dem Maße, in dem das Geld seinen Wert verloren hatte, waren die Sachwerte gestiegen, ja die meisten Sachen bis hin zu den Gegenständen des täglichen Gebrauchs waren unersetzbar geworden. Viele, die damals aus der Evakuierung heimkehrten, fanden die zurückgelassene Habe in fremdem Besitz und forderten vergeblich deren Herausgabe.

Natürlich wurde in der Ruinenstadt Köln auch das Wohnungselend zur Quelle zahlreicher Rechtsstreitigkeiten, die beim Amtsgericht begannen und sich vielfach beim Landgericht als Berufungsinstanz fortsetzten.

Vor allem hatte das Landgericht eine Flut von Ehescheidungssachen zu bewältigen. Was Krieg und lange Trennung zerstört hatten, sollte jetzt auch dem rechtlichen Bande nach gelöst werden. Im Jahre 1948 wurden dreimal soviele Ehen geschieden wie 1937.

»Die Ehescheidung mit dem Kälberstrick«

Die ersten Nachkriegsjahre waren rauh, und die Menschen bedienten sich oft anderer als rechtlicher Mittel. Beispielhaft ist der Fall der Metzgersfrau Hensgens aus Grefrath, die gar nicht erst abwartete, bis sie rechtmäßig geschieden werden konnte. Während ihr Mann im Felde stand, hatte die noch junge und vitale Frau ein intimes Verhältnis zu dem polnischen Kriegsgefangenen angeknüpft, der ihr als Aushilfe für die Metzgerei zugewiesen worden war. Bald lebten die beiden wie Eheleute und »hofften«, daß der gesetzliche Ehemann nicht zurückkehren werde. Doch eines Tages — kurz nach Kriegsende — stand er vor der Tür. Es gab zunächst Heucheln und Versteckspielen auf seiten der Frau und ihres Geliebten, dann Bekenntnisse und erregte Szenen und schließlich den Versuch der Eheleute, die vom Krieg verschüttete Vergangenheit wieder lebendig zu machen. Doch die Gegenwart war stärker. Daß der Ehemann gleichwohl von einer Scheidung nichts wissen wollte, wurde ihm zum Verhängnis. Eines Sonntags geschah das Grausige. Der Pole hatte aus dem Lager für »displaced persons« Schnaps mitgebracht. Unter dem Vorwand einer Versöhnungsfeier setzten er und Frau Hensgens den Ehemann bis zur Bewußtlosigkeit unter Alkohol, während sie selbst nüchtern blieben. Schließlich erdrosselte der Pole den eingeschlafenen Ehemann mit einem Kälberstrick. Die Leiche versenkte er abends in einer zugleich als Abort dienenden Jauchegrube. An einem der nächsten Tage wollte ein im Hause wohnender Mieter die Abortanlage bestimmungsgemäß benutzen. Da schoß plötzlich der nur unzulänglich beschwerte Kopf des Ermordeten wie ein Gespenst aus der Jauche empor.

Nach dem schrecklichen Erlebnis des Mieters konnte das schon vorher auf Grund von Indizien verhaftete Liebespaar nicht länger leugnen. Während das Britische Militärgericht im Spätsommer 1945 den Polen wegen Mordes zum Tode verurteilte, setzte es dessen deutsche Komplizin, die ihn belastet hatte, außer Verfolgung. Das Todesurteil gegen den Polen blieb unvollstreckt, weil er aus dem Gefängnis ausbrach und spurlos verschwand. Hinsichtlich der Frau Hensgens lehnte die Britische Militärregierung zunächst die Rückübertragung der Strafverfolgung auf die deutsche Gerichtsbarkeit ab und untersagte den deutschen Behörden, dem noch anhängigen Ermittlungsverfahren Fortgang zu geben. Frau Hensgens trat daher völlig ungeniert die Erbschaft ihres ermordeten Mannes an und verteidigte sich nicht ohne Aussicht auf Erfolg gegen die Anfechtungsklage ( = »Erbunwürdigkeitsklage«), die ihr Schwager bei der zuständigen Zivilkammer des Landgerichts Köln erhoben hatte. Daß sie in der gesamten Umgebung von Grefrath als Mörderin angesehen wurde, machte der grob strukturierten Frau augenscheinlich nichts aus. Im Jahre 1953 erklärte sich das »Legal Office« der Militärregierung unvermittelt damit einverstanden, daß Anklage erhoben und die Sache vor ein deutsches Gericht gebracht werde. Im Oktober 1954 stand Frau Hensgens vor dem Schwurgericht in Köln, das unter dem Vorsitz des damaligen Amtsgerichtsrats Quirini (später LGD in Bonn) tagte.

Auf Grund einer eingehenden Beweisaufnahme, die sich auf das Verhalten der Angeklagten vor und nach der Tat sowie auf ihre Äußerungen gegenüber Dritten bezog, kam das Schwurgericht zu dem Ergebnis, daß die Angeklagte gemeinsam mit ihrem polnischen Geliebten den Tatbestand des Mordes verwirklicht habe. Den Einwand der Verteidigung, die Strafklage sei durch das Verfahren vor dem Militärgericht verbraucht, ließ es nicht gelten. Einmal habe Frau Hensgens nicht als Angeklagte, sondern als Zeugin vor dem Militärgericht gestanden. Zum anderen werde das Strafklagerecht entsprechend dem Grundsatz »Ne bis in idem« nur durch die Entscheidung eines inländischen Gerichts verbraucht. Die Besatzungsgerichte seien jedoch nicht als inländische Gerichte anzusehen, denn sie beruhten nicht auf der deutschen Staatsgewalt, sondern verdankten ihre Entstehung nur dem Willen ihres eigenen Staates, von dem sie auch ihre richterliche Gewalt ableiteten.[142] Am 15. Oktober 1954 — mehr als neun Jahre nach der Tat — verurteilte das Schwurgericht Frau Hensgens wegen Mordes zu lebenslangem Zuchthaus (s. S. 70). Wären die Schwierigkeiten mit der Militärregierung nicht gewesen, so hätte die Hauptverhandlung schon 1946 stattgefunden, und die Angeklagte wäre wahrscheinlich entsprechend der damaligen Rechtslage zum Tode verurteilt worden.

»Der Bosco-Prozeß«

Von 1945 bis 1949 standen die im Volksmund unter dem Begriff des »Schwarzhandels« zusammengefaßten Wirtschaftsdelikte im Vordergrund der Kriminalität. Unter den einschlägigen Verfahren vor dem Landgericht Köln hat der »Bosco-Prozeß« die meiste Beachtung gefunden. Er wirft in der Tat ein bezeichnendes Licht auf die damaligen Verhältnisse.

In den Jahren 1946—1947, also schon kurz nach Kriegsende, baute eine Kinobau-GmbH, der neben einem Kaufmann ein Rechtsanwalt als geschäftsführender Gesellschafter angehörte, die Hahnentor-Lichtspiele in Köln. Wie üblich, waren die tatsächlichen Baukosten höher als die veranschlagten. Es fehlten Millionen. Der kaufmännische Teilhaber verlegte sich daher auf Schwarzhandel großen Stils mit der damals beliebten pfälzischen Zigarettenmarke »Bosco«. Als einer der Zigarettentransporte an der Grenze zwischen Französischer und Britischer Zone angehalten worden war, erteilte der andere Gesellschafter, also der Rechtsanwalt, den Rat, die Transporte künftig durch Beamte des Landesernährungsamtes begleiten zu lassen. Durch Bestechung gelang es, diesen Plan zu verwirklichen und ca. 600.000 Zigaretten mit einem Verkaufswert von 1,8 Millionen RM aus der Französischen Zone zu »importieren«. Schließlich geschah, was geschehen mußte. Die zwar zeitgemäßen, aber gesetzwidrigen Finanzierungsmethoden wurden ruchbar. Ende Oktober 1949 standen die Beteiligten vor der 3. gr. Strafkammer des Landgerichts, wo Landgerichtsdirektor Dr. van Look den Vorsitz führte. Die beiden Gesellschafter der Kinobau-GmbH wurden wegen aktiver Bestechung und verschiedener Wirtschaftsdelikte zu Gefängnisstrafen verurteilt, und zwar der Rechtsanwalt zu einem Jahr und sein kaufmännischer Partner zu acht Monaten. Dazu kamen hohe Geldstrafen. Der mitangeklagte Leiter der Fahndungsstelle des Landesernährungsamtes erhielt wegen Begünstigung im Amt, passiver Bestechung und Beihilfe zur unerlaubten Einfuhr von Tabakwaren zwei Jahre und drei Monate Zuchthaus.

»Landgerichtsdirektor Dr. van Look und das letzte Todesurteil«

Landgerichtsdirektor Dr. Erich van Look (s. S. 79) war ein schlanker Herr mit etwas kantigem Kopf auf hohem Hals und lebhaften Augen hinter randloser Brille. Sein scharf profiliertes Gesicht hatte eine auffallende Röte, die ebensogut natürlicher Frische wie mehr als nur gelegentlichem Weingenuß zugeschrieben werden konnte. Zum Wein hatte er ein inniges Verhältnis, wie er sich auch allen schönen Dingen und Wesen zugetan zeigte. Als Richter waltete er souverän. Einmal versöhnte er ein scheidungswilliges Ehepaar, indem er die auseinanderstrebenden Gatten über die Geheimnisse der Liebe, auch in physischer Hinsicht, aufklärte. Damals wurden über dieses Thema noch keine Schularbeiten geschrieben, aber ein Humanist wie Dr. van Look fand schon den richtigen Ton. Ausgerechnet ihn, einen Menschen von rheinischer Fröhlichkeit, traf die Pflicht, das letzte oder jedenfalls einstweilen letzte Todesurteil zu verkünden, das im Gebiet der heutigen Bundesrepublik gefällt worden ist.

Der Fall ist vor einiger Zeit noch einmal ausführlich dargestellt worden, so daß hier einige kurze Bemerkungen genügen.[143]

Vom 21. April bis zum 7. Mai 1949 tagte das Schwurgericht unter Vorsitz von Landgerichtsdirektor Dr. van Look in der Mordsache gegen Irmgard Swinka u. a. Wie die Hauptverhandlung ergab, hatte Frau Swinka in den Jahren 1947 und 1948 nach vorheriger Auskundschaftung alte und alleinstehende Frauen in ihren Wohnungen aufgesucht, sich in ihr Vertrauen eingeschlichen und ihnen nach geschickt geführtem Gespräch über Gesundheitsfragen eine angebliche Medizin zu trinken gegeben. Diese »Medizin« war ein tödlich wirkendes Gift. Sobald das jeweilige Opfer unter der Giftwirkung bewußtlos geworden war, hatte die Angeklagte alle Wertsachen bis zu den Lebensmittelkarten aus der Wohnung zusammengepackt und war verschwunden. Mindestens fünf Frauen hatte sie auf diese Weise umgebracht, während andere den Giftanschlag mit schweren Folgen überlebt hatten. Das Schwurgericht verurteilte sie viermal zum Tode, einmal zu lebenslänglichem Zuchthaus und einmal zu 15 Jahren Zuchthaus.

Am 8. Mai 1949, einen Tag nach der Urteilsverkündung, beschloß der Parlamentarische Rat das Grundgesetz, dessen Art. 102 die Todesstrafe abschaffte. Wenn auch bis zum Inkrafttreten des Grundgesetzes noch einige Wochen vergingen, war doch an eine Vollstreckung des Urteils nicht mehr zu denken. Die Angeklagte bzw. deren rührige Verteidigerin, Rechtsanwältin Dr. Elsbeth von Ameln, hatte den Wettlauf mit der Zeit gewonnen. Heute würden sich wahrscheinlich junge Leute finden, die der Mörderin dafür eine feierliche Ovation brächten. Damals hielt man es noch mehr mit den Opfern der Verbrechen, die hier sogar zu den Ärmsten der Armen gehört hatten.

Der Wegfall der Todesstrafe entlastete die Richter von der wohl schwersten Bürde ihres Standes. Die Schwurgerichtsverfahren verloren weitgehend die Dramatik, die ihnen die fast eschatologische Zuspitzung auf die Alternative »Tod oder Leben« gegeben hatte. Zudem nahmen die Tötungsdelikte im Laufe der Zeit derart an Häufigkeit zu, daß sie von der Öffentlichkeit kaum noch als etwas Besonderes registriert werden. Mit mehreren »Krimis« pro Woche trägt das Fernsehen seit etwa 30 Jahren dazu bei, Mord und Totschlag in den Alltag zu integrieren.

»Verbrechen gegen die Menschlichkeit«

Das Kontrollratsgesetz Nr. 10 vom 20.12.1945 betraf die Verfolgung von »Verbrechen gegen die Menschlichkeit«. Soweit es sich um Taten Deutscher gegen Deutsche handelte, war es zeitweise auch von deutschen Gerichten anzuwenden. Dabei drängten sich rechtsstaatliche Bedenken auf. Einmal genügte die unklare Tatbestandsumschreibung des Kontrollratsgesetzes nicht dem für Strafnormen geltenden Bestimmtheitserfordernis. Zum anderen drohte die Anwendung des Gesetzes auf Taten der NS-Zeit gegen den ebenso elementaren Grundsatz zu verstoßen, daß eine Tat nur mit Strafe geahndet werden darf, wenn ihre Strafbarkeit vor der Begehung gesetzlich angeordnet war. Paradoxerweise sollte nationalsozialistisches Unrecht mit den gleichen Mitteln verfolgt werden, die man dem NS-Regime zum Vorwurf machte.

Die Kölner Staatsanwaltschaft, deren zuständiger Dezernent Staatsanwalt (später OStA) Stapper war, half sich so, daß sie grundsätzlich nur anklagte, wenn mit dem »Menschlichkeits-Verbrechen« ein klassisches Delikt in Tateinheit stand. Praktisch wurde nach deutschem Strafrecht entschieden. Allerdings war für alle diese Verfahren — unabhängig von der zu erwartenden Strafe — das Schwurgericht zuständig. Mit Wirkung vom 1. September 1951 entzog der Britische Hohe Kommissar die Verfahren nach Kontrallratsgesetz Nr. 10 wieder der deutschen Gerichtsbarkeit. Die endgültige Aufhebung des Kontrollratsgesetzes geschah durch das 1. Gesetz zur Aufhebung des Besatzungsrechts vom 30.5.1956 (BGBl. I S. 437).

Einer der ersten Kölner »Menschlichkeits-Prozesse« richtete sich gegen den schon erwähnten Ortsgruppenleiter Bley vom Reichenspergerplatz, der dank seines Parteibuchs vom Müllkutscher zum Justizobersekretär aufgestiegen war.[144] Leute solchen Zuschnitts bevölkern alle radikalen Parteien und brennen oft innerlich vor Haß gegen andere, deren uner-

reichbare, weil auf Geist und Bildung beruhende Überlegenheit sie spüren. So hatte Bley jahrelang den in seinem Sprengel wohnenden früheren Zentrumspolitiker und Beigeordneten Dr. Billstein in übler Weise tyrannisiert und gequält.
Vor Kriegsende hatte er Dr. Billstein durch zwei bewaffnete Volkssturmmänner mit Erschießen bedrohen lassen, um ihn am Verlassen der Ortsgruppenräume zu hindern. Am 26. November 1948 verurteilte das Schwurgericht unter Vorsitz von Landgerichtsdirektor Dr. Krewel ihn wegen Freiheitsberaubung in Tateinheit mit Verbrechen gegen die Menschlichkeit zu neun Monaten Gefängnis.
Besonderes Interesse im Kreise der politisch Verfolgten erregte die dreitägige Schwurgerichtsverhandlung, die im Oktober 1949 unter Vorsitz von Landgerichtsdirektor Dr. Kewenig gegen den ehemaligen Gestapo-Assistenten und SS-Rottenführer Heinrich Engels stattfand.[145] Engels war zwar nur ein »kleiner Mann« gewesen. Bei seinen Einsätzen als Angehöriger des Judenreferats der Kölner Gestapo hatte er sich jedoch durch besonders brutale Mißhandlungen jüdischer Bürger hervorgetan. Durch das Spruchgericht im Entnazifizierungsverfahren war er schon zu fünf Jahren Gefängnis verurteilt. Mit Rücksicht hierauf beantragte der Anklagevertreter, Staatsanwalt Stapper, nur noch 2 1/2 Jahre Gefängnis, und zwar wegen zahlreicher Fälle der Körperverletzung im Amt, jeweils in Tateinheit mit Verbrechen gegen die Menschlichkeit. Als Verteidiger trat Rechtsanwalt Dr. Adam Peters II auf, der früher mit bemerkenswertem Mut für Opfer der Gestapo in die Schranken getreten war. In seinem Plädoyer ging er die Schuldfrage grundsätzlich an:
»Wir alle sind schuld, meine Herren Richter und Geschworenen, Sie, ich, alle hier im Saale. Denn hätte das deutsche Volk nicht im Jahre 1933 freudig dem Nationalsozialismus zugestimmt, dann säße heute kein Gestapobeamter Engels auf der Anklagebank! Wo sind die Richter, die sich geweigert haben, Urteile im Sinne des NS-Regimes zu fällen, wo die Dichter und Denker, die geeignet gewesen wären, das Volk wachzurütteln und auf die Barrikaden zu treiben? . . .«
Der Angeklagte verdiene Strafe, so meinte Dr. Peters weiter, aber es dürfe nicht Vergeltung nach dem Grundsatz »Auge um Auge, Zahn um Zahn« geübt werden. Das Schwurgericht folgte dem schon maßvollen Antrag der Staatsanwaltschaft.
Die Sache Engels hatte noch ein menschliches Nachspiel: Die beiden minderjährigen Söhne des Verurteilten hatten Sonder-Lebensmittelkarten bezogen, weil sie an Tuberkulose litten. Sobald die Verurteilung des Vaters bekannt wurde, stellte das städtische Ernährungsamt diese Sonderzuteilungen ein. Als der an dem Schwurgerichtsverfahren als Nebenkläger beteiligt gewesene Vorsitzende der Kölner Synagogengemeinde, Moritz Goldschmidt, davon erfuhr, war er entrüstet über diese neue Art der Sippenhaftung. Auf seine energische Intervention erhielten die beiden Kinder wieder die zusätzlichen Lebensmittelkarten und sogar noch jeder einen Platz in einem Erholungsheim.
Unter den zahlreichen Verfahren, die damals wegen »Verbrechen gegen die Menschlichkeit« anhängig wurden, ist noch die umfangreiche Strafsache gegen den ehemaligen Kriminalsekretär Josef Hoegen und vier weitere Bedienstete der Gestapo zu erwähnen.[146] Die

Angeklagten waren bei der Kölner Gestapo tätig gewesen und hatten durch schwere Mißhandlungen der Gefangenen Aussagen erpreßt, der Angeklagte Hoegen in 52 Fällen. Mit »Verbrechen gegen die Menschlichkeit« standen gefährliche Körperverletzung im Amt und Aussageerpressung in Tateinheit. Am 19. Dezember 1949 verurteilte das Schwurgericht unter dem Vorsitz von Landgerichtsrat Pohl den Hauptangeklagten Hoegen zu neun Jahren Zuchthaus und die übrigen Angeklagten zu Freiheitsstrafen zwischen vier Jahren und fünf Monaten. Zu einem Tatkomplex, der in dem Gestapogefängnis Brauweiler spielte, hatte auch der damalige Bundeskanzler Dr. Adenauer gehört werden sollen. Dieser hatte jedoch gebeten, auf ihn als Zeugen zu verzichten, da er keine Zeit habe und die Sache ihm völlig entrückt sei.

In die Tiefen der Rechtsphilosophie führte der im Jahre 1949 vor dem Schwurgericht verhandelte Fall des Psychiaters Dr. Leu. Der Angeklagte hatte sich wegen Mordes in 80 Fällen zu verantworten. Als beamteter Arzt einer mitteldeutschen Heil-und Pflegeanstalt hatte er 1941 80 schwerkranke Kinder »euthanasiert«, und zwar in der nachgewiesenen und tatsächlich durchgeführten Absicht, 100 weitere Kinder, die sonst ebenfalls hätten sterben müssen, zu retten.

Die Prozeßakten sind vernichtet; doch ist eine Niederschrift des von Oberstaatsanwalt Dr. Paul Klein in der Hauptverhandlung gehaltenen Plädoyers vorhanden. Das Plädoyer schildert den verwickelten Sachverhalt mit den Tötungen, die trotz Bemühens um »humane« Durchführung grauenhaft bleiben. In der rechtlichen Würdigung sagt es klar heraus, daß die objektiv vorliegenden Tötungshandlungen sich nach dem Gesetz weder rechtfertigen noch entschuldigen ließen. Auch der Gesichtspunkt des übergesetzlichen Notstands greife nicht durch. Der Angeklagte habe nämlich nicht ein geringerwertiges Rechtsgut zugunsten eines höherwertigen geopfert. Achtzig schwerkranke Kinder verkörperten kein geringeres Rechtsgut als hundert weniger kranke. Menschenleben seien nicht aufrechenbar. Gleichwohl solle der Angeklagte nicht verurteilt werden. Er habe das Tötungsverbot ja nur verletzt, damit nicht andere in größerem Maß dagegen verstießen. Sein Handeln sei »gut gewollt« gewesen wie das eines Weichenwärters, der einen in falscher Richtung fahrenden Zug auf ein nur mit einem kleinen Triebwagen besetztes Nebengeleis leite, um die auf dem Hauptgeleis drohende Kollision mit einem ganzen Personenzug zu verhindern. Letztlich laufen die Ausführungen darauf hinaus, die Grundsätze über den übergesetzlichen Notstand zu erweitern, um der aus einer einmaligen Zeit entsprungenen Einmaligkeit des Falles gerecht zu werden. Man kann darüber streiten, ob das eine »dogmatisch saubere« Lösung war. Aber im Falle des Dr. Leu ging es weniger um Dogmatik als um die Frage: Hat der Angeklagte als Mörder seine bürgerliche Existenz verwirkt, gehört er für immer ins Zuchthaus oder nicht? Mit Oberstaatsanwalt Dr. Klein, einem der geistreichsten unter den Kölner Anklagevertretern, verneinte das Schwurgericht diese Frage.

Die »großen NS-Prozesse«, in denen es um Taten aus den Infernos von Mauthausen und Sachsenhausen ging, konnten wegen der zunächst entgegenstehenden alliierten Maßnahmen und wegen der unverhältnismäßigen Ermittlungsschwierigkeiten erst in den sechziger Jahren durchgeführt werden.

*Die fünfziger und sechziger Jahre*

Die am 20. Juni 1948 eingeführte neue Währung beseitigte bald den Schwarzhandel und brach wieder einer gesunden Wirtschaft Bahn. Mit der Gründung der Bundesrepublik im folgenden Jahr gewann der freie Teil Deutschlands die Chance, wieder aktiv an der Weltpolitik teilzunehmen.

Auch mit Kölns Justiz ging es bergan. Für den Wiederaufbau ihrer Gebäude am Appellhofplatz und am Reichenspergerplatz waren jetzt genügend Material und Arbeitskräfte verfügbar. Gleichwohl ließ die endgültige Fertigstellung noch längere Zeit auf sich warten, am Reichenspergerplatz bis zur Mitte der fünfziger Jahre. Zum Glück ging man hier mit der ursprünglichen Außenarchitektur nicht so gewaltsam um wie am Appellhofplatz, wo von den vielen Ornamenten und Türmchen nur wenig übrig blieb.

Der »innere Aufbau« schritt ebenfalls voran. Am 1. März 1950 hatte das Landgericht wieder 16 Zivilkammern, 3 Kammern für Handelssachen, 1 Wertpapierbereinigungs-Kammer und 8 Strafkammern.

Landgerichtspräsident Josef Hansen, der mit dem Ertrag seiner Arbeit in schwerer Zeit zufrieden sein konnte, trat Ende März 1950 in den Ruhestand.

Nach dem üblichen Interregnum wurde mit Wirkung vom 1. Januar 1951 Dr. Peter Jansen zum Landgerichtspräsidenten ernannt. Dr. Jansen, damals 52 Jahre alt, war bis Kriegsende Amtsgerichtsrat in Köln gewesen und dann schnell hintereinander befördert worden: zum Landgerichtsdirektor (1946), zum ständigen Vertreter des Landgerichtspräsidenten in Köln (1946), zum Richter am Obersten Gerichtshof der Britischen Zone (1949), zum Senatspräsidenten bei dem Oberlandesgericht Köln (1950), zum Vizepräsidenten des Oberlandesgerichts (1950). Man könnte vermuten, das alles sei Wiedergutmachung dafür gewesen, daß Dr. Jansen während der NS-Zeit seine im christlichen Humanismus wurzelnde Gesinnung nicht verleugnet und dem schwersten seelischen Druck standgehalten hatte, während der tapfere Justizangestellte Wallenborn seine jüdische Frau vor den Gestapo-Häschern versteckt hielt. Doch nur zur Wiedergutmachung wurde niemand so oft befördert, und auch die »Gunst der Stunde« öffnete längst nicht jede Karriere. Bei Dr. Jansen war dessen überragende Befähigung maßgebend. Sie hatte sich schon in seinen Examensergebnissen niedergeschlagen und war ihm sogar in der NS-Zeit mit dem Ausdruck des Bedauerns wegen seiner aus rassepolitischen Gründen beschränkten Verwendbarkeit amtlich bescheinigt worden. Allerdings dürfte er mehr für den eigentlich juristischen als für den verwaltungsmäßig-organisatorischen Bereich geeignet gewesen sein. Seine spontane, unruhig-aufgeregte Art führte leicht zu Reibungen. Doch so schnell er sich erregte, so rasch war er wieder besänftigt. Ihn quälte nichts so sehr wie der Gedanke, jemandem Unrecht getan zu haben. Deshalb prüfte er seine Entscheidungen immer wieder durch. Unter seinen Mitarbeitern war keiner, der nicht von seiner tiefernsten Gewissenhaftigkeit und seinem Verantwortungsgefühl beeindruckt gewesen wäre. Es war nicht leicht mit diesem Präsidenten. Dennoch schätzte so gut wie jeder im Hause seine menschlichen Qualitäten. Daß dies mehr als nur kalter Respekt war, zeigt der liebenswürdige Kosename, mit dem die Bediensteten von ihm sprachen: »Peterchen Jansen« (s. S. 71 unten, 72).

Beim Landgericht Köln kam es übrigens oft vor, daß man den bürgerlichen Namen eines Richters abwandelte oder durch ein charakterisierendes Attribut ergänzte. So wurde der langjährige Vizepräsident Eberhard Müller zur Unterscheidung von gleichnamigen Kollegen als »Müller mit der Schnüß« bezeichnet, weil er einen Mensurschmiß in der Mundgegend hatte. Der Landgerichtsdirektor und spätere Bundesrichter Dr. Karl Meyer, der sich als Emigrant in London aufgehalten hatte, hieß »London-Meyer«, der etwas großfüßige Landgerichtsdirektor Erich Meyer »Latschen-Meyer« und der nicht sonderlich entscheidungsfreudige Landgerichtsrat Jakob Meyer »Bedenken-Meyer«.

Der gute kollegiale Geist, der unter den Richtern des Landgerichts herrschte, erleichterte es ihnen, die inzwischen immer vielfältiger gewordenen Rechtsprechungsaufgaben zu bewältigen. In dem Maße, in dem die Wirtschaft sich belebte, stieg auch die Zahl der vermögensrechtlichen Streitigkeiten mit ihren oft schwierigen Rechtsfragen. Zu den klassischen Aufgaben des Landgerichts kamen indessen neue hinzu, die aus den Problemen der Zeit hervorgegangen waren und in die sich die Richter erst einarbeiten mußten.

Die Wertpapierbereinigung wurde schon kurz erwähnt. Es handelte sich um ein 1949 eingeführtes Verfahren zur Prüfung und gegebenenfalls Feststellung von Rechten an Wertpapieren, die in der Kriegs- oder Nachkriegszeit abhanden gekommen oder vernichtet worden waren. Gegen ablehnende Entscheidungen der Prüfstelle konnte die bei dem Landgericht einzurichtende »Kammer für Wertpapierbereinigung« angerufen werden. Bis 1964 hat bei dem Landgericht Köln eine solche Kammer bestanden.

Einen wesentlich breiteren Raum nahm jedoch die Wiedergutmachung nationalsozialistischen Unrechts ein, die einmal in der Form der *Rückerstattung* (Rückgabe entzogener Vermögensgegenstände und deren Ersatz) und zum anderen in der Form der *Entschädigung* für Schäden an anderen Rechts- und Lebensgütern (Leben, Körper, Gesundheit, Freiheit, Eigentum, Vermögen, berufliches oder wirtschaftliches Fortkommen) durchgeführt wurde. Die Rückerstattung, die sich noch nach Militärregierungsvorschriften richtete, hatte meistens Grundstücke, bisweilen aber auch ganze Unternehmen zum Gegenstand. Trotz der in diesen Verfahren aufgetretenen rechtlichen und tatsächlichen Schwierigkeiten konnte dieser Teil der Wiedergutmachung verhältnismäßig schnell abgewickelt werden. Anders verhielt es sich mit der Entschädigung, die eine bundesrechtliche Grundlage im Bundesergänzungsgesetz zur Entschädigung für Opfer der nationalsozialistischen Verfolgung vom 18. 9. 1953 und in dem später mehrfach geänderten Bundesentschädigungsgesetz vom 29. 6. 1956 gefunden hatte. Danach sind für die Entgegennahme von Anmeldungen und zur Entscheidung über die Ansprüche zunächst die Entschädigungsbehörden zuständig. Entscheidet die Entschädigungsbehörde ablehnend, so steht der Klageweg zum Landgericht (Entschädigungskammer) offen. Das Landgericht Köln ist für Klagen gegen Bescheide des Regierungspräsidenten in Köln als Entschädigungsbehörde sowie seit 1965 auch für Klagen gegen Bescheide des Bundesverwaltungsamtes in Köln als besondere Entschädigungsbehörde für die Ansprüche der »Nationalgeschädigten« zuständig.[147] Am 27. Oktober 1953 wurde beim Landgericht Köln die erste Entschädigungskammer eingerichtet. Bis zum 1. Januar 1961 stieg die Zahl der Entschädigungskammern entsprechend dem zunehmenden Arbeitsanfall auf sechs an. In den Jahren 1957 bis 1967, der großen Zeit der Entschädigungsrechtsprechung, gingen 21.361 Klagen bei den Entschädigungskammern ein. Die damit verbundene Arbeitslast war beträchtlich. Einmal ergaben sich immer wieder Rechtsfragen, zu deren Lösung anders als in den klassischen Rechtsgebieten nicht auf eine gefestigte höchstrichterliche Rechtsprechung zurückgegriffen werden konnte. Zum anderen gestaltete sich die Aufklärung der Entschädigungstatbestände oft sehr schwierig. Manchmal mußten die Entschädigungsrichter zu Geschichtsforschern werden, um gewisse Anspruchsvoraussetzungen zu klären wie etwa die Frage, ob eine ausländische Regierung in eigener Initiative oder als Werkzeug der nationalsozialistischen deutschen Regierung Verfolgungsmaßnahmen durchgeführt hatte. Die Kölner Entschädigungsrichter haben sich ihren Aufgaben mit großer Energie gewidmet und Tausenden von Verfolgten des Nationalsozialismus zu ihrem Recht verholfen. Stellvertretend für viele andere Richter seien hier die Kammervorsitzenden Vilter, Marx, Rademacher, Dr. Horstmann, Gosling, Heinemann, Dr. Müser, Dr. Sieberg und Delius genannt.

Das »Wirtschaftswunder«, das sich um die Mitte der fünfziger Jahre voll entfaltete, führte zu einer lebhaften Bautätigkeit und zu rascher Motorisierung. Wie einst zur Gründerzeit, so war auch jetzt das Bauen von einem lebhaften Prozessieren begleitet: der Makler verlangte seine Provision, der Architekt sein Honorar, der Bauunternehmer seinen Lohn, und der Bauherr rügte Mängel. Das Kraftfahrzeugwesen war kaum weniger ergiebig. Autokäufe, insbesondere Gebrauchtwagenkäufe, lieferten ebensoviel Streitstoff wie Autounfälle.

Die Wirtschaft lebte zum Teil davon, daß die Leute mit Geld kauften, das sie noch gar nicht hatten. Da Köln Sitz mehrerer Teilzahlungsbanken war, mußten sich die Zivilkammern des Landgerichts besonders häufig mit dem Problem des »finanzierten Abzahlungskaufs« befassen. Dabei wird das Abzahlungsgeschäft in der Form vorgenommen, daß neben den Verkäufer ein Finanzierungsinstitut (Bank) tritt, das den Kaufpreis für den Käufer sofort zahlt, während dieser den Kredit in Raten abträgt. Damals, in den fünfziger und noch in den frühen sechziger Jahren, wurde in den verschiedensten Fallgestaltungen immer wieder die Frage akut, ob und inwieweit sich das Finanzierungsinstitut Einwendungen aus dem Rechtsverhältnis seines Darlehensnehmers zu dem Verkäufer entgegenhalten lassen müsse. Die Kölner Rechtsprechung hat dazu beigetragen, daß der Problemkreis heute restlos geklärt ist und einschlägige Rechtsstreitigkeiten kaum noch vorkommen.

Den handelsrechtlichen Streitigkeiten, insbesondere den Problemen des gewerblichen Rechtsschutzes, widmeten sich in den fünfziger Jahren fünf Kammern für Handelssachen mit den Landgerichtsdirektoren Dr. Jungbluth, Dr. Sieberg, Dr. Schulze, Dr. Gerits und Dr. Zain als Vorsitzenden. Dr. Zain war der »Gottvater« des Landgerichts, nicht bloß

wegen seiner juristischen Allwissenheit, sondern auch wegen der Art seiner Verhandlungsführung.
Auf dem Appellhofplatz hatte man es eine Zeitlang mit Autospringern und auch viel mit Räubern zu tun. Diese Art von Kriminalität ging erheblich zurück, nachdem Landgerichtsdirektor Dr. Blaise (später SenPr am OLG) den Vorsitz in einer gr. Strafkammer übernommen hatte (s. S. 69). Viele Jahre hat Dr. Blaise, ein ebenso mutiger wie geschickter Richter, der Kölner Strafrechtspflege das Profil gegeben und sich selbst bei Königen der Unterwelt wie »Mattscheibe« und »Falkenauge« Respekt verschafft. Allmählich zeigte sich, daß Wohlstand ebenso demoralisierend wirken kann wie Armut. Ende der fünfziger Jahre lief in Köln ein »Sittenprozeß«, in den außer einigen bekannten Geschäftsleuten auch ein lediger Amtsgerichtsrat verwickelt war. Der Richter wurde zu einer Gefängnisstrafe mit Bewährung verurteilt. Während die Sache für die Mitverurteilten ohne praktische Folgen blieb, vernichtete sie seine Existenz. Er mußte den Dienst quittieren und bemühte sich vergebens um die Zulassung zur Rechtsanwaltschaft.
In die Abgründe der menschlichen Natur ließen nicht nur die NS-Prozesse, sondern auch jene Verfahren blicken, in denen ehemalige Kriegsgefangene aus russischen Lagern wegen Verbrechen an ihren Kameraden unter Anklage standen. Im Juli 1953 verurteilte die 3. gr. Strafkammer unter Vorsitz von Landgerichtsdirektor Dr. Blaise den ehemaligen Lagerarzt und zeitweiligen »Antifa-Leiter« des Kriegsgefangenenlagers Brijansk wegen versuchter Erpressung und schwerer Freiheitsberaubung zu sechs Jahren Zuchthaus. Der Verurteilte hatte zahlreiche Gefangene durch Denunziationen in sowjetische Gefängnisse gebracht. Nur am Rande wurde in dem Prozeß behandelt, daß er die vielen Toten des Lagers ihrer Trauringe und ihres Zahngoldes beraubt hatte. Entsprechendes war in Hitlers Konzentrationslagern geschehen. Die menschliche Bosheit ist offenbar unabhängig vom politischen Etikett.
Vor 20 Jahren hatte die Welt noch ein anderes Gesicht als heute, und eine anders geprägte Generation trug im öffentlichen Leben die Verantwortung. Beim Landgericht Köln amtierten Richter wie die Landgerichtsdirektoren Dr. Bassow, Dr. Reyers, Dr. van Look und Diwo (s. S. 79), die robust, ja manchmal unkonventionell für Gerechtigkeit und menschlichen Anstand eintraten und gewiß nicht weniger souverän judizierten als die berühmten englischen Richter. Dazu kamen der andersgeartete, als Persönlichkeit aber nicht minder interessante Landgerichtsdirektor Vilter, der mit westfälischem Trotz dem Nationalsozialismus die Stirn geboten hatte. Progressismus war ihm genau so zuwider. Nach seinem Eindruck über ein progressives Bühnenstück mit abstrakten Dekorationen befragt, antwortete er in seiner lapidaren Art: »Wenn man die Schauspieler auch noch wegließe, wäre das Stück ganz schön.«
Ende 1964 trat Landgerichtspräsident Dr. Peter Jansen in den Ruhestand. Auf seine Stelle wurde der bisherige Senatspräsident Herbert Asselborn (s. S. 72) berufen, der damals im 52. Lebensjahr stand. Asselborn hatte viele Jahre als »Dezernent 1« in der Verwaltung des Oberlandesgerichts gewirkt und außer gewaltiger Energie ein ungewöhnliches Organisa-

tionsgeschick gezeigt. Jeder, der die Verhältnisse einigermaßen kannte, wußte, daß es keinen besseren Präsidenten für das Landgericht gab als ihn. Ein guter Präsident war jetzt auch wichtiger denn je, denn die Zeiten wurden unruhiger und für die Justiz schwieriger.

In der zweiten Hälfte der sechziger Jahre waren in Köln die großen KZ-Prozesse (Mauthausen, Sachsenhausen) zu bewältigen — Mammutverfahren, die einer eingehenden Vorbereitung in Zusammenarbeit zwischen Gerichtsvorsitzendem und Verwaltung bedurften: Terminplan für die einzelnen Prozeßabschnitte, Ladung jedes einzelnen von mehreren hundert Zeugen zum jeweils richtigen Zeitpunkt unter Berücksichtigung möglicher Verzögerungen im Verhandlungsablauf, besondere Vorkehrungen bei ausländischen Zeugen. Schon damals traten Schwierigkeiten wegen der zur Mitwirkung berufenen Laienrichter auf. Wer kann es sich schon leisten, monate- oder gar jahrelang während des größten Teils der Woche seiner Arbeitsstelle fernzubleiben? Das Ehrenamt des Geschworenen oder Schöffen führt hier leicht zum beruflichen Ruin.

*Das letzte Dezennium*

Mitte 1967 hatte sich erstmals jene Unruhe unter der Jugend massiv bemerkbar bemacht, die von beträchtlichen Teilen der öffentlichen Meinung mit Beifall bedacht wurde, obwohl sie sich gegen die in der Nachkriegszeit mühsam aufgebaute Demokratie und damit gegen die Freiheit richtete. Die Strategien der plötzlich virulent gewordenen Bewegung zielten darauf ab, den demokratischen Staat und seine Institutionen zu verunsichern und verächtlich zu machen. Die öffentliche Gewalt sollte entweder hart reagieren und dann als unmenschlich diffamiert werden, oder sie sollte Schritt für Schritt zurückweichen und dadurch die für ihre Wirksamkeit nun einmal notwendige Autorität einbüßen. Diesem Konzept entsprach die »Anti-Justiz-Kampagne«, das systematische Stören von Gerichtsverhandlungen, wie es noch zu Beginn der siebziger Jahre beliebt war. Solche Vorfälle, die lebhaft an das Treiben der Braunhemden vor 1933 erinnerten, hat es auch in Köln gegeben. Sie waren hier jedoch seltener und haben nicht zu derart scharfen Konfrontationen geführt wie in anderen Städten.

Die siebziger Jahre waren ein Jahrzehnt der Rechtsreformen. Was ist nicht alles reformiert worden? Das Strafrecht, das Strafprozeßrecht, das Volljährigkeitsrecht, das Nichtehelichenrecht, das Erbrecht, das Zivilprozeßrecht, das Gerichtsverfassungsrecht, das Eherecht u. a. m. Die Richter selbst sind von den Reformen nicht verschont geblieben. Sie haben eine neue Besoldungsordnung bekommen, die im wesentlichen dieselbe ist wie die alte, nur daß sie eine andere Bezeichnung trägt. Außerdem haben sich 1972 die Dienstbezeichnungen der Richter geändert: Gerichtsassessor = Richter; Landgerichtsrat = Richter am Landgericht; Landgerichtsdirektor = Vorsitzender Richter am Landgericht; Landgerichtspräsident = Präsident des Landgerichts usw. Diese »Reform« verstößt zwar nicht gegen das Grundgesetz, wohl aber gegen die Stilgesetze der Sprache; und das ist fast noch schlimmer.

# „Ihr Papa war ein feiner Mann"

## Ganove kennt zwei Generationen von Strafrichtern – Mathias hat fünfzehn Strafen

**„Wie ich aus Ihren früheren Strafakten ersehe, werden Sie schon in der zweiten Generation von meiner Familie abgeurteilt", sagte Landgerichtsdirektor Dr. Blaise zu dem 52jährigen Mathias, der es bis jetzt auf 15 Vorstrafen gebracht hat. „Schon mein Vater", fuhr der Richter fort, „hat Sie in den dreißiger Jahren bestraft."**

Mathias entsann sich und kehrte seine beste Seite hervor: „O ja, Herr Vorsitzender, Ihr Herr Vater war ein feiner Mann."

Mathias war vor seiner letzten Verhaftung „Fabrikant chemischer Produkte". Er kochte nämlich auf einem geliehenen Küchenherd in einem alten Topf Bohnerwachs, füllte es in Dosen und vertrieb es im Hausierhandel.

### In die Hände gelaufen

Daneben betätigte er sich noch als Aufkäufer mehr oder minder „heißer" Ware, und bei einer solchen Gelegenheit lernte er den 36jährigen Alex kennen. Der stammt aus dem Pußtaland und mußte nach dem Krieg als ehemaliger Wehrmachtsangehöriger zwei Jahre italienisches „Nazi-Internat" absolvieren. Hernach fand er Aufnahme in einem Ausländerlager und arbeitete ehrlich. Bis er, arbeitslos geworden, dem Mathias in einem Bunker in die Hände lief.

Mathias nahm den Alex in seine Behausung auf, und hier keimte der Plan, ein paar „Brüche" zu begehen. Beim erstenmal, auf der Neußer Straße, klappte es nicht. Alex versuchte, mit einem Brecheisen vom Keller aus in ein Kaffeegeschäft einzudringen. Aber die Mauer war zu dick. Mathias stand Schmiere.

In der Nacht zum Karfreitag hatten sie mehr Erfolg. Wieder war Alex der Einbrecher und Mathias der Aufpasser. Aus einem Textilgeschäft in Altermarktnähe holte der Ungar für 8000 DM Ware heraus und reichte sie dem draußen wartenden Komplicen an. Noch in derselben Nacht wurde die Beute zum wartenden Hehler gebracht.

Die Polizei war bald auf des alten Ganoven Spur. Am Osterdienstag saß er schon. Alex lief ihr erst im Mai in die Hände.

Vor der III. Großen Strafkammer war der Ungar in allen Punkten geständig. Mathias leugnete. Erst nach dem Einbruch sei Alex mit der Beute zu ihm gekommen, und da habe er zusammen mit seiner Freundin beim Absatz mitgeholfen. „Ich allein sage hier die reine Wahrheit", beteuerte er zum Gaudium aller Zuhörer.

Es kam dann zu dem eingangs wiedergegebenen Zwiegespräch zwischen Strafkammervorsitzenden und „Familienkunden". Anschließend beschloß das Gericht, den Mathias auf seinen Geisteszustand untersuchen zu lassen, da er angeblich schon einmal vier Jahre in einer Heilanstalt zugebracht hat und auch mit dem Sterilisationsgesetz in Berührung gekommen ist.

Alex erhielt als erste Strafe neun Monate Gefängnis unter Anrechnung der Untersuchungshaft. Seiner Bitte, den Strafrest bedingt auszusetzen, konnte die Strafkammer nicht entsprechen, da seine Tat ein Verbrechen darstellt und Bewährungsfrist nur bei Vergehen zugebilligt werden kann. Gegen des Mathias mitangeklagte Freundin wurde das Verfahren wegen Geringfügigkeit eingestellt.

Wenn wir nicht irren, hat Dr. Blaise einen Sohn. Vielleicht wird der auch Jurist. Dann könnte es dem immerhin noch rüstigen Mathias blühen, auch noch vom dritten Richter derselben Familie „verknaxt" zu werden.

cubeck

Justiz und Presse

*Die Presseberichterstattung verschafft den Gerichtsverhandlungen eine rechtspolitisch erwünschte erweiterte Öffentlichkeit. Die Kölner Gerichtsreporter haben ihre Aufgabe immer sehr ernst genommen. Sie waren allerdings auch froh, wenn sie von einem heiteren Zwischenfall berichten konnten, der den forensischen Ernst aufgelockert hatte. Hier wurde um des Spaßes willen sogar dem söhnelosen Gerichtsvorsitzenden ein Sohn zugedichtet. Faksimile: Neue Rheinische Zeitung vom 26. 8. 1954.*

Eine nicht nur verbale Reform ist am 1. Juli 1977 mit dem 1. Eherechts-Änderungsgesetz in Kraft getreten. Damit ist die Zuständigkeit für die Ehesachen und die sonstigen in dem Gesetz aufgeführten Familiensachen von den Landgerichten auf die Amtsgerichte als Familiengerichte übergegangen. Bei dem Landgericht Köln trat hierdurch zunächst eine gewisse Entlastung ein, die aber schnell durch zunehmende Eingänge in vermögensrechtlichen Streitigkeiten wieder wettgemacht wurde.

Am 2. Oktober 1975 wurde der Vorsitzende Richter am Oberlandesgericht Günter Rennen (s. S. 72) zum Präsidenten des Landgerichts ernannt. Der bisherige Präsident Asselborn war als Nachfolger des Präsidenten Wolffram, der sich in seiner langen Amtszeit mit Nachdruck und großem Erfolg insbesondere auch der Unterbringung der Kölner Gerichte angenommen hatte, an die Spitze des Oberlandesgerichts getreten. Präsident Rennen war ebenso intensiv in der Justizverwaltung wie in der Rechtsprechung tätig gewesen und brachte daher die besten Voraussetzungen für das Präsidentenamt mit. Er wirkt ernst und bedächtig; doch wer ihn länger kennt, der weiß, daß dieser vom Denken geprägte Ernst nur die Außenseite eines rheinischen Gemüts mit entsprechendem Temperament ist.

In den letzten zwei Jahrzehnten hat das Landgericht sich schneller entwickelt als je zuvor in seiner Geschichte. Die Richterzahl ist von 82 im Jahre 1960 auf 186 im Jahre 1980 gestiegen; sie hat sich also mehr als verdoppelt. Der großen Richterzahl entspricht eine große Zahl von Spruchkörpern. Das Landgericht hat jetzt 30 Zivilkammern, 11 Kammern für Handelssachen, 17 große Strafkammern und 6 kleine Strafkammern. Von den Zivilkammern sind 4 zugleich Entschädigungskammern, welche die Restfälle auf dem Gebiet der Wiedergutmachung nationalsozialistischen Unrechts bearbeiten.

Da trotz des Rückgangs der Baukonjunktur immer noch zahlreiche Bauprozesse anhängig werden, ist die Zuständigkeit hierfür bei 7 Zivilkammern konzentriert worden. Die Richter dieser Kammern sind infolge der ständigen Befassung mit der Materie im Baurecht besonders erfahren und werden allmählich zu Fachleuten auch in den für die Beurteilung von Baumängeln wichtigen technischen Fragen.

Was zu denken gibt, ist die Zahl der gr. Strafkammern, die sich seit 1960 verdreifacht hat. Das liegt an der Zunahme der Kriminalität im Landgerichtsbezirk, aber auch daran, daß die Deliktstatbestände komplizierter geworden sind und die Verfahren sich daher zwangsläufig länger hinziehen. Die Statistik läßt eine deutliche Zunahme solcher Fälle erkennen. So waren im Jahre 1973 nur 4 Großverfahren mit mehr als 10 Hauptverhandlungstagen anhängig; im Jahre 1975 waren es 9 und im Jahre 1979 schon 17. Besonders bei Wirtschaftsdelikten ergibt sich meist eine lange Verhandlungsdauer, schon wegen der grundsätzlichen Notwendigkeit, alle zum Beweis dienenden Urkunden, also auch den Inhalt von Geschäftsbüchern usw., in der Hauptverhandlung zu verlesen. So kann es in besonderen Fällen zu einer mehrjährigen Hauptverhandlung kommen, was den Angeklagten stark belastet. Auch den im Berufsleben stehenden Schöffen wird hier ein Opfer abverlangt, das der Gesetzgeber ihnen schwerlich hat auferlegen wollen.

Der gesellschaftliche Wandel, der sich in den letzten Jahrzehnten vollzogen hat, ist natürlich an der Richterschaft nicht vorbeigegangen. Seit etwa 1965 har sich im Richterstand die Gleichberechtigung der Geschlechter geradezu eruptiv durchgesetzt. Beim Landgericht Köln ist der Anteil der weiblichen Richter von 0 % im Jahre 1950 über 3,7 % im Jahre 1960 auf 21 % im Jahre 1980 gestiegen. Sieht man die Kölner Verhältnisse als repräsentativ an, so ist die These von der mangelnden Begabung des weiblichen Geschlechts für die Jurisprudenz schlagend widerlegt.

Schon früher war die männliche Vorherrschaft im gehobenen und im mittleren Dienst gebrochen worden, und zwar so gründlich, daß man diese Laufbahnen von einer einseitigen »Feminisierung« bedroht sah. Als dann die ersten Damen in die Amtmannsränge aufrückten, kam die Frage auf, ob die ihnen gemäße Dienstbezeichnung »Justizamtmännin« oder »Justizamtfrau« lauten müsse. Im Einklang mit einem sprachwissenschaftlichen Gutachten entschied man sich für die »Männin«, die schon in Luthers Bibelübersetzung das Gegenstück des Mannes bildet.

*Das Orwellsche Haus*

Ob masculini oder feminini generis — alle Wesen brauchen Raum, und der war mindestens seit 1960 bei der expandierenden Kölner Justiz knapp geworden. Wieder mietete man private Räume an, und schließlich war die Kölner Justiz auf 17 verschiedene Gebäude verteilt. Das kostete Geld und erschwerte den Geschäftsablauf.

Zum 1. Januar 1981 wurden die Amtsgerichtsbezirke Leverkusen und Wermelskirchen, die bisher zum Oberlandesgerichtsbezirk Düsseldorf gehört hatten, mit ihren 236.725 Einwohnern dem Oberlandesgerichtsbezirk und dem Landgerichtbezirk Köln eingegliedert. Dieser an sich erfreuliche Zuwachs hätte zu einer Katastrophe führen können, wenn nicht ungefähr gleichzeitig der erste Bauabschnitt des neuen Kölner »Justizzentrums« an der Luxemburger Straße, ein 24-geschossiges Hochhaus im Verbund mit einem Saalbau, fertig geworden wäre. Während diese Zeilen geschrieben werden (Mai 1981), vollzieht sich fast unsichtbar der gewaltige, generalstabsmäßig vorbereitete Umzug des Amtsgerichts und des Landgerichts in das neue Domizil.

Man sollte glauben, die Angehörigen beider Gerichte seien froh, aus der Enge erlöst zu werden. Das ist jedoch nur bedingt der Fall. Zugleich trauert man den alten Gebäuden und ihrer »Atmosphäre« nach, für die das Hochhaus an der Luxemburger Straße kein Äquivalent zu bieten scheint. Was wir im übertragenen Sinne »Atmosphäre« nennen, ist bis zu einem gewissen Grade ein Geschenk der Zeit — Niederschlag des an einem bestimmten Ort, in einem bestimmten Raum gelebten Lebens. Aber die Zeit tut es nicht allein. Der Raum muß menschenfreundlich gestaltet sein, nicht nur sachlich-funktional, sondern auch »gemüt«lich. Im Justizgebäude am Reichenspergerplatz konnte sich so etwas wie antikes Leben entfalten. Während in den Sitzungssälen verhandelt wurde, eilten die Anwälte über die breiten, gassenartigen Flure, begegneten einander, wechselten im Vorübergehen ein Scherzwort, blieben auch schon einmal stehen und sprachen über die eine oder andere Sache. Mancher Streitfall ist so erledigt worden. Früher gab es auf den Fluren Sitzecken mit Trinkbrunnen. Zuletzt mußte sich das Publikum mit ein paar Holzbänken begnügen, die man in dieser spartanischen Ausführung sonst nur noch auf Polizeiwachen findet. Der von den Damen Frings und (später) Keldenich betriebene »Erfrischungsraum« trug dazu bei, das Gebäude zu einem »humanum« zu machen, obwohl seine Ausstattung nur der eines Wartesaals 4. Kl. entsprach. Hier stärkten sich die Anwälte zwischen den forensischen Gefechten. Hier saßen immer auch ein paar Richter. Hier trug Rechtsanwalt Dr. Wolfgang Kaiser seine Witze und Weistümer vor. Hier informierte Dr. Anton Kalter über das Neueste aus dem Steuerrecht. Hier formulierte Dr. K. A. Schwengers geistreiche Bonmots. Hier wetterte bis vor einigen Jahren Herbert Grub, der Kölner Voltaire, gegen die jeweils Regierenden. Hier trank ein Vorsitzender Richter in allen Ehren mit einer der schönsten Damen des Landgerichts seinen Morgenkaffee.

Das alles fehlt im neuen Justizzentrum. Man hört und liest viele negative Charakterisierungen: »nüchterner Zweckbau«, »Paragraphensilo«, »Aktenkaserne«, »Lux-Bau«.

Im ersten Augenblick weckt dieser gewaltige Büroturm wohl bei jedem zwiespältige Empfindungen. Da sitzen mehrere hundert Richter und Beamte wie in einem riesigen Bienenstock; aber die vertikale Schichtung des Bauwerks trennt und isoliert sie. Wer im 20. Stockwerk arbeitet, ist weit entfernt von dem Kollegen, der sein Arbeitszimmer 15 Stockwerke tiefer hat. Manchen Richter, der noch vor einem Jahrzehnt sein Amt ausübte, kann man sich in diesem Betongiganten kaum vorstellen. Etwa den Landgerichtsdirektor Diwo, der allzu hämische Zuhörer in Strafsachen gegen alle Regeln des Verfahrensrechts in den Dom schickte, damit sie dort für den Angeklagten und sich selbst beteten. Oder den Landgerichtsdirektor Reyers, dessen Stimme die Wände erzittern ließ, wenn das Unrecht zu triumphieren drohte. Solche blutvollen Gestalten scheinen nicht recht in ein modernes Hochhaus zu passen — hier erwartet man eher jene bleichen, undurchsichtigen, anpassungsfähigen, anonymen und genormten Wesen, die George Orwell so meisterhaft geschildert hat. Orwells beklemmende Vision spielt im Jahre 1984, und das ist nicht mehr fern.

Der Justiz geziemt es indessen, auch dem eigenen Haus Gerechtigkeit widerfahren zu lassen. Der Hochbau ist nicht der Laune des Architekten, sondern dem Sachzwang zuzurechnen. Anders hätte man das vielköpfige Personal der beiden Gerichte in der eng gewordenen Stadt nicht mehr unterbringen können. In dem Bauwerk spiegelt sich das Wachstum der Justiz, das freilich jeden Nachdenklichen besorgt machen muß, weil die Zahl der für den Richterberuf geeigneten Juristen naturnotwendig beschränkt ist. Obwohl die Bedürfnisse der großstädtischen Massengesellschaft bei der Planung Pate gestanden haben, hat der Architekt sich um eine individuelle Gestaltung des Justizzentrums bemüht. Es hebt sich qualitativ deutlich von dem benachbarten »Uni-Center« ab und präsentiert sich anders als die vielen »Zentren«, in denen der moderne Mensch sein Streben nach Lebensqualität zu befriedigen sucht: »Möbel-Center«, »Einkauf-Center«, »Eros-Center« usw. Freilich. früher waren Gerichtsgebäude, Kirchen, Banken usw. unverwechselbar als solche zu erkennen. Das scheint nicht mehr möglich zu sein, und die Außenarchitektur des Justizzentrums würde genau so gut zur Verwaltungszentrale einer Versicherungsgesellschaft passen. Hier zeigt sich eine weitgehende Nivellierung aller Lebensbereiche. So verschiedene Geister wie der Rechtslehrer Ernst Forsthoff und der Schriftsteller Heinrich Böll haben erkannt und ausgesprochen, daß der Staat nicht mehr sichtbar sei.

Der Staat hat seine Fähigkeit zur Selbstdarstellung weitgehend eingebüßt. Es gibt Stimmen, die ihm empfehlen, sich zum mindesten das Aussehen eines Privatunternehmens zu geben. So soll der Richter sich zum »Sozialarzt« wandeln und die Gerichtsverhandlung als Round-Table-Gespräch ablaufen. Die Unredlichkeit solcher Konzepte liegt auf der Hand. Auch der Sozialarzt müßte wohl gegen einen Raubmörder irgendwelche Sanktionen ergreifen, nur daß diese nicht mehr an rechtliche Normen gebunden und damit willkürlich wären.

Die Krise des Staates und des Staatsbewußtseins, die wir heute durchleben, ist sicher nicht von der Architektur her zu bewältigen. Auch die Geschichte vermittelt keine Patentrezepte. Sie spendet allerdings gelegentlich ein wenig Trost. So können die Kölner Amtsrichter ihrer Vorgänger, der rheinischen Friedensrichter, gedenken. Diese mußten zum Teile ihre Sitzungen, »Audienzen« genannt, in verräucherten Wirtshaussälen abhalten. Trotz des wenig würdigen Milieus haben sie meist gut und lebensnah Recht gesprochen. Wenn aber das Wirtshaus kein Hindernis für eine ordentliche Rechtsprechung zu sein braucht, dann erst recht nicht das Hochhaus. Zudem hat der weise Architekt die Sitzungssäle nach unten in einen besonderen Saalbau gelegt. Da ist die Luft noch nicht so dünn wie im 20. Stock, wo am besten die Verwaltung der beiden Gerichte untergebracht würde.

## ANMERKUNGEN, QUELLEN UND LITERATUR

1. WOLFFRAM/KLEIN, Recht und Rechtspflege in den Rheinlanden, Köln 1969, S. 198 f.
2. Jahrbuch der Preußischen Gerichtsverfassung, redigiert im Büreau des Justizministeriums, Berlin 1889, Rubr. Amtsgericht Köln
3. Übersicht in Jahrbuch der Preußischen Gerichtsverfassung 1879.
4. Kurze biographische Angaben in R. Steimel, Kölner Köpfe, Köln o. J.
5. SCHWEICHEL, H., Vom ministère public zur Staatsanwaltschaft — Zur Geschichte der Staatsanwaltschaft im Rheinland, in: Wolffram/Klein, a. a. O. (Anm. 1), S. 265 ff.
6. Jahrb. d. Preuß. Gerichtsverfassung (Anm. 2), 1912, S. 64—68, 83 f.
7. Ein maschinengeschriebenes Exemplar befindet sich in den Akten 1200 E I des Oberlandesgerichts Köln ( = Geschichte des OLG)
8. Allerhöchster Erlaß vom 20. 1. 1898, Pr. Gesetzessammlung S. 5
9. Jahrb. d. Preuß. Gerichtsverfassung, 1912, S. 83
10. Allerhöchster Erlaß vom 20. 1. 1898, a. a. O.
11. Gesetz vom 3. 3. 1879 (Ges.-Slg. S. 99) und Gerichtsschreiberordnung vom 17. 12. 1899 (Preuß. Justizministerialblatt 1899, S. 849)
12. Preuß. Justizministerialblatt 1906, S. 112 u. 1910, S. 393
13. Gesetz zur Änderung der Bezeichnungen »Gerichtsschreiberei«, »Gerichtsschreiber« und »Gerichtsdiener« vom 9. 7. 1927, RGBl. I, S. 175
14. Gesetz vom 6. 5. 1869 über die juristischen Prüfungen und die Vorbereitung zum höheren Justizdienste, Preuß. Ges.-Slg. S. 656
15. Durch die Verordnungen des Reichsjustizministers über die Laufbahn für das Amt des Richters und des Staatsanwalts vom 29. 3. 1935, RGBl. I S. 487
16. Jahrb. d. Preuß. Gerichtsverfassung, 1912, S. 64 f.
17. Zeremonialbuch für den Kgl.-Preuß. Hof (12 Teile), 10. Ausgabe 1875—1905
18. Eingehender Bericht im Stadt-Anzeiger vom 7. Oktober 1911, Abendausgabe
19. Genealogie in: R. Steimel, Mit Köln versippt, Köln 1956, Bd. I, Tafel 114
20. Genealogie in: R. Steimel, a. a. O., Bd. I, Tafel 158
21. Genealogie in: R. Steimel, a. a. O., Bd. I, Tafel 118
22. Vgl. R. Steimel, Kölner Köpfe, Köln o. J., Spalte 332
23. Preuß. Ges.-Slg. 111
24. Preuß. Ges.-Slg. 352
25. STEIMEL, R., Kölner Köpfe, o. J., Sp. 264, und: Mit Köln versippt, Bd. I, Tafel 116
26. WOLFFRAM/KLEIN, Recht und Rechtspflege in den Rheinlanden, S. 159 f., 173 f., 198, 232, 263
27. STEIMEL, R., Mit Köln versippt, Bd. I Tafel 116
28. Jahrb. d. Preuß. Gerichtsverfassung 1879, Abschnitt »Landgericht Köln«
29. Handbuch der Justiz 1980, hrsg. vom Deutschen Richterbund, Heidelberg — Hamburg 1980, Sp. 176
30. WALLRAF, Max, Aus einem rheinischen Leben, Köln 1926, S. 29—30
31. Nachlaß Wilhelm Marx im Stadtarchiv Köln
32. RATJEN, F. A., Verfassung und Sitz der Gerichte in Köln im Gesamtbilde der Stadt, Köln 1921

33. STEIN, A., Justiz zwischen staatl. Kirchenpolitik u. kirchl. Selbstbehauptung, in: Wolffram/Klein, Recht und Rechtspflege in den Rheinlanden, Köln 1969, S. 338 ff.

34. Niederrh. Volkszeitung vom 17. 10. 1978 (Nr. 240)

35. Nach 10 Jahren, Material und Glossen zur Geschichte des Sozialistengesetzes, II. Die Opfer des Sozialistengesetzes, London 1898, S. 184, Stadtarchiv Köln, Slg. Lauterbach

36. BERMBACH, P., Der Kölner Zweig der westfälischen Familie Nückel, Mitteilungen der Westdeutschen Gesellschaft für Familienkunde, Bd. III, Heft 3, Jahrgang 1922

37. Geschäftsverteilung LG Köln, Hauptstaatsarchiv Düsseldorf — Nebenarchiv Kalkum — Rep. 9

38. Rhein. Archiv, Neue Folge, Bd. 7 (Band 109 der Gesamtfolge), S. 139 ff., Anm. 183

39. Wolfgang Heine war seit 1889 RA in Berlin, seit 1898 sozialdemokr. Reichstagsabgeordneter; im Dezember 1918 wurde er preuß. Justizminister, von 1919—1920 war er preuß. Innenminister, dann wieder RA

40. SOLLMANN, Wilhelm, Backschisch — Der Kölner Polizei-Prozeß, 7.—17. Januar 1914 vor der dritten Strafkammer, Köln 1914

41. KELLENBENZ (Herausgeber), Zwei Jahrtausende Kölner Wirtschaft, Köln 1975, Bd. II, S. 280

42. VO vom 14. 12. 1916 — RGBL. I S. 1362

43. SOLLMANN, Wilhelm, Die Revolution in Köln — Ein Bericht über Tatsachen, Köln 1918, S. 13

44. Kölner Lokalblatt vom 7. 11. 1918

45. WEYMAR, Paul, Konrad Adenauer. Die autorisierte Biographie. München 1955, S. 62 f.

46. SOLLMANN, Wilhelm, a. a. O. (Anm. 43)

47. SOLLMANN, Wilhelm, a. a. O.

48. RGBl. I 1919, S. 687, 1337

49. GRIMM, Friedrich, Recht u. Rechtspflege im Rhld. während der Besatzungszeit, Deutsche Juristen-Zeitung 1926, Sp. 1256—1260

50. WOLFFRAM/KLEIN, Recht u. Rechtspflege in den Rheinlanden, S. 203

51. Hauptstaatsarchiv Düsseldorf (Nebenarch. Kalkum) Rep. 9/260

52. ALLEN, Henry T., Die Besetzung des Rheinlands, autor. Übersetzung, Berlin o. J., S. 155 ff.

53. Vgl. die im Selbstverlag von DuMont-Schauberg, Köln, erschienene Broschüre: »Limbourg gegen Stadt-Anzeiger« — Bericht über den Prozeß des rhein. Separatismus 18.—24. Januar 1928 in Köln

54. RA Dr. Sack war im Reichstagsbrand-Prozeß Verteidiger des kommunistischen Abgeordneten Torgeler

55. VO der Reichsregierung vom 27. 11. 1919 über Sondergerichte gegen Schleichhandel und Preistreiberei (Wuchergerichte) — RGBl. I S. 136 —

57. VO über die Aufhebung der Wuchergerichtsverordnung vom 20. 3. 1924 — RGBl. I S. 371 —

58. AV des Preuß. Justizministers vom 3. 6. 1920 — Preuß. Justizministerialblatt 1920, S. 267 ff

59. Gesetz vom 15. 12. 1920 betr. die Einführung d. Altersgrenze, Preuß. Ges.-Slg. S. 621

60. AV des Preuß. Justizministers vom 29. 3. u. 15. 11. 1921 — Preuß. Justizministerialblatt S. 235, 573 —

61. Reichsgesetz vom 11. 7. 1922 über die Zulassung der Frauen zu den Ämtern und Berufen der Rechtspflege — RGBl. I S. 573 —

62. HATTENHAUER, Vom Reichsjustizamt zum Bundesministerium der Justiz, in: Festschrift zum 100jährigen Gründungstag des Reichsjustizamtes am 1. Januar 1877, herausgegeben vom Bundesministerium d. Justiz, 1977, S. 65

63. ADICKES, Franz, Grundlinien durchgreifender Justizreform, Berlin 1906

64. a.a.O.

65. SCHIFFER, Eugen, Die deutsche Justiz, 1. Aufl. Berlin 1928

66. ROTHENBERGER, Der Aufbau der Gerichte, Deutsches Recht 1943, S. 465

67. RGBl. I. 1914, S. 326

68. Akten 23.0.478/23 LG Köln = Rep. 9/308 — 310 Hauptstaatsarchiv Düsseldorf (Nebenarchiv Kalkum)

69. Vgl. Schreiben des Richtervereins beim Reichsgericht an die Reichsregierung vom 8. 1. 1924, Jur. Wochenschrift 1924, S. 90 f.

70. Runderlaß des Pr. Finanzministers, zugl. im Namen d. MinPräs u. sämtl. Staatsminister, vom 28. 11. 1923, Hauptstaatsarchiv Düsseldorf Rep. 28/566

71. Erlaß des Preuß. Justizministers vom 16. 2. 1924 — I 9264 —

72. Hauptstaatsarchiv Düsseldorf (Nebenarchiv Kalkum) Rep. 28/566

73. Durch Gesetz vom 12. 4. 1803 zunächst in Innerfrankreich, seit 1806 auch in den rheinischen Departements eingeführt

74. Beispiel aus: Gerhart Binder, Geschichte im Zeitalter der Weltkriege, 1977, Bd. I. S. 369 f.

75. Nachdem der vom Reichsgericht wegen Landesverrats zu einer Gefängnisstrafe verurteilte Carl von Ossietzky auf Betreiben der SPD 1932 begnadigt worden war, bemerkte Kurt Schumacher melancholisch: »Nun kann er uns wieder beschimpfen«
(August Scholtis, Ein Herr aus Bolatitz — Lebenserinnerungen, München 1959, S. 315)

76. SCHOLTIS, August, a.a.O. (Anm. 75)

77. GOEBBELS, Joseph, Der Angriff — Aufsätze aus der Kampfzeit, zusammengestellt und eingeleitet von Hans Schwarz van Berk, München 1935, S. 71—73

78. TYRELL, Albrecht, Führergedanke und Gauleiterwechsel. Die Teilung des Gaues Rheinland der NSDAP 1931, Rhein. Vierteljahresblätter, 1975, S. 237

79. a.a.O.

80. Gesetz zur Sicherung der Einheit von Partei und Staat vom 1. 12. 1933 — RGBl. I S. 1016 —

81. Gesetz gegen die Neubildung von Parteien vom 14. 7. 1933 — RGBl. I. S. 479 —

82. DÜWELL, Kurt, Die Rheingebiete in der Judenpolitik des Nationalsozialismus vor 1942, Bonn 1968 (Rhein. Archiv), S. 101

83. ASARIA, Zvi, Die Juden in Köln, Köln 1959, S. 333

84. NEUBERT, R., Anwaltschaft und Justizverwaltung in Preußen in den letzten beiden Jahrhunderten, in: 200 Jahre Dienst am Recht — Zum 200jährigen Gründungstage des Preuß. Justizministeriums —, Hrsg. v.F. Gürtner, S. 300

85. HUFFMANN, Helga, Geschichte der rhein. Rechtsanwaltschaft, Köln 1969, S. 154

86. BUCHHEIT, Gert, Richter in roter Robe, München 1968, S. 11—23

87. RGBl. I 1933, S. 175 ff.

88. HUBATSCH, Walter, Hindenburg und der Staat, Göttingen 1966, S. 375 (Dokument Nr. 109)

89. 1 VO zum Reichsbürgergesetz vom 14. 11. 1935 — RGBl. I S. 1333)

90. RGBl. I 1933, S. 175, 188

91. HUFFMANN, a.a.O. (Anm. 85), S. 153 f.

92. VO vom 27. 9. 1938 — RGBl. I 1938, S. 1403 —

93. Für den Bereich der Justiz bekanntgemacht durch AV des Preuß. Justizministers 9. 7. 1930 — I 10 237 —

94. Beschluß d. Preuß. Staatsministeriums vom 27. 7. 1932 — StM I 7279 —

95. Deutsche Richterzeitung 1933, S. 189 f.

96. BRÜES, Otto — und immer sang die Lerche, Lebenserinnerungen, Duisburg 1967, 193—196

97. Akten 2 Js 851 / 33 StA Köln = Hauptstaatsarchiv Düsseldorf (Nebenarchiv Kalkum) Rep. 9 / 290

98. Vgl. Kölner Tagespresse (auch »Westdeutscher Beobachter«) vom 23. 6. 1933

99. Vgl. Ausstellungskatalog des Stadtarchivs Köln »Widerstand und Verfolgung in Köln 1933—1945, Köln 1974, S. 112—115

100. SCHORN, Hubert, Der Richter im Dritten Reich, Frankfurt 1959, S. 251 f.

101. Dr. Franz Heimsoeth (1894—1981) war ein Enkel des bekannten Kölner OLG-Präsidenten Dr. Heinrich Heimsoeth (1811—1887)

102. Persönliche Angaben von SenPräs. Dr. Heimsoeth und Reinhard Henkys, Die nationalsozialistischen Gewaltverbrechen, 2. Aufl., Stuttgart und Berlin 1965, S. 38

103. Westdeutscher Beobachter, Extrablatt vom 24. 7. 1933

104. Über den Prozeß: Friedrich Grimm, Politische Justiz — die Krankheit unserer Zeit, Preuß. Oldendorf 1974, S. 72—75; ferner Berichte in der Kölner Tagespresse vom 19. 8. 1933

105. VO der Reichsregierung über die Bildung von Sondergerichten vom 9. 8. 1932 — RGBl. 1932, S. 404 —

106. DOMARUS, Max, Hitler, Reden und Proklamationen 1932—1945, Wiesbaden 1973, Bd. I, S. 128—131

107. RGBl. I 1933, S. 135 f.

108. Generalakten des LG Köln betr. Sondergerichte, 3234, 1943

109. Ansprache an die Reichsstatthalter in Berlin vom 6. 7. 1933; Domarus, a.a.O. (Anm. 106), S. 286 f.

110. VO vom 20. 11. 1938, RGBl. I 1938, S. 1632

111. Westdeutscher Beobachter v. 13. 4. 1933 — Abendausgabe —

112. Prozeßberichte in der Kölner Tagespresse vom 3. 6. 1935, insbes. Westd. Beobachter

113. Eingehende Dokumentation zu dem Sondergerichtsverfahren und der späteren Verhandlung vor der 4. gr. Strafkammer in: Josef Spieker, Mein Kampf gegen Unrecht in Staat und

Gesellschaft. Erinnerungen eines Kölner Jesuiten, Köln 1971, S. 108—126

114. SPIEKER, a. a. O., S. 54

115. Generalakten LG Köln 3234 II — 11. 3.

116. Ausstellungskatalog »Widerstand u. Verfolgung in Köln« (Anm. 99), S. 290—294

117. SCHORN, Hubert, a. a. O. (Anm. 100), S. 368

118. SCHORN, Hubert, a. a. O. S. 366

119. SCHORN, Hubert, a. a. O. S. 366

120. RGBl. I 1939, S. 1658

121. RGBl. I 1940, S. 1253

122. RGBl. I 1943, S. 290

123. RGBl. I 1944, S. 229

124. VO vom 5. 9. 1939 — RGBl. I 1939, S. 1679 —

125. VO vom 5. 12. 1939 — RGBl. I 1939, S. 2378 —

126. VO vom 26. 8. 1939 — RGBl. I 1939, S. 1455 —

127. VO vom 7. 9. 1939 — RGBl. I 1939, S. 1683 —

128. VO vom 25. 11. 1939 — RGBl. I 1939, S. 2319 —

129. s. Anm. 110

130. Die geschilderten Vorgänge waren Gegenstand eines langwierigen Strafverfahrens gegen den nach dem Kriege aus dem Dienst entlassenen Landgerichtspräsidenten Walter Müller, dem versuchte Anstiftung zur Rechtsbeugung und Verbrechen gegen die Menschlichkeit vorgeworfen wurde. Am 17. 6. 1953 wurde Müller durch die 1. gr. Strafkammer des Landgerichts Bonn — 8 K Ls 12/53 — freigesprochen. Feststellungen im Urteil der 1. gr. Strafkammer des LG Bonn vom 17. 6. 1953 — 8 KLs 12/53 —

131. Vgl. Detlev Peukert, Die Edelweißpiraten, Köln 1980

132. Vgl. Reinhold Billstein (Hrsg.), Das andere Köln — demokratische Traditionen, Köln 1979, S. 342

133. Bericht des Kölner Generalstaatsanwalts Rahmel an den Reichsjustizminister vom 30. 1. 1945 — 10 III — 1. 4. — (Bundesarchiv 22/3374 Nr. 158)

134. a. a. O. (Anm. 133)

135. Aufzeichnungen des verstorbenen Senatspräsidenten Dr. Floß

136. Justizblatt für den OLG-Bezirk Köln, 1946, S. 4—5

137. a. a. O. S. 5—6

138. Verordnungsblatt der Brit. Zone, 1947, S. 103

139. a. a. O. S. 115

140. a. a. O. S. 149

141. Vgl. Wolffram/Klein, a. a. O., S. 250

142. Urteil des Schwurgerichts Köln vom 15. 10. 1954 — 10 Ks 1/54 —

143. BÖNISCH, Georg, Tatort Köln, Köln 1977, S. 70 ff.

144. Hauptstaatsarchiv Düsseldorf (Nebenarchiv Kalkum) Rep. 28/330

145. Rhein. Zeitung vom 12. 10. 1949 (Nr. 139); mündliche Schilderung OStA a. D. Stapper, Köln-Junkersdorf

146. Urteil des Schwurgerichts in Köln vom 19. 12. 1949 — 24 Ks 10/49 —

147. Nationalgeschädigte — Personen, die unter der ns. Gewaltherrschaft aus Gründen ihrer Nationalität unter Mißachtung der Menschenrechte geschädigt worden und am 1. 10. 1953 Flüchtlinge i. S. der Genfer Konvention gewesen sind.

RALF SIEBERT

# FREIWILLIGE UND UNFREIWILLIGE GERICHTSBARKEIT

## *Das Amtsgericht Köln*

Die Geburtsstunde des Königlichen Amtsgerichts in Cöln schlug am 1. Oktober 1879. An diesem Tag traten die preußischen Verordnungen betreffend die Errichtung der Amtsgerichte vom 24. April 1878 und betreffend die Bildung der Gerichtsbezirke vom 5. Juli 1879 in Kraft. Durch diese Verordnungen wurden im Gebiet der Rheinprovinz die bis dahin für die Bagatellgerichtsbarkeit zuständigen Friedensgerichte aufgehoben. Insgesamt wurden die 127 Friedensrichter durch 108 Amtsgerichte mit 171 Richtern und wesentlich erweiterten Zuständigkeiten abgelöst. Neben dem Amtsgericht Köln wurden im Landgerichtsbezirk Köln die Amtsgerichte Bensberg, Bergheim, Gummersbach, Kerpen, Lindlar, Mülheim a. Rh., Wiehl und Wipperfürth errichtet. In Köln bewarb sich auch Ehrenfeld um die Errichtung eines eigenen Amtsgerichts. Der entsprechende Antrag des Bürgermeisters von Ehrenfeld wurde jedoch abgelehnt. Mülheim war dagegen mehr Glück beschieden. Allerdings war der jetzige Stadtteil von Köln damals noch selbständig. Im Jahre 1913 verlor Mülheim zwar seine Selbständigkeit; der Vereinigungsvertrag von 1912 sah jedoch vor, daß Mülheim ein selbständiges Amtsgericht behalten sollte. Erst 1943 wurde das Amtsgericht Mülheim in den Kriegswirren dem Amtsgericht Köln angegliedert. Nach dem Zweiten Weltkrieg wurden verschiedene Abteilungen der freiwilligen Gerichtsbarkeit und mit Rücksicht auf die Bürgernähe eine Rechtsantragstelle als unselbständige Dienststelle des Amtsgerichts Köln am Wienerplatz wiedereröffnet. Anfang 1981 befanden sich nur noch drei Grundbuchabteilungen in Mülheim.

Das Amtsgericht Köln umfaßte bei seiner Gründung das linksrheinische Stadtgebiet und die Bürgermeistereien Brühl, Efferen, Frechen, Freimersdorf, Hürth, Lövenich, Longerich, Müngersdorf, Pulheim, Rondorf, Stommeln und Worringen sowie rechtsrheinisch die Bürgermeisterei Deutz. Gegenüber den vier Friedensgerichten, die für diesen Bereich mit jeweils einem Richter zuständig gewesen waren, präsentierte sich das Amtsgericht mit 11 Abteilungen schon damals in beachtlicher Größe. Immerhin umfaßte sein Bezirk am 1. Dezember 1881 262.973 Gerichtseingesessene.

Die 11 Abteilungen gliederten sich in 4 Zivilabteilungen, 2 Vormundschaftsabteilungen, eine Konkurs- und Registerabteilung, 2 Strafabteilungen (Schöffengerichte), eine Rechtshilfe- sowie eine Vollstreckungsabteilung. Der Personalbestand des Gerichts setzte sich 1880 aus 11 Amtsrichtern, 4 unbesoldeten Gerichtsassessoren, 11 Gerichtsschreibern,

6 Gerichtsschreibergehilfen, 21 Lohnschreibern, die mit 7 Pfennig pro Seite bezahlt wurden, und 7 Amtsdienern zusammen. Hinzu kamen 12 Gerichtsvollzieher. Zum ersten aufsichtführenden Richter des Amtsgerichts wurde Amtsgerichtsrat Eilender ernannt, der bereits 45 Jahre als Friedensrichter gedient hatte. Amtsgerichtsrat Eilender war ein wortgewaltiger Mann. In schier endlosen Schachtelsätzen beschrieb er in seinem Generalbericht für das Jahr 1880 die Raumnot, unter der das neugeschaffene Gericht schon bei seiner Gründung litt:

»Was den Zustand der Justizgebäude und namentlich das Bedürfnis des Amtsgerichts, sowie die Art, in welcher dasselbe seine Befriedigung findet, betrifft, so kann in Bezug auf die Abteilungen I bis IV, welche in dem früheren Friedensgerichtslokale, in dem Hause Gereonsstraße Nr. 42 ihre Geschäftslokalien haben, demjenigen nur beigepflichtet werden, was diese Abteilungen in ihrem gemeinschaftlichen Berichte hierüber gesagt haben: Die dort befindlichen Räumlichkeiten genügen mit Ausnahme der zur Erde gelegenen beiden Zimmer, worin die öffentlichen Sitzungen abgehalten werden, kaum den Bedürfnissen und sind dermaßen beschränkt und von so geringer Höhe, daß sich schon bei den Sitzungen der früheren Friedensgerichte, wie ich aus jahrelanger Erfahrung bestätigen muß, bei dichtgedrängtem Publikum dort eine Atmosphäre entwickelte, die förmlich unerträglich war und zur Folge hatte, daß einzelne Personen ohnmächtig herausgetragen werden mußten, andere das Zimmer verließen und draußen auf dem Flur solange an der Tür harrten, bis sie aufgerufen wurden, und man selbst bei strenger Winterkälte gezwungen war, ein Fenster behufs Erneuerung der Luft offen zu halten.

Bei alle diesem ist und bleibt die Lage der bezüglich der von dem Amtsgericht benutzten Räumlichkeiten noch immer eine derart mangelhafte und den Bedürfnissen nicht entsprechende, daß nur der Umstand sie zu rechtfertigen vermag, daß diesselbe als Übergangsstadium bis dahin zu betrachten ist, daß durch Herstellung eines unabweisbaren Neubaus für das Amtsgericht Räume geschaffen werden, welche dem großen Geschäftsumfange desselben Rechnung tragen und der Würde der Sache, welcher sie dienen, entsprechen.«

Noch mehr ins Detail gingen die Klagen des Amtsgerichtsrat Gagern, Richter der Vormundschaftsabteilung. Er beklagte sich darüber, daß das Mobiliar höchst ärmlich und teilweise so abgenutzt sei, daß die einzelnen Teile nur noch mit Not zusammenhielten. Auch seien die Räume wegen mangelnder Gegenheizung in hohem Maße fußkalt, so daß die baldige Anschaffung von Fußmatten ein unabweisbares Bedürfnis sei. Das allgemeine Wehklagen verfehlte den erhofften Eindruck nicht. Das Amtsgericht siedelte aus dem bescheidenen Domizil an der Gereonsstraße, in dem bereits die vier Kölner Friedensrichter residiert hatten, in das Palais des alten Appellhof über. Da dort jedoch schon Oberlandesgericht, Landgericht und Staatsanwaltschaft walteten, waren die Raumprobleme damit auch nicht befriedigend gelöst.

Erst 1893 verwirklichten sich die Wünsche von Amtsrichter Eilender. In diesem Jahr wurde das neue Justizgebäude Appellhofplatz eingeweiht. Endgültig aufatmen konnte die Kölner Justiz — und damit auch die Bediensteten des Amtsgerichts — im Jahre 1911 mit der Einweihung des Gerichtsgebäudes Reichenspergerplatz. Bis dahin unterhielt das Amtsgericht noch verschiedene Dependancen in der Glockengasse, der Norbertstraße, der Streitzeuggasse und auf der Burgmauer. Weniger Erfolg hatte Richter Eilender mit seiner Forderung nach einer alsbaldigen Vermehrung der Richterplanstellen. Der Landgerichtspräsident stellte ungerührt fest, daß die neue Justizorganisation auf eine angestrengte Tätigkeit der Richter berechnet und daher eine Stellenvermehrung nicht erforderlich sei.

Dennoch wuchs das Gericht auf Grund erweiterter Zuständigkeiten in den Folgejahren rasch. Insbesondere das Gesetz über die freiwillige Gerichtsbarkeit vom 17. Mai 1898, das für die Amtsgerichte neue Aufgaben im Bereich der Vormundschafts- und Nachlaßsachen sowie des Registerwesens begründete, erweiterte den Geschäftsumfang wesentlich. Da dem Amtsgericht nunmehr auch Aufgaben übertragen waren, die bis dahin von den Notaren wahrgenommen wurden, stellte sich die Frage, inwieweit deren Geschäftstätigkeit berührt wurde. Hierzu vermerkte der Präsident des Landgerichts in seinem Generalbericht aus dem Jahre 1901, daß Tätigkeit, Stellung und Geschäftsumfang der Notare durch die Übertragung der freiwilligen Gerichtsbarkeit auf die Amtsgerichte nicht gelitten hätten. Allerdings habe der Geschäftsbetrieb des Notars für die kleinen Leute insofern Vorzug vor dem Gericht, als er am Sonntagvormittag sein Bureau offen halte und den kleinen Leuten dadurch ermögliche, ohne Einbuße an Lohn ihre Urkunden an den Sonntagen aufnehmen zu lassen.

In der Zeit nach der Jahrhundertwende befaßten sich die Gerichte intensiv mit der Zweckmäßigkeit der neuen Gesetze. Das neue juristische Gedankengut erschien den Richtern zum Teil noch fremd. In einem Bericht des aufsichtführenden Richters des Amtsgerichts Köln aus dem Jahre 1901 bezüglich des Beurkundungszwangs gemäß § 313 BGB heißt es: »Im Immobilarverkehr wird vielfach die Vorschrift des § 313 BGB als eine hemmende Fessel empfunden, daß die Verabredung eines Verkaufs nur gültig ist bei notarieller oder gerichtlicher Beurkundung. Vielfach kommen Klagen, daß die eine Partei oft noch nach längerer Zeit vom Vertrag zurücktritt,wenn sich ein günstigeres Angebot zeigt, selbst nachdem die Parteien den Notar schon mit der Anfertigung des Aktes beauftragt hatten.«

Diese Betrachtung entsprach nicht etwa amtsrichterlicher Kurzsichtigkeit. Der Landgerichtspräsident nahm zu der Vorschrift noch wesentlich kritischer Stellung:

»Es dürfte zu erwägen sein, ob die Vorschrift, die große Beunruhigung und Schädigungen bereits hervorgerufen hat und, je mehr sie bekannt wird, zu unmoralischem Handeln, zum Verfahren wider Treu und Glauben verleitet, weiter aufrecht zu erhalten ist, oder ob nicht ihr Hauptzweck, unüberlegte und leichtsinnige Grundstücksverkäufe zu verhüten, in anderer Weise erreicht werden kann, ob insbesondere nicht die einfache Schriftform als genügend anzusehen wäre.«

Manche neuen Rechtsinstitute wurden nicht nur bei der Justiz, sondern auch in der Bevölkerung mit Zurückhaltung aufgenommen. So erlangten etwa die Vorschriften über das Vereinswesen in den beiden ersten Jahren nach dem Inkrafttreten des Bürgerlichen Gesetzbuches kaum praktische Bedeutung. Beim Amtsgericht Köln erfolgten lediglich 35 Eintragungen im Vereinsregister. Berücksichtigt man, daß in Köln heute weit über 3000 eingetragene Vereine existieren, erscheinen diese Zahlen recht kläglich. Bei den Amtsgerichten der ländlichen Umgebung wurden überhaupt keine Eintragungen vorgenommen. Eine Ausnahme machte lediglich die Kolpingstadt Kerpen. In einem amtlichen Bericht heißt es, daß dort mehrere Vereine zur Eintragung gelangten, die unter katholisch geistlicher Leitung standen oder mit der katholischen Geistlichkeit Fühlung hatten.

Bis zum Jahre 1908 hatte sich die Zahl der Abteilungen beim Amtsgericht Köln mit 62 nahezu versechsfacht. Damit stand es in der Zahl der Richter dem Landgericht kaum nach. Dies gilt nicht in gleicher Weise für das Ansehen des Gerichts in der Öffentlichkeit. Gegenüber dem Landgericht mit seiner jahrzehntelangen Tradition mußte es sich als Neuschöpfung deutscher Gesetzgebungskunst erst durchsetzen. Ohnehin dienstaufsichtsmäßig dem Landgerichtspräsidenten unterstellt kam ihm dabei kaum der Umstand zugute, daß sein Leiter weder den Titel »Präsident« noch »Direktor«, sondern lediglich »aufsichtführender Richter« führen durfte. Darüber hinaus konnte das Amtsgericht auch nicht mit Sensationsprozessen aufwarten, die naturgemäß in besonderem Maß das Interesse der Öffentlichkeit erregen. Gleichwohl entwuchs es im Laufe der Jahre den Kinderschuhen. Schon kurz nach dem ersten Weltkrieg wurde der erste Amtsgerichtsdirektor ernannt. Im Jahre 1937 löste sich das Gericht aus der Dienstaufsicht des Landgerichtspräsidenten, wurde selbst zum Präsidentengericht und war unmittelbar dem Oberlandesgericht unterstellt. Am 1. April 1937 wurde der damalige Amtsgerichtsdirektor Dr. Walther Schelling zum ersten Präsidenten des Amtsgerichts Köln ernannt. Dr. Schelling blieb bis zum Ende des Zweiten Weltkrieges im Amt.

Die Zeit der nationalsozialistischen Herrschaft erweckt, soweit es die Justiz betrifft, in erster Linie unglückselige Erinnerungen an die Sondergerichte. Obgleich diese nicht bei den Amtsgerichten eingerichtet wurden, blieben auch die Amtsrichter nicht von Konflikten mit dem Regime und seinen Zielen verschont. Wenn es in einer Chronik des Amtsgerichts München heißt, nach dem politischen Umbruch sei dort im wesentlichen alles beim alten geblieben, mag dies äußerlich auch für das hiesige Amtsgericht gelten. Ob dagegen auch die innere Einstellung zum Recht die gleiche geblieben ist, kann nur jeder damals tätige Richter für sich selbst beantworten. Kaum leugnen läßt sich allerdings, daß Wohlverhalten gegenüber den neuen Machthabern der Karriere nützlich war. So wurde etwa dem Amtsgerichtsrat Nesseler 1933 die Stelle eines Landgerichtspräsidenten angeboten, wenn er sich zum Eintritt in die NSDAP entschließe. Nesseler lehnte ab und blieb Amtsgerichtsrat. Rheinische Mentalität half damals, manches Unerträgliche erträglicher zu gestalten. Der Kölner Amtsgerichtsrat Siebenborn (s. S. 79), den man »Gottvater« nannte, entgegnete einem jungen Anwalt, der die Hand zackig zum Hitlergruß hob, indem er wie ein Priester feierlich die Hand in Schulterhöhe hob: »Mein Sohn, wenn Du gesegnet werden willst, dann segne ich Dich?«

Bemerkenswert erscheint auch die Art und Weise, in welcher der inzwischen verstorbene, in Köln hoch angesehene Amtsgerichtsrat Jakob Hendrichs seine Konflikte mit dem nationalsozialistischen Regime austrug. Richter Hendrichs, der bereits im Kaiserreich und der Weimarer Republik Recht gesprochen hatte, war im Jahre 1935 beim Arbeitsgericht tätig, das dem Amtsgericht Köln angegliedert war. Der Anlaß der Konfrontation war eigentlich banal. Hendrichs hatte einen Rechtsstreit zwischen der Stadt Köln und einem von ihr entlassenen Hilfsaufseher der städtischen Bahnen zu entscheiden. Dieser war von der Stadt entlassen worden, weil er sich unnationalsozialistisch verhalten und die NSDAP beleidigt haben sollte. Und zwar hatte er einem guten Bekannten gegenüber geäußert, statt seiner seien Rotznasen befördert worden, welche eben in den Straßenbahndienst gerochen hätten, nur weil sie alte Kämpfer seien. Amtsgerichtsrat Hendrichs sah in dieser Äußerung keinen Entlassungsgrund und verurteilte die beklagte Stadt Köln zum Kündigungswiderruf.

In der Urteilsbegründung führte er aus:
»Wenn auch der Kläger bestreitet, dieses Gespräch geführt zu haben, so würde selbst dann, wenn es so wäre, wie der Zeuge berichtet, das Gericht keinen Schluß auf die nationale Unzuverlässigkeit des Klägers ziehen oder darin eine Beleidigung der NSDAP erblicken. Wie mehrere Zeugen, zum Beispiel Koch und Kremer, bekundet haben, sind ganz junge Leute und wie das Gericht aus dem Eindruck der Persönlichkeit des Zeugen Stämpel hat schließen müssen, nicht gerade solche, die bereits sehr reif waren, zu Aufsehern befördert worden. Wenn dann der Kläger seinen Unmut in einem Kraftausdruck in einem rein privaten Gespräch Ausdruck gegeben hat, so ist zu berücksichtigen, daß der Kläger Frontkämpfer gewesen ist und sich als solcher wohl schon einmal eines etwas derberen Ausdrucks bedienen darf, und es dürfte wohl angenommen werden, daß unter diesen Umständen gerade die beklagte Stadtverwaltung die Redeweise des Klägers nachsichtig beurteilen dürfte.«
Durch dieses Urteil handelte er sich eine scharfe Rüge des Reichsministers der Justiz ein. Der Minister belehrte ihn, er habe die von der beklagten Stadt ausgesprochenen Beförderungen einer Kritik unterzogen, obwohl dies zur Begründung der Entscheidung nicht notwendig gewesen sei. Darüber hinaus habe er in diesem Zusammenhang Bemerkungen gemacht, welche jedes Verständnis für die großen Verdienste der alten Kämpfer der NSDAP vermissen ließe. Auch in den Folgejahren brachte Amtsgerichtsrat Hendrichs dem nationalsozialistischen Gedankengut nicht die geziemende Einstellung entgegen. Demgemäß bezeichneten ihn seine Dienstvorgesetzten als eine charakterlich außerordentlich fragwürdige und dem Nationalsozialismus und seinen Zielen weit entfernt stehende Persönlichkeit, dessen Einstellung habe voraussehen lassen, daß er mit den Anforderungen, die nach dem Umbruch an einen deutschen Richter zu stellen seien, in Konflikt geraten müsse. Die entscheidende Konfrontation erfolgte im September 1944, als Amtsgerichtsrat Hendrichs vom damaligen Amtsgerichtspräsidenten zu Schanzarbeiten am Westwall dienstverpflich-

tet wurde. Dort soll er, so lautete der Vorwurf seiner Vorgesetzten, nur nach anfänglichen Weigerungen und lediglich mit Spazierstock und Reisedecke ausgerüstet erschienen sein. Dieses »Fehlverhalten« wurde Gegenstand umfangreicher Untersuchungen und führte schließlich zu einem »wärmstens befürworteten« Entlassungsgesuch unter Verzicht auf Versorgungsgebührnisse. Der Entscheidung über dieses Gesuch kam die Kapitulation zuvor. Nach dem Krieg gehörte Hendrichs zu den ersten Richtern in Köln, die beim Amtsgericht ihren Dienst wiederaufnahmen. Die angeblich »charakterlich außerordentlich fragwürdige Persönlichkeit« kann damit für sich in Anspruch nehmen, in vier deutschen Staaten Recht gesprochen zu haben.

Unmittelbar nach dem Zusammenbruch begann die Militärregierung in Köln mit dem Wiederaufbau der Behördenorganisation auf der untersten Ebene. Im Bereich der Gerichtsbarkeit sollte dementsprechend zunächst das Amtsgericht seine Tätigkeit wiederaufnehmen. Auf Geheiß der Militärregierung versammelten sich bereits im April 1945 etwa 10 Richter und 30 Rechtsanwälte, um 3 für das Amt des Amtsgerichtspräsidenten geeignete Persönlichkeiten zu wählen. Nachdem sich die Versammlung auf den Landgerichtsdirektor a. D. Lingemann und die Landgerichtsräte Dr. Floß und Dr. Korintenberg geeinigt hatte, ernannte der amerikanische »legal officer«, ein Oberst, den nach Dienst- und Lebensjahren Ältesten, Landgerichtsdirektor a. D. Lingemann, zum Präsidenten des Amtsgerichts Köln. In den weitgehend zerstörten Justizgebäuden in Köln fanden sich im Gerichtsgebäude Reichenspergerplatz wenige Räume, in denen Präsident Lingemann mit einigen wieder in Dienst gestellten Richtern die Vorbereitungen zur Wiederaufnahme der Gerichtstätigkeit treffen konnte. Schon ab 16. Mai 1945 wurden die Mahn-, Zivil- und Zwangsvollstreckungsabteilungen wiedereröffnet. Die Strafabteilungen folgten einen Monat später. Lediglich in den Zwangsversteigerungs- und Konkurssachen sowie den Register- und Grundbuchangelegenheiten trat noch eine längere Verzögerung ein. Präsident Lingemann wurde schon im Juni 1945 in die oberste Justizverwaltung nach Düsseldorf berufen. Sein Nachfolger wurde der frühere Düsseldorfer Senatspräsident Dr. Rudolf Schetter. Der neue Präsident blieb jedoch auch nicht lange im Amt. Nachdem er kurzfristig die Leitung des Landgerichts Köln übernommen hatte, wurde er bereits am 20. September 1945 zum Oberlandesgerichtspräsidenten in Köln ernannt. Bei dieser Ämterfülle blieb es nicht aus, daß er das Amt des Amtsgerichtspräsidenten niederlegte. Mit Verfügung vom 31. Oktober 1945 übertrug er die bisher von ihm wahrgenommen Geschäfte des Amtsgerichtspräsidenten auf den Amtsgerichtsdirektor Nesseler. Da die Stelle des Amtsgerichtspräsidenten vorläufig nicht besetzt wurde, vollzog sich dienstaufsichtsmäßig ein Rückschritt in die Vergangenheit. Das Amtsgericht wurde wieder der Dienstaufsicht des Landgerichtspräsidenten unterstellt.

In den ersten Jahren nach Kriegsende litt die Tätigkeit des Gerichts vor allem durch die katastrophalen räumlichen Verhältnisse. So drängten sich anfangs am Reichenspergerplatz 7 bis 8 Richter in einem Zimmer, wobei im Winter Kanonenöfen spärliche Wärme spendeten. Erst im Mai 1946 gelang es, die bis dahin von Obdachlosen besetzte Ruine am Appellhofplatz soweit wiederherzurichten, daß die ersten Strafabteilungen des Amtsgerichts dort ihre Tätigkeit wiederaufnehmen konnten. Die Not der Stunde beflügelte oft die Phantasie der Bediensteten und machte Dinge möglich, die heute nicht mehr vorstellbar sind. Von einem Justizoberinspektor Dr. Mahlberg — damals einer von mehreren Volljuristen im Rechtspflegerbereich — wird berichtet, daß er im Tresorraum des Nachlaßgerichts eine Bienenzucht unterhalten habe. Auf Drängen seiner Vorgesetzten habe er sich allerdings nach einer neuen Bleibe für sein Bienenvolk umgesehen, als die Bienen nicht durch das vorgesehene Schlupfloch, sondern durch eine versehentlich offengelassene Tür in den Flur zum gegenübergelegenen Kassenraum ausgeschwärmt seien und dort Bedienstete und Publikum in Angst und Schrecken versetzt hätten.

Die Arbeitsmoral der Bediensteten des Amtsgerichts schien trotz des schnellen Aufschwungs in den Jahren des Wiederaufbaus nicht die beste zu sein. Amtsgerichtsdirektor Nesseler sah sich jedenfalls zu ernsthaften Mahnungen veranlaßt und verfügte am 27. Juli 1948:

»Persönliche Wahrnehmungen und bei mir zu Sprache gebrachte Fälle zwingen mich nochmals nachdrücklichst, auf die pünktliche Einhaltung der vorgeschriebenen Dienststunden hinzuweisen. Den Dienst kann jeder pünktlich antreten, wenn er sich frühzeitig genug auf den Weg begibt, vor allen Dingen die im Stadtgebiet Köln wohnenden Gefolgsschaftsmitglieder. Es darf künftig nicht mehr vorkommen, daß Beamte und Angestellte, von denen ich weiß, daß sie in der Nähe des Dienstgebäudes wohnen, erst gegen 9 Uhr oder noch später erscheinen.

Ich gebe hiermit der bestimmten Erwartung Ausdruck, daß dieser nochmalige Hinweis genügen wird, diese zur Zeit beim Amtsgericht Köln bestehenden Übelstände abzustellen. Da ein derartiges unentschuldbares Verhalten die schärfste Mißbilligung verdient, bin ich auf keinen Fall geneigt, künftig Verstöße gegen die Einhaltung der Dienststunden ungeahndet hinzunehmen. Die derzeitige Geschäftslage, bei vielen Abteilungen vorhandene Reste und nicht zuletzt die Not der Zeit müssen in jedem aufrichtigen meiner Dienstaufsicht unterstellten Gefolgsschaftsmitglied das Pflichtgefühl erwecken, wenigstens die Dienststunden einzuhalten. Welch schlechten Eindruck macht es auf die Rechtssuchenden, wenn sie bei ihrem Vorsprechen den betreffenden Beamten oder Angestellten nicht antreffen. Schon allein die allseits bekannte Einstellung des Publikums gegen das Beamtentum zwingt jede im öffentlichen Dienst stehende Kraft dazu, alles zu vermeiden, was diese Einstellung noch verstärkt. Sollte ich feststellen, daß der Grund zur eigenmächtigen Abkürzung der Dienststunden in einer zu geringen Arbeitsbelastung besteht, so werde ich hier im Wege einer anderweitigen Geschäftsverteilung Abhilfe schaffen.

Auch ist es unzulässig, daß einzelne Gefolgschaftsmitglieder die gewährte halbstündige Mittagspause erst gegen 14 Uhr beginnen und dann nicht wieder zum Dienst kommen. Nicht unerwähnt möchte ich lassen, daß die unpünktliche Einhaltung der Dienststunden auch höheren Orts bekannt geworden ist und deshalb die Einführung einer werktäglichen Dienstkontrolle erwogen wird.«

Solch schroffe Worte würden heute sicher den Protest der Personalräte heraufbeschwören, zumal auch das Verlassen des Gerichtsgebäudes während der Mittagspause ohne ausdrückliche Erlaubnis nicht zulässig war. Vielleicht ging Direktor Nesseler mit seinen Untergebenen auch wirklich zu hart ins Gericht. In der Not der damaligen Zeit standen für die Bediensteten des Amtsgerichts verständlicherweise andere Sorgen im Vordergrund als das reibungslose Funktionieren des Justizapparats. Gleichwohl ist nicht zu verkennen, daß gerade die Einstellung, die in dem Appell des Behördenleiters zum Ausdruck kam, manches zu dem vielbewunderten Aufschwung nach dem Zweiten Weltkrieg beitrug. Auch gegenüber dem Arbeitseifer der dienststundenunabhängigen Richter scheint Direktor Nesseler gewissen Argwohn gehegt zu haben. So wird von einem Amtsgerichtsrat berichtet, der sich erheblich überlastet fühlte, ohne daß seine regelmäßigen Entlastungsgesuche auf Gehör stießen. Der Richter überlegte daher, ob vielleicht Aktenberge mehr als nackte Zahlen beeindruckten. Von der Geschäftsstelle ließ er größere Mengen erledigter Akten auf sein Dienstzimmer schaffen, die sich auf Schreibtisch und Boden eindrucksvoll auftürmten. Diese Potemkin'schen Dörfer führte er bei passender Gelegenheit mit der ebenso nichtssagenden wie mißverständlichen Bemerkung vor: »Sehen Sie sich einmal diese Akten an.« Das nächste Entlastungsgesuch soll positiv beschieden worden sein.

Amtsrichterlicher Findigkeit bei den Bemühungen um die Schonung der eigenen Arbeitskraft waren auch später keine Grenzen gesetzt. Ein inzwischen pensionierter Amtsrichter zürnte, nachdem sich die Prozeßakte zum umfangreichen Wälzer mit der betrüblichen Aussicht auf ein zeitraubendes Urteil entwickelt hatte, mit den Parteien so nachhaltig, daß sie ihn — wie erhofft — für befangen erklärten. Sein Vertreter, der für die weitere Bearbeitung zuständig wurde, durchschaute das schnöde Spiel allerdings. Er sandte die Akte mit dem Bemerken zurück: »Die Sache wird übernommen, wenn der Akte eine Flasche Kognak beigefügt wird.« So geschah es. In einem anderen Fall durchschauten ihn schon die Anwälte und erklärten: »Herr Vorsitzender, Sie können uns und die Parteien beleidigen, so viel Sie wollen, wir werden Sie nicht für befangen erklären, diesen Prozeß entscheiden Sie!«

Am 15. September 1950 wurde Amtsgerichtsdirektor Nesseler (s. S. 71, 73), zum Präsidenten ernannt. Damit wurde das Amtsgericht seiner Richterzahl entsprechend wieder von einem Präsidenten geleitet. Peter Nesseler blieb bis zum November 1956 im Amt und trat anschließend in den Ruhestand. Für seinen Nachfolger Professor Dr. Heinrich Mohnen (s. S. 73) war das Amt des Amtsgerichtspräsidenten nur eine Zwischenstufe im beruflichen Werdegang. Anfang 1965 wechselte er in die oberste Verwaltungsspitze der Stadt Köln. Als langjähriger Oberstadtdirektor von Köln ist er einer breiteren Öffentlichkeit noch heute bekannt. Der nächste Präsident hatte sich wieder ganz der Justiz verschrieben. Präsident Wilhelm Gosling (s. S. 73) amtierte bis zu seiner Pensionierung im Jahre 1970. Sein Amtsnachfolger Helmut Broich (s. S. 73) ist noch heute im Amt.

In der Zeit von 1879 bis heute vergrößerte sich der Personalbestand des Amtsgerichts Köln um ein Vielfaches. Auffallend erscheint der Vormarsch der Damen sowohl im Richter- als auch im Rechtspflegerbereich. Nach dem Inkrafttreten des Gesetzes über die Zulassung der Frauen zu den Ämtern und Berufen der Rechtspflege im Jahre 1922 dauerte es immerhin 10 Jahre, bis 1932 beim Amtsgericht Köln die spätere Amtsgerichtsrätin Dr. Schumacher als erste Gerichtsassessorin eingestellt wurde. Ihr Schicksal zeigt, daß damals für manche Frau der Weg zum angestrebten Richterberuf recht dornenreich war. Da eine richterliche Tätigkeit im nationalsozialistischen Staat nicht dem Leitbild der Frau entsprach, wurde aus der Ernennung zur Amtsgerichtsrätin zunächst nichts. Im Jahre 1936 mußte Frau Dr. Schumacher vielmehr in den gehobenen Dienst wechseln und wurde 1937 zur Justizinspektorin ernannt. In dieser Position blieb sie bis zum Ende des Zweiten Weltkriegs. Anfang 1946 wurde sie nach Zulassung durch die Militärregierung wieder als Gerichtsassessorin übernommen. Im April 1946 folgte dann endlich die Ernennung zur Amtsgerichtsrätin. Zur Verbitterung führte diese jahrelange Diskriminierung allerdings nicht. Frau Dr. Schumacher wurde zur »Seele des Vormundschaftsgerichts«. In ihrer Eigenschaft als Vormundschaftsrichterin hatte sie häufig über die damals zur Eheschließung erforderliche Volljährigkeitserklärung minderjähriger werdender Mütter zu entscheiden. Die angehenden Großmütter kamen dann des öfteren zu ihr und — so Frau Dr. Schumacher — baten: »Frau Doktor, maht doch e' bes'che flöck, ming Dochter will noch en wieß hierode.« Bei ihrem Tode im Jahre 1980 geriet sie ungewollt in die Kölner Boulevardpresse. Ihr Amtsrichterkollege Bosch hatte zur Zeit des Begräbnisses einen Wiederholungstäter abzuurteilen. Der Pressebericht mit der Überschrift »Kürzester Prozeß in Köln« liest sich wie folgt: »Dem geständigen Angeklagten erklärte Richter Bosch kurz und bündig: Das letzte Mal haben Sie fünf Monate bekommen, dann kriegen Sie diesmal sechs. Herr Staatsanwalt, Herr Verteidiger, einverstanden? Ohne die Antwort abzuwarten, brummte er: Ich lasse mich doch von Euch nicht von der Beerdigung meiner Kollegin Dr. Schumacher abhalten. Sodann verschwand er zum Requiem.«

Der Vormundschaftsbereich schien sich offenbar zu einem besonderen Betätigungsfeld der Richterinnen zu entwickeln. Später war auch die Amtsgerichtsrätin Sibylle Gottschalk längere Zeit als Vormundschaftsrichterin tätig. Ihr widerfuhr bei der Anhörung einer Entmündigten, die ihre Bemündigung betrieb, folgendes: Auf dem Dach gegenüber dem Vernehmungszimmer balancierte ein Schornsteinfeger über den Dachfirst. Als Richterin Gottschalk ihn plötzlich erblickte, rief sie erschreckt um sein Leben fürchtend zu der Entmündigten. »Um Gottes willen, sehen Sie da den Schornsteinfeger.« Die Entmündigte fürchtete jedoch mehr eine Fangfrage und erklärte, ohne sich umzusehen: »So fangen Sie mich nicht, Frau Amtsgerichtsrätin.«

Inzwischen sind weibliche Richter und Rechtspfleger in allen Bereichen tätig. Ihr Anteil beträgt bei den Richtern ca. 17 %, bei den Rechtspflegern gar 41 %.

Folgende Zahlen für das Jahr 1980 mögen den Geschäftsanfall des nach München und Hamburg mit derzeit 145 Richtern, 143 Rechtspflegern, 74 Gerichtsvollziehern und 848 sonstigen Bediensteten drittgrößten Amtsgerichts in der Bundesrepublik verdeutlichen:

| | |
|---|---|
| Anträge auf Erlaß von Mahnbescheiden | 238.324 |
| Eingänge in Zivilsachen | 26.812 |
| Eingänge in Familiengerichtssachen | 7.103 |
| Anträge auf Eröffnung von Konkurs- und Vergleichsverfahren | 920 |
| Grundbuchsachen | 190.363 |
| Zwangsvollstreckungsaufträge | 142.363 |
| Eingänge in Strafsachen | 23.512 |
| Ordnungswidrigkeitenverfahren | 30.029 |
| Kirchenaustritte | 5.232 |

Bei einem solch umfangreichen Geschäftsanfall blieb es nicht aus, daß man sich Gedanken um Automation und Rationalisierung machte. Bereits um die Jahrhundertwende tat sich das Amtsgericht Köln in dieser Richtung hervor. Während bei den kleineren Amtsgerichten der ländlichen Umgebung jeglicher Schriftverkehr noch handschriftlich erfolgte, hatte sich in Köln bereits die Schreibmaschine durchgesetzt. Eine Ausnahme machten lediglich die Grundbücher, die weiterhin handschriftlich geführt wurden. Auch hier entwickelte sich das Amtsgericht Köln jedoch zum Vorreiter für alle deutschen Amtsgerichte. 1937 erfolgten auf Weisung des Reichsjustizministers in Köln probeweise maschinenschriftliche Eintragungen. Nachdem sich das Verfahren bewährt hatte, wurde die Neuerung später allgemein eingeführt. Ein weiterer Schritt zur Rationalisierung erfolgte in diesem Bereich erst vor kurzem. Mitte 1980 wurden beim hiesigen Grundbuchamt und einigen anderen Gerichten zur Probe Textverarbeitungsautomaten mit Bildschirmsystem eingesetzt. Da dieses System eine grundlegend neue Arbeitsmethode darstellte, unterlag es der Zustimmung des Hauptpersonalrats, der zunächst um die Gesundheit der Bediensteten fürchtete und seine Zustimmung verweigerte. Inzwischen sind die Bedenken ausgeräumt und die probeweise angemieteten Bildschirmgeräte befinden sich zur ständigen Benutzung im Justizeigentum. Eine andere grundlegende Rationalisierungsmaßnahme wird seit April 1979 beim Amtsgericht Köln als sogenanntes »Pilotprojekt« für die Gerichte im ganzen Bundesgebiet erprobt. Wie alle Behörden leben auch die Gerichte von den Akten. Mehr als anderswo schleppen sie viele abgelegte Akten als toten Balast mit sich herum, der nach diversen Aktenaufbewahrungsvorschriften mehr oder weniger lange der Nachwelt erhalten bleiben muß. Da das Amtsgericht Köln 1978 eine Archivfläche von mehr als 2.500 qm mit insgesamt über 44.000 Aktenfächern bei jährlichen Unterhaltungskosten von DM 123.000 unterhielt, machte man sich Gedanken, wie dieser Aktenflut Herr zu werden sei. Die Lösung lag in der Mikroverfilmung der abgelegten Akten. Zunächst wurden die Akten des Zivilbereichs mikroverfilmt, später folgten andere Bereiche. Für die eventuell erforderliche Akteneinsicht standen 85 Lesegeräte zur Verfügung. Im November 1980 äußerte sich die 7. Rationalisierungskonferenz der Landesjustizverwaltungen über das beim Amtsgericht Köln angewandte Verfahren zur Mikroverfilmung von Schrifttum positiv. Es ist zu erwarten, daß sich diese Rationalisierungsmaßnahme auch bei anderen Gerichten durchsetzen wird.

Die Stellung des Amtsrichters war in früheren Jahren wegen seiner Unabhängigkeit von hoher Wertschätzung geprägt. Später stellten sich allerdings gewisse Vorurteile ein. Insbesondere bei seiner Eignung zu Höherem erhob sich mancherorts Skepsis. Treffend drückt diese sich in einem besonders in Richterkreisen beschmunzelten Witz aus: Zwei ältere Amtsrichter grübeln darüber, wie eine vorzeitige Pensionierung zu erreichen sei. Der eine erklärt, man müsse im Ordnungswidrigkeitverfahren zweimal die Todesstrafe verhängen. Der andere fragt verwundert, wieso dies zweimal erforderlich sei. Darauf belehrt ihn der eine, daß man *ein* solches Urteil noch als amtsrichterliches Versehen ohne dienstrechtliche Konsequenzen ansehen werde. Sicher verkümmert manches juristische Talent in der Routine des amtsgerichtlichen Massengeschäfts eher als anderswo. Leichter geraten die Amtsrichter auch in den Geruch der Oberflächlichkeit, da sie ihre Entscheidungen — durch die Fülle der Akten gedrängt — in der Regel kurz und bündig abzufassen pflegen. Die Menge der Akten versagt es dem Amtsrichter schließlich, seinen Entscheidungen durch umfassende Auswertung von Rechtsprechung und Literatur den Nimbus der Wissenschaftlichkeit zu verleihen. Die Qualität der Rechtsfindung wird hierdurch jedoch nicht beeinträchtigt. Sie bestimmt sich in erster Linie danach, ob der Richterspruch den Geboten der Gerechtigkeit entspricht. Die Gerechtigkeit läßt sich aber nicht an wohlklingenden Worten und umfänglichen Ausführungen messen. Allmählich scheinen die kritischen Stimmen allerdings wieder zu verstummen. Sonst wäre es nicht zu erklären, daß die Richterschaft des Oberlandesgerichts Köln bis hin zu den Vorsitzenden in stattlicher Zahl mit ehemaligen Amtsrichtern durchsetzt ist. Im übrigen plagen sich die Amtsrichter auf Grund solcher Vorurteile kaum mit Selbstzweifeln. Dafür genießt die Unabhängigkeit bei ihnen auch heute noch einen zu hohen Stellenwert.

Die Aufgaben des Amtsgerichts änderten sich im Laufe der Jahre in mannigfacher Weise. Viele Gesetze, welche ihm Aufgaben zuwiesen, sind heute nicht mehr in Kraft. Insbesondere während der Zeit des Nationalsozialismus war es in Rechtsbereichen tätig, die heute schon wieder vergessen sind. Hier ist zunächst das Anerbengericht zu nennen, dessen Zuständigkeit nach dem Reichserbhofgesetz vom 29. September 1933 begründet war. Das nationalsozialistische Erbhofrecht diente dem Schutz vor Überschuldung und Zersplitterung und sah besondere Regelungen über Eigentum, Erbfolge, Belastung und Zwangsvollstreckungen bei Bauernhöfen bestimmter Größe vor. Zur Durchsetzung dieser Ziele wurde dem Amtsgericht weiterhin durch das Gesetz zur Regelung der landwirtschaftlichen Schuldverhältnisse vom 1. Juni 1933 die Funktion als Entschuldungsamt übertragen. Der Inhaber eines landwirtschaftlichen Betriebs, der sich aus eigenen Mitteln nicht zu entschulden vermochte, konnte beim Amtsgericht die Eröffnung eines Entschuldungsverfahrens beantragen. Dieses Verfahren sollte die Voraussetzung für eine allmähliche Zurückführung der Verschuldung bis zur Grenze der Mündelsicherheit schaffen. Das Amtsgericht bestimmte eine öffentlichrechtliche Kreditanstalt als Entschuldungsstelle, die unter gerichtlicher Überwachung einen Entschuldungsplan aufzustellen hatte. Im einzelnen war das Ver-

fahren in manchen Zügen den Vorschriften der Konkurs- und Vergleichsordnung nachgebildet. Das Entschuldungsamt beim Amtsgericht Köln umfaßte nicht nur den Amtsgerichtsbezirk Köln, sondern auch die Amtsgerichtsbezirke Mülheim, Bensberg, Bergheim, Brühl, Kerpen, Lechenich, Lindlar und Wipperfürth.
Im Zuge der wirtschaftsdirigistischen Maßnahmen auf dem Gebiet des Landwirtschaftswesens wurden dem Amtsgericht weitere Geschäfte auf Grund der Verordnungen zur Sicherung der Landbewirtschaftung vom 23. März 1937 und 22. April 1937 übertragen. Unter dem harmlosen Begriff »Pachteinigungssachen« verbergen sich Maßnahmen, die wohl heute als Enteignung angesehen würden. Entsprach die Bewirtschaftung eines landwirtschaftlichen Betriebs anhaltend und in erheblichem Maße nicht den zur Sicherung der Volksernährung erforderlichen Anforderungen, konnte das Amtsgericht auf Antrag des Kreisbauernführers den Betroffenen zu einer sachgemäßen Wirtschaftsführung auffordern. Fruchteten diese Aufforderungen nicht, konnte der Amtsrichter — von zwei Beisitzern aus dem Kreis der Nutzungsberechtigten unterstützt — die Überwachung durch einen Vertrauensmann, die treuhänderische Verwaltung oder gar die pachtweise Überlassung anordnen.
Als Relikt nationalsozialistischer Vergangenheit ist wohl am ehesten noch das Gesetz zur Verhütung erbkranken Nachwuchses vom 14. Juli 1933 in Erinnerung. Dabei entsprachen die Zielsetzungen dieses Gesetzes nicht einmal typischem nationalsozialistischen Gedankengut und waren auch anderen Staaten nicht fremd. Bedenklich war allerdings der Mißbrauch, der mit diesem Gesetz getrieben werden konnte und wohl auch betrieben wurde. Über die Durchführung von Sterilisierungen zur Verhütung erbkranken Nachwuchses entschied das Erbgesundheitsgericht, das sich aus einem Amtsrichter als Vorsitzenden und zwei fachkundigen Ärzten als Beisitzer zusammensetzte. Für den gesamten Landgerichtsbezirk Köln wurde die Funktion des Erbgesundheitsgerichts dem Amtsgericht Köln übertragen. Als Richter war hier der spätere Amtsgerichtspräsident Nesseler tätig. Bei seiner Verabschiedung im Jahre 1956 stellte der damalige Oberlandesgerichtspräsident Prof. Dr. Korintenberg fest, ihm habe keine größere Anerkennung für seine Amtsführung zuteil werden können, als daß alle seine damaligen Entscheidungen auch der Nachprüfung in den zahlreichen Wiederaufnahmeverfahren standgehalten hätten.
Obgleich die Amtsgerichte von derartigen Aufgaben heute wieder befreit sind, gilt auch für sie der Grundsatz, dem alle Behörden unterworfen zu sein scheinen: Der Geschäftsanfall wurde ständig größer. Eine Vielzahl von Gesetzen übertrug dem Amtsgericht Zuständigkeiten, die sich auf nahezu alle Lebensbereiche erstrecken. Heute läßt sich kaum vorstellen, daß ein Menschenleben ohne Berührung mit dem Amtsgericht bleibt. Schon bei der Geburt droht die Begegnung mit dem Amtsgericht zumindest dann, wenn sie unehelich ist. Die Suche nach dem Vater obliegt dem Amtsrichter. In früheren Jahren waren die Klagen betreffend Ansprüche aus außerehelichem Beischlaf von der Abteilung zu entscheiden, die auch über Viehmängelklagen zu befinden hatte. Im Kölner Justizjargon wurde sie kurzerhand »Päd- und Stätzabteilung« genannt. Der inzwischen pensionierte Amtsge-

richtsrat von Dewitz pflegte bisweilen den von ihm als unehelichen Vater festgestellten Beklagten im Verhandlungstermin mit den Worten zu empfangen: »Herzlichen Glückwunsch, Sie sind Vater geworden.«

Auch später droht ständig Begegnung mit dem Amtsgericht. Dies gilt nicht nur für die Zivil- und Strafsachen. Als Vollstreckungs- und Vormundschaftsgericht, Register- oder Konkursgericht, als Grundbuchamt oder Hinterlegungsstelle erscheint es in vielen Gewändern. Inzwischen sorgt sich auch das Familiengericht um Ehescheidung, Hausratsverteilung und Versorgungsausgleich. Nicht einmal der Kirchenaustritt erspart den Gang zum Amtsgericht. Den Bogen »von der Wiege bis zur Bahre« schließt das Nachlaßgericht, das nach den Erben forscht und des Verblichenen Hab und Gut in die richtigen Hände führt. Dieses breite Spektrum gerichtlicher Tätigkeit liegt heute nicht mehr allein in richterlicher Hand. In weiten Bereichen sind die Geschäfte dem Rechtspfleger zur selbständigen Erledigung übertragen. Einen gewissen Schlußpunkt in diese Entwicklung setzte das Rechtspflegergesetz von 1969, das gerade im amtsgerichtlichen Bereich — mit Ausnahme der rechtsprechenden Tätigkeit in Zivil- und Strafsachen — weitgehende Zuständigkeiten des Rechtspflegers begründete. Auffallend ist, daß sich die Rechtspflegertätigkeit gerade auf solche Gebiete erstreckt, wo hohe Vermögenswerte auf dem Spiel stehen, wie etwa im Grundbuchwesen oder der Zwangsversteigerung. Ohne Übertreibung wird man sagen können, daß sich die Rechtspfleger in ihren Fachgebieten, in denen sie meist langjährig tätig sind, zu Spezialisten entwickelt haben, die den Volljuristen, sei es Richter oder Anwalt, durchaus ebenbürtig, wenn nicht überlegen sind. Trotzdem bleibt es nicht aus, daß auch solche Spezialisten im Instanzenzug gerüffelt werden. Einen Rüffel besonderer Art erhielt der Rechtspfleger beim Handelsregister im Jahre 1970 durch die zuständige Beschwerdekammer des Landgerichts Köln unter Vorsitz von Landgerichtsdirektor Dr. Geisselbrecht. Der Rechtspfleger wollte den Vornamen »Jupp« nicht in das Handelsregister eintragen. Das Landgericht entschied unter dem nicht amtlichen Leitsatz

»Registerführer hab' acht fein
trag auch »Jupp« als Vornam' ein.«
wie folgt:

> Rechtens wollte der Beschwerdeführer melden
> seine Firma zum Register. Dabei deucht' ihm,
> als ein guter Kölscher Name könne gelten
> Jupp, wenngleich aus der Geburtsurkunde leucht' ihm
>
> Josef als Benennung seines Ichs entgegen.
> Drum »Jupp Schlömer« als die Firma einzutragen
> sann dem Amtsgericht er an und wies verwegen
> darauf hin, daß alle, die ihn kennen, sagen
>
> Jupp zu ihm und niemand Josef. Doch verwies ihm
> Amtsgerichtes Strenge Solches als frivoles,

nicht vertretbares Begehren, und es ließ ihm
frei zum Eintrag »Josef Schlömer« nur, wiewohl es
Willi, Heinz, für Wilhelm, Heinrich hätte hingenommen,
weil schon andere Gerichte einst erkannten,
daß Vornamen zu verkürzen in Gebrauch gekommen,
eintragbar die Namen Heinz und Willi nannten.

Auch die Kölner Industrie- und Handelskammer
sich dem rhein'schen Sprachgebrauch nicht beugen wollte
und in ihrer Äußerung zu seinem Jammer
Schlömern riet, daß er des »Jupp« entraten sollte.

Dieser zur Beschwerde ließ darob sich reißen.
Landgerichtes Handelssachen-Kammer findet:
»Josef Schlömer« muß nicht unbedingt es heißen,
zulässig ist die Beschwerde und begründet.

Einzelkaufmanns Firma muß zumindest einen
ausgeschriebenen Vornamen stets enthalten,
so will's das Gesetz; auch darf gewiß man keinen
falschen Namen nennen; (nur bei ganz, ganz alten

Firmen mag es noch bei Initialen bleiben).
Sinnvoll soll auf diese Art verhindert werden
Streit um die Identität, soll'n beim Betreiben
der Vollstreckung Gläubigern nicht viel Beschwerden

zugemutet sein. Doch ist getan Genüge
des Gesetzes Sinne hier in diesem Falle.
Josef, wär' er bös, käm nimmermehr zum Siege,
wollt' er sich verleugnen, Jupp nicht sein; denn alle

— ob nun Kaufmann, Rechtsanwalt, Notar, ob Richter,
Polizist, Gerichtsvollzieher — alle wissen:
Zahlen wird für Jupp der Josef; und tut's nicht er,
nun, dann wird für Josef Jupp bezahlen müssen.

Jupp ist Josef, das weiß in und um Köln jeder.
Sonst in deutschen Landen findet — und viel ferner —
sich kaum einer, der bei »Jupp« nicht merkt, 's ist weder
Karl noch Paul noch Harald, Jürgen, Friedrich, Werner.

Darum hat das Landgericht also entschieden;
Amtsgericht versag' sich weiteres Bedenken,
trag' »Jupp Schlömer« ein und stelle ihn zufrieden,
lass' ihn seinen Schritt zu anderem Geschäfte lenken.«

Nicht nur die Entwicklung in der Übertragung richterlicher Aufgaben auf den Rechtspfleger, sondern auch den Vormarsch der Damen innerhalb der Justiz verdeutlichen die beiden größten Zwangsversteigerungen in der Kölner Justizgeschichte: Die eine im Jahre 1966, die andere in den Jahren 1975 — 1978. Auf der Bühne des Theaters am Dom wird das Stück »Versteigerung der Ladenstadt« gegeben, lautete eine Schlagzeile in der Kölner Tagespresse am Freitag, dem 15. April 1966. Hauptdarsteller in diesem Stück war neben dem auf DM 19,5 Mill. taxierten Objekt selbst Amtsgerichtsrat Dr. Horst Papke, heute Vorsitzender Richter am Bundespatentgericht. Assistiert wurde er von Justizamtmann Hans Gradl. In dem Zeitungsbericht heißt es dann weiter: Anstelle der Schließerinnen des Theaters stehen vier uniformierte Justizwachtmeister an den Türen. Neben den Theateraushängen für das Musical »Kiss me Kate« stehen Hinweisschilder »Zur Zwangsversteigerung«. Der Versteigerungsrichter und seine Assistenten sitzen unter dem weinroten Bühnenhimmel. Ihre Spezialkulisse besteht aus Aktenordnern und Gesetzbüchern. Ein Versteigerungshammer gehört nicht zum Inventar. Dr. Papke hält wechselweise einen Flaschenöffner oder einen Bleistift hoch. Die Gebotsstunde verstreicht. Amtsgerichtsrat Dr. Papke blickt auf die Uhr. Die Plätze werden eingenommen. Der Vorsitzende ergreift das Wort: »Die Spannung nähert sich ihrem Höhepunkt. Die Gebote überschlagen sich freilich nicht, meine Damen und Herren, vielmehr muß ich feststellen, daß niemand bietet. Es ist jetzt 12.04 Uhr. Ich stelle das Verfahren ein.« Damit war der erste Akt beendet. Am 21. Juli 1966 senkte sich der Vorhang zum mit Spannung erwarteten zweiten Akt. Diesmal fand das Spektakel im größeren Börsensaal der Industie- und Handelskammer statt. Die Akteure waren die gleichen. Tatsächlich fand sich ein Bieter, der die stolze Summe von 17. Millionen DM zu zahlen bereit war. Allerdings war es ein Unbekannter, der in fremdem Auftrag handelte. Da er die Identität seines Auftraggebers nicht preisgeben wollte, wurde er schnell als »Mister X« bezeichnet. Nur dem Versteigerungsgericht, das darüber rätselte, ob solches zulässig sei, wurden die Hintermänner bekanntgegeben. »Mister X« wurde das Objekt auch zugeschlagen. Der staunenden Öffentlichkeit präsentierte sich der neue Eigentümer später als durchaus seriöser Bieter: das Land Nordrhein-Westfalen, das in der Gebotsstunde nicht als Interessent in Erscheinung treten wollte.

Die nächste vielbeachtete Versteigerung fand 1975 statt. Sie stand nicht mehr unter richterlicher Regie. Rechtspfleger Julius Meyer oblag nunmehr die Aufgabe, das auf 40 Millionen DM taxierte »Westcenter« in Köln-Bickendorf an den Mann, bzw. wie es in der Fachsprache heißt, den Ersteher zu bringen. Wie Richter Papke bei der Ladenstadt gelang auch ihm der Zuschlag nicht im ersten Termin. Nach seiner Pensionierung brachte dies am 30. März 1978 erst im dritten Termin eine weibliche Hand fertig. Zu DM 32 Millionen erfolgte der Zuschlag durch die Rechtspflegerin Christel Wagner, die in der Kölner Versteigerungsbilanz damit eine neue Marke nach oben setzte.

Vergleichsweise bescheiden nimmt sich dieser Betrag neben den Summen aus, mit denen das Konkurs- und Vergleichsgericht 1974 jonglierte. In diesem Jahr geriet das Amtsgericht Köln in den Blickpunkt der Öffentlichkeit wie nie zuvor. Anlaß war der plötzliche Zusammenbruch der Herstatt-Bank, die einen Schuldenberg von über 2 Milliarden DM hinterließ, dem nur Aktiva von 1 Milliarde DM gegenüberstanden, Hauptakteur des Geschehens war diesmal der Vergleichsrichter Dr. Wilhelm Uhlenbruck, der unter erheblichem persönlichen Risiko mit unkonventionellen Mitteln hart an der Grenze der Legalität operierte, um das vor allem im Interesse der privaten Gläubiger anvisierte Ziel — das Zustandekommen eines Vergleichs — zu erreichen. Die Kombination von gerichtlichem Vergleich und außergerichtlicher Einigung mit dem hinter Herstatt stehenden Konzernherrn Hans Gerling, der mit Regreßforderungen in Höhe einer dreistelligen Millionenzahl rechnen mußte, war auch in der Tat in keinem Lehrbuch nachzulesen. Trotzdem verfolgte Uhlenbruck, manchen Anfeindungen ausgesetzt, unbeirrbar sein Ziel. Am 18. Dezember 1974 kam es in der Kölner Sporthalle vor 3.000 Gläubigern zum mit Spannung erwarteten Finale (s. S. 74). Neben zahlreichen Helfern des Amtsgerichts standen Computer zur Stimmauszählung bereit. Die Situation war unübersichtlich, da Gerling die Zahlung von DM 200 Millionen in einen Hilfsfonds und damit die Erfüllbarkeit des Vergleichs davon abhängig gemacht hatte, daß die Gläubiger auf Regreßnahme gegenüber ihm und seinem Konzern verzichteten. Die ersten Abstimmungsergebnisse gegen 15 Uhr brachten nicht die von dem Konzernherrn geforderten Mehrheiten. Hinter den Kulissen begann ein fieberhaftes Tauziehen um weitere Stimmen. »Die Telefone laufen sich mit maßgeblichen Persönlichkeiten heiß« ließ der Sprecher des Gläubigerbeirats Rechtsanwalt Dr. Heidland verlautbaren. Gegen 21 Uhr gab Gerling endlich sein vorbehaltsloses Placet. Die Abstimmung über den gerichtlichen Vergleich war dann nur noch Formsache, der Anschlußkonkurs war abgewendet. Am folgenden Tag feierte die Presse den Vergleichsrichter. »In der Hektik behielt ein Mann die Ruhe«, »Richter Dr. Uhlenbruck war der ruhende Pol in der brodelnden Sporthalle« lauteten die Schlagzeilen der Tageszeitungen. Die biblische Devise »Hosianna, Kreuzigt ihn« läßt ermessen, wie vernichtend die Kritik der Presse wohl beim Scheitern des Vergleichs ausgefallen wäre.

Richter Uhlenbruck verschwand bald wieder aus dem Rampenlicht. Beim Amtsgericht Köln kehrte der Alltag ein. Man widmete sich wieder den kleineren Nöten und Problemen seiner Mitmenschen. Gewiß ist die richterliche Tätigkeit dabei nicht so streßbeladen wie im Herstatt-Verfahren. Die Verantwortung ist jedoch nicht minder groß. Für die Betroffenen bei folgendem Antrag auf Namensberichtigung nach dem Personenstandsgesetz wird die Entscheidung des Amtsgerichts sicher von gleicher Bedeutung gewesen sein wie für manche Großbank, die Millionenverluste im Herstatt-Verfahren befürchtete. Wie Richter Uhlenbruck wird auch hier der zuständige Amtsrichter darüber gegrübelt haben, ob die schmale Elle des Gesetzes eine richtige Entscheidung ermöglicht. Der Antrag lautete:

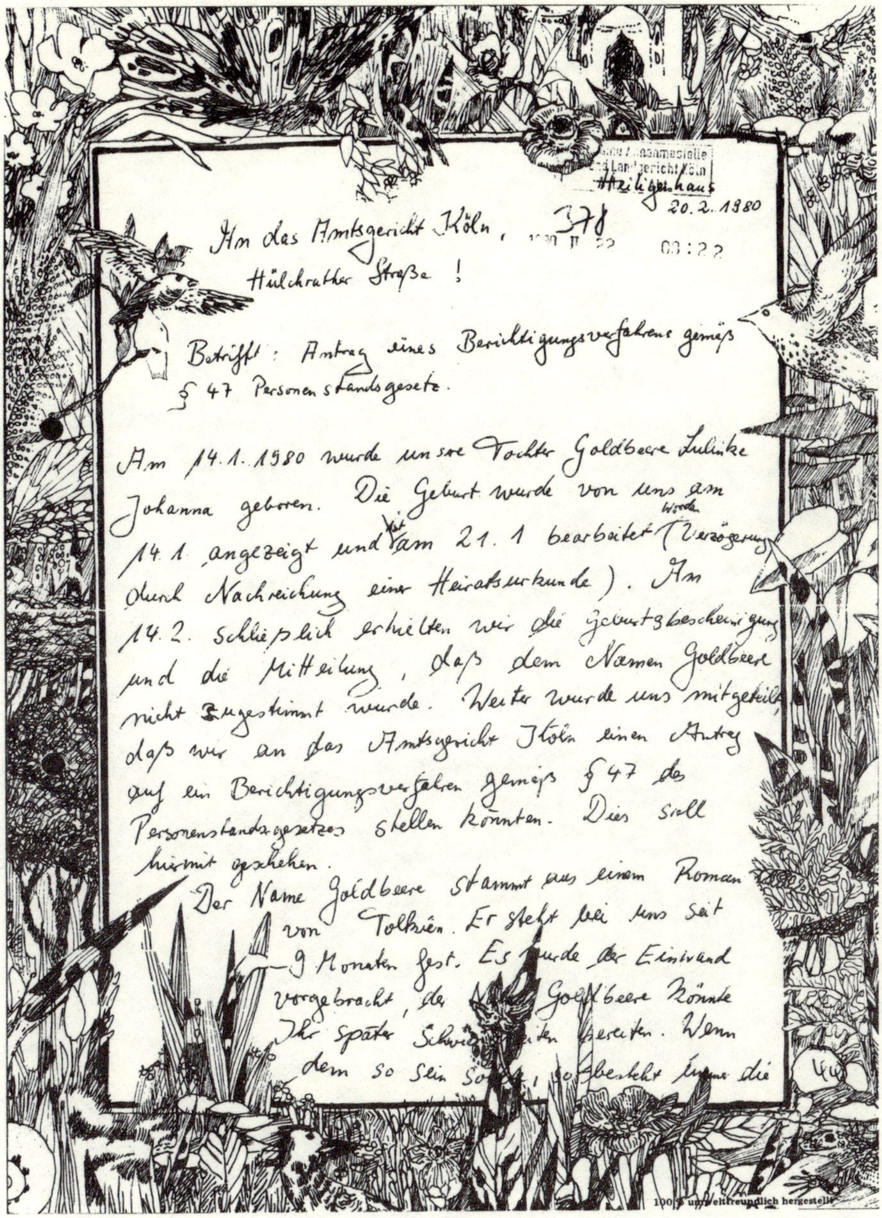

Landgericht Köln
Heiligenhaus
20.2.1980
378
08:22

An das Amtsgericht Köln,
Hülchrather Straße!

Betrifft: Antrag eines Berichtigungsverfahrens gemäß § 47 Personenstandsgesetz.

Am 14.1.1980 wurde unsere Tochter Goldbeere Lulinke Johanna geboren. Die Geburt wurde von uns am 14.1. angezeigt und ist am 21.1 bearbeitet worden (Verzögerung durch Nachreichung einer Heiratsurkunde). Am 14.2. schließlich erhielten wir die Geburtsbescheinigung und die Mitteilung, daß dem Namen Goldbeere nicht zugestimmt wurde. Weiter wurde uns mitgeteilt, daß wir an das Amtsgericht Köln einen Antrag auf ein Berichtigungsverfahren gemäß § 47 des Personenstandsgesetzes stellen könnten. Dies soll hiermit geschehen.

Der Name Goldbeere stammt aus einem Roman von Tolkien. Er steht bei uns seit 9 Monaten fest. Es wurde der Einwand vorgebracht, der [illegible] Goldbeere könnte Ihr später Schwie[illegible]ten bereiten. Wenn dem so sein so[illegible], so besteht [illegible] die

Möglichkeit, sie Lulinke oder Johanna zu nennen.
Außerdem haben wir sehr viele Bekannte und Freunde in der Gemeinde Ottersberg bei Bremen, die alle Kinder mit „außergewöhnlichen" Namen haben. Dort gab es keine Schwierigkeiten beim Anmelden. Dort leben sehr viele Antroposophen (in Ottersberg gibt es eine Waldorfschule, 2 Waldorfkinderheime einen Waldorfkindergarten und eine antroposophische Kunststudienstätte) und so ist das „Außergewöhnliche" zum Gewöhnlichen geworden.
Auch Sita (3½ Jahre), Goldbeeres große Schwester bittet darum, daß Goldbeere, Goldbeere heißen darf. Sita heißt übrigens (ohne Schwierigkeiten bei der Anmeldung) Sita Anna Fee.
Nun, wir als junge Eltern dieses Staates hoffen nicht auf strenge Gesetze, sondern auf menschliche Herzen zu stoßen, die auch in der Welt der Kinder schlagen. Dann dürfte die Geburtenziffer in Deutschland auch bald wieder steigen und der Vorwurf der Kinderfeindlichkeit fallen.

Mit sehr viel Liebe
Goldbeere Maria Sita Johannes

Maria Wolters
Birken 38
5063 Ov-Heiligenhaus

Sicher werden die Antragsteller den Einfluß der amtsgerichtlichen Entscheidung auf die Entwicklung der Geburtenziffern in Deutschland überschätzt haben. Mancher wird auch die Art und Weise belächeln, in der Goldbeere Lulinke Johanna's Eltern ihr Anliegen auf rosarotem Blümchenpapier der staatlichen Gerichtsbarkeit vorgetragen haben. Trotzdem läßt der Vorgang auch positive Aspekte erkennen. Immerhin haben die Antragsteller — so scheint es jedenfalls — den Glauben an bürgernahe Gerichte nicht verloren. Nicht von ungefähr richtet sich ein Antrag in solcher Form gerade an das Amtsgericht. Mehr als andere, insbesondere höherinstanzliche Gerichte genießt es den Ruf der Bürgernähe. Dies liegt nicht nur daran, daß auch in ländlichen Gebieten das nächste Amtsgericht nicht allzu fern ist. Vor allem kann sich der Rechtsuchende an das Amtsgericht ohne anwaltliche Hilfe wenden. Ohne zuvor dem Filter juristischen Sachverstands ausgesetzt zu sein, verliert dabei manches die spröde Form, die zu befürchten ist, wenn Juristen unter sich sind. Kritische Stimmen mögen meinen, daß ein zu ungezwungener Umgang mit dem Publikum zu einem Autoritätsverlust des Gerichts führt. Dies mag richtig sein, wenn der Gerichtssaal zur Theaterbühne, die Verhandlung zum Possenspiel gerät. Das Amtsgericht Köln darf jedoch für sich in Anspruch nehmen, durchweg den goldenen Mittelweg gefunden zu haben, der die natürliche Autorität des Gerichts bewahrt, wobei der Bürger trotzdem nicht das Gefühl verliert, daß der Richterspruch im Namen des Volkes erfolgt. Bleibt zu hoffen, daß sich hieran auch in der Zukunft nichts ändert.

## QUELLEN UND LITERATUR

1. BÄR, Max
Die Behördenverfassung der Rheinprovinz seit 1815, Bonn 1919

2. BENDEL, Johann
Geschichte der Stadt Mülheim am Rhein, Köln 1913

3. WOLFFRAM/KLEIN
Recht und Rechtspflege in den Rheinlanden, Köln 1969

4. Folgende im Haupt- und Staatsarchiv Nordrhein-Westfalen — Nebenstelle Düsseldorf/Kalkum — befindliche Akten:
OLG Köln Nr. 11/338
OLG Köln Nr. 11/615
OLG Köln Nr. 11/617
OLG Köln Nr. 11/622

MANFRED BALDUS

# VOM STREIT UM HEILIGE SACHEN

*Der Besitz am Dombild Stephan Lochners und an der Minoritenkirche in Köln*

Straßen und Gassen im alten Köln führen zu den Heiligtümern, den ungezählten Stifts-, Pfarr- und Klosterkirchen, in deren Schatten sich das alltägliche Leben abspielte, aber auch die Feste gefeiert wurden. Die Stadt selbst nennt sich mehr als ein halbes Jahrtausend auf ihrem Großen Siegel (1194) die Heilige: Sancta Colonia, Romanae ecclesiae fidelis filia. Die getreue Tochter der römischen Kirche sah aber auch allezeit auf gutnachbarlichen Abstand zur geistlichen Obrigkeit als Sachwalterin des Heiligen, um — notfalls und ehrenhaft — mit ihr streiten zu können. Erst nach dem Ende der reichsstädtischen Zeit und der Wiederherstellung der Kölner Kirchenprovinz (1821) kehrte der Erzbischof, von dessen weltlicher Gewalt sich die Bürger in der Schlacht von Worringen (1288) befreit hatten, in die Domstadt zurück. Die wohlwollende Distanz zwischen Stadt und Bistum ist geblieben, ebenso freilich — trotz Glaubensspaltung und Säkularisation — die Überzeugung, daß die stadtkölnischen Heiligtümer allen anvertraut sind. Gewiß hätte der Diebstahl des Domschatzes (1975) auch anderenorts die Gemüter bewegt. Wenn dann jedoch im Strafverfahren vor der 12. Großen Strafkammer des Kölner Landgerichts von der Richterbank her beinahe eine Ehrenerklärung für die sonst wenig wählerische Unterwelt zu hören war (»Wir sind sicher, daß kein noch so hartgesottener Kölner Ganove sich dafür hätte einspannen lassen«), so trifft dies den Grundton eines Einverständnisses, das sonst allzu oft verschüttet ist.

Bei der Vielzahl und dem Ruhm der Kölner Heiligtümer blieb es nicht aus, daß zuweilen nach allen Regeln der Rechtskunst um sie gefochten werden mußte. Für Domschatz und Dreikönigenschrein ließe sich durchaus eine Rechtsgeschichte schreiben, aber auch für andere res sacrae (»heilige Sachen«), wie die dem Gottesdienst gewidmeten Gegenstände in der kirchenrechtlichen Fachsprache genannt werden. Den Nachhall jener Zeit des »hilligen Köln«, die mit dem Erscheinen der französischen Revolutionstruppen (1794) in Trümmer gesunken ist, vernimmt man in zwei Zivilprozessen, die das Kölner Landgericht im 19. Jahrhundert mit res sacrae befaßt haben. 1857 ging es um den rechtmäßigen Besitz an Stephan Lochners sog. *Kölner Dombild* (s. S. 75), und 1879 war das Benutzungsrecht an der nahe beim Dom gelegenen *Minoritenkirche* (s. S. 76) zu klären. Der Streit um das Dombild beschäftigte auch den Rheinischen Appellationsgerichtshof; das Verfahren in Sachen Minoritenkirche ging sogar bis zum Reichsgericht. Beide Prozesse erregten damals beträchtliches Aufsehen; inzwischen sind sie fast vergessen. Eine Erhebung der Quellen lohnt, weil sie exemplarisch einiges zur zeitgeschichtlichen Lage des Verhältnisses von Staat und katholischer Kirche im Rheinland während des 19. Jahrhunderts vermitteln. Es braucht allerdings kaum erwähnt zu werden, daß es ganz unkölnisch gewesen wäre, hier vor Gericht kirchenpolitische Grundsatzfragen auszutragen. Umso ungestörter konnten sich die Richter auf die Suche nach der Fallgerechtigkeit begeben. Deren Ergebnis überzeugt heute genauso wie vor mehr als hundert Jahren, wiewohl von dem damals geltenden geschriebenen Recht kaum noch etwas übriggeblieben ist.

Das *Kölner Dombild* wird in der Literatur meist wegen seines hohen kunsthistorischen Ranges behandelt. Das Triptychon stellt auf den Außentafeln die Verkündigung an Maria, auf der Innenseite das »Kölner Heil« dar: die Gottesmutter (als »Maria in der Majestät«) mit dem Jesuskind, denen sich die Kölner Stadtpatrone mit ihrem Gefolge nähern — im Mittelfeld die Hl. Drei Könige, auf den Seitentafeln die hl. Ursula und den hl. Gereon. Die Szenerie des Bildes entrückt die Realität des Weihnachtsgeschehens an den Hof der Gottesmutter als Himmelskönigin. Friedrich Schlegel (1805) vergleicht das Gemälde mit den größten Schöpfungen Raffaels, und Goethe (1816) meint, es sei die Achse, »worauf sich die ältere niederländische Kunst in die neue dreht«. Sulpiz Boisserée, ein Retter der Kölner Kunstschätze in der Zeit der Säkularisation, rühmt das Bild als den »wahren Schatz« der kölnischen Kunst des Mittelalters, in dem alles Kölnische wie in einem Brennspiegel aufgefangen erscheine. — Hier sollte allerdings mitbedacht werden, daß der Gehalt des Bildes — wie übrigens der meisten mittelalterlichen Kunstwerke — nicht allein aus künstlerischem Blickwinkel erfaßt werden kann. Wie der Kölner Rechtshistoriker Hans-Jürgen Becker in einem Beitrag über »Stadtpatrone und städtische Freiheit« dargelegt hat, kommt dem Bildwerk bis zum Zusammenbruch der freien Reichsstadt (1794) auch eine verfassungsrechtliche Bedeutung zu. Hierdurch ist die Bildaussage weitgehend festgelegt. Diese meist unbeachtete Funktion des Gemäldes erschließt sich am ehesten aus einem Vergleich mit den Hoheitszeichen des modernen Staates (z.B. Flagge, Wappen). Im mittelalterlichen Weltbild sind Kaiser und Papst, weltliche und geistliche Gewalt nur zwei Gestaltformen einer einheitlichen Rechtsordnung (ius utrumque), die von Christus gestiftet ist. In der Stadtverfassung haben deshalb auch die Stadtpatrone ihren Platz. Die Heiligen schützen die Stadt, und die Regierenden sind — mit den Worten der Koelhoff'schen Chronik (1499) — nur »der hilligen knecht«. Ebenso vertreten die Patrone ihre Stadt am Himmlischen Hof, der Spitze einer strenggegliederten Hierarchie himmlischer Gefilde, die das Mittelalter nach dem Vorbild seiner Lehensverfassung annahm. Anton Woensams großer Kölner Stadtprospekt (1531) und das Dombild geben beides recht anschaulich wieder. Die Stellung der Stadtpatrone erhielt in Köln durch die — auch mit höheren Rechtsansprüchen verknüpfte — »Heiligkeit« der Stadt einen zusätzlichen Akzent.
Um 1420 vom Rat bei Stephan Lochner für die 1426 eingeweihte Rathauskapelle »St.Maria in Jerusalem« bestellt, war das spätere Dombild gleichsam das geistliche Hoheitszeichen

der freien Reichsstadt. Arnold Wolff nennt es den »geistlichen Mittelpunkt der zivilen Gemeinde Köln«. Am Altar mit dem Bild der Stadtpatrone wurde jeweils vor Beginn der Ratssitzungen montags und freitags eine Messe zum Hl. Geist gefeiert. Man nimmt auch an, daß hier die Vereidigung der städtischen Beamten stattfand. Allein in der Ratsmesse und an Feiertagen wurde der Flügelaltar geöffnet.
Nach der Besetzung Kölns durch die Franzosen wurde die Ratskapelle 1798 profaniert. Sie diente bis zur Mitte des 19. Jahrhunderts als Magazin, später als Aufbewahrungsort für Kunstsammlungen und von 1877 bis 1907 als altkatholische Kirche. Im Zweiten Weltkrieg wurde sie völlig zerstört und nicht wiederaufgebaut. Das Dombild verschwand 1808 in der »dunklen Gefangenschaft der ehemaligen Rentkammer« (Sulpiz Boisserée), weil man befürchtete, daß es zur Bereicherung der Pariser Galerien entführt werde. An anderer Stelle (d'Hame) wird des »wissenschaftlichen Stadt-, Bau- und Werkmeisters« Peter Schmitz gedacht, der das Bild »aus eigenem Antrieb und als Kunstverehrer insgeheim von seiner Stelle genommen . . . und selbiges in die verborgenen Behälter des Thurmes beim Rathause« versteckt haben soll. Sulpiz Boisserée beklagt in einem Brief an Goethe (11. November 1815), daß an dem Aufbewahrungsort des Bildes, »einem der Gemächer des Stadthauses, . . . zuletzt Uniformen und Flinten an die Nationalgarde vertheilt, geraucht und andere widerwärtige Geschäfte getrieben wurden«. Das Rathaus ging in den Besitz des französischen Staatsfiskus als Rechtsnachfolger der ehemals souveränen Reichsstadt über. Als Kaiser Napoleon durch Dekret vom 9. April 1811 den Stadtgemeinden die im Staatseigentum stehenden öffentlichen Gebäude (Rathäuser, Gerichtsgebäude, Schulen) schenkweise übereignete, hatten sich geistliche und weltliche Behörden in Köln schon längst — auf Wegen, die durch persönliche Beziehungen geebnet waren — über eine andere Verwendung des Triptychons verständigt.

Vermutlich gelang es den Brüdern Sulpiz und Bernhard Boisserée, den Kölner Unterpräfekten Reiner von Klespe und den Maire Jakob von Wittgenstein für das Bild als Ausstattungsstück der Kathedrale, die nun eine einfache Pfarrkirche war, zu interessieren. Auch der mit dem Dompfarrer Johann Michael DuMont und dem Maire befreundete Kanonikus Ferdinand Franz Wallraf hat das Unternehmen zumindest gefördert. Am 4. November 1809 richteten die Kirchmeister der Dompfarre ein Schreiben an den Bürgermeister Jakob von Wittgenstein. Nach einer wohlgesetzten Lobrede auf den Dom und die Freigebigkeit der Stadt für dieses leider noch unvollendete Bauwerk kommen die Verfasser zur Sache. »Die Stadt besitzt eine kostbare alte Altartafel, die Stadtpatrone vorstellend, welche der Rath vor 400 Jahren für seine damals neu errichtete Kapelle malen lassen, die nun aber, durch Auflösung der alten Verfassung ihrer ursprünglichen Bestimmung entrissen in den Sälen des Stadthauses aufbewahrt wird«. Dem Eifer der Stadt, für die Erhaltung und zweckmäßige Aufstellung des Bildes zu sorgen, meinen die Kirchmeister — wie sie ausführen — dadurch entgegenzukommen, daß sie den Maire ersuchen, das Gemälde »in der Domkirche aufrichten zu lassen«. Diese sei nämlich »vollkommen in die Stelle der ehemaligen Rathskapelle getreten..., insofern sie durch die Umwälzung der Dinge in unseren Tagen zur ersten Stadtpfarre und sonach zum Versammlungsorte der Beamten bei allen feierlichen Gelegenheiten geworden«. In der Überzeugung, daß der Bürgermeister »diese Aussicht, ein so unschätzbares Denkmal wieder zu seiner ersten Bestimmung herzustellen, mit Vergnügen ergreifen« werde, unterbreiten die Kirchmeister einen von Wallraf stammenden Vorschlag zur Gestaltung der Kapelle, die das Bild im Dom aufnehmen sollte. Man vergißt auch nicht, eine Inschrift auf dem Untersatz des Flügelaltares zu empfehlen, »die zum ewigen Andenken unserer frommen und weisen Voreltern den alten Zweck und Stiftung und die jetzige Wiederherstellung unter Ihrer Verwaltung ausdrückt«.

Die »Erwartung, daß Sie unseren Vorschlag durch einen günstigen Beschluß beantworten«, wurde nicht enttäuscht. Merkwürdigerweise ist aber die Entscheidung der Stadt über diesen Antrag weder protokollarisch noch sonst in schriftlicher Form festgehalten worden. Nach der unten wiedergegebenen Inschrift waren an der Überlassung des Bildes an den Dom der Unterpräfekt, der Maire und der Gemeinderat beteiligt. Noch im Dezember desselben Jahres 1809 wird das Triptychon — wie man ebenfalls von Sulpiz Boisserée erfährt — in der Domsakristei von dem Restaurator Maximilian Heinrich Fuchs und dem Vergolder Christian Waltzer instandgesetzt und am Festtag der Hl. Drei Könige 1810 für »alle Welt zur Andacht und Bewunderung« in der Agnes-Kapelle der Kathedrale aufgestellt. Später gelangte es in die Maternus-Kapelle und schließlich (1956) in die Marien-Kapelle, die erste im südlichen Teil des Chorumganges. Am Fries der Altarbasis ließ die Stadt bei Aufstellung des Bildes eine von Wallraf verfaßte Inschrift anbringen:

> D(EO) O(PTIMO) M(AXIMO) DIVISQUE AGRIPPINENSIUM TUTELARIBUS CONSECRATUM AETERNA PATRUM RELIGIONE. ANTIQUAE ARTIS NOSTRAE MONUMENTUM, QUOD SUPER ARAM SACELLI, UBI SENATORIO QUONDAM ORDINI PRO SACRIS FACIUNDIS ANTE CURIAE NEGOTIA CONVENIRE RITUS ERAT, AB ANNO MCCCCXXV SUSPENSUM FUIT AT SUBLATA PER TEMPORUM INIURIAS LOCI REVERENTIA SEPOSTUM CULTU NON ADMIRATORIBUS CARUIT. ID QUUM PIORUM VOTA RELIGIONI RESTITUTUM ESSE VELLENT REINER A KLESPE, REGIONIS COLONIENSIS PROPRAEFECTUS, ET JACOBUS A WITTGENSTEIN, CIVIUM MAGISTER, IDEMQUE LEGIONIS HONORARIAE SODALIS PROBANTE PATRUM CONCILIO IN HOC PRISCAE METROPOLEOS TEMPLO PROPE SSS. MAGORUM TUMBAM SOLEMNI DEDICATIONE EXPONI CURAVERUNT IPSO DIE SERVATORIS A MAGIS ADORATI FESTO MDCCCX.

*Sinngemäße Übersetzung:*

»Geweiht im unvergänglichen Glauben der Väter dem allgütigen Gott und den heiligen Kölner Schutzpatronen, war dieses Denkmal unserer alten Kunst seit dem Jahre

1425 über dem Altar der Kapelle angebracht, in der man sich nach der damaligen Ratsordnung zum Gebet vor den Senatsverhandlungen zu versammeln pflegte. Nachdem aber infolge widriger Zeitläufe die Kapelle dem Gottesdienst entzogen worden war, entbehrte das Bild wenn schon nicht der Bewunderer, so doch einer würdigen Verehrungsstätte. Dem Verlangen der Gläubigen folgend, es seinem religiösen Zweck wieder zuzuführen, haben Reiner von Klespe, Unterpräfekt in Köln, und Jakob von Wittgenstein, Bürgermeister und auch Mitglied der Ehrenlegion, mit Zustimmung der Stadtväter dafür Sorge getragen, daß das Bild in dieser früheren Metropolitankirche nahe beim Grab der Hl. Drei Könige in feierlicher Widmung ausgestellt wurde, und zwar am Feste der Erscheinung des Herrn 1810.«

Diese Zeilen wie auch das vorausgegangene Schreiben der Kirchmeister vom 4. November 1809 sollte einige Jahrzehnte später den Richtern am Landgericht und am Rheinischen Appellationsgerichtshof in Köln erhebliches Kopfzerbrechen bereiten.

Zunächst aber war der Friede zwischen Stadt und Dompfarre ungetrübt. Die Wiederherstellung des Kölner Metropolitansitzes durch die Bulle Pius' VII »De salute animarum« vom 16. Juli 1821 wurde in der Stadt allgemein begrüßt. Die standhafte Haltung des Erzbischofs Clemens August Droste zu Vischering, der im sog. Mischehenstreit am 20. November 1837 verhaftet und unter Bedeckung von »zwanzig berittenen Unteroffizieren« zur Festung Minden abgeführt wurde (»Kölner Ereignis«), bestärkte die rheinische Bevölkerung in ihrer Skepsis gegenüber dem Preußentum. Indessen verzogen sich diese Gewitterwolken dank der kirchenfreundlichen Einstellung König Friedrich Wilhelms IV (seit 1840), der bekanntlich den Weiterbau des Domes (seit 1842) nachdrücklich gefördert hat. Auch die Kirche ließ Verständigungsbereitschaft erkennen, indem sie sich — ähnlich wie einige Jahrzehnte danach in der Schlußphase des Kulturkampfes — zu einer Umbesetzung des Kölner Erzstuhles bereitfand. Das Revolutionsjahr 1848 brachte der katholischen Kirche in Preußen mit der Verfassungsurkunde vom 31. Januar 1850 ein bisher ungekanntes Maß an Selbständigkeit und Freiheit. Die Jahrhundertmitte ist gekennzeichnet durch ein machtvolles Ausbreiten des sog. Laienkatholizismus, wofür in Köln schon der Hinweis auf Adolph Kolping (1813—1865) genügt, dessen Grab sich in der Minoritenkirche befindet.

Was die Stadt in den fünfziger Jahren des vorigen Jahrhunderts veranlaßt haben mag, sich des Dombildes zu erinnern, darf man nur vermuten. Der ungenannte Verfasser eines Beitrages »Der Process über das Kölner Dombild im Jahre 1857« in der angesehenen Zeitschrift »Archiv für katholisches Kirchenrecht«, Jahrgang 1858, geht davon aus, daß das Gemälde für das 1861 eröffnete Wallraf-Richartz-Museum vorgesehen war. Tatsächlich gibt es hierfür einige Anhaltspunkte. Nach der bekannten Schenkung von Johann Heinrich Richartz (1854) hatte man sich endgültig auf den etwa zehn Jahre alten Plan festgelegt, das Museum für die Wallraf'schen Kunst- und Altertumsschätze auf dem Gelände des säkularisierten Minoritenklosters zu errichten. 1855 wurden die Konventsgebäude bis auf Kirche und Kreuzgang abgebrochen. Nachdem der Neubau in Angriff genommen worden war, ging dem Domkapitel ein Schreiben des Oberbürgermeisters Hermann Joseph Stupp vom 28. Oktober 1856 zu. Das Verhältnis dieses volkstümlichen Mannes zur Kölner Kurie war — beiläufig bemerkt — nicht ganz unbelastet, weil er in den Zeiten vor seiner Wahl zum Stadtoberhaupt (1848) in Zeitungsartikeln und Flugschriften für die sog. Hermesianer eingetreten war, eine spätaufklärerische Richtung der Universitätstheologie, die vor allem unter rheinischen Theologen Fuß gefaßt hatte und durch päpstliche Verlautbarungen 1835/36 verworfen worden war. In dem genannten Schreiben ließ der Oberbürgermeister das Domkapitel wissen, daß nach Anzeige des »hiesigen Kunstvereins« das Lochner-Gemälde im Dom »dem Verderben ausgesetzt« sei. Zwar habe ein von der Stadtverordneten-Versammlung eingeholtes Gutachten jene Befürchtung zerstreut, jedoch sei bei dieser Gelegenheit unter den Ratsmitgliedern die Eigentumsfrage erörtert worden. Nachdem die juristische Kommission des Rates zu dem Ergebnis gelangt sei, daß die Domkirche das Bild nur »prekarisch«, d.h. auf Widerruf, besitze und die Stadt das Eigentum behalten habe, werde nunmehr das Domkapitel ersucht, Eigentum und Dispositionsbefugnis der Stadt anzuerkennen. Das Domkapitel ließ — wie zu erwarten war — unter dem 7. Januar 1857 erklären, daß eine Durchsicht der Archive keinen Anhalt für die Begründetheit des verlangten Anerkenntnisses ergeben habe und mithin die Stadt abschlägig beschieden werden müsse.

In der nunmehr von der Stadt angestrengten Klage erscheint das Domkapitel zweimal auf der Beklagtenseite, nämlich als Vertretungsorgan der Domkirche und des rechtlich selbständigen Bedarfsträgers, der sog. Kirchenfabrik (fabrica ecclesiae). Vor allem die Entscheidung der Berufungsinstanz ist ein anschauliches Beispiel für eine am römischen Recht, der *ars boni et aequi* geschulten Interessenjurisprudenz, die die mit aller forensischen Wendigkeit vorgebrachten Argumente der Anwälte zu einem angemessenen Ergebnis zu führen verstand. Im übrigen sollte hervorgehoben werden, daß das offensichtlich allseits sorgfältig geförderte Verfahren in der erstaunlich kurzen Zeit von etwa zehn Monaten rechtskräftig zum Abschluß kam. Da es im wesentlichen um die Auslegung von Urkunden ging, versprach ein Kassationsrekurs zum Rheinischen Revisions-und Kassationshof in Berlin keinen Erfolg.

Das Klagebegehren ging auf Feststellung des Eigentums und der Dispositionsbefugnis der Stadt sowie auf Herausgabe des Gemäldes. Abgesehen von einigen kontroversen Verjährungsfragen entzündete sich der Streit der Parteien im wesentlichen an zwei Problemen: der Eigentumslage im Jahre 1809/10 und der Rechtsnatur des Überlassungsaktes zwischen Stadt und Dompfarre.

Die Eigentumsfrage ist in beiden Instanzen von den Parteien eingehend diskutiert, in den Entscheidungen aber nicht vertieft worden. Ob sie überzeugend zu klären gewesen wäre, begegnet begründetem Zweifel. Als das Bild bestellt und erworben wurde (1420/26), war Köln in reichsrechtlicher Hinsicht eine Landstadt. Mit einiger Bestimmtheit läßt sich sagen, daß das Staatsvermögen der freien Reichsstadt (seit 1475) durch den Frieden von Lunéville (9. Februar 1801) dem französischen Staat zugefallen ist. Ob es daneben auch ein Kommunalvermögen gab und ob ggf. der Flügelaltar in der Rathauskapelle hierzu gehörte, erschien schon zweifelhaft, wiewohl die eingangs erwähnte hoheitsrechtliche Funktion des Bildes auf seinen Charakter als Staatseigentum hindeutet. Hieraus folgt aber noch nicht, daß das Gemälde im Wege der Staatensukzession durch die Pariser Friedensverträge vom 30. Mai 1814 und 30. November 1815 in das Eigentum des Königreichs Preußen gelangt war. Es muß nämlich festgehalten werden, daß der französische Domänenfiskus durch Regierungsentscheid vom 25. Frimaire XI. (16. Dezember 1802) auf das ihm zugefallene Kirchenmobiliar im Bereich der Diözese Aachen verzichtet hatte. Köln gehörte infolge des französischen Konkordats vom 10. September 1801 und der Bulle »Qui Christi Domini« vom 29.November 1801 zum Aachener Bistumssprengel. Ob von dem erwähnten Verzicht auch das Inventar der schon 1798 aufgehobenen, nicht für den öffentlichen Gottesdienst bestimmt gewesenen Rathauskapelle oder nur dasjenige Kirchenvermögen betroffen war, das durch den Säkularisierungsbeschluß vom 20. Prairial X. (9. Juni 1802) unter Staatsverwaltung (sous la main de la nation) stand, wußte niemand zuverlässig zu beantworten. Schließlich hatte Preußen nach Eingliederung der Rheinlande durch Kabinettsordre vom 23. Mai 1818 und Gesetz vom 18. Dezember 1831 eine eigentumsrechtliche Rechtsbereinigung vorgenommen. Sog. verheimlichtes Staatsgut (säkularisiertes, aber der Staatsbehörde unbekannt gebliebenes Kirchenvermögen) wurde der Kirche des belegenen Ortes zugewiesen. Hier mußte man aber fragen, ob das Lochner-Gemälde, das immerhin in einem Amtsgebäude verwahrt und später im Dom feierlich ausgestellt worden war, als gegenüber dem Staat »verheimlicht« betrachtet werden konnte.

Aus dem Eigentumsproblem ergab sich die Frage der Dispositionsbefugnis. Der Klägerin war natürlich an dem Nachweis gelegen, daß Unterpräfekt, Maire und Stadtrat nach französischem Kommunalverfassungsrecht überhaupt nicht befugt waren, städtisches Eigentum zu veräußern. Für eine derartige Transaktion habe auch kein Anlaß bestanden, weil nach einem Staatsratsgutachten vom 6. Pluviose XIII. (26. Juni 18o5) der Dom ohnehin im Eigentum der Zivilgemeinde gestanden habe: ein Problem, das — nebenbei bemerkt — das rheinische Staatskirchenrecht bis zum preußischen Konkordat von 1929 beschäftigt hat. — Das Domkapitel hingegen argumentierte hier in erster Linie aus dem Gesichtspunkt, daß unter Mitwirkung des Unterpräfekten als Staatsorgan gemäß Entscheid vom 25. Frimaire XI. über französisches Staatseigentum verfügt worden sei. Dies ergebe sich unschwer daraus, daß die Stadt es nicht einmal für nötig befunden habe, einen diesbezüglichen Beschluß des Rates förmlich protokollieren zu lassen. Unstreitig schweige hierüber das Protocôle des deliberations du conseil de la ville de Cologne vom 25. Ventôse XIII. (16. März 1805) bis 5. Dezember 1812.

Den Übergabeakt deutete die Stadt folgerichtig als einen bloß faktischen, keine Rechte des Domkapitels begründenden Vorgang, während das Domkapitel hierin eine Schenkung (»Überlieferung eines Weihegeschenks an den Dom«) erblickte. Auf diese Weise sei von der Altartafel als res sacra die Gefahr abgewendet worden, nach Frankreich verbracht zu werden. Dem hielt die Stadt entgegen, daß das Domkapitel seinerseits zugestehen müsse, keine Schenkungsurkunde zu besitzen: eine Tatsache, die man angesichts des außergewöhnlich hohen Kunstwertes der Sache als sicheres Anzeichen dafür werten müsse, daß es der Stadt völlig ferngelegen habe, sich irgendwelcher Rechte an dem Gemälde zu begeben. Sie, die Klägerin, habe sogar die Kosten der erwähnten Inschrift, der Instandsetzung der Agnes-Kapelle und der Aufstellung des Bildes getragen.

Man kann sich lebhaft vorstellen, mit welcher Spannung die Beteiligten angesichts dieser Dialektik, die hier nur in einigen groben Zügen dargestellt werden konnte, das Ergebnis richterlicher Rechtsfindung erwartet haben. Wenn man der im Urteil des Appellationsgerichts wiedergegebenen Prozeßgeschichte folgt, muß das Urteil des Landgerichts Köln vom 22. April 1857 kurz und bündig ausgefallen sein. Das Gericht gab der Klage statt. Die Kammer umging das Eigentumsproblem, indem sie das Schreiben der Kirchmeister vom 4. November 1809 dahin deutete, daß hierdurch die Stadt als Besitzerin und Eigentümerin des Bildes anerkannt worden sei. Nunmehr den französischen Staat als Eigentümer ins Gespräch zu bringen, sei dem Domkapitel aufgrund jenes früheren Verhaltens der Kirchmeister verwehrt (venire contra factum proprium). Der Akt der Besitzverschaffung sei keine Schenkung, sondern nur eine Gebrauchsüberlassung (usus). Mangels gegenteiliger Zeitbestimmung durch die Vertragspartner habe dieses Gebrauchsrecht dreißig Jahre gedauert, und seither seien die in Betracht kommenden Verjährungsfristen noch nicht abgelaufen.

In der Berufungsinstanz hatte das landgerichtliche Urteil keinen Bestand. In seiner Entscheidung vom 23. Dezember 1857 erkannte der Rheinische Appellationsgerichtshof auf Klageabweisung. Der Senat stellte zunächst klar, daß es sich nicht um eine Klage aus dem Eigentümer-Besitzer-Verhältnis (»Eigentumsvindikation«), sondern aus Vertrag (»kontraktlichem Verhältnis«) handelte. Für die Voraussetzungen eines vertraglichen Rückgabeanspruches, nicht für ihr vom Domkapitel bestrittenes Eigentum im Jahre 1809/10 sei die Stadt Köln beweispflichtig. Diese konnte sich insoweit nur auf das Gesuch der Kirchmeister vom 4. November 1809 und jene Inschrift berufen, die sie unstreitig auf eigene Kosten am Altarsockel hatte anbringen lassen. »Wegen der mangelnden Bezeichnung des einzugehenden formellen Rechtsgeschäfts« müßten — so meinte das Berufungsgericht — Tendenzen und eigentlicher Sinn des Gesuchs anderweitig aufgesucht werden. Dafür erschien dem Senat wesentlich, daß die Stadt auf das Gesuch »im Allgemeinen und ohne jede Bedingung . . . , namentlich (ohne ausdrücklichen) Vorbehalt in bezug auf Eigentum oder Dispositionsrecht« eingegangen war. Die Stadt hatte also selbst nichts zur inhaltlichen Gestaltung des Rechtsgeschäfts beigetragen.

Das leidige Eigentumsproblem konnte das Gericht dadurch entschärfen, daß es — für seine Entscheidung zureichend — feststellte, das Bild habe sich bis 1809/10 »im eigentümlichen, von keiner Seite, namentlich vom Staate contestierten (d. h. angefochtenen) Besitze« der Stadt befunden und zum Kommunalvermögen gehört.

Das Ziel des Gesuchs der Kirchmeister deutete der Senat dahin, daß das Bild seiner ursprünglichen Bestimmung wieder zugeführt werden sollte. Diese Wiederherstellung des früheren Zwecks war freilich nur bedingt möglich, denn von der einstigen Bedeutung der Rathauskapelle war nur ein symbolischer Rest auf den Dom übergegangen (Versammlungsort der Beamten an hohen Feiertagen). Kirchenrechtlich war der Dom seit 1803 ohnehin nur eine von vier Hauptpfarrkirchen Kölns. In Anbetracht der veränderten Zeitverhältnisse legte das Gericht das Wiederherstellungsbegehren so aus, daß das Bild als res sacra in der »Hauptkirche« der Stadt aufgestellt werden sollte, um auf diese Weise die in der Rathauskapelle begründete Tradition fortzusetzen. Mit dieser Zielsetzung aber sei »eine bloße Vergünstigung und ein fortwährendes, stets wirksames Eigentums- und Verfügungsrecht« der Stadt nicht zu vereinbaren und könne aus der Sicht der Parteien auch nicht unterstellt werden. Die Erreichung des genannten Zwecks habe vielmehr »die vollständige Entäußerung seitens der Stadt« bedingt. Schon der Vorschlag für die Inschrift zeige »genugsam«, daß das Bild für immer der Domkirche überlassen und »für diese ein ewiges Recht erworben werden sollte«. Unter diesen Umständen sei die Bezeichnung des Rechtsgeschäfts als Schenkung für die Begünstigte ohne Belang gewesen.

Der so zu umschreibende Konsens der Parteien werde förmlich durch die Inschrift unter dem Dombild bestätigt. Hier sei insbesondere die erwähnte Wiederherstellung des religiösen Zweckes (religioni restitutum) hervorzuheben. Nach Bewilligung des Antrages der Kirchmeister und dessen Ausführung »sowie nach der in der feierlichen, von ihr vollzogenen Dedication liegenden Erklärung« könne von einem weiteren Dispositionsrecht der Stadt nicht mehr die Rede sein. Nichts spreche dafür, daß sich die Stadt das Eigentum als Recht (»bloße Proprietät«) vorbehalten habe, weil diese Rechtsposition »im Verhältnis zu der Kirche und solange diese bestand, keine praktische Bedeutung hatte«. Die Übertragung des vollen Eigentums müsse daher »als beabsichtigt und geschehen« angenommen werden, »zumal diese dem Wesen der Sache und der gewöhnlichen Bedeutung solcher Zuwendungen und Stiftungen mehr entsprach und der Anschauung der damaligen Contrahenten unzweifelhaft näherlag und natürlicher erscheinen mußte als die Einräumung eines beschränkten Rechtes«. Diese vorsichtige Formulierung läßt den Gehalt des Urteils dahin verstehen, daß die Altartafel dem Dom zum dauernden Verbleib überlassen worden ist und die Domkirche als juristische Person dadurch eine eigentümergleiche Rechtsstellung erlangt hat. — Die Geltendmachung etwaiger Formmängel des Rechtsgeschäfts sah der Senat infolge des inzwischen eingetretenen Zeitablaufs als verwirkt an.

Eine völlig unbeschränkte Dispositionsbefugnis mochte der Appellationsgerichtshof dem Domkapitel allerdings nicht zuerkennen. Vielmehr wird ausdrücklich betont, daß »das Bild stets seiner stiftungsmäßigen Bestimmung in der Domkirche gewidmet« bleiben müsse; »jeder derselben nicht entsprechenden Verwendung« könne sich die Stadt Köln »eintretenden Falles« widersetzen. Dieser Vorbehalt wird vom Domkapitel bis auf den heutigen Tag mit Sorgfalt beachtet. Schon der Anschein, daß das Bild in der Weitläufigkeit der Kathedrale zu einer bloßen Attraktion für Kunstliebhaber werden könnte, ist dadurch vermieden, daß regelmäßig eine Werktagsmesse in der Marien-Kapelle unter dem Dombild Stephan Lochners gefeiert wird.

Als im Laufe des Kulturkampfes (1871—1885) Streitigkeiten zwischen Stadt und Bistum wegen Überlassung der *Minoritenkirche* an die Altkatholiken ausbrachen, waren Landgericht und Oberlandesgericht Köln, letztinstanzlich sogar das Reichsgericht genötigt, einen Vertrag aus dem Jahre 1849 vor dem Hintergrund einer kirchenpolitischen Entwicklung zu interpretieren, die bei Vertragsschluß nicht vorauszusehen war.

Für den Kulturkampf, eine kontinentaleuropäische Erscheinung in der zweiten Hälfte des 19. Jahrhunderts, waren weder konfessionelle Gegensätze noch die besondere staatskirchenrechtliche Lage in Deutschland ursächlich, ebensowenig die innerkirchlichen Auswirkungen des auf dem I. Vaticanum verkündigten Unfehlbarkeitsdogmas. Vielmehr war der aufkommende nationale Einheitsstaat — teils im Bund mit kirchenfeindlichen Strömungen des weltanschaulichen Liberalismus — bestrebt, sein Souveränitätskonzept gegenüber einer Kirche durchzusetzen, die sich stets als eigenständige, die nationalen Grenzen übergreifende Rechtsinstitution verstanden hat. Die durch das Unfehlbarkeitsdogma ausgelöste Abspaltung der altkatholischen Kirche wurde vom Staat nur als willkommenes Mittel zur Schwächung des Gegners begrüßt und gefördert. Vornehmlich aufgrund dieser kirchenpolitischen Wendung konnte die katholische Kirche das theologische Anliegen des Altkatholizismus, das immerhin eine zeitweilige Spaltung des deutschen Episkopats heraufbeschworen hatte, im innerkirchlichen Meinungsstreit nach kurzer Zeit entschärfen. Manches persönliche Lebensschicksal wurde dadurch noch bitterer, und es ist nicht zuviel gesagt, wenn der Freiburger Kirchenhistoriker August Franzen bemerkt, daß »tiefe Tragik über diesen Ereignissen« liege. Auch dem Altkatholizismus, dem daran gelegen sein mußte, nicht in das Abseits einer Sekte gedrängt zu werden, hat der Kulturkampf schweren Schaden zugefügt.

Nachdem vor allem durch die sog. Maigesetze der Jahre 1873 und 1874 die katholische Kirche in Preußen harten staatlichen Eingriffs- und Aufsichtsrechten unterworfen worden war, erreichten die Auseinandersetzungen mit der Aufhebung der kirchlichen Grundrechte (Art. 15, 16 und 18) der preußischen Verfassung durch das Gesetz vom 18. Juni 1875 ihren Höhepunkt. Das sog. Altkatholikengesetz vom 4. Juli 1875 wies in denjenigen katholischen Kirchengemeinden, aus denen eine erhebliche Anzahl von Gläubigen der altkatholischen Bewegung folgte, dieser Glaubensgemeinschaft die Benutzung des katholischen Kirchenvermögens, u. a. den Mitgebrauch an der Kirche, zu.

Die Reaktion der katholischen Kirche auf derartige Maßnahmen konnte man in Köln schon im Januar 1872 voraussehen. Hier hatte der katholische Feldpropst (Militärbischof) dem örtlichen Divisionspfarrer untersagt, in der ehemaligen Abteikirche St.Pantaleon, die seit 1819 evangelische Garnisonkirche war und an der die Katholiken seit 1850 ein Mitbenutzungsrecht hatten, die Messe zu feiern, solange dort auch altkatholischer Gottesdienst stattfand. Als der Feldpropst nach Einholung entsprechender Weisungen aus Rom nicht einlenkte, wurde er im Mai 1872 durch den Kriegsminister von seinem Amt suspendiert und disziplinarisch belangt. Das Verfahren endete zwar mit einem Freispruch durch den

Kgl. Disziplinarhof, hatte aber die Aufhebung der katholischen Feldpropstei am 15. März 1873 zur Folge.

Die Lage in der Metropole des rheinischen Katholizismus blieb weiterhin gespannt. 1875 gelangte mit dem Nationalliberalen Hermann Becker ein Parteigänger Bismarcks in das Amt des Oberbürgermeisters. Der Kölner Erzbischof Paulus Melchers (1866-1885) wurde in mehreren Strafverfahren von der Zuchtpolizeikammer des Landgerichts wegen Verstoßes gegen die Maigesetze verurteilt und, weil er die ausgeworfenen Geldstrafen nicht zahlte, im Jahre 1874 für mehr als sechs Monate in der Strafanstalt »Klingelpütz« zur Vollstreckung der Ersatzfreiheitsstrafen inhaftiert. Ähnlich erging es zahlreichen Geistlichen aus dem Diözesanklerus. 1876 erklärte der staatliche Gerichtshof für kirchliche Angelegenheiten den Erzbischof sogar für abgesetzt. Dieser leitete sein Bistum jedoch aus der Emigration in den Niederlanden weiter, während der Staat die erzbischöfliche Vermögensverwaltung durch einen kgl. Kommissar wahrnehmen ließ. Der Beilegung des Kulturkampfes, dessen größte Last er im Westen des Reiches zu tragen hatte, diente der Erzbischof noch dadurch, daß er — dem Rat Papst Leos XIII. folgend — im Jahre 1885 auf den Kölner Erzstuhl verzichtete und als Kurienkardinal nach Rom ging.

Köln spielte auch in der altkatholischen Bewegung eine wesentliche Rolle. Auf dem Kölner Altkatholikenkongreß im September 1872 trat erstmals der einhellige Entschluß hervor, sich von der römischen Kirche zu trennen. In der Basilika St. Pantaleon wählte man im Juni 1873 den ersten altkatholischen Bischof. Alsbald, nämlich 1873/74, konstituierte sich eine eigene Diözesanorganisation, das »Katholische Bistum der Altkatholiken in Deutschland«, welches seinen Sitz in Bonn nahm. Moralischen Rückhalt fanden die in Köln recht zahlreichen Altkatholiken — im September 1875 sollen es etwa 700 gewesen sein — unter Mitgliedern der Bonner Katholisch-Theologischen Fakultät, die sich dem Dogma von der Unfehlbarkeit des Papstes nicht unterwerfen wollten und die deshalb vom Kölner Erzbischof Paulus Melchers gemaßregelt wurden. Die Fakultät geriet dadurch an den Rand der Katastrophe.

Schon diese knappe Skizze der Zeitverhältnisse macht deutlich, daß das Kölner Metropolitankapitel besonders empfindlich reagieren mußte, als sich die örtliche altkatholische Gemeinde anschickte, Ansprüche auf katholische Kirchen in der Domstadt zu erheben. Die Altkatholiken benannten in einem Gesuch vom 16. September 1875 an den hierfür zuständigen Oberpräsidenten der Rheinprovinz zum Mitgebrauch die Basilika St. Gereon und die »St. Pantaleon in der Schnurgasse« genannte ehemalige Klosterkirche der Unbeschuhten Karmeliterinnen (heute Karmel St. Maria Frieden). Die Verhandlungen scheiterten zunächst daran, daß die katholische Kirchenbehörde von den Altkatholiken die Offenlegung der Mitgliederliste verlangte. Im Oktober 1876 räumte der Oberpräsident zwar für die Basilika St. Gereon das Mitbenutzungsrecht zugunsten von 55 nachgewiesenen Altkatholiken ein, zu einer Ausführung des Erlasses kam es jedoch nicht. Einige Monate vor dem Antrag auf Mitgebrauch der Basilika St. Gereon hatte sich die Stadt bereitgefunden, für die altkatholische Gemeinde ein Alleinbenutzungsrecht an der Minoritenkirche durchzusetzen. Hierbei ging es jedoch nicht um Ansprüche aus dem Altkatholikengesetz von 1875, sondern um eine vertragsrechtliche Sonderlage zwischen Stadt und Bistum.

Die Minoritenkirche gehörte — wie bereits erwähnt — zum Komplex des im Jahre 1802 säkularisierten Franziskanerklosters, das durch kaiserliches Dekret vom 17. Juli 1808 aus französischem Fiskalbesitz als atelier de charité (Armenanstalt) der Stadt überlassen worden war. Das Besitztum unterstand bis 1871 der sog. Armenverwaltung (Vereinigte Wohltätigkeits- und Spitalverwaltungen), einer ursprünglich staatlichen Kollegialbehörde; dann ging die Verwaltung in die unmittelbare Zuständigkeit der Stadt über.

Wie es scheint, war eine sinnvolle Nutzung des Areals in seinem damaligen Bestand auf die Dauer nicht möglich. Zeitweilig gab es dort eine »Kochanstalt« zur Unterstützung der Hausarmen, ein gemeinnütziges Leihhaus mit Sparkasse und eine »freiwillige Arbeitsanstalt«. Als Kapelle dieser Anstalt diente die Minoritenkirche, deren Rektor von der Armenverwaltung gewählt und dem Erzbischof zur Bestätigung und Anstellung vorgeschlagen wurde. Während des Um- und Neubaues des Bürgerhospitals seit 1844 wurden in dem Kloster die Spitalinsassen und die als Pflegepersonal tätigen Cellitinnen-Schwestern untergebracht. Etwa um dieselbe Zeit dürfte erstmals der Gedanke aufgekommen sein, auf dem Gelände des Franziskanerklosters das Museum für die Wallraf'schen Sammlungen zu errichten. Jedenfalls begannen 1844 Verhandlungen zwischen der Armenverwaltung und dem Erzbischöflichen Stuhl über das weitere Schicksal der Minoritenkirche. Einigkeit herrschte nur insoweit, als das Gebäude weiterhin dem katholischen Kultus dienen sollte, denn — so die Armenverwaltung 1846 — es sei eine Forderung der Pietät, »das schöne architektonische Denkmal dem katholischen Gottesdienst, dem unsere Väter es in frommem Glauben geweiht, zu erhalten«. Der Erzbischof zeigte sich geneigt, die Minoritenkirche als Annexkirche des Domes zu übernehmen. Die Armenverwaltung ließ daraufhin bei der Stadt anfragen, ob man das Gebäude möglicherweise als Oratorium für die Bürgerschule, ein weiteres Gymnasium oder als Pfarrkirche zu verwenden gedenke. Die Stadtväter vermochten zwar ein solches Bedürfnis nicht zu erkennen, legten aber der Armenverwaltung nahe, in den notariellen Übereignungsvertrag für diesbezügliche Fälle eine Rückübereignungsklausel aufzunehmen. Auf diese Weise gelangte in den notariellen Akt vom 27. Juni 1849 der Passus, die Übertragung der Minoritenkirche »zerfalle«, wenn die Stadt »der Kirche als katholische Pfarre oder als katholisches Oratorium bedürfen sollte« (Ziff. 5b). Beinahe hellsichtig hatte das Domkapitel, das auf kirchlicher Seite zusammen mit dem Erzbischof vertragsbeteiligt war, in die Schlußfassung der Klausel das zunächst fehlende Adjektiv »katholisch« einfügen lassen und dies damit begründet, daß die Frage, »ob die Stadt der Kirche als katholische Pfarre bedürfe, vor allem zur Cognition (d.h. Entscheidung) Sr. erzbischöflichen Gnaden« gehöre. Daß sich die Stadt eine Rückübertragung des Gebäudes auch zwecks Bereitstellung als Pfarrkirche vorbehielt, macht übrigens deutlich, daß die Förderung kirchlicher Belange durch die öffentliche Hand auch in einer Epoche weitgehender Unabhängigkeit der Kirche vom Staat als selbstverständlich angesehen wurde.

Diese vertragsrechtliche Situation erschien der altkatholischen Gemeinde günstig, die Stadt am 5. Dezember 1874 um Überlassung der Minoritenkirche zu bitten, zumal diese vom Erzbistum weiterhin nicht als Pfarrkirche benötigt wurde. Altkatholischer Gottesdienst fand zu dieser Zeit — soweit ersichtlich — nur in der damals evangelischen Basilika St. Pantaleon statt. Die Kölner Stadtverordneten-Versammlung entsprach dem erwähnten Antrag in mehreren Beschlüssen zwischen April 1875 und Dezember 1877. Dabei wurde festgestellt, daß ein Rückgewährinteresse im Sinne von § 5b des Vertrages vom 27. Juni 1849 bestehe, weil die Altkatholiken seitens des Staates als Katholiken anerkannt seien. Auch die Bezirksregierung und der Staatskommissar für die erzbischöfliche Vermögensverwaltung schlossen sich dieser Rechtsauffassung an.

Da das Domkapitel die Herausgabe der Kirche verweigerte, kam es im Juli 1875, auf dem Höhepunkt des Kulturkampfes, zum Zivilprozeß der Stadt gegen das Domkapitel. Die erstinstanzliche Entscheidung des Kölner Landgerichts erging erst am 11. Februar 1879. Möglicherweise hat die Erwartung der altkatholischen Gemeinde, im Wege des Altkatholikengesetzes von 1875 doch noch zu einem Mitgebrauch an der Basilika St. Gereon zu gelangen, das Interesse an diesem Prozeß zeitweilig überlagert. Da die Stadt das Verfahren nicht aus eigenem Antrieb in die Wege geleitet hatte, ließ sie sich von der altkatholischen Gemeinde eine Kaution für das Prozeßkostenrisiko stellen.

Der Streit um die Annexkirche des Domes wurde bald zum lokalen Politikum, zumal der Dombau trotz der Kulturkampfmaßnahmen seinen Fortgang nahm. Im Vorstand des Central-Dombau-Vereins stieß es daher nicht auf einhelligen Beifall, als sich der Vorsitzende J.B. Haass in einem durchaus sachlichen Artikel des »Domblattes« (Beilage zur Kölnischen Zeitung) am 20. März 1875 für die kirchliche Rechtsauffassung in Sachen Minoritenkirche einsetzte. Weil man diese öffentliche Meinungsäußerung für inopportun hielt, wurde Haass in einer Kampfabstimmung abgewählt.

Es ist nicht erforderlich, im Rahmen dieser Darstellung die einzelnen, aus der Vorgeschichte des Vertrages vom 27. Juni 1849 abgeleiteten Argumente zu behandeln, an denen die Rückübereignungsklage der Stadt in drei Instanzen gescheitert ist. Zu erwähnen sind vor allem die staatskirchenrechtlichen und die methodischen Aspekte der Entscheidungsgründe. Schon das Landgericht ließ sich nicht dazu verleiten, bei der Auslegung des Begriffs »katholische Pfarre« die theologisch-kirchenrechtliche Frage zu erörtern, ob der wahre Katholizismus von der römisch-katholischen oder von der altkatholischen Kirche vertreten werde. Dies hätte im Bereich des Möglichen gelegen, nachdem der Kirche durch die Kulturkampfgesetzgebung ihr verfassungsrechtliches Selbstbestimmungsrecht (Art. 15 Pr. Verf. 1850) entzogen worden war. Das Landgericht betont sogar in seinem Urteil vom 11. Februar 1879, es sei »nicht die Sache des erkennenden Richters . . . , zu entscheiden, welche von den nach dem Erlasse des vaticanischen Dogma's innerhalb der katholischen

Kirche entstandenen Parteien die vor dem Concil ungetrennt bestandene katholische oder römisch-katholische Kirche noch repräsentiert«. Die Kammer hält beide Richtungen — ohne Würdigung ihrer theologischen Aussage — für »katholisch« und stützt sich insoweit auf den Sprachgebrauch der Kulturkampfgesetze.

Methodisch wird die Klageabweisung gewonnen aus dem umfangreichen Katalog von Auslegungsregeln, den der damals im Rheinland gültige Code Civil — etwa im Gegensatz zu §§ 133, 157 des späteren BGB — aufstellte, so u.a. : Ein Vertrag ist redlich (bona fide) zu erfüllen (Art. 1134 Abs. 2). Im Zweifel wird ein Vertrag »wider denjenigen ausgelegt, der sich etwas ausbedungen, und zum Vorteil dessen, der eine Verbindlichkeit übernommen hat« (Art. 1162). Eine Vertragsbedingung muß »auf die Art erfüllt werden, auf welche die Vertragsschließenden wahrscheinlich gewollt und verstanden haben, daß sie erfüllt werden solle« (Art. 1175). Auf diesem Wege gelangen Landgericht und Oberlandesgericht zu dem Ergebnis, daß die Minoritenkirche nur dann zurückzugeben sei, wenn sie für eine der katholischen Hierarchie unter dem Erzbischof von Köln eingefügte stadtkölnische Pfarre benötigt werde. Dies wurde u.a. damit begründet, es sei Anlaß jener Vereinbarung gewesen, die Kirche als Baudenkmal und — so ausdrücklich in § 1 des Vertrages — als Annexkirche des Domes zu erhalten. Auch habe die Verbindung der Kirche zum Erzbischof nach der Säkularisierung des Minoritenklosters fortgedauert, wie etwa aus der Rechtsstellung des Rektors und der fortdauernden Fundierung des Gotteshauses mit sog. frommen Stiftungen (für Messen etc.) ersichtlich sei. Die beabsichtigte Überlassung der Kirche an einen anderen, nämlich den altkatholischen Bischof und für einen anderen als den römisch-katholischen Gottesdienst könne daher nicht geeignet sein, das Metropolitankapitel zur Rückgabe der Kirche zu verpflichten. Das Reichsgericht bestätigt in seinem Urteil vom 5. April 1881 den Vorinstanzen, daß deren Vertragsauslegung den staatskirchenrechtlichen Status der altkatholischen Kirche in keiner Weise berühre und lediglich in tatsächlicher Hinsicht die Erfüllung der Vertragsklausel verneine.

Noch bevor das Landgericht zu seinem Spruch gekommen war, zeichnete sich eine weniger problematische Lösung des Falles ab. Seit 1877 hielt die altkatholische Gemeinde — entsprechend einer bereits am 1. Februar 1872 erteilten Genehmigung der Stadtverordneten-Versammlung — ihre Gottesdienste in der ehemaligen Rathauskapelle. So fand die Kirche »St. Maria in Jerusalem«, die einst das Dombild Stephan Lochners aufgenommen hatte, auf Umwegen für einige Jahrzehnte noch einmal Verwendung als res sacra. Und damit schließt sich der Kreis dieser »heiligen Sachen« vor den Schranken des Kölner Landgerichts.

## QUELLEN UND LITERATUR


### 1. Quellen

Aus dem Verfahren über das Dombild ist im Kölner Metropolitanarchiv (B XIV 10. vol. I. Acta betr. die Domgemälde, Dombild) im wesentlichen nur noch das Urteil des Rhein. Appellationsgerichtshofes vom 23. Dezember 1857 erhalten. Die entsprechenden Akten der Stadt Köln und die Gerichtsakten sind verschollen.

Die Urteile aus dem Verfahren über die Minoritenkirche sind abgedruckt in: Rheinische Volksblätter für Haus, Familie u. Handwerk, gegr. v. Adolph Kolping, 1879, S. 215 ff. (LG Köln), 1880, S. 371 ff. (OLG Köln), 1881, S. 298 ff. (Reichsgericht).

Die in beiden Verfahren verwerteten Rechtsquellen rheinisch-französischen Rechts sind weitgehend aufzufinden in folgenden Sammlungen:

DANIELS, A. v. (Hg.), Handbuch der für die Kgl. Preuß. Rheinprovinzen verkündeten Gesetze, Verordnungen u. Regierungsbeschlüsse aus der Zeit der Fremdherrschaft, 8 Bde. (Bd. 1 u. 2 hg. v. K. Th. F. Bormann u. A. v. Daniels), Köln 1833/45

HERMENS, F. P., Handbuch der gesamten Staats-Gesetzgebung über den christl. Kultus u. über die Verwaltung der Kirchen-Güter u. Einkünfte in den Kgl. Preuß. Rheinprovinzen am linken Rheinufer, 4 Bde., Aachen u. Leipzig 1833/52

GRÄFF, J. E., Chronologische Sammlung der rheinpreußischen Rechtsquellen, Trier 1846

### 2. Literatur

a) Allgemeines und Einleitung

BALDUS, Manfred, Französisches Staatskirchenrecht am Niederrhein, in: Zeitschrift d. Savigny-Stiftung f. Rechtsgeschichte — kanonistische Abteilung — 56 (1970), S. 411 ff.

BRAUNFELS, Wolfgang, Abendländische Stadtkunst, Köln 1976, S. 23ff.

HECKEL, Martin, Staat Kirche Kunst. Rechtsfragen kirchl. Kulturdenkmäler, Tübingen 1968

KEIHL, Bernhard, Das staatliche Recht der res sacrae, Köln 1977

KLEIN, Adolf, Die rheinische Justiz u. der rechtsstaatliche Gedanke in Deutschland, in: Recht u. Rechtspflege in den Rheinlanden, Festschrift zum 150jährigen Bestehen des Oberlandesgerichts Köln, hg. v. J. Wolffram u. A. Klein, Köln 1969, S. 113 ff. (192 f.)

KLEIN, Adolf, Der Dom zu Köln, Köln 1980, S. 58, 86, 154 ff.

LENTZ, Hubert, Die Konkurrenz des französischen u. preuß. Staatskirchenrechts 1815—1850 in bezug auf die kath. Kirche in den vormals preuß. Landesteilen westlich des Rheins, Bonn 1961

LEY, Conrad Albrecht, Kölnische Kirchengeschichte, 2. Aufl., Essen 1917, S. 539, 561 ff.

LILL, Rudolf, Johannes v. Geissel (1796—1864), in: Rhein. Lebensbilder, Bd. 3, hg. v. B. Poll, Düsseldorf 1971, S. 133 ff.

STELZMANN, Arnold, Illustrierte Geschichte der Stadt Köln, hg. v. R. Frohn, 4. Aufl., Köln 1966, S. 284

b) Dombild

BECKER, Hans-Jürgen, Stadtpatrone u. städtische Freiheit, in: Beiträge zur Rechtsgeschichte, Gedächtnisschrift f. Hermann Conrad, hg. v. G. Kleinheyer u. P. Mikat, Paderborn 1979, S. 23 ff.

BOISSERÉE, Sulpiz, Briefe u. Tagebücher, hg. v. M. Boisserée, 2 Bde, Stuttgart 1862, hier Bd. 2, S. 75 ff. (79)

CLEMEN, Paul (Hg.), Die Kunstdenkmäler der Stadt Köln, 2. Bd./ 4. Abt. Die profanen Denkmäler (u. a. Ratskapelle), bearb. v. H. Vogts, Düsseldorf 1930, S. 263 ff. (Kunstdenkmäler d. Rheinprovinz VII/4)

CLEMEN, Paul, Der Dom zu Köln, Düsseldorf 1937, S. 221 ff. (Kunstdenkmäler d. Rheinprovinz VI/3)

GOETHE, Johann Wolfgang v., Kunst u. Altertum am Rhein, Main u. Neckar 1814/15, in: Goethes sämtl. Werke, Jubiläumsausgabe in 40 Bdn, Stuttgart u. Berlin 1902 ff., hier Bd. 29, S. 235 ff. (317)

HÄSSLIN, Johann Jakob (Hg.), Kunstliebendes Köln, 2. Aufl., München 1966, S. 21 f.

HÄSSLIN, Johann Jakob (Hg.), Köln — Die Stadt u. ihre Bürger, 2. Aufl., München 1972, S. 144 ff.

D'HAME, A. E., Historische Beschreibung der berühmten Hohen Erz-Domkirche zu Cöln am Rhein nebst ihren Denkmälern u. Merkwürdigkeiten, Köln 1821, S. 182 ff.

DER PROZESS über das Kölner Dombild im Jahre 1857, in: Archiv f. kath. Kirchenrecht 3 (1858), S. 44 ff.

REY, Gottfried, Das Eigentum am Kölner Dom, in: Archiv f. kath. Kirchenrecht 111 (1931), S. 514 ff.

WOLFF, Arnold, Der Kölner Dom, Stuttgart 1974, S. 67 f.

c) Minoritenkirche

BRAUN, J. W. G., Das Minoritenkloster u. das neue Museum zu Köln, Köln 1862, S. 142 ff.

CLEMEN, Paul (Hg.), Die Kunstdenkmäler der Stadt Köln, 2. Bd. / 2. Abt. Die kirchl. Denkmäler (u. a. Minoritenkirche, St. Pantaleon) bearb. v. H. Rahtgens u. H. Roth, Düsseldorf 1929, S. 1 ff., 42 ff. (Kunstdenkmäler d. Rheinprovinz VII/2)

FRANZEN, August, Kleine Kirchengeschichte, Freiburg 1965, S. 345 ff.

FRANZEN, August, Die Kath.-theol. Fakultät Bonn im Streit des 1. Vatikanum, Köln 1974, S. 237 ff.

FRIEDBERG, Emil, Aktenstücke die altkath. Bewegung betreffend, Tübingen 1876 (Ztschr. f. Kirchenrecht, Ergänzungsband), S. 12 ff., 110 ff.

HAASS, J. B., Das Eigenthum der Minoritenkirche zu Köln, in: Kölner Domblatt (Beilage zur Kölnischen Zeitung) Nr. 301 v. 20.3.1875

HEIMANN, Friedrich Carl, Baugeschichte des Museums, in: Wallraf-Richartz-Museum der Stadt Cöln 1861/1911, Köln 1911, S. 29 ff.

HINSCHIUS, Paul, Die Preuß. Kirchengesetze der Jahre 1874 u. 1875 nebst dem Reichsgesetze v. 4. Mai 1874, Berlin 1875, S. XIX ff., 179 ff.

SCHULTE, Johann Friedrich v., Der Altkatholizismus, Gießen 1887, S. 523 ff.

SCHWARZ, Johann, Das Armenwesen der Stadt Köln vom Ende des 18. Jahrhunderts bis 1918, Köln o. J. (1923), S. 27 ff.

WOLFRAM WEBER

# DIE KAVALLERIE DER JUSTIZ
*Kölns Staatsanwaltschaft im Jahre 1880*

## 1. *Der Weg zur Justizreform des Jahres 1879*

Der Blick um ein Jahrhundert zurück auf das Jahr 1880, das Jahr, in dem der Dom vollendet wurde und die Reichsjustizgesetze schon durchgehend galten — klingt das nicht wie der Titel eines Beitrages zu einer Festschrift? Ist das nicht nur Behördengeschichte in Selbstdarstellung von einem ihrer Angehörigen mit verbrämtem, unverzichtbarem Eigenlob?

Gewiß nicht, sonst würde ich die Feder aus der Hand legen. Es gibt vielmehr hinreichende Gründe, sich ausgerechnet im Kölner Raum mit der Strafjustiz im Jahre 1880 zu befassen. Sie liegen in den historischen und geographischen Besonderheiten des Rheinlandes, in den Folgen der Reichsgründung und in den Neuerungen des Gerichtsverfassungs- und des Strafverfahrensrechtes. Das seit dem 1. Oktober 1879 geltende Recht bestimmt bis auf den heutigen Tag das Gesicht der deutschen Strafjustiz.

Im Jahre 1875 würdigte Kaiser Wilhelm I. in seiner von Bismarck wohlvorbereiteten Thronrede vor dem Reichstag die Bedeutung des Gesetzgebungswerkes mit den Worten: »Vier Gesetzesentwürfe: über die Verfassung der Gerichte, über das Civilverfahren, über das Strafverfahren und über das Konkursverfahren, von welchen die drei ersten bereits von dem Bundesrat beraten sind, sollen die seit Jahrzehnten von den Rechtsuchenden als Bedürfnis erkannte und von den Rechtskundigen erstrebte Einheit des Gerichtsverfahrens verwirklichen und durch diese Einheit unserem Vaterlande ein Gut gewähren, welches andere Länder längst besitzen und welches wir nicht länger entbehren möchten«. Am 3. April 1876 begannen die Beratungen des Justizausschusses des Bundesrates über die von der Reichstags-Justizkommission bei der ersten Lesung der Justizgesetze gefaßten Beschlüsse; nach kaum achttägiger Arbeit war der größte Teil der Aufgabe erledigt. Außer den Mitgliedern des Justizausschusses nahmen die Justizminister von Preußen, Bayern, Sachsen und Württemberg und für Hessen der Ministerialrat Kempff teil; der preußische Justizminister Dr. Leonhardt führte den Vorsitz. Ihm werden wir wieder begegnen.

Der Reichskanzler — Otto Fürst v. Bismarck — nannte das erste große Gesetzgebungswerk des Deutschen Reiches einen »Eckstein der nationalen Einheit«. Die schnelle Verabschiedung der Entwürfe im Bundesrat und im Reichstag war das Ergebnis langjähriger, sorgfältiger gesetzgeberischer Vorbereitung, die sich bei näherem Hinsehen als ein Meilenstein preußischer Politik auf dem Wege zur rechtlichen und politischen Einigung der deutschen Nation unter preußischer Hegemonie erweist. Am 18. April 1868 hatte der Reichstag des Norddeutschen Bundes beschlossen, den Bundeskanzler und preußischen Ministerpräsidenten, Otto Graf v. Bismarck, aufzufordern, Entwürfe eines einheitlichen Strafrechts und einer gemeinsamen Strafprozeßordnung und der dadurch bedingten Vorschriften der Gerichtsorganisation vorbereiten zu lassen. Diesem Beschluß trat der Bundesrat am 5. Juli 1868 bei. Bismarck beauftragte den preußischen Justizminister Dr. Leonhardt — als Person, nicht als Justizminister —, ein Gerichtsverfassungsgesetz zu entwerfen. Diesem Auftrag genügten Beamte des preußischen Justizministeriums. Gleichwohl zögerte sich die Verabschiedung des Gerichtsverfassungsgesetzes hinaus, da sich gezeigt hatte, daß sich eine reichseinheitliche Gerichtsverfassung nicht ohne vereinheitlichtes Zivil- und Strafprozeßrecht einführen ließ.

Mit dem materiellen Strafrecht hatten unsere Kollegen des Jahres 1880 es leichter: seit dem 15. Mai 1871 galt das Reichsstrafgesetzbuch, das seinerseits mit dem Strafgesetzbuch des Norddeutschen Bundes vom 31. Mai 1870 fast identisch war und im wesentlichen auf dem Preußischen Strafgesetzbuch vom 14. April 1851 beruhte, auf das rheinische Juristen maßgeblich Einfluß ausgeübt und damit die Kontinuität zum bis 1. Juli 1851 geltenden Code pénal gesichert hatten. Diesem Gesetz waren seit 1827 nicht weniger als elf Entwürfe vorausgegangen.

Das Recht des Bundes zur Gesetzgebung auf dem Gebiete des Strafrechts und des gerichtlichen Verfahrensrechts beruhte auf dem diesbezüglichen, in Art. 4 Ziffer 13 der Verfassung des Norddeutschen Bundes verankerten Verlust der Gesetzgebungsbefugnis der dem Norddeutschen Bund angehörenden Länder. Der Versuch, diese Zuständigkeit auf die Gerichtsorganisation zu erweitern, scheiterte bei der Beratung der Verfassung des Deutschen Reiches vom 16. April 1871. Man verständigte sich allerdings dahin, daß ein einheitliches Verfahrensrecht ohne einheitliche Bestimmungen über die gerichtliche Organisation nicht erreicht werden könne, so daß die Kompetenz zur Gerichtsorganisation dem Reich insoweit von selbst zustehe. Im übrigen enthält die Reichsverfassung fast keine Bestimmungen zur Rechtspflege; die Justizhoheit bleibt den Ländern. Die Vielfalt der in den 41 deutschen Ländern geltenden Rechtsordnungen und ihre kulturelle, konfessionelle und wirtschaftliche Unterschiedlichkeit gestatteten es nicht, nach einer abschließenden Einigung in allen denkbaren Fragen des Rechtswesens zu suchen; so mußte die Frage der Gerichtsorganisation ebenso offen gelassen werden wie die der Menschenrechte, auf deren Kodifikation gleichfalls verzichtet wurde. Die Notwendigkeit, die Reichsgründung auch verfassungsrechtlich abzuschließen, war angesichts der politischen Lage, in der das neu gegründete Deutsche Reich sich befand, ein Gebot der Stunde. Unsere Kollegen, Zeitgenossen jener Ereignisse, mochten das vielleicht nicht mit derselben Deutlichkeit erkennen, wie es wenige Jahre später sichtbar wurde.

*2. Der Weg zur rechtlichen und staatlichen Einheit*

Rechtsvereinheitlichung für ganz Deutschland verlangte die deutsche Nationalversammlung, und in der Frankfurter Reichsverfassung vom 28. März 1849 nehmen die Forderungen nach Reform des Gerichtsverfassungsrechtes und des Strafrechts einen breiten Raum ein. Einführung der Schwurgerichte und der Staatsanwaltschaften, öffentlicher und mündlicher Anklageprozeß, Abschaffung von Privat- und Patrimonialgerichtsbarkeit, Gleichheit vor dem Gesetz und Unabhängigkeit der Gerichte — den Rheinländern war dies seit ihrer schon eine Generation zurückliegenden Zugehörigkeit zu Frankreich längst selbstverständlich, und ein Rheinländer, der Kölner Appellationsgerichtsrath Leue, hatte bei der Erstellung des Forderungskataloges der Frankfurter Reichsverfassung — die indes nie geltendes Recht wurde — maßgeblich mitgewirkt. Die meisten Staaten verwirklichten diese Forderungen, ganz oder teilweise, innerhalb ihrer Zugehörigkeit zum Deutschen Bunde.

Im Jahre 1880 mochten unter den Richtern und Staatsanwälten in Köln nur noch wenige sein, die ihre Hoffnung, die Frankfurter Nationalversammlung würde die nationale Einheit und alsbald damit Rechtseinheit bringen, getäuscht gesehen hatten. Umso klarer konnten sie aber erkennen, wie zielbewußt die preußische Regierung auf Rechtsvereinheitlichung über die eigenen Staatsgrenzen hinaus hinarbeitete. So schloß das Königreich Preußen nebst 19 anderen Staaten des Deutschen Bundes am 16. Juni 1852 mit den »Vereinigten Staaten von Nord-Amerika« einen Vertrag »wegen der in gewissen Fällen zu gewährenden Auslieferung der vor der Justiz flüchtigen Verbrecher«, worin die Grundsätze »strenger Reziprozität« sowie Nichtauslieferung »eigener Unterthanen« an eine »auswärtige Jurisdiction« verankert wurden. Hierbei trat der König von Preußen für sich sowie für 18 Monarchien und die freie Stadt Frankfurt auf — man ist versucht zu fragen, ob der Auslieferungsvertrag je zwischen den Fürstentümern Schwarzburg-Rudolstadt oder Reuß jüngere Linie und den USA angewendet worden ist.

Beachtung gebührt der Wirtschaft und dem Geld, auch auf dem Weg der Rechtseinheit. Der auf preußisches Betreiben gegründete, seit dem 1. Januar 1834 bestehende Deutsche Zollverein, der freien Handel der angeschlossenen Staaten gestattete und im Zuge des parallel laufenden Baues der Eisenbahn rasch hohe Bedeutung erlangte, ließ die Notwendigkeit einheitlichen Rechts mehr und mehr erkennbar werden. Dem Zollverein hatten sich bis 1840 bereits 23 Staaten mit 27 von 33 Millionen Deutschen angeschlossen.

Auf Einladung Preußens beriet eine Konferenz in Leipzig die Deutsche Wechselordnung, deren Entwurf von der Nationalversammlung in Frankfurt am 24. November 1848 als Gesetz verkündet — und, da rechtlich unverbindlich — von den Ländern als Gesetz eingeführt wurde. Ebenfalls auf preußische Initiative geht die Einführung des Allgemeinen Deutschen Handelsgesetzbuches zurück, das noch von einer vom Deutschen Bund nach Nürnberg einberufenen Kommission beschlossen und am 31. Mai 1861 den Staaten zur Einführung empfohlen wurde. Gerade an diesen Beispielen wird der Einfluß, den staatsübergreifende wirtschaftliche Interessen auf die Gesetzgebung auszuüben vermögen, beispielhaft deutlich.

Indes, nicht nur mit friedlichen Mitteln betrieb der preußische Ministerpräsident die Einigung: nach dem preußisch-österreichischen Krieg wurden Schleswig-Holstein, Hannover, Kurhessen, Nassau und Frankfurt annektiert — ein bis dahin in der deutschen Geschichte nie dagewesener Vorgang.

*3. Die großen Ereignisse der 70er Jahre*

Es war ein ereignisreiches Jahrzehnt, auf das unsere Kollegen des Jahres 1880 zurückblickten, vielleicht eines der spannungsreichsten in der deutschen Geschichte überhaupt. Mit der Gründung des Deutschen Reiches am 18. Januar 1871 hatte sich die Konstellation der europäischen Mächte gründlich gewandelt. Erstmals seit den Staufern war durch den politischen Zusammenschluß der meisten deutschen Staaten in Mitteleuropa ein Staat von ganz erheblicher Größe, Bevölkerungszahl und industrieller Potenz entstanden. Eine Vorrangstellung kam dem Reich auf dem Kontinent durchaus — neben Frankreich, Österreich und Rußland — nicht zu; allenfalls eine halbhegemoniale Stellung; gleichwohl war das neue Staatswesen von Anfang an mit der Kernproblematik des modernen Mächtesystems belastet: der Spannung zwischen Hegemonie und Gleichgewicht — eine Problematik, mit der wir Deutschen aus der Gegenwart nur allzugut vertraut sind.

Panische Angst vor einem Kriege erfaßte die europäische Öffentlichkeit, als Bismarck im Frühjahr 1875 dem so rasch politisch, militärisch und wirtschaftlich wiedererstarkten Frankreich mit einem Präventivkrieg drohte; er steckte zurück, als sich ein Zusammenschluß zwischen Frankreich, England und Rußland abzeichnete. Das Fazit der »Krieg-in-Sicht-Krise« ließ sich mithin dahin ziehen, daß die übrigen europäischen Großmächte zwar die Existenz des Deutschen Reiches hinzunehmen gewillt, aber ebenso entschlossen waren, einem weiteren deutschen Machtzuwachs entgegenzutreten.

Schwere wirtschaftliche Sorgen bedrückten die deutsche, speziell die rheinische Bevölkerung. Im Jahre 1873 »brach sich gleichsam die erste, langgestreckte Industrialisierungswelle«. Die deutsche Wirtschaft geriet mit der Weltwirtschaft in eine tiefe, anhaltende Krise, die wir rückblickend als »große, bis 1895 andauernde Depression« bezeichnen. Der Bau von Eisenbahnen, der in den vergangenen Jahrzehnten zum Motor des Wirtschaftslebens — gerade auch an Rhein und Ruhr — geworden war, reichte nicht mehr aus, um vornehmlich die Stahl- und Maschinenbauindustrie vor schweren Rückschlägen zu bewahren.

Im Jahre 1862 hatte Preußen für den Zollverein mit Frankreich einen Freihandelsvertrag abgeschlossen; mittelbar wurden damit auch der belgische und der englische Markt angegliedert, da Frankreich diesen Wirtschaftsräumen durch entsprechende Verträge verbunden war: Es zeichnete sich eine Entwicklung ab, die erst mit Unterzeichnung der Römischen Verträge im Jahre 1957 wieder eine Parallele finden sollte, und die der Abgeordnete im preußischen Landtag, John Prince-Smith als den Boden für eine »volkswirtschaftliche Weltgemeinde« bezeichnete. Diese Entwicklung hielt nicht an; der Ruf nach einer Zollpolitik, die vornehmlich die Montan- und Maschinenbauindustrie und die Landwirtschaft schützte, wurde laut. Bismarck realisierte diese die Zukunft wirtschaftlich bestimmende Schutzzollpolitik im Laufe des Jahres 1879.

Diese Schutzzölle verteuerten die Lebenshaltung der Bevölkerung, und dies traf mit besonderer Härte die wirtschaftlich schwachen Schichten. War schon in den Jahrzehnten zuvor das Auskommen des Industrieproletariates, wie die Fabrikarbeiter zu nennen man sich angewöhnt hatte, an der untersten Grenze des Lebensnotwendigen, so verschlechterte sich deren Lage nun noch mehr. Wenn wir in den Statistiken der Zeit Verurteilungen wegen Holzdiebstahls in hohem Anteil an der Gesamtdelinquenz ausgewiesen finden, so können wir davon ausgehen, daß die Täter im Regelfall aus Not gehandelt haben. Angesichts der vielfältigen sozialen Belange, die zu regeln waren, nimmt es nicht wunder, daß sich sozialistische Abgeordnete — die Bezeichnung Sozialdemokratische Partei Deutschlands wurde erst 1890 gebräuchlich — nicht an den Beratungen der Reichsjustizgesetze beteiligten. Bismarck sah in den Sozialisten gefährliche Reichsfeinde; seine Maßnahmen, sie zu bekämpfen, gipfelten in der Verabschiedung des Gesetzes gegen die gemeingefährlichen Bestrebungen der Sozialdemokratie am 21. Okt. 1878 (Sozialistengesetz) durch den Reichstag gegen die Stimmen des Zentrums, in dem Bismarck einen nicht minder gefährlichen Feind des Reiches erblickte. Daß im Sozialistengesetz wohldifferenziert Geld-, Haft- und Gefängnisstrafen für Zuwiderhandlungen angedroht wurden, sei nur der Ordnung halber bemerkt.

Wenngleich unsere Kölner Kollegen des beginnenden Jahres 1880 die gesamte spannungsvolle geschichtliche Entwicklung der 70er Jahre schon bewußt miterlebt hatten, so mochte doch ein Vorgang sie als Rheinländer, als Katholiken und als Staatsdiener noch viel unmittelbarer berühren: jene Auseinandersetzung, deren Ende sich auch 1880 erst erhoffen ließ, die ihren Abschluß erst 1891 fand und die Rudolf Virchow im preußischen Landtag den Kulturkampf nannte.

In der zweiten Hälfte des 19. Jahrhunderts ist der Kampf um die Säkularisierung von Staat und Gesellschaft in mehreren europäischen Staaten zwischen den zur Regierungsverantwortung gelangten liberalen oder jedenfalls nichtkatholischen politischen Kräften und der katholischen Kirche geführt worden. Die Verbissenheit und Härte wie in Preußen und im preußisch geführten Deutschen Reich erreichte er indes sonst nirgends, hier weitete er sich zu einer ersten inneren Krise im Jahrzehnt nach der Reichsgründung — so der Kölner Historiker Rudolf Lill — aus. Bismarck verglich die Auseinandersetzung mit der Heinrichs IV. mit Papst Gregor VII. und versicherte dem Reichstag am 14. Mai 1872: »Seien Sie außer Sorge: Nach Canossa gehen wir nicht!« Um hier jedem Mißverständnis entgegenzuwirken: es ging nicht um den Glauben, jedenfalls nicht Bismarck, der eher katholikenfreundlich eingestellt war — es ging um die Macht.

Noch nach der Besetzung des Kirchenstaates durch die königlich italienischen Truppen am 20. Sept. 1870 ließ die Kurie bei Bismarck die Möglichkeit einer Intervention zugunsten des Kirchenstaates und eines deutschen Asyls für den Papst sondieren — Einzelheiten schildert Joseph Hansen. Die Intervention gegen das 1861 geeinte Königreich Italien lehnte

Bismarck ab; das Asyl — gedacht war an Köln oder Fulda — sagte er zu. Nachdem die Kirche unter dem Pontifikat Pius IX. (1846—1878) eine weitere dogmatische und hierarchische Festigung erfahren hatte, die ihren vielbeachteten Höhepunkt in der häufig mißverstandenen Verkündung des Infallibilitätsdogmas vom 18. Juli 1870 gefunden hatte, wirkten sich innerkatholische dogmatische Streitigkeiten vornehmlich im schulischen Bereich in Preußen aus. Dies sowie die Tatsache, daß das Deutsche Reich ebenso interkonfessionell war wie Preußen, ließen es Bismarck geboten erscheinen, das Verhältnis zwischen Kirche und Staat zukunftweisend für ein modernes Staatswesen neu zu regeln. Bismarck ließ sich dabei ersichtlich von spätabsolutistischen preußischen Auffassungen von Kirche und Staat leiten, wie Bornhak es treffend schildert und Suarez zitiert: »Es gibt keine allgemeine Kirchengesellschaft im Staate, sondern nur einzelne besondere Gesellschaften, die durch kein äußeres Band miteinander verknüpft sind«. Das gelte auch für »Catholiquen«,und dies fand seinen Niederschlag im Allgemeinen Landrecht (II, 11 § 36). Zu Bismarcks Entschluß einer Neuregelung trugen weitere Überlegungen bei: Der katholische Klerus und die katholischen Orts- und Kreisschulinspektoren in den polnisch-sprachigen Gebieten Preußens schienen ihm weniger die Verbreitung der deutschen als vielmehr der polnischen Sprache zu fördern und damit die Gefahr polnischer Nationalbestrebungen heraufzubeschwören. Durch die Eingliederung von Elsaß-Lothringen in das Deutsche Reich war das katholische Element weiter gestärkt worden, und seit 1870 formierte sich im preußischen Landtag, ab 1871 — mit 724.179 Stimmen = 18,62% = 63 Mandate, — im Reichstag als zweitstärkste, ab 1881 gar als stärkste Fraktion das Zentrum als Partei. Bismarck glaubte, eine reichs- und deutschfeindliche fünfte Kolonne in ihm befürchten zu müssen, mögliches willfähriges Werkzeug einer Allianz benachbarter katholischer Staaten wie Frankreich und Österreich.

Ein Zeitgenosse, Dr. Ludwig v. Rönne, Appellations-Vice-Präsident zu Glogau, erläutert die Entwicklung aus seiner Sicht: »Dagegen erneuerte das durch die Nachgiebigkeit der Regierung immer kühner gemachte, von Jesuiten geleitete Pabstthum mit der Encyklika v. 8. 12. 1864. . . den alten Kampf gegen den Staat und die weltliche Gewalt; der Beschluß des Vatikanischen Konzils v. 18. 7. 1870. . . aber ließ keinen Zweifel mehr zu über die Zielpunkte der Politik der Römischen Kurie.«

Die wesentlichen Gesetze, mit denen Bismarck nicht nur eine schärfere Abgrenzung von Kirche und Staat zu erreichen, sondern auch die Staatsaufsicht über die Kirche — und hier war auch die evangelische Kirche in den alten preußischen Provinzen betroffen! — zu errichten suchte, und bei deren Durchsetzung mit allen Mitteln der staatlichen Gewalt die Staatsanwaltschaft mitzuwirken hatte, lassen sich wie folgt zusammenfassen:

Die Einführung des »Kanzelparagraphen« als § 130 a des Reichstrafgesetzbuches am 10. Dez. 1871, in verschärfter Form am 26. Febr. 1876 neu gefaßt. Danach war den Geistlichen verboten, in Ausübung ihres Amtes staatliche Angelegenheiten »in einer den öffentlichen Frieden gefährdenden Weise« zu behandeln, womit sowohl mündliche Erörterung wie Verbreitung von Schriften erfaßt war.

Durch das Jesuitengesetz v. 4. Juli 1872 wurden alle Niederlassungen des Ordens im Deutschen Reich verboten und den Ordensgeistlichen Aufenthaltsbeschränkungen auferlegt. Die vom 11. bis 14. Mai 1873 für Preußen verabschiedeten »Maigesetze« machten die Übernahme eines geistlichen Amtes von dem Reifezeugnis eines deutschen Gymnasiums, dem Studium an einer deutschen Universität und der Ablegung eines »Kulturexamens« in Philosophie, Geschichte und deutscher Literatur abhängig. Gesetzlich vorgeschrieben wurde, die Übertragung eines geistlichen Amtes dem Oberpräsidenten anzuzeigen, dem ein gesetzliches Vetorecht eingeräumt wurde. Diese Vorschrift sollte gerade für Köln erhebliche Bedeutung erlangen. Die kirchliche Disziplinargewalt wurde auf deutsche Kirchenbehörden beschränkt und als Berufungsinstanz gegen Disziplinarentscheidungen kirchlicher Behörden ein königlicher Gerichtshof für kirchliche Angelegenheiten errichtet.
Im Jahre 1874 wurde in Preußen, 1875 im Reich die Zivilehe eingeführt und die Beurkundung des Personenstandes (Geburt, Heirat, Tod) von den Kirchen auf die neu errichteten Standesämter übertragen.
Das Expatriierungsgesetz vom 4. Mai 1874, auf preußischen Antrag vom Reichstag verabschiedet, erlaubte den Regierungen, den Aufenthalt von Geistlichen zu beschränken oder sie aus dem Reichsgebiet auszuweisen und ihnen die Staatsangehörigkeit abzuerkennen. v. Rönne rechtfertigt eine solche Maßnahme als »Strafe wegen Ungehorsam« gegen den Kaiser.
Ein preußisches Gesetz ermächtigte den Kultusminister, Kommissare zu ernennen, um durch sie durch staatliche Maßnahmen vakant gewordene Bistümer verwalten zu lassen; vakante Pfarrstellen sollten durch Wahlen der Kirchengemeinden neu besetzt werden. Konfliktstoff und damit Berufsarbeit für unsere Kollegen in den 70er Jahren des vorigen Jahrhunderts — mehr als genug. 1876 war kein katholischer Bischof in Preußen mehr im Amt, ein Viertel aller Pfarrstellen unbesetzt. 1880 waren von 153 Pfarrstellen der Erzdiözese Köln 87, in Preußen von rund 4.000 etwa 1.100 unbesetzt. Der seit 1866 in Köln amtierende Erzbischof verbüßte, wie bei Stein beschrieben, vom 31. 3. bis 9. 10. 1874 eine Ersatzfreiheitsstrafe im Klingelpütz. Er emigrierte nach Maastricht, von wo aus er die Erzdiözese weiter leitete. Die Verfügungen, durch die die Ladung des Erzbischofs zum Strafantritt und der Erlaß eines Steckbriefes angeordnet wird, sind vom Oberprokurator Crome persönlich unterzeichnet. Offensichtlich hatte er sich, wie aus den erhaltenen Akten — nicht weniger als 42 — erkennbar, Einfluß auf die Bearbeitung vorbehalten.
Das erste Verfahren wegen Nichtanzeige der Besetzung einer Pfarrstelle beginnt mit dem Antrag des Oberprokurators vom 20. Juni 1873 an das Landgericht auf Untersuchung. Mit Schreiben vom 21. Juni 1873 lädt der Untersuchungsrichter den Erzbischof zu einer Vernehmung am 24. Juni 1873. Mit Schreiben vom 23. Juni 1873 entschuldigt sich der Erzbischof wegen dienstlicher Verhinderung und weist darauf hin, daß die deutschen Bischöfe dem königlichen Staatsministerium bereits am 26. Mai 1873 erklärt hätten, sie könnten die kirchenpolitischen Gesetze nicht als rechtsverbindliche Normen anerkennen. Dr. Melchers — von Hause aus Jurist — begründet die Stellung der Kirche klar und sorgfältig; der Ton

des Briefes ist dabei ebenso verbindlich wie unmißverständlich. Das Verfahren gegen den Erzbischof nahm seinen Lauf: In der Hauptverhandlung vor der Zuchtpolizeikammer am 12. Nov. 1873 beantragte der Kollege 400 Taler Geldstrafe ersatzweise 3 Monate Gefängnis. Die Kammer erkannte auf 50 Taler ersatzweise 14 Tage Gefängnis (s. S. 77).

Der Kulturkampf belastete die Beziehungen zum Hl. Stuhl zutiefst. Noch am Tage seiner Wahl, dem 20. Februar 1878, begann Leo XIII. sich um bessere Beziehungen zu den Regierungen zu bemühen, die in Konflikte mit der päpstlichen Regierung geraten waren. Es wurde ein langwieriges Ringen mit Bismarck, das im Jahre 1880 noch andauerte und schließlich mit einer schweren politischen Niederlage des deutschen Reichskanzlers endete (und auch der Liberalen, die seine kirchenfeindliche Politik mitgetragen hatten).

Während jener Auseinandersetzung gewann das Zentrum an politischem Einfluß: bei den preußischen Landtagswahlen 1873 und bei den Reichstagswahlen 1874 — 1.445.948 Stimmen = 27,86% = 91 Mandate, der absolute Höchststand, den es je erreichte — verdoppelte sich die Zahl der Wähler. Unter den führenden Persönlichkeiten des Zentrums finden sich bekannte Rheinländer: August und Dr. Peter Reichensperger, Hermann v. Mallinckrodt, Burkhard Freih. v. Schorlemer-Alst — um nur einige Namen zu nennen.

### 4. *Die rechtlichen Veränderungen*

Nach diesem Rückblick auf das vergangene Jahrzehnt, in dessen letzten Tagen am 1. Okt. 1879 die Reichsjustizgesetze in Kraft getreten waren und das Reichsgericht seit demselben Tage als oberstes Gericht für Zivil- und Strafsachen in Leipzig tätig ist, betrachten wir einige Neuerungen, die vor allem die Staatsanwaltschaft betreffen. Sie lassen sich zusammenfassen: Die Behörde verändert ihren Charakter durch die Beschränkung auf die Strafjustiz und die Einführung des Legalitätsprinzips sowie durch die, wie wir sehen werden, grundlegende organisatorische Neuordnung.

In der Festschrift zum 150jährigen Bestehen des Oberlandesgerichts zu Köln ist von mehreren Autoren dargestellt worden, mit welchem Geschick und welcher Tatkraft rheinische Juristen nach dem Anschluß der Rheinlande an Preußen für die Erhaltung des französischen Rechtes eingetreten sind. Insbesondere verwendete man sich für die Beibehaltung der Staatsanwaltschaft und aller derjenigen Normen, die den Aufbau der Strafjustiz und deren Funktion regelten. Ein halbes Jahrhundert später war es nicht mehr nötig, sich dafür einzusetzen — diese rechtlichen Vorstellungen waren längst Allgemeingut in Deutschland geworden. Staatsanwaltschaften wurden in Baden 1832, in Württemberg 1843 und in Preußen — außer dem Bezirk des Appellationsgerichtshofes zu Köln — am 3. Jan. 1849 eingeführt. Öffentlichkeit, Mündlichkeit, Schwurgerichte — ernstlich wurde ihre Berechtigung seither nicht mehr angezweifelt, zumindest nicht, seit sie Aufnahme in den Forderungskatalog der Frankfurter Reichsverfassung gefunden hatten. Viele zukunftweisende Überlegungen finden sich schon in dem wissenschaftlichen Kommentar zum Prozeßrecht des Rheinländers F.C. Oppenhoff im Jahre 1860.

Bei der ersten Beratung der Strafprozeßordnung im Plenum des Reichstages am 26. Nov. 1876 faßte der Abgeordnete Dr. Albert Hänel (Deutsche Fortschrittspartei) den Stand der Entwicklung wie folgt zusammen: »In der Hauptsache die Grundlagen unsres Strafprozesses, wie er heute im Durchschnitt durch Deutschland gilt — sie sind festgehalten. Es ist der sogenannte reformierte Strafprozeß, jener Prozeß, welcher es unternimmt, auf ein geheimes, schriftliches und inquisitorisches Verfahren den Oberbau einer öffentlichen, mündlichen und akkusatorischen Hauptverhandlung zu stellen.«

Für die Kölner Staatsanwälte bedeutete die Einführung des Gerichtsverfassungsgesetzes und der Reichsstrafprozeßordnung die Gleichstellung mit der im gesamten Deutschen Reich nunmehr bestehenden Rechtslage. Sie verloren die Dienstaufsicht über die Gerichte, ebenso die Möglichkeit, in bürgerlich-rechtlichen Streitigkeiten neben den Parteien Anträge zu stellen und gegf. die Vernichtung des Urteils durch das übergeordnete Gericht zu erwirken, mithin die Kontrolle über die Gerichte.

Stattdessen bestimmen die Reichsjustizgesetze die Aufgabe der Staatsanwaltschaft im akkusatorischen Verfahren, eine Aufgabe, die längst als ihre eigentliche angesehen wird. Das muß nicht so sein.

Sicherlich zu Recht bemerkt Schweichel in seiner Studie, daß schon der französische König Ludwig IX. (1226—1270) Prokuratoren die Wahrnehmung königlicher Interessen übertragen hat, und unwiderlegbar weist Eberhard Schmidt darauf hin, daß schon in der ersten Hälfte des 15. Jahrhunderts Kurfürst Johann v. Brandenburg landesherrliche fiskalische Interessen durch eigens dazu bestellte Personen wahrnehmen ließ — mithin ein Fiskalat einrichtete, das bis in die ersten Tage des 19. Jahrhunderts bestehen sollte. Welche Aufgaben es gab, wie und mit welchem Ergebnis sie in Deutschland verwirklicht worden sind, bleibt wegen Fehlens von Akten im Dunkeln. Sicher ist aber, daß die Notwendigkeit, dem modernen Staat eine eigenständige, rechtlich genau umschriebene Mitwirkung in anhängigen Rechtsstreitigkeiten aller Art zu geben, in Frankreich erstmals erkannt und zum geltenden Recht erhoben worden ist — durch Napoleon, der insoweit offenbar den Gedanken der Teilnahme des Staates an anhängigen Verfahren, die prima vista nur die Parteien angehen, folgerichtig zu Ende gedacht und durch das ministère public die generelle Einflußnahme eröffnet hat: eigenständige Anträge, eigenes Rechtsmittel des recours mit dem Ziel der Kassation (»Vernichtung«) des Urteils, ohne, ja gegen den Willen der Parteien. Diese Institution erweist sich mithin als Organ zur Kontrolle der Rechtsprechung, und nicht von ungefähr erwähnt Schletter in seiner 1847 erschienenen Beschreibung der rheinischen Gerichtsverfassung sogar das anfängliche Nebeneinander des Anklägers im Strafverfahren und des Staatsprokurators, dem bis zum 1. Okt. 1879 auch die Vollstreckung der richterlichen Urteile und die Aufsicht und Disziplinargewalt über alle an der Rechtspflege beteiligten Personen — Rechtsanwälte, Notare, Gerichtsschreiber, Gerichtsvollzieher etc. zukam.

Ankläger aber sind die Staatsanwälte seit der Geltung der Reichsjustizgesetze. Ihrer übergeordneten Aufgaben enthoben und an das Legalitätsprinzip gebunden, deckt sich heute und seit langem die Norm des § 152 StPO nachgerade vollständig mit der in der Bevölkerung allgemein verbreiteten Vorstellung von ihren Aufgaben: eine Behörde, die gemäß den Strafgesetzen Strafverfolgung mit dem Ziel der Verurteilung und der Vollstreckung der Strafen betreibt. Das abgeschaffte französische Recht bot demgegenüber eine echte Alternative: Verwirklichung des Gesetzes gegen den, der die öffentliche Ordnung beeinträchtigte — gegen ihn war Antrag auf Bestrafung zu stellen und Stellung vor Gericht in allen den Fällen zu beziehen, die »den Staat, die Domänen, die Gemeinden, die öffentlichen Anstalten, den Zivilstand der Personen, die Vormundschaften, kurz alle Personen, die sich nicht selbst vor Gericht verteidigen können« betreffen. So wenig sich diese Begriffsbestimmung heute noch zur Beschreibung staatsanwaltschaftlicher Aufgaben eignen kann, so deutlich läßt sie doch das Ziel staatlicher Einflußnahme erkennen: dort, wo originäre öffentliche Interessen berührt sind, und dort, wo Schwache des Schutzes bedürfen, ist staatliches, hoheitliches Handeln legitim.

In den Motiven heißt es zur Einführung des Legalitätsprinzipes: »Die allgemeine Pflicht des Staates, bei strafbaren Handlungen die Bestrafung des Schuldigen herbeizuführen, auch wenn der durch die Handlung Verletzte keinen Antrag auf Bestrafung stellt, wird hier als begründet vorausgesetzt«. Das bedeutet die Umkehrung des Satzes: »Nulla poena sine lege« zu »nulla lex sine poena«. Zutreffend bezeichnet daher Löwe in seiner 1898 erschienenen Strafprozeßordnung die Staatsanwaltschaft »vor Allem (als) Trägerin des kriminalpolizeilichen Interesses des Staates, die Behörden und Beamten der Polizei erscheinen in dieser Hinsicht lediglich als ihre Organe«.

In der Kommission befürwortet vornehmlich v. Mittnacht, Justizminister und auswärtiger Minister des Königreiches Württemberg, das Legalitätsprinzip und verlangt, »die Repression des Kriminalunrechtes müsse auch entgegen den Anforderungen der Schule (meint: Wissenschaft) und entgegen den Rücksichten der Humanität gesichert sein«.

Dem schließt sich vornehmlich der Abgeordnete Dr. Schwarze, sächsischer Generalstaatsanwalt, in längeren Ausführungen an. Der nationalliberale Abg. Dr. Rudolf Gneist, Verfassungsrechtler, weist darauf hin, daß »der Staatsanwalt vielleicht in doppelt so viel Fällen (werde) einschreiten müssen, als er es jetzt tue«, und fügt hinzu, »ein großer Teil des Nutzens der Staatsanwaltschaft würde verloren gehen, wenn man den Staatsanwalt lediglich des wohlklingenden Wortes »Legalitätsprinzip« zu Liebe zwingen wollte, in allen, auch den geringfügigsten Sachen einzuschreiten, an denen niemand ein Interesse der Verfolgung habe«.

Klar wird von den Kommissionsmitgliedern erkannt, daß dem Anklagemonopol der Staatsanwaltschaft das Legalitätsprinzip entsprechen müsse. Wenn nicht, stelle sich die Frage nach Eröffnung der Rechtsverfolgung im Wege einer erweiterten Privatklage. Der Abgeordnete Ludwig Windthorst, Zentrum, weist am 26. November 1874 im Plenum des Reichstages auf die Notwendigkeit eines Korrektives in Gestalt der Privatklage hin: »Die Minoritäten im Staatsleben sind geradezu in der erschrecklichen Lage, wenn sie nicht im Stande sind, dann, wenn der ganze Apparat der Kriminalrechtspflege gegen sie in Anwendung gebracht wird, auch ihrerseits einmal diesen Apparat in Anwendung zu bringen«

und fügt unter allgemeiner Heiterkeit hinzu: »Wenn man Amboß ist, so sieht man sich die Kriminalordnung etwas schärfer an,. . . aber der Hammer möge bedenken, daß er auch Amboß werden kann«. Vorsichtig erklärt sich der Abg. August Reichensperger (Zentrum) am 25. Juni 1875 in der ersten Lesung der Kommission »im Allgemeinen für das Legalitätsprinzip«, wollte es aber nicht »bis zur äußersten Spitze durchgeführt« wissen. Eine wissenschaftliche Auseinandersetzung mit dem abzuschaffenden, fast überall in Deutschland faktisch geltenden französischen Verfahrensrecht findet nicht statt. Die Auswirkung des Legalitätsprinzipes auf die politische Strafjustiz ist weder im Plenum noch in der Kommission erörtert worden. Anträge zur Änderung des Entwurfes sind nicht gestellt worden.

Wenn mit dem Wegfall der justizüberwachenden Aufgaben der Staatsanwaltschaft ein Schritt zum Justizstaat nach den Vorstellungen der Liberalen des 19. Jahrhunderts zurückgelegt werden sollte, so ist dies Ziel sicher erreicht worden, allerdings nur nach den damals geltenden Anschauungen, wo es galt, Rechtsprechung unabhängiger Gerichte (im Sinne der Gewaltenteilung) in weitest denkbarem Umfang erreichen und jedermann sichern zu können. Soweit es sich um die Strafjustiz handelte, schien es dem Gesetzgeber ersichtlich angezeigt, die Dritte Gewalt abermals zu teilen und die Funktionen im Strafverfahren dergestalt zu verteilen, daß richterliche Inquisition zum Nachteile des Angeklagten verhindert und einem Übergewicht der bürokratisch-hierarchisch gegliederten Staatsanwaltschaft bereits institutionell durch die Regeln der Prozeßordnung vorgebeugt wird. Dafür ein Beispiel: es blieb der Staatsanwaltschaft bis zur Einführung des § 161 a StPO am 9. Dezember 1974 verwehrt, sich Beschuldigte oder Zeugen vorführen zu lassen.

Uns, die wir uns an strenge (und gern geübte) Bindung an Recht und Verfassung gewöhnt haben, erschiene jene Furcht vor staatlichem Zwang mittels der Justiz ohne historischen Rückblick weitgehend unverständlich. Erinnern wir uns aber an das Schicksal des Erzbischofs von Köln oder dessen von Posen-Gnesen oder der zahlreichen Pfarrer, die strafrechtlicher Verfolgung mit Freiheitsentzug ausgesetzt waren, der seit der Restauration geltenden strengen Pressegesetze und nicht zuletzt der Strafverfolgungen gemäß den Ermächtigungen des Sozialistengesetzes, so wird uns mit einer über die Grenzen der Bundesrepublik hinausweisenden Deutlichkeit klar, daß es darum ging, staatsbürgerliche Freiheiten, Menschenrechte im Sinne der Kodifikation der französischen oder amerikanischen Verfassung (in der Reichsverfassung waren sie nicht verankert) mit den Mitteln des Gerichtsverfassungs- und des Strafverfahrensrechtes zu sichern. Schließlich darf auch nicht übersehen werden, daß die Väter der Reichsjustizgesetze die Ereignisse von 1848/49, den Kampf um Gewaltenteilung und Erstreiten staatsbürgerlicher Freiheiten noch bewußt miterlebt oder gar, wie die Abgeordneten Reichensperger, an hervorragender Stelle daran teilgenommen hatten. Der zeitliche Abstand zu jenem Geschehen war ja damals nicht größer als der von heute zur Reise Adenauers nach Moskau.

In den Augen unserer Kollegen des Jahres 1880 mochte der Wegfall überwachender und justizverwaltender Aufgaben der Staatsanwaltschaft durch die Pflicht, im Auftrage des Staates »die Schuldigen bestrafen« zu lassen, hinreichend ausgeglichen sein. Was die numerische Meßbarkeit der staatsanwaltschaftlichen Tätigkeit angeht, so ist das sicherlich richtig. Was das Maß der Entscheidungsfreiheit über die Strafverfolgung, sei es beim Bürger, sei es beim Beamten der Staatsanwaltschaft, angeht, so sind ersichtlich strengere Normen im Gefolge der Erweiterung und Systematisierung des staatlichen Strafverfolgungsanspruches an die Stelle des alten Rechtes getreten.

*5. Die neue Organisation*

Das seit dem 1. Oktober 1879 geltende Gerichtsverfassungsgesetz änderte den Aufbau der Gerichte und die Zuständigkeit der Staatsanwaltschaft grundlegend. Die neun Landgerichte des Bezirkes des Rheinischen Appellationsgerichtshofes, nunmehrigen Oberlandesgerichtes Köln, blieben unverändert, bestehen. Die zwölf Friedensgerichte — es waren dies: Bensberg, Bergheim, Cöln Nr. 1, 2, 3 und 4, Gummersbach, Homburg zu Wiehl, Kerpen, Lindlar, Mülheim am Rhein und Wipperfürth — werden durch neun Amtsgerichte im Landgerichtsbezirk Köln ersetzt: Bensberg, Bergheim, Cöln, Gummersbach, Kerpen, Lindlar, Mülheim/Rh. (das heutige Köln-Mülheim), Wiehl und Wipperfürth. Die Friedensgerichte waren jeweils mit einem Friedensrichter besetzt, der nicht notwendig Volljurist sein mußte. Von den vorbezeichneten Amtsgerichten hat das zu Köln 11 Amtsrichter, das zu Bensberg zwei, alle anderen einen Richter.

Nach abgelöstem rheinisch-französischem Recht wirkte der Staatsanwalt in Verfahren vor den Friedensgerichten, die als erkennende Gerichte bei Zuwiderhandlungen die Bezeichnung Polizeigerichte führten, nicht mit. Diese Aufgabe oblag Polizeiinspektoren oder Polizeikommissaren, aber auch Bürgermeistern in kleineren Orten (Bürgermeister war der Verwaltungschef), die vom General-Prokurator nach Anhörung des Oberprokurators mit den Aufgaben des Polizeianwaltes förmlich betraut wurden. Für die 70er Jahre des vergangenen Jahrhunderts läßt sich nachweisen, daß die königl. Regierung (d.i. der Regierungspräsident, Abteilung des Inneren) sich mit dem Oberprokurator bereits bei der Besetzung der Stellen mit Polizeibeamten (also innerhalb des eigenen Ressorts!) verständigte, so bei der Bewilligung eines zweiten »Bürogehülfen« mit 400 Thalern Jahresgehalt für jedes der vier Polizeigerichte zu Cöln im Jahre 1874. Hier sei bemerkt, daß nach dem Steuerrecht von 1871 derjenige als arm und damit steuerbefreit galt, der jährlich weniger als 140 Thaler (ab 1871: 420 Mark) an Einkommen hatte. Das waren im Jahre 1871 nicht weniger als 6.049.699 von 20.102.712 Einwohnern des Königreiches Preußen.

Der Oberprokurator führte die Dienstaufsicht über die Polizeianwälte. Er bestimmte den Vertreter, wenn der planmäßig vorgesehene Beamte verhindert war.

Die Polizeigerichte waren zuständig für den Großteil der Untersuchungen und Entscheidungen im Bereich der kleinen und mittleren Kriminalität. Die Strafgewalt reichte bis zu sechs Wochen Gefängnis oder Geldbuße (heutige Terminologie: Geldstrafe) von 50 Talern (= 150.— Mark). Das entspricht dem Achtel des Jahreseinkommens eines Amtsanwaltes. Dazu kam die Kompetenz zur Aburteilung der Diebstähle an Holz und anderen Waldprodukten. Rechtlich bestimmte sich die Zuständigkeit der Polizeigerichte nach der Einordnung als Übertretung oder aufgrund besonderer gesetzlicher Bestimmung. So waren ihnen auch alle Forstfrevel und alle Übertretungen gegen Jagd- und Fischereigesetze unabhängig von der Höhe der Geldbuße zugewiesen. Der fast 600 Seiten starke Band »Polizeiverordnungen für die Stadt und den Regierungsbezirk Aachen. . .« von dem Aachener Polizeianwalt C.F. Liebheit aus dem Jahre 1865 zeigt uns augenfällig die umfangreichen Aufgaben des Polizeigerichtes: alle Übertretungen nach dem 3. Teil des Strafgesetzbuches, ferner Gesinde-, Gewerbe-, Bau- und Feuer-, Gesundheits- und Sicherheits-, Paß-und Fremden-, Kultus- und Schul-, Ordnungs- und Sitten-, Bach- und Feld-, Forst-, Jagd-und Fischerei-, Eisenbahn- und schließlich Wegepolizei-Angelegenheiten gehörten zu der Zuständigkeit der Polizeigerichte. Sie verfügten über eigene Gefängnisse, in den die Polizeistrafen vollstreckt wurden.

Soweit Berufung zulässig war, entschied die Zuchtpolizeikammer des Landgerichtes als zweite Tatsacheninstanz (vgl. Spalte 2 der Tabelle 1).

Tabelle 1
Beim Landgericht Köln anhängig gewordene Verfahren
(Entnommen den Jahresberichten des Ober-Prokurators an den Generalprokurator; Hauptstaatsarchiv Düsseldorf, Rep. 9/625)

| Jahr | Zuchtpolizeisachen | ZP-Appell. Sachen | Assisensachen |
|---|---|---|---|
| 1868/69 | 2100 | 175 | 101 |
| 1869/70 | 1851 | 181 | 80 |
| 1870/71 | 1204 | 87 | 48 |
| 1871/72 | 1533 | 161 | 69 |
| 1872/73 | 1782 | 147 | 83 |
| 1873/74 | 2176 | 189 | 89 |
| 1874/75 | 2268 | 191 | 112 |
| 1875/76 | 2376 | 192 | 95 |
| 1876/77 | 2439 | 162 | 135 |
| 1877/78 | 2501 | 180 | 143 |

Tabelle 2

| im Jahre | I. Civil-Bevölkerung | II. Neu eingeleitete Untersuchungen wegen a. Verbrechen und Vergehen | b. Uebertretungen | c. Holzdiebstahl | d. Summe von a. b. c. |
|---|---|---|---|---|---|
| 1854 | 17 012 671 | 99 928 | 165 162 | 325 848 | 590 938 |
| 1855 | 17 101 621 | 104 711 | 160 503 | 366 180 | 631 394 |
| 1856 | 17 190 575 | 114 564 | 176 263 | 415 781 | 706 608 |
| 1857 | 17 369 389 | 92 204 | 167 007 | 377 020 | 636 260 |
| 1858 | 17 548 203 | 87 633 | 168 379 | 416 930 | 672 942 |
| 1859 | 17 727 012 | 89 104 | 157 525 | 430 508 | 677 137 |
| 1860 | 17 976 524 | 94 601 | 144 131 | 418 924 | 657 656 |
| 1861 | 18 226 036 | 94 038 | 135 305 | 393 386 | 622 739 |
| 1862 | 18 475 550 | 97 676 | 148 286 | 387 300 | 633 262 |
| 1863 | 18 725 266 | 94 743 | 145 675 | 354 276 | 594 694 |
| 1864 | 18 974 982 | 97 385 | 158 434 | 366 667 | 622 486 |
| 1865 | 19 224 697 | 105 555 | 158 147 | 426 336 | 690 038 |
| 1866 | 19 373 294 | 101 892 | 148 564 | 425 551 | 676 007 |
| 1867 | 19 521 891 | 112 965 | 177 025 | 412 165 | 702 155 |
| 1868 | 19 670 489 | 121 777 | 192 829 | 419 158 | 733 764 |
| 1869 | 19 814 563 | 112 940 | 203 170 | 402 532 | 718 642 |
| 1870 | 19 958 637 | 112 841 | 168 869 | 396 414 | 678 124 |
| 1871 | 20 102 712 | 88 233 | 177 402 | 442 081 | 717 716 |
| 1872 | 20 246 785 | 102 077 | 204 877 | 386 883 | 693 837 |
| 1873 | 20 480 885 | 104 878 | 220 445 | 327 079 | 652 402 |
| 1874 | 20 714 985 | 120 400 | 258 691 | 358 020 | 737 111 |
| 1875 | 20 949 087 | 118 823 | 265 851 | 355 405 | 740 918 |
| 1876 | 21 183 187 | 132 496 | 298 026 | 403 513 | 834 035 |
| 1877 | 21 401 034 | 142 512 | 341 897 | 384 307 | 868 716 |
| 1878 | 21 618 881 | 152 333 | 343 328 | 363 151 | 858 812 |

Tabelle 3

| | Verbrechen und Vergehen pCt. | Uebertretungen pCt. | Holz-Diebstähle pCt. | Summa pCt. |
|---|---|---|---|---|
| 1854 | 16,9 | 28,0 | 55,1 | 100 |
| 1855 | 16,5 | 25,6 | 57,9 | 100 |
| 1856 | 16,2 | 25,0 | 58,8 | 100 |
| 1857 | 14,4 | 26,4 | 59,2 | 100 |
| 1858 | 13,0 | 25,1 | 61,9 | 100 |
| 1859 | 13,1 | 23,4 | 63,5 | 100 |
| 1860 | 14,3 | 22,1 | 63,6 | 100 |
| 1861 | 15,1 | 21,8 | 63,1 | 100 |
| 1862 | 15,4 | 23,5 | 61,1 | 100 |
| 1863 | 15,9 | 22,5 | 59,6 | 100 |
| 1864 | 15,6 | 25,5 | 58,9 | 100 |
| 1865 | 15,2 | 23,2 | 61,6 | 100 |
| 1866 | 15,7 | 21,4 | 62,9 | 100 |
| 1867 | 16,0 | 25,3 | 58,7 | 100 |
| 1868 | 16,5 | 26,4 | 57,1 | 100 |
| 1869 | 17,8 | 26,2 | 56,0 | 100 |
| 1870 | 16,6 | 25,0 | 58,4 | 100 |
| 1871 | 12,4 | 25,2 | 62,4 | 100 |
| 1872 | 14,7 | 29,6 | 55,7 | 100 |
| 1873 | 16,0 | 33,9 | 50,1 | 100 |
| 1874 | 16,3 | 35,2 | 48,5 | 100 |
| 1875 | 16,3 | 35,8 | 47,9 | 100 |
| 1876 | 15,8 | 35,9 | 48,3 | 100 |
| 1877 | 16,4 | 39,4 | 44,2 | 100 |
| 1878 | 17,7 | 40,1 | 42,2 | 100 |
| | 15,5 | 27,6 | 56,3 | 100 |

Die Tabellen 2 und 3 zeigen uns, welch numerisch hohe Bedeutung die Straftaten hatten, die ohne Mitwirkung der Staatsanwaltschaft abgeurteilt wurden. Die vorstehenden Zahlen — Tab. 2 u. 3 — verdanken wir der überaus sorgfältigen Untersuchung des Vortragenden Rathes (heute: Ministerialrat) im preußischen Justizministerium, W. Starke. Erst ab 1881 wird eine Kriminalstatistik in allen deutschen Staaten nach gleichen Regeln geführt. Für 1879 und 1880 fehlen Daten ganz.

Die Akten der Friedensgerichte gelangten nicht zur Staatsanwaltschaft oder zu einer anderen Justizbehörde, sondern in Archive der Gemeinden — wenn sie überhaupt verwahrt wurden. Für Köln ist leider nichts erhalten, was uns Aufschluß über die zahlenmäßige Belastung geben könnte; gleiches gilt auch für das später eingemeindete Mülheim. Es lassen sich keine Zahlen mehr für den Landgerichtsbezirk oder gar den Bezirk des Appellationsgerichtshofes ermitteln. Legt man die im Jahrbuch ausgewiesene Zahl der Gerichtseingesessenen einerseits und die Anzahl der anhängigen Verfahren wegen Übertretungen und wegen Holzdiebstahl nach der Statistik Nr. 2 von Starke zugrunde, so ergeben sich die Zahlen, die in Tabelle 4 ausgewiesen sind. Dabei wird vorausgesetzt, daß die Delinquenz im Appellationsbezirk Köln gleich der im übrigen Preußen ist — das ist zwar nicht zwingend, aber die einzig denkbare Hypothese, um Vergleichszahlen zu gewinnen. Die Prozentangaben auf Tabelle 4 beziehen sich auf die Gesamtbevölkerung Preußens.

Tabelle 4
Errechnete Anzahl der Verfahren der Polizeigerichte

| Jahr | AGH-Bezirk* | % | Anzahl | LG-Bezirk | % | Anzahl |
|---|---|---|---|---|---|---|
| 1868 | 2.925.737 | 14,875 | 91.033 | 346.423 | 1,758 | 10.758 |
| 1870 | 2.988.488 | 14,970 | 84.627 | 357.160 | 1,788 | 10.108 |
| 1872 | 3.029.009 | 14,960 | 88.527 | 363.985 | 1,797 | 10.634 |
| 1874 | 3.069.530 | 14,820 | 91.397 | 370.810 | 1,790 | 11.039 |
| 1878 | 3.233.800 | 14,959 | 105.682 | 502.544 | 2,326 | 16.432 |

* AGH-Bezirk = Bezirk des Rheinischen Appellationsgerichtshofs

Verteilen wir die 10.108 im Jahre 1870 bei den 12 Polizeigerichten des Landgerichtsbezirkes Köln anhängig gewordenen Verfahren gleichmäßig auf die 12 Polizeianwälte, so ergibt dies einen Schnitt von 842 Verfahren. Da 1874 jedem der vier Polizeianwälte in Köln ein »Gehülfe« zur Seite gestellt wurde, müssen wir folgern, daß die Kölner Polizeigerichte stärker belastet waren als die auswärtigen. Folgen wir dem Jahrbuch von 1870, so war die Staatsanwaltschaft mit einem Behördenleiter und drei Staatsanwälten besetzt. Insgesamt wurden in diesem Jahr — vgl. Tabelle 1 — 1339 Verfahren beim Landgericht anhängig. Das ergibt einen Schnitt von 335 Verfahren pro Staatsanwalt. Aus den erhaltenen Akten ergibt sich jedoch, daß auch bei der Staatsanwaltschaft Köln junge Juristen unentgeltlich beschäftigt wurden. In der Regel erhielten diese später eine Planstelle. Akten aus dem Jahr 1866 lassen erkennen, daß neben dem Behördenleiter, Ober-Prokurator Boelling, fünf Personen staatsanwaltschaftliche Arbeiten wahrnahmen, wie sich aus einem Circular (Umlauf) des Oberprokurators an die »Herrn Mitglieder des Parkets« ergibt. Rechnet man die Verfahren auch auf sie um, so ergibt sich ein jährlicher Schnitt von 229 Verfahren. Bezieht man die Zahl der Übertretungen und Holzdiebstähle auf die Zahl der Einwohner, so ergibt sich für das Jahr 1870 ein Verfahren auf 35,334 Personen. Die Anzahl der Verfahren steigt an und erreicht im Jahre 1878 das Verhältnis 1 : 30,60. Insgesamt kommt im Jahre 1870 eine Straftat (Verbrechen und Vergehen, Übertretungen etc.) auf 29,432 Personen; für 1878 lautet die Zahl 25,193 — ein deutlicher Anstieg. Die Vergleichszahl für das Jahr 1959 lautet: 1 : 18,423, für das Jahr 1967: 1 : 15,639 — ohne Vergehen und Übertretungen im Straßenverkehr.

Entgegen der für die Friedensgerichte geltenden Regelung hielt es der Gesetzgeber, wie die Motive zur Strafprozeßordnung erkennen lassen, für geboten, die Mitwirkung der Staatsanwaltschaft auch bei den unteren Gerichten als Gegengewicht zu einer inquisitorischen Tätigkeit des Richters einzuführen, käme doch sonst der Richter immer wieder in die Lage, das Interesse der Strafverfolgung in einem mit seinem Richteramt unvereinbaren Maße wahrnehmen zu müssen. Auch liege »in der That einer der wesentlichsten Vortheile, welchen die Einrichtung der Staatsanwaltschaft bietet, gerade in der Möglichkeit, ohne gerichtliches Verfahren die Grundlosigkeit einer Denunziation (heutiger Terminus: Strafanzeige) oder eines angeregten Verdachts zu erkennen und also ergebnißlose Untersuchungen zu vermeiden«. Im Jahre 1868 waren in Preußen bei der Staatsanwaltschaft 217.629 Verfahren anhängig, von denen 38% durch Erhebung der Anklage, 34% durch Einstellung, 11% durch sofortige Zurückweisung und 7% durch Abgabe an andere Behörden erledigt wurden. Die Vergleichszahlen für das Jahr 1874 lauten: 40%, 31%, 13% und 6%, für das Jahr 1878: 39%, 32%, 13% und 6%. Die Zahl der unerledigten Verfahren bleibt mit 8% in etwa konstant. Seit 1859 waren keine Veränderungen von mehr als 3 Prozentpunkten von den erstgenannten Zahlen festzustellen.

Weder die Motive — die sich übrigens durch mehrere recht unsachliche Ausfälle gegen das französische Recht auszeichnen — noch die Beratungen in der Kommission oder im Plenum des Reichstages lassen erkennen, daß man sich mit den statistischen Daten der Strafrechtspflege auseinandergesetzt hat; soweit Zahlen gelegentlich genannt werden, halten sie einer Nachprüfung durchaus nicht stand. Die der Kommission angehörenden Professoren — Gneist, Hänel, Marquardsen — stellten rechtstheoretische und rechtsgeschichtliche Erwägungen in den Vordergrund.

### 6. *Die neuen Aufgaben*

Innerhalb des bürokratisch-hierarchischen Aufbaues des ministère public war es Aufgabe der dem Landgericht zugeordneten Staatsanwaltschaft, die Rechtsprechung der nachgeordneten Polizeigerichte zu überwachen. In vergleichbarem Maße sah sie sich selbst der Kontrolle durch den General-Prokurator beim Appellationsgerichtshof ausgesetzt. So war der

Oberprokurator gemäß § 202 der Criminalordnung gehalten, ihm binnen 14 Tagen zumindest auszugsweise den Inhalt von Urteilen der Zuchtpolizeikammern zur Kenntnis zu bringen, um ihn in die Lage zu versetzen, von dem ihm zustehenden eigenen Recht zur Einlegung der Berufung Gebrauch zu machen. Diese Aufgabe entfiel. Die Aufgabe des Oberstaatsanwaltes — wie der Generalprokurator nunmehr hieß —, bei der Entscheidung des Anklagesenates über die »Statthaftigkeit der Anklage in Untersuchungssachen, welche die Rathskammern (also die für die Eröffnung von Hauptverfahren vor den Zuchtpolizeikammern zuständigen landgerichtlichen Kollegialgerichte) vor ihn verwiesen hatten«, mitzuwirken, verblieb dem Oberstaatsanwalt. Ebenso blieb es bei der Mitwirkung des Oberstaatsanwaltes, soweit gegen Beschlüsse der »Rathskammern der Landgerichte« Rechtsmittel zum Oberlandesgericht eingelegt wurden. Gleichwohl ist damit die Kompetenz des Oberstaatsanwalts noch nicht hinreichend umrissen: Ohne einen Blick auf die Zuständigkeit der Amts- und Landgerichte läßt sich nicht ermessen, welche tatsächliche Beteiligung an der ständig zu bewältigenden Jurisdiktion dem Oberstaatsanwalt zukam.

Tabelle 5
Bezirk des OLG (AGH) Köln

| Jahr | 1861 | 1870 | 1879 | 1882 | 1890 | 1900 | |
|---|---|---|---|---|---|---|---|
| Einw. | 2.711.000 | 2.988.000 | 3.234.000 | 3.465.000 | 3.674.000 | 4.247.000 | + 56,65 % |
| OLGR | 32 | 32 | 30 | 30 | 30 | 31 | —3,12 % |
| StA / OLG | 7 | 7 | 2 | 2 | 3 | 4 | —42,85 % |
| LG | 9 | 9 | 9 | 9 | 9 | 9 | |
| LGR | 82 / 27 | 84 / 28 | 114 | 114 | 123 | 150 | + 37,6 % |
| StA / LG | 34 | 34 | 25 | 25 | 29 | 47 / 8 | + 61,7 % |
| FG / AG | 125 | 128 | 108 | 108 | 108 | 113 | |
| FG / AGR | 125 | 128 | 173 | 173 | 189 | 295 | + 236 % |

Betrachten wir die Statistik (Tabelle 5; die Prozentangaben für Beamte und Einwohner beziehen sich auf das Ausgangsjahr 1861), die die Besetzung der Gerichte und Staatsanwaltschaften ausweist: Der numerische Rückgang der Beamten des Oberstaatsanwaltes ist augenfällig. Im Jahre 1900 hat die Behörde mit 4 Beamten noch nicht wieder den Personalstand von 1861 mit 7 Beamten erreicht, obwohl die Bevölkerung um 56,60 % auf 4.247.000 Personen angestiegen ist. Der Grund liegt auf der Hand: Die Kontrollfunktion des Generalprokurators über die gesamte Rechtsprechung und die Dienstaufsicht über die Gerichte sind entfallen, und die Aufgaben der Amts- und Landgerichte und der Staatsanwaltschaft sind völlig neu bestimmt worden. So zeigt sich, daß nunmehr der Staatsanwaltschaft bei dem Landgericht eine zentrale Aufgabe in der Strafrechtspflege zukommt. Sie ist nicht mehr mittlere Instanz in dem ehemals dreigliedrigen Aufbau der Strafverfolgungsbehörden, sondern hat eine zentrale Funktion mit eigenständiger Wahrnehmung des staatlichen Strafverfolgungsanspruches sowohl bei dem Amts- wie bei dem Landgericht.

Bis zum 1. Oktober 1879 hatten die Zuchtpolizeikammern der Landgerichte als zuständiges Gericht für alle Verbrechen und Vergehen fungiert, soweit nicht Assisen (Schwur)gerichte dort gebildet wurden. Unterstellt man, daß die bei dem Kölner Landgericht anhängigen Verfahren den Durchschnitt des Bezirkes des Appellationsgerichtshofes ausmachten, so ergibt sich bei Zugrundelegen der Werte der Tabellen 1 und 9 für das Jahr 1878 eine Anzahl von 19.753 erstinstanzlichen Verfahren vor den Zuchtpolizeikammern zuzüglich 1144 Assisensachen. Angesichts dieser Zahlen wird evident, daß eine Staatsanwaltschaft bei einem Obergericht nicht mehr in der herkömmlichen Weise als Instanz zur Kontrolle der Rechtsprechung wirken konnte. Eine grundlegende Neuverteilung der Zuständigkeiten im Strafverfahren war daher geboten.

Während die Abgeordneten — wenn auch nicht nur — Grundsatzfragen erörterten, sind sich die regierungsamtlichen, nämlich preußischen Autoren der Entwürfe ersichtlich ihrer Aufgabe bei der Neuordnung der Rechtsprechung bewußt gewesen: Es galt, eine erste Instanz für die numerische Mehrzahl aller Strafverfahren mit weitgehender Möglichkeit eines novum iudicium in factis et in iure zu schaffen — und das ist das Amtsgericht seit dem 1. Oktober 1879. Für die Aburteilung schwererer Straftaten mochte das Landgericht als einzige Tatsacheninstanz genügen — die Problematik ist in den Beratungen der Kommission und im Plenum des Reichstages ebenso gesehen worden wie die Tatsache, daß sich eine allseits befriedigende Lösung nicht finden läßt.

Die Beteiligung der Laien an der Rechtsprechung ist in den Beratungen ausführlich behandelt worden, meist unter mehr theoretischen als praktischen Gesichtspunkten. Endlich entschloß der Gesetzgeber sich dazu, bei allen strafrichterlichen Entscheidungen des Amtsgerichts (außer bei Übertretungen) Laien hinzuzuziehen. Ein Blick auf § 27 GVG zeigt uns jedoch sofort, daß die Strafgewalt der Amtsgerichte bei weitem geringer war als heute — rückblickend erscheinen sie uns fast als rheinische Friedensgerichte, aber mit rechtsgelehrten Richtern und zwei notwendigen Schöffen. So erstreckte sich die Strafgewalt nur auf Freiheitsstrafen bis zu drei Monaten Gefängnis und Geldstrafen bis zu 600.— Mark. Verbrechenstatbestände, deren es damals sehr viel mehr gab, so schwerer Diebstahl gem. §§ 243 und 244 StGB, Betrug und Hehlerei in erschwerten Fällen gem. §§ 260, 261, 264 StGB, waren der Zuständigkeit der Strafkammern — wie die Zuchtpolizeikammern des Landgerichts jetzt hießen — vorbehalten. Überstieg der »Werth des Gestohlenen oder Unterschlagenen« oder der Schaden bei einem Betrug oder bei einer Sachbeschädigung 25.— Mark, so begründete dies bereits die Kompetenz der Strafkammer. Allerdings brauchte das Schöffengericht gem. § 28 GVG seine Unzuständigkeit zur Aburteilung dann nicht auszusprechen, wenn der höhere Wert sich erst in der Hauptverhandlung herausstellte, sofern nicht andere Gründe für die Aussetzung des Verfahrens vorlagen. Soweit die Staatsanwaltschaft Anklage nicht zum Schöffengericht, sondern zur Strafkammer erhoben hatte, konnte diese das Verfahren eröffnen und auf Antrag der Staatsanwaltschaft an das Schöffengericht zur Verhandlung und Entscheidung »überweisen« (§ 75 GVG), wenn nach den Umständen des Falles anzunehmen war, daß die eingangs beschriebene Strafgewalt ausreichen würde. Indes galt dies auch nicht generell, sondern nur bezüglich des in § 75 GVG beschriebenen Kataloges von Strafnormen.

Anders als bei den Amtsgerichten glaubte der Gesetzgeber bei den Strafkammern auf die Mitwirkung von Laien gänzlich verzichten zu sollen: In der Hauptversammlung entschieden sie in der Besetzung von fünf Berufsrichtern mit der Ausnahme, daß sie als Berufungsinstanz bei Übertretungen und in Fällen der Privatklage nur mit drei Mitgliedern besetzt waren. Gemäß § 72 GVG waren die Strafkammern zuständig für diejenigen die Voruntersuchung und deren Ergebnisse betreffenden Entscheidungen, welche nach den Vorschriften der Strafprozeßordnung von dem Gericht zu erlassen sind; sie entschieden über Beschwerden gegen Beschlüsse des Untersuchungsrichters und der Amtsgerichte. Dazu kamen Aufgaben aus dem Gebühren- und Kostenwesen.

Als erkennendes Gericht erster Instanz waren die Strafkammern zuständig für Vergehen, die nicht vor das Schöffengericht gehörten, für Verbrechen, welche höchstens mit Zuchthaus bis zu fünf Jahren bedroht waren, für Verbrechen von Personen, die zur Tatzeit das achtzehnte Lebensjahr noch nicht vollendet hatten, für alle Fälle des schweren Diebstahls und des Rückfalles bei Diebstahl, Hehlerei und Betrug. Dazu kamen ausschließliche Zuständigkeiten gem. § 74 GVG bei »Zuwiderhandlungen« gegen Gesetze des Kauffahrteischiffahrt, des Bank-, Inhaberpapier- und des Personenstandswesens. Betrachten wir heute die Strafdrohungen des Reichsstrafgesetzbuches, so erscheint die Zuchthausstrafe fast als Regelstrafe.

Schwurgerichte wurden periodisch bei den Landgerichten gebildet. Sie waren zuständig für Verbrechen, die nicht zur Kompetenz der Strafkammern oder des Reichsgerichts gehörten, und bestanden aus drei richterlichen Mitgliedern und aus zwölf zur Entscheidung über die Schuldfrage berufenen Geschworenen. In dieser Form blieben die Schwurgerichte bestehen, bis sie durch den Reichsjustizminister Emminger — einen Augsburger Staatsanwalt — im Wege einer Ermächtigung gem. Art. 48 Weimarer Reichsverfassung vom 11. 8. 1919 unter Beibehaltung ihres Namens durch ein am 22. 3. 1924 verkündetes Gesetz abgeschafft und durch drei Berufsrichter und sechs Schöffen ersetzt wurden — aus Kostengründen, denn der finanzielle Aufwand erschien nicht mehr tragbar.

Die Einführung der Schöffengerichte entsprach weitgehend dem 1859 in Hannover, 1868 in Sachsen geschaffenen Vorbild — und das hat Gründe: der seit dem 5. Dezember 1867 amtierende und bei der Gestaltung der Entwürfe der Reichsjustizgesetze maßgeblich beteiligte preußische Justizminister, Dr. Gerhard Adolf Wilhelm Leonhardt, war bis zur Angliederung an Preußen (17. August 1866) königlich hannoverscher Justizminister. Er ergriff als Bevollmächtigter Preußens zum Bundesrat mehrfach im Plenum das Wort, um sich für das Schöffengericht einzusetzen. Nicht minder tat dies der Abgeordnete Dr. von (1888) Schwarze, der von Reichensperger am 26. Nov. 1874 als »Vater« des sächsischen Schöffengerichtes bezeichnet wurde.

Schon an diesem Tage warf der Abgeordnete Reichensperger die Frage auf, ob man sich den Luxus einer so weitgehenden Beteiligung von Laien an der Rechtsprechung leisten könne. »Wo bleibt es denn endlich mit der produktiven Arbeit unserer Mitbürger? Wo bleibt es denn mit dem Prinzip der Arbeitstheilung? Es bleibt doch wahr, daß nicht Jeder alles kann. . . non omnia possumus omnes«. Auch aus den gedruckten Zeilen in einer längst reformierten Orthographie wird noch nach mehr als einem Jahrhundert die Genialität eines großen Redners deutlich, seine Erkenntnisse in der Sache, seine Schlagfertigkeit, Lauterkeit des Denkens und ein Humor, der ihm heute den Orden wider den tierischen Ernst sicher erscheinen ließe — obwohl gerade er recht wenig zum Lachen hatte. Das »Alles in der Welt (wolle) gelernt werden«, erklärte der Abgeordnete Windthorst (Zentrum) im Anschluß daran, und bemerkte, die »Hinzuziehung des Laienelementes finde allerlei schönen Anklang. Es ist vielleicht noch die Resonanz der Gefühle, welche einst unsere Vorfahren veranlaßt haben, die Römer im Teutoburger Walde zu überfallen, weil sie dafür hielten, daß die römischen Doktoren sehr schlechte Richter seien«.

Die weitere Entwicklung des Gerichtsverfassungsrechts hat vornehmlich Reichensperger Recht gegeben: der rechtsgelehrte Amtsrichter sollte sich seinen Platz als Einzelrichter wieder zurückerobern — wie ihn einst der rheinische Friedensrichter innehatte. Allein der personelle Aufwand, der zur ordnungsgemäßen Besetzung der Schöffengerichte nach anfänglich geltendem Recht erforderlich war, mußte auf längere Sicht die Frage nach einer Änderung des Gerichtsverfassungsrechts aufkommen lassen.

Im Jahre 1899 wurden im Oberlandesgerichtsbezirk Köln 25.264 Schöffensachen (neben insgesamt 8.109 Kammersachen, 19.843 Einzelrichterverfahren wegen Übertretungen zuzüglich 5.577 Privatklagesachen und 17.178 Anträge auf Erlaß eines Strafbefehls) anhängig. Das beweist, welche »Masse von Arbeitslast auf die Mitbürger« — so wörtlich Reichensperger »geworfen« wurde. Allerdings sollte aber auch nicht verkannt werden, daß es für die Akzeptanz der Verurteilung bei den Betroffenen sehr wohl wesentlich darauf ankommen kann, daß diese von Nichtjuristen, von ihren Mitbürgern mitgetragen wird — indes ist dies naturgemäß nicht meßbar.

Ihre heutige Besetzung mit Berufs- und Laienrichtern erhielten die Strafkammern im Jahre 1924 durch die Emmingersche Justizreform, so daß nunmehr die Beteiligung von Laien in allen Strafverfahren von einer gewissen Bedeutung in der Tatsacheninstanz gewährleistet ist.

Tabelle 6
Die Landgerichte des AGH-Bezirkes Köln im Jahre 1861

| LG | Einwohner | Richter der Landgerichte | Staats-anwälte | Richter der Friedensgerichte |
|---|---|---|---|---|
| Aachen | 447.000 | 11/ 4 | 5 | 18 |
| Bonn | 231.000 | 7/ 2 | 3 | 11 |
| Kleve | 227.000 | 7/ 2 | 3 | 10 |
| Koblenz | 349.000 | 11/ 3 | 5 | 23 |
| Köln | 319.000 | 11/ 4 | 4 | 12 |
| Düsseldorf | 359.000 | 10/ 3 | 4 | 13 |
| Elberfeld | 257.000 | 7/ 3 | 3 | 9 |
| Saarbrücken | 189.000 | 7/ 2 | 3 | 9 |
| Trier | 334.000 | 11/ 4 | 4 | 20 |
| | 2.712.000 | 82/27 | 34 | 125 |

Die Zahl der Richter der Landgerichte ergibt sich aus der Summe der beamteten und der beauftragten (nach dem Strich) Richter.

Tabelle 7
Die Landgerichte des AGH-Bezirkes Köln im Jahre 1870

| LG | Einwohner | Richter der Landgerichte | Staats-anwälte | Richter der Friedensgerichte |
|---|---|---|---|---|
| Aachen | 480.000 | 15 | 5 | 18 |
| Bonn | 243.000 | 9 | 3 | 11 |
| Kleve | 234.000 | 9 | 3 | 10 |
| Koblenz | 377.000 | 14 | 5 | 24 |
| Köln | 357.000 | 16 | 4 | 12 |
| Düsseldorf | 405.000 | 14 | 4 | 13 |
| Elberfeld | 313.000 | 11 | 3 | 9 |
| Saarbrücken | 231.000 | 9 | 3 | 11 |
| Trier | 348.000 | 15 | 4 | 20 |
| | 2.988.000 | 112 | 34 | 128 |

Tabelle 8
Die Landgerichte des OLG-Bezirkes Köln im Jahre 1879

| LG | Einwohner | Richter der Landgerichte | Staats-anwälte | Amts-gerichte | Richter der Amtsgerichte |
|---|---|---|---|---|---|
| Aachen | 503.000 | 13 | 3 | 16 | 26 |
| Bonn | 253.000 | 9 | 2 | 8 | 14 |
| Kleve | 242.000 | 8 | 2 | 9 | 12 |
| Koblenz | 382.000 | 13 | 3 | 19 | 23 |
| Köln | 405.000 | 20 | 4 | 9 | 21 |
| Düsseldorf | 459.000 | 14 | 4 | 12 | 23 |
| Elberfeld | 373.000 | 14 | 3 | 8 | 20 |
| Saarbrücken | 266.000 | 11 | 2 | 11 | 14 |
| Trier | 349.000 | 12 | 2 | 16 | 20 |
| | 3.232.000 | 114 | 25 | 108 | 173 |

Tabelle 9

| Jahr | Einw. LGBez. | Verbr. / Verg. insg. | Es entfielen Vebr. / Verg. auf Einwohner |
|---|---|---|---|
| 1868/69 | 346.000 | 2201 | 157 |
| 1869/70 | 351.000 | 1931 | 182 |
| 1870/71 | 357.000 | 1252 | 286 |
| 1871/72 | 360.000 | 1602 | 225 |
| 1872/73 | 365.000 | 1865 | 196 |
| 1873/74 | 368.000 | 2265 | 162 |
| 1874/75 | 371.000 | 2380 | 156 |
| 1875/76 | 378.000 | 2471 | 153 |
| 1876/77 | 385.000 | 2574 | 150 |
| 1877/78 | 395.000 | 2644 | 149 |

Die Anzahl der Gerichtseingesessenen ist den Jahrbüchern entnommen, die Höhe der Verbrechen und Vergehen ergibt sich aus den Jahresberichten des Oberprokurators Tabelle 1

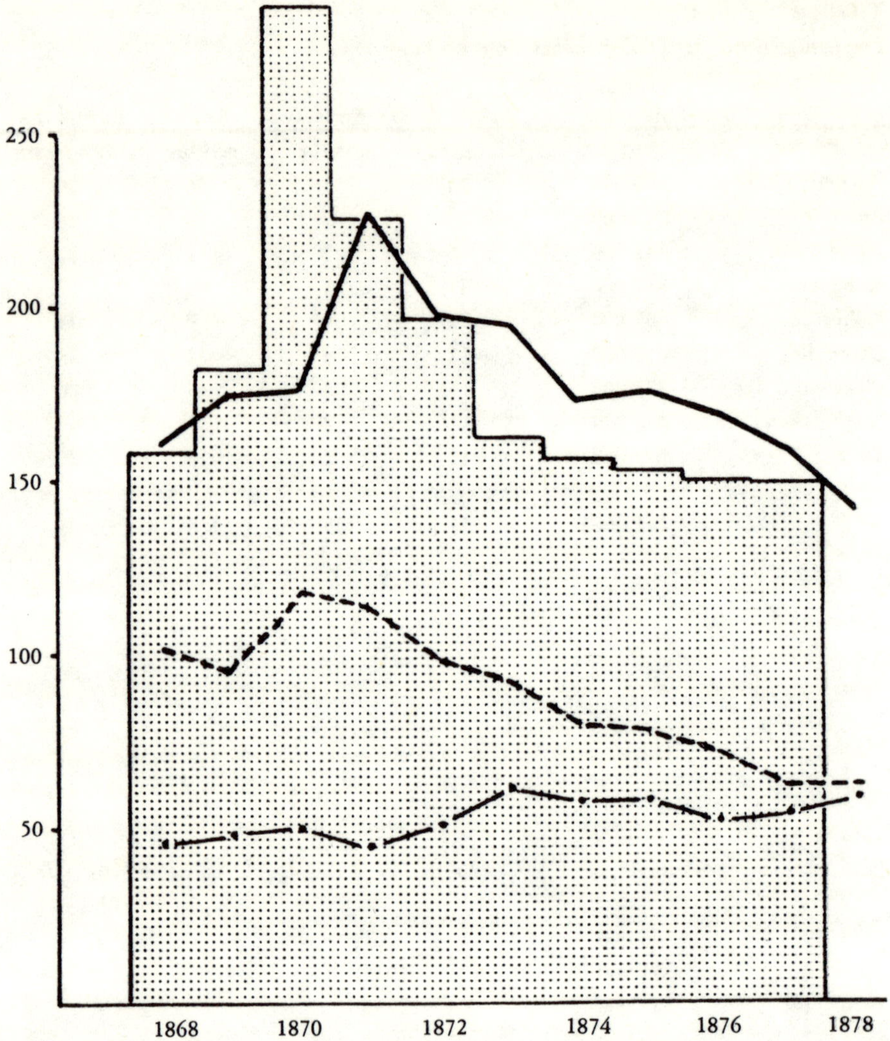


*Skizze: Dr. H.-J. Appell*

*Graphische Darstellung der Häufigkeit einer Untersuchung wegen Verbrechen und Vergehen ——— Übertretungen; ----------- Holzdiebstahl; -.-.-.-.-. in Preußen von 1868 bis 1878 pro Einwohner (Ordinate);*
*Zum Vergleich sind die entsprechenden Daten der Verbrechen und Vergehen für den Landgerichtsbezirk Köln — gerastert — dargestellt.*
*Der Abbildung liegen die Tabellen 2 und 9 zugrunde.*

Der numerische Anstieg der Straftaten in den folgenden Jahrzehnten war dem Gesetzgeber in den 70er Jahren des vergangenen Jahrhunderts nicht erkennbar. Das läßt sich durch Zahlen belegen. Betrachten wir die Tabellen 6, 7 und 8: Ersichtlich hat sich die personelle Ausstattung der Gerichte und der Staatsanwaltschaft trotz des kontinuierlichen Anstieges der Bevölkerungszahl — von 1861 um 19,23% = 523.000 auf 3.234.000 im Jahre 1879 — kaum verändert. (Die Zahlen hinter dem Schrägstrich bedeuten die nichtplanmäßigen, aber voll arbeitenden richterlichen Beamten). Die Tabelle 5 zeigt, in welchem Maße die Stellen gegen Ende des Jahrhunderts vermehrt werden mußten, um dem Verlangen der Bevölkerung nach gerichtlicher Entscheidung und, im Strafverfahren, nach Aburteilung zu genügen. Die Stellenvermehrung erfaßt jedoch nicht das Oberlandesgericht und die Behörde des Oberstaatsanwaltes.
Daß ein erhebliches Anwachsen der Kriminalität noch 1880 nicht zu erwarten war, zeigt ein Blick auf die Tabelle 9, die die Verbrechen und Vergehen für den Landgerichtsbezirk Köln für die Jahre 1868 und 1878 ausweist: unter Berücksichtigung der Bevölkerungszunahme beträgt der Anstieg lediglich 0,5369% gegenüber dem Stand von 1868 im Jahre 1878.
Setzen wir aber die Kölner Daten der wirklichen Kriminalität der von der Zuchtpolizeikammer abgeurteilten Verbrechen und Vergehen in Relation zur Delinquenz im übrigen Preußen, so ergibt sich das Bild der Skizze Nr. 10. Ersichtlich überragt das Wohlverhalten der Kölner im Landgerichtsbezirk wie ein Wolkenkratzer das Verhalten der Mitbürger im übrigen Königreich Preußen durch den auffälligen Rückgang der Straffälligkeit gerade im die deutsche Einigung bereitenden Kriegsjahr 1870/71. Die Gründe? Starke glaubt, sie gefunden zu haben: »Es handelte sich um einen Krieg, für welchen vom Tage der Kriegserklärung an die ganze Nation in einer an die ruhmreichen Zeiten der Freiheitskriege erinnernden Einmüthigkeit, Begeisterung und Opferwilligkeit eintrat. Nord- und Süddeutschland . . . standen jetzt einmüthig neben einander. Dem schweren Ernste der Situation konnte sich Niemand verschließen. . . .Viel gewichtiger ist jedoch eine andere Wirkung, welche der Krieg unmittelbar auf die vielen Millionen der im Lande zurückgebliebenen Einwohner ausgeübt hat. Sie bestand in einer bereits im Jahre 1866 hervorgetretenen mächtigen Bedeutung einer hohen, alle Volksschichten tief ergreifenden und sie beherrschenden Ideenrichtung, in dem Gefühle der Vaterlandsliebe«. . . Starke spürt ersichtlich, daß der Gedanke an eine politisch-moralische Gemeinsamkeit in der Bevölkerung der Straffälligkeit statistisch meßbar entgegenwirkt, eine Überlegung, die sich auch bei dem Kölner Ordinarius Richard Lange findet, der die unterdurchschnittlich geringe Kriminalität der Flüchtlinge in der unmittelbaren Nachkriegszeit damit erklärt, daß sie sich auf die einzig geretteten Werte der Sittlichkeit und Rechtstreue besonnen hätten. Ersichtlich haben sowohl Starke wie auch Lange bei ihren Erklärungen für rechtskonformes Verhalten der Bevölkerung allgemeingültige, keinesfalls auf Köln bezogene Erklärungen abgeben wollen. Gleichwohl läßt sich feststellen, daß jenes Gebiet als Hochburg des Zentrums, jene Geburtsstadt des Sozialistenführers August Bebels sich gerade in den kritischen beiden

Jahren der Reichsgründung als überaus rechtstreu und staatsergeben erwies (vielleicht hätte Bismarck die Statistiken, wenn es sie gegeben hätte, sorgfältiger studieren sollen).
Zwar waren sich die Juristen der 70er Jahre durchaus bewußt, daß es in den größeren Städten eine höhere Kriminalität zu verzeichnen gab als in ländlichen oder kleinstädtischen Gebieten, indes wurde als Beispiel im allgemeinen nur auf Berlin hingewiesen. Die zukünftige, ständig steigende Bedeutung der Strafgerichtsbarkeit, vornehmlich in den dicht besiedelten Gebieten, war indes nicht vorhersehbar, so wenig, wie nach der politischen Einigung im Jahre 1871 erkennbar war, welches Gewicht das »politische Gravitationszentrum in Mitteleuropa« — wie es der Kölner Historiker Andreas Hillgruber formuliert — alsbald erlangen würde, zumal das Ausmaß der Industrialisierung und der Prozeß der unerwarteten Bevölkerungszunahme sich erst in den folgenden Jahrzehnten bis zum Ausbruch des Ersten Weltkrieges zeigte.
So läßt sich feststellen, daß die Kodifikation der Strafprozeßordnung und des Gerichtsverfassungsrechts wesentlich auf den Erfahrungen seit dem napoleonischen Recht und auf den politischen und gesellschaftlichen Erwartungen der Vergangenheit beruhte. Welche Gestalt die für uns bedeutsamen Gesetze erhalten hätten, wenn der Reichstag sie erst eine Generation später verabschiedet hätte, läßt sich allenfalls mit Spekulationen beantworten.
Kehren wir noch einmal in das Jahr 1880 zurück: ein Besuch des Papstes aus Anlaß des Gedenktages eines großen mittelalterlichen katholischen Kölner Denkers war in dem noch immer anhaltenden Kulturkampf unvorstellbar, Erzbischof Paul Melchers, nunmehr 67 Jahre alt, Dr. theol., Deutscher, ledig, vorbestraft, befand sich im Exil, aus dem er nicht mehr nach Köln zurückkehrte, gegen zahllose katholische und sozialdemokratische Reichsfeinde und gegen nicht regierungskonforme Journalisten waren Verfahren anhängig — unsere Kollegen haben den Deutschen Kaiser und die zur Vollendung des Dombaues erschienene Prominenz gewiß nicht mit ungetrübter Freude begrüßt. Wer sagt noch etwas von der »guten, alten Zeit«?

## QUELLEN UND LITERATUR

BÄR, Max, Die Behördenverfassung der Rheinprovinz seit 1815, Publikationen der Gesellschaft für Rheinische Geschichtskunde XXXV, Bonn 1919

BORNHAK, Conrad, Preußische Staats- und Rechtsgeschichte, Berlin 1903. (Unveränderter Nachdruck München 1979)

200 Jahre Dienst am Recht.
Gedenkschrift aus Anlaß des 200jährigen Gründungstages des Preußischen Justizministeriums. Herausgegeben von Reichsminister der Justiz Dr. h. c. Franz Gürtner. Berlin o.J. (1938).

Fischer Weltgeschichte Bd. 27
Das bürgerliche Zeitalter
Hrsg. von Guy Palmade. Frankfurt 1974.

Gebhardt, Handbuch der deutschen Geschichte Band 16, Karl Erich Born, Von der Reichsgründung bis zum Ersten Weltkrieg dtv. wissenschaftliche Reihe 4216. München 1978[3].

Die Gesetzgebung des Deutschen Reiches von der Gründung des Norddeutschen Bundes bis auf die Gegenwart
Vierter Band: 1877—1879. Berlin 1885

HANSEN, Joseph, Das politische Leben. In: Die Rheinprovinz 1815—1915. Hundert Jahre preußischer Herrschaft am Rhein. Erster Band. Hrsg. von Joseph Hansen, Bonn 1917.

HILLGRUBER, Andreas, Bismarcks Außenpolitik rombach hochschul paperback. Freiburg 1972.

Jahrbuch der Preußischen Gerichtsverfassung Erschienen in Berlin seit 1851 (nicht jährlich!)

KERN, Eduard, Geschichte des Gerichtsverfassungsrechts München und Berlin 1954.

KLEIN, Adolf, Die rheinische Justiz und der rechtsstaatliche Gedanke in Deutschland In: Recht und Rechtspflege in den Rheinlanden, hrsg. von Josef Wolffram und Adolf Klein Köln 1969.

LANGE, Richard, Das Rätsel Kriminalität, Frankfurt 1970.

LILL, Rudolf, Die Wende im Kulturkampf. Leo XIII., Bismarck und die Zentrumspartei Tübingen 1973.

LÖWE, E., Die Strafprozeßordnung für das Deutsche Reich, Berlin 1898[9].

LÖWENSTEIN, Hubertus Prinz zu, Deutsche Geschichte. München-Berlin 1976.

Die gesammten Materialien zur Strafprozeßordnung, Die gesamten Materialien zum Gerichtsverfassungsgesetz, Hrsg. von C. Hahn. Berlin 1880.

Motive zur Strafprozeßordnung ohne Hrsg., vermutlich Reichsjustizamt. Berlin 1874

OPPENHOFF, F.C., Die Preußischen Gesetze über das mündliche und öffentliche Verfahren in Strafsachen. Berlin 1860.

OPPENHOFF, D.F.C., Die Rechtsprechung des Königlichen Ober-Tribunals und des Königlichen Ober-Appellations-Gerichts in Straf-Sachen. 15. Band. Berlin 1874

v. POSCHINGER, Heinrich, Fürst Bismarck und der Bundesrat, 4 Bände, Berlin 1897—1898.

v. RÖNNE, Ludwig, Das Staatsrecht der Preußischen Monarchie, 2 Bände, Leipzig 1882[2].

Sammlung der. . . Gesetze, Verordnungen Band 10. Berlin 1855 Herausgegeben von Marquardt.

SCHLETTER, Hermann Theodor, Der öffentlich-mündliche Strafprozeß in Deutschland, Erster Theil, Die Rheinische Gerichtsverfasssung und das rheinische Strafverfahren Altenburg 1847.

SCHMIDT, Eberhard, Fiskalat und Strafprozeß Archivalische Studie zur Geschichte der Behördenorganisation und des Strafprozeßrechtes in Brandenburg-Preußen München und Berlin 1921

SCHULTE, Aloys, Tausend Jahre deutscher Geschichte und deutscher Kultur am Rhein Düsseldorf 1925.

SCHWEICHEL, Heinrich, Vom »ministère public« zur Staatsanwaltschaft, In: Recht und Rechtspflege in den Rheinlanden, hrsg. von J. Wolffram und A. Klein. Köln 1969.

SCHWARZ, Max, MdR. Biographisches Handbuch des Reichstages Hannover 1965.

STARKE, W., Verbrechen und Verbrecher in Preußen 1854—1878, Eine kulturgeschichtliche Studie Berlin 1884.

Statistik des Regierungsbezirkes Cöln Im Auftrage der Königlichen Regierung zusammengestellt von Fr. Halm Cöln 1865.

Statistisches Jahrbuch für das Deutsche Reich Berlin.

STEIN, Albert, Justiz zwischen staatlicher Kirchenpolitik und kirchlicher Selbstbehauptung. In: Recht und Rechtspflege in den Rheinlanden, hrsg. von J. Wolffram und A. Klein. Köln 1969.

ZORN, Wolfgang, Wirtschafts- und sozialgeschichtliche Zusammenhänge der deutschen Reichsgründungszeit (1850—1879) In: Probleme der Reichsgründungszeit 1848—1879. Hrsg. von Helmut Böhme. Neue Wissenschaftliche Bibliothek 26 Geschichte. Köln 1972[2].

JUSTUS BOCKEMÜHL

# MIT FEDERKIEL UND STREUSANDBÜCHSE

## *Anfänge und Wirkungsfelder des öffentlichen Notariats in Köln*

Bewußt oder unbewußt trägt jeder, der sich mit geschichtlichen Sachverhalten beschäftigt, die in seiner Gegenwart und in seinem Lebensumfeld gewonnenen Erfahrungen, Vorstellungsbilder und Begriffsinhalte an die Vergangenheit heran. Umfassende Kenntnis der gegenwärtigen Sachzusammenhänge kann nicht selten das Verständnis uns überlieferter Geschichtszeugnisse erleichtern. Unser Eingebundensein in die Worte, Begriffe und Systeme unserer eigenen Zeit kann aber auch ebenso oft den Blick für die wirklichen Gegebenheiten und Wirkungskräfte der Vergangenheit versperren oder zu unangemessenen Schlußfolgerungen verleiten. Diese Gefahr liegt bei der Beschäftigung mit der Geschichte des Notarberufes besonders nahe.

Unsere heutige Rechtsordnung hat dem Notar eine ganz bestimmte und nicht eben unbedeutende Stellung im vielfältigen Geflecht der gesellschaftlichen Verhältnisse zugewiesen. Die dem Richter vergleichbare Stellung des Notars als unabhängiger Träger eines öffentlichen Amtes, in die die gesetzlichen Regelungen den Notar innerhalb des Gesamtgefüges unserer rechtsstaatlichen Ordnung gestellt haben, ist erst vor kurzem von dem Präsidenten des Bundesgerichtshofes mit bemerkenswerten Worten treffend umschrieben worden. Sinn und Ziel der Aufgabenstellung des Notars innerhalb der Rechtsordnung ist es, bei der Gestaltung und Sicherung privater Rechtsverhältnisse mitzuwirken. Seine Beratungs- und Beurkundungstätigkeit hat sich an den schutzwerten rechtlichen Interessen des Einzelnen auszurichten und diese zu fördern. Durch ihre beweiskräftige Aufzeichnung beugt er möglichen künftigen Verletzungen dieser Einzelinteressen vor. Aber dadurch, daß er in einer Vielzahl von einzelnen Fällen die Belange des Staatsbürgers wahrt und befriedigt, dient er auch zugleich wesentlichen Interessen der Allgemeinheit. So ist die Arbeit des Notars darauf angelegt, die Rechtssicherheit zu gewährleisten und den Rechtsfrieden zu bewahren und damit letzten Endes der Idee der Gerechtigkeit zu dienen.

Mit dieser heutigen Aufgabenstellung, die andere Funktionsträger zu anderen Zeiten mit anderen rechtlichen und technischen Mitteln ebenfalls zu erfüllen hatten, steht der Notar in einer überaus langen rechtshistorischen Traditionskette. Ebenso alt wie jede schriftgebundene Rechtskultur ist auch die zur Bewältigung gestellte Aufgabe, unanfechtbare und zweckmäßige Wege zur Beglaubigung und Beweissicherung privater Rechtsgeschäfte zu finden. Menschlicher Geist und Erfindungsreichtum haben zu allen Zeiten Lösungen für dieses Problem gefunden. Deshalb läßt sich nicht nur der Gebrauch beweiskräftiger Urkundsformen, sondern auch die Gestalt des im Sinne der Rechtssicherheit vorsorgend tätigen Vertragskundigen weit in die Vergangenheit zurückverfolgen. Am Beginn dieser bis in rechtsgeschichtliche Urzeiten zurückreichenden Kette von Kautelarkundigen steht der Tontafelschreiber des mesopotamischen Rechtskreises mit der Erfindung der aus Innen- und Außenschrift bestehenden Doppelurkunde. Der Schreiber demotischer Urkunden in Ägypten, der Syngraphophylax des griechischen Rechts und der Agoranomos der hellenistischen Zeit sind ebenfalls in diesen Zusammenhang zu stellen. Auch die Gesta municipalia — die Vorläufer aller Stadt- und Gerichtsbücher erfüllten ähnliche Aufgaben in der Zeit der spätrömischen Dominatsverfassung, in der auch die Tabellionen begannen, ihre Schreiberdienste zur Verfügung zu stellen. Traditionencodices und Kerbschnitturkunden und nicht zuletzt die Siegel geistlicher und weltlicher Urkundsaussteller dienten alle dem gleichen Zweck. Auch die Tätigkeit, die Notare von kaiserlicher oder päpstlicher Autorität als Stadt- und Gerichtsschreiber oder in anderen beruflichen Stellungen seit Ende des 13. Jahrhunderts in Deutschland erbrachten, ist im Rahmen dieser Zielsetzung zu sehen. An dieser Stelle ist jedoch auf die eingangs bereits erwähnte Gefahr hinzuweisen, die darin besteht, daß wir nur zu leicht geneigt sind, Benennungen des historischen Quellenmaterials mit gleich klingenden oder ähnlich erscheinenden Bezeichnungen unserer Tage gleichzusetzen und im Anschluß daran das dünne Gerüst des historischen Stoffes mit unseren Vorstellungsbildern auszufüllen. Deshalb wäre es falsch, einen jeden »öffentlichen« Notar des Mittelalters von kaiserlicher oder päpstlicher Autorität nach seinem Aufgabenbereich und nach seiner sozialen Rolle mit einem heutigen Amtsträger gleichzusetzen. Die tatsächlich vorhandene historische Kontinuität, die in der heute wie vor siebenhundert Jahren gegebenen Befugnis liegt, Urkunden mit einem ganz besonderen prozessualen Beweiswert zu errichten, darf nicht als Begründung und Rechtfertigung dafür angesehen werden, auch eine vermeintliche Kontinuität für das Notariat als Berufsstand über die Jahrhunderte hinweg zu postulieren. Es war deshalb ein grundlegender und methodischer Fehler, wenn in der Vergangenheit die Geschichte des öffentlichen Notariats vorwiegend und einseitig unter dem Aspekt des Notarinstrumentes als einer besonderen Urkundsform betrachtet worden ist. Dieser aus der historischen Hilfswissenschaft der Urkundenlehre gewonnene, sicherlich keineswegs überflüssige Ansatzpunkt mußte von vielen tatsächlichen Gegebenheiten ablenken. Denn die heute vom Notar zu bewältigenden Aufgaben wurden in der Vergangenheit oft von anderen Personen, in anderer Weise und mit anderen Mitteln gelöst. Neben den als notarii publici auftretenden Urkundspersonen nahmen andere Funktionsträger gleiche Aufgaben wahr. Nicht nur die notariellen Instrumente, sondern auch andere Urkunds- und Beurkundungsformen genossen den gleichen Beweiswert wie diese. Andererseits waren die notarii publici in vielfältigen Aufgabenbereichen rechtlicher und tatsächlicher Art tätig, die völlig außerhalb des Arbeitsfeldes des heutigen Notars liegen. Nicht zuletzt ergab sich eine ganz andere Verteilung der Funktionen schon deshalb, weil andere Verfahrensregeln und ein anderes materielles Recht in den Fragen des urkundlichen Formzwanges bereits die Ausgangsposition ganz anders bestimmten. Und schließlich fällt ins Gewicht, daß von einer obrigkeitlichen Justizorganisationsgewalt von ganz unterschiedlichen Zielsetzungen her und mit ganz unterschiedlicher Intensität Gebrauch gemacht wurde.

Es ist allerdings einzuräumen, daß die übereilte und nicht gerechtfertigte Gleichsetzung des mittelalterlichen Notars mit dem heutigen Amtsträger durch die Terminologie der Quellen außerordentlich begünstigt worden ist. Das in diesem Zusammenhang zweimal auftretende Wort »publicus« ist der Ausgangspunkt der Mißdeutungen gewesen. Die Notare werden als notarii publici bezeichnet und den von ihnen errichteten Instrumenten wird die Beweiskraft der fides publica beigemessen. Wenn wir diese Wendungen in den Quellen lesen, dann drängt sich die Assoziation zu dem Begriffspaar öffentlich-privat unwillkürlich auf, wobei dann öffentlich im Sinne von öffentlich-rechtlich verstanden wird. Tatsächlich verbinden wir ja auch den öffentlichen Glauben, wie ihn die Vorschrift des § 415 ZPO umschreibt, mit der öffentlich-rechtlichen Amtsbefugnis, die der Notar ausübt. Ein solcher unseren Vorstellungsbildern entsprechender Begriffsinhalt steckt jedoch nicht hinter der fides publica des Mittelalters. Richtig ist es vielmehr, den Bedeutungsinhalt aus dem Gegensatzpaar »öffentlich« — »heimlich« zu erklären. Öffentlicher Glaube ist der Glaube an das in der Öffentlichkeit — d.h. an das im Beisein von Zeugen — Vollzogene; öffentlicher Glaube ist die Beweiskraft der in aller Öffentlichkeit errichteten Urkunde. Im Gegensatz hierzu steht das im stillen Kämmerlein — d.h. ohne Zeugen — Geschriebene, für das man oft ein besonderes Siegel, das secretum verwendete. Öffentlicher Glaube ist der Beweiswert des offenkundig vollzogenen und in den dafür vorgeschriebenen Formen festgehaltenen Rechtsaktes. In diesem Sinne werden die notarii publici auch durchaus zutreffend in deutschsprachigen Texten als »offenbare« Schreiber bezeichnet. Dies ist in der Erinnerung zu behalten, wenn nun den Anfängen und den Wirkungsfeldern dieser Personen in der Stadt Köln einige wenige und in den Einzelheiten oft nur kurz angedeutete Skizzen gewidmet werden sollen.

*Notare beim Erzbischöflichen Offizialat*

Öffentliche Notare fanden ihr erstes Wirkungsfeld in Köln als Gerichtsnotare beim erzbischöflichen Offizialatsgericht, das von der Mitte des dreizehnten Jahrhunderts an in der Domstadt bezeugt ist. Ihr erstes Auftreten als Amtsträger dieser Gerichtsbehörde und ihren weiteren Werdegang können wir nur dann richtig einordnen, wenn wir uns den entwicklungsgeschichtlichen Zusammenhang kurz verdeutlichen und ihren Aufgabenbereich vor einen weiteren Hintergrund stellen. Ursprung und Entwicklung des sog. öffentlichen Notariats im Mittelalter sind ein Thema der gesamteuropäischen Rechtsgeschichte, die wir heute dank größerer Distanz, aber auch intensiver, die Disziplinen übergreifender Forschungen zunehmend als in den Grundzügen einheitliche Erscheinung sehen.

Die mittelalterliche Welt erlebte im 12. Jahrhundert auf allen Gebieten des geistigen und kulturellen Lebens einen staunenswerten Aufschwung. Antrieb und kennzeichnend für diese Blüteepoche ist das Erwachen des kritisch fragenden und forschenden Verstandes. Vor diesem Hintergrund einer intellektuellen und wissenschaftlichen Durchdringung aller Lebensbereiche müssen wir auch die bedeutsamen Anstöße für die Fortentwicklung des Rechts und der Rechtswissenschaft sehen, die vom 12. Jahrhundert aus ihren Anfang nahmen. Die intensive Beschäftigung mit der kirchlichen und der römischen Rechtsüberlieferung, das neu aufkeimende Interesse für das Gesetzbuch Justinians und für die Vielzahl der überlieferten päpstlichen Dekretale ordnete sich in die Gesamtentwicklung dieses Jahrhunderts fugenlos ein. Eine logisch-geschlossene Rechtsordnung, wie sie das römische Recht darbot, mußte den aufgeschlossenen, forschenden und nach systematischer Durchdringung und Bewältigung des sich erweiternden Lebenshorizontes drängenden Geist vieler Menschen dieser Zeit unwiderstehlich anziehen und faszinieren. Die Frucht dieses oft rastlosen Interesses schlägt sich nieder für das römische Recht in der Arbeit der oberitalienischen Glossatorenschule und für das kanonische Recht in dem Werk des Kamaldulensermönches Gratian. Das grundlegend Neue an dieser Bewegung war insbesondere die nun beginnende Intellektualisierung des Rechts und der Rechtsanschauungen und eine Verwissenschaftlichung auch der Rechtsanwendung in Abkehr von dem bis dahin vorherrschenden irrationalen, ja oft magischen Rechtsverständnis. Praktische Verwirklichung fanden diese neuen Ideen und diese veränderte Betrachtungsweise zunächst im Raume der kirchlichen Gerichtsbarkeit.

Die an Gratian anknüpfende Dekretalistik gestaltete das kanonische Verfahrensrecht ganz von römisch-rechtlichen Grundlagen her. Kennzeichnend für den Rechtsgang innerhalb der kirchlichen Gerichtsbarkeit waren Prozesse, in denen der Prozeßstoff schriftlich vor- und zusammengetragen wurde, in denen bestimmte Förmlichkeiten gewahrt werden mußten und deren Ziel es war, mit rationalen Mitteln und Methoden die Wahrheit zu ermitteln. Eine spürbare Beschleunigung des Verfahrensablaufes und eine Abschätzbarkeit des zu erwartenden Prozeßrisikos waren ebenso wesentliche Bestandteile dieses Verfahrens wie auch der Urkundenbeweis, der sich vom älteren Beweiswert des Reinigungseides, der Eideshelfer und der Gottesurteile deutlich abhob. Dies alles war geeignet, die Bedürfnisse der sozialen Wirklichkeit mit ihren expandierenden und komplizierter werdenden Verflechtungen sachgerechter zu befriedigen als es das traditionelle Prozeßverfahren vermochte. Mächtigen Auftrieb gewann diese Gerichtsbarkeit zusätzlich, als man daran ging, die kirchliche Gerichtsbarkeit aus ihrer engen Verbindung mit der Person des Bischofs zu lösen und in die Hände von eigens dazu berufenen richterlichen Beamten am Hofe der Bischöfe zu legen. Dieser Offizial war in seiner richterlichen Stellung als Berufsrichter zwar Funktionsträger einer aus dem Bischofsamt fließenden Aufgabe. Er wurde auch vom Bischof ernannt und konnte vom Bischof jederzeit wieder aus diesem Amt entfernt werden. Die Ausübung der Gerichtsgewalt des Bischofs war ihm jedoch in der Weise übertragen, daß der Bischof in das Verfahren und die Entscheidungen des Offizials keinen Eingriff tun konnte. Gegen die Entscheidungen des Offizials war eine Appellation an den Bischof nicht gegeben. Vorgeordnet war ihm nur das höhere Gericht innerhalb der kirchlichen Gerichtsorganisation. Der Offizial wendete in seinem Verfahren das römisch-kanonische Prozeßrecht an und richtete sich, soweit das materielle Recht in Betracht kam, ebenfalls in erster Linie nach kanonischem und in zweiter Linie subsidiär nach römischem Recht.

Das hiermit angesprochene Gericht des bischöflichen Offizials als eines im kanonischen und römischen Recht ausgebildeten Berufsrichters fand im Zuge einer gesamteuropäischen Kulturströmung von Frankreich kommend in Deutschland Eingang. Von den Stationen des Weges, auf dem das Offizialat vordrang, lassen sich noch folgende feststellen: Reims (1187), Paris (1205), Arras (1210), Cambrai (1212), Lüttich (1214), Utrecht (1231), Speyer (1237), Worms (1243), Poitiers (1246), Trier (1247), Straßburg (1248), Genf (1250), Arles (1251), Köln, Basel (1252), Konstanz (1253), Lausanne (1260), Münster (1265), Würzburg (1275), Hildesheim (1292), Magdeburg (1295), Paderborn (1313), Osnabrück (1325), Minden (1326), Bremen (1329) und Merseburg (1330). Neben Speyer, Worms, Trier, Straßburg und Basel gehört Köln somit zu den Frühstätten des Wirkens des bischöflichen Offizials im deutschsprachigen Raum.

Mit der Einführung des Offizialats waren in Deutschland die ersten rechtsgelehrten Gerichte geschaffen. Der Zuständigkeitsbereich dieser Gerichte war weit. Nach den Bestimmungen des kanonischen Rechts waren sie ratione personae immer dann zuständig, wenn im Verfahren ein Geistlicher oder eine geistliche Körperschaft als Beklagter oder als Kläger beteiligt war. Ratione personae war die Zuständigkeit auch dann gegeben, wenn es sich um sog. personae miserabiles, vornehmlich Witwen und Waisen handelte, wie auch bei weiteren Personenkreisen. Ratione rei waren die geistlichen Gerichte in zahlreichen weiteren Fällen zur Entscheidung berufen, beispielsweise bei Streitigkeiten um Kirchengut, Patronatssachen, Testamentssachen und Ehesachen. Eine subsidiäre Allzuständigkeit der geistlichen Gerichte ergab sich für den Fall einer Rechtsverweigerung durch die weltlichen Gerichte. Zur Ausdehnung des Wirkungsbereiches trug ferner bei, daß sich die kirchliche Justiz selbst die Kompetenzkompetenz zusprach. Ganz besonders aber fiel ins Gewicht, daß von der Möglichkeit der Prorogation in ausgedehntem Maße Gebrauch gemacht wurde. Die Parteien brachten durch entsprechende Gerichtsstandvereinbarungen ihre Rechtstreitigkeiten deshalb gerne vor das geistliche Gericht, weil das Verfahren hier unabhängiger und die Vollstreckung der Urteile unter geistlichem Bann ihnen besser gesichert schien.

Als erster Kölner Offizial ist im Jahre 1252 der Magister Andreas nachweisbar. Die erste Nachricht zeigt ihn sogleich in seiner charakteristischen Tätigkeit als kirchlichen Richter. So entscheidet er im Februar des genannten Jahres einen Zehntstreit zwischen dem Kunibertstift und dem Kloster der Weißen Frauen in Köln. Dieser hier erstmals als Offizial des Kölner Erzbischofes greifbare Magister Andreas wird durch die Urkunde selbst, aber auch bereits durch frühere Zeugnisse als Scholaster des St. Severinstiftes ausgewiesen. In den folgenden Jahren lassen sich folgende Nachfolger nachweisen: Magister Giselbertus von Gülpen (1262), Magister Dionysius (1266), Magister Hermannus (1272), Magister Wilhelmus, Scholaster des St. Andreasstiftes (1278) und Magister und doctor legum Ludolf de Capella (1284—1303). Der Einfluß der westlichen Nachbardiözesen, in denen der gelehrte Berufsrichter eher heimisch wurde als in Köln, wird in den Personen konkret sichtbar: Wir können nachweisen, daß Giselbert von Gülpen aus dem Bistum Lüttich stammte. Dionysius war Kantor von St. Alban in Namur, was ebenfalls für eine Herkunft aus diesem Raume spricht. Und der Scholaster Wilhelmus kam wiederum aus der Diözese Lüttich. Der im zweiten Jahrzehnt des folgenden Jahrhunderts tätige Offizial, Magister Christian von Aachen, war, bevor er in diese Stellung nach Köln kam, bereits Offizial des Bischofs von Utrecht gewesen.

Noch eine weitere interessante Feststellung ist an dieser Stelle zu machen. Neben Magister Andreas, dem ersten Offizial, und Magister Wilhelmus, dem fünften Inhaber dieses Amtes, die als Scholaster den Stiftsschulen von St. Severin und St. Andreas vorstanden, begegnet auch in der Person des Dr. leg. Ludolf von Kapellen die Verbindung zwischen Schulleiter und gelehrtem Juristen. Dieser Offizial war zugleich Scholaster des Stiftes St. Maria ad gradus. Diese Erscheinung ist nicht auf die Anfangszeit beschränkt. Auch der als Nachfolger des Christian von Aachen tätige Kölner Offizial Gottfried von Kierberg ist daneben als Scholaster des St. Cassius-Stiftes in Bonn nachweisbar. Der in die gleiche Zeit fallende Siegler der Kurie, Otto, in seiner Funktion gewissermaßen zweiter Mann der Gerichtsbehörde nach dem Offizial, war Scholaster des St. Georg-Stiftes. Der über lange Jahre hinweg als advocatus curie coloniensis auftretende Gottschalk von Soest bekleidete die entsprechende Stellung am Mariengraden-Stift, und der Magister und doctor decretorum Rutger von Altendorf leitete die Stiftsschule von St. Gereon. Auch bei dieser Ämterkombination bot der angrenzende Westen Vorbilder. So war beispielsweise der als Historiker zu bleibender Bedeutung gekommene Jean de Hocsem in Lüttich gleichzeitig Offizial und Leiter der dortigen Kathedralschule. In Kenntnis dieser personellen Verbindungen wird verständlich, daß eines der Kernstücke des mittelalterlichen Ausbildungswesens, die ars dictaminis, die Lehre von den Regeln eines guten Prosastils, insbesondere von der stilistisch einwandfreien Abfassung von Briefen und Urkunden, nach Systematik und Inhalt so enge Beziehungen zur ars notariae, der Lehre von der kunstgerechten juristischen Urkundspraxis, aufweist. Über das weitverbreitete Speculum iudiciale des Durantis fand die italienische Notariatsliteratur, insbesondere die Summe des Rolandinus, Eingang in die Praktikerhandbücher und Studienleitfäden des Spätmittelalters. Der bereits erwähnte Lütticher Offizial Jean de Hocsem verfaßte unter dem Titel »Flores utriusque iuris« im Jahre 1341 ein solches Werk der juristischen Einführungsliteratur. Es handelt sich um ein sorgsam gearbeitetes, alphabetisch geordnetes Kompendium des römischen und kanonischen Rechtes. Werke dieser Art beeinflußten über Generationen hinweg die Ausbildung der Kleriker und gaben ihnen für ihre weitere Laufbahn das juristische Rüstzeug und die praktische Anleitung. Der in Köln wirkende Peter von Olpe, übrigens auch Inhaber der notariellen Amtsbefugnis, brachte als Herausgeber das Werk des Lüttichers im Jahre 1477 in Köln zum Druck. Die Verfasserschaft des Jean de Hocsem wurde erst in allerjüngster Zeit nachgewiesen. Als das öffentliche Notariat allenthalben in Deutschland die Stellungen der Stadtschreiber in den kleinen und mittleren Städten eroberte, wurde in denjenigen Städten, die keine Stiftsschulen besaßen, in einer Vielzahl von Fällen die Ämter des Stadtschreibers und des Leiters der städtischen Schule in Personalunion vereinigt und somit die vom Offizialat begonnende Tradition fortgesetzt.

Nur selten ist es uns vergönnt, hinter den oft spärlichen Überresten der urkundlichen Überlieferung des Spätmittelalters den Menschen selbst und seine Einstellung zu seiner Lebensaufgabe kennen zu lernen. Umso glücklicher müssen wir uns schätzen, daß von dem ersten Kölner Offizial ein Siegelabdruck überliefert ist, der sehr aussagekräftig Rückschlüsse auf die Person des Siegelinhabers und dessen Auffassungen erlaubt. Die bereits erwähnte Urkunde des St. Kunibertsstiftes, durch welche die Entscheidung im Zehntstreit mit dem Kloster der Weißen Frauen festgehalten wurde, war vom Offizial besiegelt, und dieses Siegel hat sich bemerkenswert gut erhalten. Das Siegelbild zeigt sehr deutlich eine gleicharmige Balkenwaage mit zwei gleichgroßen anhängenden Waageschalen. Dies ist nicht nur als ein juristisches Motiv oder ein allgemeines Gerechtigkeitsbild zu deuten. Vielmehr wird nach der Bildsprache jener Zeit ganz besonders durch die Waage die Zivilrechtspflege und als Ziel dieser Zivilrechtspflege der Gedanke der Aequitas symbolisiert. Gerade die ka-

*Siegel des ersten Offizials des Kölner Erzbischofs aus dem Jahre 1252, Magister Andreas (HASt Köln)*

*Siegelumschrift (unter Auflösung der Kürzungen):*
*Sigillum officialis archiepiscopi*
*Coloniensis et apostolice legati*
*Beischrift zum Siegelbild:*
*Andreas scolasticus S. Severini*

nonische Zivilrechtspflege strebte nach der Verwirklichung der Idee der Gerechtigkeit in jedem konkreten Einzelfall, und der Begriff der Aequitas wuchs so zu einem der Zentralbegriffe der mittelalterlichen Rechtsordnung. Daß Magister Andreas gerade dieses Siegelbild wählte, kann angesichts seiner doppelten Funktion als Jurist und Lehrer sicherlich nicht überraschen. Es ist jedoch Ausdruck eines von Gerechtigkeitsideal geprägten Programms und zeigt uns, unter welchen hohen Anspruch der erste Kölner Offizial seine Tätigkeit stellte.

Von diesem Programm her ist es nur allzu verständlich, daß gerade auch Urkunden der freiwilligen Gerichtsbarkeit in der Überlieferung der erzbischöflichen Kurie breiten Raum einnehmen. Das Siegel des Offizials genoß als sigillum authenticum Beweiskraft für Beurkundungen und Beglaubigungen auch in fremden Angelegenheiten. An dieses Siegel knüpfte sich die eingangs erörterte fides publica. So können wir beobachten, daß eine Vielzahl von Rechtsgeschäften des Liegenschaftsverkehrs auch dann, wenn keinerlei Zuständigkeit des geistlichen Gerichts gegeben war, dem Offizial zur Besiegelung vorgelegt wurden, nachdem die Parteien über den Geschäftsabschluß einig geworden waren. Aber recht bald, von 1277 bzw. 1281 an sind auch Offizialatsinstrumente erhalten, in denen der Offizial über das unter seiner Mitwirkung vollzogene Rechtsgeschäft eine eigene Urkunde ausstellt, und die festhalten, daß der Rechtsakt selbst, beispielsweise die Auflassung eines Grundstückes, vor dem Offizial stattgefunden hat. In diesen Urkunden erscheinen als Bestandteil sog. Einredeverzichtsklauseln (Renuntiationen) dann auch nicht selten die Termini des römischen Rechts. Die erwähnte Urkunde des Jahres 1277 behandelt einen Grundstückskauf zwischen einem Ehepaar und dem Kloster Dünnwald. Das Verkäuferehepaar verzichtet darin ausdrücklich auf das »beneficium restitutionis in integrum«, auf die »exceptio non numeratae, non traditae et non solutae pecuniae« und auf alle sonstigen rechtlichen und tatsächlichen Einwendungen. Hinter diesen Renuntiationen verbirgt sich der eigenartige Sachverhalt, daß man die nach römisch-rechtlichen Verfahrensregeln arbeitende Gerichtsinstanz gerne in Anspruch nahm, aber gleichzeitig und andererseits die Vorschriften des materiellen römischen Rechts in nicht wenigen Fällen auszuschließen suchte, sodaß der traditionelle Gedanke strikter Vertragstreue (»Vertrag ist Vertrag« — »Augen auf oder Beutel auf«) möglichst wenig angetastet wurde.

Die ordnungsgemäße Bewältigung aller dieser Aufgaben war nicht anders als in einer mehrfach gegliederten Behörde möglich. Zum juristischen Personal des geistlichen Gerichts gehörten neben dem Offizial als Richter, den gelegentlich erwähnten Assessoren als beisitzenden Richtern und dem Siegler insbesondere die mit der Interessenwahrung und Beratung der Parteien betrauten Advokaten und die Notare, deren Aufgabe nicht nur in der Führung der Verhandlungsprotokolle bestand, sondern die als Prokuratoren und Auditoren daneben mit Zeugenvernehmungen, Aufnahme von Klagen und Appellationsschriften, Zustellungen und Urkundstätigkeiten befaßt waren. Gleich fünf notarii curie coloniensis werden in einer Urkunde des Jahres 1272 erwähnt, darunter ein Magister Arnold von Rode und ein Werner. Beide sind sieben Jahre später erneut nachgewiesen, in diesem Zeit-

*Urkunde des Kölner Offizials vom 26. November 1277*
*Kartular des Klosters Dünnwald*

*(Historisches Archiv der Stadt Köln Auswärtiges Nr. 68 Bl. 48 Rs.)*

punkt jedoch nicht mehr als Notare, sondern als advocati curie coloniensis. Daß diese Notare für die Urkundenfertigung als Redaktoren verantwortlich waren, zeigt der auf einer Urkunde des Jahres 1274 befindliche Fertigungsvermerk »par manum Henrici notarii curie nostre«. Nur wenig später läßt sich nachweisen, daß sich unter den Notaren des geistlichen Gerichts auch solche mit kaiserlicher Amtsgewalt befanden. Aus dem Jahre 1279 ist ein Instrument erhalten, welches das Signet und die Subskriptionsformel des »Theodericus de Colonia dictus de Porta, imperiali auctoritate publicus notarius« überliefert. Daß dieser Dietrich sein Notariat nicht im freien Raum, sondern innerhalb der festen Organisation der Gerichtsbehörde ausübte, macht sein unten zu behandelnder weiterer Werdegang deutlich. Der noch etwas früher als Dietrich mit einem Instrument des Jahres 1275 im Historischen Archiv der Stadt Köln zu findende Notar Rogerus de Leodio dürfte wohl nicht als Kölner Notar angesprochen werden. Die von ihm errichtete Urkunde — ein Appellationsinstrument — wurde von ihm vielmehr in Lüttich aufgenommen, wohin auch sein Name weist. Sie gelangte in das Kölner Archiv, weil eine der beiden Parteien des Rechtsstreits aus Kölnern bestand. Auch das Aachener Instrument des Rogerus de Leodio von 1274 kann seine Zurechnung zu den in Köln tätigen öffentlichen Notaren nicht begründen. Es muß also dabei bleiben, in Dietrich von der Pforte den ersten in Köln nachweisbaren öffentlichen Notar zu sehen, der zudem auch Kölner war.

Überhaupt sind das Überwiegen des besiegelten Offizialatsinstrumentes als Gerichtsurkunde und ihr ebenso hoher, nicht aus rechtlichen, aber aus tatsächlichen Gründen eher noch wirksamer einzuschätzender Beweiswert der Grund dafür gewesen, daß auch für Rechtsgeschäfte der freiwilligen Gerichtsbarkeit so selten und nur aus besonderen Anlässen von der Urkundsform des notariellen Instrumentes Gebrauch gemacht worden ist. Daß dies für den Umfang der Tätigkeit der Notare als Kautelarjuristen und für die Bedeutung ihres Wirkens noch nichts aussagt, ergibt sich bei der Struktur der Sachverhalte von selbst. Deswegen und auch wegen des außerhalb von geistlichen Korporationen besonders großen Überlieferungsverlustes ist die Zahl der heute noch vorhandenen Notarinstrumente verhältnismäßig gering.

Die Tätigkeit des Gerichtsnotars am Offizialatsgericht war für viele Kleriker nur eine Durchgangsstation in ihrer kirchlichen Ämterlaufbahn. Dies ergab sich zwanglos aus der hierarchischen Struktur der gerichtlichen Institutionen. Wie wir aus den späteren Offizialatsordnungen entnehmen können, waren dem Siegler, den Advokaten und den Notaren jeweils ganz bestimmte Aufgaben zugewiesen. Innerhalb der Notare selbst wurde nochmals nach Sachgebieten und Schwierigkeitsgrad der Aufgaben differenziert, sodaß schließlich vier Klassifikationen für die Notare bestanden, wodurch eine Rangordnung sich notwendigerweise herausbildete. Alle Laufbahnen bestanden nebeneinander. Für den Einzelnen ergab sich jedoch im Regelfall zwangsläufig eine Stufenfolge, die von den Eingangsfunktionen her zu immer höheren Ämtern hinaufführte. So stieg der einfache Notar zum Notar auf, der daneben das Amt des Prokurators versah, und von dieser Position konnte er dann in die Stellung des Anwaltes vorrücken. Das Beispiel der Gerichtsnotare Magister Arnold von Rode und Werner, denen der Aufstieg zum Advokatus 1272—1279 gelang, wurde bereits erwähnt. Ähnliche Fälle könnten für die Folgezeit beliebig angeführt werden. Zum besseren Verständnis darf hier auf die Verhältnisse in der angelsächsischen Gerichtsbarkeit verwiesen werden, wo eine ähnliche Aufgabenteilung und Stufenfolge zwischen Barristers und Sollicitors besteht, aus deren Kreisen nicht selten die Richter gewählt werden, sodaß das Richteramt hier nicht selten erst späterer Abschluß einer juristischen Karriere ist. Unter den advocati des geistlichen Gerichtshofes haben wir uns Consiliarjuristen vorzustellen, die dem alltäglichen Gerichtsgeschäft weitgehend enthoben waren und vorwiegend wissenschaftlich tätig sein konnten. Ein bemerkenswertes Gutachten, das den hohen Rang ihrer wissenschaftlichen Tätigkeit belegt, ist aus dem Jahre 1352 erhalten. Es ist verfaßt von dem damaligen Kölner Offizial Gottfried von St. Kunibert und den Kurienanwälten Robert von Soest und Dietrich von Ohl, letzterer Licentiatus in legibus, ein mit Pfründen rein ausgestatteter Kanoniker, der schließlich eine Professur in Montpellier erhielt.

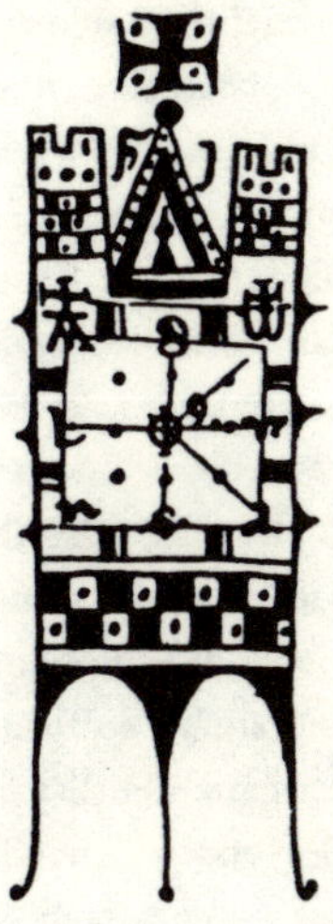

*Signete der kaiserlichen Notare Dietrich von der Pforte und Heinrich von Isenburg, die beide später die Stellung eines Offizials bekleideten.*

Abschluß und Höhepunkt einer jeden Klerikerkarriere stellte es dar, wenn einer der Kurienjuristen in die Stellung des Offizials berufen wurde. Dies gelang den für die Anfangszeit nachweisbaren öffentlichen Notaren in Köln zweimal. Der Magister Heinrich von Isenburg, von 1293 an als kaiserlicher Notar mit Instrumenten nachgewiesen, erscheint 1305 in der Stellung eines Advokaten des Gerichtshofes und wurde noch im selben Jahr Offizial des Domdekans und 1310 Offizial des Dompropstes, die beide die ihnen als Archidiakonen zustehende Gerichtsgewalt gleich dem Bischof ebenfalls in die Hände von Berufsrichtern gelegt hatten. Der aus Köln stammende und als erster in Köln tätiger öffentlicher Notar nachgewiesene Theodericus de Porta (1279) beschloß seine Laufbahn als Offizial des Erzbischofes Heinrich von Virneburg (nach 1305—1309). Er führte zu dieser Zeit den Magistertitel und besaß ein Kanonikat am St. Aposteln-Stift.

Der seit 1311 unter Erzbischof Heinrich von Virneburg in den Urkunden faßbare Offizial Christian von Aachen, der sich 1296 in Bologna als Student einschrieb und — wie wir sahen — vor seiner Kölner Zeit in gleicher Stellung beim Bischof von Utrecht tätig war, erließ um 1320 mit Billigung seines Erzbischofs eine Offizialatsordnung, die in zehn teils längeren Statuten grundlegende Regelungen zur Stellung und zum Aufgabenbereich der Gerichtspersonen festschrieb. Vorbild dieser Satzung war eine ähnliche Regelung, die in Utrecht schon früher in Kraft getreten war, und an die die Kölner sich anlehnte und deren Wortlaut sie sogar in einzelnen Teilen übernahm. Es führt sicherlich nicht in die Irre, wenn wir annehmen, daß Christian von Aachen die Vorlage von dorther mitbrachte. Damit wird an einem Beispiel recht deutlich, in welcher Weise sich die Beeinflussung im Fortgang der Entwicklung vollzog. Die Übernahme bewährter Einrichtungen unter dem Einfluß einzelner Persönlichkeiten, das war die Brücke, über welche sich von Stadt zu Stadt die Weitergabe rechtlicher Neuerungen, aber auch anderer Kulturströmungen abwickelte. In der Gerichtsordnung der Kölner Kurie von etwa 1320 sind alle zu dieser Zeit dort tätigen Advokaten und Notare lückenlos erfaßt und namentlich aufgeführt. Neben 11 advocati treten uns 22 notarii procuratores und 24 notarii simplices entgegen. Von diesen insgesamt 57 Funktionsträgern lassen sich mindestens 18 durch heute noch erhaltene Notarinstrumente oder in anderer Weise auch als Inhaber der Befugnisse eines öffentlichen Notars nachweisen. Die Satzung selbst macht keinerlei Unterschiede zwischen solchen Gerichtsnotaren und denen, die die auctoritas imperialis nicht besaßen. Sie bezeichnet ganz allgemein das Amt der Gerichtsnotare als »officium publicum tabellionatus«. Schon die mitgeteilten Zahlen allein machen ganz deutlich, welch einen Umfang der Gerichtshof des erzbischöflichen Offizials in den ersten Jahrzehnten des 14. Jahrhunderts besaß und welche Bedeutung wir ihm und den an ihm tätigen Notaren beimessen müssen. Knapp zwanzig Jahre nach Erlaß der ersten Kölner Offizialatsordnung wurde unter Erzbischof Walram von Jülich im Jahre 1338 eine Erweiterung und Bestätigung verfügt, deren Inhalt im Rahmen dieser Skizze nicht im Einzelnen dargestellt werden kann.

Am 12. August 1356 erließ der Offizial des Kölner Erzbischofs Wilhelm von Gennep (1349—1362) in der für seine Erlasse meist üblichen Anonymität eine neue Offizialatsordnung, die die bereits unter den Erzbischöfen Heinrich von Virneburg (1305—1332) und Walram von Jülich (1332—1349) getroffenen Regelungen erneuern und ergänzen sollte. Da der von 1335 an nachweisbare Offizial Gottfried von St. Kunibert — 1320 war er bereits als Anwalt beim erzbischöflichen Gericht zur Zeit des Offizials Christian von Aachen tätig — nach 1354 nicht mehr als lebend belegt ist und andererseits bereits am 28. September 1356 sein Nachfolger, diesmal namentlich, greifbar wird, dürfen wir den Erlaß der neuen Ordnung wohl mit dem Amtsantritt des neuen Offizials und der besonderen Initiative des Anfanges und dem begreiflichen Bestreben, Zeichen zu setzen, in Verbindung bringen. Neuer Leiter des Gerichtshofes war der Lizentiat des kanonischen und Baccalaureus des römischen Rechtes Heinrich Suderland geworden, der bereits im Jahre 1351 als advocatus curie coloniensis tätig war und zugleich die Stellung des Scholasters des St. Gereon-Stiftes bekleidete. Walther Stein hat diese Gerichtsordnung nach einer Münchener Handschrift veröffentlicht und damit weiterer Forschung zugänglich gemacht. Franz Gescher, dem wir die meisten Erkenntnisse zur Geschichte des Kölner Offizialats verdanken, hat bereits darauf hingewiesen, daß daneben auch in der königlichen Bibliothek in Brüssel die Gerichtsordnung in einer Abschrift des 15. Jahrhunderts überliefert ist. Er hat weiter erwähnt, daß diese Brüsseler Abschrift sich von dem Text der bereits veröffentlichten Gerichtsordnung dadurch unterscheidet, daß sie zusätzlich alle Advokaten und alle Notare namentlich nennt. Diese Namen sind bisher nicht bekannt gemacht worden. Da es jedoch für jede weitere personengeschichtliche Forschung als nützlich erscheint, Größe und personelle Zusammensetzung der Gerichtsbehörde für einen bestimmten Zeitpunkt gewissermaßen im Querschnitt erfassen zu können, sollen die Namen aus der Brüsseler Handschrift nachstehend mitgeteilt werden:

Namen der Advokaten und Notare des erzbischöflichen Offizialatsgerichts in Köln von 1356 August 12 (Bibliotheque Royale Albert Ier Bruxelles Ms. 2804 fol. 213—219):
*(fol. 215) Advokaten*

Rupertus de Susato, Theodericus de Oele, Nicolaus de Bomele, Mathias de Kyrberg, Fridericus de Nussia, Gotfridus de Nussia, Hylger de Campo, Henricus Rufus, Johann dictus Pepersack.
*(fol. 215 R) Notare mit dreifachem Aufgabenbereich*

(Notar, Prokurator und Auditor)
Henricus de Castorp, Johannes de Arwylre, Wilhelmus de Enzen, Henricus de Nussia, Otto de Alen, Gerhardus de Emrich, Arnoldus de Susato.
*(fol. 216) Notare mit doppeltem Aufgabenbereich*

(Notar und Prokurator)
Gerardus de Myle, Wernerus de Fovea, Johannes de Arwylre, Winandus de Duysburg, Johannes de Gymnich, Theodericus de Walle, Theodericus Wischele, Gerardus de Aldenroede, Rutgerus de Hyldesheym, Teylmannus de Arwylre, Albertus Moench, Hermannus de Enzen, Johannes de Keylsa, Hermannus de Rekelinghusen, Petrus de Kamina, Albertus Blankensteyn, Henricus de (Reyss?), Lodewicus de Dorwylre, Engelbertus de Wycengen, Lubertus de Kamene, Wilhelmus dictus Ursus, Henricus de Lyntorp, Henricus de Orberg, Johannes de Berghem, Johannes de Vrymershem.

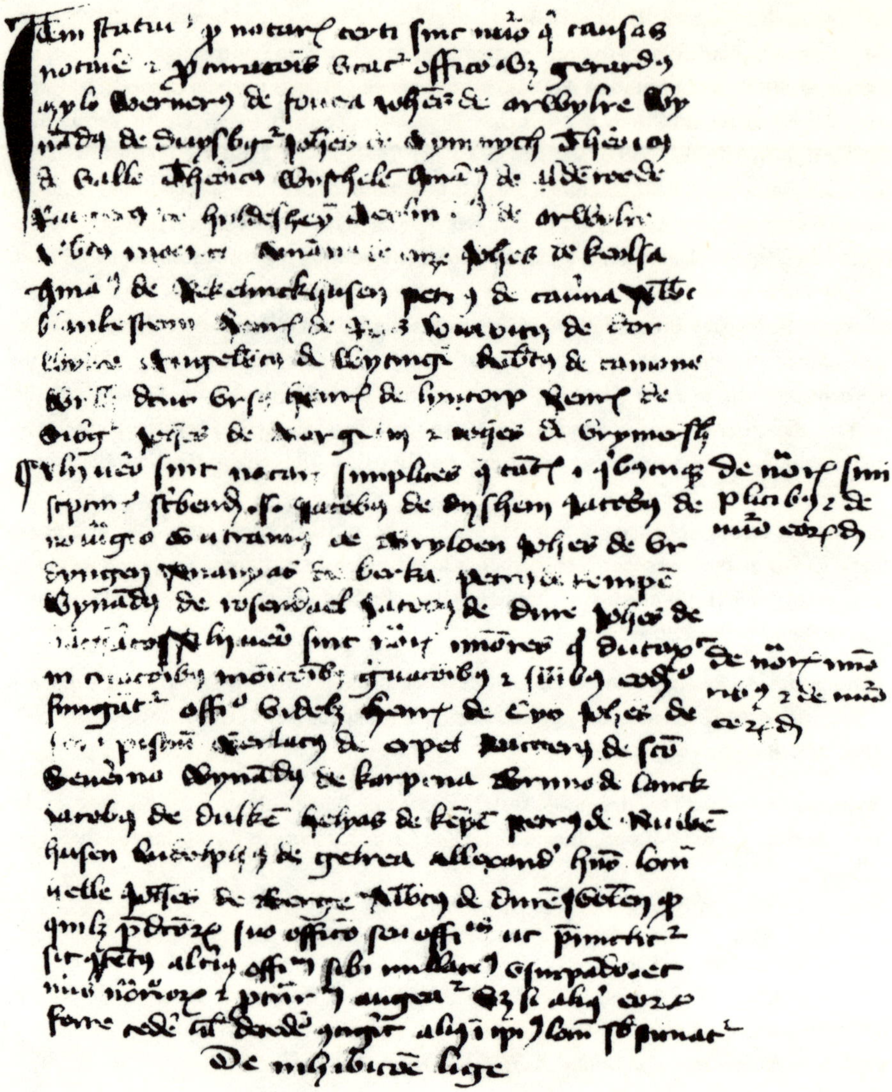

*Ausschnitt aus der Brüsseler Handschrift (Bibliotheque Royale Albert Ier Bruxelles Ms. 2804)*

*(fol. 216) Notare (notarii simplices)*

Jacobus de Dyshem, Jacobus de Novimagio, Guntramus de Bryloen, Johannes de Urdyngen, Ananyas de Berka, Petrus de Kempen, Wynandus de Rosendael, Jacobus de Duren, Johannes de Bacharach.

*(fol. 216) Notare mit beschränktem Zuständigkeitsbereich*
(notarii minores)
Henricus de Cys, Johannes de Foro Piscium, Gerlacus de Aspel, Rutgerus de sancto Severino, Reynaldus de Karpena, Bruno de Lanck, Jacobus de Dulken, Helyas de Kempen, Petrus de Nuwenhusen, Rudolphus de Gelrea, Alexander (?), Johannes de Berge, Albertus de Duren.

(1)

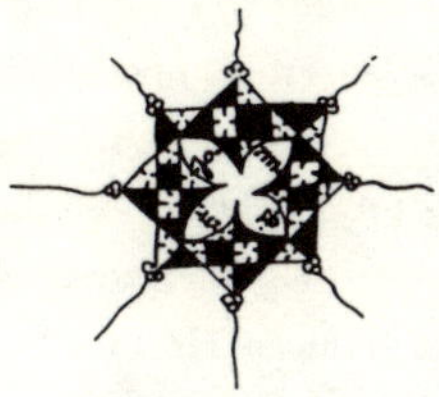
(2)

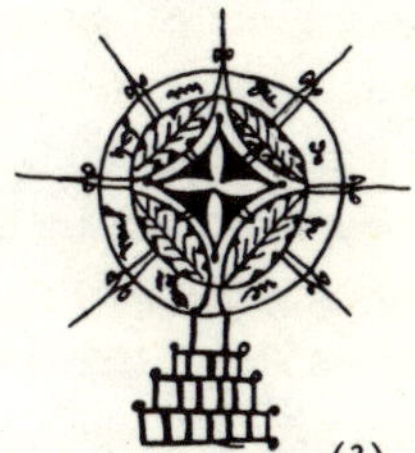
(3)

(4)

(5)

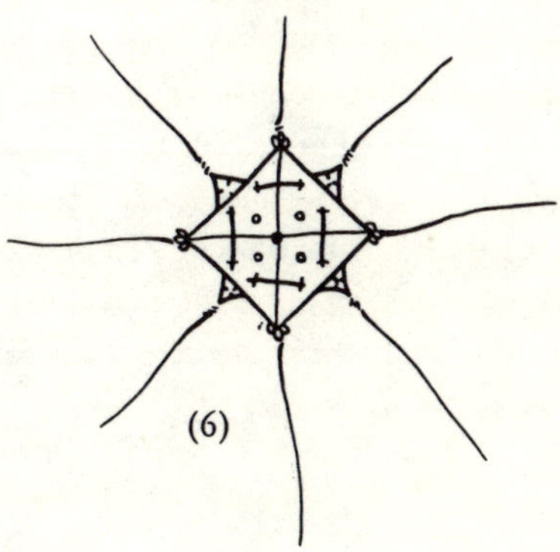
(6)

(7)

*Signete auf Instrumenten von Kölner Offizialatsnotaren, die in der Gerichtsordnung des Jahres 1356 erwähnt werden: (1) Henricus (dictus) de Castorpe 1350, (2) Johannes (dictus Anglicus) de Arwilre 1331, (3) Wilhelmus de Enzene 1337, (4) Henricus de Nussia 1348, (5) Otto (dictus) de Alen 1342, (6) Theodericus (dictus Brant) de Wischel 1349, (7) Theodericus de Walle 1354*

Glückliche Zufallsfunde können oft schlagartig neue Einblicke in den geschichtlichen Alltag eröffnen und dadurch unser Vorstellungsbild wesentlich bereichern. So ist erst kürzlich der in den Statuten der Kölner Kurie des Jahres 1356 unter den Notaren mit zweifachem Aufgabenbereich erwähnte und auch sonst mehrfach bezeugte, auch bereits 1341 mit einem notariellen Instrument belegte Notar Theoderich von Walle, kaiserlicher Notar aus der Diözese Utrecht, näher in das Blickfeld gerückt worden. In einer nach 1417 angelegten Handschrift des 15. Jahrhunderts hat sich eine chronologisch geordnete Zusammenstellung von Urkunden aus dem Zeitraum von 1365—1373 erhalten, deren Verfasser der Gerichtsnotar Theoderich von Walle ist. Es müßte im einzelnen noch genauer untersucht werden, ob es sich bei dieser Zusammenstellung tatsächlich um einen Rest des von dem Notar geführten Registers der von ihm verfaßten Urkunden handelt, oder vielmehr um eine — allerdings dem Register entnommene — Formularsammlung. Wie dem auch sei, wir sind nur deshalb in der Lage, den breit gefächerten Tätigkeitsbereich eines Gerichtsnotars des 14. Jahrhunderts anhand von Urkunden zu verfolgen, weil ein anderer Notar sich ein Formularbuch oder eine Mustersammlung im 15. Jahrhundert anlegte und dabei die ältere Zusammenstellung abschriftlich in seine Arbeit übernahm. Auf diese Weise sind uns aus der angegebenen Zeit 37 Urkunden und gekürzte Urkundsformulare des Theoderich überliefert, darunter Auflassungen, Vollmachten, Zustellungs- und Vollstreckungsprotokolle, Vergleichsregelungen, Kaufverträge mit Nießbrauchsvorbehalt, Testamente und anderes mehr. Das angeschlossene Formularbuch des Wilhelm Ysbrand aus Kleve, »clerk des gesichts van Colen end gemeyn openbaer notarius van der gewalt des keysers ende des heiligen ryks van Romen« umfaßt 182 Positionen und ist in seinem rechtsgeschichtlichen Aussagegehalt für das 15. Jahrhundert ebenso reichhaltig und bedeutungsvoll wie das kürzere Werk für die hier behandelte Zeit des Offizialats in Köln. Eingeleitet wird diese Formularzusammenstellung durch die ersten, dem Amt des Notars gewidmeten Absätze aus der im Spätmittelalter weit verbreiteten, auf Salathiel (1237—1274 Notar in Bologna) zurückgehenden »Ars notariatus«.

### *»Oculi civitatis« — Notare im städtischen Dienst*

Die Schriber daz sint die Augen.
Die sollen gesunt sin und wol taugen,
Der Stat Gescheffte wol besehen
Und in steteclichem Gemerke stehen.
Und als man mit den Augen sihet,
Was man tüd und war man iehet,
Als sullen die Schriber merken,
Daz thün, daz laszen, daz Beste wirken.«

Das mittelalterliche Denken mit seiner Ausprägung in bildhaften Vorstellungen und Worten hat auch das städtische Gemeinwesen personifiziert und seine einzelnen Funktionsträger durch die Organe des menschlichen Körpers versinnbildlicht. Um die Wichtigkeit des Stadtschreiberamtes für das ganze Stadtwesen zu bezeichnen, verglich man es wiederholt mit dem Auge. So nennt eine Aufzeichnung aus der Mitte des 14. Jahrhunderts den Stadtschreiber das Auge der Stadt, und das aus dem Anfange des 15. Jahrhunderts stammende Lehrgedicht »Von der Städte Ämtern und der Fürsten Ratgebern« spricht von den Stadtschreibern mit den Worten, die diesem Abschnitt vorangestellt sind.

Wir können daraus entnehmen, welche hohe Einschätzung die Rolle der städtischen Kautelarjuristen in den zeitgenössischen Wertungen fand. Daß dies nicht zu Unrecht geschah, macht der beachtenswerte Niederschlag deutlich, den die Tätigkeit der spätmittelalterlichen Stadtschreiber auf den verschiedensten Gebieten des kulturellen Lebens gefunden hat. Die Spanne dieser wertvollen Hinterlassenschaft reicht von der fachkundigen und nüchternen Rechtsaufzeichnung bis hin zur tiefgläubigen und philosophisch durchdrungenen Deutung menschlichen Lebens und Schicksales. In der Person des Johann von Tepl, des kaiserlichen Notars, Schulrektors und Stadtschreibers der Hopfenstadt Saaz und späteren Stadtschreibers der Prager Neustadt, vereinen sich alltagsbezogene Facharbeit und bleibende dichterische Gestaltung. An beiden Wirkungsstätten legte er neue, sorgsam geführte Stadtbücher an; sein »Ackermann aus Böhmen« sichert ihm einen bleibenden Platz in der europäischen Literaturgeschichte. Von den Rechtsaufzeichnungen seien erwähnt: das Hamburger Ordeelbook, das der Magister und Notar des Rates anlegte, die Schöffenspruchsammlung der Stadt Pössneck von Johann Jecke, dem Stadtschreiber zu Neustadt a. d. Orla, und das Eisenacher Stadtrecht des Stadtschreibers Johannes Rothe, aus dessen Feder auch lehrhafte Werke (Ritterspiegel und Ratsgedichte) und eine thüringische Landeschronik stammen. Hier ist auch der Klagspiegel zu nennen, den wohl ein anonymer Stadtschreiber von Schwäbisch-Hall um 1425 verfaßte, und der Laienspiegel des Ulrich Tengler, der mit diesem Werk Wesentliches zur Popularisierung des römischen Rechts beitrug. Als Kuriosität sei auch das Faßtnachtsspiel des kaiserlichen Notars und Stadtschreibers der Reichsstadt Mühlhausen mit dem Titel »Ein schön Spiel von Frau Jutten« erwähnt, in welchem die böse Tendenzlegende von der sog. Päpstin Johanna in Szene gesetzt wurde. Auch die Humanisten Sebastian Brant und Konrad Peutinger waren Stadtschreiber, und der kaiserliche Notar und Stadtschreiber von Wasungen und Meiningen wurde sogar von Kaiser Rudolf II. zum poeta laureatus erhoben, weil er die gesamte Bibel in deutsche Reime gebracht hatte. Die Schweizer Stadtschreiber Diebold Schilling und Werner Schodoler sind durch die von ihnen selbst ausgeführten Miniaturen ihrer Chroniken zu bleibendem Ruhm gelangt.

Auch in einem blühenden Gemeinwesen von der Größe und Bedeutung der Stadt Köln konnte sich für den Stadtschreiber ein weites Tätigkeitsfeld ergeben.

Als am 4. Oktober 1326 Bürgermeister und Rat der Stadt Köln das große Privilegienbuch — das sog. Weiße Buch — anlegten, da geschah dies »in intgeinwordiche des oversten scrivers der stede van Kollen, meister Arnoltz, inde vort meister Wichartz inde Johans Kusians, tabellien des keissers, Nicolais van Arwilre, Johans van Kerpene inde Winatz van Berenstede inde Alexanders der stede bode, tabellien«. Dieser Eintrag auf dem Vorsatzblatt des Privilegienbuches eröffnet den Blick auf das zweite Wirkungsfeld, welches das öffentliche Notariat im 14. Jahrhundert in Köln gefunden hat. Der an erster Stelle als oberster Schreiber der Stadt angeführte Meister Arnold ist identisch mit dem bis 1336 nachweisbaren städtischen Protonotarius magister Arnoldus Nicholai. Er begegnet uns bereits vorher in den Jahren 1317 und 1323 als Notar von kaiserlicher Autorität. Im Jahre 1319 ist er als Notar beim erzbischöflichen Offizialatsgericht nachzuweisen. Magister Wichard von Jülich tritt 1319 ebenfalls als Gerichtsnotar und 1323 in seiner Eigenschaft als kaiserlicher Notar auf. Von 1328 bis 1343 ist er als Advokat der Kölner Kurie belegt. Von Johann Kusian sind notarielle Instrumente aus den Jahren 1305 und 1310 überliefert. Seine Tätigkeit am erzbischöflichen Gericht ist für die Zeit von 1324 bis 1336 gesichert. Der Tabellio Johann von Kerpen ist von 1312 bis 1337 in den Quellen als notarius curie coloniensis greifbar. Von Winand von Barenstede ist noch aus dem Jahre 1350 ein Instrument vorhanden, das er als kaiserlicher Notar aufgesetzt hat. Hinter dem bereits 1321 als Stadtbote erscheinenden Tabellio Alexander verbirgt sich der von 1335 als Schreiber und 1341 an als Protonotar in städtischen Diensten stehende Magister Alexander.

Wenn auch die Bezeichnung »oberster Schreiber« die Annahme sichert, daß bereits zu dieser Zeit gleichzeitig mehrere Schreiber ihren Dienst in der städtischen Kanzlei versahen, so dürfen wir jedoch nicht so weit gehen und alle bei der Anlegung des Privilegienbuches zugezogenen Notare zum festen Personal der städtischen Behörde zu zählen. Vielmehr werden wegen der Bedeutung des Vorganges zusätzliche Beglaubigungspersonen aus dem Kreise des Gerichtspersonals zugezogen worden sein. Das ändert aber nichts daran, daß wir aus diesem Quellenzeugnis die enge Verbindung zwischen der seit Jahrzehnten voll durchorganisierten erzbischöflichen Kurie und der im Wachstum befindlichen städtischen Kanzlei deutlich erkennen können.

*Signet des Johannes dictus de Pothuven auctoritate imperiali publicus notarius auf dem Instrument von 1317 Oktober 24*

Solche Verbindungen lassen sich auch bereits in den Jahren zuvor feststellen. Der bereits 1288 als Advokat beim Offizialatsgericht auftretende Magister Heidenricus Plock, den auch noch die Offizialatsordnung des Christian von Aachen als Anwalt erwähnt, erscheint 1312 und 1313/14 in den Diensten der Stadt Köln als »clericus civitatis coloniensis«. Der 1321 bezeugte Vorgänger des Magisters Arnoldus Nicholai im Amt des Protonotars der Stadt, Magister Johann von Pothoven, ist mit einem Instrument aus dem Jahre 1317 als kaiserlicher Notar belegt und war von 1307 bis 1319 fortlaufend als Gerichtsnotar beim Offizialat beschäftigt.

Die personelle Verknüpfung zwischen der geistlichen Gerichtsbehörde und der städtischen Kanzlei und das Hinüberwechseln von dem einen in den anderen Aufgabenbereich werden in der Person des kaiserlichen Notars Heinrich von Lintorf besonders deutlich. Von seiner Hand sind aus dem Zeitraum von 1355 bis 1375 eine ganze Reihe von Notariatsinstrumenten überliefert. Sie weisen ihn als geschworenen Notar der Kölner Kurie aus. Auch durch seine namentliche Aufführung in der Offizialatsordnung des Heinrich Suderland von 1356 ist seine Zugehörigkeit zum Personal des geistlichen Gerichts nachgewiesen.

Neben dieser Tätigkeit hat er von 1370 an in städtischem Dienst gestanden und als Notar der städtischen Rentkammer die Stadtrechnungen geführt. Dies läßt sich durch einen Vergleich seiner aus den zahlreichen Notariatsinstrumenten bekannten Handschrift mit den Eintragungen in den städtischen Akten eindeutig feststellen. Für diese Tätigkeit erhielt er eine Besoldung von jährlich 30 Mark. Seine ursprüngliche berufliche Stellung als Gerichtsnotar gab er jedoch keineswegs auf. Vielmehr wird er bis zum Jahre 1375 noch als notarius curie coloniensis erwähnt. Erst im Laufe des Jahres 1376 ist er aus den Diensten des erzbischöflichen Gerichtes ausgeschieden. Fortan widmete er sich ausschließlich seinem städtischen Aufgabenbereich. Diese Veränderung in seiner Stellung ist auch aus der ihm gewährten Besoldung deutlich abzulesen: Während er für die erste Hälfte des Jahres 1376 noch die halbe Summe seines bereits erwähnten Gehaltes bezog, besserte sich sein Einkommen für die zweite Hälfte des Jahres sprunghaft auf 100 Mark auf. Zweihundert Mark jährlich erhielt Heinrich von Lintorf auch in den Folgejahren. Seine Tätigkeit als städtischer Rentkammerschreiber läßt sich bis zum November 1387 verfolgen. Mit diesem Zeitpunkt verschwindet seine zuletzt altersschwache Hand aus den Akten der Stadt.

Auch der Nachfolger des Heinrich von Lintorf als städtischer Rentkammerschreiber, der von 1387 bis 1395 nachweisbare Jacob von der Weesen von Siegburg, war kaiserlicher Notar. Als die Stadt Köln im Jahre 1394 den Rechtsprofessor Dr. Johann von Neuenstein als ihren Gesandten nach Rom schickte, da erhielt durch dessen Vermittlung Jacob von der Weesen auch noch das päpstliche Notariat hinzu. Auch der in Köln geborene Gerlach vom Hauwe (auch vom Anker genannt) war Notar von päpstlicher Autorität. Er erscheint vom Jahre 1389 an in den Registern des städtischen Schöffengerichts. Seit 1395 führte er auch die Mehrzahl der Schreinsbücher. In seiner Zeit und sicherlich durch sein bestimmendes Wesen veranlaßt gewann die deutsche Sprache anstelle des sonst vorherrschenden Mittellatein nunmehr die endgültige Oberhand im Kölner Gerichts- und Verwaltungsschrifttum. Nur vereinzelt war vorher in Verträgen, Quittungen, sonstigen Urkunden und Briefen in der ersten Hälfte des 14. Jahrhunderts die deutsche Sprache verwendet worden. Insbesondere waren fast sämtliche Schreinsbücher der städtischen Schreinsbezirke in Latein geführt worden. Eine bemerkenswerte Ausnahme stellen die Bücher des Judenschreinsbezirkes dar, die seit ihrem Beginn im Jahre 1353 in Deutsch gehalten sind, sowie die Bücher des Vogteischreins Hacht, in denen seit 1385 die deutsche Sprache erscheint. Daneben gewann im sonstigen Geschäftsschriftgut, insbesondere im Schriftverkehr mit auswärtigen Adressaten in den sechsziger und siebziger Jahren Deutsch bereits die Oberhand. Auch zu dieser Zeit wurde bei der Eintragung der Rechtsgeschäfte in die Schreinsbücher von den genannten Ausnahmen einmal abgesehen, die traditionelle mittelalterliche Urkundensprache verwendet. Das ändert sich schlagartig, als mit dem 1. Oktober 1395 die charakteristische Handschrift des Gerlach vom Hauwe im Schrein Airsbach, St. Martin, dem Schöffenschrein und einigen anderen erscheint. Er bedient sich von vorneherein und ausschließlich der deutschen Sprache. Und mit dem gleichen Termin wechseln auch alle anderen Schreiber, die neben ihm tätig waren und die bis dahin lateinisch geschrieben hatten, zum Deutschen über. Es wird angenommen, das ein verbindlicher Ratsbeschluß diesen Übergang zum Deutschen bestimmt hat. Es ist aber mit gleicher Wahrscheinlichkeit anzunehmen, daß es Gerlach vom Hauwe war, der seinen Einfluß geltend machte, um diesen Ratsbeschluß herbeizuführen. Nach dem Oktober des Jahres 1395 ist der Gebrauch der lateinischen Sprache in den stadtkölnischen Schreinsbüchern nur noch vereinzelt festzustellen.

Die Bedeutung der in städtischen Diensten stehenden Kautelarjuristen für die Vielzahl der Rechtsgeschäfte des Alltags können wir ermessen, wenn wir die überwältigende Fülle des Überlieferungsgutes an Urkunden und Akten aus den städtischen Kanzleien in ein Zahlenverhältnis zu dem Bestand an sonstigen Urkunden setzen. Allein für das 13. und 14. Jahrhundert schlägt sich die rechtsgeschichtlich erhebliche Überlieferung in etwa 200 Schreinsbüchern nieder, die nach sachkundiger Schätzung etwa 150.000 urkundliche Einträge enthalten. Von diesen sind bisher noch nicht einmal 2 % im Druck veröffentlicht und damit einem breiteren Kreis zugänglich gemacht, und selbst diese wenigen sind in ihrem rechtsgeschichtlichen Gehalt noch nicht erschöpfend und systematisch ausgewertet worden. Die Schreinsbücher aber wiederum stellen nur einen Teilbereich der nahezu unübersehbaren städtischen Überlieferung dar, in der die rechtsgestaltende und rechtsbeweisende Tätigkeit der städtischen Schreiber ihren Niederschlag fand. Das Verhältnis wird deutlich, wenn wir die Zahl von 145 Testamenten, die für das 14. Jahrhundert in Köln überliefert sind, der skizzierten Masse des rechtsgeschichtlichen Stoffes gegenüberstellen. Bisher hat man sich immer gerade solchen Quellengruppen wie den Testamenten zugewendet, wenn man Umfang und Art notarieller Tätigkeiten zu erforschen suchte. Das Ergebnis solcher Untersuchungen mußte notwendigerweise dürftig ausfallen und ist von Zufälligkeiten bestimmt. Umfang und Bedeutung vorsorgender Rechtspflege, die ihren beweiskräftigen schriftlichen Niederschlag gefunden hat, läßt sich nur dann sachgerecht erforschen, wenn man nicht von der Urkundsform des notariellen Instrumentes her den Forschungsansatz sucht, sondern von denjenigen Stellen und Personen ausgeht, die die Funktion des Kautelarjuristen ausübten. Die Aufarbeitung des von ihnen hinterlassenen Materials stellt sich als Forschungsaufgabe.

*Notare als Chronisten ihrer Zeit*

Der Kölner Notar und Justizrat Franz Wilhelm Vleugels (19. Oktober 1855—27. August 1937), Vorsitzender des Vereins für das Notariat in Rheinpreußen, veröffentlichte 1921 unter dem Titel »Meister Gottfried Hagen, des Stadtschreibers Buch von der Stadt Köln« eine neuhochdeutsche Übersetzung des etwa 1270 in rund 6.300 Versen verfaßten mittelhochdeutschen Reimwerkes des von 1268 an nachweisbaren clericus et notarius civitatis Coloniensis magister Godefridus. Damit wurde über die Jahrhunderte hinweg die Brücke geschlagen zu den Anfängen stadtkölnischer Geschichtsdarstellung aus der Feder städtischer Schreiber und Notare. Obgleich die Tätigkeit des Notars als vorsorgende Rechtspflege ihrem Wesen nach in die Zukunft gerichtet ist, hat sich doch immer wieder gezeigt, daß auch ein besonderes Verhältnis der Kautelarjuristen zur Geschichte und zur Geschichtsdarstellung besteht. Aus der Vielzahl der spätmittelalterlichen Beispiele seien hier nur die Limburger Chronik des kaiserlichen Notars und Stadtschreibers zu Limburg an der Lahn, Tileman Elhen aus Wolfhagen, und die Geschichte der Belagerung von Neuß durch Karl den Kühnen (1474—1475) des kaiserlichen Notars Christian Wierstraet, des Stadtschreibers von Neuß, erwähnt. Ist die eine bedeutsam wegen ihrer besonders lebendigen Darstellung und ihres Reichtums an kulturgeschichtlich wertvollem Material, so führt die andere mit ihren Versen an einen Brenn- und Wendepunkt spätmittelalterlichen politischen Geschehens. Es kann nicht im Rahmen dieser Darstellung liegen, weitere Beispiele aus anderen Städten anzuführen.

In Köln verfaßte Meister Gottfried Hagen sein gereimtes Geschichtswerk unter dem Titel »Dit is dat boich van der stede Colne« im unmittelbaren Zusammenhang mit den Auseinandersetzungen zwischen der Stadt Köln einerseits und den Erzbischöfen Konrad von Hochstaden (1252—1261) und Engelbert von Falkenburg (1261—1271) als den Stadtherren andererseits. Die Dichtung ist der Schilderung dieses Ringens um kommunale Selbständigkeit gewidmet. Gottfried bezieht in seiner Darstellung eindeutig Partei. Er lehnt die politische Handlungsweise der Erzbischöfe ab und stellt sich mit Nachdruck auf die Seite des städtischen Geschlechterrates. In der Form folgt Gottfried den Regeln und Traditionen der mittelalterlichen Reimliteratur. Aber auch Einflüße der geistlichen Dichtung und der ritterlichen Epik sowie der Lehrdichtung lassen sich nachweisen. Das patrizische Publikum, an das sich der Stadtschreiber wendete, verlangte offenbar nach einer Ausrichtung der Darstellung nach ritterlich-höfischem Vorbild. Im Gegensatz zur dort vorherrschenden gereimten Weltchronik macht er jedoch die selbsterlebte Zeitgeschichte zum Gegenstand seiner Darstellung. Zwar schickt auch er noch eine legendäre Erzählung über die Bekehrung Roms und eine Verherrlichung der Anfänge Kölns voraus. Er bemüht sich also, das

Geschehen der eigenen Zeit in einen größeren Rahmen zu stellen. Zu geschichtlicher Dichte im eigentlichen Sinne gelangt er jedoch erst dort, wo er mit Engagement die Ereignisse seiner Zeit schildert, für die er sich als gut unterrichteter Berichterstatter erweist. In dieser Konzentration auf das Selbsterlebte zeigt sich seine Abkehr von den ritterlich-höfischen Vorbildern und liegt seine Bedeutung für die Anfänge eigenständiger städtischer Geschichtsschreibung.

Schon im 13. und 14. Jahrhundert zählte die Stadt Köln mehr als 30.000 Einwohner. Von Einigen wird sie sogar auf über 40.000 geschätzt. Damit ging Köln allen anderen deutschen Städten weit voraus. Im nordwestlichen Europa waren nur Paris und London und die flandrischen Städte Brügge, Gent und Ypern der rheinischen Metropole an Einwohnerzahl und Bedeutung gewachsen. Aus den Quellen dieser Zeit lassen sich insgesamt mehr als sechzig verschiedene Gewerbe- und Handwerksbezeichnungen entnehmen. Das wirtschaftliche Leben war also durch eine bunte Vielfalt gekennzeichnet.

Es kann nun keineswegs überraschen, daß ein so vielschichtiges Gemeinwesen wie die Stadt Köln nicht nur in der Auseinandersetzung mit den Erzbischöfen seinen Weg zu finden hatte, sondern auch schwere innere Spannungen und Machtkämpfe ausstehen mußte. So sind denn auch die beiden weiteren hier zu behandelnden Zeugnisse kölnischer Geschichtsdarstellung den gewaltsamen Ereignissen im Kampf um die Macht und die politische Geltung zwischen den verschiedenen Schichten und Gruppen der Stadt gewidmet.

Als im Jahre 1334 durch einen Vertrag mit Erzbischof Walram von Jülich der äußere Druck weitgehend fortgefallen war, traten im Verlaufe der Zeit die sozialen Spannungen im inneren Gefüge der Stadt umso deutlicher hervor. Insbesondere der wirtschaftlich erstarkten Schicht der Handwerker und Kaufleute wurde durch die Verfassung der Stadt kein angemessenes politisches Mitspracherecht gewährt. Mit Erfolg begehrten die Zünfte erstmals 1364 gegen die Patrizierherrschaft auf, als es ihnen gelang, einen ihnen schädlichen Zoll wieder abzuschaffen. Eine im Jahre 1369 aufgedeckte Unterschlagung und Ereignisse des Jahres 1370 führten zu einem gewaltsamen Vorgehen der Zünfte mit den Webern an der Spitze gegen die städtischen Verfassungsorgane. In einer Neuordnung der Verfassungsverhältnisse wurden nun neben den Webern noch weitere neun Zunftgruppen am Stadtregiment beteiligt. Doch Maßlosigkeit der Weber und ihr gewaltsamer Eingriff in die Strafrechtspflege führten die Wende herbei. Am 20. November 1371 erlagen die Weber in einem blutigen Gemetzel der Übermacht der gegen sie verbündeten alten Geschlechter und anderen Handwerkszünfte.

Diese Vorgänge sind der Gegenstand der Darstellung der »Weberschlacht«, eines Gedichtes von etwas mehr als 500 Versen, das in nur einer einzigen Handschrift überliefert ist, welche das Stadtarchiv Frankfurt verwahrt. Die Weberschlacht kann ihre Herkunft von der ritterlich-höfischen Reimprosa nicht verleugnen. Sie lehnt sich insoweit an das Vorbild der Darstellung Gottfried Hagens an. Deutlich hat sie sich aber auch den Formen des historischen Volksliedes angenähert. Sinn dieser Lieder ist weniger die poetische Schönheit,

*Darstellung der Weberschlacht vom 20. November 1371 in der Chronik des Johann Koelhoff (1499)*

als vielmehr die erzählerische Sachaussage. Deshalb machte es dem zeitgenössischen Publikum auch nichts aus, daß Reim und Verse, zum Teil auch Syntax und Wortwahl oft ungelenk und holprig sind. Künstlerisches Anliegen und Bemühen um Sprachgestaltung treten zurück. Die Ereignisse werden rhapsodisch aneinander gereiht, ein kausaler Wirkungszusammenhang wird nicht sichtbar gemacht. Der Untergang der Weber in der Straßenschlacht südlich des Waidmarktes vor dem ehemaligen Karmeliterkloster wird als Folge ihres ungerechten Verhaltens dargestellt. Die Geschehnisse der Schlacht sind Strafe für moralische Schuld, stellen das verdiente Ende des Hochmuts der Weber dar. Dabei wird dieser Hochmut vornehmlich in dem nach Ansicht des Verfassers ungerechtfertigten Eingriff in die Rechtspflege der Stadt gesehen. Es ist aus dem Gesamtinhalt erkennbar, daß das Werk aus der Sicht der siegreichen alten Geschlechter geschrieben wurde, deren Partei der Verfasser offen ergreift. Wir müssen in ihm einen Traditionalisten sehen, der sich in seinem Selbstverständnis nach Herkunft und Stellung wohl der gesellschaftlichen Schicht zurechnete, deren Sieg er beschreibt und an die als Publikum er wohl bei seiner Niederschrift dachte.

Walther Stein hat wahrscheinlich machen können, daß der kaiserliche Notar und Rentkammerschreiber Heinrich von Lintorf der Verfasser dieser politischen Dichtung im Gewande eines Spielmannsepos ist. Letzte Gewißheit ist nicht zu erlangen, da das Gedicht nicht im Autograph überliefert ist und deshalb ein Handschriftenvergleich nicht vorgenommen werden kann. Für diese Deutung sprechen die mehrfachen Bezugnahmen auf schriftliche Aufzeichnungen, die der Verfasser verwendet hat, und die ihm, wenn er der Rentkammernotar war, gut zugänglich waren. Insbesondere aber fällt ins Gewicht, daß sich Heinrich von Lintorf im Jahre 1376 selbst als »Troubadour« bezeichnet, womit er erkennbar auf seine Tätigkeit als volksliedhafter Verseschmied anspielt.

Zeigt die Weberschlacht einen durchaus konservativen Berichterstatter, so stammt das nächste Zeugnis stadtkölnischer Geschichtsdarstellung aus »progressiver« Feder. Hier ist es wegen der Übereinstimmung der Schriftzüge der Originalhandschrift mit den Eintragungen in den städtischen Schreinsbüchern auch möglich, den Verfasser mit Gewißheit zu identifizieren: Es ist der päpstliche Notar und städtische Schreiber Gerlach vom Hauwe, dem wohl seine Gegner wegen eines körperlichen Gebrechens auch den Spitznamen »scheler Gerlach« beigelegt haben. Er verfaßte im Jahre 1396 das »Nuwe Boich«, eine umfassende Darstellung der politischen Bestrebungen in der Stadt Köln vom Beginn der sechziger Jahre bis zum Sturz der Patrizierherrschaft und dem Sieg der Ämter am 18. Juni 1396. Dieser erstmalig in deutscher Prosa gehaltene geschichtliche Bericht ist nach Form, Stil und Tendenz von allen früheren Darstellungen verschieden. Es handelt sich bei ihm um eine zu amtlichem Gebrauch gefertigte Denkschrift für den nach dem Umsturz neugewählten Rat der Stadt. Als geschickt zusammengestellte Tendenzschrift entwickelt sie aus der Vorgeschichte und den Ereignissen selbst ein vernichtendes Urteil über die gestürzte Geschlechterherrschaft und empört sich über den von ihr am Gemeinwesen angerichteten Schaden. Dabei werden Urkunden und Akten benutzt und teilweise wörtlich in die Darstellung übernommen, wesentliche Sachverhalte aber auch unterschlagen. Es handelt sich um eine gewiss nicht ohne Auftrag und mit advokatorischem Geschick und Überzeugungskraft entworfene Relation zur inneren Selbstrechtfertigung der neuen Machthaber.

Gerlach vom Hauwe hat den Blick nicht nur in die Vergangenheit gerichtet. Er hat auch für die Zukunft wirken können. Als die revolutionären Ereignisse des Jahres 1396 die bisherige patrizische Oberschicht weitgehend politisch, wirtschaftlich und gesellschaftlich entmachtet hatten, trat am 24. Juni ein provisorischer Rat zusammen, der es für gut ansah, wenn die Grundsätze, nach denen Köln in Zukunft regiert werden sollte, ihren schriftlichen Niederschlag fänden. Diese neue »Verfassung« zu schaffen, war Aufgabe einer eigens eingesetzten Kommission. Der Redaktor und wohl auch der geistige Kopf bei der Schaffung des Verfassungsdokumentes war Gerlach. Das »Grundgesetz« der Stadt Köln trat am 14. September 1396 in Kraft und ist unter dem Namen Verbundbrief bekannt. Für mehr als zwei Generationen wurden damit einigermaßen stabile Verhältnisse in der Kölner Sozialstruktur erreicht, und als Rechtsgrundlage des Verfasssungslebens behielt der Verbundbrief über vier Jahrhunderte hinweg seine Gültigkeit. Sein Schöpfer hat kaum noch etwas von den weitreichenden Auswirkungen seines Werkes erleben können. Ihm blieb keine weitere Zeit für beruflichen Aufstieg und krönenden Lebensabschluß. Nicht ohne persönliche Schuld wurde er vielmehr in den Strudel der Nachwehen der politischen Auseinandersetzungen hineingerissen. Man warf ihm der Stadt schädliche Beziehungen zu den alten, vertriebenen Machthabern vor. Am 7. Juni 1399 trennte das Beil des Scharfrichters seinen Kopf vom Rumpf.

## QUELLEN UND LITERATUR

BADER, Karl Siegfried, Klerikernotare des Spätmittelalters in Gebieten nördlich der Alpen, in: Speculum iuris et ecclesiarum, Festschrift für Willibald M. Plöchl, hrsg. von Hans Lentze und Inge Gampl, 1967, S. 1—15.

CAENEGEM, Raoul C. van, Le droit romain en Belgique. IRMAE V 5b (1966).

COING, Helmut, Römisches Recht in Deutschland, IRMAE V 6 (1964).

COING, Helmut, (Hrsg.), Handbuch der Quellen und Literatur der neueren europäischen Privatrechtsgeschichte, erster Band, Mittelalter (1100—1500), Die gelehrten Rechte und die Gesetzgebung (1973).

DIEDERICH, Toni, Revolutionen in Köln, Katalog zur Ausstellung des Historischen Archivs der Stadt Köln (1973).

DIEDERICH, Toni, Rezension zu Peter-Johannes Schuler, Südwestdeutsche Notarszeichen, Rheinische Vierteljahresblätter 41 (1977), S. 344—348.

FEENSTRA, R., Les Flores utriusque iuris de Jean de Hocsem et leur édition au XVe siècle, Revue d'Histoire du Droit 31 (1963), S. 486—519.

FOERSTER, Hans, Die Organisation des erzbischöflichen Offizialatsgerichts zu Köln bis auf Hermann von Wied, Zeitschrift der Savigny-Stiftung für Rechtsgeschichte, Kan. Abtl. 11 (1921), S. 254—350.

GERIG, Hans, Frühe Notariats-Signete in Köln (1971).

GESCHER, Franz, Das älteste kölnische Offizialatsstatut (1306—1331), Zeitschrift der Savigny-Stiftung für Rechtsgeschichte, Kan. Abtl. 14 (1925), S. 475—485.

GESCHER, Franz, Das Offizialat der Erzbischöfe von Köln im 13. Jahrhundert, Annalen des Historischen Vereins für den Niederrhein 115 (1929), S. 136—166.

GESCHER, Franz, Ungedruckte Urkunden aus der Frühzeit des erzbischöflichen Offizialats in Köln, Annalen des Historischen Vereins für den Niederrhein 116 (1930), S. 61—66.

GESCHER, Franz, Die erzbischöfliche Kurie in Köln von ihren ersten Anfängen bis zur Gegenwart, Annalen des Historischen Vereins für den Niederrhein 118 (1931), S. 1—31.

GESCHER, Franz, Um die älteste Satzung des erzbischöflichen Offizialats von Köln (um 1320), Annalen des Historischen Vereins für den Niederrhein 131 (1937), S. 24—62.

HATTENHAUER, Hans, »Minne und recht« als Ordnungsprinzipien des mittelalterlichen Rechts, Zeitschrift der Savigny-Stiftung für Rechtsgeschichte, Germ. Abtl. 80 (1963), S. 325—344.

HERMESDORF, B.H.D., Römisches Recht in den Niederlanden, IRMAE V 5a (1968).

HOFFMANN, Walter, Deutsch und Latein im spätmittelalterlichen Köln, Zur äußeren Sprachgeschichte des Kölner Geschäftsschrifttums im 14. Jahrhundert, Rheinische Vierteljahresblätter 44 (1980), S. 117—147.

Ius romanum medii aevi (IRMAE), Mailand 1961 ff.

KEUSSEN, Hermann, Der Verfasser des Verbundbriefes und des »Neuen Buches«, Zur Geschichte der Kölner Revolution 1396, Mitteilungen aus dem Stadtarchiv Köln 15 (1888), S. 1—54.

KOHLER, J., und LIESEGANG, E., Entäußerung und zukünftiger Rechtserwerb mit besonderer Rücksicht auf ein im Jahre 1352 von Kölner Kanonikern erstattetes Gutachten, Archiv für Bürgerliches Recht 10 (1895), S. 59—103.

LANGENBUCHER, Karl-Otto, Zum Aufkommen der deutschen Sprache in den kölner Schreinsurkunden, in: Rheinische Vierteljahresblätter, Jahrgang 30, Bonn 1965, S. 70—78.

MENKE, Johannes Bernhard, Geschichtsschreibung und Politik in deutschen Städten des Spätmittelalters, Die Entstehung deutscher Geschichtsprosa in Köln, Braunschweig, Lübeck, Mainz und Magdeburg, I. Teil, Jahrbuch des Kölnischen Geschichtsvereins 33 (1958), S. 1—84.

OEDIGER, Friedrich Wilhelm, Das Register des Kölner Notars Theodericus de Walle 1365—1373, in: Der Liber quondam notarii, Schriftenreihe des Kreises Kleve 1 (1978), S. 19—34.

PFEIFFER, Gerd, Der Notar in unserem Rechtsstaat, Deutsche Notar-Zeitschrift 1981, S. 5—16.

PIEYNS-RIGO, P., Notaires d'Officialité et Notaires Publics au service de l'Officialité Liégeoise (1252—1337), Bulletin de la Commission Royale d'Histoire 132 (1966), S. 297—332.

PITZ, Ernst, Schrift- und Aktenwesen der städtischen Verwaltung im Spätmittelalter, Köln-Nürnberg-Lübeck, Beitrag zur vergleichenden Städteforschung und zur spätmittelalterlichen Aktenkunde, Mitteilungen aus dem Stadtarchiv Köln 45.

SCHOENEN, Paul, Die Kunst im Dienst des Rechts, in: Recht und Rechtspflege in den Rheinlanden, hrsg. von Josef Woffram und Adolf Klein (1969), S. 439—488.

SCHÜTZEICHEL, Rudolf, Die Kölner Schreibsprache, Aufgaben und Problembereiche spätmittelalterliche Schreibsprachen im Nordwesten, Rheinische Vierteljahresblätter 27 (1962), S. 69—96.

STEIN, Walther, Akten zur Geschichte der Verfassung und Verwaltung der Stadt Köln im 14. und 15. Jahrhundert, Publikationen der Gesellschaft für rheinische Geschichtskunde X (1895).

STEIN, Walther, Deutsche Stadtschreiber im Mittelalter, Beiträge zur Geschichte vornehmlich Kölns und der Rheinlande (Mevissen-Festschrift), 1895, S. 27—70.

STEIN, Walther, Über den Verfasser des kölnischen Liedes von der Weberschlacht, Hansische Geschichtsblätter 27 (1899), S. 149—164.

TRUSEN, Winfried, Zur Urkundenlehre der mittelalterlichen Jurisprudenz, in: Recht und Schrift im Mittelalter, hrsg. von Peter CLASSEN ( = Vorträge und Forschungen, hrsg. vom Konstanzer Arbeitskreis für mittelalterliche Geschichte, (Bd. XXIII), Sigmaringen 1977, S. 197—219.

VLEUGELS, Franz Wilhelm, Meister Gottfried Hagen, des Stadtschreibers Buch von der Stadt Köln (1921).

MARGARETE FRANKEN

# JUSTIZ AUF NEUEN PFADEN

*Bewährungshilfe in Köln*

In einer Darstellung der Entwicklung der Kölner Justiz in den letzten beiden Jahrhunderten darf die Bewährungshilfe nicht fehlen, obwohl — oder gerade weil? — sie noch eine recht jugendliche Dame von gut 25 Jahren ist.

## *Die Ursprünge der Bewährungshilfe*

Der Gedanke der Bewährungshilfe als einer besonderen Form der Strafaussetzung zur Bewährung, aber auch der Ausübung des Gnadenrechts, läßt sich in Ansätzen bis in die Mitte des 19. Jahrhunderts verfolgen. Anhaltspunkte dafür fand man in der skandinavischen und angelsächsischen Rechtsprechung ebenso wie in Österreich.

Als Vater der Bewährungshilfe gilt der Schumacher John Augustus aus Boston. Er erwirkte beim Gericht, daß ihm ein Alkoholiker, der straffällig geworden war, in Obhut gegeben wurde. Nach Aussetzung der Strafe nahm er sich seiner an. Seine Bemühungen waren so erfolgreich, daß ihm in der Folge ca. 1000 straffällig gewordene Menschen anvertraut wurden. An seine Erfahrungen knüpfte das nach dem Zweiten Weltkrieg hier zur Anwendung gekommene Paroleverfahren an.

In Deutschland erkannten um die gleiche Zeit Privatpersonen die Not der Verurteilten und ihrer Familien *während* und *nach* Ende einer Strafverbüßung. Zuerst in Koblenz und später auch in Köln bemühte sich Marie Le Hanne-Reichensperger — »die Frau Bergrath« —, Tochter des Appellationsgerichtsrats Dr. August Reichensperger, mit dessen Namen die Wiederaufnahme des Dombaus in Köln in den 40er Jahren des 19. Jahrhunderts unlösbar verknüpft ist, um die gefangenen Mädchen und Frauen im Kölner Klingelpütz. Sie gilt als Wegbereiterin dieser Arbeit im Kath. Frauenfürsorgeverein in Köln, heute als Sozialdienst Kath. Frauen bekannt.

Johann Hinrich Wichern, Begründer der Rhein.-Westf. Gefängnisgesellschaft von 1826 sagt in seinem »Plan der Wirksamkeit dieser Gesellschaft« etwa um 1840: »Ob die Besserung eines Gefangenen rechter Art sei, bewirkt sich erst in dem wiedererlangten Freiheitszustand. Die Gesellschaft wird daher eine fortgesetzte Beaufsichtigung der Entlassenen zu bewirken suchen, durch Anregung von Menschenfreunden an ihren Bestimmungsörtern«.

Überlegungen zur Verwirklichung eines besonderen Jugendstrafrechts konnten 1919 auf

Erfahrungen, die in einzelnen Ländern mit der bereits gewährten bedingten Strafaussetzung vorlagen, zurückgreifen. In dem Jugendgerichtsgesetz von 1923 wurde die Regelung der bedingten Strafaussetzung in den §§ 10-15 festgelegt, ohne das Strafsystem für Jugendliche grundsätzlich zu ändern.

Bei der 1943 erfolgten Änderung des Reichsjugendgerichtsgesetzes wurden diese §§ 10-15 wieder abgeschafft. Diese sowie viele andere Regelungen im Strafrecht und seine Durchführung während der Hitlerzeit müssen wohl unter dem Aspekt der politischen Rechtsprechung gesehen werden. Dieser Zeitabschnitt hat wenig zur Weiterentwicklung der Strafgesetzgebung beigetragen.

Nach Ende des Zweiten Weltkrieges waren es zwei Personen, die entscheidend die Einführung der Bewährungshilfe beeinflußt haben. Gemeinsame Überlegungen eines Jugendrichters aus Bonn, Dr. h. c. Ludwig Clostermann, und des damaligen Staatsanwalts Alfons Wahl aus Stuttgart führten zur Entwicklung der Strafaussetzung unter Beiordnung eines Bewährungshelfers.

Dr. Clostermann hatte als Jugendrichter bereits ein Verfahren entwickelt, das eine Bewährungshilfe ermöglichte. Er setzte anstehende Jugendverfahren auf die Dauer von 1-2 Jahren aus mit dem Ziel, nach Ablauf der Aussetzungsfrist bei Bewährung wegen Geringfügigkeit einzustellen, was allerdings nach geltendem Recht nur bei Vergehen, nicht bei Verbrechen zulässig war. Seine Bewährungshilfe bestand darin, daß er in einer für einen Richter außergewöhnlichen Weise Kontakt zu den betroffenen Mädchen und Jungen behielt. Ihr weiteres Verhalten beobachtete er persönlich, ermahnte und ermutigte: so half er mit Güte und Strenge, viele von ihnen vor dem Gefängnis zu bewahren und beugte gleichzeitig dem Beginn einer kriminellen Entwicklung vor. Er praktizierte das, was er später von der Tätigkeit des Bewährungshelfers erwartete: vorbeugend zu helfen, den Täter empfindsam zu machen für soziales Verhalten sowie ihn in seinem gesunden Selbstbewußtsein zu stärken. Seine Bemühungen galten dem Ziel, vor diskriminierender Freiheitsstrafe zu bewahren und »Bewährung Jugendlicher ohne Strafe« in die Reform des Strafgesetzes einzubringen. »Warum den jungen Rechtsbrecher ins Gefängnis stecken, wenn es möglich ist, ihm durch eine vernünftig ausgestattete Bewährungsfrist unter Mitwirkung hauptamtlicher Bewährungshelfer die Chance zu geben, durch freiwillige eigene Anstrengung seiner gemeinschaftsschädigenden Neigung Herr zu werden, ohne die Schwelle des Gefängnisses zu überschreiten« (Dr. Clostermann).

Das Paroleverfahren, mit dem der Bostoner Schumacher in die amerikanische Rechtsgeschichte einging, sollte, ausgelöst durch die Rechtssituation nach 1945, in der Bundesrepublik Deutschland Anwendung finden. Alfons Wahl führte für von amerikanischen Gerichten wegen Kriegsverbrechen verurteilte Deutsche Paroleverfahren durch. Die dabei erworbenen Erfahrungen verwandte er während seiner Tätigkeit im Bundesjustizministerium bei seinen Bemühungen zur Einführung der Strafaussetzung zur Bewährung und Entlassung zur Bewährung im Hinblick auf das sich in Vorbereitung befindende Strafrechtsänderungsgesetz.

Die Überzeugung von der Notwendigkeit, den Täter mehr im Vordergrund zu sehen, die Ursache für sein oft sehr massives Fehlverhalten zu suchen, zu erkennen, ihm bewußt zu machen und ihm Hilfestellung zu geben, sein Verhalten zu ändern, setzte sich immer mehr durch.
Vor Erlass eines dementsprechenden Gesetzes sollte das angestrebte Verfahren gründlich erprobt werden, um in der Praxis über Möglichkeiten und Erfolgsaussichten einer solchen kriminalpädagogischen Behandlung im ambulanten Strafvollzug Erfahrungen zu sammeln. Die weitere Frage war, durch wen diese Hilfe verwirklicht werden könnte.
Man kam zu der Ansicht, der Fürsorger, wie die Bezeichnung damals noch hieß, bringe dafür besonders gute Voraussetzungen mit.
Am 18. 7. 1951 gründete Dr. Clostermann mit gleichgesinnten Mitarbeitern — Juristen, Medizinern, Pädagogen, Fürsorgern — in Bonn den Verein Bewährungshilfe e. V. Diesem Verein stellte das Bundesjustizministerium für die überregionale Förderungsreihe 98.000,— DM zur Verfügung. Mit diesen Mitteln startete er 1951 eine Versuchsreihe, die bis 1954 auf folgende Städte ausgedehnt wurde: Freiburg, Stuttgart, Bonn, Hannover, München, Delmenhorst, Hamburg, Duisburg, Dortmund, Essen und schließlich Köln. Zwischenzeitlich wurde mit dem 3. Strafrechts-Änderungsgesetz vom 4.8.1953 und der Einführung des neuen Jugendgerichtsgesetzes in der Bundesrepublik Deutschland die Grundlage für eine gesetzliche Regelung geschaffen.

*Die Anfänge der Bewährungshilfe in Köln*

Im September 1954 erfolgte zügig und wenig bürokratisch, jedoch sehr gründlich und kritisch, die Einstellung der Kölner Bewährungshelfer. Frau Dr. Bommert vom Sozialministerium, Dr. Clostermann als Vorsitzender der Bewährungshilfe e. V. Bonn und der damalige Oberstaatsanwalt Römer im Landesjustizministerium führten mit den 11 in die engere Wahl gezogenen Bewerbern die Vorstellungsgespräche. Am selben Tage noch erfolgte die Anstellungszusage. Am 1. 11. 1954 nahmen Günter Ladwig und ich und am 1. 12. 1954 Hermann Ramisch die Tätigkeit als hauptamtliche Bewährungshelfer in Köln auf. Die beiden Herrn hatten schon vorher als Parole Officer gearbeitet. In einem Mitteilungsschreiben über unsere Einstellung schrieb Dr. Clostermann an den Kölner Landgerichtspräsidenten Dr. Jansen u. a.: »die dafür erforderlichen Mittel stellt das Arbeits- und Sozialministerium dem Verein zur Verfügung . . .; die Damen und die Herren sind als Angestellte eines privatrechtlichen Vereins nicht der allgemeinen Dienstaufsicht der Justizbehörden unterworfen. Bei Durchführung der Bewährungsaufsicht unterliegen die Bewährungshelfer in sachlicher Hinsicht jedoch vereinbarungsgemäß nur den Weisungen des Richters, der die Bewährungsaufsicht angeordnet hat, § 24 a StGB, 24, 25 JGG.«
Dr. Clostermann fühlte sich während der Versuchsreihe für uns verantwortlich und stand persönlich, mit Rat und Tat zur Seite. Als erstes suchten wir Büroräume, die gleichzeitig als Ausgangspunkt für unsere Arbeit geeignet waren. Laut Gesetz über die Bewährungshelfer sollen Geschäftszimmer außerhalb von Amtsgebäuden zur Verfügung gestellt werden.

Die Ausgestaltung einer Sitzecke erschien wichtig, um mit den Besuchern in einer vertrauenerweckenden Atmosphäre die Gespräche führen zu können. Dies hat sich bis heute als vorteilhaft für die erste Begegnung und die weitere Zusammenarbeit ergeben. Eine Schreibkraft wurde eingestellt. Die drei Büros, die wir bezogen, befanden sich in einem Haus der Knappschaft an der Werderstraße, das den für uns ermutigenden Namen »Glückauf-Haus« trug. Die Miete dafür sowie die Mittel für die Einrichtung, angefangen vom Bleistift über die Möbel bis zur Deckenlampe und den Gardinen, trug der Verein Bewährungshilfe Bonn. Nachdem die wichtigsten Vorbereitungen getroffen waren, stellten wir uns bei den Jugendrichtern des Amtsgerichts, aber auch bei den Vorsitzenden der Strafkammern des Landgerichts und sonstigen Richtern der allgemeinen Strafgerichtsbarkeit vor. Der Landgerichtspräsident hatte einen Kammervorsitzenden und einen Jugendrichter als unmittelbare Ansprechpartner für uns während dieser Zeit beauftragt. Wichtig war auch das Bekanntwerden mit den Sozialarbeitern und Leitern der Vollzugsanstalten in Köln (»Klingelpütz«) und Siegburg, wobei wir uns dort in der Schreinerei die z. T. noch in Arbeit befindlichen Möbel ansehen und Wünsche dazu äußern konnten. Wir stellten uns beim Arbeitsamt und Jugendamt vor, um gleich zu Beginn eine gute Zusammenarbeit für die Tätigkeit im Interesse des Probanden zu erzielen. Beim Jugendamt Köln bzw. bei der Jugendgerichtshilfe wurden wir nicht sehr freundlich empfangen. Dies hatte eine Vorgeschichte, die ich in meiner Unvoreingenommenheit nicht kannte, in die ich ein Stück hineingeriet, aus der ich aber auch wieder recht gut herausfand. Beim Jugendamt Köln war durch die Tätigkeit von Schutzaufsichtshelfern eine Art Bewährungshilfe praktiziert worden, ebenfalls mit dem Ziel der endgültigen gesetzlich fundierten Verwirklichung. Daß vom Verein e. V. Bonn durch die Initiative von Dr. Clostermann plötzlich in Köln drei hauptamtliche Bewährungshelfer tätig wurden, wirkte offenbar als unliebsame Konkurrenz. Die Zuordnung der Bewährungshelfer zur Justiz war längst nicht für alle Beteiligten eine Selbstverständlichkeit. Es hatte langwierige Verhandlungen darüber gegeben, ob die Bewährungshilfe als Sozialarbeit dem Sozialministerium und damit örtlich den Jugendämtern oder Sozialämtern zuzuordnen sei. Dies hätte auch die Einbeziehung der freien Verbände ermöglicht, die sehr bereit waren, diese Arbeit zu übernehmen. Gründliche Überlegungen, die vor allem auch die Einheitlichkeit der Maßnahme zum Ziel hatten, — Verurteilung durch den Richter, namentliche Bestellung des hauptamtlichen Bewährungshelfers durch den Richter, Fachaufsicht beim Richter — führten in NRW wie auch in den meisten anderen Bundesländern zur »Justizlösung«. Diese Tendenz war am 1. 11. 1954 schon zu erkennen. Daß ich in diese Problematik und Polemik hineingeraten war, bekam ich mehrmals deutlich zu spüren. Die Auseinandersetzung mit diesen Tatsachen war wohl auch ein Teil dieser Versuchsreihe. Bei der ersten Vorstellung wurde ich von einem Jugendrichter mit einer für mich damals niederschmetternden Abfuhr beschieden: »Von mir werden Sie keinen Probanden bekommen.« Ich war erschreckt und kam mir vor wie ein »Vertreter in Bewährungssachen«. Wie sich dies aber durch eine realitätsbezogene Einstellung wieder regeln ließ, erkannte ich, als ich von dem selben Richter den ersten Probanden erhielt. Ein ähnliches Erlebnis hatte ich bei einer der ersten Jugendgerichtsverhandlungen. Die Ermittlungsakten ließen erkennen, daß es beim Urteil zu einer Strafaussetzung zur Bewährung kommen könnte. Um möglichst bald die erste Kontaktaufnahme zwischen Probanden und Bewährungshelfer herzustellen — das war eigentlich immer als der ideale Start angesehen worden —, war ich zur Verhandlung gegangen. Ein Schutzaufsichtshelfer des Jugendamtes war ebenfalls anwesend. Nachdem ich dem Richter auf seine Frage hin den Grund meines Erscheinens mitteilte, schloß er mich von der nichtöffentlichen Verhandlung aus. Wenig später ergab sich mit diesem Richter eine gute Zusammenarbeit, die bis zu dessen Pensionierung anhielt.

Während des Jahres 1955 konnten wir sehr nützliche Erfahrungen sammeln. Die Verständnisbereitschaft bei allen Beteiligten wuchs aus der Einsicht eines gemeinsamen Zieles. Es wurde mehr und mehr Praxis, daß sich Richter und Bewährungshelfer in regelmäßigen Abständen zum gemeinsamen Gedankenaustausch trafen, was das gegenseitige Vertrauen förderte. Der Landgerichtspräsident stand uns mit freundlichem Entgegenkommen, jedoch mit abwartender Haltung, gegenüber, wofür wir Verständnis hatten. Er akzeptierte uns jedenfalls in dieser Situation. In den folgenden Jahren nach unserer Übernahme in den Justizdienst fanden wir bei Dr. Jansen tatkräftige Unterstützung und verständnisvollen Beistand. Seine menschlich sowie fachlich-sachliche Einstellung unserer Zielsetzung gegenüber muß als Grundlage für die weitere Entwicklung der Bewährungshilfe in Köln gewertet werden.

Das Vertrauen und damit der Mut zu dem »Experiment« Bewährungshilfe wuchs. Immer häufiger wurde Strafaussetzung zur Bewährung ausgesprochen und ein Bewährungshelfer beigeordnet. Wir fühlten uns in unserer Arbeitsweise bestätigt und suchten weiter nach neuen Wegen und Möglichkeiten, den Probanden anzusprechen, sein aus Erfahrungen mit Behörden gesammeltes Mißtrauen abzubauen und ihm zu einer ihm gemäßen Form der Selbständigkeit zu verhelfen. Dr. Clostermann bezeichnete dieses Vorgehen als Wegbereitung, Wegbegleitung, Wegweisung.

Um Kontaktfähigkeit und Freizeitinteresse sowohl zu wecken als auch zu fördern, regten wir u. a. die Probanden zu gemeinsamen Freizeiten an, wie z. B. zu Wochenendunternehmungen oder Tagesfahrten in die Eifel, ins Bergische Land und u. a. auch zu einem Urlaub an der holländischen Nordsee in Egmond bei Alkmaar. Bei Eigenbeteiligung gab das Jugendamt Köln aus einem Fond von Geldbußen finanziellen Zuschuß. Solche Unternehmungen waren dem überwiegenden Teil unserer Großstadtjugend fremd, eröffneten ihr neue Eindrücke und Möglichkeiten für ihre arbeitsfreie Zeit; die Veranstaltungen fanden starken Anklang und nachhaltige Wirkung. Uns brachten solche Unternehmungen weitere Erfahrungen für unsere Arbeit. Ich war ganz erstaunt, bei einer Wanderung durch ein Waldrand- und Seengebiet von einem Kölschen Jungen die Äußerung zu hören: »Wat sin he vill Bäum!« Ich glaube, er sprach damit das aus, was viele ebenso empfanden. Ein anderer Mann war in einem Heim aufgewachsen und kannte nur die Großstadt. Zum ersten Mal lernte er einen Rebenhang kennen, als wir in einer Gaststätte am Rande eines Weinbergs Pause machten. Der Urlaub am Meer wurde von den Jugendlichen engagiert mitgestaltet: sie wohnten mit den Bewährungshelfern in einem mitgebrachten Hauszelt, während ich bei der Familie des Ortspolizisten Unterkunft fand. Auf einer offenen Feuerstelle in den Ruinen eines gesprengten Bunkers wurde von jedem der Beteiligten abwechselnd gekocht. Das Schwimmen und das Schwimmenlernen bereitete großen Spaß. Das Hinterland, einschließlich der Besichtigung von Amsterdam bot vielfältige Möglichkeiten für Unternehmungen. Das Kennenlernen der Menschen in unserem Nachbarland und deren Lebensgewohnheiten reizten die jungen Leute ungemein. Sie erkannten erstmals, daß mit schwerer Arbeit erkaufter Urlaub nicht an der Theke einer Kneipe verbracht werden muß, sondern daß er bei neuen Eindrücken und in bisher unbekannter Umgebung erlebnisreicher ist. Ein Intermezzo wirbelte allerdings nach unserer Rückkehr einigen Staub auf. Ein Jugendrichter aus Essen, der dort die Versuchsreihe begleitete, verbrachte in Egmond seinen Urlaub, traf die Kölner Gruppe im Ort und besuchte uns am anderen Morgen am Strand. Sein Befremden über seine Beobachtungen teilte er nicht uns, sondern dem Jugendrichter Brock in Köln mit, insbesondere die Tatsache, daß ich mich im — leeren — Hauszelt der Jungen umzog und mit ihnen zusammen zum Schwimmen ging. Herr Brock, als Begleiter der Versuchsreihe in Köln, besuchte uns daraufhin im Büro, besprach die Beschwerde mit uns, ließ sich die Situation erklären, und schmunzelnd und verständnisvoll munterte er uns in seiner gelassenen Art auf, nachdem er uns doch recht betroffen sah.

Bei Veranstaltungen mit Probanden z. B. in der Vorweihnachtszeit verschafften sich Richter mehrfach Eindrücke von den ehemals Verurteilten, die ihnen bisher verborgen bleiben mußten, kannten sie sie doch nur aus Akten und der kurzen Verhandlung im Gerichtssaal. Der Jugendliche seinerseits begegnete dem Richter nicht nur in seiner verurteilenden Funktion, sondern lernte ihn auch als Menschen kennen.

Es ergab sich noch eine weitere Möglichkeit der Begegnung Proband — Richter außerhalb des Gerichtssaales. Im Anfang eingeführte und viele Jahre geübte gesetzlich vorgesehene Praxis war die Aushändigung des Bewährungsplanes etwa 4—6 Wochen nach der Gerichtsverhandlung durch den Richter in dessen Arbeitszimmer. Oft wurde dabei ein gemeinsames Gespräch geführt. Manchmal mußte auch eine Ermahnung gegeben werden. Dabei erhielt der Richter Einblick in die praktische Arbeit des Bewährungshelfers mit dem Probanden. Die manchmal von Juristen geäußerte Ansicht, der Bewährungshelfer sei der verlängerte Arm und der Gehilfe des Richters, wurde durch ein solches Vorgehen wiederlegt. Es zeigte sich stattdessen, daß beide gemeinsam mit unterschiedlichen Ausgangspositionen das Wohl des Probanden anstrebten. Der Richter und der Bewährungshelfer hatten ihr eigenes Selbstverständnis und konnten dazu beitragen, ein solches ebenfalls dem Probanden zu vermitteln.

In den ersten Jahren unserer Tätigkeit wurde bei Erwachsenen nur zögernd von der Strafaussetzung mit Bewährung und Bewährungshelfer Gebrauch gemacht. Erst allmählich erkannten die Richter der allgemeinen Strafgerichtsbarkeit den Sinn und den Nutzen dieser

Maßnahme, vor allem bei 18- bis 25Jährigen, bei den sogenannten Jungerwachsenen, und wandten sie an. So erlebte ich bei Amtsgerichtsrat Siebenborn, der mich nicht selten zu einer Gerichtssitzung einlud, daß er mich um mein Kommen bat mit den Worten: »Ich habe hier wieder mal ein Frauenzimmerchen, das unter die Landstraßenganoven gefallen ist; sie braucht dringend Hilfe, kommen Sie doch bitte«. Ich wanderte zum Gericht und fand eine recht handfeste, doch ziemlich zerknirschte, dann hoffnungsvoll aufatmende junge Frau vor, die noch im Gerichtssaal unter Aufhebung der Untersuchungshaft meiner Bewährungshilfe unterstellt wurde. Der Beschluß des Richters hatte Erfolg, was auch noch längere Zeit nach Beendigung der abgelaufenen Bewährungszeit festgestellt werden konnte.

*Das Gesetz über die Bewährungshelfer*

Am 17. 5. 1955 trat das Landesgesetz über die Bewährungshelfer in Kraft. Präsident Jansen beantragte sofort 5 Bewährungshelferstellen für Köln. Noch im selben Jahr stellte das Landgericht nach Verständigung mit dem Verein Bewährungshilfe e. V. Bonn eine Schreibkraft zur Verfügung. Frau Schemann, die für uns in der folgenden Zeit eine enorme Stütze darstellte und die sich für unsere Arbeit sowie für den 1958 in Köln gegründeten Verein zur Förderung der Bewährungshilfe einsetzte, blieb bis zu ihrer Pensionierung im April 1971 bei uns.

Am 1. 4. 1956 war es soweit: Die drei schon als Angestellte des Bonner Vereins tätigen Bewährungshelfer in Köln wurden als Angestellte des Landgerichts übernommen. Am 1. Juli folgten zwei weitere Bewährungshelfer. Seitdem kamen in jedem Jahr neue Bewährungshelfer hinzu. Der Raum im Glückauf-Haus reichte nicht mehr aus. In einem schönen alten Fachwerkhaus Ecke Herwarthstraße und Kamekestraße (s. S. 78 oben) fanden wir für einige Jahre eine Bleibe. Die Tatsache, daß Graf Zeppelin im Dezember 1908 bei seinem Aufenthalt in Köln dort wohnte, fanden wir und unsere Besucher recht interessant, veranlaßte uns jedoch nicht zu Höhenflügen. Unsere Arbeit, die ständige Auseinandersetzung mit den uns entgegengebrachten Problemen ließen uns auf dem Boden der Wirklichkeit bleiben. Die Atmosphäre des Hauses sprach jeden Besucher an und verstärkte auch unsere Freude an der oftmals doch sehr harten Arbeit. Diese erforderte Selbstkontrolle, um die dem einzelnen gerecht werdende Einstellung und Form der kriminalpädagogischen Arbeit zu finden. In dem Kommentar zum Jugendgerichtsgesetz von Dallinger/Lackner werden an die persönliche Eignung des Bewährungshelfers folgende Forderungen gestellt: emotionale Reife, Takt und Einfühlungsvermögen, Kontaktfähigkeit, Hilfsbereitschaft und Geduld, Initiative und Aktivität, Intelligenz, Verhandlungsgeschick und Überzeugungsvermögen, Entscheidungsfreudigkeit und Verantwortungsbewußtsein, wohl fundiertes Allgemeinwissen und gute Gesundheit: ein hoher Anspruch! Wichtig und notwendig sind allemal Aufgeschlossenheit und Einsicht, sich fortzubilden, sich kritischen Auseinandersetzungen mit neuen Erkenntnissen und Methoden und mit sich selbst zu stellen, sich ihnen nicht zu verschließen.

Fortbildungstagungen, die das Justizministerium des Landes ab 1956 jedes Jahr den Bewährungshelfern anbot und bis heute noch anbietet, dienten und dienen dem Erfahrungsaustausch auf überregionaler Ebene, ebenso der Zusammenschluß in einer Landesarbeitsgemeinschaft. Sie vertritt die beruflichen Belange der Bewährungshelfer gegenüber dem Landesjustizministerium.

Das Bewährungshelfergesetz legt fest, daß der Landgerichtspräsident die Dienstaufsicht, der unterstellende Richter die Fachaufsicht führt. Dies realisiert sich in der namentlichen Bestellung durch den Richter, in der mündlichen und schriftlichen Berichtspflicht des Bewährungshelfers über den Verlauf der Bewährungshilfe und -aufsicht und beim Auftreten von Schwierigkeiten möglichst auch in gegenseitigem Austausch in einer gemeinsamen Beratung.

Dabei spielt das Spannungsfeld Richter-Bewährungshelfer-Proband sicher keine geringe Rolle. Es birgt u. U. Konflikte, die nur durch realitätsbezogene Offenheit im Interesse des Probanden bewältigt werden können. Zu Beginn der Bewährungszeit sollte zweckmäßigerweise dem dafür aufgeschlossenen Probanden gegenüber dieses Rollenverhältnis abgeklärt werden, um Mißverständnissen vorzubeugen.

Nachdem die Tätigkeit der Bewährungshelfer beim Jugendamt und bei der Jugendgerichtshilfe Anerkennung gefunden hatte, kam es mit den Kölner Jugendrichtern zu einer Vereinbarung, bei erneuter Straffälligkeit während der Bewährungzeit den Bewährungshelfer in der Aufgabe des Jugendgerichtshelfers zu hören, vorausgesetzt, daß er den Probanden schon über einen angemessenen Zeitraum kennt. Damit wird eine überflüssige Doppelarbeit vermieden, denn der Bewährungshelfer ist aufgrund der Erfahrungen mit dem Probanden durchweg in der Lage, die dem Jugendgerichtshelfer übertragene Aufgabe zu erfüllen. Nach dieser Regelung wird bis heute verfahren.

Eine weitere Praxis wird ebenfalls heute noch in Köln angewandt. An die Vernehmung zur Person schließt sich im Einzelrichter- oder Schöffengerichtsverfahren die Verlesung des Eröffnungsbeschlusses an. Der oder die Angeklagten haben dann Gelegenheit, sich zu der Beschuldigung zu äußern. Die Befugnis, den Jugendlichen und seine Angehörigen und gesetzlichen Vertreter später während der Erörterung der persönlichen und sozialen Verhältnisse vorübergehend von der Verhandlung auszuschließen, gibt dem Gericht die Möglichkeit, mit Jugendgerichtshelfer bzw. Bewährungshelfer, Staatsanwalt und Rechtsanwalt das Notwendige zu erörtern. Dabei wird das rechtliche Gehör nicht verletzt, weil der Jugendliche anschließend über das Ergebnis informiert wird, dabei aber die diskriminierenden Faktoren aus seinem familiären Bereich nicht mehr zur Sprache kommen müssen.

*Der Bewährungsausschuß*

In § 6 des Gesetzes über die Bewährungshelfer vom 17. Mai 1955 in der Fassung vom 6. 4. 1960 ist der Bewährungsausschuß wie folgt konzipiert:

(1) Am Sitz eines jeden Schöffengerichts wird ein Ausschuß für Bewährungsaufsicht gebildet. Dem Ausschuß gehören acht stimmberechtigte Mitglieder an und zwar:

a) ein Straf- und Jugendrichter der im Schöffengerichtsbezirk bestehenden Amtsgerichte oder des Landesgerichts
b) ein Staatsanwalt oder Jugendstaatsanwalt
c) ein Vertreter der im Schöffengerichtsbezirk bestehenden Bezirksfürsorgeverbände
d) ein Vertreter der im Schöffengerichtsbezirk bestehenden Jugendämter
e) insgesamt vier Vertreter der im Bezirk des Schöffengerichts anerkannten freien Wohlfahrts- und Jugendverbände.

Zu den Sitzungen des Ausschusses, die nach Bedarf oder auf Verlangen der Hälfte der Mitglieder, jedoch wenigstens zweimal jährlich stattzufinden haben, ist als beratendes Mitglied der Leiter des Arbeitsamtes einzuladen.

Als eine wesentliche Aufgabe des Ausschusses ist die Zusammenarbeit zwischen Richtern und Bewährungshelfern einerseits und den Vertretern der Behörden und freien Wohlfahrtsverbände außerhalb der Justizverwaltung andererseits zu betrachten. § 7 sagt, daß die Mitglieder des Ausschusses sich »anregend und fördernd« mit den Aufgaben der Bewährungsaufsicht befassen und die Bewährungshelfer bei der Beschaffung von Unterkunftsräumen für die Probanden, bei deren Unterbringung in Familien und Heimen und bei der Beschaffung von geeigneten Arbeitsplätzen beraten. Der Ausschuß hat bei dem Einstellungsverfahren für Bewährungshelfer mitzuwirken, indem er der Einstellungsbehörde hauptamtliche und ehrenamtliche Bewährungshelfer vorschlägt. Schließlich kann sich der Ausschuß in allen Angelegenheiten, die im Rahmen der Bewährungshilfe über den Einzelfall hinaus von Bedeutung sind, berichten lassen.

Der Kölner Ausschuß wird jetzt vor allem bei Einstellungsverfahren tätig, indem er nach Gesprächen mit Bewerbern dem Landgerichtspräsidenten gegenüber Stellung nimmt.

Ich halte es für sehr wünschenswert und für dringend notwendig, daß der Ausschuß seine früheren Aktivitäten außerhalb des Einstellungsverfahrens wieder aufnimmt, damit der Bewährungshelfer dadurch weitere Unterstützung erfährt. Vor allem sollte er sich stärker der Öffentlichkeitsarbeit widmen. Zur Wiedereingliederung von Straffälliggewordenen in die Gesellschaft muß deren Verständnis noch mehr geweckt werden.

*Der Verein für Bewährungshilfe e. V.*

Für den Bewährungshelfer gab es häufig fast aussichtslos erscheinende Situationen, wenn ein Proband am Wochenende, am Heiligen Abend, Gründonnerstag oder in Köln vor den Karnevalstagen bedingt aus der Haft entlassen wurde. Eine behördliche Stelle, zur finanziellen Hilfe verpflichtet, war für den oft mittellosen Menschen ohne Angehörige und ohne Bleibe nicht mehr erreichbar. Auch während der Bewährungszeit mußte oft schnelle Hilfe geleistet werden. Dazu brauchten wir Geldmittel, über die wir schnell verfügen konnten. In Bonn war schon vor 1955 durch den Jugendrichter Bert Heinen ein örtlicher Verein zur Förderung der Bewährungshilfe bzw. sonstigen Jugendhilfe gegründet worden, der Geldbußen und Spenden annahm, verwaltete und damit bei besonders dringenden Fällen Hilfe geben konnte. Auch durch den in Essen schon in den Jahren 1951/52 gegründeten Verein wurden wir ermutigt, eine solche Einrichtung anzustreben. Landgerichtspräsident Jansen hatte erhebliche Bedenken bezgl. der Gründung eines Fördervereins für Bewährungshilfe, zumal der Bewährungshelfer lt. Gesetz über den Bewährungshelfer über ein Bewegungsgeld in Höhe von 50,— DM monatlich verfügen konnte. Dieser Betrag sollte aber mehr dem Kontakt zum Probanden dienen und reichte nicht aus, augenblickliche Notstände zu beheben oder besondere pädagogische Maßnahmen möglich zu machen. Durch die Gründung des Vereins konnte auch die Privatinitiative und die Verpflichtung der Gesellschaft angesprochen werden, Mitverantwortung für die Resozialisierungsmaßnahmen des Staates zu übernehmen.

Schließlich fanden sich 1958 interessierte Kölner Männer und Frauen, die den Verein für Bewährungshilfe e. V. gründeten. Die Gründungsmitglieder waren Frau Dr. Behrends, Herr Gierse, Berufsberater beim Arbeitsamt, Herr Ettighofer, Schriftsteller, Dr. Rösgen, Zahnarzt, Herr Schmidtgen, Jurist, Dr. Pribilla, Rechtsanwalt, Frau Franken, Bewährungshelferin.

Durch die vom Gericht angeordneten Geldbußen und durch Spenden kamen allmählich Mittel für unkonventionelle schnelle Hilfen in Form von Übernachtungsgeld, Schlafstellen und Wohnraumanmietung, Beschaffung von Arbeitskleidung und anderem mehr zusammen. Nachweis der Verwendung dieser Mittel und nach Möglichkeit nachträgliche Inanspruchnahme der zuständigen amtlichen Stellen waren selbstverständlich. Ebenso wichtig waren die Zuschüsse zu den bereits erwähnten Freizeiten, die als flankierende Maßnahmen die Einzelarbeit mit dem Probanden sinnvoll und mit Erfolg ergänzten. Ein Tanzkursus, von den jungen Männern gewünscht und vorgeschlagen, kam so zustande und wiederholte sich 5 Jahre lang unter der kundigen Leitung einer qualifizierten Tanzlehrerin, die für die Kölner Jungen den richtigen Umgangston fand. An geeigneten Partnerinnen mangelte es damals, und so fand sich in den sechziger Jahren ein Kurs Studierender der Staatlichen Fachoberschule für Sozialarbeit bereit, an den Tanzstunden, Mittel- und Abschlußveranstaltungen teilzunehmen.

Wie skeptisch dieser Versuch verständlicherweise betrachtet wurde, möchte ich hier schildern: Präsident Asselborn besuchte uns mit dem Vizepräsidenten Schweitzer zu einer Dienstbesprechung, in der u. a. das Experiment »Tanzkursus« Gegenstand des Gesprächs war. Herr Schweitzer äußerte Bedenken, was wohl das evtl. Bekanntwerden in der Öffentlichkeit zur Folge haben könnte. Herr Asselborn sah nach einigem Überlegen Herrn Schweitzer an und sagte dann wörtlich: »Warum eigentlich nicht?« Damit war das Placet gegeben. Die Tanzkurse haben sich ohne unliebsame Zwischenfälle mit Erfolg bewährt. Im Laufe der 5 Jahre waren außer den Studierenden andere Teilnehmer und Teilnehmerinnen hinzugekommen, womit schon der Beginn zur Überleitung in eine nicht nur von Probanden gebildete Gruppe möglich war. Dies war eines der Hauptziele unserer Veranstaltungen.

Die zweimaligen Bergwanderungen von je ca. 10 Tagen, das Zeltlager im Spessart wie auch das Zeltlager an der See, mit guten Ergebnissen durchgeführte Maßnahmen, konnten we-

gen des Zeitaufwandes für ausführliche Vorbereitung und für die Durchführung selbst bedauerlicherweise nicht mehr wiederholt werden, nachdem die Zahl der den Bewährungshelfern zugewiesenen Probanden das eigentliche Fassungsvermögen überschritt.
Nachdem die Geldbußen und Spenden zugenommen hatten, wandte sich der Verein weiterreichenden Aufgaben zur Förderung des Bewährungsgedankens und zur praktischen Unterstützung der Arbeit des Bewährungshelfers zu. Die Überlegungen bezogen sich auf Strafrechtsreformgesetze, die 1968 schon in Vorbereitung waren und in welchen die Einrichtung von sozialtherapeutischen Anstalten beschlossen werden sollte. Die von dort mit Strafaussetzung zu entlassenden Personen waren nach langer Haft der Freiheit entwöhnt, in der Regel ohne familiäre Bindung und ohne eine feste Bleibe.
Am 25. 6. 1969 beschloß die Mitgliederversammlung des Vereins, sich um die Einrichtung eines Resozialisierungscenters zu bemühen. Im Quantitativen sollte die zu erwartende erhebliche Ausweitung der Arbeit des Bewährungshelfers mit aufgefangen und im Qualitativen Rationalisierung und Steigerung der Effektivität erreicht werden. Erfahrungen aus anderen Einrichtungen ähnlicher Art wurden eingeholt und in die Planung aufgenommen. Nach langjährigen und langwierigen Verhandlungen mit dem Landes- und Bundesjustizministerium, mit dem Sozialamt der Stadt Köln, mit dem Landschaftsverband Rheinland, dem Landesarbeitsamt, dem Regierungspräsidenten und der Bundesvermögensstelle um finanzielle Zuschüsse und notwendige Bewilligungen vielfältiger Art, besonders auch nach dem Erwerb eines geeigneten Grundstückes konnte schließlich 1976 mit dem Hausbau begonnen werden. Es ist nur schwer zu beschreiben, in welch mühsamer Kleinarbeit und mit welch erheblichem Zeit-und Kräfteaufwand sich der Vorsitzende, Herr Dr. Rösgen, und auch sein Nachfolger, Herr Dr. Brüggemann, mit ihren Vorstandsmitgliedern, unterstützt durch einen Planungsausschuß, um die bestmögliche Form dieses Projektes bemühten. Alle Beteiligten setzen in ehrenamtlicher Tätigkeit große Teile ihrer Freizeit dafür ein. Diesen Bemühungen mußte eine ganz erhebliche Beachtung zukommen, was dann auch durch die Verleihung des Bundesverdienstkreuzes an Herrn Dr. Rösgen zum Ausdruck gebracht wurde. Die innere Konzeption des Hauses hatte zum Ziel, einen Heimcharakter soweit wie möglich zu vermeiden; es sollte nicht als Fortsetzung des Strafvollzuges empfunden werden. Kleine Wohneinheiten von durchschnittlich 20 qm Größe, bestehend aus einem Wohn-Schlafraum mit Einbauschrank und notwendigsten Möbeln, eine Kochnische und eine Naßzelle bieten dem einzelnen Mieter die Möglichkeit, alleine zu sein und seinen Aufenthalt nach seinem Geschmack einzurichten. In einem anderen Trakt des Hauses finden sich Gemeinschafts- und Freizeiträume, die Gelegenheit geben, mit anderen Bewohnern des Hauses, mit Kontaktgruppen oder sonstigen Besuchern sowie zu Gruppengesprächen zusammen zu kommen. Kleinere Räume stehen für Einzelgespräche mit dem Bewährungshelfer oder sonstigen Betreuern zur Verfügung, ein Konferenzraum wird zu größeren Zusammenkünften, z. B. zu Dienstbesprechungen der Bewährungshelfer, zu Vorträgen im größeren Kreis und zu Zusammenkünften bei besonderen Anlässen benutzt. Ein Bewährungshelfer wurde durch den Landgerichtspräsidenten für die Betreuung in diesem

Hause abgestellt und ist jetzt als Sozialarbeiter der Leiter einer Mitarbeitergruppe von Fachleuten wie Sozialarbeitern und Sozialpädagogen.

Nach Fertigstellung und Bezug des Hauses stellten sich Probleme, die auch bei gründlicher praxisbezogener Planung nicht alle vorauszusehen waren. Das Haus sollte keinen Ghettoplatz erhalten und liegt daher in einer Wohnstraße, wodurch sich einige Nachbarn gestört fühlten. Vorbereitende Gespräche bei gemeinsamen Treffen mit den Nachbarn haben die Schwierigkeiten nicht ganz ausräumen können, wie sich später herausstellte. Wo mit Menschen gelebt und gearbeitet wird, kann es keine Schablonen geben, und so besteht immer wieder Anlaß zur Auseinandersetzung mit diesen Problemen. Schwierigkeiten können nicht nur durch Appell an Verständnis ausgeräumt, sondern müssen durch ein ständiges Gespräch mit allen Beteiligten auf ein Minimum gebracht werden.

Der Mut, die selbstlose Einsatzbereitschaft mit dem Ziel, Not zu verringern und Hilfe zur Selbsthilfe zu geben, sollte Ansporn sein, das Haus seinem eigentlichen Zweck immer mehr zuzuführen.

*Wachstumsprobleme der Kölner Bewährungshilfe*

Mit dem zahlenmäßigen Anstieg und der Ausdehnung der Bezirke wurde die Frage der Motorisierung der Bewährungshelfer akut. Damit war ein schwieriges Kapitel angeschnitten, das mit Hartnäckigkeit durchgefochten wurde. Die Begleiterlebnisse entbehrten aber auch nicht der Komik. Ein Kollege aus Westfalen versprach auf einer Fortbildungstagung in Königswinter Herrn Dr. Irmer, damals noch beim Landesjustizministerium, zur nächsten Tagung mit echten Pferdestärken, nämlich mit seinem Pferd nach Königswinter zu kommen. Leider konnte der Kollege wegen einer langen Krankheitszeit sein Versprechen nicht wahrmachen.

Kollege Froitzheim in Bergheim/Erft, durch den Krieg beinamputiert, mußte sich 1956/57 mit einem Moped zu den Hausbesuchen und Besuchen bei Arbeitgebern begeben und zwar auch im Herbst, wenn die Reste von Ernte- oder Rübenwagenladungen bei oder nach Regenwetter die Straße verschmutzt hatten und gefährlich glatt machten. Bei den trotz allem humorvollen Schilderungen, wie seine Beinprothese ins Wanken geriet und sich gelegentlich auch löste, hörten wir von ihm ein nettes Erlebnis: Mit Mopedbekleidung besuchte er an einem Regentag die Mutter eines Probanden auf dem Lande. Nach einem längeren Gespräch sagte Frau M. bei der Verabschiedung: »Hier haben Sie eine Mark, trinken Sie sich dafür eine Tasse Kaffee.« — Eine freundliche, mitfühlende Frau! Wegen der starken Behinderung konnte er unter diesen Gegebenheiten die Tätigkeit nicht mehr ausführen. Ihm kam eine Stellenausschreibung des Jugendamtes Schleiden entgegen. Bald darauf nahm er diese Stelle als Leiter des Jugendamtes an.

Aber auch die Frage der Motorisierung — notwendiges Handwerkszeug für Bewährungshelfer und Thema Nr. 1 bei allen damaligen Tagungen — wurde zur Zufriedenheit gelöst. Hier in Köln hat sich die Landgerichtsverwaltung intensiv dafür eingesetzt. Heute ist das

Problem selbstverständlich geregelt; jetzt sind Kilometerpauschale und Parkplatznot die Probleme.

Zu dem rasanten Anstieg der Zahlen trugen die bedingten Entlassungen aus der JVA Köln-Ossendorf, immer noch Klingelpütz genannt sowie aus der JVA Siegburg erheblich bei. In Köln verbüßen alle nach Jugendstrafrecht verurteilten Mädchen und Frauen aus NRW, Hessen, Rheinland-Pfalz und dem Saarland ihre Jugendstrafe. Viele bleiben nach ihrer bedingten Entlassung in Köln, um nicht wieder in das sie gefährdende Milieu zurückzugehen. Außerdem kommen viele Jugendliche und Erwachsene aus der JVA Siegburg nach Köln. Dr. Krille, ehemals Staatssekretär im Landesjustizministerium, schrieb 1959 an Präsident Dr. Jansen ». . . bei der Berechnung des Kräftebedarfs wird davon ausgegangen werden können, daß ein hauptamtlicher Bewährungshelfer nach den bisherigen Erfahrungen bis zu 40 Bewährungsaufsichten gleichzeitig führen kann«.

Wie eben schon geschildert, beantragte der Präsident in jedem Jahr neue Stellen, machte auch schon das Justizministerium des Landes auf die Überbelastung der Bewährungshelfer aufmerksam. Herr Asselborn sagte bei unserem Besuch bei ihm, ein Motor könne einmal hochgetrieben werden, aber nicht ständig auf Hochtouren gefahren werden.

Die Zahl der angeordneten Strafaussetzungen übertrifft inzwischen ganz erheblich die Zahl der Strafgefangenen, wobei die Kosten der Bewährungshilfe ungefähr ein Fünftel der durchschnittlichen Kosten des Vollzugs ausmachen. Steuerausfälle sowie Unterhalt und Schuldenabtragungen sind dabei noch nicht berücksichtigt.

In folgenden statistischen Zahlen ist die Entwicklung abzulesen:

Im Stadtbezirk Köln betreuten

am 1. 1. 1957 6 Bewährungshelfer 297 Probanden,
am 1. 1. 1958 7 Bewährungshelfer 386 Probanden,
am 1. 1. 1959 8 Bewährungshelfer 554 Probanden,
am 1. 1. 1969 12 Bewährungshelfer 763 Probanden,
am 1. 1. 1981 41 Bewährungshelfer 2402 Probanden.

Die bedeutsame Entwicklung, die durch das Strafrechtsänderungsgesetz von 1953 möglich wurde, bestätigt die Bewährungshilfe als wichtigen Bestandteil der modernen Strafrechtspflege. Wenn die Erfolgsquote auch sehr schwer zu messen ist, so läßt sich mit genügender Sicherheit sagen, nicht jeder Rückfall während der Bewährungszeit darf als unbedingter Mißerfolg gewertet werden. Es kann erfahrungsgemäß ein »Ausrutscher« sein, der den Dauererfolg nicht verhindert. Die Zahl der positiv beendeten Bewährungsaufsichten mit Bewährungshelfern liegt bei etwa 65 %. Es kann angenommen werden, daß bei Verringerung der Belastungszahl durch Vermehrung der Bewährungshelfer die Erfolgsquote erhöht wird. Die bisherigen Neueinstellungen konnten die Neuzugänge kaum auffangen.

In Köln, wo die Arbeit 1954 mit 3 Bewährungshelfern begonnen wurde, sind jetzt 41, im gesamten Landgerichtsbezirk 49 Bewährungshelfer tätig. Hinzukommen 16 Damen und Herren des Schreibdienstes und die zur Ausbildung hier weilenden Berufs- und Blockpraktikanten. Die Landgerichtsverwaltung in Köln hat bisher die Voraussetzungen für eine unserer Arbeit angemessene Unterbringungsmöglichkeit zu berücksichtigen gewußt. Nach achtmaligem Umzug haben die Bewährungshelfer in Köln z. Zt. den Ausgangspunkt ihrer Arbeit in einem Haus mit äußerlich behördenähnlichem Stil gefunden (s. S. 78 unten). Die Einrichtung einer Nebenstelle in Köln-Deutz, die in Aussicht genommen war, ist aus finanziellen Gründen derzeit nicht zu verwirklichen. Die Frage einer dezentralen Unterbringung bedarf weiterer Beachtung mit dem Ziel einer geeigneten Lösung.

*Ausblick*

Die Zahl derjenigen Menschen, die vor weiterem Abgleiten in eine kriminelle Laufbahn bewahrt wurden und darüber hinaus jetzt als völlig normale Bürger und Steuerzahler leben, die ihren materiellen Schaden aus ihrer Straftat und ihre Schulden zahlen, die sich von Drogen und weiteren negativen Abhängigkeiten lösten, die als Ehefrau und Mutter in der Familie stehen, die ihre berufliche Ausbildung beendeten, die heute als biedere Handwerksmeister ihren Betrieb führen, rechtfertigen das neue Gesetz und alle materiellen Aufwendungen des Staates sowie jeden persönlichen Einsatz des Bewährungshelfers.

Soll das hier Geschaffene von Bestand und der wichtige Beitrag zur Sicherheit der Allgemeinheit durch eine weitere positive Entwicklung ermöglicht werden, muß der Rotstift Halt machen.

Das Verständnis der Öffentlichkeit sowie die Mitverantwortung der Gesellschaft müssen noch stärker geweckt werden, um sie von dem Grundsatz zu überzeugen, daß Vorbeugen besser als Heilen ist.

KARL ADOLF SCHWENGERS

# KÖLNISCHES PROZESSKLIMA?

Eines ist gewiß: Mit dem Umzug der vielen Akten und der Einrichtung mit mehr oder weniger schönen neuen Büromöbeln wird (wenigstens teilweise) die Atmosphäre der alten Gebäude in die — vorsichtig ausgedrückt: nicht allgemeine Zustimmung findenden — neuen Baulichkeiten mit einziehen, und viele fürchten, daß es davon zu wenig sein möge . . .
Die Justiz ist nun einmal von Hause aus konservativ . . .
Dies bringt uns zu der Frage: Kölnisches Prozeßklima, gibt es so etwas überhaupt? Was ist hier anders als in Bonn, Aachen oder Düsseldorf?
Köln tut sich einiges zugute auf seine alte Gerichtstradition als Sitz des ehemaligen Rheinischen Appellationsgerichtshofes; von diesem historischen Glanz zehren auch etwas die unteren Instanzen. Dies führt ganz sicherlich auch heute noch zu Richterstolz, Liberalität, Unabhängigkeitsbewußtsein gegenüber der jeweiligen Regierungsgewalt, aber auch zu einer prononcierten Selbständigkeit der Rechtsanwälte gegenüber dem Richter, ja sogar mitunter zu einer löblichen Verschlossenheit der Staatsanwaltschaft gegenüber Wünschen der Regierung oder sonstiger herrschender Kreise, obwohl gerade diese weisungsgebundene Behörde es in dieser Hinsicht sehr schwer hat . . .
Der Kölner Richter, der von irgendjemand in der langen Epoche der CDU-Herrschaft zugunsten dieser Partei oder ihrer Parteigänger beeinflußt werden sollte mit dem Hinweis, er sei ja selber christlich-klerikal oder sonstwie gebunden, reagierte genauso heftig wie der Richter in der nun schon so lange währenden SPD-Zeit, der darauf hingewiesen wird, eine bestimmte Person bekleide eine höchste oder doch hohe Charge der Gewerkschaft oder einer sozialistischen Organisation . . .
Die Gefahr der Abhängigkeit des *Anwaltes* gegenüber den Richtern ist geringer. Auch er muß sich jedoch oft behaupten gegenüber allzu selbstbewußten Vorsitzenden, die heftig auf ihn einreden, ihn zu Vergleichen zu veranlassen suchen, die zwar das allseits ersehnte Ende des schwierigen und langwierigen Prozesses, nicht aber für den Klienten den erwünschten Erfolg bringen. Ich glaube, daß der Richter es hier schwieriger hat als anderswo, trotz der andererseits nun auch wieder allgemein bekannten Konzilianz des Kölners schlechthin und damit auch des Anwaltes. Die *Staatsanwaltschaft* hat wegen des grundsätzlich herrschenden »Legalitätsprinzipes« (sie *muß* ja in der Regel alle Straftaten verfolgen) nur Spielraum, ob sie Straftaten weniger oder mehr intensiv verfolgt (wobei — zu-

mindest heute — das obere Maß die nur begrenzt vorhandene Arbeitskraft bildet). Nicht zu leugnen ist indes, daß es hier diskret oder auch laut geäußerte Wünsche arrivierter Kreise gibt, die eine oder andere Sache mehr oder weniger forciert zu verfolgen, denen man sich aber in Köln gerne widersetzt. All das zeigt schon, daß das Prozeßklima sicherlich beeinflußt ist von dem Geist der rheinischen Stadt Köln.

Heinrich Böll (dessen sich auf Köln beziehende Sentenzen man sicherlich nicht immer unterschreiben kann) hat mehrfach darauf hingewiesen, daß es mehrere völlig verschiedene Spielarten des »Rheinischen« gibt. In Aachen ist es z. B. ganz anders als in Köln, nüchterner, ruhiger, weniger großmäulig-großstädtisch, zum Westen hingewandt. Düsseldorf gilt allgemein als moderner, funktioneller, eleganter, aber auch »preußischer«. Köln tut sich einiges zugute auf sein immer wieder behauptetes gutes Verhältnis der Richter zu den Anwälten und beider zu den Staatsanwälten. Der Kölner Anwalt, mitunter gehalten auch in Düsseldorf tätig zu werden, empfindet eine dort herrschende größere Unpersönlichkeit. Das mag nun zum Teil durch den stets bei der auswärtigen Tätigkeit fehlenden sogenannten »Standortvorteil« bedingt sein. Es gibt aber auch untrügliche Zeichen dafür, daß dort einiges anders ist. Bonn ist heute noch intimer, behäbiger. Seine Herkunft aus einer früheren, von gut situierten Rentnern bevorzugten Wohnstadt nicht verleugnend, kleinstädtisch, verwinkelt wie das gotische Amtsgerichtsgebäude. Aachen, völlig anders, mindestens mit den sogenannten deutschen Ostkantonen von Belgien mehr als mit dem übrigen Rheinland stark verflochten, hat beispielsweise einen ganz anderen Humor als den kölnischen, der auch im Gerichtssaal oft durch besonders schnelle Reaktion und Schlagfertigkeit ausgezeichnet ist, Düsseldorf, vielleicht noch schneller, noch großstädtischer, aber auch kühl und unpersönlich wirkend wie die übergroße säulenbewehrte Empfangshalle des dortigen Landgerichts aus der Zeit der »Neuen Sachlichkeit«.

Bezeichnend für Köln ist, daß es hier trotz zahlloser Anläufe anders als in Düsseldorf nie gelungen ist, das sogenannte »Anwaltskartell« einzuführen. Das »Anwaltskartell« bedeutet, daß nicht jeder Anwalt seine eigenen Sachen am Sitzungstag bei Gericht vorträgt, sondern vielmehr irgendein reihum ausgewählter Anwalt alle vor einem Richter am gleichen Sitzungstage anstehenden Sachen »vorträgt« und hierbei insoweit die anderen Anwälte, die ursprünglich den Auftrag für die einzelne Sache erhielten, vertritt. In Köln ist es stets auf heftigen Widerspruch gestoßen, wenn man versuchte, dieses Anwaltskartell aus Rationalisierungsgründen einzuführen, obwohl das einzelne Vertreten der eigenen Sache vor Gericht dem Anwalt einen erheblichen Zeitverlust bringt, da Prozeßgegner häufig unpünktlich sind und Richter nicht immer die notwendige Ordnung und Zeitdisposition bei der Terminierung haben. Der Anwalt in Köln will aber eben den persönlichen Kontakt mit dem Richter. Er will sehen und hören, wie sich der in der Kanzlei schriftsätzlich vorbereitete Prozeß im Gerichtssaal entwickelt, auf den Rechtsstreit persönlich Einfluß nehmen, ihn mitgestalten und persönlich kämpfen. Kontakt mit dem Gericht ist eben vieles, wenn nicht alles. Was ist das: Individualismus? Konservativismus? Fehlende Gelassenheit? Vergebliche Neugier gegenüber dem Lauf des Prozesses, der ja doch vielleicht läuft wie er will?

Wahrscheinlich alles zusammen. Vor allem aber außer Freude an der ursprünglichen advokatischen Tätigkeit: Individualismus. Hier wie auch an anderen Stellen zeigen sich individualistische Züge, die die große Stadt Köln gegenüber typischen Großstädten deutlich hervorhebt!

Das ist auch erklärlich. Köln war im Mittelalter sicher das, was man heute Weltstadt nennen würde, die Stadt fiel dann in dunkle Belanglosigkeit zurück, um schließlich lange Jahre kleinstädtisch dahinzudämmern, um dann — horribile dictu für Kölner — von den Preußen wieder zu Prosperität und später in deren Gefolge auch zu einer gewissen Weltläufigkeit erweckt zu werden. Der Durchbruch zur echten Weltstadt ist indes nie mehr gelungen.

Ähnliches gilt für die Atmosphäre im Gerichtssaal. Hier durchdringen sich Weltläufigkeit mit Kleinstädtischkeit. Auch die in den letzten Jahren stark vermehrte Richter- und Anwaltszahl schließt noch nicht aus, daß hier noch meist jeder jeden kennt, den anderen beobachtet und daher weiß, was er von ihm zu erwarten hat (Ist es doch so, daß von der ungeheuren Zahl der im Landgerichtsbezirk zugelassenen Anwälte nur ein kleiner Teil mit den eigentlichen Rechtsstreitigkeiten sich befaßt und daher das Gericht aufsucht). Die Kölner Richter loben (wenigstens teilweise) immer noch die Kölner Anwälte, man hört, man komme mit ihnen besser zurecht, sie seien sachlicher und konzilianter als auswärtige. Das mag die kölnische Anwaltschaft mit Recht ehren, nicht zu vergessen ist jedoch, daß auch der Geschäftsmann mit der Stammkundschaft, mit der er sich auch in Zukunft auseinandersetzen muß, beflissener und höflicher verfährt als mit der Laufkundschaft. Auf der anderen Seite ist das Verhältnis zwischen Richtern und Anwälten noch bemerkenswert gut. Gesellschaftliche Beziehungen sind dagegen unterentwickelt. Bälle oder andere Veranstaltungen werden weniger zahlreich und weniger freudig besucht als beispielsweise in Aachen. Sicher ist aber auch, daß wechselseitiger Respekt und Achtung noch weitgehend vorhanden sind und beispielsweise im Strafprozeß aggressiv-rüpelhafte Schauplädoyers, heftig und die Emotionen steigernd, doch für den Angeklagten nutzlos, selten sind; vieles (oft wirkungsloses) Schreiben in Zivilprozessen, oftmals nur als Selbstbestätigung des Anwaltes gegenüber dem Auftraggeber zu verstehen, hält sich ebenfalls in Grenzen. Es ist unvermeidlich, daß bei manchen Prozessen ein Adrenalinstoß mitunter zum Aufwallen der Gefühle und damit zu heftigen Explosionen führen kann, wovon sich leider auch der Verfasser nicht frei weiß. Als er vor langen Jahren heftige Auseinandersetzungen mit einem Strafrichter hatte, der sehr zu Unrecht den Namen »Panzer« trägt, — woran nicht nur sachliche Gegensätze, sondern auch Hitze, wegen des lärmenden U-Bahn-Baus am Appellhofplatz verschlossene Fenster, eine anwesende große, ständig tuschelnde Schulklasse und durch alles bedingt schlechteste Atmosphäre im übertragenen und originalen Sinne die Schuld hatten, man sich gegenseitig Dienstaufsichtsbeschwerde und Eingabe bei der Anwaltskammer ankündigte, geschah zunächst zwei oder drei Tage lang nichts. Dann traf ich die in der Sitzung anwesend gewesene, mittlerweile pensionierte, doch allseits hochgeschätzte Protokollführerin Frau Weiden. Diese fragte zunächst vorsichtig, ob die Dienstaufsichtsbeschwerde »schon heraus« sei. Doch als sie hörte, daß dies nicht der Fall war, erwähnte sie, daß heute als Namenstag Carolus Borromäus im Kalender stehe, Richter Dr. Panzer folglich heute Namenstag habe. Sie riet mir, obwohl ich damals mit dem Richter nur dienstlich bekannt war, gleich zum Namenstag zu gratulieren, was ich sehr gern tat. Der Richter freute sich sichtbar von Herzen und beide Streitenden waren froh, daß die lästige, die Zusammenarbeit behindernde Differenz plötzlich aus den Füßen war, — es handelte sich hier, wie ich meine, um eine »kölsche« Lösung. Ähnlicher Ausgleich geschah, als vor langen Jahren Landgerichtsdirektor Dr. Schäfer und Rechtsanwalt von Ameln sich in einer heftigen Meinungsverschiedenheit über eine Rechtsfrage entzweiten. Direktor Schäfer skandierte schließlich polemisch: »Ich bin dumm, dumm, dumm, aber Sie, Herr von Ameln, sind hundertmal dümmer als ich«. Dieser aber blieb ruhig. Er blickte, wie es seine Gewohnheit war, nur über seine Brille hinweg und bemerkte: »Ist dies denn überhaupt noch möglich?« — und dem ganzen Streit war die Stoßkraft genommen.

Überhaupt ist das Bild des Landgerichts und seines Prozeßklimas bis vor einigen Jahren von seinen Landgerichtsdirektoren bestimmt worden. Es ist heute allerdings beinahe so, daß man meinen könnte, mit dem Verschwinden dieses altertümlichen Titels, der vor einigen Jahren zeitgemäßen Nivellierungstendenzen zum Opfer fiel (die Landgerichtsdirektoren waren Vorsitzende eines Spruchkörpers, einer »Kammer« des Landgerichtes, man nennt sie heute umständlicher »Vorsitzende Richter am Landgericht«), sei auch die besondere Art dieser Persönlichkeiten verschwunden. Der Typ des kölnischen Kammervorsitzenden wurde weitgehend noch geprägt durch die Jahre nach dem 2. Weltkrieg: Er war meist im Krieg gewesen, an energisches Zupacken gewöhnt, sicherlich autoritär, aber keineswegs unliberal (was heute oft verwechselt wird), in seiner Entwicklung durch Grundgesetz und Zeitläufe begünstigt, die einen Rechtsweg- und Richterstaat schufen und eben den Richter als eine besondere, im öffentlichen Leben herausragende Persönlichkeit ansahen. Viele hatten schon, wovon andere Beiträge dieses Buches künden, erheblichen Mut in der national-sozialistischen Zeit bewiesen. Ich darf hier meines Onkels gedenken, der in Bonn irgendeinen Orden verliehen bekommen sollte. Als ihm währenddem jedoch eröffnet wurde, er solle künftig in die unterjochten polnischen Gebiete deutsche Rechtslehre und -findung verbringen, erklärte Landgerichtsdirektor Schwengers, unter diesen Umständen die Ehrung ablehnen zu müssen, wozu in der damaligen Zeit immerhin nicht unerheblicher Mut gehörte.

Keine Betrachtung über dieses Thema kann an den Direktoren Vilter, Dr. Reyers und Diwo (s. S. 79) vorbeigehen. Vilter war in der sogenannten Schwarzmarktzeit als unnachsichtiger Strafrichter recht gefürchtet. Später war er jedoch ein wohlwollender Zivilkammervorsitzender, dem vor allem daran gelegen war, junge Anwälte und Richter behutsam und liebenswürdig »in die Szene« — wie man heute sagen würde —, einzuführen, der Verfasser weiß es, er war damals noch jung. Anders erging es jungen Leuten bei Landgerichtsdirektor Reyers, zugleich Kammervorsitzender und Gutsbesitzer und Kammer wie Landgut mit gleicher Energie und Tatkraft leitend. Dieser empfing die Debütanten stets mit einer Art

Härtetest. Meist war es so, daß Klageschriften wegen irgendwelcher, zwar gesetzlich noch vorhandener, doch von der Rechtsprechung schon seit langem aufgegebener Formerfordernisse (z.B. ausdrücklichem Sühneantrag bei Ehescheidungen) beanstandet wurden oder aber wegen irgendwelcher Dinge in der Sitzung über den Betroffenen eine nicht nur eiskalte, sondern auch lautstarke Dusche herabströmte. — Hatte man das hinter sich, gehörte man meist zu den von ihm Respektierten. Von Reyers stammt auch der noch heute viel zitierte, von gesundem Mißtrauen gegenüber ärztlichen Privatattesten kündende Satz: »Den Arzt möchte ich sehen, der mir persönlich nicht die Schwangerschaft im achten Monat bestätigen würde«.

Landgerichtsdirektor Diwo war eine besonders dominierende Persönlichkeit. Das schloß nicht aus, daß er durchaus Widerspruch vertrug, vor allen Dingen hörte er privat wie dienstlich jeden und alles an. Er wohnte in Eitorf, dort war er geradezu eine Art Gemeindezentrum. Jeder, der Beschwer und Sorge hatte, suchte ihn auf. Überall versuchte er zu helfen. Hunderte von Menschen nahmen an seiner Beerdigung teil. Abstraktes wissenschaftliches Denken liebte er weniger. Er strebte nur nach einer gerechten, zweckmäßigen und möglichst auch sittlich fundierten Entscheidung. Schlagen der Ehefrau führte in Scheidungsprozessen in aller Regel zur Alleinschuld des Mannes. Als ein junger Assessor einwand, die Ohrfeige sei in den »soziologischen Gesamtzusammenhang« einzubetten, fragte er laut durch den Gerichtssaal, was das eigentlich sei, er rief eine liebenswürdige, etwas betuliche, jetzt schon lange zum Oberlandesgericht beförderte Richterin als Beisitzerin herbei und fragte diese, ob ihr Mann, gleichfalls Richter am Landgericht, sie etwa auch schlage. Die Richterin erwiderte, sie würde sich dies entschieden verbitten, wobei dann vom Vorsitzenden dem Assessor bedeutet wurde: »Sie sind hier restlos überstimmt.« — Als offensichtlich gegen seinen Willen die Frau eines Mannes, der seine Frau mit vielen Kindern mittellos zurückgelassen hatte, mitschuldig geschieden wurde, weil sie einige Schimpfworte gebraucht hatte, verkündete er in aller Ruhe das Urteil, rief jedoch dann den nichts ahnenden, frisch geschiedenen Mann vor den Richtertisch, erklärte ihm mit hochrotem Kopf, er sei zwar jetzt geschieden, wunschgemäß sei Dank seines geschickten Rechtsanwaltes seine Ehefrau mitschuldig geworden, doch für ihn persönlich sei er ein Schweinehund, wobei er ihm noch sein Barett nachwarf, »und jetzt rrrraus« . . .

Von distinguierterer Art war Landgerichtsdirektor Dr. van Look (s. S. 79). Er, der lange Jahre als Strafkammervorsitzender bei großen Prozessen (unter anderem im Verfahren der Nachkriegsgiftmörderin Swinka) sich einen hervorragenden Namen geschaffen hatte, war als älterer Zivilkammervorsitzender zurückhaltend und vornehm. Ich habe nirgends mehr erlebt, daß jemand so wie er mit derartiger Geschwindigkeit verwickelte Sachverhalte aufnahm und zerlegte. Lautes Tönen war ihm fremd, doch nach der Devise »steter Tropfen höhlt den Stein« wiederholte er gegenüber Beisitzern und Anwälten seine Ansichten so oft, bis vielfach diese erschöpft nachgaben.

Ein kölnisches Problem, mit gewisser Regelmäßigkeit in Scheidungsprozessen nach altem Recht auftauchend, war häusliche Abwesenheit während des Karnevals, aber auch übers

Jahr (wegen des Trainings), wenn ein Ehepartner entweder Tanzmariechen oder Tanzoffizier bei einer Karnevalsgesellschaft geworden war. Stets wurde darüber gestritten, ob der verlassene Partner dies zu dulden hatte. Meist war das Ergebnis ein richterlicher Hinweis, wonach wegen der besonderen kölnischen Verhältnisse der Ehepartner solches Treiben als nicht ehewidrig in Kauf zu nehmen hatte. Das galt in aller Regel auch dann, wenn der verlassene Ehepartner kurz zuvor aus Sachsen oder von sonstwoher geflohen war und daher mit den kölnischen Bräuchen noch nicht allzu vertraut war. — Der Karneval hatte noch einen anderen Einfluß auf das Gerichtswesen, nämlich auf dessen Termingestaltung. Einen heftigen Kampf gab es öfter um den Donnerstag vor Karneval, den sogenannten »Weiberfastnachtstag«. Die Richter wollten an diesem Tag meistens wie gewohnt terminieren, die weiblichen Angestellten waren dagegen, Anwälte häufig ebenfalls wegen gleichzeitiger anderweitiger Verpflichtungen. Rechtsanwälte, die im Karneval bekanntermaßen Rang und Würden bekleideten, wurden von Amtsrichter Uerlings an diesem Tage besonders gerne geladen mit dem Hinweis, notfalls möge man in voller Uniform kommen. Tatsächlich war dann das verhängte Ungemach nicht so schlimm wie es aussah. Nach einigen kurzen, aggressiven Bemerkungen des Richters wurden die Sachen erledigt, die Anwälte weggeschickt und in den Karnevalstrubel entlassen. — Richter Dr. Bemm, damals noch am Landgericht, verhandelte einmal am Weiberfastnachtstag ungerührt über Ehescheidungen und anderes in einem sorgfältig mit Luftschlangen, Girlanden und Lampions geschmückten Gerichtssaal, während draußen eine festesfreudige Damencrew zunehmend lärmend auf das Ende der Sitzung und damit auf die Inbesitznahme des Saales wartete. — Das Image des Karnevals ist für Köln (und auch für seine Rechtspflege) nicht immer günstig. Vor allem wird dem Karneval außerhalb Kölns für Köln selbst ein viel zu hoher »Stellenwert« eingeräumt. Ich habe erlebt, daß ein Rechtsuchender aus dem Ruhrgebiet erschien, der nach und nach zehn Kammervorsitzende beschimpfte und wegen Besorgnis der Befangenheit ablehnte, weil er gehört habe, Kölner Richter seien im Karneval stets betrunken, — dann war allerdings der Vorrat des Hauses an anwesenden Richtern erschöpft und die Sache wurde vertagt.

Die Formalitäten wurden von der kölnischen Rechtspflege stets unterschiedlich gehandhabt. Dem Kölner liegt steife Förmlichkeit im allgemeinen nicht so sehr. Jemand, der sich darüber beschwerte, daß eine Strafkammer einen von ihm soeben gestellten Antrag ohne Abstimmung abgewiesen habe oder doch die Abstimmung nicht erkennbar gewesen sei, mußte sich sagen lassen, die Kammer könne auch unter dem Richtertisch, durch Knieanstoßen sich über ihr Einverständnis verständigen. Ob dies heute bei der zunehmenden Anzahl weiblicher Richter noch schicklich und möglich ist, wage ich zu bezweifeln (Was machst Du mit dem Knie, lieber Hans . . .). — Amtsrichter Beierling liebte Würde auch in der Form. Wurde eine Sache zur Entscheidung gestellt, hieß es im Protokoll: Es ergeht der anliegende Beschluß: Die Sache wird zum Spruch gestellt in einer Woche auf den . . . Nebenan saß der Richter Fuxius. Dort hieß es bei gleicher Sachlage mitunter: »Joht no Hus, nächste Woch' kritt Ihr dat schrifflich.« Souveräne Weltläufigkeit der Stadt Köln offenbar-

te sich mitunter im Verhandlungsstil des Amtsrichters Tiepel. Ich verteidigte einen wirklich ungezogenen, ungebärdigen Angeklagten, der ständig dem Vorsitzenden dazwischenfuhr und ihn fortlaufend störte (es ist so lange her, daß ich das jetzt erzählen kann). Die vornehm-gelassene Reaktion des Richters war lediglich: »Sind Sie doch einmal still, theoretisch habe ich doch immer noch hier die Verhandlungsführung«. Der Angeklagte war hiervon so verblüfft, daß er sich jetzt weitaus urbaner benahm.
Auch sittliche und religiöse Besonderheiten gab es. Bei einer Kammer war es nicht möglich, (unter der Herrschaft des alten Eherechtes) »wegen böswilligen Verlassens« geschieden zu werden: Die Kammer verlangte stets Angabe des »wahren Grundes«, der natürlich in aller Regel in der Person des sogenannten »Dritten« bestand. Dort gelang es einmal monatelang nicht, eine bestimmte Ehe zu scheiden; immer wieder wurde aus irgendwelchen, kaum nachzuvollziehenden Gründen vertagt. Durch Zufall stellte sich dann heraus, daß ein Referendar der Kammer erzählt hatte, die klagende Ehefrau vollführe abends in einer »Tanzdiele« (wie man früher Discos nannte) nicht etwa Nackt-, sondern nur Tischtänze. Ein stark religiös engagierter Richter schlußfolgerte hieraus beträchtlich Weitergehendes. Dabei handelte es sich, dem Gericht freilich unbekannt, um eine Namensverwechselung. Ich faßte mir ein Herz, klärte den Vorsitzenden darüber auf, wies die Mandantin an, in streng abgeschminktem Zustand bei Gericht zu erscheinen, worauf endlich und ohne Komplikationen die Scheidung ausgesprochen wurde.
Zu streifen ist noch die Frage, inwieweit die kölnische Prozeßatmosphäre durch die große Zahl der Flüchtlinge aus Ost- und Mitteldeutschland beeinflußt wurde. Die kölnische Art und Weise hat sich — man denke an den Dialekt — in bemerkenswerter Weise durchgesetzt und Bestand gehabt. Die Flüchtlinge sind integriert, und dumme Witze über sie finden nicht einmal mehr bei Karnevalssitzungen Anklang. Nicht mehr vorkommen wird daher heute folgendes: Ein altes Mütterchen kam zum Amtsgericht unter dem Vorsitz des Amtsgerichtsdirektors Heinrichs, eines hervorragenden, jedoch stark sächselnden Richters aus Jena. Protokollführer war der jetzt in leitender Stellung der Amtsgerichtskanzlei tätige Herr Künzel, von dem das gleiche zu sagen war: Höchst qualifiziert und gleichfalls sächselnd. Es blieb nicht aus, daß sich zwischen beiden Herren eine besonders gute Zusammenarbeit bildete. Nachdem Herr Direktor Heinrichs jahrelang pensioniert ist, sprechen beide noch heute mit der größten wechselseitigen Sympathie und Hochachtung voneinander. Besagtes Mütterchen nun aber hatte gegenüber diesem sächsischen Doppelstern erhebliches Mißtrauen. Es erklärte: »Als ahle Kölsche han ich Ansproch auf 'ne kölsche un christkatholische Richter«. Dialektisch gefärbten Vorsitz führte auch Richter Wippich aus Ostpreußen. An seinem trockenen, verhaltenen Humor ist zu erkennen, wie sehr das französische Sprichwort »Les extrêmes se touchent« richtig ist. Hier zeigt sich, daß ostpreußischer Humor oft nicht weit entfernt ist von dem, was man in Köln »Grielächerei« nennt.
Gefahren für das kölnische Prozeßklima zogen mit den verschiedenen Zivilprozeßreformen herauf, zuletzt mit derjenigen vom 1.7.1977. Sparmaßnahmen der öffentlichen Hand, die seit Jahren schlecht gewirtschaftet hatte, führten zu einer vermehrten Verwen-

dung des Einzelrichters am Landgericht gegenüber dem aus mehreren Richtern bestehenden Spruchkörper, der »Kammer«, eine Maßnahme, die wohl überall wenig Beifall fand. In Köln ist man sichtbar bemüht, der somit gesetzlich institutionalisierten Zerschlagung des Kammerprinzips nach Möglichkeit entgegenzuwirken. Die Reform vom 1.7.1977 sollte das Verfahren vereinfachen und beschleunigen. Kern dieser Maßnahme war die stark erweiterte Möglichkeit für den Richter, verspätetes Vorbringen zurückzuweisen. Es ist klar, daß Rechtsanwälten hierdurch erhebliche Schwierigkeiten gemacht werden können. Handwerker, die oftmals wenig geneigt sind, innerhalb einer erbetenen Frist eine Reparatur durchzuführen, sind oft noch weniger bereit, innerhalb einer vom Gericht gesetzten Frist ihren Anwalt zu informieren. Ein bekannter Kommentator der Zivilprozeßordnung schrieb anläßlich der letzten Reform, nunmehr werde dem Richter ein schwer zu übersehendes und kaum zu kontrollierendes Maß an richterlicher Macht zugewiesen.

Allerdings warfen damals vor dem 1.7.1977 die großen Ereignisse auch in Köln ihren Schatten voraus. Richter Uerlings am Amtsgericht bedachte vor Erlaß der letzten Reform jeden Anwalt, der im letzten Moment noch mit einem Schriftsatz erschien, mit dem Hinweis: »Ab 1.7.1977 werden Sie hier nur noch mit Knieschonern hereinrutschen«. Am 1.7.1977, 9 Uhr pünktlich — der Richter hatte an diesem Tage Sitzung — lagen die Knieschoner auf dem Richtertisch des Zimmers 167, zweimal war ich deswegen bei der Firma Gummigrün gewesen, um solche für den Richter zu erwerben (einmal war mittags geschlossen). Im Sitzungssaal erhielt Richter Uerlings an diesem Tage viel Besuch: Aus umliegenden Sitzungssälen erschienen Richter und Anwälte in seinem Saal um festzustellen, wie die Prozeßreform auf Zimmer 167 durchgeführt werde. Auch der Richter, der mit Recht geschätzt wird, freute sich, auch er hatte sein Vergnügen an der Angelegenheit, er bat lediglich, vor Sitzungsende die Gerätschaft wieder zu entfernen, er wolle die Knieschoner nicht mit nach Hause nehmen, damit der Eindruck der Bestechlichkeit vermieden werde ...

Festzustellen ist, daß in aller Regel das kölnische Prozeßklima die Prüfungen dieser Reform gut überstanden hat. Wechselseitige Achtung und Respekt im Verhältnis zwischen Richter und Anwälten, aber auch im Verhältnis der Anwälte untereinander, schließlich auch rheinische Großzügigkeit ließen hier die Klippen umschiffen.

Dies war ein Versuch über das kölnische Prozeßklima. Die Beantwortung der Frage, ob und inwieweit es so etwas gibt, muß dem Leser überlassen bleiben. Der kölnische Jurist, aus irgendeinem Grund plötzlich gehalten, in Gütersloh, Nordhorn oder Cham (Oberpfalz) tätig zu werden, muß sich freilich von dem Vorurteil frei machen, Großzügigkeit, liberale Weltläufigkeit, Respekt vor dem Gegner, Humor und menschliches Verständnis gebe es nur hier, ist doch für den »Zugereisten« der Empfang durch auswärtige, ihm unbekannte Richter trotz fehlenden Standortvorteils oftmals überaus liebenswürdig.

Gleichviel: Hoffen wir, daß das kölnische Prozeßklima — soweit vorhanden — auch nach dem Umzug aus den alt-vertrauten in die neuen, noch kalt und abweisend wirkenden Gebäude weitgehend erhalten bleibe!

FRANZJOSEF PLOENES

# JUSTIZ OHNE RAUM

*Eine atemlose Baugeschichte*

Der Bezug des neuen Justizgebäudes an der Luxemburger Straße durch Land- und Amtsgericht erfolgt zu einem Zeitpunkt, da der Öffentlichkeit zunehmend bewußt wird, daß der Rechtsstaat in seiner weltweit wohl einmaligen deutschen Ausgestaltung als Rechtsmittel- und Rechtswegestaat an seine Grenzen stößt. Der Justiz sind in den letzten hundert Jahren Aufgaben in einem Maße zugewachsen, das sich in den Anfängen des liberalen Rechtsstaats gewiß kein Jurist auch nur hätte träumen lassen. Für die sogenannte ordentliche Gerichtsbarkeit, d. h. die Zivil- und Strafjustiz, in Köln bedeutet das neue Gebäude mit seinen mehr als 34.000 qm Hauptnutzfläche und seinen noch ausstehenden Ergänzungsbauten äußeres Zeichen dieser Entwicklung und wohl auch Kulminationspunkt der mit ihr einhergehenden Explosion des Raumbedarfs.

Der Einzug in den Neubau gibt Anlaß, einen Blick auf die Gebäude zu werfen, die dem Land- und Amtsgericht beziehungsweise ihren unmittelbaren Vorgängern in den vergangenen 180 Jahren Obdach geboten haben.
Die Neuzeit der Kölner Justiz, deren Beginn mit der Neuorganisation des Rechts- und Gerichtswesens während der Besetzung der Stadt und des Rheinlands durch Frankreich von 1794 bis 1814 anzusetzen ist, begann, was die räumliche Ausstattung betrifft, ausgesprochen kärglich. Ein auf ihre Bedürfnisse zugeschnittenes Gebäude stand nämlich für die Gerichte überhaupt nicht zur Verfügung. Räumlichkeiten, die in reichsstädtischer Zeit mit ihrer kaum überschaubaren Reihe von erzbischöflichen, städtischen, gewerblichen und bruderschaftlichen Gerichten Justizzwecken gedient hatten, wie etwa das hohe weltliche Gericht (Hochgericht) am Domhof neben der im Zuge der Domfreilegung abgebrochenen Seminarkirche St. Johann Evangelist, entsprachen den neuen Erfordernissen in keiner Weise. So erhielt denn das Tribunal correctionel und nach Anschluß des Rheinlands an Preußen das Kreis-, seit 1820 Landgericht den »Kölnischen Hof« an der Trankgasse 7 auf dem Gelände des heutigen Deichmannhauses als Domizil zugewiesen. Bei diesem zu Anfang des 18. Jahrhunderts im Barockstil anstelle von älteren Bauten errichteten Gebäude auf ehedem kirchlichem Grund und Boden handelte es sich um eine Art Stadtpalais für die Kölner Erzbischöfe, wurde als solches aber nur noch von seinem Erbauer Kurfürst Josef

*Der »Kölnische Hof« (Trankgasse 7), das Dienstgebäude des Kreis- bzw. Landgerichts bis 1826, danach erstes »Wallrafianum«*

Clemens (1688 - 1723) benutzt. In erster Linie beherbergte es bis zur französischen Besetzung das als Berufungsinstanz für das ganze Kölner Erzstift zuständige kurfürstliche Hofgericht. Das neu errichtete Appellationsgericht wurde in einigen Räumen des Rathauses, das ebenfalls neue Handelsgericht und die Friedensgerichte (die Vorgänger des Amtsgerichts) in wieder anderen Gebäuden untergebracht.

Sowohl dem preußischen Staatsministerium als auch der Stadt Köln war klar, daß dieser Zustand nicht auf Dauer bestehen konnte. Auf Seiten der Kölner Bürgerschaft und Stadtverwaltung kam hinzu, daß man — wenn schon das Oberpräsidium für die Rheinprovinz an Koblenz und die Universität an Bonn verloren gegangen war — auf jeden Fall den Appellationsgerichtshof als Obergericht für die unter fortgeltendem französischem Recht lebenden rheinischen Teile der preußischen Monarchie in den Mauern der Stadt halten wollte. Man war deshalb — nicht ohne Nachhilfe der sparsamen preußischen Regierung — bereit, eigene finanzielle Anstrengungen zu unternehmen, um dem Appellhof und den anderen Gerichten eine angemessene Heimstatt zu verschaffen. Denn die Justiz genoß damals »als Palladium rheinischer Eigenart und Selbständigkeit« (Gothein) große Popularität. Mit Kabinettsbefehl vom 9. März 1819 wurde der Stadt Köln ihrem »von des Königs Majestät genehmigten Anerbieten zufolge« auferlegt, 39.375 Reichsthaler Berliner Courant (150.000 Franken) »zur Anschaffung und Einrichtung eines der Würde des obersten Gerichtshofs entsprechenden Locals« aufzubringen. Der Betrag war gemäß königlicher Kabinettsordre vom 27. August 1819 in vier Terminen durch besondere Umlegung auf die direkten Steuern aufzubringen.

Trotz der Aufforderung des Ministers von Beyme, diese »Anstalten« möglichst zu beschleunigen, sollten noch Jahre vergehen, bis Planung und Ausführung des Justizgebäudes voll-

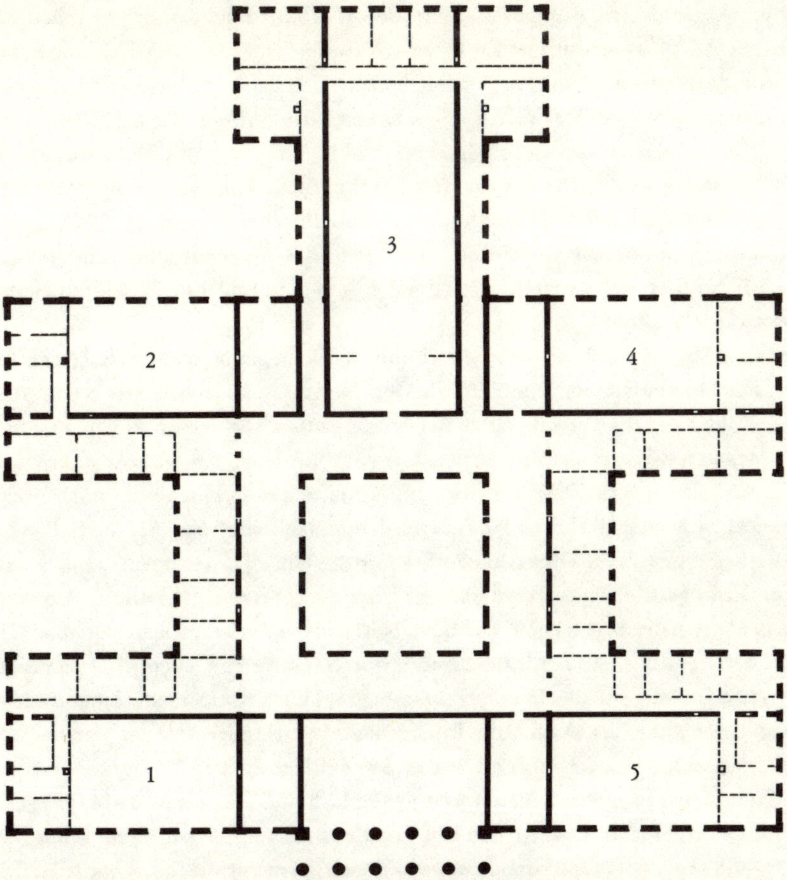


*Abgelehnter Entwurf (1819) des Stadtbaumeisters Johann Peter Weyer für das an der Burgmauer zu errichtende Justizgebäude. 1—5 die Sitzungssäle (s. S. 80)*

endet waren. Der Bauplatz stand allerdings schon früh fest. Bei einer Besprechung zwischen dem Oberpräsidenten Graf von Solms-Laubach, dem Präsidenten des Appellationsgerichtshofs Daniels, dem Präsidenten der Immediat-Justizkommission Sethe, dem Präsidenten des Kreisgerichts Blanchard und dem kommissarischen Kölner Oberbürgermeister Freiherr von Mylius am 21. April 1819 wurde »der schon früher entworfene Plan, ein neues Gebäude auf der Burgmauer zu errichten, als in jeder Hinsicht vorzüglich zweckmäßig anerkannt«. Bei dem Bauplatz handelte es sich um das Gelände des im Jahre 1802 abgebrannten ehemaligen Klosters zum Lämmchen.

Erste Entwürfe für den »Justizpalast« fertigte der Kölner Stadtbaumeister Johann Peter Weyer (1794—1864), der sich im Laufe seiner Tätigkeit große Verdienste um die Erschliessung und Sanierung der Stadt, insbesondere durch den Bau von Straßen und öffentlichen Gebäuden, erwarb. Weyer sah ein zweigeschossiges Bauwerk vor, das um einen Innenhof angelegt und in seinem äußeren Erscheinungsbild bestimmt war von fünf nach drei Seiten vorspringenden Trakten. Der Löwenanteil der Nutzfläche sollte auf die fünf Sitzungssäle entfallen, von denen jeder der erwähnten Gebäudeflügel einen enthalten sollte.

Die Hauptfassade war von unaufdringlicher klassischer Ausgewogenheit, die Bedeutung des Gebäudes aber doch hervorgehoben durch Bogen- und Säulenstellungen in beiden Geschossen des Mitteltrakts.

Dieser erste Weyersche Plan wurde jedoch mit der Bemerkung, man wolle keinen Justizpalast, sondern ein Dienstgebäude für die Gerichte, als zu kostspielig verworfen, und der bei der Kölner Bezirksregierung tätige Regierungsbaurat Schauß entwarf einen Gegenvorschlag, den er von Weyer ausarbeiten ließ. Dieser Entwurf kam mit skizzenhaften Veränderungen Schinkels zurück. Daraus entwickelte Weyer, der es als Ehrensache ansah, von dem Bauprojekt nicht ausgeschlossen zu werden, den endgültigen Plan, der die Billigung der Berliner Regierung fand. Dieser Entwurf, von dem Ennen später meinte, es sei, »als ob man in Berlin gerade den unzweckmäßigsten und in ästhetischer Beziehung den verwerflichsten Plan« habe bevorzugen wollen, erhält seine unverwechselbare Originalität dadurch, daß er das Gebäude halbkreisförmig um einen Hof anordnet, während die Sitzungssäle in radialen Flügeln untergebracht sind. Durch königliche Kabinettsorder vom 25. April 1823 wurde der Neubau des Justizgebäudes genehmigt, und der preußische Staat verpflichtete sich zu einem Zuschuß von 15.640 Reichsthalern.

Der Grundstein zu dem Gebäude wurde endlich am 22. April 1824 gelegt. Der Regierungschefpräsident Freiherr vom Hagen hielt eine Rede, »worin er sehr sinnig die Bedeutung des Legens der Grundsteine zu großen Gebäuden entwickelte, sowie die Wichtigkeit eines solchen Baues, der für einen so erhabenen Zweck einer ganzen Provinz bestimmt ist«. Er »befestigte unter erhabenen Weihesprüchen mit drei Hammerschlägen den Deckstein«, während zu Musik und Böllerschüssen der Ruf ertönte: Es lebe der König! Der angesichts von soviel Erhabenheit sich aufdrängende Gedanke, im künftigen Innenhof des Gerichtsgebäudes eine Statue Seiner Majestät aufzustellen, blieb allerdings bedauerlicherweise unverwirklicht, obwohl »zur Ausführung dieses schönen Unternehmens sogleich eine sehr bedeutende Summe« gestiftet worden war.

Während der fünfjährigen Planungs- und der noch folgenden zweieinhalbjährigen Bauzeit mußten die Gerichte sich weiter tapfer mit den aus Raumnot und Verstreutheit der Diensträume resultierenden Querelen abfinden. Selbst das Militär bildete eher einen Stör- als einen Ordnungsfaktor. Denn »nicht allein, daß der Appellationsgerichtshof durch das Trommeln bey dem Aufziehen der Wache nach dem Rathause in seinen öffentlichen Audienzen täglich gestört« wurde, ging »die Ungezogenheit der Soldaten so weit, daß sie in der Vorhalle des Gerichtsgebäudes tanzen und pfeifen«, ja daß sie Vorübergehende mit

Schneebällen werfen, »wodurch denn öfters Lärmen und Geschrey auf den Gassen entstand und sogar eine Schneekugel in das Secretariat fiel«.
Als sich das neue Justizgebäude im Jahre 1826 schließlich der Fertigstellung näherte, kam es noch einmal zu einem Streit zwischen der preußischen Regierung und der Stadt Köln um Finanzierungsfragen. Denn zum Schluß verlangte der Staat »mit jener kleinlichen Sparsamkeit, die in Preußen so oft über Gebühr böses Blut gemacht hat« (Gothein), daß die Stadt auch noch das Mobiliar anschaffe. Die Stadt Köln erklärte sich zunächst bereit, in Vorlage zu treten, und gab letztlich ganz nach.
Am 6. November 1826 wurde das Gebäude eingeweiht, und es begann der Einzug der Justizbehörden. An der Eröffnungssitzung des Rheinischen Appellationsgerichtshofs nahmen der Erzbischof von Köln, »Militair- und Civilautoritäten« sowie eine gedrängte Menge von Zuhörern teil. Der Generalprokurator Geheimer Oberjustizrat Ruppenthal setzte »in einer ausführlichen Rede . . . die Pflichten und die Würde des Richters sowie die des Rechtsanwalts auseinander«. Und schließlich wurde von sämtlichen in Köln anwesenden Advokaten der Diensteid erneuert.

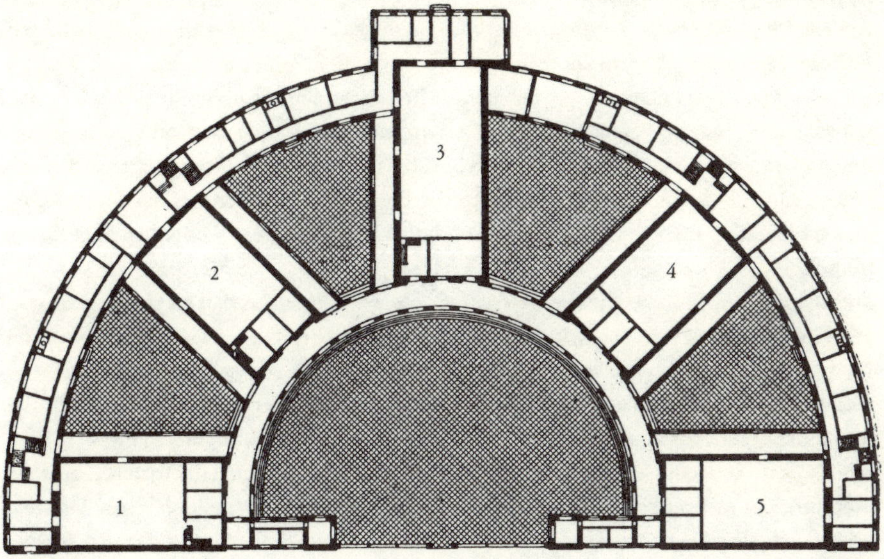


*Grundriß (Erdgeschoß) des von J. P. Weyer geplanten und 1824—1826 erbauten alten Gerichtsgebäudes am Appellhofplatz. 1—5 die Sitzungssäle, 3 der Assisen- (Schwurgerichts-) Saal. Schraffiert die Innenhöfe (s. S. 80)*

Appellationsgerichtshof, Landgericht, General- und Oberprokurator sowie das Handelsgericht fanden ein Gebäude vor, dessen Hauptmerkmal neben der halbkreisförmigen, im Durchmesser 425 Fuß (133,4 m) betragenden Gesamtanlage die fünf Sitzungssäle waren, die radial in den im Durchmesser 184 Fuß (57,7 m) großen Innenhof hineinragten. Dieser

Innenhof öffnete sich zur Burgmauer, die hier platzartig zum gegenüberliegenden Zeughaus erweitert wurde. Deshalb erhielt das Gebäude von dem »vereidigten Stadtkölnischen Haus-Numerierer« die Anschrift Burgmauer Nr. 33.

Das zweistöckige, den Halbkreis bildende Hauptgebäude enthielt an der Außenseite die an einem langen Flur aufgereihten Dienstzimmer, und zwar im 15 1/2 Fuß (4,86 m) hohen Erdgeschoß 31 und im 14 Fuß (4,40 m) hohen Obergeschoß 36 Geschäftszimmer verschiedener Größe. Die Dachböden waren sämlich mit Tannenbrettern gedielt und wurden später teilweise zur Unterbringung abgelegter Akten benutzt.

Das Gebäude wurde mit seinem östlichen (linken) Teil dem Land- und dem Handelsgericht, mit seinem westlichen Teil dem Rheinischen Appellationsgerichtshof zugewiesen. Nahtstelle der beiden Hälften war der große Assisensaal mit seinen stattlichen Dimensionen von 83 1/2 Fuß (26,20 m) Länge und 40 Fuß (12,56 m) Breite, in dem die Sessionen des Schwurgerichts in Kapitalsachen abgehalten wurden. Dieser wie die vier anderen Sitzungssäle reichte in seiner Höhe durch beide Geschosse des Gebäudes, die größere Länge des Assisensaals aber wurde durch einen Gebäudevorsprung (Risalit) zum heutigen Appellhofplatz hin gewonnen.

Am Innenhof waren die Kopfseiten der fünf Sitzungssäle durch einen ebenfalls halbkreisförmigen gedeckten Bogengang miteinander verbunden, unter dem sich auch die Eingänge zu den Sälen befanden. An den beiden Enden des Bogengangs waren, den Innenhof teilweise abschließend, parallel zur Burgmauer zwei Kanzleidienerwohnungen angebaut, deren Räume allerdings — höchst unzweckmäßig — die »enorme lichte Höhe« von 18 3/4 Fuß (5,88 m) besaßen. Die Außenmauern des Bauwerks bestanden aus massivem Ziegelmauerwerk, die Pfeiler und Archivolten des Bogengangs aus Niedermendiger Werksteinen.

Die architektonisch-künstlerische Bewertung, die der Weyersche Bau erfuhr, war schwankend und gegensätzlich. Das kritische Urteil Ennens ist oben bereits wiedergegeben. Wiethase findet im Gegensatz dazu 1888, als das Gebäude schon weitgehend dem Neubau gewichen war, daß im Entwurf Weyers »entschieden ein classischer Strich« lag, und meint, es sei »ein verwahrloster und zu kleiner Bau, aber durchaus kein schlechter« gewesen. Während Weyers Zeitgenosse J. A. Klein das Bauwerk 1828 einfach und edel nannte, kritisierte Mönnich, der maßgebliche Mitgestalter des Nachfolgebaus am Appellhof: »Sein Aussehen zeugte von der Anspruchlosigkeit der zwanziger Jahre in Befriedigung der ästhetischen Forderungen, und ein Blick auf den Grundriß läßt eine auffällige Vernachlässigung alles dessen erkennen, was den geschäftlichen Verkehr im Innern des Gebäudes angenehm und bequem gestaltet, gegenüber einer aufwendigen, fast verschwenderischen Raumentfaltung bei der Anordnung der fünf großen Sitzungssäle.« In der Tat läßt sich die Baugestaltung nur begreifen aus der Betonung von Mündlichkeit und Öffentlichkeit des Prozesses, Haupterrungenschaften des französisch-rheinischen Verfahrensrechts, an denen die Rheinländer aus gutem Grund so zäh und unnachgiebig festhielten. Insofern stellte der alte Appellhof ein Denkmal des rheinischen Rechts dar, und nachdem wir Abstand sowohl zu

der »Anspruchslosigkeit der zwanziger Jahre« (des vorigen Jahrhunderts) als auch zum gründerzeitlich-wilhelminischen Pomp gewonnen haben, wird man wohl endgültig dem Urteil von Vogts zustimmen können, wonach das Weyersche Justizgebäude »eine sehr eigenartige Lösung« vorstellte, die »von städtebaulichem Reiz« war und »sorgfältig gezeichnete Formen von reinem Klassizismus« besaß.
Der vom Landgericht freigemachte Kölnische Hof wurde übrigens vereinbarungsgemäß vom preußischen Staat der Stadt Köln übereignet, die in ihm den Wallrafschen Sammlungen eine erste feste Heimstatt gab. Nach Errichtung des Wallraf-Richartz-Museums an der Minoritenkirche verkaufte sie den Kölnischen Hof 1863 an den Kommerzienrat Deichmann, der ihn abreißen ließ, um dort ein stattliches Wohnpalais zu errichten.

Die Justiz scheint mit dem neuen Gebäude nicht besonders pfleglich umgegangen zu sein. Schon im April 1827 beklagt Stadtbaumeister Weyer, daß es »für die kurze Dauer seiner Benutzung über allen Begriff verunreinigt und verwahrloset« sei, der Vorhof zum Tummelplatz der Gassenbuben geworden sei und die Verzierungen des Bogengangs durch Steinwürfe beschädigt seien. Weyer fügt seinem Bericht hinzu, er mache diese Anzeige, »da nur die Instandhaltung des Gebäudes mich für alle Mühe und Sorgen, welche der Ausbau dieses Gebäudes mir verursacht hat, einigermaßen belohnen kann, der Stadt, welche mit Aufopferungen die Erbauungskosten bestritten hat, aber auch daran gelegen seyn muß, daß das Gebäude gut erhalten werde«.
Allerdings war das Gebäude bauhandwerklich nicht in jeder Hinsicht von der erwünschten Solidität. Einen Hauptmangel stellte insoweit schon die fehlende Unterkellerung dar. Sie führte dazu, daß in den aus Fachwerk bestehenden Innenwänden Feuchtigkeit aufstieg, das Holz faulte und Farbe und Putz abblätterten. Schludrige Arbeit der Bauunternehmer Leisten und Butz führte zu langwierigen Rechtsstreitigkeiten zwischen ihnen und der Stadt Köln.
Die Unterkellerung wurde in den Jahren 1853/54 mühsam nachgeholt, was eine zeitweilige Auslagerung von Teilen der Gerichte erforderte. Als Ersatzunterkunft fand sich ein bis dahin vom Hauptsteueramt benutzter Bau an der Ecke Gereonstraße/Klingelpütz, der in der Folgezeit das Domizil der Friedensgerichte wurde.
Die Friedensgerichte hatten neue Diensträume bitter nötig. In einem Bericht vom 6. Dezember 1852 weisen Landgerichtspräsident und Oberprokurator auf das Anwachsen nicht nur der Bevölkerungszahl, zumal in den beiden stadtkölnischen und dem Brühler Bezirk, sondern auch der friedens- und polizeigerichtlichen Kompetenzen hin. Sie schildern aber auch den Zustand der bisherigen Geschäftsräume als »in hohem Grade unpassend«. Die Räume der Friedensgerichte befanden sich nämlich in einem Wirtshaus. »Der Hausflur führt zwischen den Schenkzimmern und dem Sitzungssaale durch, wo Gäste und Rechtsuchende oft einander sich drängen und die Hitze des Rechtsstreits durch Getränke gesteigert wird und in gemeinen Schimpfereien unmittelbar nach dem Hinaustreten der Parteien aus dem Sitzungssaale sich Luft macht. . . . Der Sitzungssaal selbst ist dumpf und

der straßenwärts gelegene zweite vollends so feucht, daß er nicht gebraucht werden kann und in der Regel zur Niederlage von Wirtschafts-Utensilien dient.« Diese Schilderungen blieben in Berlin nicht ohne Widerhall, und das Steueramtsgebäude wurde gegen Zahlung von 10.200 Thalern vom Justizfiskus übernommen. Die Friedensgerichte blieben ihm bis zu ihrer Umwandlung in das Amtsgericht und dessen Einzug in das erweiterte Gebäude am Appellhofplatz treu.

Von der zusehends bedrückender werdenden Enge des alten Appellhofs war naturgemäß wegen des regeren Publikumsverkehrs und der größeren Zahl der Prozesse das Landgericht stärker betroffen als der Appellationsgerichtshof. So sind es denn immer wieder die Landgerichtspräsidenten, die um Abhilfe einkommen. Mal wird geltend gemacht, den zum Instruktionsrichter geladenen Zeugen könne als Wartezimmer »nur das hinsichtlich seiner Ausstattung einem Stalle ähnliche Zimmmer der Gerichtsvollzieher zum Verbleiben angewiesen werden«. Ein andermal werden die üblen Gerüche beklagt, die von den Latrinen in den Korridoren ausgehen, und Maßnahmen gefordert, damit der »pestilenzialische Gestank, welcher die Nerven und die Gesundheit der landgerichtlichen Beamten angreift, fortgeschafft werden solle«. In der gesamten Monarchie existiere gewiß nicht der Fall, »daß Justizbeamte eines aus 21 Mitgliedern bestehenden Kollegiums, um zu ihrem Amtslocale zu kommen, vor Latrinen vorbeigehen müssen, welche, wie die landgerichtlichen, solchen verderblichen Gestank aushauchen und verbreiten«, und daß man »die zu den Audienzsälen . . . führenden Corridors nur mit vorgehaltenem Schnupftuche passieren« könne.

Gesuche um durchgreifende Verbesserungen konnten wegen der damit verbundenen Kosten in der Regel nur unter Schwierigkeiten durchgesetzt werden, zumal der langjährige Direktor der rheinischen Abteilung im preußischen Justizministerium, der bereits erwähnte Ruppenthal, als ehemaliger Kölner Generalprokurator aufgrund seiner intimen Ortskenntnis oftmals glaubte, billigere Lösungen vorschlagen zu können. Immerhin wurden zum Beispiel 1831 fünf Kronleuchter zur Beleuchtung des Zuhörerteils des Assisensaals genehmigt, um den »Unordnungen«, die Veranlassung zu lärmenden Bewegungen »in der großen Masse von Leuten, zum Theil aus den geringsten Volksklassen« gaben, begegnen zu können, was bis dahin nicht einmal 30 Militärposten vermocht hatten, »da die Dunkelheit ihre Wirksamkeit beschränkt«. 1847 wird für den Saal des Zuchtpolizeigerichts sogar eine Gasbeleuchtung genehmigt.

Insgesamt ist es aus heutiger Sicht kaum noch vorstellbar, daß — mit Ausnahme der Friedensgerichte — sämtliche Kölner Gerichte einschließlich Generalprokurator (Generalstaatsanwaltschaft) und Oberprokurator (Staatsanwaltschaft) mit fünf Sitzungssälen nebst Vorzimmern und 67 Büroräumen auskommen konnten. Zu bedenken ist allerdings, daß richterliche Tätigkeit damals noch wirklich weitgehend Rechtsprechung und nicht Rechtschreibung war. Deshalb wurde von den Richtern ihre Anwesenheit im Gericht außerhalb der Sitzungen nicht nur nicht erwartet, sie war geradezu unerwünscht. Dienstzimmer standen ihnen durchweg nicht zur Verfügung. Es löste daher einen Sturm im Wasserglas aus, daß der Kammerpräsident Meurer als Vorsitzender der Zuchtpolizeikammer den förmlichen Antrag auf Zuweisung eines Dienstzimmers stellte. Im Hinblick auf 187 Eingänge im Monat Januar 1855 (»eine Arbeit, die wohl nicht leicht bei irgend einem anderen rheinischen Landgerichte vorkommen dürfte«) und vergleichbare Geschäftszahlen über einen längeren Zeitraum hatte sich der Kammerpräsident entschlossen, die Nachmittage insbesondere nach den Sitzungen im Gericht zuzubringen, »um sofort die Urtheilsentwürfe anzufertigen und das Secretariat in anhaltender Beschäftigung zu erhalten«. Zu diesem Zweck hatte er sich auf dem Ratskammerzimmer des Korrektionellgerichts (»wenn dieses durch die erbetene, aber seltene Gefälligkeit des Kastellans geheizt war«) oder im Sekretariatszimmer einquartiert und zudem ein »kleines verschließbares Tischchen« erobert, worin er einige Bücher, Schreibzeug und Sitzungsnotizen aufbewahrte. Als ihm dieses Tischchen über Nacht unauffindbar entführt wurde, war seine Geduld am Ende, und er verlangte Aufschluß darüber, ob er berechtigt sei, »ein Zimmer auf dem Geschäftslokale zu verlangen«. Dieses Ansinnen stieß beim Landgerichtspräsidenten auf Unverständnis. Er ließ recherchieren und stellte sodann mit deutlichem Unmut fest, »daß in allen von mir bis jetzt eingesehenen Acten auch nicht die leiseste Spur oder Andeutung oder sonst bekannt geworden, daß einem oder mehreren der Herrn Kammer-Präsidenten ein Arbeitszimmer amtlich zugetheilt worden ist«. So wird denn, wie man die Dinge kennt, dem Herrn Kammerpräsidenten nichts anderes übrig geblieben sein, als die Geschäfte wieder, wie es üblich war, »in aedibus« (zu Hause) zu erledigen.

Es liegt auf der Hand, daß die Unzufriedenheit mit solchen Zuständen wuchs und auch nach außen drang. Listig trat daraufhin nach dem Brand des ersten Kölner Theaters an der Komödienstraße (1859) das Theater-Komité an die Justizverwaltung und an den Regierungspräsidenten als Bauverwaltung mit dem Angebot heran, den Appellhof gegen eine Entschädigung von 50.000 Thalern zu erwerben, um das Justizgebäude niederzulegen und an dessen Stelle »den neuen Tempel der Musen zu errichten«. Während der Regierungspräsident meinte, der Wunsch des Komités könne »vielleicht zu einer den königlichen Justizbehörden und der Baukunst nützlichen Veränderung den Anstoß geben«, behielt die Justiz die Nerven. Die Aussicht auf ein möglicherweise langlebiges Provisorium bis zur Errichtung eines Ersatzgebäudes vor Augen, entschloß man sich heroisch zu der Erklärung, wenngleich das Justizgebäude »in architektonischer Beziehung und in Betreff der soliden Ausführung der Kritik manche Blöße« darbiete, so erfülle es doch »im Wesentlichen seine streng dienstliche Bestimmung dergestalt, daß weder von einem eigentlichen Bedürfnisse der Justizverwaltung noch selbst von einem dringenden Wunsche derselben, sich dieses Gebäudes entledigen zu können«, die Rede sei. So blieb es am Appellhofplatz dabei, daß Schauspielkunst nur in den Gerichtssälen Triumphe feiern konnte.

Als am 1. Oktober 1879 die sogenannten Reichsjustizgesetze in Kraft traten und den Gerichten eine Fülle von Veränderungen auf verfahrensrechtlichem Gebiet und zusätzlichen Aufgaben im Bereich der freiwilligen Gerichtsbarkeit (Grundbuch, Konkurs u.a.) brachten, wurde eine Erweiterung des Justizgebäudes unabweislich, zumal man auch das aus den Friedensgerichten hervorgegangene Amtsgericht räumlich mit dem jetzt Oberlandesgericht geheißenen Appellationsgericht und dem Landgericht vereinen wollte. In Berlin und erst recht in Köln ging man davon aus, daß ein vollkommener Neubau anstelle des alten Appellhofs an sich die beste Lösung sei. Die Regierung schreckte jedoch vor den Kosten zurück. Als der Staat an die Stadt Köln mit dem Wunsch herantrat, einen Teil des Straßengeländes an der platzartig verbreiterten Burgmauer abzutreten, um ausreichend Raum zur Errichtung eines bloßen Erweiterungsbaus zu erhalten, erhob sich in der Stadtverordnetenversammlung Widerspruch, »weil es nicht wünschenswert erschien, den Platz einzuschränken und durch den gedachten Neubau die Absicht, das alte Gebäude vielleicht auf unabsehbare Zeiten beizubehalten, gleichsam zu unterstützen«. Dennoch wurde schließlich diesem sparsameren Plan der Vorzug gegeben, wobei man allerdings von Anfang an die Möglichkeit einer völligen Ersetzung des Altbaus im Auge behielt.

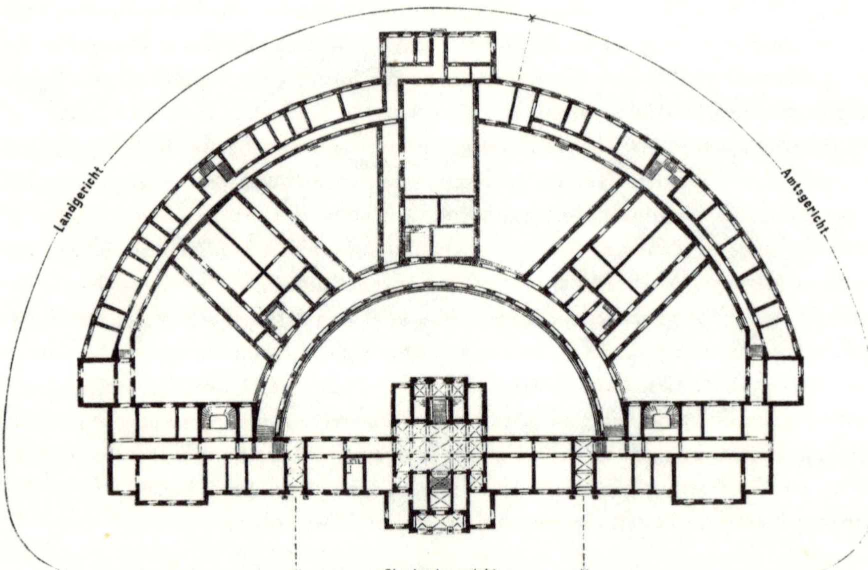


*Grundriß (Erdgeschoß) des Justizgebäudes Appellhofplatz nach der Erweiterung. Unten quer der Neubau, errichtet 1884—1887; im Halbkreis oben die zunächst weiterbenutzten Teile des Weyerschen Appellhofs (abgerissen 1888) — s. S. 81 —.*

Man entschloß sich, dem Halbkreis des alten Appellhofs an der Burgmauer einen langgestreckten mehrgeschossigen Bau vorzulagern, der den Innenhof nach Norden abschloß. Entsprechend der inzwischen allgemein anerkannten rückwärts gerichteten, eklektizistischen Kunstgesinnung und der infolge der stürmischen wirtschaftlichen Entwicklung immerhin verbesserten finanziellen Lage des preußischen Staates wurde dieser Erweiterungsbau 1883 nach Plänen, die der Regierungsbaumeister Paul Thoemer (1851-1918) unter Leitung des Oberbaudirektors Endell erstellt hatte, im Stil der norddeutschen Renaissance begonnen; die offizielle Grundsteinlegung fand am 17. April 1884 statt. Der Unterschied zu dem schlichten, zunächst weitgehend weiterbenutzten Weyerschen Appellhof ist offenkundig: Die Front des Neubaus ist mit ihren drei reichverzierten Giebeln und den beiden den mittleren Giebel flankierenden Türmen ganz auf Repräsentation und Darstellung staatlicher Macht angelegt. Dieser Gesichtspunkt kommt auch im Inneren zur Geltung, zumal der neue Bauteil vornehmlich dem Oberlandesgericht dienen sollte. So wurde das Treppenhaus pompös mit edlen Materialien wie schwedischem und schlesischem Granit, belgischem Kalkstein und viel Stuck ausgestaltet. Das gleiche gilt für den im ersten Stockwerk des Mittelbaus gelegenen Saal des Strafsenats. Der Saal im zweiten Stockwerk war reich ausgemalt und in bunter Verglasung mit den Wappen der rheinischen Städte ausgestattet.

Andererseits soll nicht verkannt werden, daß in den Neubau durchaus neuzeitliche Bautechnik Einzug gehalten hat. Die Stichkappen der Tonnengewölbe waren zum Beispiel aus »Moniergeflecht« hergestellt; beheizt wurde das Gebäude mittels einer Warmwasserheizung, die allein 48.300 Mark gekostet hatte und das Zeitalter der hohen eisernen Öfen im Altbau beendete.

Den alten Appellhof, der bis auf die Sitzungssäle I und V sowie die Kanzleidienerwohnungen im wesentlichen erhalten geblieben war, teilten sich nun das Landgericht, das seine angestammte östliche Gebäudehälfte einschließlich des jetzt Schwurgerichtssaal genannten früheren Assisensaals weiterbenutzte, und das Amtsgericht. Während das Oberlandesgericht im Erweiterungsbau durch das erwähnte eigene Treppenhaus erreichbar war, dienten die beiden heute noch vorhandenen Durchfahrten zum Hof als Zugänge zum Land- und zum Amtsgericht. Der durch den Neubau vermauerte Innenhof mit dem nunmehr seiner architektonischen Wirkung beraubten Weyerschen Bogengang war also vorerst noch Verkehrsfläche für das Publikum, bis später der zweite Haupteingang am Appellhofplatz entstand.

Als der Erweiterungsbau am 19. September 1887 feierlich eingeweiht wurde, war inzwischen die Entscheidung gefallen, den restlichen Altbau durch den bereits 1883 in Aussicht genommenen vollständigen Neubau zu ersetzen. Dieses Bedürfnis war, wie der Architekt Thoemer meinte, früher eingetreten, als vorauszusehen war. Seinen Grund hatte es vor allem in der stürmischen Aufwärtsentwicklung, die Köln und das Rheinland in jenen Jahrzehnten nahmen. Sie dokumentiert sich schon äußerlich in den Bevölkerungszahlen: Hatte

Köln 1816 erst 50.000 Einwohner, stieg die Zahl bis 1855 auf 107.000. 1871 erreichte sie 130.000 und 1890 schon fast 230.000. Symbolisches Zeichen für Neubeginn und Expansion war die aus heutiger Sicht vielleicht zu bedauernde, damals aber als Befreiung aus mittelalterlicher Enge empfundene Niederlegung der siebenhundertjährigen Stadtmauer, die am 11. Juni 1881 begann. Sie löste den raschen Ausbau der sogenannten Neustadt entlang und außerhalb der Ringe aus. Bedeutend war zugleich die wirtschaftliche und industrielle Entwicklung, für die Namen wie Maschinenbau-AG Humboldt, Motorenfabrik Deutz, Kabelwerke Felten und Guilleaume oder Gebr. Stollwerck stehen mögen. Daß ein solches Aufblühen von Handel und Gewerbe die Justiz nicht unberührt läßt, liegt auf der Hand. Nicht nur eine gewaltige Vermehrung der Rechtsstreitigkeiten geht mit ihm einher, sondern beispielsweise auch eine erhebliche Ausweitung des eben erst dem Amtsgericht übertragenen Grundbuchwesens.

Unter dem Druck dieser Notwendigkeiten gingen die Bauarbeiten am Appellhofplatz praktisch ohne Pause weiter (Grundsteinlegung zum Weiterbau am 16. Dezember 1888),

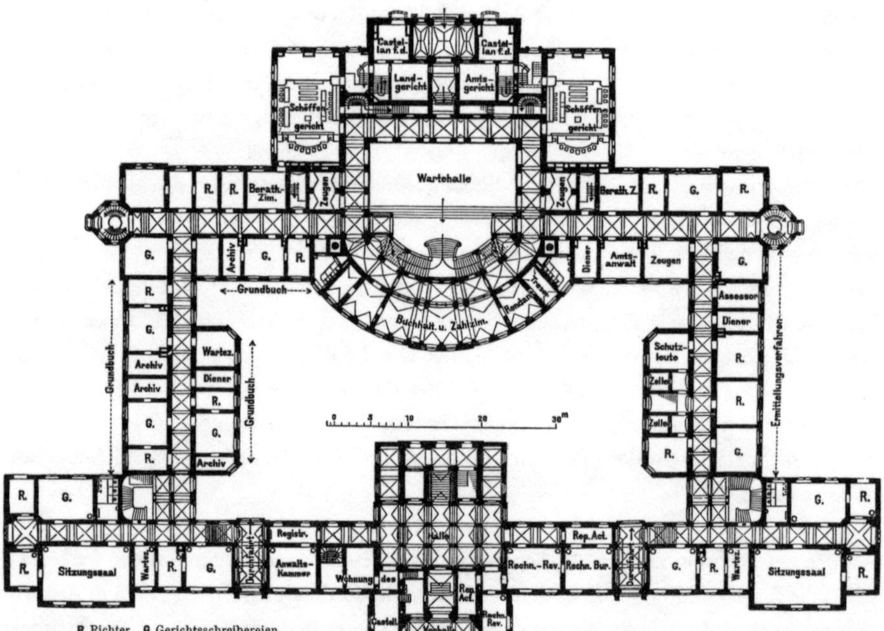


*Justizgebäude Appellhofplatz (Erdgeschoß) in der 1893 fertiggestellten und noch heute weitgehend erhaltenen Gestalt nach Plänen von Thoemer und Mönnich*
*Unten: Eingang Burgmauer, oben: Eingang Appellhofplatz (s. S. 81)*

und es entstand das Gebäude, das wir nach kriegsbedingten Veränderungen noch heute kennen und das auch in Zukunft gerichtlichen Zwecken erhalten bleibt. Bei der Planung des südlichen Gebäudeteils, die wiederum in den Händen Thoemers und Mönnichs lag, mußte man sich nach der durch den Halbkreis des alten Gebäudes bestimmten Grundstücksform richten. Sahen das die Architekten damals zunächst als Hemmnis und Einschränkung an, muß man rückblickend feststellen, daß die vorgegebenen Fakten zu hervorragenden Lösungen angespornt haben. Das gilt insbesondere für die Anlage der Sitzungssäle. Die mehrfachen Versprünge in der Gebäudeflucht ermöglichten es, die Säle, in denen mit dem stärksten Publikumsverkehr zu rechnen war, um den Mittelbau am Appellhofplatz zu gruppieren und ihnen mit Hilfe mehrerer Nebentreppenhäuser separate Zugänge für die Zuhörer zu geben, eine Gestaltung, die erst in unseren Tagen ihre Wirksamkeit eingebüßt hat, da man sich genötigt sieht, den Zugang zum Gerichtsgebäude aus Sorge um einen ungestörten Ablauf des Sitzungsbetriebs gewissen Kontrollen zu unterwerfen. Hervorragend ist auch die unmittelbare Anbindung des Schwurgerichtssaals und der übrigen großen Strafgerichtssäle an die Vorführstelle für inhaftierte Angeklagte, die ebenfalls durch eigene Treppenhäuser erreicht worden ist. Die ursprüngliche Verteilung der Sitzungssäle war übrigens so, daß die beiden Säle rechts und links des Eingangs den Schöffengerichten zugewiesen waren, während im ersten Obergeschoß neben dem Schwurgerichtssaal der Strafkammersaal lag, im zweiten Stockwerk der Zivilkammersaal und — über dem Schwurgerichtssaal — der Sitzungssaal der Kammern für Handelssachen.

Die Säle wurden mit — im Winter erwärmter — Frischluft belüftet, die an den Fensterbrüstungen nach unten abgesaugt wurde. Der Luftwechsel wurde an heißen Tagen mit Hilfe eines Ventilators beschleunigt, der — wie auch die Beleuchtung der Säle und Gänge des Gebäudes — elektrisch betrieben wurde. Der dazu benutzte Motor wurde als »das erste Beispiel eines mit Wechselstrom bedienten Elektromotors« bezeichnet.

Das neue Gebäude wurde allgemein als ein Glied in der Kette von Bauten angesehen, welche die »Hauptstadt des Westens« (Mönnich) zu einer modernen Großstadt machten und zu denen etwa das Empfangsgebäude des Hauptbahnhofs, das Hauptpostamt und das Hohenstaufenbad gezählt wurden. Die Kölnische Zeitung stand nicht an, den Bau »in seiner äußern wie in seiner innern Gestaltung eines der schönsten Baudenkmäler der rheinischen Metropole und der rheinischen Lande« zu nennen. Die Eröffnung des neuen Gebäudes wurde am 8. Juli 1893 feierlich in Anwesenheit des Justizministers von Schelling und des Ministers für öffentliche Arbeiten Thielen begangen. Optimistisch gab man sich der Hoffnung hin, daß das neue Dienstgebäude »auch dem stets wachsenden Verkehr der in neuem gewaltigem Aufblühen begriffenen Stadt für die nächsten Jahrzehnte vollauf genügen wird«. Der Justizminister sprach »der rheinischen Rechtspflege, die seit langem eine hervorragende Stellung eingenommen, und deren Vertretern seine volle Anerkennung aus«, die er durch Verleihung von Orden und Titeln nachdrücklich bekräftigte. Nach einem Festessen im Gürzenich mit 600 Gästen »trug ein reich geschmücktes Boot die Theilnehmer zur Flora, wo ein Concert, verbunden mit einer Beleuchtung der Anlagen, den schönen Abschluß des festlichen Tages bildete«. Folgt man allerdings dem Dichterwort des Amtsrichters Dr. Schöller, ist im Einzelfall auch ein anderer Abschluß der Feierlichkeiten nicht auszuschließen:

Wer »homo sui iuris« ist,
Mag heute nach Befinden
Ohn' Anwaltszwang und Einlaßfrist
Dem Durst den »Streit verkünden«.
Wenn er zum »Haupt«verfahren hat
Dann ordentlich »geladen«,
Schwankt er »rechtshängig« durch die Stadt
Und trägt zuletzt den Schaden.

Die Hoffnung, man habe mit dem großen Gebäude am Appellhofplatz endlich für die Kölner Justiz ausgesorgt, war wiederum trügerisch. Die anhaltende stürmische Entwicklung des Rheinlands machte alle Berechnungen schon bald zunichte. Daran konnte auch die Verkleinerung des Bezirks des Oberlandesgerichts durch die 1906 erfolgte Gründung eines zweiten rheinischen Obergerichts in Düsseldorf nichts Entscheidendes ändern. Denn der Hauptraumbedarf lag ohnehin bei Land- und Amtsgericht. Erneut begann eine Zeit der Provisorien, und schließlich befanden sich Diensträume dieser beiden Gerichte in zehn Miethäusern an fünf verschiedenen Straßen. Das Amtsgericht verblieb zuletzt nur noch mit dem Grundbuch und der Gerichtskasse im Hauptgebäude.

Durch einen Ausbau des Dachgeschosses oder eine Erweiterung des Gebäudes zum Hof hin konnte man dieser Misere nicht mehr beikommen. Nur ein zweites Justizgebäude versprach nachhaltige Abhilfe. Allein die Strafjustiz sollte am Appellhofplatz bleiben, das gesamte Oberlandesgericht sowie die Zivilkammern des Landgerichts und die Zivilabteilungen des Amtsgerichts jedoch in den Neubau verlegt werden. Als Baugrundstück fand sich ein 12.500 qm großes Geviert zwischen Weißenburg-, Hülchrather-, Blumenthal- und Merlostraße, das dem Eisenbahnfiskus gehörte.

Wenn Köln bis dahin keinen «Justizpalast« hatte, hier entstand ein Dienstgebäude, für das diese Bezeichnung nicht zu hoch gegriffen ist. Wieder lag die Planung maßgeblich in den Händen Paul Thoemers, inzwischen Wirklicher Geheimer Oberbaurat im preußischen Ministerium für öffentliche Arbeiten. Die örtliche Bauleitung hatte Baurat Ahrns inne. Die Architekten schufen einen mit 250.000 cbm umbautem Raum zwar monumentalen, aber dennoch wohlproportionierten Bau in barocken Formen. Diesen Stil sah man für Gebäude solcher Dimensionen als den angemessensten an. Funktionell sinnlos und ästhetisch störend war lediglich eine Zutat Seiner Majestät Höchsteigener Hand, ein turmartiger Aufbau über der Kuppel der Eingangshalle, der bis zu einer Höhe von 72 m aufragte. Er ist inzwischen sehr zum Vorteil des Gesamtbildes den Zerstörungen des Zweiten Weltkriegs zum Opfer gefallen. Die Anlage des Gebäudes um drei große und vier kleinere Höfe gestattete eine optimale Ausnutzung des Grundstücks zu einer Zeit, als Hochhäuser in Deutschland noch so gut wie unbekannt waren und jedenfalls als Gerichtsgebäude nicht in Erwägung gezogen worden wären. Anders als in einigen Innenstädten der Vereinigten Staaten von Amerika, wo der Hochhausbau — etwa in New York oder Chicago — in den 80er Jahren des vorigen Jahrhunderts begonnen hatte, zwang in den deutschen Großstädten noch kein Mangel an Grund und Boden dazu, in schwindelnde Höhen emporzustreben. Speziell der Stadtteil entlang der Riehler Straße war vor dem Ersten Weltkrieg ein ausgesprochenes Neubaugebiet. Der Stadt-Anzeiger erinnerte aus Anlaß der Fertigstellung des Justizpalastes im Jahre 1911 daran, wie wenige Jahre es erst her sei, daß nach einigen Häusern am ringseitigen Beginn der Straße nur noch ein einziges Gebäude, ein Café, an der ganzen Riehler Straße zu finden war. Inzwischen aber war zwischen Ring und Zoo eine nahezu geschlossene Bebauung entstanden, in die sich der Justizneubau einzufügen hatte.

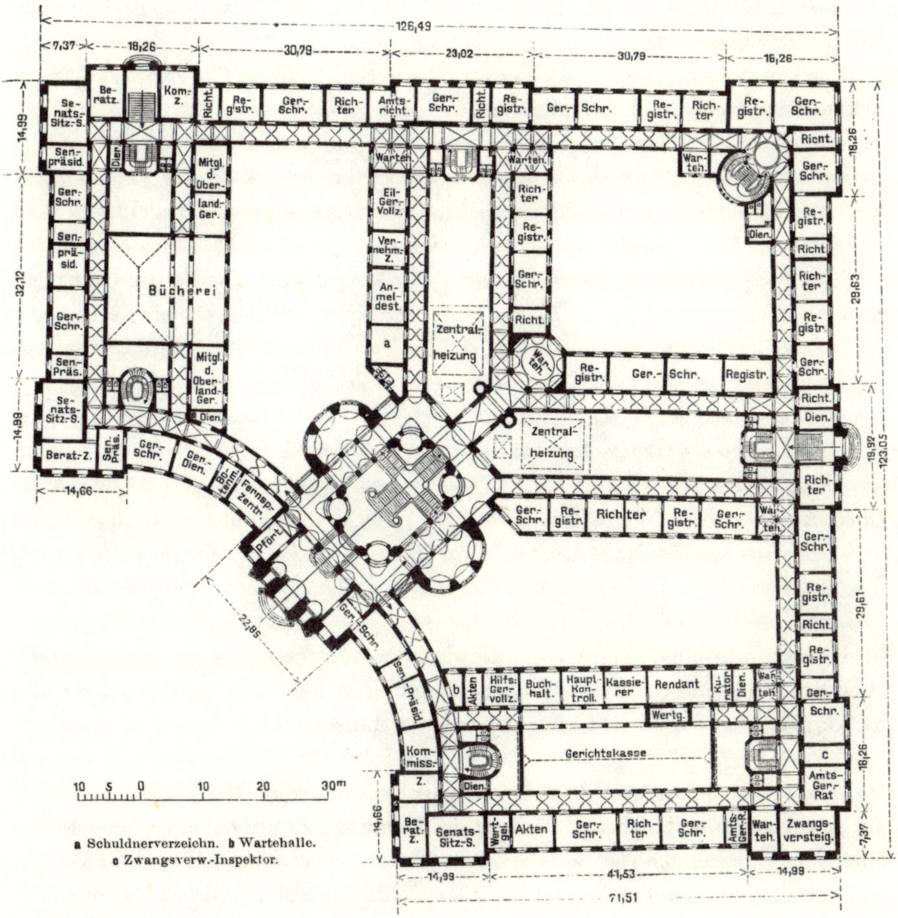


*Justizgebäude Reichenspergerplatz (Erdgeschoß), errichtet 1907—1911 nach Plänen von Thoemer und Ahrns (s. S. 82)*

Vierhundert Geschäftszimmer, 33 Sitzungssäle und ein Plenarsaal wurden in dem riesigen Gebäude eingerichtet und vom aufwendigen, kuppelüberwölbten Haupttreppenhaus aus über zwölf Flure erschlossen, deren längste parallel zur Blumenthal- und zur Hülchrather Straße jeweils mehr als hundert Meter messen. Der Justizpalast war nicht nur das größte Gerichtsgebäude Preußens, sondern eins der größten Verwaltungsgebäude Deutschlands überhaupt. Traumhaft klingen gleichwohl für heutige Ohren die Baukosten: einschließlich Nebenanlagen, innerer Einrichtung und Bauleitung betrugen sie 5.246.100 Mark.
Daß man für dieses Geld modernste Technik anschaffte, versteht sich dabei dennoch fast von selbst: sechs Dampfkessel für die Heizungsanlage, eine Entstaubungsmaschinenanlage (alle Geschosse waren an eine Entstaubungsanlage angeschlossen), Personen- und Aktenaufzüge, eine »modernsten Ansprüchen genügende« Telefonanlage mit besonderer Zentrale und natürlich Beleuchtung durch elektrisches Licht — ein Faktum, das 1911 durchaus noch erwähnenswert war.
Auch an künstlerischer Ausstattung hatte man nicht gespart: In der Eingangshalle Statuen, welche die richtende und die vollstreckende Justiz symbolisieren sollten, weiterer Figurenschmuck an der Hauptfassade, insbesondere das große Giebelrelief, das die Justiz in Aktion zeigt, im einzelnen aber unterschiedliche Deutungen zuläßt. Die Kölnische Zeitung argwöhnte, der bildende Künstler — der Bonner Universitäts-Zeichenlehrer Dr. Karl Menser — habe mit bürgerlichen Rechtsstreitigkeiten, die ja im neuen Hause verhandelt werden sollten, nicht viel anfangen können, und so stelle das Relief das Strafverfahren dar: »Auf ihrem Throne sitzt Themis. Auf der einen Seite sehen wir einen gar grimmigen, sogar die Faust ballenden antiken Staatsanwalt, der einen am Boden kauernden nackten vollbärtigen Mann anklagt. Auf der anderen Seite steht ein Rechtsanwalt mit mildem Gesicht, er legt sanft die Hand auf ein kauerndes halbnacktes Mädchen, und mit der andern weist er nach der thronenden Göttin, dem Mädchen, das schamvoll das Gesicht verbirgt, Mut zusprechend.« Sei es, wie es will — bei der Einweihungsfeier am 7. Oktober 1911 rühmte der Oberpräsident der Rheinprovinz Staatsminister Freiherr von Rheinbaben an dem Kunstwerk jedenfalls den Umstand, daß die Göttin entgegen der Tradition ohne Binde vor den Augen dargestellt ist. » Diese Binde war meiner Ansicht nach einer der größten künstlerischen Irrtümer, denn die Justiz soll allerdings blind sein gegen Unterschiede des Standes, sie soll aber nicht blind sein im allgemeinen. Sie soll den Menschen ins Auge sehen, im Menschen den Menschen erkennen, ihm ein Freund sein, ihm helfen, auf den rechten Weg zurückzukehren, und sie soll seine Interessen wahrnehmen, wo immer es nötig ist.«

Mit dem neuen Gebäude an dem nach August Reichensperger (1808—1895), dem ehemaligen Appellationsgerichtsrat, Förderer des Dombaus, Zentrumspolitiker und Kölner Ehrenbürger, benannten Platz war die Kölner Justiz in so hervorragende bauliche Verhältnisse versetzt, daß gewiß niemand der Bemerkung des Oberlandesgerichtspräsidenten Dr. Morkramer widersprochen hat, die Sorge für die Schaffung weiterer Justizgebäude in Köln dürfe man »nunmehr unseren Enkeln überlassen«. Auch der Erste Weltkrieg, der nur drei

Jahre später ausbrach, änderte daran nichts, da das deutsche Reichsgebiet damals vom unmittelbaren Kriegsgeschehen nahezu unberührt blieb. Wie anders aber war die Lage ein Vierteljahrhundert später, als Deutschland in den Abgrund seiner Geschichte gestürzt war! Die schon im März 1937 in Kraft gesetzten subtilen Vorschriften über die Verdunkelung der Dienstgebäude hatten die mit tonnenschweren Bombenlasten bestückten alliierten Flugzeuge nicht gehindert, auch die beiden Gerichtsgebäude zu finden und zu treffen, und gegen Brandbomben solcher Zahl und Wirkung waren auch die aus »Gefolgschaftsmitgliedern« gebildeten Luftschutztrupps machtlos. Hätte es nicht die Ruinengrundstücke am Appellhof- und am Reichenspergerplatz gegeben, die Kölner Justiz wäre bei Kriegsende baulich um 120 Jahre zurückgeworfen gewesen. Denn beide Gebäude waren infolge der verheerenden Bombardements so gut wie unbenutzbar geworden. In dem weitläufigen Bau am Reichenspergerplatz gab es kaum fünf Zimmer mehr, in denen im April 1945 das Amtsgericht seine Arbeit wieder aufnehmen konnte. Es empfahlen sich allenfalls die Räume der Gemeinschaftsküche und des Aktenarchivs im Kellergeschoß. Akten wurden in unverschlossenen Zimmern gestapelt, verzweifelte Geschäftsstellenbeamte »entwendeten« alte Aktendeckel, um sie ein zweites Mal zu benutzen. Sitzungssäle standen nicht zur Verfügung. An eine auch nur halbwegs ausreichende Erwärmung der Räume war nicht zu denken, es fehlte sowohl an Heizgeräten als auch an Brennmaterial. Die eisernen Öfen feierten traurige Urständ. Noch im September 1947 wird beklagt, daß die Zivilkanzlei des Amtsgerichts ohne Heizung und ohne Licht sei und deshalb nur während der Stunden genügenden Tageslichts arbeiten könne.

Als Ende 1945 / Anfang 1946 auch Land- und Oberlandesgericht wiedereröffnet wurden, war die Raumnot unerträglich; unerbittlich wogte der Kampf um jedes Zimmer zwischen den einzelnen Behörden. Raum um Raum und Flur um Flur wurden die Aufräumungs- und Aufbauarbeiten, zum Teil mit primitiven Mitteln und in Selbsthilfe der Justizangehörigen, vorangetrieben. Im Juni 1946 konnten auch am Appellhofplatz die ersten Räume wieder in Benutzung genommen werden.

Bei alledem ist zu bedenken, daß sich der Geschäftsanfall bei den Gerichten rasch steigerte. Das Landgericht hatte im November 1949 im zivilgerichtlichen Bereich mit 16 Zivilkammern und 3 Kammern für Handelssachen den Stand von 1939 wieder erreicht. Statt der benötigten 114 Arbeitszimmer und 10 Sitzungssäle standen jedoch nur 56 Arbeitszimmer und 4 Säle zur Verfügung. Der Raum wurde zusätzlich knapp, weil im Justizgebäude Reichenspergerplatz neben Oberlandesgericht, Landgericht, Amtsgericht und Generalstaatsanwaltschaft auch noch der Oberste Gerichtshof für die Britische Zone nebst zugehöriger Generalstaatsanwaltschaft sowie schließlich für die kurze Zeit seiner Existenz das Deutsche Obergericht für das Vereinigte Wirtschaftsgebiet mit der Generalanwaltschaft bei diesem Gericht untergebracht waren.

Zu allem Überfluß war im obersten Stockwerk des Gebäudes eine Art Internat für den Rechtspflegernachwuchs eingerichtet, das noch keine Vorahnungen auf den künftigen

Luxus einer eigenen Rechtspflegerschule aufkommen ließ, wie sie später in Bad Münstereifel errichtet wurde.
Mit beginnendem Wirtschaftswunder beschleunigte sich der Wiederaufbau der Justizgebäude. Dabei mußte sich der Bau am Appellhofplatz die größeren Eingriffe in seine Architektur gefallen lassen. Die zahlreichen Giebel wurden nicht wiederhergestellt, der besonders stark zerstörte nördliche Trakt an der Burgmauer wurde in seiner mittleren Partie durch einen nüchternen Saal- und Treppenhausbau ersetzt. Aber trotz aller Schäden und Veränderungen gewannen beide Gerichtsgebäude ihr besonderes Fluidum zurück, und sie erwiesen ihre Zweckmäßigkeit in einem solchen Maße, daß Amts- und Landgericht sie jetzt durchaus auch mit einem weinenden Auge in Richtung Neubau verlassen haben. Aber leider war das neue Gebäude alles andere als überflüssig. Die Raumnot war vielmehr wieder einmal drängend geworden. Amtsgericht, Landgericht und — nicht zu vergessen — Staatsanwaltschaft hatten in den letzten 15 Jahren mit zahlreichen Abteilungen in die verschiedensten gemieteten Häuser ausweichen müssen, was den Dienstbetrieb, zumal in Strafsachen, ganz erheblich behinderte — ein Mißstand, der erst mit Fertigstellung des Ergänzungsgebäudes für die Staatsanwaltschaft sein Ende finden wird.

Nach den Erfahrungen der letzten anderthalb Jahrhunderte wäre es riskante Prophetie, eine Voraussage zu wagen, ob und wann das nächste Gerichtsgebäude erforderlich wird. Man mag nur hoffen, daß die Kölner Justiz vor einer solchen Notwendigkeit bewahrt bleibt. Dem neuen mächtigen Turmbau an der Luxemburger Straße aber ist zu wünschen, daß man auch ihm eines Tages nachrühmt, er habe seinen Zweck zur Zufriedenheit der darin arbeitenden Diener Justitias und des rechtsuchenden Publikums erfüllt.

## QUELLEN UND LITERATUR

CLEMEN, Paul: Die Kunstdenkmäler der Stadt Köln, Zweiter Band, IV. Abteilung: Die profanen Denkmäler, bearbeitet von Hans Vogts, Düsseldorf 1930. S. 341 und 353.

GOTHEIN, Eberhard: Verfassungs- und Wirtschaftsgeschichte der Stadt Cöln in: Die Stadt Cöln im ersten Jahrhundert unter preußischer Herrschaft, Köln 1916, Band 1.

KLEIN, Adolf: Die Rheinische Justiz und der rechtsstaatliche Gedanke in Deutschland in: Wolffram-Klein: Recht und Rechtspflege in den Rheinlanden. Festschrift zum 150-jährigen Bestehen des Oberlandesgerichts Köln, Köln 1969, S. 113.

MÖNNICH, Rudolf: Gebäude für Rechtspflege in: Köln und seine Bauten. Festschrift zur VIII. Wanderversammlung des Verbandes deutscher Architekten- und Ingenieurvereine in Köln 1888, hrsg. vom Architekten- und Ingenieur-Verein für den Niederrhein und Westfalen, Köln 1888, S. 482.

RHEINISCHES ARCHIV, 109. Band (Neue Folge: 7. Band), Köln 1913, S. 139

ZENTRALBLATT DER BAUVERWALTUNG, hrsg. vom Ministerium für öffentliche Arbeiten, Berlin, III. Jahrgang, 1883, S. 457; XIII. Jahrgang, 1893, S. 295 und 513; XXXII. Jahrgang, 1912, S. 621.

FRIDOLIN HALLAUER

# DER NEUBAU DER JUSTIZBEHÖRDEN IN KÖLN 1977—1981

## 1. *Die Geschichte des Neubaus*

Bei dem Versuch einer Chronologie zeitgenössischer Ereignisse wird einem erst so recht bewußt, wie bald in unserer schnellebigen und reizüberfluteten Zeit eine einigermaßen zutreffende und objektive Darstellung und Dokumentation von Ereignissen und Abläufen unserem Bewußtsein entschwindet, und es bedarf einiger Mühe, die Fakten mit Maß und Zahl und nachprüfbar ausfindig zu machen und vor dem endgültigen Verlust zu bewahren — (dies mag zugleich als Hinweis verstanden werden, über wichtige Ereignisse von Anfang an eine Chronik anzulegen).

### 1.1 *Grundstückssuche*

Die Kölner Justiz ist derzeit auf über 15 verschiedene Anmietungen und Zweigstellen über das gesamte Stadtgebiet verteilt. Dies war der auslösende Faktor für die seit der Mitte der 50er Jahre einsetzende Grundstückssuche. Erwogen wurde zunächst lediglich eine bauliche Erweiterung im Bereich der beiden Justizgebäude Reichenspergerplatz und Appellhofplatz. Die ständig steigenden Aufgaben in der Rechtspflege führten aber alsbald zu der Erkenntnis, daß die Unterbringungsprobleme mit Erweiterungsbauten angesichts der beschränkten Erweiterungsmöglichkeiten an den beiden vorgenannten Standorten nicht gelöst werden könnten. Deshalb konzentrierten sich etwa ab Ende der 60er Jahre die Überlegungen auf einen Neubau an anderer Stelle. Es wurden zunächst erfolgversprechende Verhandlungen zwischen Bund, Land und Stadt Köln über einen Standort des Justizneubaus auf einem bundeseigenen Gelände in Köln-Riehl, Barbarastraße, — früher Barbara-Kaserne — geführt. Nach mehrjährigen intensiven Verhandlungen scheiterte der Erwerb des Geländes schließlich im Jahre 1971 überraschend an der Entscheidung des Bundes, das Grundstück selbst zu bebauen.

Trotz intensiver Bemühungen — auch mit nachhaltiger Unterstützung der Stadt Köln — gelang es in den folgenden Jahren nicht, ein geeignetes Grundstück für den Justizneubau zu finden. Standortuntersuchungen wurden — um nur die wichtigsten Beispiele zu nennen — angestellt für Grundstücke am Neußer Wall, in der City-Deutz, am Reitweg und am Verkehrsübungsgelände in Köln-Deutz, am Maarweg in Köln-Braunsfeld, an der Oppenheimstraße (Übernahme der Versicherungsgebäude der Colonia-Versicherung) und an der Riehler Straße (Übernahme der Gebäude der Oberfinanzdirektion). Letztlich entscheidend für die Undurchführbarkeit des Bauvorhabens an den untersuchten Standorten war in der Regel das hohe Bauvolumen der beabsichtigten Baumaßnahme. Währenddessen wuchs die Raumnot der Kölner Justizbehörden, der notdürftig mit immer neuen Anmietungen begegnet werden mußte. Eine insbesondere für die rechtsuchende Bevölkerung nicht mehr hinnehmbare Zersplitterung der Justizbehörden war die Folge; schließlich waren Justizdienststellen an bis zu 15 verschiedenen Stellen in der Stadt untergebracht. Weiterhin erfolgten noch Überlegungen zur Errichtung eines Justizneubaus auf einem landeseigenen Grundstück an der Dürener Straße. Mit Bericht vom 16. 5. 1972 teilte jedoch der Präsident des Oberlandesgerichts Köln dem Justizminister seine Bedenken gegen diesen Standort mit. Das Grundstück liegt etwa 1 km außerhalb der Stadtgrenze Kölns und ist mit öffentlichen Verkehrsmitteln kaum zu erreichen. Es erschien daher von der Lage her für ein Justizgebäude nicht geeignet. Das ist von allen beteiligten Stellen des Landes anerkannt worden.

*1.2 Der Wettbewerb — ein Exkurs*

1968 begann eine Entwicklung im Städtebau, die am zutreffendsten mit dem Begriff »Verdichtung« umschrieben werden kann. Man wollte damit der zunehmenden Ausuferung der Städte, der Entleerung der Innenstädte und damit auch der Verkehrsmisere entgegenwirken — zugleich an den Brennpunkten des öffentlichen Nahverkehrs durch verdichteten Städtebau zur Entlastung des Verkehrs und zur Verbesserung der sozialen Kommunikation beitragen. Überall tauchten Gedanken auf, die großen durch Eisenbahnanlagen in den Innenstadtzonen belegten Flächen zu überbauen, um damit citynahe Wohnungen und Gewerbeflächen zu erschließen. So auch in Köln, wo die Köln-Bonner Eisenbahnen dicht an der Universität und dem Barbarossaplatz, also unweit der »Altstadt« ein 85.000 m² großes Gelände belegten. Die Überbauung erwies sich dann aber bald als eine finanzielle Utopie, und just in dieser Situation gaben die Köln-Bonner Eisenbahnen (KBE) ihr Bahngelände wegen Unwirtschaftlichkeit auf, um in Godorf am Rhein eine zweckmäßigere Ersatzanlage neu zu errichten. Diesen Umstand machte sich die Städtebauförderungsgesellschaft »Moderne Stadt« (MS) zu nutze, kaufte das Gelände und schrieb zur Erlangung von Ideen und als Grundlage für neu zu schaffendes Planungsrecht einen städtebaulichen Ideenwettbewerb aus. Aus dem Text der Auslobung sei hier das Ziel dieses Wettbewerbs zitiert:

»Durch eine Bebauung mit multifunktionaler Nutzung soll das Gelände der KBE neu geordnet werden, um den städtebaulichen Zusammenhang zwischen Köln-Sülz, dem ›Inneren Grüngürtel‹ und der Innenstadt herzustellen.

Es ist vorgesehen, das Gelände für Allgemeines Wohnen, Büro- und Verwaltungsflächen, Studentenwohnungen sowie in angemessenem Maße für Handel und Gewerbe zu nutzen. Im Rahmen der allgemeinen Infrastruktur wird besonderer Wert darauf gelegt, notwendige Kommunikationsorte räumlich und funktionell ausgeprägt darzustellen.

Unter Beachtung des geltenden Planungs- und Baurechts sollte das zur Verfügung stehende Gelände städtebaulich attraktiv und wirtschaftlich optimal gestaltet werden.

Die städtebauliche Gruppierung der Gesamtanlage ist nicht nur auf die räumlich optische Verbindung der heute noch getrennten Grünräume — Innerer Grüngürtel — Grünzug Süd-Volksgarten auszurichten, . . .«

Soweit Zitat.

Die Auslobung erfolgte am 10. September 1971, das Preisgericht tagte am 31. 1. und 1. 2. 1971.

Der Chronist gehörte dem Preisgericht an.

Sieger des Wettbewerbs wurde Architekt Dipl.-Ing. Busch, Köln, der nunmehrige Architekt des Neubauprojektes Justizbehörden Köln.

Aber noch war es nicht soweit. Denn die Auslobung dachte im Traum nicht an die Justiz, schon gar nicht an eine solch große Behörde.

Hier spielte nun, wie so oft im Leben, der Zufall eine Rolle, eben der, daß der Leiter der staatlichen Bauverwaltung durch Zufall (?) ins Preisgericht berufen wurde und daß dieses Mitglied des Preisgerichts (der Chronist) bei seiner dienstlichen Befassung mit den Bauproblemen der Justiz sich an jenen Wettbewerb erinnerte und das vorgenannte Grundstück so ins Gespräch kam.

Es gab unerwartete Schwierigkeiten wegen der veränderten Programmziele, der Architektenbindung des Grundstücks, der Bindung an einen Bauträger — ein bei der Bauverwaltung völlig ungewohntes und in der Regel auch nicht gewolltes Verfahren.

Am 26. 2. 1973 gelang es dem Chronisten, die beiden betroffenen Ressortchefs Justiz und Finanzen (zugleich Bau), Dr. Posser und Wertz, in einem sogenannten Zielvereinbarungsgespräch mit der Idee, die mittlerweile von der Stadt Köln und der Justiz nicht nur begrüßt, sondern voll getragen und favorisiert wurde, zu konfrontieren und grünes Licht zu erhalten. Am 14. 5. 1973 legte die »Moderne Stadt« ein erstes Angebot vor, und in einem zweiten Gespräch auf Chefebene am 5. 6. 1973 gaben die verantwortlichen Minister die grundsätzliche Zustimmung für den Neubau der Justizbehörden Köln.

### *1.3 Die Planung*

Der offizielle Planungsbeginn datiert vom 10. August 1973 — so weisen es die Akten aus —, nachdem am 20. 6. 1972 das Raumprogramm genehmigt wurde, am 7. 12. 1972 die Grundkonzeption im Maßstab 1 : 500 als Angebot vorlag und bereits am 25. 1. 1973 das Vorprojekt im Maßstab 1 : 200 folgte.

Am 25. 6. 1974 wurde die Offenlegung des Bebauungsplanentwurfs vom Rat der Stadt Köln beschlossen, am 1. 7. 1974 der Bauantrag gestellt. Die Genehmigung der HU(Haushaltsunterlage)-Bau durch den Finanzminister (Bauabteilung) erfolgte am 29. 11. 1974, die Baugenehmigung durch die Stadt am 4. 9. 1975. Die Daten zeugen von einer äußerst konzentrierten Planungsphase, bei der alle Beteiligten mit großem Engagement zusammenarbeiteten — recht oft in sogenannten Baustabsitzungen oder Werkstattgesprächen, zum Teil im Atelier des Architekten oder der MS, bei der gelegentlich auch der Ressortchef Bau sich nach dem Stand dieses »Zentralprojektes der Justiz« erkundigte. Diese Arbeitsmethode hat bis zum heutigen Tag das Projekt begleitet und sicher nicht zu seinem Schaden.

*1.4 Die Bauzeit*

Zwischen der Genehmigung der Haushaltsunterlage-Bau im November 1974, der Baugenehmigung durch die Stadt Köln im September 1975 und dem Baubeginn am 6. 6. 1977 liegt eine Zeitspanne, die das Projekt beinahe zum Scheitern gebracht hätte — es ist dies die Rezession, in der die Investitionshaushalte rigoros zurückgefahren wurden —, das Kölner Projekt fiel 1975 und 1976 dem Rotstift zum Opfer.

Aber dann war es soweit:

| | |
|---|---|
| Baubeginn | 6. 6. 1977 |
| Richtfest | 25. 4. 1979 |
| Übergabe | 30. 4. 1981. |

Eine Sonderheit der Baustelle: Ein römischer Friedhof wurde auf dem Baugelände freigelegt. Ab 1. 7. 1974 bis Anfang 1975 erfolgten Grabungen durch das Römisch-Germanische-Museum Köln.

*1.5 Die Beteiligten*

Ein solch großes Projekt ist das Werk vieler, mit dem verantwortungsbewußten Zusammenspiel aller Beteiligten:

Der Nutzer:

im Justizministerium Nordrhein-Westfalen

Ministerialrat Wehrens

Regierungsamtmann Bothe (zuvor in der Bauabteilung des Oberlandesgerichts Köln)

im Oberlandesgericht Köln

Vorsitzender Richter am Oberlandesgericht Dr. Feckler

Justizoberamtsrat Fassbender

Justizamtsrat Fuchs

im Landgericht Köln

Richter am Landgericht Dr. Jährig

Justizamtmann Sebode

im Amtsgericht Köln

Justizamtsrat Wahn

Die Bauverwaltung, der die Projektleitung oblag, mit dem Staatshochbauamt Köln als Ortsbaudienststelle und den Projektbeteiligten:

Regierungsbaudirektor Heimann

Oberregierungsbaurat Reith

Regierungsbaurat z. A. Brückmann

Regierungsbauoberinsp. Boesen

Bauingenieur (grad.) Morick

Die Planer und Sonderfachleute:

Generalplaner:
Moderne Stadt, Gesellschaft zur Förderung des Städtebaues und der Gemeindeentwicklung mbH:
Dr.-Ing. Leitzgen, Bauing. (grad.) Heinemann, Bauing. (grad.) Watermann
Planung:
Architekt Dipl.-Ing. Busch
Architekt Struchholz
Ingenieurtechnik:
Büro INTEGRAL, Ingenieure GmbH: Seiler, Römpke, Avenhue, Schneider, May
Bauleitung:
Büro INTEGRAL, Ingenieure GmbH: Kleeberg, Schlüter, Piel, Horn, Radics
Vermessung:
Dr.-Ing. Kühnhausen
Bodengutachten:
Dr.-Ing. Coesfeld
Statik: Kohlhaas, Kina, Krause, Quester
Prüfstatik:
Dr.-Ing. Naumann
Fassadengutachten:
Langkau
Küchenplanung:
Schreiber
Außenanlagen:
Architekt Penker
Akustik:
Graner
Künstl. Beratung:
Scholl
Farbgestaltung:
Scholl, Dywan, von Sartory

Bei dem Hochbaudezernat des Regierungspräsidenten lag die Prüfungs- und Aufsichtspflicht in den Händen von:
Ltd. Reg. Baudirektor Heinemann
Reg. Baudirektor Settegast
Oberreg. Baurat Pies
und schließlich in der obersten technischen Instanz, dem Finanzministerium — Bauabteilung —, zunächst bei dem Ltd. Ministerialrat Steinbiß und ab 1974 bei dem Ltd. Ministerialrat Regh.

*2. Das Projekt*

»Neubauten für die Justizbehörden in Köln«

Wenngleich der Chronist sich bemühen sollte, die qualitativen Eigenschaften eines Gebäudes zu »erschließen«, d. h. die städtebaulichen und architektonischen, kurzum die baukünstlerische Einordnung vorzunehmen, so gehört zu einer der Nachwelt nachprüfbaren Erfassung und Dokumentation die quantitative Beschreibung dieses größten Projektes in der Justizbaugeschichte unseres Landes. Neben den Programmdaten und der Funktionsbeschreibung sollten die Kosten dokumentarisch festgehalten werden, überraschen uns doch immer wieder die Investitionen, die frühere Generationen aufgebracht haben — man denke an die Vollendung des Kölner Domes oder die 5.246.100.— R-Mark Baukosten für das heutige Oberlandesgericht am Reichenspergerplatz.

*2.1 Das Raumprogramm*

Das Gebäude ist für das Land- und Amtsgericht Köln vorgesehen. Um die Größe richtig einzuschätzen, seien einige Daten spotlightartig aufgezeigt. Das Raumprogramm umfaßt für beide Gerichte z. B. 82 Säle, 817 Büros neben Bibliothek, Kantine, Beratungszimmern, Vorführzellen etc. Die Flächendaten sind nicht weniger spektakulär: Die Nutzfläche beträgt: 34.940 m². 833 Stellplätze gehören zum Bauprogramm. Es sollte Chronistenpflicht sein, die genauen Programmdaten als historische Dokumentation festzuhalten:
Raumprogramm für das Landgericht Köln nach Eingliederung der Amtsgerichtsbezirke Leverkusen und Wermelskirchen — festgestellt durch den Justizminister mit Datum vom 29. 11. 1978.

| | |
|---|---|
| 1. Büroräume | 8.587 qm |
| (das sind 353 Programmräume und 10 % Raumreserve = 41 Zimmer a 19 qm; insgesamt 394 Büroräume) | |
| 2. Sitzungssäle, Beratungs- und Vernehmungszimmer | 5.286 qm |
| 1 Schwurgerichtssaal (250 qm) | |
| 10 Säle für große Strafkammer (3 a 120 qm, 7 a 100 qm) | |
| 4 Säle für kleine Strafkammer (a 80 qm) | |
| 15 Zivilkammersäle (a 65 qm) | |
| 4 Zivilgerichtssäle (a 50 qm) | |
| 14 Zivilrichtersäle (a 38 qm) | |
| Saalreserve | |
| 4 Säle a 80 qm für Strafkammer | |
| 3 Säle a 65 qm für Zivilkammer | |
| 3 Säle a 38 qm für Zivilrichter | |

Beratungszimmer
29 Zimmer a 19 qm
7 Reservezimmer a 19 qm

Warteflächen (15 % der Saalflächen)

| | |
|---|---|
| 3. Grundbuchamt | — |
| 4. Ausbildung / Unterricht | 1.222 qm |
| 5. Sonderräume A (Anwaltshalle, Konferenz-, Aufenthalts-, Sozialräume, Druckerei, Bibliothek; 47 Vorführzellen) | 2.146 qm |
| 6. Sonderräume B (Archiv, Materiallager) | 2.236 qm |
| 7. Kantine (für rd. 2.000 Verpflegungsteilnehmer; Speisesaal 580 qm; Funktionsräume / Küche 415 qm; Kaffeestube 140 qm) | 1.135 qm |
| 8. Dienstwohnungen (2 Hausmeisterwohnungen a 91 qm) | 182 qm |
| 9. Garagen (2 Garagen a 30 qm) | 60 qm |
| Summe = | 20.854 qm |

Raumprogramm für das Amtsgericht Köln (Prozeß- und Vollstreckungs-Abteilungen) — festgestellt durch den Justizminister mit Datum vom 29. 11. 1978 —

| | |
|---|---|
| 1. Büroräume (das sind 380 Programmräume und 10 % Raumreserve = 43 Zimmer a 19 qm; insgesamt 423 Büroräume) | 8.993 qm |
| 2. Sitzungssäle, Beratungs- und Vernehmungszimmer | 3.733 qm |

1 Saal für erweitertes Schöffengericht 120 qm
6 Säle für Schöffengericht a 80 qm
15 Einzelrichtersäle a 50 qm
8 Beratungszimmer
3 Vernehmungszimmer

Saalreserve
1 Saal a 80 qm für Schöffengericht
3 Säle a 50 qm für Zivilrichter
1 Beratungszimmer

Warteflächen
(15 % der Saalfläche)

| | |
|---|---|
| 3. Grundbuchamt | — |
| 4. Ausbildung / Unterricht | 526 qm |
| 5. Sonderräume A (gemeinsam mit LG; 1 Raum für Personalrat) | 19 qm |
| 6. Sonderräume B (Archiv / Materiallager) | 800 qm |
| 7. Kantine | — |
| 8. Dienstwohnung | — |
| 9. Garage (1 Dienstkraftfahrzeug) | 15 qm |
| | Summe = 14.086 qm |

| | |
|---|---|
| Anzahl der Stellplätze | |
| Parkhaus an der Planstraße 1 | 733 Stellplätze |
| Parkhaus ebenerdig | ca. 100 Stellplätze |
| insgesamt | 833 Stellplätze |

Die Zahl der Arbeitsplätze beträgt 1.390.
Rund 4.000 Besucher und Benutzer werden schätzungsweise das Gebäude täglich frequentieren.
Diese Programmdaten weisen den Kölner Justizneubau als größtes Gerichtsgebäude in unserem Lande aus, gleichwohl wird es beim Bezug im April 1981 zu klein sein. Der zweite Bauabschnitt und zwar zur Unterbringung der Staatsanwaltschaft und weiterer Sitzungssäle, befindet sich z. Z. in der Planung.
Für diese Erweiterung sind folgende Programmdaten vorgesehen:
Raumprogramm für die Staatsanwaltschaft nach Eingliederung der Amtsgerichtsbezirke Leverkusen und Wermelskirchen festgestellt durch den JM mit Datum vom 29. 11. 1979 —

1. Büroräume 9.310 qm

(das sind 394 Programmräume und 10 % Raumreserve = 45 Zimmer a 19 qm; insgesamt 429 Büroräume)

2. Vernehmungszimmer 57 qm

| | |
|---|---|
| 3. Grundbuchamt | — |
| 4. Ausbildung / Unterricht | 38 qm |
| 5. Sonderräume A | 190 qm |
| (Aufenthalts-, Konferenzräume, Sozialräume) | |
| 6. Sonderräume B | 1.400 qm |
| (Archiv, Asservatenraum) | |
| 7. Kantine | — |
| 8. Dienstwohnung | 100 qm |
| 9. Garagen | 45 qm |
| | Summe = 11.140 qm |

Anzahl der Stellplätze in der Tiefgarage unter dem II. Bauabschnitt = 397.

*2.2 Die Funktionsbeschreibung*

Das Gebäude besteht aus dem 3-geschossigen Saalbau mit 82 Sälen um einen Innenhof (siehe Grundriß, Vorsatz hinten) sowie dem Y-förmigen 18—21—24 geschossigen Bürogebäude.

Man betritt das Gebäude von einem kleinen sorgfältig gestalteten Gerichtsplatz an der Luxemburger Straße aus oder einem stillen Hof mit einer Wasserfläche an der Südseite und gelangt in eine Halle, die Tageslicht von der Seite des »Wasserhofs« oder dem Innenhof des Saaltraktes bezieht. Am Vertikalknoten, dem Aufzugskern des Hochhauses mit 6 Aufzügen, weist die Auskunft den Weg zur offenen Haupttreppe, die als eine architektonische Plastik in weiten Schwüngen die drei Geschosse des Saaltraktes verbindet, oder ohne Orientierungsschwierigkeiten zu den sechs Aufzügen (s. S. 86 oben, 88).

Der große Schwurgerichtssaal (s. S. 86 unten) mit 250 qm liegt im 1. OG und reicht in seiner Höhe über 2 Geschosse; und zeichnet sich auch nach außen hin in seiner Architektur ab. Unter den Sälen befindet sich mit Fenstern zum Innenhof das Gewahrsam, von dem aus durch einige Treppen und Aufzüge die Vorzuführenden ohne Kreuzung des Besucherverkehrs zur Vorführung in die Säle gelangen können. Die Zufahrt zum Gewahrsam erfolgt gedeckt und unbeobachtet im Untergeschoß des Innenhofes.

Die Bibliothek befindet sich im 14. OG des Hochhauses (s. S. 87 unten).

Die Kantine, im obersten Geschoß des Saaltraktes gelegen, bietet eine gute Aussicht und ist für alle Benutzer leicht aufzusuchen.

Die hohe Lärmbelastung des Grundstücks bedingt Schallschutzfenster, jedoch keine Klimaanlage in den Büros; lediglich die Säle, Bibliothek und Kantine sind klimatisiert. Die Büros weisen Fensterlüftung auf. Wegen der bauphysikalischen Probleme, die ein Hochhaus bei der Fensterlüftung mit sich bringt, wird eine unterstützende Abluft in den Flurzonen vorgehalten, während in jedem Fall die Zuluft über die Spaltlüftung des Fensters besorgt wird.

Auf die Qualität der Arbeitsplätze wurde besonders Wert gelegt.
Die Büros weisen Einbauschränke auf, eingebaute Handwaschbecken und textile Bodenbeläge.

Die Säle sind entsprechend ihrer Bedeutung gestaltet, in der Regel mit einer holzverkleideten Stirnwand und einer Textiltapete an den übrigen Wandflächen. Auch Decke und Beleuchtung tragen Funktion und Bedeutung der Säle Rechnung (s. S. 87 oben).

Den Wartezonen, die leider weitgehend innen liegen, d.h. auf Tageslicht verzichten müssen bzw. keinen Blick ins Freie gestatten, ist wegen dieses Umstandes besondere Sorgfalt gewidmet. Drei Künstler haben die Wände der Wartezonen mit farbigen Ornamenten dekorativ behandelt — ein Versuch, diesen »öffentlichen« Teil des Gerichts dieser Aufgabe entsprechend zu charakterisieren.

*2.3 Daten und Kosten*

Die Konstruktion ist als Stahlbetonskelettbau ausgeführt mit einem Grundraster von 4,20 m x 4,80 m bzw. 7,20 m im Hochhaus und 8,40 m x 8,40 m im Saaltrakt.
Die Büros haben in der Regel eine Grundfläche von 19,0 qm.
Außen ist das Gebäude mit Stahlbetonfertigteilen mit rötlichem Granitvorsatz verkleidet.

| | |
|---|---|
| Der umbaute Raum beträgt für das Hochhaus | 155.850 cbm |
| und für den Saalbau | 86.650 cbm |
| zusammen | 242.500 cbm |

| | |
|---|---|
| Die Grundstücksgröße beträgt für Hochhaus und Saalbau | 13.100 qm |
| und für das Parkhaus | 9.316 qm |

Als Maß der baulichen Nutzung ergibt sich bei einer Geschoßfläche (GF) von 64.180 qm eine Geschoßflächenzahl (GFZ) von 2,3, ein Indiz für die hohe Grundstücksausnutzung, die auf die sehr geringe Verfügbarkeit von Baugrund in Citynähe schließen läßt.

Die Grundstückskosten betragen 22 Mio DM.
Die Baukosten waren 1974 veranschlagt mit 102,5 Mio DM.
Seitdem sind die Baukosten merklich gestiegen — für den späteren Geschichtsforscher sicher ein interessantes Indiz für die wirtschaftliche Situation dieser zweiten Hälfte unseres Jahrhunderts; dazu sind eine Reihe Veränderungen und Ergänzungen ins Programm gekommen, so daß voraussichtlich das Projekt mit 127 Mio DM abgerechnet werden wird.
Auch hier sei, der Chronistenpflicht folgend, die Aufschlüsselung der Baukosten dokumentiert, dies allerdings mit der Einschränkung, daß diese Daten aus der Haushaltsunter-

lage entnommen sind, während erst die Abrechnung, die nicht vor 1982 vorliegen kann, eine endgültige Darstellung zuläßt.

Kostenzusammenstellung gemäß DIN 276:

| | |
|---|---|
| Erschließung | 2.889.000,— DM |
| Bauwerke | 83.624.000,— DM |
| Gerät | 1.318.000,— DM |
| Außenanlagen | 788.000,— DM |
| Zusätzliche Maßnahmen | 2.200.000,— DM |
| Baunebenkosten | 10.995.000,— DM |
| Unvorhergesehenes | 686.000,— DM |
| Gesamtkosten ohne Baugrundstück | 102.500.000,— DM |

*3. Der städtebauliche Bezug*

*3.1 Exkurs über Stadtbaukunst oder der ordo urbanus*

Daß eine Stadt — wie ein Gebäude — ein architektonisches Gesamtkunstwerk ist oder zumindest sein soll oder sein kann, wird einem meist erst bewußt, wenn einem das Gegenteil widerfährt, eine Stadt wegen ihrer Häßlichkeit, ihrer Anonymität, ihrer nichtssagenden Ansammlung von Häusern uns kalt und teilnahmslos läßt. Fragen wir uns nunmehr so angeregt, was an einer Stadt uns »aufregt«, die wir schön nennen, die wir in Erinnerung behalten und immer wieder aufsuchen, was ihre unverwechselbare Einmaligkeit bewirkt; dann sind wir auf dem Wege, die Stadt als gebautes Kunstwerk zu begreifen, die Stadtbaukunst als eine Disziplin zu erkennen (oder zu vermissen), die nicht minder bedeutsam ist — ja eher wichtiger — als die Baukunst der Architektur. Die Baukunst lebt von dem Geschwisterpaar Architektur und Städtebau, und nur da entsteht amoenitas loci, ambiente, Milieu, Atmosphäre, Wärme, Leben, Heimat, wo nicht nur Funktion erfüllt ist, die »Infrastruktur« stimmt (die autogerechte Stadt, die Fußgängerstadt, die Einkaufsstadt usw.), sondern wo eben dieses Mehr erreicht ist, was wir Kunst nennen — jene Geistigkeit, Maßstäblichkeit, Menschlichkeit, Harmonie, wenn sie in Architektur und Städtebau sich einfinden, als selbstverständlich und schön empfunden.

Allzu selten geben wir — obwohl durch den modernen Tourismus quasi jedermann zum Weltreisenden geworden ist und fast wie in einem Kaleidoskop Städte an sich vorbeiziehen sieht und erfährt (im doppelten Sinne) — uns Rechenschaft über die Ursachen, die Kriterien, dessen, was uns eine Stadt »schön«, als Kunstwerk erscheinen läßt.

Die Stadtbaukunst oder die Ordnung im Städtebau muß als antikes Erbe verstanden werden. Die griechische Stadt bezog ihre Ordnung aus der religio, dagegen die römische Stadt ihre ordo aus der Macht. Die Gesetze städtebaulichen Gestaltens der abendländischen Städte zwischen Karolingerzeit und Französischer Revolution bauen auf denen der griechischen Stadt auf, in der architektonischen Gestaltung von Baukörpern wie von äußeren Räumen, Straßen und Plätzen, Burg und Marktplatz auf der einen, der Sakralbau auf der anderen Seite, in der hierarchischen Ordnung, die sich aus der Bindung an die religio wie selbstverständlich ergab, sind Kennzeichen dieser Städte und der Stadtbaukunst. Man möchte sagen, in der Antike wie im Mittelalter ist die Baukunst zu allererst Gottesdienst. Die religio bildete den geistigen Unterbau von Staat und Gesellschaft bis zur großen Revolution von 1789, dem eigentlichen Ende des Mittelalters. Deutlich wird diese geistige Ordnung dem, der sich von der Seeseite den Ostseehansestädten, den wohl bedeutendsten Denkmälern bürgerlichen mittelalterlichen Städtebaus, nähert und die Stadt als Silhouette erfährt: Pfarrkirche, Rathaus, Bischofskirche bestimmen diese Silhouette, eine Ordnung

*Ansicht von Deutz, 1620, Matthaeus Merian d.Ä. (1593 Basel — 1650 Schwalbach)*

die auch noch die Kölner Stadtansicht von Merian ausweist. Wer dann heute dieselbe Stadtansicht von Köln zeichnen müßte, erkennt die ganze Veränderung unserer geistigen Ordnung im Ausdruck der neuen Stadtansicht, die nunmehr bestimmt wird von keiner Hierarchie mehr, sondern von einem grenzenlosen Individualismus und Egoismus. Wohntürme, Banken, Verwaltungshochhäuser, Versicherungsgebäude haben die alte Ordnung überlagert und verdrängt.

Warum dieser Exkurs im Zusammenhang mit dem neuen Justizzentrum in Köln? Wenn es wichtig ist, daß auch der Städtebau wie die Architektur ein Teil der sichtbaren Gestalt unserer Kultur ist und den Anspruch erheben muß, mehr zu sein als Funktionserfüllung und Daseinsbefriedigung, wenn die Stadt als Kunstwerk gesehen werden muß, will sie Ort menschlichen Wohnens, Handelns, Erholens, kurz menschlichen Wohlbefindens sein, dann müssen wir hier fragen, welchen Beitrag das neue Zentrum der Justiz für die Stadtkultur, für die Ordnung, die amoenitas leistet.

Die Städte empfinden wir als Kunstwerke, die nach jenen Ordnungsgesetzen sich darstellen, wie sie von der griechischen Antike bis zum ausgehenden Mittelalter galten:

— eine Ordnung der gleichgewichtigen Gestaltung aller Lebensbereiche,

— eine Ordnung der Gleichstellung eines jeden Bürgers, ohne individuelle »Extravaganzen«; Wohnbereiche und Baublöcke im Maßstab, der sich aus der Grundeinheit des Bürgerhauses ableitet, und damit eben »menschlich« bleibt,

— eine Harmonie des sozialen Gefüges; kein Häuserchaos oder trockene Langeweile, aber dennoch Einheitlichkeit des Maßstabes der einzelnen Bauglieder, geordnet an Außenräumen, Märkten, Straßen und Plätzen, die ihrerseits der »hierarchischen« Ordnung folgen.

Aus diesem Gleichklang ragen heraus die Bauten der Gemeinschaft an hervorragendem Platz in angemessener Größe und herausgehobener Gestaltung, Ausdruck dessen, was Sinn und Inhalt des Gebäudes ist; die »geistige Ordnung der Gesellschaft« bleibt ablesbar im Stadtgrundriß wie im Aufriß, der Silhouette.

Wenn zusammenfassend und verkürzend festzustellen ist, daß die Ordnung aus der religio die mittelalterliche Stadt, die Ordnung aus der Macht die Stadt der Renaissance gestaltet hat, so müssen wir die Unordnung der modernen Stadt erkennen (und beklagen) als Ergebnis des neuzeitlichen Liberalismus. Eine moderne Stadt ist nicht mehr der Spiegel einer Rangordnung der geistigen Werte, ein Gebäude nicht mehr der Ausdruck seines Inhalts ohne falsches Pathos. Unsere neuen Städte sind gestaltlos geworden.

So vorbereitet, soll der städtebauliche Bezug — das verfolgte stadtgestalterische Ziel angesprochen, verdeutlicht und gewürdigt werden; es mag verwundern, daß die heute so gebräuchlichen Begriffe der »Infrastruktur« nicht gefallen sind, sondern die Stadt nur als »Kunstwerk« dargestellt wurde, das seine Harmonie aus einer geistigen Ordnung ableitet.

*3.2 Lage des Gerichts in der Stadt*

Ist es überhaupt heute noch möglich (bei der vollbesetzten Stadt), einen öffentlichen Profanbau an die Stelle zu bringen, die ihm gebührt — im Grundriß wie im Aufriß einer Stadt; und damit fragen wir grundsätzlich: Können wir noch die Gestaltlosigkeit in unseren modernen Städten heilen oder überwinden?

Nach der vorgestellten These der »Gestalt der Stadt«, die wir lieben, die Heimat ist und nicht Durchgangsstation, gehört das Gebäude der Gemeinschaft, (Sakralbau, Rathaus, Behörde, Gericht, Theater, Museum usw.), also unsere Bauaufgabe an einen bevorzugten Platz, der die Rangordnung des Gebäudes ausdrückt. Das erste Gericht Kölns — das bisherige Gebäude der Strafjustiz des Land- und Amtsgerichts — steht im Zentrum der Stadt in dauernder optischer Praesenz für jedermann in platzartig herausgehobenem Straßenraum, umgeben von einem der Würde des Inhalts des Gebäudes entsprechenden Ensemble. Das zweite Gericht Kölns — das heutige Oberlandesgericht — entstand im ersten Jahrzehnt dieses Jahrhunderts außerhalb der Ringstraße auf einem zufällig verfügbaren, dem Fiskus gehörenden Eisenbahngelände 1,5 km vom Zentrum entfernt. Die gewählte repräsentative Architektur, der gewählte Platz (heute Reichenspergerplatz), und die sich durch diesen hoheitsvollen Bau und den achtunggebietenden Platz angesprochenen Nachbarn Oberfinanzdirektion und Oberpostdirektion sicherten den städtebaulich zunächst nicht gegebenen Rahmen.

Das dritte Gericht, eben unser neues Gerichtszentrum an der Luxemburger Straße, steht rd. Dreiviertel-Jahrhundert später vor der gleichen Problematik — wo ist der Bauplatz, der

der Würde der Aufgabe entspricht und zugleich einen Beitrag zur Gestaltung der Stadt, zur Ordnung und zum Erhalt der Stadt sein kann? In der Innenstadt war kein geeignetes Grundstück verfügbar, andererseits kann das Gericht nicht in einen Randbezirk auswandern, um dann auch sehr bald als »Dritte Gewalt« in einer Randposition gesehen zu werden.

Der Zufall belohnte die zwei Jahrzehnte währende Geduld: fast genau soweit wie das zweite Gericht im Norden der Stadtmitte seinen Platz fand, so liegt der neue Standort 2,0 km in Luftlinie im Südwesten vom ersten Gericht entfernt, 8 Gehminuten vom Ring, dem Barbarossaplatz, in unmittelbarer Nachbarschaft zur Universität am Rande des Grünzugs, der an der Stelle der ehemaligen Festungsanlagen die Innenstadt Kölns umschließt — und auch das will der Zufall — ebenfalls auf einem Bahngelände — im Stadtteil Köln-Sülz.

Das Luftbild (s. S. 85 oben) zeigt die Bezüge zur Innenstadt auf.

Aber wie kann auf diesem Platz der oben so leidenschaftlich beschworene geistige Bezug zur Stadtgestalt und zur Eigenausprägung des Gerichts in der Stadt gefunden werden? Zunächst muß die Eigendarstellung diesem Anspruch entsprechen: das Gebäude muß sich als Gericht darstellen, Würde zeigen und keine Abschreckung bewirken. Der dreigeschossige Saaltrakt kennzeichnet mit seiner Architektur den öffentlichen Teil des Gerichts unverwechselbar; das 23-geschossige Bürohochhaus versucht in seiner plastischen Gliederung und den architektonischen Formen einen eigenen, der Aufgabe adäquaten Maßstab zu finden.

Im Stadtgrundriß muß der zweite wichtige Bezug gefunden werden. Das gesamte Umfeld ist als eine Stadteinheit konzipiert, als selbständige Großplastik im Makrobereich der Stadtsilhouette, in der das Gericht zwar eine bedeutende Rolle spielt, aber dennoch integriert ist in die Umgebung, die durch das Wohnhochhaus Unicenter so empfindlich gestört war. Erst durch das neu hinzugekommene Ensemble wird hier sowohl im Makro- wie im Mikrobereich Harmonie und Maßstab wieder zurückgewonnen. Den stadteinwärts — wie den stadtauswärtsfahrenden — den Straßenpassanten wie den Eisenbahnbenutzern begegnet das Gericht unverwechselbar — quasi wie ein Tor an durchaus herausgehobener und repräsentativer Stelle.

Die dritte Bedingung für die städtebauliche Wirksamkeit: außenräumliches Erlebnis — oder öffentliches Gebäude an einem Platz. Platzgestaltung in der »verkehrsgerechten« Stadt gelingt nur noch selten — vor dem Gebäude kann nur von einem Versuch eines solchen Platzes gesprochen werden — der aber dennoch in seiner Dimension und Maßstäblichkeit den gewünschten Auftakt und Übergang von der lauten Straße in die Halle des Gebäudes bewirken dürfte; — unterstützt wird diese Raumwirkung durch das »Hochheben« des Gebäudes von der Erde, durch die Arkaden unter dem Hochhaus, die diesen Eingangsplatz nicht nur vergrößern, sondern die Offenheit, die Öffentlichkeit unterstreichen und den Blick freigeben auf die anderen Plätze, die das als Plastik im Großraum der Stadt und des Grüngürtels stehende Gebäude mit seiner Nachbarschaft bildet. Gerade in dieser

Spannung des Nebeneinander der Gebäudeplastiken in dieser neuen Stadtvierteleinheit und den dazwischen liegenden kleinen maßstäblich auf den Menschen bezogenen Plätzen und Fußwegoasen bezieht das Gericht seine »Bürgernähe« und verliert von der durch die Größe bedingten Gefahr des Abweisens und der Einschüchterung.

Damit ist zugleich das Umfeld angesprochen, nicht nur in seiner architektonischen Zusammensetzung, die ja als städtebauliche vierte These zugleich auch der geistigen und gesellschaftlichen Bedeutung des Platzes entsprechen sollte: Neben dem Arbeitsamt als unmittelbaren Nachbarn entsteht im nächsten Jahrzehnt der recht große zweite Bauabschnitt, dessen Planung kurz vor dem Abschluß steht, dazu Läden, Wohnungen, Restaurants, kurzum ein Stück wirklicher Stadt.

Städte sind einer dauernden Änderung unterworfen. Lebendige Städte werden sich immer wieder erneuern und erneuern müssen; sie fügen quasi Jahresringe an. So darf es nicht verwundern, wenn bedeutende Bauten der Gesellschaft oder Monumentalbauten auch außerhalb des ersten Ringes der Stadt einen neuen Standort suchen müssen. Dieser neue Standort — und so ist das Konzept in Köln gedacht — kann wiederum Zelle einer neuen Entwicklung urbaner Konzentration und Kommunikation werden. Dies hängt nicht zuletzt auch von der Umgebung ab und von der Bewältigung der Distanz zwischen der Urzelle und dieser neuen Zelle. Ein Teil dieser wichtigen städtebaulichen Essentiale ist mit der Standortfindung am Rande des Grüngürtels in der Nachbarschaft der Universität und an einer bedeutenden Ausfahrtstraße sowie in der optischen Präsenz bereits erfüllt. Kritisch bleibt indes der Bereich nordostwärts des Standortes, quasi an der empfindlichsten Stelle, nämlich der Bereich zwischen Altstadt, Barbarossaplatz und dem Justizgebäude. Hier gibt es derzeit eine Zone, die noch mit Gewerbe und Industrie besetzt ist und die Attraktivität gerade in diesem Verbindungsstück mindert oder gar stört. Dieser Erkenntnis trägt die Stadtplanung Köln recht aktiv und kreativ Rechnung, indem in absehbarer Zeit diese gewerblich- industrielle Nutzung verlagert wird und der Grüngürtel an dieser Stelle seine südliche Fortsetzung finden soll. Damit wird auch der letzte Vorbehalt für die städtebauliche Attraktivität des Standortes beseitigt sein, wofür man der Stadt Köln dankbar sein muß.

Zusammenfassend kann festgestellt werden, daß die Zufälligkeit der Grundstücksfindung nicht zu einer Isolierung geführt hat, sondern durch zielstrebige Planung aller Beteiligten das Gericht seinen herausgehobenen Platz in der ihm zustehenden Umgebung gefunden hat, es im Stadtbild die erwartete und gewollte optische Präsenz bietet, mehr noch, durch die Integration in ein größeres Ensemble überhaupt hier das gestörte Stadtbild wieder geheilt wird.

### *3.3 Die Infrastruktur*

Ein Chronist wird neben der Qualität der Aufgabe nicht auf die Quantität ganz verzichten können. Die städtebauliche Quantität bestimmt sich nach der Erreichbarkeit, der Erschlies-

sung durch Nahverkehr, Individualverkehr und für den Fußgänger — aber auch nach der »sozialen« Versorgung.
Zu letzterem stehen Restaurants und Läden in absehbarer Zeit in der Fußgängerzone des neuen Viertels quasi vor der Türe zur Verfügung. Für Anwälte entstehen neue Praxen und moderne Büros.
Für den »ruhenden« Verkehr stehen für jeden Individualverkehrsteilnehmer das 733 Plätze fassende Parkhaus sowie weitere unüberdachte Parkplätze zur Verfügung. Die Lage am Kreuzungspunkt der vielspurigen Universitätsstraße mit der gleich- leistungsfähigen Luxemburger Straße bietet eine problemlose, ja ideale Erschließung (s. S. 85).
Der Benutzer des Nahverkehrs findet im Schwellenbereich des Fußgängers von 5—8 Minuten 4 Haltestellen der U-Bahn, Stadtbahn und Straßenbahn.

### 3.4 *Wertung*

Wenngleich sich städtebaulich-ästhetische Dimensionen einer rationalen Bewertung wegen ihres wesentlich aus dem künstlerischen Bereich abgeleiteten Anspruchs vordergründig entziehen, sollte dennoch der Versuch gewagt und erlaubt sein, eine Einordnung dieser größten Justizbauaufgabe des Landes in der Nachkriegszeit zu unternehmen: Die Verteilung der drei Gerichte im Stadtorganismus, eines im Zentrum und zwei am Rande der Innenstadt in entgegengesetzter Richtung, kann eine Bereicherung der Stadtsoziologie wie aber auch des »Selbstverständnisses« der Gerichte in unserer Zeit darstellen — Gericht an herausgehobenem Platz — dennoch integriert in den Organismus der Stadt und eben damit auch in die Gesellschaft.
Zweifelsfrei erfährt die Stadt durch die Gerichtsgründung im Südwesten der City eine geistige wie stadtbaukünstlerische Bereicherung sowie eine Umstrukturierung im Sozial- wie im Baugefüge, deren Auswirkungen noch gar nicht abzusehen sind, die aber sicher weit ins nächste Jahrhundert fortwirken werden — und dies ist positiv gemeint.
Das schwierigste Problem war der Eingriff in die mehr als empfindliche Stadtsilhouette: Nachdem das aus dem Mittelalter überkommene und die Zerstörungen des 2. Weltkrieges überdauernde Kölner Stadtbild — durch wen auch immer und welche geistigen und »künstlerischen« Kräfte — so nachhaltig zerstört und damit für immer verloren wurde, galt es aus dieser Not eine Tugend zu machen, mit dem Neubaukomplex nicht eine weitere Bausünde den bisherigen zuzufügen, sondern Harmonie zurückzugewinnen, d. h. das vorhandene Hochhaus an der Luxemburger Straße, und das wesentlich maßstäblichere, dennoch allein gesehen nicht in das gewohnte künstlerische Stadtbild passende Justizhochhaus, miteinander optisch zu verbinden und weiter — und das ist das Entscheidende, mit entsprechend gestuften weiteren hohen Häusern zu einem Ensemble zusammenzubinden, das für sich gesehen nicht mehr als städtebauliches Ärgernis wirkt, sondern eine eigene Dimension im Stadtbild mit ausreichender Größe darstellt, die in der rechten Abstufung wieder Maßstäblichkeit, eine neue Maßstäblichkeit zur Umgebung und zur Silhouette findet.

*4. Der architektonische Bezug*

Justizbau heute

Architektur als Bedeutungsträger

Der Versuch eines neuen Ansatzes

Mit der preußischen Aera im Rheinland nach dem Wiener Kongreß begann alsbald eine rege Bautätigkeit, die sicherlich und unbestritten zunächst der Erfüllung administrativer Bedürfnisse diente; wenn man dann aber den Quellen gerade dieser Zeit nachspürt, nach denen sich das Baugeschehen orientierte, so stießen hier in den Rheinlanden — nunmehr der preußischen Rheinprovinz — zwei Architekturströmungen aufeinander; die der französischen Schule — der Bauschule Paris — und die der Berliner Schule — der Bauakademie unter deren genialem Leiter Friedrich Gilly. Die preußische Bauverwaltung — die Oberbaudeputation (OBD), als Kollegialorgan konzipiert, wirkte recht zentralistisch und ließ sich alle Bauten des Fiskus (und darüber hinaus alle staatl. geförderten Bauten) vorlegen, und man pflegte recht striegelnd in den Entwürfen, die aus der Provinz vorgelegt wurden, herumzukorrigieren.

Die französische Schule vertrat die Richtung der Architektur als Bedeutungsträger; die ganze Geschichte der französischen Sakral — wie Profanarchitektur ließ keine andere Entwicklung erwarten. Die Konsequenz dieser Schule war: durch Architektur dem Inhalt des Bauwerkes Bedeutung zu verleihen — Würde, Repräsentation, Abwehr, Distanz, Respekt oder auch Einladung. So lag es nahe, daß Justizbauentwürfe der Architekten der französischen Schule dem Palast des »Corps legislatif« nachempfunden waren, während die Berliner oder preußische Richtung zunächst reine Zweckbauten im Auge hatten, die sich durch besondere zurückhaltende Bescheidenheit auszeichnen sollten.

Als der Kölner Stadtbaumeister Johann Peter Josef Weyer (1794—1864), der in Paris ausgebildet war, kurz nach Beginn der politischen Zugehörigkeit Kölns zu Preußen für das erste Gericht die Pläne bei der Oberbaudeputation in Berlin vorlegen mußte, kamen sie mit einer Skizze Schinkels zurück, der damals schon dem Leitungsgremium der OBD angehörte, die den Kölnern unmißverständlich zum Ausdruck brachte, daß man kein kostspieliges »Palais de Justice«, sondern ein ganz bescheidenes Dienstgebäude zu bauen sich wünsche. Mit diesem Beispiel aus der Kölner Justizbaugeschichte zeigt sich recht ausdrucksvoll die ganze Spannweite der Entwicklung der Architektur als Bedeutungsträger oder als reiner Funktionsträger.

Wenngleich die Geschichte des Sakralbaus signifikantere Beispiele liefert und die Symbolbedeutung sowie die »architektonische Ikonographie« im Sakralbau auch uns »aufgeklärten« Menschen des 20. Jahrhunderts noch mehr oder weniger verständlich ist, so kann gleichwohl auch die Justizbaugeschichte uns behilflich sein, unseren heutigen Standort zu erkennen und in der kritischen Analyse uns zu fragen, ob wir den mit Beginn des 19. Jahrhunderts begonnenden Prozeß der Trennung von Inhalt und Form fortsetzen, oder uns rückbesinnen auf die Bedeutung und Bestimmung einer Institution und deren Ausdruck in der Architektur-, oder kurz, ob wir wieder wagen sollen, ein Gerichtsbauwerk als Rechtsdenkmal zu sehen und zu konzipieren.

Unser Beispiel aus der Kölner Justizbaugeschichte läßt den Schluß zu, daß die ästhetische Bedeutung eines Bauwerks die symbolische und geschichtliche abgelöst hatte und für die neuere Zeit wohl die entscheidendere geworden ist.

Wenn hier eine solche Standortbestimmung gewagt wird, geschieht dies im Sinne einer Herausforderung zu einer Renaissance, zu einer Rückbesinnung auf die Ursprünge der Architektur als Kunstform, die nie anders bei »Monumentalbauten« verstanden wurde denn als Bedeutungsträger, als Symbol, hinter dem der Zweck zurücktrat. Das Gebäude, in dem Recht gesprochen wurde, war zugleich Rechtsdenkmal. — Erinnern wir an die Pfalzen der Karolinger, die Königshallen — oder die Westwerke der Dome, oder später die Burgen als Herrscher- und Adelssitze, Zweckbauten und Rechtssymbole zugleich, oder die Bau- und Bildkunst der mittelalterlichen Rathäuser, deren Türme als ein wichtiges Symbol der bürgerlichen Stadtregierung verstanden werden müssen und deren Hallen sich als Rechtsmale kennzeichneten, mit ihren Bau- und Bildformen Recht und Gesetz mahnend veranschaulichen sollten. Während das Rathaus des Mittelalters die Funktionen der öffentlichen Stadtregierung, der Verwaltung und der Rechtsprechung in sich vereinigte, bricht diese Entwicklung mit der Neuzeit ab. Für Gerichte werden eigene Gebäude vorgesehen, meist schlichte Häuser, die keinen besonderen Repräsentationswert beanspruchen.

Repräsentation und Pracht entfaltete sich ganz in den Schlössern der Fürsten und des Adels, hinter denen im 18. Jahrhundert die Rathaus- und Gerichtsbauten zurücktraten. Erst im 19. Jahrhundert wurden diese Repräsentationsbauten, wurde die Schloßarchitektur Vorbild für Rathäuser und Gerichte, denen nunmehr der demokratische Rechtsstaat einen höheren Repräsentationswert zumißt. So entstehen die »Justizpaläste« in Paris, Rom, Brüssel und München, die sich deutlich unterscheiden durch Ausmaße und Aufwand an repräsentativer Architektur von den übrigen Gebäuden der Verwaltung. Man möchte hier sagen, daß die »Dritte Gewalt« in einer Architektur der Größe, der Macht, des Pathos oder der Einschüchterung ihren Ausdruck gefunden hat. Das Gesehenwerden ist das entscheidende Moment im Prozeß der Säkularisation. Die Entwicklung der Architektur als Symbol hat zugunsten der reinen künstlerischen und »ungeistigen« Form ihr Ende gefunden.

Es scheint aber auch — und das ist die Herausforderung, von der die Rede war, daß wir an einem Anfang stehen und wir eine neue Entwicklung einleiten können.

Wie?: Wir stehen quantitativ vor einer Renaissance des Gerichtsbaus. Keine Zeit vor uns hat soviele Aufgaben für Bauten der Dritten Gewalt gestellt bekommen, wie unsere. Wir können uns entscheiden für ein Bauwerk als Ausdruck eines Kunstwollens oder als Ort der Aussage, — die rein zweckgebundene Bauweise oder das künstlerisch überhöhte als Symbol verstandene »Rechtsdenkmal«; für das Zurücktreten der inhaltlichen Bedeutung — die »Integration« in die Masse oder für Unverwechselbarkeit und Darstellung der Dritten Gewalt heute — als staatstragende Säule ohne »Gewalt« und Einschüchterung.

Ein rein pragmatischer Versuch für einen solchen Ansatz sei gewagt: Nutzer, also Richter, Staatsanwälte, Anwälte, Politiker, engagierte Bürger und Architekten sollten sich zusammensetzen und in einem Seminar die Philosophie dieses neuen Anfangs durchdenken und formulieren.

Auf der Grundlage dieses geistigen Programms sollten die besten Architekten »gefordert« werden. Architektenwettbewerbe könnten einen Einstieg in diese Renaissance des Gerichtsbaus bewirken, wenn sich das Preisgericht auf diese Philosophie versteht, d.h. es so zusammengesetzt ist, daß nicht die reine baukünstlerische Dimension entscheidet, sondern die geistige Qualität.

Eine erste Bedeutung kommt der Auswahl des Grundstückes zu — ein Gericht sollte wieder ein Teil des Gemeinwesens der Stadt sein, optisch präsent sein, einen Baustein im Gesamtkunstwerk Stadt darstellen, auf den Bürger, Stadtplaner und Politiker nicht verzichten wollen, nicht am Rande der Stadt, in einer quasi Idylle, sondern mitten in der täglichen Begegnung.

Die Architektur sollte wieder als Gesamtkunstwerk versucht und verstanden werden; ein Anspruch, den wir so gut wie nicht mehr erfüllen können; aber gerade deswegen sei diese These hier erhoben —. Alle Formen, innen wie außen sind von Natur Bauformen, Bilder, Symbole, Aussendungen eines Körpers, die dem Blick des Betrachters entgegenkommen, ihm etwas vor Augen halten. Architekt und bildende Künstler müssen wieder zusammengehen, wenn sie diesem Anspruch gerecht werden sollen.

Die äußere Form muß in ihrer Bescheidenheit Symbol werden, das »Gericht zeigen«, dem Rechtsuchenden sich offen und einladend darstellen — in Form und Material herauslösen aus der Morphologie und Topographie der »Masse«.

Der Gerichtsbau soll und kann nicht mithalten mit Banken, Versicherungen, Verwaltungsbauten — eine große Chance liegt gerade in der zurückhaltenden Bescheidenheit, die nicht auf Würde und wahre Repräsentation und Significanz verzichten muß; bei Gott kein Widerspruch.

Den unverwechselbaren Ausdruck im äußeren Erscheinungsbild kann das »Rechtsdenkmal« im separierten Baukörper der Säle finden, während der »Büro«-teil dahinter zurückzutreten hat. Der Eingangshalle kommt eine gleiche Bedeutung wie der Gestaltung der Säle zu: Form, Höhe, Blickbeziehung entscheiden über den »Eindruck vom Gericht heute«; können wir, nachdem auch das Bauen verrechtlicht ist (notwendige Treppen gem. Bauordnung) repräsentative Treppen oder Hallen über mehrere Geschosse bauen, Symbole der Offenheit, Weite und Freiheit?

In den Sälen wird Rechtsprechung erlebt. Die geometrische Form, die »Überhöhe«, das ungewöhnliche Material — warum eigentlich keine Steinwände — das Symbol im Bild (nun, wir können keine jüngsten Gerichte mehr malen, können wirs wirklich nicht?) — das unverzichtbare große Fenster. Eine letzte Zone, in der Gericht heute sich darstellen sollte

— der Wartebereich, jener eigentliche Bereich der »Öffentlichkeit«. Eine herausragende Leistung zur Gestaltung dieses Bereichs dürfte im Landgericht in Vancouver/British Columbia, Kanada, gelungen sein. Dieser Teil der Öffentlichkeit eines Gerichts ist von großartiger Weite, Offenheit, Ruhe, gar Heiterkeit; mit weiten Ausblicken, abgeschirmten Sitzbereichen als Beratungs- und Treffpunkt, fern von jeder Nervosität, ein botanischer Garten unter Glas, ein Forum als Verlängerung des Straßenraums. — Kurzum, für diesen Funktionsbereich sollte Raum sein und der Architekt sich als Psychologe wie als Baukünstler verstehen.

Der bildenden Kunst muß wieder die ihr zustehende Funktion im Rahmen der modernen Architektur eingeräumt werden. Über alle Zeiten verstand sich die Architektur als Mutter aller Künste, als Gesamtkunstwerk, in das die bildenden Künste integriert waren. Auf unseren Fall bezogen steht diese Leistung noch aus. Es ist daran gedacht, in der Haupttreppenhalle in der Blickrichtung des den Saaltrakt betretenden Besuchers durch einen Wettbewerb unter Künstlern den hohen Anspruch des Gerichts in einer Bildgestaltung zum Ausdruck zu bringen — eine Herausforderung an die Künstler unserer Zeit, nicht nur ästhetisch und künstlerisch gelungene Schmuckformen als Attribute dem Gebäude zuzufügen, sondern eben den Inhalt des Gebäudes symbolhaft zu unterstreichen und zu »überhöhen«.

An einer zweiten Stelle — dem stillen Eingangshof mit der ruhigen Wasserfläche, über den der Besucher das Haus betritt oder auf den, von der anderen Seite kommend, der Blick des Besuchers fällt, ist eine weitere künstlerisch-symbolhafte Aussage vorgesehen.
In den Wartezonen des Saaltraktes haben Designer die Wände dekorativ farbig gestaltet, um diesen Räumen eine menschlich-heitere, oder zumindest harmonische und wohltuende Atmosphäre zu vermitteln.

Architektur sowie die hier postulierte integrierte bildende Kunst (Plastik, Malerei) werden nur dann wieder aus dem rein künstlerisch-dekorativen Niveau in die Dimension der Bedeutungsträgerschaft aufsteigen, wenn der Bauherr seine kulturelle Rolle erkannt und sich dieser Verantwortung stellt. Architektur und Künstler sind allein »nicht zuständig«; der Bauherr muß das Niveau wollen, die Forderungen stellen, und definieren, nicht nur die funktionellen, sondern erst recht die »kulturellen«. Die Geschichte lehrt uns, daß die große Architektur und die große Kunst das Werk des Bauherrn mit seinem Architekten, das Ergebnis der Symbiose des Mäzens mit seinem Künstler war. Wenn in unserer Zeit die Architektur oder die Kunst ihre Fähigkeit, Bedeutungsträger zu sein, weitgehend verloren hat, so ist dies nicht nur ein Verlust der Fähigkeiten der Architekten und Künstler, sondern um es mit Sedlmayr zu sagen, ein »Verlust der Mitte«, ein Versagen des Bauherrn, der seine eigentliche Funktion nicht mehr erkennt, nicht wahrnimmt oder nicht wahrzunehmen vermag.

Und wie sieht vor dieser Analyse und der visionären Ausschau nach dem Rechtsdenkmal des 21. Jahrhunderts das neueste und zugleich größte Gericht dieses Jahrhunderts in Köln aus, kann es als Beitrag zu dem vorgezeichneten Ansatz und Anspruch verstanden werden?

Wird es unverwechselbar als Gericht erkannt? Schüchtert es nicht ein — befallen den Besucher keine Ängste? — Steht es im Stadtgefüge an herausragender Stelle? Zeichnet es sich aus durch erkennbare Säle und zurücktretende Bürotrakte — (die aber nicht Silos sein sollen?).

Empfängt die Eingangshalle den Suchenden offen und leitet ihn unkompliziert und ohne suchende Ängste weiter — findet er einen Warteplatz, wo er menschliche Wärme spürt und Nervosität vergißt; betritt er einen Saal, in dem er Würde erfährt und keine Bedrückung? Die Fragen so zu stellen, ist zugleich der Versuch einer Antwort, einer Antwort nicht als Rechtfertigung und Erfüllung, sondern als Indiz der Erkenntnis und des Versuchs, im Kölner Gericht einen Anfang zu wagen; eingestandenermaßen mehr Versuch als die Lösung, sicher aber ein Beitrag auf dem Weg zum Gericht von morgen, zur so dringend gebotenen Gerichtsbaurenaissance.

Ausgeblieben ist bis jetzt die Integration der Kunst, der bildenden Kunst, Plastik und Malerei, die erst die Architektur zum Gesamtkunstwerk erhöhen sollte und ihr die schwere Aufgabe als Bedeutungsträger erleichtern könnte (schwer deswegen, weil wir wie im Historismus mit allen Materialien, in allen »Stilen«, international und mit perfekter Technik arbeitend verlernt haben, Symbole und Bedeutungsträgerschaft zu formulieren).

Köln könnte ein Ansatz sein; es sollte die Diskussion auslösen — dies wäre ein wahrer Beitrag zum Justizbau heute.

PERSONENREGISTER

# AUTORENREGISTER

*Dr. jur. Manfred Baldus,* geb. 1935, Vorsitzender Richter am Landgericht Köln und wissenschaftlicher Mitarbeiter am Institut für Kirchenrecht und Rheinische Kirchenrechtsgeschichte der Universität Köln
Veröffentlichungen auf dem Gebiet des Bildungsrechts, des Staatskirchenrechts und der kirchlichen Rechtsgeschichte, hier u. a. zu Fragen des rheinisch-französischen Rechts.

*Dr. jur. Justus Bockemühl,* geb. 1930, Notar in Wuppertal
Veröffentlichungen auf landesgeschichtlichem, insbesondere rechtshistorischem Gebiet.

*Margarete Franken,* geb. 1921, Sozialoberamtsrätin, hauptamtliche Bewährungshelferin und Erste Koordinatorin bei der Bewährungshilfe Köln

*Dr. jur. Burkhard Gehle,* geb. 1952, Richter in Köln
Veröffentlichungen:
Die Prämonstratenser in Köln und Dünnwald, eine Würdigung ihres Wirkens im Rahmen der Rechtsentwicklung vom hohen Mittelalter bis in die Neuzeit, Amsterdam 1978,
Pfarrei und Kirche St. Hubertus in Köln-Flittard, insbesondere ihre Rechtsgestalt, in: Die Bürgermeisterei Merheim, Band III, Köln 1977.

*Professor Dr. Fridolin Hallauer,* geb. 1921, Ministerialdirigent im Ministerium für Landes- und Stadtentwicklung des Landes Nordrhein-Westfalen, Dipl.-Ingenieur Fachrichtung Architekt, Dr. med. hc., Honorarprofessor der Universität Bochum, Lehrauftrag an der Universität Bochum — Fakultät: Bauingenieurwesen, und Lehrauftrag an der RWTH Aachen — Fakultät: Architektur
Veröffentlichungen:
Monographie der Universität Bochum, Fachaufsätze in verschiedenen Forschungsberichten, Fachzeitschriften, Monographien über Universitätsbau, Architekturtheorie, staatliches Bauwesen, Datenverarbeitung, Bildungsplanung und Beschäftigungssystem, Krankenhausplanung.

*Dr. phil. Adolf Kleim,* geb. 1925, Vorsitzender Richter am Oberlandesgericht Köln, 1971 in die Gesellschaft für Rheinische Geschichtskunde berufen
Buchveröffentlichungen:
Recht und Rechtspflege in den Rheinlanden (hrsg. mit Josef Wolffram), Köln 1969,
Weltgeschichte am Rhein erlebt — Erinnerungen des Rheinländers Christoph Wilhelm Henrich Sethe aus der Zeit des Europäischen Umbruchs (hrsg. mit Justus Bockemühl), Köln 1973,
Der Dom zu Köln — die bewegte Geschichte seiner Vollendung, Köln 1980.

*Franzjosef Ploenes,* geb. 1938, Vorsitzender Richter am Landgericht Köln

*Günter Rennen,* geb. 1926, Präsident des Landgerichts Köln

*Dr. jur. Karl Adolf Schwengers,* geb. 1930, Rechtsanwalt in Köln

*Dr. jur. Ralf Siebert,* geb. 1945, Richter am Amtsgericht Köln

*Dr. jur. Dr. phil. Wolfram Weber,* geb. 1937, Staatsanwalt in Köln
Buchveröffentlichung:
Studie zum ordre publico in Belgien im Zweiten Weltkrieg

## BILDNACHWEIS

Archiv — S. 77, 81 unten
Archiv Prof. Dr. Achter — S. 65—67
Archiv Nesseler — S. 71 oben
Rainer Gaertner, Bergisch Gladbach — S. 87
E. Gropp, Köln — S. 71 unten
Alfred Koch, Köln — S. 74
Foto Erich Lambertin, Köln — S. 69 oben, 70
W. Matthäus, Köln — S. 82 unten
Niedenhoff, Köln — S. 68
Privatfotos — S. 72, 73, 78, 79
Rheinisches Bildarchiv, Köln — S. 75, 76, 80, 81 oben, 82 oben und Mitte
Staatshochbauamt Köln / Inge + Arved von der Ropp — S. 84, 85
Staatshochbauamt Köln / Hugo Schmölz — S. 83
Staatshochbauamt Köln / Helmut Stahl — S. 86, 88
Hansherbert Wirtz, Köln — S. 69 unten

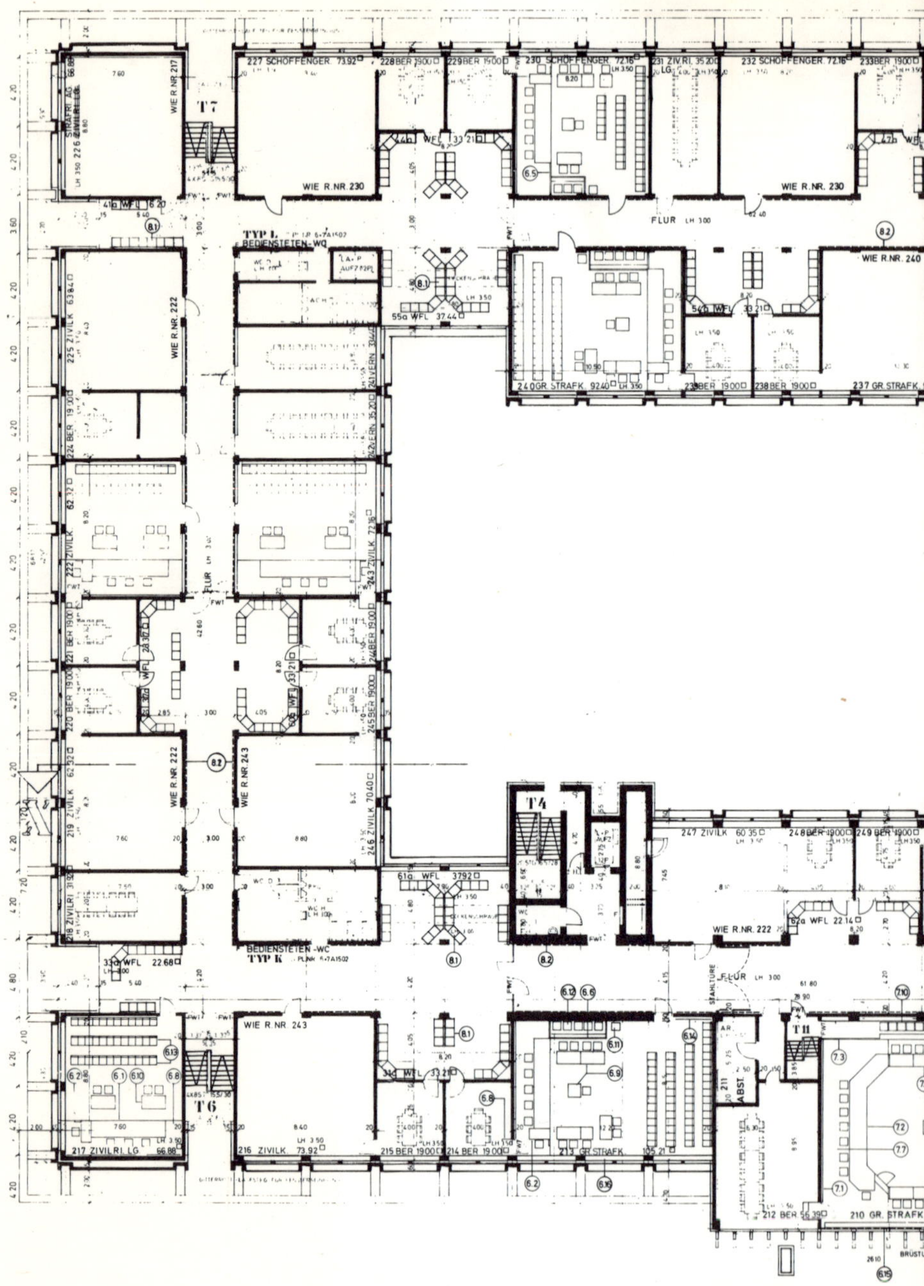


LEGENDE SÄLE

| | | |
|---|---|---|
| 6.1 | 7.2 | RICHTERTISCH |
| 6.2 | | PROTOKOLLFÜHRERTISCH |
| 6.3 | | |
| 6.5 | | RAUMTRENNER |
| | 7.3 | RAUMTRENNER |
| 6.6 | 7.5 | ANGEKLAGTENPLÄTZE |
| | 7.6 | ABSPERRUNG |
| 6.8 | 7.7 | PODEST |
| 6.9 | 7.8 | TISCH |